V&R

Analysen und Dokumente

Band 37

Wissenschaftliche Reihe des Bundesbeauftragten für die Unterlagen des Staatssicherheitsdienstes der ehemaligen Deutschen Demokratischen Republik (BStU)

Vandenhoeck & Ruprecht

Tobias Wunschik

Knastware für den Klassenfeind

Häftlingsarbeit in der DDR, der Ost-West-Handel und die Staatssicherheit (1970-1989)

Vandenhoeck & Ruprecht

Umschlagabbildung:
Haftanstalt Magdeburg, Tischlerei der Produktionseinrichtung Möbel des Ministeriums des Innern (PEM), 1985

Mit 31 Abbildungen und 17 Tabellen.

Bibliografische Information der Deutschen Nationalbibliothek

Die Deutsche Nationalbibliothek verzeichnet diese Publikation in der Deutschen Nationalbibliografie; detaillierte bibliografische Daten sind im Internet über http://dnb.d-nb.de abrufbar.

ISBN 978-3-525-35080-5
ISBN 978-3-647-35080-6 (E-Book)

Druck und Bindung: ⊕ Hubert & Co, Göttingen

Gedruckt auf alterungsbeständigem Papier.

Inhalt

1 Einleitung 7

2 Der Arbeitseinsatz von Gefangenen 21

2.1 Konzeption und Prioritäten 21

2.2 Schwerpunkte des Arbeitseinsatzes und Zahl der Häftlingsarbeiter 26

2.3 Arbeitseinsatz innerhalb und außerhalb der Gefängnismauern 39

2.4 Strukturelle Probleme 43

2.5 Die Amnestien 49

2.6 Die Betriebsangehörigen als Feind und Freund 57

3 Die Arbeitsbedingungen 67

3.1 Politische und kriminelle Häftlinge 67

3.2 Arbeitszeiten und Schichten 72

3.3 Arbeitsschutz 77

3.4 Unfälle 82

3.5 Motivation der Gefangenen und Zwangsmaßnahmen 91

3.6 Streiks und Sabotage 97

3.7 Die Entlohnung der Gefangenenarbeit 104

3.8 Normerfüllung 113

4 Der Westexport der Produkte aus Häftlingsarbeit 119

4.1 Die deutsch-deutschen Wirtschaftskontakte in der Ära Honecker 119

4.2 Sofas aus Waldheim – die Rivalen Kamprad und Lämmerzahl 131

4.3 Zement aus Rüdersdorf – belieferten Häftlinge die Senatsreserve von Westberlin? 165

4.4 Strumpfhosen aus Hoheneck – »Sayonara« bei ALDI, »Petit Chat« bei Woolworth 181

4.5 Werkzeugkästen aus Halle als Exportschlager – Stasi in die Produktion 194

4.6 Küchenherde für Quelle, Fernseher für Neckermann – weitere Haftanstalten, Betriebe und Abnehmer von Waren aus dem DDR-Strafvollzug 203

4.7 Blutplasma aus Gräfentonna 234

4.8 Das Bekanntwerden der Westexporte aus der Häftlingsarbeit, die Rolle der Staatssicherheit und die Treuhandstelle für den Interzonenhandel 248

5 Zusammenfassung 275

Anhang

Tabelle 17: Haftorte mit Arbeitseinsatz von Gefangenen (1973–89) 288

Abkürzungen 329

Literaturverzeichnis 333

Verzeichnis der Abbildungen 346

Verzeichnis der Tabellen 348

Register der Orte, Firmen und Institutionen 349

Angaben zum Autor 364

1 Einleitung

Am »Tag der Arbeit« des Jahres 2012 meldeten schwedische Medien, dass das weltweit tätige Einrichtungshaus IKEA in den achtziger Jahren auch in den Gefängnissen der DDR Möbel produzieren ließ.[1] Dies war bereits seit Ende die siebziger Jahre durch die Aussagen freigekaufter Häftlinge prinzipiell bekannt. Doch nun ließ sich mit Akten der Staatssicherheit aus dem Archiv des Bundesbeauftragten für die Stasi-Unterlagen belegen, dass die schwedische Konzernführung vom Arbeitseinsatz der Gefangenen Kenntnis hatte – wenngleich sie diesen ablehnte und (erfolglos) abzustellen versuchte. Daran entzündete sich eine öffentliche Diskussion über die Frage, inwieweit die ehemaligen politischen Häftlinge in der DDR von jenen Unternehmen entschädigt werden könnten, für die sie seinerzeit bei äußerst geringer Bezahlung Waren fertigen mussten.

Während die meisten westdeutschen Unternehmen von vornherein ausschlossen, von Häftlingsarbeit in der DDR profitiert zu haben,[2] sah IKEA Klärungsbedarf und veranlasste umfangreiche Recherchen durch die Wirtschaftsprüfungsgesellschaft »Ernst & Young«. Jedoch wurde im November 2012 nur eine knappe Zusammenfassung der Ergebnisse publik, da einige der befragten ehemaligen Mitarbeiter des Konzerns um Vertraulichkeit gebeten hatten. Doch auch eine anonymisierte Veröffentlichung des vollständigen Rechercheberichts erfolgte nicht. Dabei hatten die namentlich nicht genannten Autoren sogar auf das sonst schwer zugängliche Firmenarchiv zurückgreifen dürfen und einen wertvollen Beitrag zur Aufklärung der Geschäftskontakte zwischen dem Möbelhaus und den DDR-Betrieben leisten können; dies wäre eine Veröffentlichung wert gewesen. Indes stellt der Bericht entsprechend der spezifischen Fragestellung des Auftraggebers das Geschäftsgebaren des schwedischen Möbelhauses und dessen Reaktion auf das »Durchsickern« von Informationen über die Häftlingsarbeit in den Mittelpunkt. Außen vor blieben weitgehend die Arbeitsbedingungen der Häftlingsarbeiter, die Dimensionen ihres Arbeitseinsatzes in der DDR und vor allem die Frage, ob auch weitere (bundesdeutsche) Firmen und Konzerne von Häftlingsarbeit profitierten.

1 Vgl. http://www.svt.se/ug/politiska-ddr-fangar-byggde-ikea-mobler [22.11.2012].

2 Vgl. Der Tagesspiegel v. 5.5.2012 http://www.tagesspiegel.de/wirtschaft/schiesser-neckermann-underberg-unternehmen-weisen-berichte-ueber-ddr-zwangsarbeit-zurueck/6593930.html [22.11.2012].

Vor diesem Hintergrund wird nachfolgend der aktuelle Forschungsstand zur Häftlingsarbeit in der DDR aufgegriffen und durch eigene Recherchen vertieft. Dabei steht nicht allein die Frage des Westexports von Produkten aus der Häftlingsarbeit im Mittelpunkt. Zur besseren Einordnung des Themas scheint es vielmehr angebracht, weitere für den Arbeitseinsatz im DDR-Strafvollzug wichtige Aspekte in aller Kürze zu beleuchten: die Arbeitsbedingungen, die Höhe der Normen, die Unfälle bei der Produktion, die ökonomische Bedeutung der Häftlingsarbeit für die DDR-Wirtschaft, die politischen Maßgaben von Plankommission und Gefängniswesen hierbei, die »Absicherung« des Arbeitseinsatzes durch das Ministerium für Staatssicherheit, die Streiks der Häftlingsarbeiter wie auch deren Entlohnung. Die zutage geförderten Ergebnisse werden aber auch daran zu messen sein, dass die Quellenlage äußerst komplex ist und für Recherchen wie Analysen lediglich ein dreiviertel Jahr zur Verfügung stand, wenngleich auch auf frühere Erkenntnisse zum DDR-Strafvollzug aufgebaut werden konnte.

Schon weil das vom schwedischen Möbelhaus in Auftrag gegebene Gutachten der Wirtschaftsprüfungsgesellschaft »Ernst & Young« sowie die vorliegende zeitgeschichtliche Studie weitgehend gleichzeitig erarbeitet wurden, versteht sich letztere nicht als Gegenentwurf, sondern als Ergänzung des Gutachtens – und richtet einen geweiteten Blick auf den Arbeitseinsatz von Gefangenen in der DDR. Eine Kontextualisierung scheint insbesondere auch deswegen geboten, weil außer dem schwedischen Möbelhaus viele weitere Firmen in Westeuropa indirekt von der Häftlingsarbeit in der DDR profitierten.

Wo immer es quellenmäßig möglich ist, wird die Deliktstruktur der Inhaftierten berücksichtigt, da in der heutigen Bewertung zwischen Haftarbeit von politischen und kriminellen Gefangenen klar zu unterscheiden ist. Dabei wird der Blick auf die Ära Honecker fokussiert, da Gefangene in diesen Jahren besonders systematisch und in »großem Stile« zur Arbeit eingesetzt wurden. Zudem erlebte der innerdeutsche Handel seinerzeit einen Aufschwung – und damit auch der Westexport von Produkten, an deren Entstehung Häftlinge maßgeblich beteiligt gewesen waren. Zur Einordnung der Befunde ist es aber gelegentlich notwendig, auch auf die härteren Arbeitsbedingungen in den früheren Jahren zu verweisen.

Immer wieder gerät dabei das Ministerium für Staatssicherheit der DDR in den Blick. Es sollte die vermeintliche Spionage der Westfirmen unterbinden, die teilweise in Ostberlin über eigene Büros verfügten und deren Mitarbeiter unzählige Betriebe in der ganzen DDR aufsuchten. Es hatte die Westkontakte der ostdeutschen Exportbetriebe zu überwachen und deren Mitarbeiter zu überprüfen, bevor sie Häftlingsarbeiter anleiten durften. Auch sollte die Staatssicherheit das Bekanntwerden aller Fakten verhindern, die im Westen ein schlechtes Licht auf die DDR geworfen hätten – was gerade auch die Arbeitsbedingungen der Gefangenen betraf. Die Geheimpolizei überwachte die deutsch-deutschen Wirtschaftskontakte wie auch das Gefängniswesen mithilfe ihrer inoffiziellen Mitarbeiter (IM) – und hielt deswegen als vermutlich einzige Einrichtung in der DDR fest, wenn westliche Firmenrepräsentanten nachfragten, ob bei der Herstellung der von ihnen bezogenen Waren Häftlingsarbeiter eingesetzt würden. Daher sind die Unterlagen der Staatssicherheit zur Erforschung dieses Themas von besonderer Relevanz.

Wenn über die indirekte Verantwortung des schwedischen Möbelhauses für die Ausbeutung von politischen Gefangenen in der DDR diskutiert und über die Frage einer Entschädigung für Häftlingsarbeiter debattiert wurde, fand zumeist der Begriff der Zwangsarbeit Verwendung. Zur Definition wird überwiegend das Übereinkommen Nr. 29 der International Labour Organisation (ILO) aus dem Jahr 1930 herangezogen, welches die Mitgliedsstaaten zur baldigen Abschaffung der Zwangsarbeit verpflichtete. Als solche wird die unfreiwillig »unter Androhung irgendeiner Strafe« abverlangte Arbeit verstanden, doch war die aufgrund einer gerichtlichen Entscheidung angeordnete Arbeit davon ausgenommen.[3] Zwar verpflichtete im Jahre 1957 ein weiteres Übereinkommen (Nr. 105) der International Labour Organisation die Mitgliedsstaaten, Zwangsarbeit nicht zur Disziplinierung politischer Gegner zu benutzen, allerdings ratifizierte die DDR keines der beiden Abkommen.[4] Immerhin trat Ostberlin im Jahre 1973 dem Internationalen Pakt über bürgerliche und politische Rechte von 1966 bei, doch gestattete auch dieses Abkommen Zwangsarbeit im Ergebnis eines gerichtlichen Urteils.[5] Da die genannten internationalen Übereinkommen meist das Ergebnis eines Aushandlungsprozesses der beteiligten Nationen waren, nennen die Dokumente keine scharfen Grenzen zwischen politisch motivierter Strafverfolgung in Diktaturen und der Ahndung krimineller Delikte auch in Rechtsstaaten. Da im wiedervereinigten Deutschland viele Verurteilungen zu DDR-Zeiten im Zuge der Rehabilitierungsgesetze in einer Einzelfallprüfung als politisch motiviertes Unrecht eingestuft worden sind, wäre der vormals fast jedem dieser Strafurteile nachfolgende (und teilweise explizit von DDR-Gerichten angeordnete) Arbeitseinsatz als Zwangsarbeit

3 Übereinkommen v. 28.6.1930 (C 29 Forced Labour Convention; http://www.ilo.org/yangon/info/WCMS_191413/lang--en/index.htm [1.2.2013]).

4 Vgl. Antwort von Staatssekretär Egon Höhmann (SPD) auf die Fragen des Abgeordneten Dr. Ottfried Hennig (CDU) (Anlage 74 zu Plenarprotokoll 08/109 v. 5.10.1978); http://dipbt.bundestag.de/doc/btp/08/08109.pdf#P.8668 [3.12.2012].

5 Vgl. Schmidt, Karin: Zur Frage der Zwangsarbeit im Strafvollzug der DDR. Die »Pflicht zur Arbeit« im Arbeiter- und Bauernstaat (Sklaverei-Knechtschaft-Zwangsarbeit. Untersuchungen zur Sozial-, Rechts- und Wirtschaftsgeschichte. Hg. v. Elisabeth Herrmann-Otto, Bd. 7). Hildesheim 2011, S. 71.

zu verstehen.[6] Indes wurden bestimmte Verurteilungen, zum Beispiel im Bereich der »Asozialität«, gar nicht rehabilitiert und viele andere Gerichtsentscheidungen wurden nie überprüft, da kein entsprechender Antrag vorlag bzw. die Betroffenen längst verstorben waren. Zwangsarbeit wird sich daher nicht einfach an der Summe zu Unrecht ergangener Verurteilungen zu Freiheitsstrafen ablesen lassen.

Die zeitgeschichtliche Forschung tut sich schwer damit, eine operationalisierbare Definition der Zwangsarbeit zu entwickeln. Christian Westerhoff etwa stellt bei seiner Definition hauptsächlich auf die Sanktionsgewalt der Machthaber ab und definiert Zwangsarbeit als solche Arbeit, »die als Folge der Androhung oder Anwendung physischer Gewalt erfolgt«.[7] Eine moderne Diktatur wie das SED-Regime verstand es, die Häftlinge anders gefügig zu machen als durch bloßen körperlichen Zwang, weswegen der ostdeutsche Strafvollzug in den späteren Jahren teilweise davon auszunehmen wäre. Justus Vestings Definition »Arbeitszwang, Diskriminierung und Inkaufnahme von menschlich-gesundheitlichen Verschleißerscheinungen«[8] stellt auf die körperlichen, messbaren Folgen der erzwungenen Arbeit ab, berücksichtigt jedoch nicht die Verurteilungsgründe – und Folgeschäden trugen auch »gewöhnliche« Beschäftigte von DDR-Betrieben davon, die sich zum Bestreiten ihres Lebensunterhalts oftmals ebenfalls zu körperlich anstrengenden oder gefährlichen Tätigkeiten genötigt sahen. Karin Schmidt wiederum bezieht sich auf das Völkerrecht, das einen Arbeitseinsatz Gefangener erlaubt, wenn die Verurteilung rechtsstaatlich korrekt erfolgte, die Menschenwürde stets gewahrt blieb und kein Profit beabsichtigt war[9] – was in der DDR alles nicht gegeben war. »Soweit aber einer Verurteilung rechtsstaatswidrige Gesetze zugrunde lagen […], muss die dem folgende Pflicht zur Arbeit im Strafvollzug der DDR als Zwangsarbeit beurteilt werden«, konstatiert Schmidt.[10] Andere Autoren verwenden den Begriff für den DDR-Strafvollzug ohne ihn weiter zu diskutieren.[11]

Terminologisch scheint der Begriff der Zwangsarbeit mittlerweile »fast ausschließlich für die Anwendung auf die Ausbeutung der Arbeitskraft von Kriegsgefangenen, Fremd- und Zwangsarbeitern im Nationalsozialismus reser-

6 Vgl. Bastian, Uwe; Neubert, Hildigund: Schamlos ausgebeutet. Das System der Haftzwangsarbeit politischer Gefangener des SED-Staates. Hg. v. Bürgerbüro e.V. Berlin 2003, S. 11.

7 Westerhoff, Christian: Zwangsarbeit im Ersten Weltkrieg. Deutsche Arbeitskräftepolitik im besetzten Polen und Litauen 1914–1918. Paderborn 2012, S. 13.

8 Vesting, Justus: Zwangsarbeit im Chemiedreieck. Strafgefangene und Bausoldaten in der Industrie der DDR. Berlin 2012, S. 14.

9 Vgl. Schmidt: Frage der Zwangsarbeit, S. 303–308.

10 Schmidt: Frage der Zwangsarbeit, S. 303.

11 Vgl. Ansorg, Leonore: Politische Häftlinge im Strafvollzug der DDR. Die Strafvollzugsanstalt Brandenburg. Berlin 2005, S. 205; Wenzke, Rüdiger: Ab nach Schwedt! Die Geschichte des DDR-Militärstrafvollzugs. Berlin 2011, S. 287.

viert«.[12] Ein Vergleich der Rahmenbedingungen von Zwangsarbeit über die Grenzen der politischen Systeme und Jahrhunderte hinaus ist von einigen Protagonisten der NS-Forschung indes ausdrücklich angeregt worden.[13] So wird beispielsweise auch die Beschäftigung von teils freiwillig erschienenen, dann jedoch gegen ihren Willen festgehaltenen »Ostarbeitern« bereits im Ersten Weltkrieg inzwischen als Zwangsarbeit definiert.[14] Auch für irische Kinderheime[15] und das sozialistische Jugoslawien fand der Begriff Verwendung,[16] vor allem wurde er aber auf die massenhaft erzwungene Arbeit von Gefangenen in den riesigen Arbeitserziehungslagern in der stalinistischen Phase der Sowjetunion bezogen.

Der Begriff der Zwangsarbeit hat somit eine Entkontextualisierung und Entgrenzung erfahren, obwohl er geschichtspolitisch in hohem Maße aufgeladen ist. Gerade der als Gleichsetzung missverstandene Vergleich der Gefangenschaft in den beiden deutschen Diktaturen erschwert aber eine klare Begriffsbestimmung, da Rahmenbedingungen, Genese und Funktion der Häftlingsarbeit vor wie nach 1945 sehr verschieden waren.[17] Da insbesondere das Prinzip der »Vernichtung durch Arbeit« in den Konzentrationslagern der Nationalsozialisten im SED-Staat nicht nachweisbar ist[18] und eine Arbeitsverweigerung trotz drohender Übergriffe und erheblicher Nachteile hier nicht die sofortige physische Liquidation nach sich zog und außerdem weitere Unterschiede bestehen,[19] wird nachfolgend im Kontext des DDR-Strafvollzugs von »erzwungener Arbeit« gesprochen. Die geringfügige sprachliche Abwandlung betont ebenfalls die Härte der Arbeits- und Haftbedingungen, möchte aber Missverständnissen bei der Anwendung des Begriffs »Zwangsarbeit« vorbeugen. In einer nicht repräsentativen Befragung von 2006 lehnte zudem jeder dritte ehemalige Häftling aus der DDR die Bezeichnung »Zwangsarbeit« ab.[20]

12 Vgl. Vesting: Zwangsarbeit im Chemiedreieck, S. 13.

13 Vgl. Seidel, Hans-Christoph; Tenfelde, Klaus: Einführung. In: Dies. (Hg.): Zwangsarbeit im Europa des 20. Jahrhunderts. Bewältigung und vergleichende Aspekte. Essen 2007, S. 7–19, hier 11.

14 Vgl. Westerhoff: Zwangsarbeit im Ersten Weltkrieg.

15 Vgl. Sotscheck, Ralf: Eine tiefe Schande für die Kirche. In: taz v. 7.2.2013, S. 11.

16 Vgl. u. a. Rutar, Sabine: Heldentum, Verrat und Arbeit in Jugoslawien. Arbeitseinsatz im sozialistischen Kontext. In: Seidel; Tenfelde: Zwangsarbeit im Europa des 20. Jahrhunderts, S. 75–101.

17 Vgl. u. a. Herbert, Ulrich (Hg.): Europa und der »Reichseinsatz«. Ausländische Zivilarbeiter, Kriegsgefangene und KZ-Häftlinge in Deutschland 1938–1945. Essen 1991, S. 7–25.

18 Vgl. u. a. Vesting: Zwangsarbeit im Chemiedreieck, S. 14.

19 Mitunter waren zwar vor wie nach 1945 die gleichen (west-)deutschen Konzerne Nutznießer oder Endabnehmer der von Häftlingen gefertigten Produkte. Allerdings beschäftigten die Konzerne die Häftlingsarbeiter zu DDR-Zeiten nicht selbst, sondern bezogen lediglich Waren von gewöhnlichen DDR-Betrieben, die ihrerseits auch viele »freie« Beschäftigte zur Arbeit einsetzten.

20 Vgl. Müller, Jörg: Strafvollzugspolitik und Haftregime in der SBZ und in der DDR. Göttingen 2012, S. 305.

Die Orte des Geschehens werden nachfolgend meist als Gefängnisse oder Haftanstalten bezeichnet, wo es sich um feste Gefängnisbauten handelte (in den DDR-Quellen Strafvollzugseinrichtung oder Strafvollzugsanstalt genannt), oder als Haftarbeitslager, wo eher stacheldrahtumzäunte Baracken die Gefangenen aufnahmen – wobei die Grenzen oftmals fließend sind. Die Insassen werden hier als Gefangene und Häftlinge bezeichnet, gelegentlich mit dem Attribut »politische« versehen, wenn es im jeweiligen Kontext ausschließlich um solche geht. Wenn in der Darstellung zwischen Untersuchungshäftlingen und bereits verurteilten Gefangenen zu unterscheiden ist, müssen Letztere Strafgefangene genannt werden, wie es in der DDR offiziell üblich war. Damit wird jedoch keine Aussage über die (ggf. politischen) Motive des »Täters« oder die Berechtigung seiner Verurteilung gemacht. Sonderformen der erzwungenen Arbeit, wie der Einsatz von Bausoldaten[21] oder die Einweisung in Jugendwerkhöfe,[22] können dabei nicht berücksichtigt werden. Denn obwohl hier Betroffene in großer Zahl gegen ihren Willen Arbeiten verrichten mussten, lag dem kein gerichtliches Urteil zugrunde.

Während die Untersuchung der Zwangsarbeit im Nationalsozialismus durch die späte öffentliche Debatte über eine Entschädigung für die Betroffenen sowie die daraufhin eingerichtete Stiftung wieder Auftrieb erhielt,[23] kam die Erforschung der erzwungenen Häftlingsarbeit in der DDR über Jahre nicht aus den Kinderschuhen heraus. Den Anfang machten Uwe Bastian und Hildigund Neubert im Jahre 2003 mit ihrer vielbeachteten Pionierarbeit zum »System der Haftzwangsarbeit politischer Gefangener des SED-Staates«.[24] Auf fast 400 eigens erhobene Häftlingsberichte gestützt diskutierten sie den Arbeitseinsatz von Gefangenen in nahezu sämtlichen Haftanstalten und erörterten auch den völkerrechtlichen Hintergrund der Häftlingsarbeit, konnten aber nur partiell Zahlen zu in den einzelnen Betrieben beschäftigten Gefangenen ermitteln.

Ein Meilenstein in der Erforschung der Häftlingsarbeit war dann im Jahre 2011 Marcus Sonntags Dissertation über die Haftarbeitslager und Arbeitser-

21 Vgl. Vesting, Justus: »Mit dem Mut zum gesunden Risiko«. Die Arbeitsbedingungen von Strafgefangenen und Bausoldaten in den Betrieben der Region Bitterfeld, Buna und Leuna (Sachbeiträge Nr. 30. Hv. v. Landesbeauftragten für die Unterlagen des Staatssicherheitsdienstes der ehemaligen DDR in Sachsen-Anhalt). Magdeburg 2003.

22 Vgl. etwa Bastian; Neubert: Schamlos ausgebeutet, S. 58–61; Einweisung nach Torgau. Texte und Dokumente zur autoritären Jugendfürsorge in der DDR. Hg. v. Ministerium für Bildung, Jugend und Sport des Landes Brandenburg. Berlin 1997, S. 118–199; Gatzemann, Andreas: Die Erziehung zum »Neuen« Menschen im Jugendwerkhof Torgau. Ein Beitrag zum kulturellen Gedächtnis. Berlin 2008, S. 50–52.

23 Vgl. Seidel; Tenfelde: Einführung. In: Dies.: Zwangsarbeit im Europa des 20. Jahrhunderts, S. 7–19, hier 7.

24 Vgl. Bastian; Neubert: Schamlos ausgebeutet.

ziehungslager Sollstedt, Unterwellenborn und Regis. Der Autor beschreibt anschaulich Haftbedingungen und Häftlingsgesellschaft, hatte zu Delikten und Sozialstruktur der Insassen aber nur wenige Quellen an der Hand.[25] Hauptsächlich aus der Literatur gearbeitet ist schließlich die im gleichen Jahr erschienene Studie von Karin Schmidt, die ebenso die normativen Voraussetzungen der Häftlingsarbeit untersucht wie auch durch Zeitzeugeninterviews die Haftwirklichkeit abgefragt hat.[26] Erst im Jahr 2012 erschien Justus Vestings wegweisende Dissertation über das besonders düstere Kapitel der Häftlingsarbeit im Chemiedreieck Bitterfeld.[27] Der wichtige Aufsatz von Erik Eberle behandelt auf breiter Quellengrundlage vor allem den Arbeitseinsatz in der Ära Ulbricht – und bleibt damit außerhalb des hier betrachteten Untersuchungszeitraums.[28] Dagegen hat den Endzustand des DDR-Strafvollzugs im Jahre 1989 Birger Dölling eingehend untersucht und dabei auch eine nützliche Liste der Haftorte sowie der Arbeitseinsatzbetriebe erstellt.[29]

Wissenschaftliche Darstellungen der Häftlingsarbeit in der DDR nähern sich dem Thema fast ausschließlich über den ostdeutschen Strafvollzug, obwohl auch andere Zugänge hätten fruchtbar sein können. Aber die Untersuchungen zur Industriearbeiterschaft in der DDR etwa thematisieren den Sonderfall der Häftlingsarbeit nicht[30] und auch eine Studie zur Arbeitsplatzsicherheit in der DDR stützt sich nur auf wenige Angaben aus der Memoirenliteratur.[31] Gerade unternehmens- und industriegeschichtlich bleibt der Arbeitseinsatz von Gefangenen oft unterbelichtet[32] oder wird selbst in neueren

25 Vgl. Sonntag, Marcus: Die Arbeitslager in der DDR. Essen 2011.

26 Vgl. Schmidt: Frage der Zwangsarbeit.

27 Vgl. u. a. Vesting: Zwangsarbeit im Chemiedreieck, S. 14.

28 Vgl. Eberle, Henrik: GULag DDR? Ökonomische Aspekte des Strafvollzuges in den 50er und 60er Jahren. In: Timmermann, Heiner (Hg.): Die DDR – Recht und Justiz als politisches Instrument. Berlin 2000, S. 111–140.

29 Vgl. Dölling, Birger: Strafvollzug zwischen Wende und Wiedervereinigung. Kriminalpolitik und Gefangenenprotest im letzten Jahr der DDR. Berlin 2009.

30 Vgl. u. a. Hübner, Peter: Konsens, Konflikt und Kompromiß. Soziale Arbeiterinteressen und Sozialpolitik in der SBZ/DDR 1945–1970. Berlin 1995; Hübner, Peter; Tenfelde, Klaus (Hg.): Arbeiter in der SBZ – DDR. Essen 1999; Hürtgen, Renate; Reichel, Thomas (Hg.): Der Schein der Stabilität. DDR-Betriebsalltag in der Ära Honecker. Berlin 2001; Hübner, Peter; Kleßmann, Christoph; Tenfelde, Klaus (Hg.): Arbeiter im Staatssozialismus. Ideologischer Anspruch und soziale Wirklichkeit. Köln 2005.

31 Vgl. Wienhold, Lutz: Zwischen Anspruch und Wirklichkeit. Historischer Abriss zum Arbeitsschutz in der DDR. Norderstedt 2011.

32 Vgl. Heimann, Christian: Systembedingte Ursachen des Niedergangs der DDR-Wirtschaft. Das Beispiel der Textil- und Bekleidungsindustrie. Frankfurt/M. 1997, S. 311 f.; EKO Stahl GmbH Eisenhüttenstadt (Hg.): Einblicke – 50 Jahre EKO Stahl. Eisenhüttenstadt 2000, S. 121 f.; Jehmlich, Gerhard: Der VEB Pentacon Dresden. Geschichte der Dresdner Kamera- und Kinoproduktion nach 1945. Dresden 2009, S. 112–114; Karlsch, Rainer; Wagner, Paul Werner: Die AGFA-ORWO-Story. Geschichte der Filmfabrik Wolfen und ihrer Nachfolger. Berlin 2010, S. 180.

Arbeiten gänzlich ausgeblendet,[33] obwohl die Zahl der Häftlingsarbeiter in einigen Betrieben weit im dreistelligen Bereich lag. Oft werden die DDR-Geschäfte bundesdeutscher Unternehmen nicht erwähnt,[34] geschweige denn die damit oftmals verknüpfte Häftlingsarbeit, auch IKEA selbst betreffend,[35] obwohl diese seit Ende der siebziger Jahre im Westen allgemein bekannt war.

Im Zentralarchiv sowie in den Archiven der Außenstellen des Bundesbeauftragten für die Unterlagen des Staatssicherheitsdienstes der ehemaligen DDR ist die Überlieferungslage zur Häftlingsarbeit unterschiedlich dicht. Da die Haftanstalten in der DDR mehrheitlich dem Ministerium des Innern unterstanden, die meisten Betriebe zu den »volkseigenen« zählten und die Staatssicherheit die Häftlingsarbeit als solche nicht selbst organisierte, liegen die wichtigsten Überlieferungen in den »gewöhnlichen« staatlichen Archiven der Länder sowie des Bundes. Indes hatte die Staatssicherheit als Untersuchungsorgan die dem Arbeitseinsatz vorangehende Verurteilung der politischen Gefangenen meist selbst erwirkt, überwachte beim Arbeitseinsatz die Aufseher und die Betriebsangehörigen, führte Spitzel in deren Mitte wie auch unter den Gefangenen und überwachte den Westexport von Waren. Deswegen produzierte auch die ostdeutsche Geheimpolizei eine Vielzahl von Akten zum Thema. Die Überwachung des Arbeitseinsatzes und seine Abschirmung von der westlichen Öffentlichkeit war unterschiedlich intensiv, und da das Maß an Aktenvernichtung im Winter 1989/90 regional verschieden war, sind zum Arbeitseinsatz in manchen Haftanstalten nach heutigem Erschließungs- und Erkenntnisstand in den Archiven des Bundesbeauftragten vergleichsweise wenige Unterlagen überliefert. Auf der anderen Seite füllen etwa die personenbezogenen Überprüfungen aller Betriebsangehörigen, die mit Häftlingen in Berührung kamen,

33 Vgl. Blumtritt, Herbert: Die Geschichte der Dresdner Fotoindustrie. Stuttgart 2001; Mühlfriedel, Wolfgang; Hellmuth, Edith: Carl Zeiss in Jena 1945–1990. Köln 2004; Krombholz, Klaus: Landmaschinenbau der DDR. Licht und Schatten. Frankfurt/M. 2008; Strobel, Dietrich: Die Warnemünder Werft. Wolgast 2002; Zur Industriegeschichte der Bitterfelder Region, Heft 1–6; Strobel, Dietrich; Dame, Günter: Schiffbau zwischen Elbe und Oder. Herford 1993; Unger, Stefan: Eisen und Stahl für den Sozialismus. Modernisierungs- und Innovationsstrategien der Schwarzmetallindustrie in der DDR von 1949 bis 1971. Berlin 2000; Wienert, Helmut: Die Stahlindustrie der DDR. Berlin 1992; Fink, Sebastian: Das Stahl- und Walzwerk Riesa in den beiden deutschen Diktaturen 1933 bis 1963. Ein Vergleich. Leipzig 2012; Eckart, Karl: Die Eisen- und Stahlindustrie der beiden deutschen Staaten. Stuttgart 1988; Schütterle, Juliane: Kumpel, Kader und Genossen: Arbeiten und Leben im Uranbergbau der DDR. Die Wismut AG. Paderborn 2010.

34 Vgl. Schöllgen, Gregor: Gustav Schickedanz 1895–1977. Biographie eines Revolutionärs. Berlin 2010; Jungbluth, Rüdiger: Die Oetkers. Geschäfte und Geheimnisse des bekanntesten Wirtschaftsdynastie Deutschlands. Frankfurt/M. 2004; Neckermann, Josef: Erinnerungen. Aufgezeichnet von Weingart, Karin; Rowe, Harvey T. Frankfurt/M. 1990; Strunk, Peter: Die AEG. Aufstieg und Niedergang einer Industrielegende. Berlin 1999.

35 Vgl. Stenebo, Johan: Die Wahrheit über IKEA. Ein Manager packt aus. Frankfurt/M. 2010; Jungbluth, Rüdiger: Die 11 Geheimnisse des IKEA-Erfolges. Frankfurt/M. 2006; Torekull, Bertil; Kamprad, Ingvar: Das Geheimnis von IKEA. Hamburg 1998.

ganze Aktenbände,[36] denn in der Ära Honecker hatte die hypertrophe Geheimpolizei der DDR ihre Zuständigkeiten bereits so weit ausgedehnt, dass ihr bei der »Absicherung« des Strafvollzugs auch der Arbeitseinsatz immer mehr in den Blick geriet. Zu vielen wichtigen Fragen, wie der ungerechten Bezahlung oder der medizinischen Fehlbehandlung verunglückter Häftlingsarbeiter, geben die überlieferten Dokumente freilich nicht immer Aufschluss. In den Beständen anderer Archive zeichnen sich politisch heikle Vorfälle meist auch nicht ab, wie es der in der DDR üblichen Tendenz zum Verschweigen von Missständen und Nichtbenennen des eigentlich Offenkundigen entsprach.

Bei der obersten Gefängnisverwaltung des Ministeriums des Innern liefen seinerzeit die Fäden zusammen: Sie musste, entsprechend der Übereinkünfte mit der Staatlichen Plankommission, auch den Arbeitseinsatz der Gefangenen genehmigen und steuern. Die Unterlagen der Verwaltung Strafvollzug werden heute im Bundesarchiv Berlin-Lichterfelde verwahrt, waren jedoch von regelmäßiger Kassation bzw. sehr lückenhafter Ablieferung betroffen, sodass aus der Ära Honecker vergleichsweise wenige Schriftstücke überliefert sind.[37] Als oftmals wichtiger für die Rekonstruktion des Arbeitseinsatzes von Gefangenen erwiesen sich daher die Unterlagen der besagten Plankommission sowie verschiedener Industrieministerien, die ebenfalls im Bundesarchiv zu finden sind.

Recht ergiebig waren auch die Sachaktenbestände der Staatsarchive in verschiedenen Bundesländern, die die Unterlagen der Abteilungen Strafvollzug der Bezirksbehörden der Deutschen Volkspolizei (BDVP) verwahren, also der regionalen Schaltzentren des Gefängniswesens. Diese waren zwischen den Haftanstalten und der obersten Gefängnisverwaltung angesiedelt. Teilweise sind auch Dokumente der Haftanstalten selbst sowie der Volkseigenen Betriebe überliefert, die Insassen dieser Gefängnisse beschäftigten. Aufgrund der stark begrenzten Zeit für dieses Projekt konnten indes nicht alle Landesarchive aufgesucht werden. Es wurden die für den Arbeitseinsatz mutmaßlich wichtigsten Bestände, Landeshauptarchive und Staatsarchive in Potsdam, Merseburg, Chemnitz, Berlin und Leipzig, ausgewertet, in deren Einzugsbereich auch die exemplarisch näher beleuchteten Haftanstalten (in Kapitel 4.3 bis 4.5) lagen; im Hinblick auf eine besondere Problematik in der Haftanstalt Gräfentonna wurden außerdem Unterlagen des Staatsarchivs Weimar herange-

36 So für die Haftanstalt Plauen: BStU, MfS, BV Karl-Marx-Stadt, KD Plauen 68; BStU, MfS, BV Karl-Marx-Stadt, KD Plauen 69; für die Haftanstalt Hoheneck: BStU, MfS, BV Karl-Marx-Stadt, KD Stollberg 56, Bde. 1 u. 2.

37 Vgl. Risse, Kerstin (Berab.): Online-Findbuch zum Ministerium des Innern, Verwaltung Strafvollzug. Koblenz 2005; http://startext.net-build.de:8080/barch/MidosaSEARCH/DO1-24980/index.htm [13.2.2013].

zogen (für Kapitel 4.7). Im Zuge weiterer Forschungen wären auch alle weiteren Landesarchive noch aufzusuchen.[38]

Individuelle Gefangenenakten sind in verschiedenen Archiven überliefert,[39] aber oftmals ausgedünnt – so wurden beispielsweise die Arbeitsnachweise für die Zeit vor 1970 offenbar größtenteils entfernt, was individuelle Entschädigungsforderungen erschwert.[40] Zwar sollte allen Haftentlassenen in der DDR ihre vorangegangene versicherungspflichtige Beschäftigung bestätigt werden, doch schloss das die letzten Arbeitsvergütungen oft nicht mit ein.[41] Außerdem erfasste ein Datenbankprojekt des Ministeriums des Innern ab 1976 wichtige statistische Angaben zu Arbeitstauglichkeit, Belohnungen, Arbeitsleistungen, Unfällen sowie weiteren Faktoren.[42]

Wo die schriftlichen Quellen nicht weiterhelfen, bleibt der Rückgriff auf das Wissen von Zeitzeugen, die in der zeithistorischen Forschung zuletzt immer häufiger abgefragt werden.[43] Erst die Kombination von Häftlingsberichten und Sachaktenüberlieferung erlaubt eine Beschreibung der Haftwirklichkeit[44] bzw. in diesem Fall speziell der Arbeitsbedingungen. Dabei gilt es auch bei der Verwendung von Zeitzeugenberichten die üblichen Regeln der Quellenkritik zu beachten, also insbesondere nach Möglichkeit mehrere, in sich logische und plausible Aussagen heranzuziehen und die mögliche Motivation der Urheber sowie den Kontext der Aussagen zu berücksichtigen.[45] Quantitativ ist die Memoirenliteratur ehemaliger politischer Häftlinge aus der DDR aber schon

38 So liegen etwa allein im Landesarchiv Berlin zwei Kartons mit Unfallmeldungen der Arbeitseinsatzbetriebe der Haftanstalt Rummelsburg, die für dieses Projekt nicht ausgewertet werden konnten. Vgl. Hoffmeister, Heike: Strafvollzugsanstalt Rummelsburg 1951–1990. Berlin 2011, S. 39 u. 55.

39 Vgl. Bundesarchiv: Übersicht über den Verbleib der Gefangenenakten von Verhafteten und Gefangenen der DDR (Stand 11.5.2011); http://www.bundesarchiv.de/imperia/md/content/abteilungen/abtddr/_bersicht__ber_den_verbleib_der_unterlagen_zum_strafvollzug.pdf [10.10.2012]; Schröder, Wilhelm Heinz; Wilke, Jürgen: Politische Gefangene in der DDR – Quellen und Datenbestände. In: Gesellschaft Sozialwissenschaftlicher Infrastruktureinrichtungen e.V. (GESIS) (Hg.): Materialien zur Erforschung der DDR-Gesellschaft. Quellen. Daten. Instrumente. Opladen 1998, S. 183–200, hier 189.

40 Vgl. Schmidt: Frage der Zwangsarbeit, S. 9.

41 Vgl. Operativinformation der Verwaltung Strafvollzug Nr. 2/84 v. 26.3.1984; BStU, MfS, BV Dresden, Abt. VII, Bdl. 118, Bl. 108–114.

42 Vgl. Rathje, Ulf: Die Strafgefangenen- und Verhaftetendateien der Verwaltung Strafvollzug des Ministeriums des Innern der DDR. In: Historical Social Research Nr. 1/1997, S. 132–140.

43 Vgl. Sabrow, Martin: Der Zeitzeuge als Wanderer zwischen den Welten. In: Ders.; Frei, Norbert (Hg.): Die Geburt des Zeitzeugen nach 1945. Göttingen 2012, S. 13–32, hier 13.

44 Vgl. Eberhardt, Andreas: Leben in Gefangenschaft. Hafterfahrungen in schriftlichen und mündlichen Erzählungen. In: Baumann, Ulrich; Kury, Helmut (Hg.): Politisch motivierte Verfolgung: Opfer von SED-Unrecht. Berlin 1998, S. 171–181.

45 Vgl. Niethammer, Lutz: Fragen – Antworten – Fragen. In: Ders.; Plato, Alexander von (Hg.): »Wir kriegen jetzt andere Zeiten«. Auf der Suche nach der Erfahrung des Volkes in nachfaschistischen Ländern. Bd. 3, Berlin 1985, S. 392–445, hier 399–400.

seit Langem so umfangreich,[46] dass im Kontext dieses Projekts nur eine kurze Sichtung einiger exemplarischer Veröffentlichungen erfolgen konnte.

In vielen Arbeitskommandos wurde nur eine Handvoll Häftlingsarbeiter eingesetzt oder die Gefangenen waren (etwa im Verkehrswegebau) nur wenige Monate im Einsatz, sodass schon seinerzeit vermutlich relativ wenige Akten entstanden und solche heute kaum noch überliefert sind. Zudem haben sich viele ehemalige Insassen zurückgezogen oder sind verstorben, sodass auch Hildigund Neubert und Uwe Bastian bei ihrer Untersuchung vielfach keinen Zeitzeugen mehr finden konnten, der aus eigener Anschauung von den Haft- und Arbeitsbedingungen in einem bestimmten Arbeitskommando hätte berichten können. In diesem Fall bleiben oft nur wenige schriftliche Indizien, wie die bloße Erwähnung eines Arbeitskommandos in einer Liste von Betrieben, die von der Häftlingsarbeit an einem bestimmten Ort zeugen – weswegen auch die Auflistung der Arbeitseinsatzbetriebe und -kommandos am Ende dieser Studie zwangsläufig unvollständig bleibt.[47] Anders verhält es sich mit den großen Haftarbeitslagern, die oft über Jahrzehnte hinweg betrieben wurden und aus denen zahlreiche politische Gefangene eindrucksvoll berichten konnten. Die vormals Betroffenen schilderten nach ihrer Freilassung und Flucht bzw. nach ihrem Freikauf schon in der »alten« Bundesrepublik, lange vor Öffnung der Mauer und der Archive, glaubwürdig ihren Arbeitseinsatz – selbst aus der Hochsicherheitshaftanstalt Bautzen II, aus der eigentlich besonders wenige Informationen nach draußen dringen sollten.[48]

Die ehemaligen politischen Gefangenen empfanden die ostdeutschen Strafvollzugsanstalten in der Ära Honecker mehrheitlich als »straff organisierte Arbeitslager«,[49] in denen sie »schamlos ausgebeutet« wurden.[50] In den Details divergieren die Urteile aber zwangsläufig, abhängig von den unterschiedlich schweren Arbeitsbedingungen je nach Haftanstalt, Betrieb und Art der konkreten Tätigkeit, dem Zeitraum der Inhaftierung (sowie der Berichterstattung), der physischen und psychischen Widerstandsfähigkeit des Betroffenen sowie von vielen weiteren Faktoren. Im Tenor zeichnen die Zeitzeugen freilich ein ähnliches Bild, das von überwiegend hohen Arbeitsnormen, überdurchschnittlich vielen Unfällen sowie geringer Entlohnung gekennzeichnet ist. Ihre ein-

46 Vgl. Eberhardt, Andreas: Verschwiegene Jahre. Biographische Erzählungen von Gefangenschaft und dem Leben danach. Berlin 1998.

47 Siehe die einleitenden Bemerkungen zur Tabelle 17 im Anhang.

48 Vgl. Bericht von Stefan Hecker: 69. Pressekonferenz der Arbeitsgemeinschaft 13. August v. 16.6.1986: DDR-Haftwesen und Justiz; BStU, MfS, HA IX 1106, Bl. 2–26.

49 Stötzer, Gabriele: Zwangsarbeitsalltag. Nähkommando Esda im Frauengefängnis Hoheneck. In: Horch und Guck Nr. 2/2008, S. 36–39, hier 36.

50 Zit. nach: Bastian; Neubert: Schamlos ausgebeutet, S. 4.

drücklichen Schilderungen machen das mit dem Arbeitseinsatz verbundene Leid von Gefangenen in der DDR erst anschaulich.

Vorrangiges Ziel dieser Studie ist es aber, aus den Archiven einige »harte« Zahlen und Fakten zu ermitteln, die einen Überblick über den Arbeitseinsatz von Gefangenen in der DDR sowie den Westexport der entstandenen Erzeugnisse ermöglichen. In den gesichteten Unterlagen finden sich hierzu vereinzelt Unfallstatistiken, tabellarische Angaben zur Normerfüllung sowie weitere Zahlen, was selbstredend eine sorgsame Quellenkritik voraussetzt, welche die in der DDR häufige Tendenz zur Beschönigung und Verschleierung in Betracht zieht. Dies gilt auch für Daten zur Wirtschaftslage, deren Erhebung stets mit Vorsicht zu genießen ist.[51] Berechnungen des Ost-West-Handels beispielsweise unterschlugen stets die Aufwertungen der DM gegenüber anderen westlichen Währungen und gelangten zu einem anderen Schuldenstand für die DDR als ihn etwa die Bundesbank ermittelte.[52]

Nachfolgend werden im Kapitel 2 die Konzeption und die Durchführung des Arbeitseinsatzes von Gefangenen in der DDR skizziert; dazu zählen etwa die Unterscheidung von Innen- und Außenarbeitskommandos, die Bedeutung der Amnestien und die Rolle der Betriebsangehörigen bei der Anleitung der Häftlingsarbeiter. Anschließend werden in Kapitel 3 Entlohnung, Arbeitsunfälle sowie weitere Arbeitsbedingungen nachgezeichnet. In diesen beiden Überblickskapiteln finden verschiedene Haftanstalten und Arbeitseinsatzbetriebe Erwähnung, soweit Archivrecherchen und das Literaturstudium Erkenntnisse zutage förderten.

In Kapitel 4 wird der indirekte Arbeitseinsatz von Gefangenen für westliche Firmen untersucht, dem ein Exkurs über die deutsch-deutschen Wirtschaftsbeziehungen vorangestellt ist. Kurz werden die Geschäftskontakte des IKEA-Konzerns in die DDR beleuchtet, um den Anteil der Häftlingsarbeit auf Grundlage der überlieferten und diesem Forschungsprojekt zugänglichen Akten zu klären. Exemplarisch werden drei weitere Volkseigene Betriebe an drei verschiedenen Haftorten hervorgehoben (Zementwerke/Haftarbeitslager Rüdersdorf, Esda Thalheim/Haftanstalt Hoheneck und Elektro- und Metallwaren Zwintschöna/Haftanstalt Halle in Kapitel 4.3 bis 4.5), in denen Häftlinge ihre Arbeitskraft indirekt für westliche Firmen einsetzen mussten. Diese drei Haftorte und -betriebe können zwar hinsichtlich des Arbeitseinsatzes von Gefangenen in der DDR nicht im engeren Sinne als repräsentativ gelten, doch betreffen sie eine Männer-, eine Frauen- sowie eine Jugendhaftanstalt sowie

51 Vgl. Ciesla, Burghard: Hinter den Zahlen. Zur Wirtschaftsstatistik und Wirtschaftsberichterstattung in der DDR. In: Lüdtke, Alf; Becker, Peter (Hg.): Akten. Eingaben. Schaufenster. Die DDR und ihre Texte. Berlin 1997, S. 39–55, hier 45.

52 Vgl. Judt, Matthias: Der Bereich Kommerzielle Koordinierung. Das DDR-Wirtschaftsimperium des Alexander Schalck-Golodkowski – Mythos und Realität. Berlin 2013, S. 17 f.

baulich unterschiedliche Haftorte, nämlich mit Hoheneck ein klassisches Gefängnis und mit Rüdersdorf ein mehr oder weniger »typisches« Haftarbeitslager. Die Gefangenen waren an diesen Orten auch in ganz unterschiedlicher Weise in den Produktionsprozess eingespannt – mal fertigten sie die Waren fast komplett selbst und verpackten sie zum Schluss sogar noch für den Westexport (wie in Hoheneck), mal fertigten sie die Waren zwar in Gänze, konnten aber den Adressaten nicht erkennen (wie in Halle) oder wussten (wie in Rüdersdorf) wahrscheinlich nicht einmal, dass auch sie zum Westexport von Produkten indirekt beitrugen. Vermutlich konnten sie in den meisten Betrieben kaum absehen, zu welchen Endprodukten die von ihnen gefertigten Teile beitragen und wohin diese geliefert werden sollten – weswegen auch bis heute längst nicht in allen Fällen bekannt geworden ist, welchen Exportprodukten der DDR auch Häftlingsarbeit zugrunde lag. Die drei exemplarisch beleuchteten Haftorte waren zudem in verschiedenen Bezirken beheimatet und die Arbeitseinsatzbetriebe unterschiedlichen Industriezweigen zugeordnet, was den Häftlingen in der täglichen Praxis ganz verschiedene Tätigkeiten abverlangte. Ausgewählt wurden die Betriebe natürlich auch pragmatisch nach der Überlieferungslage sowie der Zugänglichkeit von Unterlagen.

Besonderes Augenmerk liegt in diesem Kapitel auf der wirtschaftlichen Bedeutung der Häftlingsarbeit (in Abgrenzung zur Arbeitsleistung der »freien« Beschäftigten der gleichen Betriebe) – was sich auch darin niederschlug, dass nach Amnestien die Produktion vielfach zusammenbrach, weil plötzlich Arbeitskräfte fehlten. Im Mittelpunkt stehen ferner der Grad der Exportorientierung dieser Betriebe und – wo immer die schriftlichen Unterlagen eine vage Einschätzung erlauben – die möglichen Umsätze und Gewinne beim Verkauf der Produkte in den Westen.

Ferner wurden für Kapitel 4.6 weitere Firmen ermittelt, die Waren oder Zwischenprodukte von solchen DDR-Betrieben bezogen, die ihrerseits Häftlinge zur Arbeit einsetzten. Einige dieser Firmen sind zumindest in der Szene der ehemaligen politischen Gefangenen sattsam bekannt, andere blieben der Öffentlichkeit bislang weitgehend verborgen. Eine vierte Haftanstalt wird (in Kapitel 4.7) zusätzlich kurz beleuchtet, da hier die Profitorientierung des DDR-Strafvollzugs zu dem ungewöhnlichen Versuch führte, aus der Verfügbarkeit von Strafgefangenen Kapital zu schlagen. Zudem wird die Rolle der Staatssicherheit bei der Überwachung und Verschleierung der Häftlingsarbeit untersucht (in Kapitel 4.8). Im Anhang ist noch eine Auflistung der bekannten Arbeitseinsatzbetriebe angefügt, die keinen Anspruch auf Vollständigkeit erhebt, jedoch die in der Ära Honecker wichtigsten Betriebe einschließt.

Zu danken hat der Autor den Mitarbeitern und Mitarbeiterinnen der vorgenannten Landesarchive sowie des Bundesarchivs, die binnen kürzester Zeit Unterlagen zur Verfügung gestellt haben. Im eigenen Hause gebührt der Dank ebenfalls zahlreichen Mitarbeitern und Mitarbeiterinnen des Archivs, die unzählige Personenrecherchen durchführten, Hunderte Akten aushoben und viele Seiten kopierten. Wesentlichen Anteil am Erscheinen des Buches hatten neben dem Initiator Roland Jahn die aufmerksamen Gutachter Dr. Helge Heidemeyer und Dr. Roger Engelmann, während Dr. Christian Adam mit seinem Team die rasche und fachkundige redaktionelle Betreuung des Textes übernahm. Namentlich erwähnt seien schließlich noch Roswitha Loos, die als Sachgebietsleiterin im Bereich Akteneinsicht für Forschung und Medien des Bundesbeauftragten bereits im Frühsommer 2012 unzählige Aktenkopien den Medien ausgehändigt hat, die anschließend auch der Autor nutzen konnte, sowie Doris Gorsler, die mit Recherchen und Schreibarbeiten viel Zeit in das Projekt investierte.

2 Der Arbeitseinsatz von Gefangenen

2.1 Konzeption und Prioritäten

Durch ihre Haftstrafe sollten die »Straftäter« im SED-Staat büßen, durch ihre Isolation von der übrigen Gesellschaft unschädlich gemacht, zur Anpassung und Konformität gezwungen werden und schließlich potenzielle Nachahmer abschrecken.[1] Dies galt für Gelegenheitstäter und kriminelle »Berufsverbrecher« ebenso wie für politisch Verfolgte und Gegner des Regimes. Gerade sie wurden nach Ermittlungen von Staatssicherheit und Kriminalpolizei mittels ihrer Verurteilung (durch eine in weiten Teilen abhängige Justiz) »aus dem Verkehr gezogen«, was den Machthabern eine Festigung ihre Herrschaft ermöglichte.[2]

Die solchermaßen Verurteilten nicht nur eine Haftstrafe verbüßen zu lassen, sondern sie dabei auch zur Arbeit zu zwingen, hatte eine repressive, eine wirtschaftliche und eine erzieherische Funktion und stand somit unter dem Zeichen unterschiedlicher politischer Prioritäten der SED-Führung. Repressiv war der Arbeitseinsatz schon deswegen, weil er »die Strafgefangenen kontinuierlich und intensiv belasten« sollte.[3] Harte Arbeit sollte dem Häftling seine »Verbrechen« vor Augen führen und ihn für diese zusätzlich büßen lassen. Politische Gefangene zur Arbeit einzusetzen war insoweit ein nützlicher Nebeneffekt der Herrschaftssicherung, die ohnehin die Inhaftierung zahlreicher Gegner des Regimes »erforderte«.

Doch auch an eine erzieherische Funktion des Arbeitseinsatzes glaubten die Verantwortlichen. Bereits Ende der vierziger Jahre in den Haftanstalten der Justizverwaltung und dann verstärkt wieder ab den sechziger Jahren unter der

1 Vgl. u. a. § 2 des Strafvollzugs- und Wiedereingliederungsgesetz (SVWG) v. 12.1.1968 mit eingearbeiteter 1. Durchführungsbestimmung (Strafvollzugsordnung) v. 15.1.1968. Hg. als Arbeitsmaterial von der Verwaltung Strafvollzug des MdI; BStU, MfS, BdL/Dok., Nr. 10068; Buchholz, Erich; Tunnat, Hans; Mehner, Heinrich: Die Hauptaufgaben des sozialistischen Strafvollzugs im System der Kriminalitätsbekämpfung in der Deutschen Demokratischen Republik. Hg. v. d. Publikationsabteilung des Ministeriums des Innern. Berlin 1969, S. 37.

2 Vgl. Thesen zum Thema »Ziel und Inhalt der politisch-ideologischen Arbeit im Organ Strafvollzug« [Vortrag von Schmidt-Bock auf der Schulungs- und Arbeitstagung des Leiters der VSV 22.11.–2.12.1965], 32 S.; BArch DO 1 32/36357.

3 [Liste der Haftanstalten mit Arbeitsplätzen für Gefangene nach der Amnestie von 1972] (Anlage 3 zur GVS B 2-175/73); BArch DO 1/3784, o. Pag.

Verantwortung des Ministeriums des Innern wurde der Arbeitseinsatz der Gefangenen als pädagogisch notwendig interpretiert. Der VI. SED-Parteitag von 1963 erklärte die »Erziehung der Menschen der sozialistischen Epoche« zu einer »Hauptfrage«.[4] Und darunter wurde auch verstanden Häftlinge »so umzuerziehen, dass sie künftig [...] verantwortungsbewusst einer geregelten Arbeit nachgehen«.[5] Die erzwungene Arbeit sollte das Verantwortungs- und Pflichtbewusstsein der Gefangenen schärfen, ihre Arbeitsdisziplin erhöhen und ihnen Freude und Stolz bei der bzw. auf die Arbeit vermitteln.[6]

Folglich galt eine hohe Arbeitsleistung als Indikator für den angeblich erreichten Bewusstseinswandel[7] und »als entscheidendes Kriterium der individuellen Entwicklung« des Gefangenen.[8] Deswegen wurde eine Ablehnung der Arbeit streng bestraft wie auch moralisch abqualifiziert; als etwa ein Häftling aus dem Haftarbeitslager Rüdersdorf floh, auch um sich nach eigener Aussage der harten Arbeit im Zementwerk zu entziehen, hielt man ihn für »charakterlich und moralisch so verkommen, dass er nur unter strenger Aufsicht und durch harte Arbeit erzogen werden kann«.[9] Je härter die Arbeit, desto schneller und nachhaltiger würde die Umerziehung gelingen[10] – so die vulgärpsychologische Annahme der obersten Gefängnisverwaltung.

Allenfalls in dem Sinne, dass der Arbeitseinsatz einem jahrelangen beschäftigungslosen Dahinvegetieren in den Zellen abhalf, den in oft völlig überfüllten Haftanstalten zwangsläufig erwachsenden Aggressionen ein Ventil bot und den Insassen alternativ eine pädagogisch sinnvolle (Frei-)Zeitgestaltung ja nicht gestattet war, konnte die Beschäftigung teilweise auch im Interesse der Gefangenen liegen. Denn wenn einmal keine Arbeit zur Verfügung stand, entwickelten sich schnell explosive Stimmungslagen – im Jugendhaus Dessau beispielweise kam es Anfang 1984 zu erheblichem Leerlauf unter den insgesamt 1 738 jugendlichen Insassen (darunter 96 Ausreisewillige), vermutlich weil es an Arbeitsmaterial mangelte. »Während dieser Zeit sind die SG [Strafgefangenen] in ihren Verwahrbereichen und wissen nicht, was sie vor langer

4 Ulbricht, Walter: Das Programm des Sozialismus und die geschichtliche Aufgabe der Sozialistischen Einheitspartei Deutschlands. In: Protokoll der Verhandlungen des VI. Parteitages der SED. Berlin 1963, Bd. I, S. 28–251, hier 29.

5 Referat des Ministers des Innern und Chefs der DVVP Dickel auf der Arbeitstagung zu Problemen des Strafvollzugs v. 11.8.1965, 51 S.; BArch DO 1 32/36357.

6 Vgl. Schmidt: Frage der Zwangsarbeit, S. 47.

7 Vgl. Sonntag: Arbeitslager in der DDR, S. 63.

8 Erziehungsprogramm 1967 des Leiters der StVA Brandenburg v. 28.4.1967; BLHA, Bez. Pdm. Rep. 404/15.1/707, Bl. 99–108.

9 Ferner erhielt er 21 Tage strengen Einzelarrest und sollte »in die ›Strenge Vollzugsart‹ in die Gruppe des Besserungsunwilligen« verlegt werden. Abschlussbericht über die versuchte Entweichung des Strafgefangenen v. 23.5.1972; BStU, MfS, BV Frankfurt/O., AGMS 1747/80, Bl. 33 f.

10 Vgl. Sonntag: Arbeitslager in der DDR, S. 140.

Weile anstellen sollen. Durch diese Situation kommt es unter anderem auch zu einer Erhöhung der Vorkommnisse, wie zum Beispiel auch das Schlagen der SG untereinander«,[11] wie die Staatssicherheit unter Verkennung der eigentlichen Ursachen (wie der repressiven Strukturen im DDR-Strafvollzug und der hohen Belegung) diagnostizierte. Natürlich rechtfertigte auch eine zeitweilige Unterbeschäftigung nicht, in der übrigen Zeit die Arbeitskraft der Gefangenen unter oft extremen Bedingungen auszubeuten.

Eine erzieherische Wirkung hatte der Arbeitseinsatz vor allem in der Wahrnehmung der Verantwortlichen in SED und Strafvollzugsverwaltung, denn das Hauptmotiv für den massenhaften Arbeitseinsatz der Gefangenen lag in Wirklichkeit nicht so sehr in seiner erzieherischen Funktion als vielmehr seinem wirtschaftlichen Nutzen.[12] Die Häftlinge hatten in den unzähligen Betrieben »primär das vorgegebene Plansoll zu erfüllen«.[13] Als Beleg hierfür mag gelten, dass etwaige Kollisionen erzieherischer und ökonomischer Prioritäten zumeist zugunsten der letzteren entschieden wurden. Die pädagogisch sinnvolle Trennung der Gefangenen nach Delikten, Rückfallhäufigkeit und Lebensalter etwa wurde immer wieder hinten angestellt, sobald der Arbeitseinsatz eine gegenläufige Praxis zu erfordern schien.[14]

Gleichwohl war auch der wirtschaftliche Nutzen nicht immer das oberste Gebot, veranlasste die SED-Führung doch (in der Ära Honecker seltener als unter Ulbricht) allgemeine Amnestien. Diese waren in ihren volkswirtschaftlichen Auswirkungen verheerend (wie noch zu zeigen sein wird), gehorchten aber zum einen der Notwendigkeit, die völlig überfüllten Gefängnisse von Zeit zu Zeit zu leeren, und zum anderen dem Interesse Ostberlins an internationaler Anerkennung und innerdeutscher Entspannung, also dem Primat der Politik.

Doch auch zur »Landesverteidigung« im weitesten Sinne mussten die Gefangenen einen Beitrag leisten. Im VEB Döbelner Beschläge und Metallwaren (Haftanstalt Waldheim) beispielsweise waren Häftlinge an der »Waffenproduktion« (vermutlich durch Zuarbeiten) beteiligt, wenngleich die SED-Kreisleitung auf Übernahme der Aufgaben durch »freie« Arbeiter des Betriebes drängte.[15] In den Haftanstalten Bautzen I und Brandenburg-Görden erledigten außerdem zusammengenommen 30 Häftlingsarbeiter strategisch wichtige Zeichen-, Ent-

11 Vgl. Auskunftsbericht zur Lage im Jugendhaus Dessau v. 28.3.1984; BStU, MfS, HA VII 8482, Bl. 49 f.

12 Vgl. Finn, Gerhard; Fricke, Karl Wilhelm: Politischer Strafvollzug in der DDR. Köln 1981, S. 20.

13 Borchert, Jens: Erziehung im DDR-Strafvollzug. Theoretische und gesetzliche Grundlagen sowie die Durchführung in der Strafvollzugseinrichtung Torgau. Herbolzheim 2002, S. 56.

14 Vgl. Heitmann, Clemens; Sonntag, Marcus: Soldaten und Strafgefangene als Stützen der DDR-Staatswirtschaft. In: Deutschland Archiv 3/2009, S. 451–458, hier 454.

15 Vgl. Information des IM »Ernst« der KD Döbeln v. 9.12.1983; BStU, MfS, BV Leipzig, AIM 1754/92, Teil II, Bd. 1, Bl. 48.

wicklungs- und Übersetzungsarbeiten für die NVA.[16] In letztgenannter Haftanstalt wurden auch Uniformen sowie Bauteile für Panzer produziert – was auch stets Vorrang hatte, selbst wenn vertragliche Bindungen mit anderen Betrieben existierten und die Arbeitskraft der Gefangenen dort lukrativer hätte eingesetzt werden können.[17] Doch zwischen militärischen und volkswirtschaftlichen Aufgaben musste immer wieder abgewogen werden, je nach lokalem, zeitlichem und situativem Kontext. So musste auch das Militärgefängnis Schwedt offenbar Häftlinge abstellen, als auf dem Gelände des Kernkraftwerkes Lubmin die Errichtung weiterer Reaktorblöcke vorbereitet wurde.[18] Im Falle eines militärischen Konflikts wäre der – soweit mögliche – Beitrag der Häftlingsarbeiter zur »Landesverteidigung« auch noch wichtiger geworden gegenüber der Planerfüllung in der Volkswirtschaft.[19] Das fortwährende Misstrauen in die Zuverlässigkeit von Gefangenen und die ihnen stets unterstellten Sabotageabsichten standen jedoch einer stärkeren Verwendung von Häftlingsarbeitern in echten Kernbereichen der »Landesverteidigung« entgegen.[20]

Dass der volkswirtschaftliche Nutzen nicht alles diktierte, zeigt auch der Umstand, dass beispielsweise Untersuchungshäftlinge meist nicht zur Arbeit gezwungen oder ihnen nur ineffiziente Zellenarbeiten anvertraut wurden. Eine bessere Ausnutzung ihrer Arbeitskraft wäre in begrenztem Umfang möglich gewesen, doch sollten sie im Interesse des gegen sie geführten Ermittlungsverfahrens disponibel für Vernehmungen bleiben sowie sich nicht mit ihren Mittätern absprechen können, was bei einem Arbeitseinsatz in großem Stile unvermeidbar gewesen wäre. Deswegen konnten sie nur in Abhängigkeit vom Stand des Verfahrens, nach Zustimmung des Untersuchungsorgans, unter Gewährleistung von Sicherheit und Ordnung sowie mit einem schriftlichen Einverständnis des Betroffenen zur Arbeit eingesetzt werden – welches dieser aus Angst vor Nachteilen kaum verweigert haben dürfte.[21] Lediglich in Phasen akuten Mangels von Häftlingsarbeitern nach allgemeinen Amnestien wurden

16 Vgl. Gefangenenstatistik des Ministeriums des Innern von 1964; BArch DO 1/3367, o. Pag.

17 Vgl. Vorlage des Leiters der HVDVP für das Kollegium [des MdI] betr. die Einschätzung der weiteren Entwicklung im Dienstzweig Strafvollzug unter besonderer Berücksichtigung der Arbeitserziehung v. 1.12.1961; BArch DO 1 11/1477, Bl. 129–137.

18 Vgl. Information des Stellvertreters des Vorsitzenden des Rat des Bezirks Frankfurt/O. betr. Wiedereingliederung o. D. [1972]; BLHA, Rep. 601 Nr. 20949, Bl. 147–150.

19 Vgl. Schmidt: Frage der Zwangsarbeit, S. 291.

20 Um die Versorgung der Besatzungstruppen besorgt hatten beispielsweise sowjetische Kontrolloffiziere 1953 den Abzug von 200 Häftlingsarbeitern aus dem Zweigbetrieb Saßnitz des VEB Fischkombinat Rostock gefordert, da hier produzierte Fischkonserven auch an die sowjetischen Besatzer geliefert wurden. Vgl. Schreiben Marons an den Leiter der Abteilung für administrative Angelegenheiten der SKK Chrenow v. 4.6.1953; BArch DO 1 11/1583, Bl. 187.

21 Vgl. Ordnung des Ministers des Innern über die Durchführung der Untersuchungshaft v. 4.7.1980; BStU, MfS, BdL/Dok., Nr. 10017, Bl. 16.

auch Untersuchungshäftlinge in größerem Stil zur Arbeit eingesetzt, so nach der Amnestie vom Herbst 1972 im I. Quartal des Folgejahres mindestens 335 Untersuchungsgefangene in der gesamten DDR.[22] Und auch nach der Amnestie von 1987 gelang es den Verantwortlichen, 60 Prozent der Verhafteten der Untersuchungshaftanstalten Görlitz und Dresden zur Arbeit einzusetzen.[23] In diesen Phasen wurden die genannten gesetzlichen Voraussetzungen für ihren Arbeitseinsatz mitunter erheblich strapaziert.[24]

22 Vgl. Ministerium für Elektrotechnik und Elektronik: Betrifft Arbeitseinsatz von Strafgefangenen in ausgewählten Betrieben (Anlage 1 zur GVS B 2-183/73); BArch DO 1/3784, o. Pag.

23 Zuarbeit der Abt. Strafvollzug der BDVP Dresden zur komplexen Lageeinschätzung v. 10.7.1989; BStU, MfS, BV Dresden, Abt. VII 7380, Bl. 2–9.

24 Vgl. Operativinformation der Verwaltung Strafvollzug Nr. 1/88 v. 11.1.1988; BStU, MfS, BV Neubrandenburg, Abt. VII 681, Bl. 5–9.

2.2 Schwerpunkte des Arbeitseinsatzes und Zahl der Häftlingsarbeiter

Der Arbeitseinsatz der Gefangenen erfolgte hauptsächlich in der elektrotechnischen Industrie, im Erzbergbau sowie der Fahrzeugindustrie; in diesen Feldern zusammengenommen arbeitete Ende der achtziger Jahre fast jeder zweite Gefangene. Hingegen waren in der Landwirtschaft sowie für das Verkehrswesen (siehe Abb. 1 eines Außenkommandos der Haftanstalt Bützow-Dreibergen in früheren Jahren) vergleichsweise wenige Häftlinge tätig.[1] In der Aufstellung (Tabelle 1) sind die Häftlingsarbeiter der dem Ministerium des Innern unterstellten Betriebe nicht enthalten – im Jahre 1987 immerhin 981 Häftlinge im ministeriumseigenen Wohnungsbau (Bauinvestitionen und Rekonstruktionen/BIR), 766 mussten in weiteren Bauhöfen und -kommandos der BDVP tätig sein, 314 Häftlinge arbeiteten alte NVA-Uniformen zu Häftlingskleidung um und produzierten Bett- und Leibwäsche, 245 schreinerten Zellenmöbel und anderes Mobiliar (wie etwa in der Haftanstalt Magdeburg; siehe Abb. 2), 129 fertigten Schlösser und Schlüssel für die Volkspolizei (Produktionseinrichtung/PE Forschung/ Entwicklung) und 54 arbeiteten in der ministeriumseigenen Druckerei. Ebenfalls in Tabelle 1 nicht berücksichtigt sind die 3 350 Kalfaktoren, die in den verschiedenen Haftanstalten logistische Aufgaben übernahmen, das heißt für die anderen Gefangenen unter Überwachung das Essen zubereiteten, die Wäsche wuschen oder sie auf den Krankenstationen pflegten.[2]

Wie aus Tabelle 1 ersichtlich, verschoben sich von Beginn der siebziger bis zum Ende der achtziger Jahre die Schwerpunkte des Arbeitseinsatzes nur leicht. Der Neuzuschnitt etlicher Ministerien am Anfang der siebziger Jahre, der sukzessive Strukturwandel der gesamten Volkswirtschaft sowie die Zusammenlegung oder Schließung Volkseigener Betriebe mussten sich auch auf den Arbeitseinsatz von Gefangenen auswirken. Die landesweit insgesamt kontinuierliche Entwicklung verdeckt freilich regionale Veränderungen; so schlossen Volkseigene Betriebe entsprechend ihrer Produktionspläne mit Haftanstalten neue Vereinbarungen über den Einsatz von Arbeitskräften oder kündigten alte Verträge auf. Im Raum Bitterfeld etwa wurden ab den siebziger Jahren die Häftlinge statt in der Braunkohle zunehmend in der Chemieindustrie eingesetzt.[3]

1 Vgl. Anlage 4 zum Bericht über die Arbeit des Organs Strafvollzug (Anlage Nr. 24 zum Protokoll Nr. 11/77 v. 15.3.1977); BArch DY 30/IV 2/2-039/218.

2 Vgl. Übersicht [von Dickel] über den Arbeitseinsatz Strafgefangener in der Volkswirtschaft o. D. [14.7.1987]; BArch DY 30/IV 2/2-039/191, Bl. 69–84.

3 Vgl. Vesting: Zwangsarbeit im Chemiedreieck, S. 73 f.

Den Interessen der Volkswirtschaft zuwider liefen hingegen die Amnestien, wenn die dramatisch einbrechende Zahl von Häftlingsarbeitern dazu führte, dass vielen Betrieben vorübergehend gar keine Kräfte mehr zur Verfügung gestellt werden konnten – und in einigen Fällen die Produktion auch nicht wieder aufgenommen wurde.

Bestimmte Bereiche der Volkswirtschaft waren zum Arbeitseinsatz Gefangener geradezu prädestiniert, wie etwa die kräftezehrende Förderung von Braunkohle oder die gefährliche Herstellung von Eisenwaren. In anderen Sektoren hingegen ließen spezifische Umstände einen Einsatz Gefangener kaum zu – obwohl etwa jeden Herbst die Landwirtschaft händeringend nach Erntehelfern suchte. Die Häftlingsarbeiter ließen sich auf Feldern, Wiesen und Plantagen schwer bewachen, weswegen hierzu über die Jahre immer weniger Gefangene eingesetzt wurden. Vermeintliche Sicherheitsrisiken für die Konsumenten standen auch einem Einsatz in der Nahrungsmittelindustrie entgegen.

Da Häftlinge vorzugsweise zu besonders schweren, gefährlichen oder monotonen Tätigkeiten verpflichtet wurden,[4] ergaben sich deutliche Schwerpunkte beim Arbeitseinsatz. Die Gefangenen stellten in einigen Betrieben einen erheblichen Teil der Belegschaft; so waren es vor der Amnestie von 1987 beim VEB Metallwaren Naumburg 80 Prozent, in dem Holzverarbeitungswerk Burg rund 50 Prozent und in den Getriebewerken Brandenburg rund 40 Prozent der Mitarbeiter, die Häftlingskleidung trugen.[5] Im Gleisbau der Braunkohlewerke Bitterfeld, Geiseltal, Deuben und Röblingen stellten die zusammen mindestens 450 Häftlingsarbeiter ebenfalls 50 Prozent der Gleisbauarbeiter, sodass ihr Beitrag für die Energieversorgung nicht zu unterschätzen ist.[6] Im VEB Elektronische Bauelemente »Carl von Ossietzky« Teltow (EBT) dagegen stellten die Gefangenen nur 90[7] der 1 509 überwiegend weiblichen Mitarbeiter (6 %).[8] Fast immer waren die Häftlingsarbeiter einer Haftanstalt entsprechend den lokalen Interessen der Volkswirtschaft verschiedenen Betrieben zugeordnet; im Haftarbeitslager Volkstedt (siehe Abb. 3) beispielsweise arbeiteten die Insassen

4 Vgl. für die Ära Ulbricht: Ebenda, S. 120.

5 Vgl. Übersicht [von Dickel] über den Arbeitseinsatz Strafgefangener in der Volkswirtschaft o. D. [14.7.1987]; BArch DY 30/IV 2/2-039/191, Bl. 69–84.

6 Vgl. Information der Abt. Industrie über die Auswirkungen der allgemeinen Amnestie in der Industrie des Bezirkes Halle v. 6.8.1987; LHASA, MER, P 516 SED-Bezirksleitung Halle IV/F-2/5/243, Bl. 71–79.

7 Vgl. Stand Oktober 1972: geplant 110, tatsächlich 90. Vgl. Ministerium für Elektrotechnik und Elektronik: Betrifft Arbeitseinsatz von Strafgefangenen in ausgewählten Betrieben (Anlage 1 zur GVS B 2-183/73); BArch DO 1/3784, o. Pag.

8 Vgl. BArch DY 34/21545.

Tabelle 1: Arbeitseinsatz von Häftlingen nach Bereichen der Volkswirtschaft (1972/1977/1987)

Ministerium	1972			1977			1987		Industrielle Warenproduktion (in Mark)
	Zahl der VEB	Zahl der Häftlinge	in %	Zahl der VEB	Zahl der Häftlinge	in %	Zahl der Häftlinge	in %	
Elektrotechnik, Elektronik	29	4 113	(20,5)	23	4 330	19,6	4 314	22,2	410 261 400
Landmaschinenbau, Fahrzeugbau	k. A.	k. A.	k. A.	10	3 150	14,2	2 715	14,0	276 659 500
Erzbergbau, Metallurgie, Kali	11	2 722	(13,5)	12	2 540	11,5	1 988	10,2	704 746 000
Schwermaschinenbau	13	2 033	(10,1)	10	2 160	9,8	1 380	7,1	140 622 000
Kohle, Energie	12	2 074	(10,3)	15	1 960	8,9	1 814	9,3	514 450 400
Chemie	k. A.	k. A.	k. A.	9	1 810	8,2	1 538	7,9	463 399 400
Leichtindustrie	13	2 037	(10,1)	6	1 530	6,9	1 364	7,0	153 040 800
Bezirksgeleitete Industrie und Lebensmittelindustrie	13	831	(4,1)	8	1 310	5,9	1 491	7,6	193 830 000

Ministerium	1972[9]			1977[10]			1987[11]		Industrielle Warenproduktion (in Mark)
	Zahl der VEB	Zahl der Häftlinge	in %	Zahl der VEB	Zahl der Häftlinge	in %	Zahl der Häftlinge	in %	
Bauwesen	13	3 035	(15,1)	7	1 310	5,9	706	3,6	57 609 000
Örtliche Versorgungswirtschaft	k. A.	k. A.	k. A.	3	810	3,6	804	4,1	k. A.
Werkzeug-, Verarbeitungsmaschinenbau	13	2 478	(12,3)	5	730	3,3	415	2,1	42 288 500
Verkehrswesen	10	704	(3,5)	4	310	1,4	416	2,1	k. A.
Land-, Forst- und Nahrungsgüterwirtschaft	k. A.	k. A.	k. A.	2	120	0,5	323	1,6	k. A.
Glas, Keramik	k. A.	k. A.	k. A.	1	60	0,3	71	0,3	k. A.
sonstige	k. A.	k. A.	k. A.	k. A.	k. A.	k. A.	43	0,2	k. A.
Gesamt	≥127	≥20 027	~100,0	≥115	22 130	~100,0	19 382	~100,0	≥2 899 296 000

9 Stand Oktober 1972: geplante bzw. vereinbarte Zahl von Strafgefangenen im Arbeitseinsatz. Vgl. Ministerium für Bauwesen, Ministerium für Elektrotechnik und Elektronik, Ministerium für Erzbergbau, Metallurgie und Kali, Ministerium für Kohle und Energie, Ministerium für Verarbeitungsmaschinen- und Fahrzeugbau, Ministerium für Leichtindustrie, Ministerium für Bezirksgeleitete Industrie und Lebensmittelindustrie, Ministerium für Verkehrswesen, Ministerium für Schwermaschinen- und Anlagenbau: Betrifft Arbeitseinsatz von Strafgefangenen in ausgewählten Betrieben (Anlage 1 zur GVS B 2-183/73); BArch DO 1/3784, o. Pag.

10 Vgl. Anlage 4 zum Bericht über die Arbeit des Organs Strafvollzug (Anlage Nr. 24 zum Protokoll Nr. 11/77 v. 15.3.1977); BArch DY 30/IV 2/2-039/218.

11 Vgl. Übersicht [von Dickel] über den Arbeitseinsatz Strafgefangener in der Volkswirtschaft o. D. [14.7.1987]; BArch DY 30/IV 2/2-039/191, Bl. 69–84. Außerdem erbrachten außerhalb der Industrie (vermutlich in den eigenen Werkstätten des Ministeriums des Innern) 2 292 Häftlinge eine Wirtschaftsleistung von rund 55 Millionen Mark.

ausschließlich im Mansfeldkombinat, waren dort aber in ganz unterschiedlichen Bereichen tätig (450 im Bergbau, 160 im Walzwerk, 100 in der Hütte und 150 im Anlagen- und Bahnbau).[12] Hatten in der ersten Hälfte der fünfziger Jahre noch viele Haftanstalten mit eigenen Maschinen Waren produziert und die Ergebnisse dieser Arbeit dann an Dritte verkauft (sogenannte B-Betriebe), existierten in der Folgezeit vor allem sogenannte A-Betriebe. Diese stellten »Maschinen sowie Material und bezahlt[en] an [den] Strafvollzug die Arbeitsleistungen der Strafgefangenen wie [für] eigene Betriebsarbeiter«. Die Arbeit konnte innerhalb der Haftanstalten und Haftarbeitslager in sogenannten Innenarbeitskommandos, aber auch außerhalb der Gefängnismauern erbracht werden. In diesem Fall wurden die Häftlinge täglich in die Werkhallen der Betriebe gebracht (Außenarbeitskommandos) oder auch vor Ort zeitweise in Baracken untergebracht (Standkommandos).[13] Als sogenannte C-Betriebe galten schließlich anstaltseigene Werkstätten, die meist der Versorgung der Haftanstalt oder der Beschäftigten des Ministeriums des Innern dienten oder Reparaturen ausführten.[14] Weil diese Hausarbeiter am einfachsten zu kontrollieren waren und den geringsten Lohn erhielten, sollten neu eingewiesene Häftlinge gewissermaßen zur Bewährung erst hier eingesetzt und später in A-Betriebe verlegt werden.[15] In der Praxis wurden in den späteren Jahren freilich die meisten Gefangenen gleich auf jene A-Betriebe verteilt, die einen entsprechenden Bedarf meldeten. So waren im Jahre 1960 in Strafvollzugsanstalten, Haftarbeitslagern, Standkommandos und Untersuchungshaftanstalten (einschließlich derer der Staatssicherheit) von den im Jahresdurchschnitt inhaftierten 24 313 arbeitsfähigen Häftlingen 20 897 (85,9 %) im Arbeitseinsatz, davon 16 273 (77,9 %) in A-Betrieben, 3 328 (15,9 %) als C-Beschäftigte und nur noch 1 296 (6,2 %) in B-Betrieben.[16]

Hatten seinerzeit wegen der hohen Häftlingszahlen sowie der stärkeren Trennung der Insassen nach Erst- und Rückfalltätern, Delikten und Alter noch 1 400 Gefangene in Bautzen, Brandenburg-Görden, Cottbus, Torgau

12 Vgl. Geheime Chefvorlage der BDVP Halle v. 30.10.1974 (mit Anlagen); LHASA, MER, M 555 Nr. 589 BDVP Halle 19.1. Nr. 374, Bl. 144–169.

13 Vgl. Quartalsbericht III/56 der Abt. Produktion der Verwaltung Strafvollzug v. 16.10.1956; BArch DO 1 11/1472, Bl. 94–96. Eine abweichende Interpretation der B-Betriebe als Außenarbeitseinsatzbetriebe mit einer schwierigeren Bewachung der Gefangenen bei Vesting: Zwangsarbeit im Chemiedreieck, S. 75 f.

14 Auskunftsbericht der AG Strafvollzug der BDVP Potsdam über Struktur und Funktion sowie Hauptaufgaben und Arbeitsweise des Strafvollzugs im Bezirk v. 19.5.1969; BLHA, Bez. Pdm. Rep. 404/15.1/250, Bl. 190–199.

15 Schreiben der Abt. Produktion der Verwaltung Strafvollzug an die Bezirksverwaltung Strafvollzug Erfurt betr. Arbeitsbelohnung Strafgefangener o. D. [9.1956]; BArch DO 1 11/1585, Bl. 132.

16 Vgl. Statistischer Jahresbericht der Verwaltung Strafvollzug 1960 v. 15.3.1961; BArch DO 1 32/280/1.

und Waldheim nicht beschäftigt werden können (obwohl in Haftarbeitslagern in der Zementindustrie und im Bergbau gleichzeitig Arbeitskräfte fehlten),[17] sanken mit dem Gnadenakt des Jahres 1960 die Häftlingszahlen – wodurch die Quote der beschäftigten Gefangenen anstieg. Im Jahr des Mauerbaus mussten so in der gesamten DDR 85,6 Prozent aller Strafgefangenen bzw. 92,6 Prozent aller für arbeitsfähig befundenen Häftlinge auch tatsächlich arbeiten.[18] Auch weiterhin erschwerten die stark schwankenden Häftlingszahlen den systematischen Arbeitseinsatz; in der Haftanstalt Brandenburg-Görden etwa standen zu Beginn des Jahres 1967 rund 85 Prozent aller Häftlinge im Arbeitseinsatz, während 5 Prozent krank waren oder als arbeitsunfähig galten.[19] Weitere 10 Prozent der Insassen hätten zur Arbeit eingesetzt werden können, doch mangelte es an entsprechenden Möglichkeiten.[20]

Deswegen wurden in Brandenburg-Görden die Sicherheitsbedenken gegen einen Außenarbeitseinsatz erneut hinten angestellt und wieder Außenkommandos eingerichtet – insbesondere für den Gleisbau der Reichsbahn (154 Gefangene) und das Reichsbahnausbesserungswerk Potsdam (RAW mit 68 Häftlingen).[21] Den kurzfristigen Einsatz kleinerer Kommandos durften die Haftanstalten bei entsprechender Notwendigkeit mit örtlichen Betrieben vereinbaren; etwa 60 Erwachsene oder 23 Jugendliche umfassten diese Kommandos im Durchschnitt. Eine längerfristige Verwendung insbesondere größerer Arbeitskommandos musste jedoch die oberste Gefängnisverwaltung mit der Staatlichen Plankommission sowie den jeweiligen (Industrie-)Ministerien abstimmen, worauf noch zurückzukommen sein wird. Von diesen Arbeitskommandos existierten im Sommer 1975 insgesamt 133, die durchschnittlich 90 Häftlingsarbeiter umfassten und in der Summe fast 90 Prozent aller Häftlingsarbeiter einschlossen. Infolge entsprechender Überprüfungen wurden seinerzeit hingegen 19 lokal vereinbarte Arbeitskommandos wieder aufgelöst.[22]

17 Vgl. Bericht der Verwaltung Strafvollzug über die Lage im Dienstzweig Strafvollzug v. 4.10.1960; BArch DO 1 11/1476, Bl. 150–169.

18 Vgl. Verwaltung Strafvollzug: Stand der Erfüllung der ökonomischen Aufgaben und die Perspektive für 1962 v. 18.10.1961; BArch DO 1 11/1477, Bl. 123–128.

19 Vgl. Jahresbericht des Vollzugsdienstes 1966 der StVE Brandenburg v. 10.1.1967; BLHA, Bez. Pdm. Rep. 404/15.1/707, Bl. 44–67.

20 Schreiben der AG Bildung/Erziehung der StVA Brandenburg an den Leiter der Dienststelle v. 14.9.1967; BLHA, Bez. Pdm. Rep. 404/15.1/700, Bl. 154–160.

21 Vgl. [Aufstellung der Arbeitsbetriebe der] Strafvollzugsanstalt Brandenburg o. D. [Juli 1967]; BLHA, Bez. Pdm. Rep. 404/15.1/707, Bl. 140 f.

22 Vgl. Verwaltung Strafvollzug: Einschätzung der Lage in den Vollzugseinrichtungen des Organs (Ergebnisse der Überprüfungen der Vollzugseinrichtungen gemäß Befehl 84/74 des Ministers des Innern) v. 8.5.1975; BArch DO 1 32/280/1.

Seinerzeit waren bei sehr hohen Häftlingszahlen besonders viele Gefangene zur Arbeit eingesetzt, etwa 39 000 Insassen im I. Quartal des Jahres 1975.[23] Indes war gerade bei solch hohen Belegungszahlen der Arbeitseinsatz wirklich sämtlicher Gefangenen in der Praxis kaum zu bewerkstelligen. Zwar übermittelte die oberste Gefängnisverwaltung dem Politbüro Anfang 1974 die Erfolgsmeldung, dass »der Arbeitseinsatz aller arbeitsfähigen Strafgefangenen [...] gesichert« sei.[24] Doch davon konnte in der Realität gar nicht die Rede sein; in der Praxis lag der Anteil der arbeitenden Gefangenen in den siebziger Jahren bei einer Größenordnung von etwa 80 Prozent – in Abhängigkeit von Amnestien und Häftlingszahlen (siehe Tabelle 2). Um nicht noch höhere Zahlen »untätiger« Gefangener »nach oben« melden zu müssen, wurden händeringend Beschäftigungsmöglichkeiten für Gefangene gesucht – so verfügte beispielsweise allein das kleine Haftarbeitslager Thale seinerzeit über 28 Außenarbeitskommandos.[25] In einzelnen Haftanstalten wie Brandenburg-Görden mussten sogar 97,5 Prozent der Häftlinge arbeiten.[26] Weil entsprechende Statistiken fehlen, lässt sich die untenstehende Tabelle 2 für die achtziger Jahre nicht fortführen; da die meisten Arbeitsmöglichkeiten aber bereits ausgeschöpft waren, dürfte der Anteil der tatsächlich zur Arbeit gezwungenen Häftlinge ähnlich hoch gewesen sein.

Über die Schwerpunkte beim Arbeitseinsatz entschied die Staatliche Plankommission in Abstimmung mit den zuständigen (Industrie-)Ministerien.[27] Den schlussendlichen Festlegungen gingen Verhandlungen auch mit der obersten Gefängnisverwaltung voraus.[28] Dabei wurde geklärt, wie viele Gefangene zu welchem Zeitpunkt mit welcher Qualifikation in welchem Betrieb zum Innen- oder Außenarbeitseinsatz gelangen konnten, welche logistischen und sicherheitsmäßigen Voraussetzungen die Betriebe erfüllen müssten, wie zuverlässig sie die bestellten Kontingente an Häftlingsarbeitern in der Vergangenheit auch tatsächlich abgefordert hatten und wie sie die Gefangenen behandelten – was nicht selten Interessenkonflikte auslöste. So stellte die oberste Gefängnis-

23 Vgl. Verwaltung Strafvollzug: Einschätzung der Lage in den Vollzugseinrichtungen des Organs (Ergebnisse der Überprüfungen der Vollzugseinrichtungen gemäß Befehl 84/74 des Ministers des Innern) v. 8.5.1975; ebenda.

24 Bericht über die Arbeit des Organs Strafvollzug (Anlage Nr. 24 zum Protokoll Nr. 11/77 der Sitzung des Politbüros des Zentralkomitees v. 15.3.1977); BArch DY 30 J IV 2/2-1663, Bl. 379–394.

25 Vgl. Einschätzung des Standes der Sicherheit in den StVE durch das Dezernat I/4 der BDVP Halle v. 7.1.1975; LHASA, MER, M 555 BDVP Halle 19.1. Nr. 382, Bl. 32–44.

26 Vgl. [Handschriftlicher] Komplexrapport vom Ltr. StVE an Chef BDVP v. 5.3.1986; BStU, MfS, BV Potsdam, AIM 1983/89, Bd. II, Bl. 162–169.

27 Vgl. Beschluss des Präsidium des Ministerrats v. 22.7.1976; BArch DC 20/I/4 3601, Bl. 93–98.

28 Vgl. u. a. Festlegungsprotokoll des Ministeriums für Allgemeinen Maschinen-, Landmaschinen und Fahrzeugbau v. 14.1.1986; SächsStAC 30441 BDVP Karl-Marx-Stadt Abgabe 1999/1 Nr. 2228, o. Pag.

verwaltung meist Fragen der Ausbruchssicherheit in den Vordergrund (weil gelungene Fluchten vor allem ihr angelastet wurden) und wollte teilweise auch die Arbeitsbedingungen verbessert wissen, während die Staatliche Plankommission vor allem die Arbeitskraft der Gefangenen bestmöglich ausbeuten wollte und die Betroffenen gern flexibel einsetzte.[29] So hatte beispielsweise die oberste Gefängnisverwaltung nach Vorgaben der Staatlichen Plankommission mit dem Kombinat Elektromaschinenbau Dresden vereinbart, dass das Kombinat Häftlinge aus Torgau in den VEB Elektromotorenwerke Thurm und Elektromotorenwerke Dessau einsetzen könne. Offenbar weil dort aber nicht immer genug Arbeit bereitlag, hatte das Kombinat dann »entgegen den Absprachen« die Häftlingsarbeiter auch im VEB Finsterwalder Maschinen-, Aggregate- und Generatorenwerk (FIMAG), VEB Elektromotorenwerk Grünhain und VEB Sachsenwerk Dresden eingesetzt. »Diese Zersplitterung in der Zuführung von Ausgangsmaterial, Werkzeugen und Hilfsmitteln wirkt sich äußerst negativ auf den Erziehungs- und Vollzugsprozess aus«, kritisierte die Strafvollzugsverwaltung. Das Kombinat habe Absprachen ständig gebrochen – und wenn einmal alle verfügbaren Häftlinge abgefordert würden, ginge meist zwei Tage später das Material aus.[30]

Die Grundzüge des Arbeitseinsatzes, die Rechte und Pflichten der Betriebsangehörigen wie auch die Abrechnung der Arbeitsleistungen waren in der sogenannten Arbeitseinsatzordnung festgelegt.[31] Die Chefs der BDVP und die Leiter der Haftanstalten luden dann in regelmäßigen Abständen die Direktoren der Arbeitseinsatzbetriebe zu »Konferenzen«, um die Rahmenbedingungen des Arbeitseinsatzes festzulegen, die Prioritäten des Gefängniswesens deutlich zu machen und um sich der gemeinsamen politisch-ideologischen Gesinnung zu versichern.[32] Bei der Gelegenheit wurden die kooperationswilligsten Betriebs-

29 Vgl. Schreiben des Leiters der HA VII an den Stellvertreter des Ministers Mittig v. 30.1.1979; BStU, MfS, HA VII/8, ZMA 57/79, Bl. 1–5.

30 Schreiben der Strafvollzugseinrichtung Torgau betr. Ökonomischer Konferenz v. 23.9.1977; SächsStAL 20250 BDVP Leipzig 1068, o. Pag.

31 Vgl. Anordnung des MdI über den Einsatz Strafgefangener zu gesellschaftlich nützlicher Arbeit in der Volkswirtschaft – Arbeitseinsatzordnung – v. 30.7.1976 (BStU, MfS, BdL/Dok., Nr. 9132) bzw. v. 11.5.1977 (BStU, MfS, BdL/Dok., Nr. 9474) bzw. v. 1.2.1989 (BStU, MfS, BdL/Dok., Nr. 12011).

32 Vorgesehen waren solche Beratungen jährlich. Vgl. Anweisung 156/71 des Ministers des Innern über die Maßnahmen zur Durchsetzung der Anordnung über den Einsatz Strafgefangener zu gesellschaftlich nützlicher Arbeit v. 20.2.1971; BStU, MfS, BdL/Dok., Nr. 10916. In der Praxis fanden sie jedoch seltener statt. Vgl. Ausführungen des 1. Stellvertreters des Chefs der BDVP zur Anweisung 156/71 des MdI, Ziffer 9, Absatz 2 in Beratung mit den Direktoren der Betriebe und mit dem Leiter des StVA Brandenburg v. 21.6.1971; BLHA, Bez. Pdm. Rep. 404/15.1/392, Bl. 14–28.

Tabelle 2: Zahl und Anteil der Häftlinge im Arbeitseinsatz in der gesamten DDR (1971–79)[33]

Jahr	1971	1972	1973	1974	1975
Häftlingsarbeiter in Betrieben	20 080	3 634	22 925	31 197	29 891
Hausarbeiter	2 518	887	3 137	3 807	3 609
sonstige	335	403	988	1 360	1 518
Arbeitseinsatz gesamt	22 933	4 924	27 050	36 364	35 018
Zahl aller Strafgefangenen	30 248	6 074	35 960	43 053	40 397
Anteil der Häftlingsarbeiter an allen Strafgefangenen in %	75,8	81,0	75,2	84,4	86,6

Jahr	1976	1977	1978	1979	Durchschnittswert[34]
Häftlingsarbeiter in Betrieben	24 247	19 778	18 818	20 943	23 484
Hausarbeiter	3 450	3 400	2 614	2 843	3 172
sonstige	1 490	1 093	1 119	1 080	1 122
Arbeitseinsatz gesamt	29 187	24 271	22 551	24 866	27 778
Zahl aller Strafgefangenen	33 738	28 760	31 832	32 810	34 599
Anteil der Häftlingsarbeiter an allen Strafgefangenen in %	86,5	84,3	70,8	75,7	80,2

leiter ausgezeichnet und mit Geschenken im Sachwert von bis zu 100 Mark bedacht.[35] Ebenso kooperierten die Gefängnisleitungen sowie die mittleren leitenden Kader der Haftanstalten mit ihrem jeweiligen Pendant im Betrieb (siehe Abb. 3). Die Betriebe traten dabei als Verhandlungspartner der Haftanstalten auf und regelten in formellen Vereinbarungen die Details des Arbeitseinsatzes der Insassen[36] – bis hin zu der warmen Mahlzeit, die der Betrieb insbesondere für Häftlingsarbeiter in Außenarbeitskommandos zu liefern hat-

33 Ausschließlich Strafgefangene; Stichtag jeweils 31.12., für 1979 20.4., für 1972 31.1.1973 (nach Abschluss der Amnestie). Durchschnittswert gebildet aus den Jahren 1971 sowie 1973 bis 1979. Vgl. Anlage 1 zur Information der HA VII über die Entwicklung des Gefangenenbestandes im Strafvollzug der DDR v. 19.5.1979; BStU, MfS, HA VII 1386 (Wg. 10-13), S. 456.

34 Durchschnittswert gebildet aus den Jahren 1971 sowie 1973 bis 1979.

35 Vgl. Ökonomische Konferenz des Chefs der BDVP 1989 v. 28.7.1989; SächsStAL 20250 BDVP Leipzig 1133, o. Pag.

36 Vgl. Instruktion 52/71 des Leiters der Verwaltung Strafvollzug über den Abschluss von Vereinbarungen über den Arbeitseinsatz Strafgefangener v. 20.2.1971; BStU, MfS, BdL/Dok., Nr. 11213; Vereinbarung zwischen der Strafvollzugseinrichtung Berlin und dem VEB Kombinat Rewatex v. 4.5.1988; LAB, C Rep. 303 Nr. 358, o. Pag.; Vesting: Zwangsarbeit im Chemiedreieck, S. 74. Siehe auch u. a.: Vereinbarung zwischen der Strafvollzugsanstalt Leipzig und dem VEB Maschinen- und Apparatebau Schkeuditz v. 10.11.1971; SächsStAL 20250 BDVP Leipzig Nr. 610, Bl. 1–9.

te,[37] der Haftanstalt jedoch in Rechnung stellte.[38] Es wurden ferner regelmäßige Arbeitstreffen zwischen den leitenden Mitarbeitern der jeweiligen Betriebe und der Gefängnisse durchgeführt, in denen die Disziplin der Gefangenen, die maximale Ausnutzung ihrer Arbeitskraft, die Zwischenstände bei der Planerfüllung und praktische Details des Arbeitseinsatzes diskutiert wurden.[39]

Dabei waren die Betriebe vor allem an der schnellen Einweisung günstiger Arbeitskräfte auf unbeliebte Arbeitsplätze interessiert, während die Gefängnisleitungen vor allem die Disziplin gewahrt wissen wollten. Insbesondere bei dem Vollzug von Arreststrafen kollidierte dieses Anliegen der Aufseher mit den Interessen der Betriebe, denn etliche Arbeitsstunden gingen dadurch verloren (siehe Tabelle 3). Der DDR-typische Mangel an Arbeitskräften, noch dazu für oftmals schwere, gefährliche und gesundheitsschädliche Tätigkeiten, brachte die Gefängnisleitungen bei den Verhandlungen meist in eine günstige Position; sie konnten beispielsweise den Betrieben sogar quartalsweise die Kosten für die Reinigung der Arbeitskleidung der Häftlinge in Rechnung stellen.[40] Die Gefängnisleiter konnten auch jederzeit den Arbeitseinsatz abbrechen, wenn sie Ordnung und Sicherheit im Betrieb nicht länger gewährleistet sahen – und ihn erst wieder aufnehmen, wenn die beklagten Mängel abgestellt waren. Auch mussten sie Überstunden für die Gefangenen zustimmen.[41]

Auch der Arbeitseinsatz von Gefangenen als Hausarbeiter wurde akribisch geplant und haushaltsmäßig abgerechnet.[42] Während in den Arbeitseinsatzbetrieben vor allem die Erfüllung der Normen durch den einzelnen Gefangenen oder seine Brigade kontrolliert wurde, weil sich daraus auch ihr Lohn errechnete (siehe Kapitel 3.7), mussten die nach Zeitlohn bezahlten Hausarbeiter ihre Arbeitsver-

37 Vgl. etwa Anlage 6 zur Vereinbarung zwischen der StVE Rüdersdorf und dem VEB Zementwerk über die Versorgung der Strafgefangenen v. 14.8.1989; BLHA, Rep. 672/16.2 Nr. 143, o. Pag.; Vereinbarung zwischen dem Jugendhaus Halle und dem VEB Zieh-, Press- und Stanzwerk Zwintschöna v. 28.6.1974; LHASA, MER, BDVP Halle M 558–19 BDVP Halle 19.1. Nr. 1256, Bl. 160–167.

38 Vgl. Instruktion 52/71 des Leiters der Verwaltung Strafvollzug über den Abschluss von Vereinbarungen über den Arbeitseinsatz Strafgefangener v. 20.2.1971; BStU, MfS, BdL/Dok., Nr. 11213.

39 Vgl. u. a. Einschätzung des Zusammenwirkens zwischen dem AEB Esda und der StVE Hoheneck v. 5.11.1984; SächsStAC 30461 StVE Stollberg 67, o. Pag.; Protokoll über die gemeinsame Beratung der Leitungskader des Jugendhauses Halle und dem VEB Ziehpresta v. 18.6.1975; LHASA, MER, BDVP Halle M 558–19 BDVP Halle 19.1. Nr. 1256, Bl. 104–108.

40 Vgl. Anlage 7 zur Vereinbarung zwischen der StVE Rüdersdorf und dem VEB Zementwerk von 1989; BLHA, Rep. 672/16.2 Nr. 143, o. Pag.

41 Vgl. Vereinbarung zwischen dem Jugendhaus Halle und dem VEB Zieh-, Press- und Stanzwerk Zwintschöna v. 28.6.1974; LHASA, MER, BDVP Halle M 558–19 BDVP Halle 19.1. Nr. 1256, Bl. 160–167.

42 Vgl. u. a. Präzisierter Arbeitskräfteplan der StVE Karl-Marx-Stadt v. 13.8.1985; SächsStAC 30441 BDVP Karl-Marx-Stadt Abgabe 1999/1 Nr. 2228, o. Pag.

richtungen akribisch protokollieren.[43] Dabei kam in relativ kleinen Haftanstalten wie Bautzen II den vergleichsweise wenigen Hausarbeitern eine breitere Palette von Aufgaben zu als in den größeren Gefängnissen.[44] Die Hausarbeiter mussten im Allgemeinen beispielsweise das Essen ausgeben, die Gänge reinigen und bohnern, eingegangene Zeitungen und Zeitschriften erfassen, Bücher ausgeben, den Wäschetausch durchführen, neueingelieferte Häftlinge mit Geschirr und Besteck versorgen oder ihren Mitinsassen die Haare schneiden.[45]

Trotz massenhafter, systematisch organisierter und hochgradig arbeitsteiliger Ausbeutung der Arbeitskraft von Gefangenen wurden besonders nach Amnestien auch in den kleinen Untersuchungshaftanstalten kleinteilige Arbeitsaufträge vergeben, teilweise bis hin zur Zellenarbeit. So ließ beispielsweise der VEB Elektroinstallation Ruhla mit seinen bis zu 800 Beschäftigten[46] durch mindestens 244 Häftlinge[47] an wenigstens acht verschiedenen Haftorten überwiegend elektrische Kleinteile herstellen, so in den Untersuchungshaftanstalten Gotha (Klemmleisten, Buchsenklemmleisten), Erfurt (Netzstecker), Rudolstadt (Lüsterklemmen) und Gera sowie weitere Teile in den Haftanstalten Untermaßfeld, Gräfentonna und Halle sowie dem Haftarbeitslager Raßnitz.[48] Immer wieder wurden Häftlinge auch zu wirtschaftlich unsinnigen Sonderaufgaben herangezogen, die ausgebildete Kräfte viel effizienter erledigt hätten (während die Häftlinge bei der Arbeit zusätzlich bewacht werden mussten); siehe auch die Einleitung zur Tabelle 17 im Anhang. Selbst in jenen Haftanstalten, in denen große Arbeitseinsatzbetriebe existierten, wurden einzelne Gefangene mit solchen Sonderaufgaben betraut, wie dem Knüpfen von Webteppichen mit Emblemen von Staat und Partei in Hoheneck[49]. Der dortige Gefängnisleiter wachte außerdem persönlich darüber, dass in seiner Haftanstalt 14 Frauen durch die Herstellung von erzgebirgischem Weihnachtsschmuck, der vor Weihnachten an Aufseher und Betriebsangehörige verkauft wurde,

43 Vgl. Arbeitsnachweisbuch [eines Hausarbeiters in Bautzen II] von 1985; BStU, MfS, BV Dresden, KD Bautzen 8707.

44 Vgl. Funktionsplan Strafgefangener [...] o. D.; BStU, MfS, BV Dresden, KD Bautzen 8778, Bl. 18–21.

45 Vgl. Vorschlag für den Funktionsverteilungsplan der Hausarbeiter v. 8.4.1979; BStU, MfS, BV Dresden, KD Bautzen 8778, Bl. 1–4.

46 Vgl. http://de.wikipedia.org/wiki/Wirtschaftsgeschichte_der_Stadt_Ruhla.

47 Vgl. Zahl der bei der Amnestie von 1987 allein im Bezirk Erfurt zu entlassenden Häftlinge. Vgl. Bericht der Abt. 8 der HA VII über den Einsatz in der BV Erfurt, Abt. VII v. 14.8.1987; BStU, MfS, HA VII/AKG PK 1/8.1.5., Bd. 4, Bl. 11–18.

48 Vgl. Schreiben der Inspektion Erfurt der staatlichen Finanzrevision v. 2.12.1981; ThHStAW BDVP Erfurt Altregistratur Nr. 2357, o. Pag.

49 Vgl. Thiemann, Ellen: Stell dich mit den Schergen gut. Erinnerungen an die DDR. Meine Wiederbegegnung mit dem Zuchthaus Hoheneck. München 1990, S. 135–218.

einen jährlichen Umsatz von 300 000 Mark erwirtschafteten; auch eine Kontrollbrigade der Staatssicherheit störte sich nicht an diesem Gebaren.[50]

Hingegen geriet ein leitender Mitarbeiter der Haftanstalt Halle 1987 auch deswegen ins Visier der Staatssicherheit, weil er eine »illegale Souvenirproduktion« in der Haftanstalt betrieb.[51] Gerade in den gefängniseigenen Werkstätten wurden oft halblegale Sonderaufträge durch Aufseher erteilt, die das handwerkliche Geschick einiger Gefangener ausnutzten. Kurzfristig gereichte dies beiden Parteien zum Vorteil – den Insassen, weil sie dadurch in den Genuss verschiedener Vergünstigungen kamen, vor allem jedoch den Aufsehern, denn sie zahlten niedrige Löhne und zweigten das Material oft im Betrieb oder in der Haftanstalt ab. Da sie dabei am längeren Hebel saßen und die missliche Lage der Häftlinge ausnutzten, zählt dies zu den strukturbedingten Schattenseiten des DDR-Strafvollzugs. So bezog beispielsweise ein leitender Mitarbeiter der Haftanstalt Waldheim vom VEB Kreisbaubetrieb Döbeln begehrte Baustoffe im Austausch für Produkte aus der Souvenirwerkstatt der Haftanstalt.[52] Auch eine Hohenecker Aufseherin ließ im VEB Esda Thalheim Häftlinge »für private Zwecke Näharbeiten« verrichten und verkaufte verbilligte Strumpfhosen an Kolleginnen.[53] Der Leiter der Haftanstalt Brandenburg-Görden überspannte hingegen den Bogen, als er Ende der siebziger Jahre für sich sowie einige leitende Offiziere zehn Eigenheime durch Häftlingsarbeiter errichten ließ; dies führte letztlich zu seiner Berentung.[54]

Ungeachtet solcher kleinteiliger, teils illegaler Arbeitsaufträge waren die meisten Gefangenen möglichst gewinnbringend in die ostdeutsche Volkswirtschaft eingebunden. So lässt sich aus dem überlieferten Plansoll der Häftlingsarbeiter oder aus verdichteten Angaben der Betriebe mitunter errechnen, welche Arbeitsleistungen die Gefangenen gegenständlich zu erbringen hatten. Im Jugendhaus Hohenleuben beispielsweise sollten im Jahr 1988 290 Häftlingsarbeiterinnen für den VEB Wäscheunion Mittweida 15 Millionen Taschentücher nähen. Rein rechnerisch blieben der einzelnen Inhaftierten damit etwa drei Minuten zur Herstellung eines Taschentuchs, das monatliche Soll einer

50 Vgl. Bericht der HA VII zum Komplexeinsatz in der BV Karl-Marx-Stadt v. 14.5.1984; BStU, MfS, HA VII 8482, Bl. 228–243.

51 Vgl. Bericht der Abt. 8 der HA VII über die Durchführung eines Einsatzes in der BV Halle v. 19.3.1987; BStU, MfS, HA VII 4963, Bl. 27–36.

52 Vgl. Einleitungsbericht zur OPK »Kratzer« v. 4.8.1987; BStU, MfS, BV Leipzig, AOPK 1993/92, Bl. 10–15.

53 Erscheinungen und Unsicherheitsfaktoren, die die Ordnung in der StVA Hoheneck beeinträchtigen von Dezember 1971; BStU, MfS, BV Karl-Marx-Stadt, AKG 2738, Bl. 10–18.

54 Vgl. Wunschik, Tobias: »Überall wird der Stalinismus beseitigt, nur in unserer Dienststelle nicht!« Das autokratische Regime des Leiters der Haftanstalt Brandenburg-Görden Fritz Ackermann. In: Timmermann, Heiner (Hg.): Die DDR – Analysen eines aufgegebenen Staates. Berlin 2001, S. 321–342.

Näherin lag damit bei fast 1 000 Taschentüchern. Bei einer gesamten Wertschöpfung von 16 Millionen DDR-Mark[55] und unter Vernachlässigung sämtlicher Kosten erwirtschafteten die Frauen somit 20 Mark in der Stunde, womit sie monatlich etwa den Lohn eines Tages erhielten (und davon für den Eigenbedarf etwa den Lohn von zwei Stunden verwenden durften) und den Rest der Zeit für den Strafvollzug arbeiteten. Allein die 500 im Chemiekombinat Bitterfeld eingesetzten Gefangenen machten in den achtziger Jahren eine Milliarde DDR-Mark Umsatz jährlich.[56] Und in Brandenburg-Görden produzierten rund 2 400 Gefangene im Arbeitseinsatz immer noch Waren im Wert von 600 Millionen Mark jährlich.[57] Alle zu Jahresbeginn 1987 etwa 28 000 Häftlingsarbeiter sollten zusammengenommen im Jahresverlauf eine Wirtschaftsleistung von 12,4 Milliarden Mark erbringen;[58] zum Vergleich lag die industrielle Warenproduktion damals bei 450 Milliarden Mark und der Anteil des Arbeitseinsatzes Gefangener somit bei 2,7 Prozent.[59] Anderen Berechnungen zufolge erbrachten die Gefangenen zuletzt zwischen 0,2 und 0,94 Prozent der gesamten Wirtschaftsleistung der DDR.[60] In dieser Größenordnung ist die Wirtschaftsleistung der Häftlingsarbeiter auch deswegen zu veranschlagen, weil ihr Anteil an allen 8,5 Millionen »Werktätigen« in der DDR selten mehr als 0,4 Prozent betrug.[61]

55 Vgl. Schreiben der Abt. Leicht-, Lebensmittel- und Bezirksgeleitete Industrie an Abt. Planung und Finanzen [des ZK der SED] v. 24.3.1988; BArch DY 30/25489, o. Pag.

56 Vgl. Vesting: Zwangsarbeit im Chemiedreieck, S. 118.

57 Vgl. [Handschriftlicher] Komplexrapport vom Ltr. StVE an Chef BDVP v. 5.3.1986; BStU, MfS, BV Potsdam, AIM 1983/89, Bd. II, Bl. 162–169.

58 Vgl. 3. Information des Generalstaatsanwalts über die Durchführung des Beschlusses des Staatsrates v. 9.9.1987; BArch DY 30 vorl. SED 42554, zit. nach: Raschka: Justizpolitik im SED-Staat, S. 239.

59 Vgl. Statistisches Jahrbuch der Deutschen Demokratischen Republik. Hg. v. d. Staatlichen Zentralverwaltung für Statistik. Berlin (Ost) 1988, S. 103.

60 Bastian und Neubert ermittelten einen Wert zwischen 0,2 und 0,94 %. Vgl. Bastian; Neubert: Schamlos ausgebeutet, S. 50. Eberle kommt auf 0,5 % des Bruttoinlandsprodukts. Vgl. Eberle: Ökonomische Aspekte des Strafvollzuges, S. 140.

61 Vgl. Statistisches Jahrbuch der Deutschen Demokratischen Republik 1988, S. 112.

2.3 Arbeitseinsatz innerhalb und außerhalb der Gefängnismauern

Etwa die Hälfte der Gefangenen arbeitete in der Ära Honecker in den Werkhallen der Arbeitseinsatzbetriebe (AEB) auf dem Gelände der Haftanstalten (oder auch Haftarbeitslager), während die andere Hälfte der Insassen außerhalb der Gefängnismauern in den Stammbetrieben eingesetzt wurde. Zur letzten Gruppe zählten im Jahre 1975 17 900 Häftlinge (45,8 %), zur erstgenannten 21 100 Gefangene (53,8 %).[1] Im Jahre 1977 handelt es sich dann um 10 750 und 11 380 Häftlingsarbeiter (48,6 bzw. 51,4 %).[2] Zehn Jahre später waren prozentual wieder etwas mehr Gefangene innerhalb der Haftanstalten beschäftigt (11 221 Personen bzw. 57,7 %), während bei einer fast unveränderten Gesamtzahl von Strafgefangenen »nur« noch 8 220 Häftlinge (42,3 %) außerhalb der Gefängnismauern arbeiteten. Da für die jetzt gesondert ausgewiesenen Produktionseinrichtungen des Ministeriums des Innern (C-Betriebe) 3 807 Häftlinge innerhalb und 1 747 außerhalb der Gefängnisse arbeiteten, ergab sich bei dieser Zählweise sogar ein Anteil von 60,1 Prozent aller beschäftigten Häftlinge, die auf dem Gelände der Gefängnisse arbeiten mussten.[3] Die leichte Steigerung im Vergleich zum Beginn der Ära Honecker wurde durch insgesamt etwas geringere Häftlingszahlen sowie die Errichtung neuer Produktionshallen auf dem Gelände einiger Haftanstalten ermöglicht; da Ausbrüche hier leichter zu verhindern waren, bevorzugten die Verantwortlichen den Arbeitseinsatz von Gefangenen innerhalb der Gefängnisse.

Die annähernd gleichgewichtige Verteilung des Arbeitseinsatzes von Häftlingen innerhalb wie außerhalb der Gefängnismauern galt jedoch nur im größeren Maßstab, während große Asymmetrien in den Bezirken und vor allem in einzelnen Haftanstalten herrschten – je nach Art des Gefängnisses, seiner geographischen Lage, der Vollzugsart und seiner Einbindung in die Volkswirtschaft. Im Bezirk Halle beispielsweise standen im Jahr 1982 von 8 351 Strafgefangenen 4 468 im Außenarbeitseinsatz (in 62 verschiedenen Außenarbeitskommandos) sowie 3 883 Strafgefangene im Innenarbeitseinsatz (in 71 Innenarbeitskommandos). Während in Haftanstalten mit »erleichtertem Vollzug« sehr viele Häftlinge zur Arbeit ausrücken »durften« (in der Haftanstalt Thale etwa 500 von 560 Insassen und in Dessau 837 von 1 191 Häftlingen), waren es in der Haftanstalt Halle lediglich 138 von 647 Gefangenen, da hier der

1 Vgl. Verwaltung Strafvollzug: Einschätzung der Lage in den Vollzugseinrichtungen des Organs (Ergebnisse der Überprüfungen der Vollzugseinrichtungen gemäß Befehl 84/74 des Ministers des Innern) v. 8.5.1975; BArch DO 1 32/280/1.

2 Vgl. Anlage 4 zum Bericht über die Arbeit des Organs Strafvollzug (Anlage Nr. 24 zum Protokoll Nr. 11/77 v. 15.3.1977); BArch DY 30/IV 2/2-039/218.

3 Vgl. Übersicht [von Dickel] über den Arbeitseinsatz Strafgefangener in der Volkswirtschaft o. D. [14.7.1987]; BArch DY 30/IV 2/2-039/191, Bl. 69–84.

strengere »allgemeine Vollzug« herrschte. Ausnahmen bildeten das der gleichen Vollzugsart zugeordnete Haftarbeitslager Volkstedt, wo 510 von 644 Gefangenen zum Außenarbeitseinsatz kamen (vermutlich weil die Fluchtmöglichkeiten hier so gering waren und der schwere Arbeitseinsatz der härteren Vollzugsart als angemessen galt), sowie das Jugendhaus Halle, wo lediglich 67 von 1 151 Insassen außerhalb der Umwehrungsmauern arbeiten durften, wohl weil hier viele Einsatzmöglichkeiten innerhalb des Gefängnisses bestanden.[4] Im Bezirk Dresden wiederum waren Mitte 1983 rund 700 Häftlinge in 18 verschiedenen Außenarbeitskommandos im Einsatz.[5] Allein in der großen Haftanstalt Bautzen I waren 1982 zehn Außenarbeitskommandos sowie 19 Innenarbeitskommandos eingerichtet, die Häftlingsarbeiter mussten hier also zusammen in 29 Betrieben zuarbeiten.[6]

Häufig wurden die Gefangenen auch nur befristet für verschiedene Aufgaben etwa beim Verkehrswegebau oder anderen Baumaßnahmen herangezogen – gleichgültig ob das betriebs- und oder volkswirtschaftlich Sinn machte – weil die Aufgaben »freie« Arbeiter nicht übernehmen mochten oder weil punktuell ein Überangebot an Häftlingsarbeitern herrschte, die beschäftigt werden sollten. Eingesetzt wurden Gefangene dann beispielsweise zum Aufbau eines Ferienlagers für die Kinder von Volkspolizisten (in Ziegelrode als Außenarbeitskommando des Haftarbeitslagers Volkstedt).[7] Gerade bei Einsätzen außerhalb der Gefängnismauern war das numerische Verhältnis zwischen den Arbeitenden und ihren Bewachern gelegentlich absurd: Den Bau einer neuen Garage sowie eines Abwasserkanals im Volkspolizeikreisamt Hettstedt durch sieben Strafgefangene mussten zum Beispiel drei Volkspolizisten bewachen, nachdem im Vorfeld ein 2,5 m hoher Zaun errichtet worden war und nun täglich der Hin- und Rücktransport der Gefangenen zu bewältigen war.[8] Wenn innerhalb des Mansfeldkombinats der zum Auffangen der Kupferhüttenschlacke in Blechformen genutzte Facherplatz der Häftlingsarbeiter verlegt wurde, mussten jedes Mal neue Postentürme errichtet, diese mit Telefonleitungen verbunden und

4 Vgl. Einschätzung der politisch-operativen Lage in den StVE, Jugendhäusern und UHA durch die Abt. VII der BV Halle v. 27.10.1982; BStU, MfS, BV Halle, Abt. VII 889, Bl. 28–41. Nach dieser Rechnung hätten sich alle Strafgefangenen im Arbeitseinsatz befunden (was äußerst zweifelhaft erscheint), zudem wurde in dem Dokument in den Untersuchungshaftanstalten nicht zwischen Untersuchungshäftlingen und Strafgefangenen unterschieden.

5 Vgl. Operative Lageeinschätzung in den SG-Außenarbeitskommandos der StVE des Bezirkes Dresden v. 23.7.1983; BStU, MfS, BV Dresden, Abt. VII 7380, Bl. 116–123.

6 Vgl. Analyse zur Lage – produktiver Einsatz von Strafgefangenen [in der Strafvollzugseinrichtung Bautzen I] v. 10.11.1982; BStU, MfS, BV Dresden, Abt. VII 7384, Bd. 1, Bl. 271–274.

7 Vgl. Lagebeurteilung zur Eröffnung des Außenarbeitsbereichs der Strafvollzugseinrichtung Volkstedt v. 21.6.1988; BStU, MfS, BV Halle, Abt. VII 825, Bl. 89 f.

8 Vgl. Lagebeurteilung zur Eröffnung des Außenarbeitsbereichs VPKA Hettstedt v. 4.2.1986; BStU, MfS, BV Halle, Abt. VII 825, Bl. 120–122.

Notstromaggregate für die Scheinwerfer herangeschafft werden.[9] Und ein Reinigungskommando im Volkspolizeikreisamt Eisleben bestand gar nur aus einer Person, die durch einen Aufseher bewacht werden musste.[10] Zu solchen Sondereinsätzen mit sehr wenigen Gefangenen finden sich auch in der Memoirenliteratur wenige Hinweise. Meist war der Arbeitseinsatz solch kleiner Kommandos auch ineffizient und wurde von der obersten Gefängnisverwaltung in der Ära Honecker viel weniger geduldet als in den früheren Jahren.

Ein Außenarbeitseinsatz außerhalb der Gefängnismauern durfte deswegen auch nur erfolgen, wenn alle Möglichkeiten zur Beschäftigung innerhalb der Gefängnisse ausgeschöpft waren.[11] Dass politische Häftlinge wegen der größeren politischen Implikationen im Falle einer erfolgreichen Flucht nicht außerhalb von Gefängnismauern zur Arbeit eingesetzt werden sollten, wurde seit dem Mauerbau aber weniger streng beachtet als zuvor, da ihnen nach einem Ausbruch der Weg in den Westen ja versperrt war. Im Haftarbeitslager Bitterfeld etwa, das Häftlinge fast ausschließlich in Außenarbeitskommandos tätig werden ließ, waren im Jahr 1981 sogar 28 Prozent aus politischen Gründen verurteilt und weiteren 31 Prozent von ihnen war »Asozialität« zur Last gelegt worden.[12]

Allein aus den Haftarbeitslagern des Bezirkes Halle mussten beispielsweise tagtäglich fast 1 000 Gefangene unter entsprechender Bewachung zum Außenarbeitseinsatz begleitet oder gefahren werden.[13] Teilweise gelangten die Häftlinge mit dem Gefangenentransportwagen W 50 dorthin, teilweise setzten die Arbeitseinsatzbetriebe entsprechend umgebaute Omnibusse ein. Allein im Bezirk Leipzig wären eigentlich täglich 45 Fahrzeuge dieser Art vonnöten gewesen, doch lediglich 20 speziell eingerichtete Kraftomnibusse (KOM) standen bereit.[14] Grundsätzlich mussten eigentlich die Betriebe die Transportkosten tragen.[15] Doch die Gefangenen des Haftarbeitslagers Sollstedt beispielsweise mussten ihren täglichen Transport zu den Schächten letztlich selbst bezahlen (mit 10 Mark im Monat in den sechziger Jahren).[16] Die vermutlich

9 Vgl. Einschätzung des Arbeitserziehungskommandos Volkstedt über Maßnahmen zur Erhöhung der Sicherheit v. 18.9.1963; LHASA, MER, 558-17 BDVP Halle 19.1. Nr. 1319, Bl. 158–163.

10 Vgl. Lagebeurteilung für das zu errichtende Außenarbeitskommando der UHA Eisleben v. 22.1.1985; BStU, MfS, BV Halle, Abt. VII 825, Bl. 166–167.

11 Vgl. Anordnung des MdI über den Einsatz Strafgefangener zu gesellschaftlich nützlicher Arbeit – Arbeitseinsatzordnung – v. 1.2.1989; BStU, MfS, BdL/Dok., Nr. 12011.

12 Vgl. Vesting: Zwangsarbeit im Chemiedreieck, S. 61.

13 Vgl. Einschätzung des Standes der Sicherheit in den StVE durch das Dezernat I/4 der BDVP Halle v. 7.1.1975; LHASA, MER, M 555 BDVP Halle 19.1. Nr. 382, Bl. 32–44.

14 Vgl. Schreiben an den VEB Kombinat Kraftverkehr Leipzig v. 31.1.1978; SächsStAL 20250 BDVP Leipzig Nr. 1073, o. Pag.

15 Vgl. Anordnung des MdI über den Einsatz Strafgefangener zu gesellschaftlich nützlicher Arbeit in der Volkswirtschaft – Arbeitseinsatzordnung – v. 11.5.1977; BStU, MfS, BdL/Dok., Nr. 9474.

16 Vgl. Sonntag: Arbeitslager in der DDR, S. 245.

weiteste Entfernung zwischen ihren Zellen und ihrem Arbeitsplatz mussten Insassen der Haftanstalt Bautzen I auf sich nehmen, die zweimal täglich über eine Strecke von 70 km transportiert werden mussten. Da es sich teilweise um eine Transitautobahn handelte, sollte der Betrieb bereits 1979 eingestellt werden,[17] wurde dann aber doch bis zum Ende der DDR aufrechterhalten. Natürlich waren bei den Transporten der Gefangenen zu den Außenarbeitskommandos, wie zum Beispiel zum VEB Edelstahlwerk Freital von der Haftanstalt Bautzen I aus, alle Details akribisch geregelt, etwa Fahrzeiten und Fahrtstrecke, Bewachung usw. betreffend.[18] Obwohl die Häftlinge bei den Transporten von Aufsehern bewacht wurden,[19] waren hierbei sowie bei der Arbeit selbst die Fluchtmöglichkeiten am größten. Deswegen wurde beispielsweise selbst der mobile Einsatz von Häftlingen zum Mähen einer Gleisböschung mitunter durch Stacheldraht abgesichert.[20] Doch besonders aus den großen, unübersichtlichen Haftarbeitslagern konnten immer wieder Gefangene entkommen – allein aus dem Haftarbeitslager Rüdersdorf entwichen zwischen Januar 1970 und August 1982 13 Häftlinge.[21]

17 Vgl. Schreiben des Leiters der HA VII an Generalmajor Mittig v. 30.1.1979; BStU, MfS, HA XVIII 885, Bl. 5–9.

18 Vgl. Auskunftsangaben der Strafvollzugseinrichtung Bautzen I v. 12.4.1983; BStU, MfS, BV Dresden, Abt. VII 7384, Bd. 1, Bl. 110 f.

19 Vgl. Lagebeurteilung zur Wiedereröffnung des Außenarbeitsbereichs der StVE Volkstedt im VEB Walzwerk v. 18.5.1988; BStU, MfS, BV Halle, Abt. VII 825, Bl. 112–115.

20 Vgl. Förderungsprogramm zum Arbeitseinsatz der Strafgefangenen der Strafvollzugseinrichtung Volkstedt v. 23.8.1988; BStU, MfS, BV Halle, Abt. VII 825, Bl. 48 f.

21 Vgl. Übersicht der StVE Rüdersdorf über Entweichungen von Strafgefangenen v. 20.1.1984; BLHA, Rep. 671/16.2 Nr. 676, o. Pag.

2.4 Strukturelle Probleme

Der kontinuierliche Arbeitskräftemangel der ostdeutschen Volkswirtschaft führte neben der Anwerbung von Vertragsarbeitern aus sozialistischen »Bruderstaaten« auch zum massenhaften Arbeitseinsatz von Gefangenen. Letztere ließen sich noch dazu flexibel einsetzen – wenn »gewöhnliche« Werktätige für die oftmals schweren, unangenehmen und gesundheitsschädlichen Tätigkeiten nicht zu gewinnen waren. So wurde etwa das Strafvollzugskommando Schwedt/Oder für 340 Insassen im Oktober 1964 nicht zuletzt deswegen eingerichtet, weil für die Arbeiten im Bau- und Montagekombinat Ost zur Errichtung des VEB Erdölverarbeitungswerk Schwedt »gewöhnliche« Werktätige nicht zu finden waren.[1] Im Bitterfelder Chemiekombinat mochten in bestimmten Bereichen »freie« Arbeiter selbst dann nicht arbeiten, wenn ihnen mehr als der doppelte Durchschnittslohn geboten wurde – was leicht verständlich ist, waren dort doch zuvor zwei Häftlinge an Quecksilbervergiftungen gestorben.[2] Und als dort im VEB Esda Thalheim im Jahre 1972 viele Häftlingsarbeiterinnen amnestiert wurden, mochte kaum eine »freie« Arbeiterin den Job übernehmen.[3] Im gleichen Betrieb wurde auch befürchtet, dass, wenn die Einhaltung der Arbeitszeit durch die »gewöhnlichen« Beschäftigten strenger überwacht würde, viele Frauen einen Antrag auf Teilzeitbeschäftigung stellen würden und dem Betrieb letztlich Arbeitsstunden verloren gingen.[4]

Ähnliche Aushandlungs- und Selbstermächtigungsprozesse waren bei den ebenfalls dort beschäftigten Häftlingsarbeiterinnen nicht zu befürchten. Die Häftlinge waren ja wegen ihrer echten oder vermeintlichen Vergehen ohnehin inhaftiert und standen somit als Arbeitskräfte zur Verfügung – und die Kosten für ihre Bewachung und Verpflegung fielen aus Sicht der Machthaber ja in jedem Fall an.

Indes waren einige Häftlinge so alt oder gebrechlich, dass sie selbst bei »großzügigen« Kriterien kaum noch zur Arbeit eingesetzt werden konnten.[5] In den frühen Jahren war etwa in der Haftanstalt Luckau »auf die reduzierte Arbeitsfähigkeit [von Tbc-Kranken] oft keine Rücksicht genommen« worden, sodass sie »wahllos auch zu schwerer Arbeit eingesetzt« worden waren – wie

1 Vgl. Aktenvermerk der Verwaltung Strafvollzug v. 29.10.1963; BArch DO 1/3397, Bl. 1.

2 Vgl. Vermerk eines Mitarbeiters der HA IX v. 22.10.1981; BStU, MfS, HA IX 16798, Bl. 65–73, zit. nach: Vesting: Zwangsarbeit im Chemiedreieck, S. 103.

3 Vgl. [Schreiben des VEB Esda Thalheim] an das Ministerium für Leichtindustrie v. 22.11.1972; BArch DY 30/25338, o. Pag.

4 Vgl. Information über den VEB Strumpfkombinat Esda, Thalheim v. 5.5.1980, 10 Bl.; BArch DC 20/20975, o. Pag.

5 Vgl. Analyse zur Lage – produktiver Einsatz von Strafgefangenen [in der Strafvollzugseinrichtung Bautzen I] v. 10.11.1982; BStU, MfS, BV Dresden, Abt. VII 7384, Bd. 1, Bl. 271–274.

dann vorgesetzte Instanzen bei einem Kontrolleinsatz kritisiert hatten.[6] Auch in den späteren Jahren wurde die Tauglichkeit der Betreffenden kaum berücksichtigt; im Haftarbeitslager Bitterfeld wurde zwar bei mehr als 80 Prozent der Insassen die höchste Tauglichkeitsstufe festgelegt, doch wurden die meisten anderen Gefangenen dem Chemiekombinat Bitterfeld zugeteilt, obwohl sie eigentlich nicht in der Chemieproduktion eingesetzt werden durften.[7] Der Untertagebau wiederum war so unbeliebt, dass der Leiter des Haftarbeitslagers Sollstedt mitunter durch die ganze Republik reiste, um bergwerktaugliche Häftlingsarbeiter andernorts zu finden.[8] Um von der obersten Gefängnisverwaltung begehrte Fachleute zugeteilt zu bekommen, bedurfte es nämlich eines »guten Drahtes nach oben«, und oft mussten die Gefängnisleitungen dann zum Ausgleich einige »Taugenichtse« mit übernehmen.[9] Vor allem die Arbeitseinsatzbetriebe pochten auf geeignetes Personal; der VEB Werkzeugfabrik Altenburg etwa wollte auf Ministeriumsebene intervenieren, als ihm die Haftanstalt Altenburg 1977 zu den rund 150 Häftlingsarbeitern erstmals auch 50 Gefangene mit kürzerer Haftzeit oder geringerer Tauglichkeit überstellte, und begründete dies mit dem wertvollen Maschinenpark, der durch unqualifizierte Bedienung Schaden nehmen könnte, weil bei diesen Gefangenen nicht genügend Zeit zum Anlernen bliebe.[10]

Mitunter waren auch die Betriebe selbst gar nicht am Einsatz aller Kräfte interessiert, die ihnen vom Strafvollzug angeboten wurden, etwa wenn es an der erforderlichen Tauglichkeit oder fachspezifischen Ausbildung der Betreffenden mangelte. Insbesondere wenn aufgrund hoher Häftlingszahlen viele potenzielle Arbeitskräfte bereitstanden, suchten sich die Betriebe die besten Kräfte aus. »Die einzelnen AEB [Arbeitseinsatzbetriebe] sind überwiegend nur noch an Fachkräften bzw. Spezialisten interessiert«, stellte daher die Gefängnisleitung von Bautzen I 1982 fest.[11] Stets wünschten sich die Betriebsleitungen besser ausgebildete und höher motivierte Häftlingsarbeiter. Der Betriebsleiter des VEB Metallwaren Naumburg beispielsweise diagnostizierte angesichts des

6 Bericht der HA Gesundheitswesen über die Überprüfung der StVA Luckau v. 11.12.1953; BArch DO 1/28573, Bl. 158, zit. nach: Müller, Jörg: Strafvollzugspolitik und Haftregime in der SBZ und in der DDR. Göttingen 2012, S. 181.

7 Vgl. Vesting: Zwangsarbeit im Chemiedreieck, S. 78 f. Siehe auch: Sauer, Stefan: Der missglückte Versuch, aus mir einen brauchbaren Menschen zu formen. Betroffene erinnern sich; 16. Hg. v. Landesbeauftragten für die Unterlagen des Staatssicherheitsdienstes der ehemaligen DDR in Sachsen-Anhalt. Magdeburg 2002, S. 15.

8 Vgl. Sonntag: Arbeitslager in der DDR, S. 245.

9 Vgl. Schmidt: Frage der Zwangsarbeit, S. 220.

10 Vgl. Schreiben des Betriebsdirektors des VEB Werkzeugfabrik Altenburg an den Chef der BDVP Leipzig v. 23.12.1977; SächsStAL 20250 BDVP Leipzig 1073, o. Pag.

11 Vgl. Analyse zur Lage – produktiver Einsatz von Strafgefangenen [in der Strafvollzugseinrichtung Bautzen I] v. 10.11.1982; BStU, MfS, BV Dresden, Abt. VII 7384, Bd. 1, Bl. 271–274.

Zuwachses von 40 Häftlingsarbeitern im Jahre 1964 auf 500 im Jahre 1975, eher um die Rentabilität als um das Wohl der Gefangenen besorgt,

> »eine Verschlechterung des Strafgefangenenbestandes [...]. Das drückt sich darin aus, dass die geistigen Potenzen der zum Einsatz kommenden SG immer geringer werden, dass der gesundheitliche Zustand der zum Einsatz kommenden SG [sich] ebenfalls negativ verändert hat, d. h. dass teilweise Strafgefangene in den Arbeitsprozess eingeordnet werden, deren Tauglichkeit aufgrund ihres gesundheitlichen Zustandes nicht vertretbar ist, dass der Anteil der Arbeitsunwilligen – Arbeitsverweigerer – immer weiter zunimmt.«[12]

Möglicherweise hatte der Strafvollzug zunehmend kriminelle statt politische Häftlinge für den Betrieb abgestellt oder die »Aufmüpfigkeit« letzterer hatte zugenommen.[13] Tatsächlich stand es um die Reputation der Häftlingsarbeiter bei den Betriebsleitungen und Gefängnisdirektoren nicht zum Besten – nicht umsonst hatte sich deren Entlohnung an dem zwischen »den zuständigen zentralen Staatsorganen« und dem FDGB abgestimmten Standpunkt mit dem Titel »Über die arbeitsrechtlichen Möglichkeiten zur wirkungsvollen Unterstützung der Erziehung von Arbeitsbummelanten« zu orientieren.[14]

Neben ungenügender Tauglichkeit und unpassender Qualifikation waren weitere Hinderungsgründe für den reibungslosen Arbeitseinsatz der Gefangenen Rohstoffmangel bzw. Engpässe bei der Zulieferung von Teilprodukten, fehlende Ersatzteile für Maschinen, Havarien und weitere Unregelmäßigkeiten im Produktionsablauf. Auch bei dem wichtigen Exportbetrieb Esda Thalheim kam es durch »mangelnde Arbeitsorganisation, fehlendes Arbeitsmaterial (Stoffe) und Mangel an Ersatzteilen« immer wieder zu Produktionsausfällen.[15] Im Sommer 1989 etwa stand im VEB Fernsehgerätewerk »Friedrich Engels« Staßfurt sogar nur für täglich zwei bis fünf Stunden Arbeit bereit[16] und in der Haftanstalt Waldheim waren die Häftlinge in zwei Betrieben an etlichen Tagen gänzlich beschäftigungslos.[17] Auch in Bautzen I konnten im März 1976 im

12 VEB Metallwaren Naumburg, Betrieb im Möbelkombinat Wiwena Dessau o. D. [1975]; LHASA, MER, M 555 BDVP Halle 19.1. Nr. 380, Bl. 57–67.

13 Vgl. Wunschik, Tobias: Honeckers Zuchthaus. Politischer Strafvollzug in Brandenburg-Görden 1949–89 (i.E.).

14 Operativinformation 2/89 der Verwaltung Strafvollzug zum Inkrafttreten der Arbeitseinsatzordnung v. 1.2.1989; SächsStAL 20250 BDVP Leipzig 6226, o. Pag.

15 Vgl. Anlage 4 zum Operativen Monatsbericht [der AR I/4] von April 1982; BStU, MfS, BV Karl-Marx-Stadt, KD Stollberg 59, Bl. 78 f.

16 Vgl. Operativer Lagebericht der Abt. VII der BV Magdeburg v. 31.8.1989; BStU, MfS, BV Magdeburg, Abt. VII 1591, S. 189–194.

17 Es handelte sich um den Produktionsbereich II des VEB Elektrowärme Döbeln sowie den zeitweilig von Waldheim aus mit betriebenen VEB Narva »Rosa Luxemburg« Leuchtenbau Leipzig. Vgl. Information der BV Leipzig über Probleme beim Arbeitseinsatz v. 8.5.1989; BStU, MfS, BV Leipzig, KD Döbeln 212, Bd. 3, S. 32 f.

VEB Mähdrescherwerk »Fortschritt« Bischofswerda »über einen längeren Zeitraum 268 Strafgefangene nicht zur Arbeit ausrücken«, da es an Material mangelte bzw. dieses nicht in den Betrieb transportiert werden konnte.[18] Auch im November noch wurde »mehrfach inoffiziell bekannt, dass durch ungenügende Materialbereitstellung durch einige VEB (Roburwerk und Fortschritt) Arbeitskräfte (SG) nicht beschäftigt werden konnten, dadurch an keinen festen Arbeitsplatz gebunden waren und somit die allgemeine Disziplin und Ordnung störten«.[19] Aus Sicht der Verantwortlichen in den Ministerien des Innern und für Staatssicherheit war dies ein großes Ärgernis, während die Betriebsleitungen vermutlich eher die Produktionsausfälle beklagten.

Weitere Faktoren beeinträchtigten den gleichmäßigen Arbeitseinsatz, weswegen vielen Häftlingen Sonderschichten und bedingungsloser Einsatz ihrer Kräfte abverlangt wurden (siehe Kapitel 3.2), während sie in anderen Betrieben zeitweise gar nicht beschäftigt werden konnten. So fielen zum Beispiel in Bautzen I im Jahre 1982 rund 8 Prozent der Arbeitszeit der eigentlich in Beschäftigung stehenden Häftlinge de facto aus – etwa zu einem Drittel wegen Krankheiten oder Unfällen, zu etwa einem Fünftel, weil die Betriebe keine Einsatzmöglichkeiten hatten (wegen Transportproblemen oder Materialmangel) und ebenfalls zu einem Fünftel weil die Betreffenden Arreststrafen verbüßen mussten. Zu geringeren Teilen gaben Besuchsdurchführung sowie allgemeine Sicherheitsgründe den Ausschlag; »sonstige Gründe« machten ein weiteres Fünftel aus.[20] Im gesamten Bezirk Halle etwa fielen allein im I. Quartal des Jahres 1974 222 147 mögliche Arbeitsstunden von Häftlingsarbeitern aus, davon fast jede zweite durch Krankheit (109 558) und 36 794 im Schuhkombinat Weißenfels durch Materialmangel.[21] Wegen Krankheit entfielen in Bautzen II 1986 11 603 und im Folgejahr 17 210 Arbeitsstunden.[22] Im ersten Halbjahr 1988 gab es unter den Häftlingsarbeitern der Haftanstalt Magdeburg 11 472 Ausfallstunden, von denen jede zweite auf Unfälle und Krankheiten zurückging, jede fünfte auf fehlendes Material und andere Betriebsprobleme und immerhin jede dritte auf Arreststrafen und »Verstöße gegen die Sicherheit«.[23] In der Haftanstalt Torgau

18 BV für Staatssicherheit Dresden: Zu einigen Problemen des Kontrollauftrages v. 20.4.1976; BStU, MfS, BV Dresden, Abt. VII 7384, Bd. 1, Bl. 420–425.

19 Zuarbeit der BV Dresden zur Berichterstattung v. 15.11.1976; BStU, MfS, BV Dresden, Abt. VII 7384, Bd. 1, Bl. 356–379.

20 Vgl. Analyse zur Lage – produktiver Einsatz von Strafgefangenen [in der Strafvollzugseinrichtung Bautzen I] v. 10.11.1982; BStU, MfS, BV Dresden, Abt. VII 7384, Bd. 1, Bl. 271–274.

21 Vgl. Geheime Chefvorlage der BDVP Halle v. 24.6.1974; LHASA, MER, M 555 Nr. 591 BDVP Halle 19.1. Nr. 376, Bl. 207–225.

22 Vgl. Abschlussbericht über das Ergebnis der Komplexkontrolle in der StVE Bautzen II v. 12.4.1988; BStU, MfS, BV Dresden, Abt. VII 7380, Bl. 178–191.

23 Vgl. Operativer Lagebericht der Abt. VII der BV Magdeburg v. 5.9.1988; BStU, MfS, BV Magdeburg, Abt. VII 1591, S. 250–255.

wurden in den ersten sieben Monaten des Jahres 1977 fast 30 000 Ausfallstunden gezählt,[24] im Haftarbeitslager Regis in den ersten sechs Monaten des gleichen Jahres fast 35 000 Ausfallstunden. Hier gingen fast 40 Prozent auf Krankheiten und Arztbesuche, 25 Prozent auf Arreststrafen und 10 Prozent auf Arbeitsunfälle zurück; weitere je 10 Prozent waren aus Gründen der Sicherheit erfolgt oder die Betriebe hatten sie zu verantworten.[25]

Aus welchen Gründen auch immer zeitweilig nicht gearbeitet werden konnte – dies wieder aufzuholen war für die Häftlingsarbeiter Pflicht. Zum Beispiel im besagten Haftarbeitslager Regis konnten 1976/77 durch Sonderschichten 40 Prozent der Ausfälle wieder aufgeholt werden,[26] im Haftarbeitslager Rüdersdorf im ersten Halbjahr 1989 sogar 60 Prozent (siehe Tabelle 3). Hier ging jede zehnte Fehlstunde auf eine Arreststrafe zurück. Unter »sonstige Gründe« ist vermutlich zu verstehen, dass Häftlinge durch Verschulden der Haftanstalt nicht rechtzeitig an ihre Arbeitsplätze gelangten – verursacht etwa durch zusätzliches Durchzählen der Inhaftierten oder Sonderaufträge.[27]

Vom guten Willen der Gefängnisleitung hing ab, ob Häftlinge ab 1965 in den Genuss einer sogenannten Arbeitsruhe kamen, die frühestens nach einem Jahr Arbeitseinsatz möglich war und etwas häufigere Besuchsmöglichkeiten bot.[28] Ebenfalls keinen Rechtsanspruch hatten die Gefangenen auf den sogenannten Hafturlaub, der seit 1977 entsprechend dem neuen Strafvollzugsgesetz gewährt werden konnte. Tatsächlich kam jährlich aber nur circa ein Prozent der Gefangenen in deren Genuss,[29] wobei es sich meist um »fortschrittliche« Häftlinge sowie Kalfaktoren und Brigadiere handelte.[30] Die Urlaubsgewährung verursachte daher in Rüdersdorf auch nur verschwindend wenige Fehlstunden – und davon profitierten (in Relation zur Zahl der eingesetzten

24 Vgl. Schreiben der Strafvollzugseinrichtung Torgau betr. Ökonomischer Konferenz v. 23.9.1977; SächsStAL 20250 BDVP Leipzig 1068, o. Pag.

25 Bei den Ursachen Durchschnitt des Zeitraums Januar 1976 bis Juni 1977. Vgl. Zuarbeit der Strafvollzugseinrichtung Regis v. 23.9.1977; SächsStAL 20250 BDVP Leipzig 1068, o. Pag.

26 Ebenda.

27 So forderte beispielsweise der Chef der Bezirksbehörde der Deutschen Volkspolizei täglich 30 Häftlinge zu Arbeiten an seinem Dienstgebäude in Potsdam an. Durch schlechte Organisation waren indes nachmittags etliche Häftlinge beschäftigungslos – weswegen man sie dann lieber in einen Bauwagen sperrte, damit sie den Blicken des Polizeichefs entzogen waren und die logistische Panne nicht aufflog. Vgl. Bericht des IMS »Litti« v. 27.4.1989; BStU, MfS, BV Potsdam, Abt. VII 118, Bd. 2, Bl. 107.

28 Vgl. Richtlinie der Verwaltung Strafvollzug zur Durchführung der Anordnung über den Arbeitseinsatz von Strafgefangenen v. 28.5.1957; BArch DO 1 11/1584, Bl. 181–188.

29 Vgl. 1. Entwurf des Berichts [des Generalstaatsanwalts] über den Vollzug der Strafen mit Freiheitsentzug in der Deutschen Demokratischen Republik (mit Anlagen) o. D. [1987]; BArch DY 30 IV 2/2.039/218, Bl. 78–95.

30 Vgl. Berichterstattung der VA II der StVE Brandenburg [über] Stimmungen und Meinungen zum StVG v. 25.5.1977; BStU, MfS, BV Potsdam, Vorl. Archiv 85/87, Bd. 1, Bl. 113.

Häftlinge, siehe Tabelle 3) am häufigsten die beiden Kalfaktoren der Verkaufsstelle, die im Gegensatz zu den Beschäftigten aller anderen Betriebe nicht eine einzige Überstunde hatten leisten müssen. Noch häufiger als in Bautzen fielen die Häftlingsarbeiter hier durch Krankheit aus, was wohl der besonders schweren körperlichen Arbeit geschuldet war (zu den Unfällen siehe das Kapitel 3.4).

Tabelle 3: Überstunden und Fehlstunden nach Gründen im Haftarbeitslager Rüdersdorf (1. Halbjahr 1989)[31]

Arbeitseinsatz Betrieb	Überstunden	Ausfallstunden gesamt	Gründe der Ausfallstunden					
			Krank	Unfall	Schuld der AEB	Urlaub	Arrest	Sonstige
Hausarbeiter	3 676	1 297	1 027	0	0	70	35	165
Reifenkombinat Fürstenwalde	1 881	2 507	1 928	80	0	0	456	43
Verkaufsstelle (HO)	0	26	0	0	0	26	0	0
Zementwerk Rüdersdorf	906	3 565	2 206	40	55	8	738	518
Bauinvest. und Rekonst. (BIR)	6 223	12 325	6 298	189	902	0	1 029	3 907
SVE[32]	420	852	594	0	222	0	0	36
Falkenberg	1 170	8 784	4 607	110	680	0	863	2 524
Basdorf	4 849	641	580	0	0	0	0	61
Altglienicke	884	1 856	517	79	0	0	0	1 260
gesamt	20 009	31 853	17 757	498	1 859	104	3 121	8 514
in %	~100	~100	55,7	1,5	5,8	0,3	10,1	26,7

31 Vgl. Anlage 2 zur Komplexen Lageeinschätzung I. Halbjahr 1989 der StVE Rüdersdorf v. 10.7.1989; BLHA, Rep. 671/16.2 Nr. 675, o. Pag.

32 Strafvollzugseinrichtung; gemeint sind wohl Produktionseinrichtungen des MdI.

2.5 Die Amnestien

Besonders deutlich abzulesen ist die ökonomische Bedeutung des Arbeitseinsatzes von Gefangenen an den Folgeerscheinungen der Amnestien. Denn angesichts des eng ineinandergreifenden Räderwerks der sozialistischen Planwirtschaft bedeutete der plötzliche Ausfall Tausender Beschäftigter den Kollaps für manche Fertigungszweige. Da der devisenträchtige Westexport von Waren Priorität hatte (siehe Kapitel 4), war die Produktion von Waren und Gütern für den heimischen Markt sogar besonders betroffen. Da nach den Haftentlassungen im Einzelhandel noch mehr Waren als vorher fehlten, war allen Konsumenten in Ostdeutschland schon vor 1989 bewusst, welche Bedeutung die erzwungene Arbeit von politischen und kriminellen Häftlingen in der DDR hatte. Dieses Phänomen wiederholte sich in der Ära Honecker mit den großen Amnestien der Jahre 1972, 1979 und 1987, je nach Umfang und Vorbereitung der Haftentlassungen.

Natürlich löste die Ankündigung der Amnestie von 1972 unter den Inhaftierten »im Wesentlichen freudige Überraschung aus. Viele Strafgefangene werten diese Maßnahme als einen weiteren Beweis der Stärke der DDR und des Sozialismus«, wie die Gefängnisleitung der Jugendhaftanstalt Halle politisch-ideologisch korrekt notierte.[1] Allerdings zeigten sich die Häftlinge extrem »nervös«, ob sie selbst davon profitieren würden, und waren durch die Betriebsangehörigen »kaum noch ansprechbar«.[2] Im Haftarbeitslager Volkstedt – seinerzeit ein Arbeitserziehungskommando – wurden deswegen Häftlinge mit offenkundig nachlassender Arbeitsmotivation erst zum spätest möglichen Termin im Januar 1973 entlassen – de facto eine unzulässige Disziplinarstrafe, doch konnte dadurch die Arbeitskraft der Betreffenden so lange wie möglich ausgenutzt werden, und ihre abschreckende Wirkung auf die übrigen Insassen dürfte diese Maßnahme auch nicht verfehlt haben.

Ein ganzes Heer von Arbeitskräften stand nun nicht länger zur Verfügung: Waren vor der Amnestie von 1972 circa 20 500 Häftlingsarbeiter in über 200 Betrieben eingesetzt worden, waren es Ende Juli des Folgejahres nur noch (bzw. schon wieder) 14 000 Gefangene in 80 Betrieben.[3] Vor den Entlassungen sollten noch in allen Arbeitseinsatzbetrieben »durch Sondermaßnahmen alle

1 Vgl. Auskunftsbericht des Jugendhauses Halle v. 11.10.1972; LHASA, MER, BDVP Halle M 558-19 BDVP Halle 19.1. Nr. 1256, Bl. 190–192.

2 Information des Arbeitserziehungskommandos Halle v. 19.10.1972; LHASA, MER, M 558-5 BDVP Halle 19.1. Nr. 1269, Bl. 16 f.

3 Vgl. Beschluss des Ministerrats über den weiteren Einsatz von Strafgefangenen zur Arbeit v. 16.8.1973; http://stasiopfer.npage.de/ministerratsbeschluss–1973.html [17.11.2012].

Reserven zur Erfüllung des Volkswirtschaftsplanes« ausgenutzt werden,[4] womit Sonderschichten zur vorzeitigen Produktion der vorgesehenen Waren und Güter gemeint waren. Alle verbliebenen Insassen wurden dann an jenen Haftorten konzentriert, an denen die Tätigkeit der Häftlingsarbeiter als besonders unverzichtbar galt, zum Beispiel in den Haftanstalten Halle, Magdeburg und Bautzen sowie den Haftarbeitslagern Schwarze Pumpe und Warnemünde.[5]

Zwar sollten Amnestierte, die ja bereits eingearbeitet waren, für eine weitere Beschäftigung in ihren jeweiligen Betrieben gewonnen werden, doch sollten zugleich »Konzentrationen« Haftentlassener aus Sicherheitsgründen vermieden werden. Schon dass 20 Haftentlassene in einem Werkwohnheim des VEB Ferrolegierungswerk Lippendorf beieinander wohnten, konnten die Verantwortlichen nicht tolerieren.[6] Im Haftarbeitslager Volkstedt hingegen wurden trotz aller Sicherheitsbedenken angeblich 282 von 737 zu entlassenden Häftlingen dafür gewonnen, weiterhin im Mansfeldkombinat zu arbeiten.[7] Als weitere Maßnahme zur Milderung der durch die Amnestie entstandenen Engpässe wurde der Einsatz der »freien« Beschäftigten optimiert; so wollten etwa die Zementwerke Rüdersdorf Beschäftigte aus anderen Zementwerken übernehmen, Mitarbeiter der Verwaltung als »Rote Brigaden« zeitweilig in die Produktion schicken sowie Arbeitskräfte aus der Landwirtschaft und aus dem nahegelegenen Polen gewinnen.[8]

Im Vorfeld der Amnestie von 1979 befürchtete man beispielsweise im Bezirk Halle, dass den Gefängnissen und Haftarbeitslagern 2 601 ihrer zuvor 4 556 Häftlingsarbeiter und den Jugendhäusern 435 ihrer 680 arbeitenden Jugendlichen verloren gehen würden.[9] Als Gegenmaßnahme wurde zum Beispiel im VEB Zieh-, Press- und Stanzwerk Zwintschöna das tägliche Arbeitsende der jugendlichen Häftlingsarbeiter einfach um drei Stunden verlängert und der Entlassungstermin »im Rahmen der gesetzlichen Möglichkeiten […]

4 Maßnahmen zur Gewährleistung der Produktion in den Betrieben o. D. [1972]; BArch DC 20/I/3/984, Bl. 17–24.

5 Vgl. Beschluss des Ministerrats über den weiteren Einsatz von Strafgefangenen zur Arbeit v. 16.8.1973; http://stasiopfer.npage.de/ministerratsbeschluss–1973.html [17.11.2012].

6 Vgl. ebenda.

7 Vgl. Bericht des Arbeitserziehungskommandos Volkstedt über den Abschluss der Amnestie von und dem VEB Mansfeld Kombinat Wilhelm Pieck in Eisleben v. 23.1.1973; LHASA, MER, 558-17 BDVP Halle 19.1. Nr. 1319, Bl. 120–125.

8 Vgl. Information der Abt. Bauwesen [des ZK der SED] über die Durchführung des Beschlusses des Ministerrats v. 4.10.1972 über die Amnestie v. 2.11.1972; BArch DY 3023/1150, Bl. 274–276.

9 Vgl. Erster Überblick über die zu erwartenden Schwerpunktbereiche [bei der Amnestie von 1979]; LHASA, MER, M 501 Nr. 19322, o. Pag.

verzögert«.[10] Solche drakonischen und willkürlichen Maßnahmen sollten die Folgen für die DDR-Volkswirtschaft möglichst gering halten.

Aus außenpolitischen Gründen veranlasste die SED-Spitze vor dem Besuch Erich Honeckers in der Bundesrepublik im Jahre 1987 einen weiteren Gnadenakt[11] – mit katastrophalen Folgen für die ostdeutsche Planwirtschaft. In den dem Ministerium für Elektrotechnik nachgeordneten Betrieben fehlten beispielsweise schlagartig 1 440 Häftlingsarbeiter, die Waren im Wert von 211,8 Millionen Mark hatten produzieren sollen, und im Ministerium für Allgemeinen Landmaschinen- und Fahrzeugbau 1 030 Häftlinge (205 Mio. Mark). Im Ministerium für Erzbergbau, Metallurgie und Kali entfiel eine Summe von 193,0 Millionen Mark, die eine nicht näher genannte Zahl von Gefangenen hätte erwirtschaften sollen, im Ministerium für Leichtindustrie würden 59,2 Millionen und im Ministerium für Bezirksgeleitete Industrie und Lebensmittelindustrie 48,8 Millionen Mark fehlen.[12] Der VEB Gas- und Elektrogeräte Dessau zum Beispiel musste damit rechnen, bis Ende 1988 mehr als 55 000 Gasherde nicht wie geplant produzieren zu können, der VEB »Banner des Friedens« befürchtete, 200 000 Schuhschäfte allein im Jahre 1987 nicht herstellen zu können.[13] In dem weitverzweigten VEB Pentacon Dresden mit 58 000 Beschäftigten in 22 Betrieben[14] würden mindestens 100 Arbeitskräfte fehlen, weswegen »erhebliche Ausfälle im NSW-Export« drohten. Trotz Verpflichtungen für den Westexport würden auch im VEB Elektroporzellanwerk Margarethenhütte Großdubrau 70 Arbeitskräfte fehlen. Im VEB Schaltelektronik Oppach mangelte es an 100 Arbeitskräften zur Herstellung von Niederspannungsschaltungen, im VEB Fernmeldewerk Bautzen an 50 Arbeitskräften für Niederfrequenz- und PCM-Technik, im VEB Nachrichtenelektronik »Albert Norden« Leipzig an 50 Arbeitskräften für die Herstellung von Lautsprechern, im VEB Fernsehgerätewerk »Friedrich Engels« Staßfurt an 50 Arbeitskräften in der Fernsehproduktion und im VEB Kabelwerk Nord Schwerin-Sacktannen an 100 Arbeitskräften für Kabeltrommeln.[15] Im Ministerium für Schwermaschinen- und Anlagenbau ergaben sich besondere Probleme beim

10 Vgl. Einschätzung des Leiters des Jugendhauses Halle v. 15.11.1979, 5 Bl.; LHASA, MER, M 501 Nr. 19322, o. Pag.

11 Vgl. Werkentin, Falco: Politische Strafjustiz in der Ära Ulbricht. Berlin 1995, S. 391.

12 Vgl. Information der Abt. 8 der HA VII zur allgemeinen Amnestie v. 19.10.1987 (mit Anlage); BStU, MfS, Arbeitsbereich Neiber 636, Bl. 172–185.

13 Vgl. Information der Abt. Industrie über die Auswirkungen der allgemeinen Amnestie in der Industrie des Bezirkes Halle v. 6.8.1987; LHASA, MER, P 516 SED-Bezirksleitung Halle IV/F-2/5/243, Bl. 71–79.

14 Vgl. Blumtritt: Geschichte der Dresdner Fotoindustrie, S. 185.

15 Vgl. Information der Arbeitsgruppe für Organisation und Inspektion beim Ministerrat zu eingeleiteten Maßnahmen zu Problemen der Amnestie im Bereich des Ministeriums für Elektrotechnik und Elektronik v. 16.10.1987; BArch DC 20/26960, o. Pag.

Maschinen- und Apparatebau Schkeuditz (Kombinat ILA/LuK; Haftanstalt Schkeuditz), dem VEB Stahlgießerei »Wilhelm Pieck« Magdeburg-Rothensee und dem VEB Gießerei und Maschinenbau »Max Matern« Torgelow.[16] Da dem Ministerium für Bezirksgeleitete Industrie und Lebensmittelindustrie allein für den Bezirk Leipzig 345 Häftlingsarbeiter weniger zur Verfügung gestellt wurden und Reserven nicht bestanden, musste die Produktionsstrecke mit 96 Häftlingsarbeitern im VEB Holzverarbeitung Leipzig ganz geschlossen werden und die bislang dort produzierten Furniere fortan sogar importiert werden.[17] Im Bezirk Halle wurden 5 696 Gefangene entlassen,[18] wodurch das Braunkohlewerk Bitterfeld, der VEB Eisenhüttenwerk (EHW) Thale, der VEB Aluminiumfolie Merseburg, der VEB Walzwerk Hettstedt, der VEB Elektromotorenwerk Dessau, der VEB Gummiwerke Ballenstedt, der VEB Wittol Wittenberg und der VEB Metallwaren Naumburg den völligen Ausfall der durch Gefangene im Folgejahr 1988 zu erbringenden Leistungen befürchteten. Wohl durch bevorzugte Zuteilung neuer Verurteilter konnten lediglich das Fotochemische Kombinat (FCK) Wolfen sowie der VEB Chemiekombinat Bitterfeld (CKB) hoffen, den Plan doch noch zu erfüllen.[19] Konkret drohte zum Beispiel dem VEB Gummiwerke Ballenstedt bis Ende 1988 der Produktionsausfall von 5 500 Metern Gummimatten, 7 000 Metern Steilfördergurte und 23 900 Metern Fördergurte für Kohle und Energiewirtschaft, die zum Teil in die Sowjetunion hatten exportiert werden sollen.[20] Die Konsequenzen für die Energie- und davon ausgehend für die gesamte Volkswirtschaft waren gar nicht abzusehen.

Auch im Vorfeld der Amnestie von 1987 mussten die Häftlingsarbeiter Sonderschichten einlegen und an den Wochenenden arbeiten, um das Plansoll möglichst vorzeitig zu erfüllen. Da kaum ein Gefangener seine Freilassung gefährden wollte, fügten sich wohl die meisten bereitwillig in ihr Schicksal – auch weil jene bestraft wurden, die ihre letzten Kräfte nicht mobilisierten. So wurden in der Haftanstalt Cottbus Arreststrafen gegen Häftlinge verhängt, die einzig und allein die Wochenendarbeit für den VEB Pentacon Dresden verweigerten.[21] Weil er ebenfalls nach 42 Arbeitsstunden nicht auch noch am

16 Vgl. ebenda.

17 Vgl. Schreiben an Staatssekretär Klopfer von der Staatlichen Plankommission v. 3.6.1986; BArch DY 30/25489, o. Pag.

18 Vgl. Vorlage für das Sekretariat der Bezirksleitung Halle v. 11.1.1988; LHASA, MER, P 516 SED-Bezirksleitung Halle IV/F-2/3/68, Bl. 211–224.

19 Vgl. Übersicht zu ausgewählten Betrieben [v. 6.8.1987]; LHASA, MER, P 516 SED-Bezirksleitung Halle IV/F-2/5/243, Bl. 79 f.

20 Vgl. Information der Abt. Industrie über die Auswirkungen der allgemeinen Amnestie in der Industrie des Bezirkes Halle v. 6.8.1987; LHASA, MER, P 516 SED-Bezirksleitung Halle IV/F-2/5/243, Bl. 71–79.

21 Häftlingsbericht, zit. nach: Bastian; Neubert: Schamlos ausgebeutet, S. 79.

Samstag Überstunden machen wollte, kam Matthias Bath in Berlin-Rummelsburg in Isolationshaft.[22] Aus Furcht, doch nicht von der Amnestie zu profitieren, erarbeiteten die Häftlingsarbeiterinnen von Esda Thalheim (Haftanstalt Hoheneck) einen Planvorsprung von vier Tagen, ebenso wie die Häftlingsarbeiter des Kfz-Zubehörwerks Meißen. Im VEB Walzwerk Hettstedt hatte die vorzeitige Warenproduktion einen Wert von mehr als 1,2 Millionen Mark, im VEB Elektromotorenwerk Dessau eine Million Mark und im VEB Metallwaren Naumburg eine halbe Million Mark.[23]

Die Amnestie sollte schließlich möglichst so durchgeführt werden, »dass kein Leistungsverlust in der Volkswirtschaft eintritt«. Erreicht werden sollte dies durch die Verlagerung der Produktion in andere Betriebe, Umsetzung der Arbeitskräfte, Weiterbeschäftigung Haftentlassener und Verlagerung der Produktionsmittel. Zur Bewältigung dieser Aufgaben hatten die Ministerien sowie die Vorsitzenden der Räte des Bezirkes schnellstens Analysen über die Zahl der Häftlingsarbeiter und die von ihnen produzierten Waren zu erstellen. »Jeder Minister, in dessen Bereich Strafgefangene arbeiten, bestimmt einen Stellvertreter, der sich ab sofort ausschließlich um die Lösung der [sich] aus der Amnestie ergeben[d]en Fragen kümmert.« Dazu hatten sie auf zentraler wie auf bezirklicher Ebene eng mit den entsprechenden Kommissionen der Staatsanwaltschaft zusammenzuarbeiten.[24]

Einige besonders gravierende Lücken sollten dadurch rasch geschlossen werden, dass nun Angehörige der bewaffneten Organe in bestimmte Betriebe beordert wurden. 400 Arbeitskräfte mussten allein die kasernierten Einheiten der Volkspolizei stellen; so kamen 150 Kräfte der 5. und 21. Volkspolizeibereitschaft Leipzig im Braunkohlewerk Borna zum Einsatz, 90 Kräfte der 16. Volkspolizeibereitschaft Cottbus sowie 60 Kräfte der 13. Volkspolizeibereitschaft Suhl im Braunkohlewerk »Glückauf« Knappenroda, 60 Kräfte der 14. Volkspolizeibereitschaft Neustrelitz im VEB Sprela Spremberg sowie 40 Kräfte der 15. Volkspolizeibereitschaft Eisenhüttenstadt im Reifenkombinat Fürstenwalde.[25] Da auch im Ministerium für Allgemeinen Maschinen-, Landmaschinen- und Fahrzeugbau (MALF) die Devise »keine Auswirkung durch die Amnestie zulassen« galt, sollten hier 250 Angehörige der bewaffneten Organe eingesetzt werden, namentlich im VEB Mähdrescherwerk »Fortschritt«

22 Bath, Matthias: 1197 Tage als Fluchthelfer in DDR-Haft. Berlin 1987, S. 154.

23 Vgl. Anlage: Beispiele erreichter Leistungen der Strafgefangenen o. D. [10.1987]; BStU, MfS, Arbeitsbereich Neiber 636, Bl. 212.

24 Maßnahmen, die bei der Durchführung der allgemeinen Amnestie anlässlich des 38. Jahrestages der Gründung der DDR durchgeführt werden müssen o. D.; BArch DC 20/I/3/2499, Bl. 168–170.

25 Vgl. Eingesetzte Kräfte der Kasernierten Einheiten des MdI v. 19.10.1987 (mit Anlage); BStU, MfS, Arbeitsbereich Neiber 636, Bl. 193.

Bischofswerda (100), VEB Döbelner Beschläge und Metallwaren (100) und VEB Landmaschinenbau Torgau (50).[26] In seltenen Fällen mussten sogar Mitarbeiter der Staatssicherheit in geringer Zahl aushelfen (siehe Kapitel 4.5).

Neben dieser kurzfristig wirksamen, aber nicht auf Dauer tragfähigen Notlösung bemühten sich die Betriebe vor allem um zusätzliche ausländische Vertragsarbeiter. Weil es »trotz festgelegter Maßnahmen zur Minimierung des Ausfalls (zusätzliche Leistungen in den Kollektiven)« etwa bei Esda Thalheim nicht gelang, »den Gesamtausfall auszugleichen«,[27] wurden ab März 1988 – neben den 225 bereits in anderen Teilbetrieben von Esda tätigen Kräften aus Vietnam – im Stammbetrieb etwa 60 weitere Frauen aus dem südostasiatischen Land beschäftigt. Sie konnten die entstandenen Lücken offenbar rasch schließen und erklärten sich zum 3-Schicht-Betrieb bereit, sodass 30 deutsche Arbeiterinnen es ihnen gleichtaten.[28] Die neuen Kolleginnen sollten 8,6 Millionen Stück Strumpfwaren herstellen, deren Ausfall durch die Amnestie drohte. Im gesamten Geschäftsbereich des übergeordneten Ministeriums für Leichtindustrie sollten des Weiteren 60 vietnamesische Vertragsarbeiter nach Möglichkeit eine Million Quadratmeter Kammgarngewebe produzieren, die durch die Haftentlassungen auszufallen drohten, 200 weitere Arbeitskräfte aus Vietnam 1 985 Paar Schuhe, 25 ihrer Landsleute 186 000 Arbeitsschutzjacken bzw. -hosen und 100 Näherinnen aus Vietnam zumindest die Hälfte jener 6,4 Millionen Garnituren Bettwäsche, die für 25 Millionen Valutamark in den Westen hatten exportiert werden sollen. Für 15 Millionen Taschentücher war ein Ersatz noch nicht gefunden, doch hatten allein 10 Millionen Taschentücher in den Westen exportiert werden und 7,5 Millionen Valutamark erbringen sollen.[29]

Der Einsatz ausländischer Arbeitskräfte musste jedoch erst organisatorisch vorbereitet und auf politischer Ebene abgesprochen werden, sodass stets einige Zeit bis zur Umsetzung verstrich. Der VEB Glasseide Oschatz beispielsweise musste die Produktion drastisch drosseln, konnte mit 30 mosambikanischen Arbeitskräften aber frühestens im II. Quartal 1988 rechnen.[30] Problematisch an dem Austausch der Häftlingsarbeiter durch Vertragsarbeiter war neben dem

26 Information der Arbeitsgruppe für Organisation und Inspektion beim Ministerrat zu eingeleiteten Maßnahmen zu Problemen der Amnestie im Bereich MALF v. 15.10.1987; BArch DC 20/26960, o. Pag.

27 Vgl. Schreiben des Parteiorganisators des VEB Strumpfkombinat Esda Thalheim v. 21.12.1987, 10 Bl.; BArch DY 30/25419, o. Pag.

28 Vgl. Schreiben des Parteiorganisators des VEB Strumpfkombinat Esda Thalheim v. 18.4.1988, 13 Bl.; ebenda.

29 Vgl. Information der Inspektion des Ministeriums für Leichtindustrie v. 25.9.1987; BStU, MfS, HA XVIII 17826, Bl. 133–135.

30 Vgl. Information der Inspektion des Ministeriums für Glas- und Keramikindustrie v. 7.9.1987; BStU, MfS, HA XVIII 17826, Bl. 163–165.

benötigten zeitlichen Vorlauf vor allem die Frage der Unterbringung, da viele Haftanstalten (mit den dazugehörigen Betrieben) in Kleinstädten ohne große Reserven an Wohnraum lagen. Im Jugendhaus Hohenleuben beispielsweise, wo 290 jugendliche Häftlingsarbeiterinnen auszufallen drohten, wurde deswegen kurzzeitig sogar die Unterbringung »freier« ausländischer Arbeitskräfte in einem der Zellentrakte erwogen. Da eine alternativ diskutierte Verlagerung des Betriebs als zu aufwendig galt, sollte dann ein eigenes Wohnheim neu errichtet werden.[31] Ebenfalls wegen fehlenden Wohnraums sollten neue vietnamesische Arbeitskräfte für das Stahlbauwerk Frankfurt/O. sogar im Winter in Zelten schlafen, doch legte die vietnamesische Botschaft ihr Veto ein.[32] Verzögerungen beim Bau eines Wohnheimes verhinderten auch, dass 105 vietnamesische Arbeitskräfte ab Jahresmitte 1988 wie geplant die Aufgaben von 379 Häftlingen im VEB Metallwaren Naumburg übernehmen konnten. Außerdem sollten hier aus der Region Arbeitskräfte gewonnen sowie Rationalisierungsmöglichkeiten ausgeschöpft werden und – für teure Devisen – sogar neue Maschinen mit höherer Leistungsfähigkeit aus dem Westen angeschafft werden.[33]

Die Versetzung von Arbeitskräften aus anderen Teilbetrieben der oftmals riesigen Kombinate war eine weitere Maßnahme zur teilweisen Kompensation der Ausfälle. Da beispielsweise im VEB Fernsehgerätewerk »Friedrich Engels« Staßfurt, Werk Halle (Jugendhaus Halle), 230 Häftlingsarbeiter wegfielen, sollten die anderen Betriebe des Kombinats Arbeitskräfte nach Halle delegieren, doch selbst Prämien von 6 000 Mark nach einem Jahr Arbeit, zusätzlich zum Lohn und unabhängig vom Erreichen des Plansolls, konnten nicht genug Interessierte dazu bewegen, die Arbeit der Gefangenen zu übernehmen.[34] Kein nennenswerter Ersatz stand auch im VEB Textilreinigung Halle bereit, wo 80 Häftlinge zwei Waschstraßen betrieben hatten, in denen die Schmutzwäsche von 50 000 Haushalten gereinigt wurde; der Betriebsteil sollte zunächst ganz geschlossen werden, konnte dann aber doch auf Sparflamme weiterarbeiten.[35]

Zwar hätten die Entlassenen theoretisch wieder zu dieser Arbeit eingesetzt werden können, doch waren im Bezirk Halle 70 Prozent von ihnen nicht gewillt, nach der jahrelang erzwungenen Arbeit wieder in denselben Betrieben arbeiten zu gehen. Deswegen wurden auch neu verhaftete Untersuchungshäft-

31 Vgl. Schreiben der Abt. Leicht-, Lebensmittel- und Bezirksgeleitete Industrie an Abt. Planung und Finanzen [des ZK der SED] v. 24.3.1988; BArch DY 30/25489, o. Pag.

32 Vgl. Schreiben des VEB Autobahnbaukombinat Magdeburg v. 14.12.1987; BLHA, Rep. 601 Nr. 26978, o. Pag.

33 Vgl. Schreiben der Abt. Leicht-, Lebensmittel- und Bezirksgeleitete Industrie an Abt. Planung und Finanzen [des ZK der SED] v. 24.3.1988; BArch DY 30/25489, o. Pag.

34 Vgl. IM-Information zu Amnestie-Folgeerscheinungen v. 15.1.1988; BStU, MfS, BV Karl-Marx-Stadt, AKG 3181, S. 235 f.

35 Vgl. Schreiben an Staatssekretär Klopfer von der Staatlichen Plankommission v. 3.6.1986; BArch DY 30/25489, o. Pag.

linge rasch zur Arbeit herangezogen, so in den Innenarbeitskommandos für den VEB Kombinat Elektrowaren Halle (Jugendhaus Halle), VEB Blechwaren Rothemark (Jugendhaus Dessau) und VEB Metallwaren Naumburg (Haftanstalt Naumburg).[36] Im Verantwortungsbereich des Ministeriums für Elektrotechnik und Elektronik sollten im Folgejahr 1988 eigentlich 4 995 Häftlingsarbeiter eine Leistung von 3,3 Milliarden DDR-Mark erbringen. Zwei Drittel davon hoffte man durch zusätzliche ausländische Arbeitskräfte ersetzen zu können, doch weitere Kräfte in Form von Jugend- sowie Hausfrauenbrigaden und Rentnern mussten zusätzlich mobilisiert werden.[37] Auch das Ministerium für Schwermaschinen- und Anlagenbau setzte neben zusätzlichen 177 vietnamesischen Arbeitskräften auf 350 »Sonderarbeitskräfte« (vermutlich aus den bewaffneten Organen), den Einsatz von Robotern sowie langfristige Neueinstellungen.[38]

36 Vgl. Vorlage für das Sekretariat der Bezirksleitung Halle v. 11.1.1988; LHASA, MER, P 516 SED-Bezirksleitung Halle IV/F-2/3/68, Bl. 211–224.

37 Vgl. Information der Arbeitsgruppe für Organisation und Inspektion beim Ministerrat zu eingeleiteten Maßnahmen zu Problemen der Amnestie im Bereich des Ministeriums für Elektrotechnik und Elektronik v. 16.10.1987; BArch DC 20/26960, o. Pag.

38 Vgl. ebenda.

2.6 Die Betriebsangehörigen als Feind und Freund

Die Betriebsangehörigen, auch »Zivile Lenkungskräfte« genannt, kamen täglich als Mitarbeiter der Arbeitseinsatzbetriebe mit den Häftlingsarbeitern zusammen – innerhalb oder außerhalb der Gefängnismauern, je nachdem ob es sich um ein Innen- oder ein Außenarbeitskommando handelte. Dort arbeiteten sie Seite an Seite mit den Häftlingsarbeitern bzw. leiteten diese bei ihren verschiedenen Tätigkeiten an (siehe Abb. 5). Mal war diese Beaufsichtigung während der Arbeit, besonders in den Innenarbeitskommandos, engmaschig und streng, mal liefen die Häftlingsarbeiter eher »an der langen Leine« – nämlich überall dort, wo sie keine festen Arbeitsplätze hatten, sondern sich unter viele Betriebsangehörige mischten, oder die örtlichen Gegebenheiten, wie die riesigen Schiffsrümpfe auf der Warnowwerft, das Areal unübersichtlich machten.[1]

Die Betriebsangehörigen waren für die »Gewährleistung der Sicherheit« in den Betrieben verantwortlich – gegebenenfalls unter Nutzung von Überwachungskameras –, hatten möglichst durch »Übererfüllung der täglichen Planaufgaben« in ihrem Arbeitsbereich die Gefangenen mit zu erziehen und die »kontinuierliche Materialbereitstellung und Organisierung eines reibungslosen, durchgängigen Produktionsablaufes« zu gewährleisten.[2] Während der jeweiligen Schicht wurden die Häftlingsarbeiter von den Betriebsangehörigen zudem beaufsichtigt, während sich die Aufseher eher im Hintergrund hielten oder – je nach den örtlichen Gegebenheiten – ganz zurückzogen. »Die ZA [Zivilangestellten] und BA [Betriebsangehörigen] sind von der Übernahme [bei Schichtbeginn] bis zur Übergabe der Strafgefangenen und Jugendlichen an die SV [Strafvollzugs]-Angehörigen [bei Schichtende] für die Sicherheit, Disziplin und Ordnung verantwortlich.«[3] Gegenüber den Häftlingen besaßen die Betriebsangehörigen zwar keine Disziplinargewalt, konnten aber Ansinnen zur Bestrafung einzelner Häftlinge an die Gefängnisleitung richten[4] – die sich dem selten verschlossen haben dürfte.

Während Mitte der siebziger Jahre in der gesamten DDR zu den Innenarbeitskommandos auf den Arealen der Haftanstalten lediglich 1 200 Betriebsangehörige vorgelassen wurden, wo jeder von ihnen durchschnittlich 17 Häft-

1 Vgl. Abt. I/4 der Kriminalpolizei: Information zur Sicherheit im Strafvollzug v. 22.1.1979; BStU, MfS, HA VII/8, ZMA 41/79, Bl. 1–5.

2 Konzeption der Abt. VII zur langfristigen Sicherung der Außenarbeitskommandos der Arbeitseinsatzbetriebe im Bezirk Halle v. 27.4.1979; BStU, MfS, BV Halle, Abt. VII 889, Bl. 3–10.

3 Verhaltens- und Handlungshinweise für Zivilangestellte und Betriebsangehörige im Bereich des Jugendhauses Halle o. D. [1979]; BStU, MfS, BV Halle, Abt. VII 352, Bl. 1–18.

4 Vgl. u. a. Anlage 2 (Arbeitsordnung) zur Vereinbarung zwischen dem Jugendhaus Halle und dem VEB Zieh-, Press- und Stanzwerk Zwintschöna Ziehpresta v. 28.6.1974; LHASA, MER, BDVP Halle M 558–19 BDVP Halle 19.1. Nr. 1256, Bl. 160–167.

linge anleitete, kamen in den Außenarbeitskommandos insgesamt 2 850 Beschäftigte mit Gefangenen zusammen. In diesem Bereich waren sie durchschnittlich lediglich für acht Inhaftierte verantwortlich, da die Gefangenen hier strenger bewacht werden mussten. In der gesamten DDR oblag insgesamt 670 Betriebsangehörigen überhaupt in erster Linie die Verhinderung etwaiger Ausbrüche.[5] Die Haftanstalt Naumburg beispielsweise »genehmigte« den Braunkohlewerken Deuben und Profen, 20 Helfer allein zur Bewachung von Häftlingen einzustellen.[6] Auch im Bezirk Halle beispielsweise waren aufgrund der größeren Chancen zur Flucht in den Außenarbeitskommandos meist nicht mehr als sieben oder acht Häftlinge mit einem »freien« Arbeiter zusammen, während in den leichter zu überwachenden Innenarbeitskommandos gelegentlich sogar 20 Häftlingsarbeiter einem Betriebsangehörigen gegenüberstanden.

Einen Sonderfall bildete hier der VEB Schuhkombinat »Banner des Friedens« Weißenfels, der nur einen einzigen Betriebsangehörigen zur Anleitung von 110 Häftlingsarbeitern in der Haftanstalt Halle abstellte.[7] Auf dem Gelände der überwiegend mit Innenarbeitskommandos belegten Haftanstalt Waldheim (mit vielen politischen Gefangenen) befanden sich dagegen ständig 200 Betriebsangehörige[8] – bei einer Gesamtzahl von lediglich 240 Aufsehern in diesem Gefängnis. Die täglich 3 633 Häftlinge im Außenarbeitseinsatz im Bezirk Halle kamen wiederum (in so wichtigen Betrieben wie Chemiekombinat Bitterfeld, VEB Walzwerk Hettstedt oder VEB Eisenhüttenwerk Thale) mit insgesamt 1 932 Betriebsangehörigen zusammen. Weil dadurch Sicherheitsbelange tangiert wurden bzw. Fraternisierung vorgebeugt werden sollte, trat auch die Staatssicherheit auf den Plan – die hier gegen jeden dritten Betriebsangehörigen Vorbehalte hegte.[9] Allein im Chemiekombinat Bitterfeld handelte es sich um 1 360 Betriebsangehörige, die zwar nicht ständig Häftlinge anleiteten, jedoch zu Wartungszwecken, für Arbeitsschutzmaßnahmen oder aus anderen Gründen zeitweilig Zutritt zu den Arbeitsbereichen der Gefange-

5 Vgl. Verwaltung Strafvollzug: Einschätzung der Lage in den Vollzugseinrichtungen des Organs (Ergebnisse der Überprüfungen der Vollzugseinrichtungen gemäß Befehl 84/74 des Ministers des Innern) v. 8.5.1975; BArch DO 1 32/280/1.

6 Vgl. Bericht der Strafvollzugsanstalt Naumburg über die Arbeit mit Helfern aus den Betrieben v. 13.2.1962; LHASA, MER, M 558-6 BDVP Halle 19.1. Nr. 1285, Bl. 30 f.

7 Vgl. Arbeitseinsatz der Strafgefangenen [im Bezirk Halle] o. D. [1974] (Anlage zur Geheimen Chefvorlage der BDVP Halle v. 30.10.1974; LHASA, MER, M 555 Nr. 589 BDVP Halle 19.1. Nr. 374, Bl. 167–169.

8 Vgl. Sicherungskonzeption der Kreisdienststelle Döbeln zur StVE Waldheim v. 5.2.1986; BStU, MfS, BV Leipzig, KD Döbeln 212, Bd. 3, S. 63–74.

9 Konzeption der Abt. VII zur langfristigen Sicherung der Außenarbeitskommandos der Arbeitseinsatzbetriebe im Bezirk Halle v. 27.4.1979; BStU, MfS, BV Halle, Abt. VII 889, Bl. 3–10.

nen erhielten. Und zum Leidwesen der Staatssicherheit ließen die Betriebe oftmals sogar weitere, gar nicht bestätigte Kader bis zu den Gefangenen vor.[10]

Dabei war die Überprüfung der Betriebsangehörigen vor ihrem gemeinsamen Arbeitseinsatz mit Häftlingsarbeitern recht akribisch. Bevor die Werksangestellten erstmals Zugang zu den Fertigungsbereichen der Häftlingsarbeiter erhielten, kontaktierte die Operativgruppe bzw. die für die »Absicherung« der Haftanstalt zuständige Diensteinheit der Staatssicherheit jene Dienststellen von Staatssicherheit und Volkspolizei, die entsprechend der seinerzeitigen und früheren Wohnorte des Betreffenden für diesen zuständig waren bzw. zuvor gewesen waren, schöpften ggf. in dessen Umfeld vorhandene IM ab und sahen alle verfügbaren Unterlagen ein. Wer weltanschaulich ungefestigt zu sein schien, kein Parteibuch besaß und zudem über enge Westkontakte verfügte, erhielt keinen Zutritt.[11]

Besonders intensiv wurden jene Betriebsangehörigen überprüft, die regelmäßig Häftlinge zur Arbeit einteilen, anleiten und beaufsichtigen sollten. Hierbei handelte es sich beispielsweise im Bezirk Halle um 992 »zivile Lenkungskräfte«, von denen allein im Jahre 1982 insgesamt 83 »als Unsicherheitsfaktoren« abgelöst wurden. Als Gründe galten hier »ideo[logische] Unklarheiten und nicht klassengemäßes Herangehen« an die Gefangenen, »Schwatzhaftigkeit, Vertrauensseligkeit, Mitleid«, das Vernachlässigen der Aufsichtspflicht sowie das Ein- oder Ausschleusen von Lebensmitteln oder Briefen bzw. die Kontaktaufnahme zu Familienangehörigen der Gefangenen.[12] Von 74 im Jahre 1979 von der Haftanstalt Bautzen I zur Bestätigung bei der Staatssicherheit eingereichten Betriebsangehörigen fielen 22 Kandidaten durch[13] – was mit erklären könnte, warum die Betriebe zumindest bei der Vorbereitung eines neuen, lediglich vorübergehenden Arbeitseinsatzes vorerst lieber gar keine Namen nannten. Dabei waren innerhalb der Haftanstalt Bautzen I insgesamt 234 Betriebsangehörige ständig sowie 148 weitere zeitweilig tätig, in den Außenarbeitsbetrieben ging es um 498 ständige und 817 zeitweilige Mitarbeiter der Betriebe, sodass die Staatssicherheit hier mit ihren Überprüfungen kaum hinterherkam.[14] Waren sie erst einmal bestätigt, kam es jedoch vergleichsweise selten vor, dass im Zuge geheimpolizeilicher Intervention die Zutrittsberechti-

10 Vgl. [Auflistung der Sicherheitsprobleme in den Außenarbeitskommandos im Bezirk Halle von 1982]; BStU, MfS, BV Halle, Abt. VII 889, Bl. 63 f.

11 Vgl. BStU, MfS, BV Karl-Marx-Stadt, KD Stollberg 56, Bd. 1 f.

12 Vgl. Einschätzung der politisch-operativen Lage in den StVE, Jugendhäusern und UHA durch die Abt. VII der BV Halle v. 27.10.1982; BStU, MfS, BV Halle, Abt. VII 889, Bl. 28–41.

13 Vgl. Anzahl der Produktionskommandos StVE [Bautzen I] 1980; BStU, MfS, BV Dresden, Abt. VII 7384, Bd. 1, Bl. 188.

14 Vgl. Einschätzung der Strafvollzugseinrichtung Bautzen I der Erfüllung der Aufgaben im Jahr 1977 v. 14.12.1978; BStU, MfS, BV Dresden, Abt. VII 7384, Bd. 1, Bl. 340–355.

gung wieder entzogen wurde – in den wichtigen Haftanstalten Cottbus, Bautzen I und Berlin-Rummelsburg geschah dies zwischen Januar 1980 und Februar 1984 lediglich 18 Mal.[15] Für die Haftanstalt Magdeburg verzeichnete und überprüfte vermutlich die Staatssicherheit sogar die Fahrer der Müllabfuhr sowie die Lieferanten der Kohle, die gelegentlich in die Peripherie der Gefängnisanlagen vorgelassen wurden.[16]

In der Haftanstalt Hoheneck etwa waren in den Arbeitseinsatzbetrieben Planet, Esda, Elmo und Wäschekombinat Lößnitz 1979 insgesamt 52 Betriebsangehörige tätig, von denen 22 Mitglied der SED waren und nur zwei (nach Erkenntnissen des MfS) über Westkontakte verfügten. Mit einer (wohl jährlich bemessenen) Fluktuation von 20 Prozent waren die Betriebe kadermäßig zumindest soweit stabil, dass die Geheimpolizei nicht ständig neue Überprüfungen einleiten musste.[17] Im Ergebnis solcher Kontrollen wurde zum Beispiel einer weiteren Betriebsangehörigen, die um einen nur zeitweiligen Zutritt ersucht hatte, jeglicher Zugang verweigert, da sie »kurze Zeit in der BRD« gewohnt hatte. Einem Kraftfahrer wurde die bereits bestehende Genehmigung sogar wieder entzogen, nur weil er beabsichtigte Westkontakte pflichtschuldigst gemeldet hatte. Gar von ihren Betrieben ganz entlassen wurden drei Beschäftigte mit vormaliger Zugangsgenehmigung, weil sie beispielsweise Briefe von Gefangenen transportiert oder wegen Beziehungsproblemen einen Suizidversuch unternommen hatten.[18]

Weil das SED-Regime den Strafvollzug an politischen Gefangenen nach Möglichkeit geheim halten wollte, hatten etwa die Betriebsangehörigen von Esda Thalheim (Haftanstalt Hoheneck) ihre »Schweigepflicht gegenüber alle den Strafvollzug betreffenden Informationen gegenüber jedermann streng einzuhalten«.[20] Sie hatten »gegenüber den Strafgefangenen korrekt aufzutreten, die soz[ialistische] Gesetzlichkeit zu wahren und keinen Liberalismus zu dulden«. Sie durften »keinerlei persönliche Gespräche mit Strafgefangenen« führen und hatten jede »Verbindungsaufnahme zu verhindern«.[21] Die Devise, »keinen Liberalismus zu dulden«, galt wortgleich auch für die Aufseher des

15 Vgl. Zusammenfassender Bericht der HA VII über Ergebnisse der Kontrollen o. D. [1984]; BStU, MfS, HA VII 8479, Bl. 41–52.

16 Vgl. BStU, MfS, BV Magdeburg, Abt. VII 1680, Bl. 28–31.

17 Vgl. Erhebung über Betriebskräfte der StVE Hoheneck v. 10.1.1979; BStU, MfS, BV Karl-Marx-Stadt, KD Stollberg 56, Bd. 1, Bl. 1.

18 Vgl. Erhebung über Betriebskräfte der StVE Hoheneck v. 5.2.1980; ebenda, Bl. 2.

19 Vgl. Arbeitsbereich Walzwerk-Zurichterei im VEB EHW Thale o. D. [1972]; LHASA, MER, M 555 Nr. 589 BDVP Halle 19.1. Nr. 374, Bl. 126.

20 Vgl. Jehmlich: VEB Pentacon Dresden, S. 112.

21 Arbeitsordnung für die Betriebsangehörigen des VEB Planet Wäschekonfektion Eppendorf o. D. [4.4.1985]; SächsStAC 30441 25.2 BDVP Karl-Marx-Stadt StVE Hoheneck Nr. I/233, o. Pag.

Jugendhauses Halle.[22] Die Betriebsangehörigen wurden auch hier angehalten, im Beisein der Häftlinge nicht über dienstliche oder private Belange zu sprechen und die Häftlingsarbeiter mit »Strafgefangener XY« anzureden, um die gewünschte Distanz zu wahren.[23] Ausdrücklich untersagt war es ihnen, Briefe oder Gegenstände (etwa von Familienangehörigen) an die Gefangenen weiterzuleiten oder sich über private Dinge mit ihnen zu unterhalten.[24] Betriebsangehörige mussten auch Erklärungen unterzeichnen, denen zufolge sie jegliche Begünstigung von Häftlingsarbeitern unterlassen und keine privaten Westkontakte aufnehmen würden oder bereits unterhielten.[25] Außerdem sollten die Betriebsangehörigen mindestens alle sechs Monate durch die Aufseher der Haftanstalt über die Konsequenzen unterrichtet werden, die aus zu großer Nachsicht gegenüber den Gefangenen resultieren könnten.[26]

Doch aufgrund des engen Kontakts mit den Häftlingsarbeitern blieb den Betriebsangehörigen (wie etwa denen des VEB Pentacon) natürlich nicht verborgen, dass auch politische Häftlinge zur Arbeit eingesetzt wurden.[27] Auf Grundlage ähnlicher Anschauungen oder weil aus der täglichen, gemeinsamen Arbeit zwischenmenschliche Sympathie erwuchs, erklärten sich Betriebsangehörige immer wieder bereit, die strengen Regeln für die Häftlingsarbeiter partiell zu unterlaufen und beispielsweise Liebesbriefe an den Kontrollen der Aufseher vorbei nach draußen zu transportieren.[28] Ausgerechnet im wichtigen VEB Pentacon Dresden (Haftanstalt Cottbus) beispielsweise solidarisierte sich ein Betriebsangehöriger mit einem ausreisewilligen Häftling und überbrachte vielfach Kaffee, Zigaretten und Alkohol von dessen Ehefrau, mit der er auch rund 30 Mal telefonierte. Vermutlich lag dem echte Sympathie oder gar politische Solidarisierung zugrunde, denn die durch die Ehefrau an ihn selbst überreichten

22 Verhaltens- und Handlungshinweise für Zivilangestellte und Betriebsangehörige im Bereich des Jugendhauses Halle o. D. [1979]; BStU, MfS, BV Halle, Abt. VII 352, Bl. 1–18.

23 Vgl. ebenda.

24 Vgl. u. a. Anlage 2 (Arbeitsordnung) zur Vereinbarung zwischen dem Jugendhaus Halle und dem VEB Zieh-, Press- und Stanzwerk Zwintschöna Ziehpresta v. 28.6.1974; LHASA, MER, BDVP Halle M 558-19 BDVP Halle 19.1. Nr. 1256, Bl. 160–167.

25 Vgl. Belehrung [eines Beschäftigten des VEB Mewa Naumburg] v. 11.11.1988; BStU, MfS, BV Halle, Abt. VIII 1644, Bl. 21.

26 Vgl. Anordnung des MdI über den Einsatz Strafgefangener zu gesellschaftlich nützlicher Arbeit – Arbeitseinsatzordnung – v. 1.2.1989; BStU, MfS, BdL/Dok., Nr. 12011.

27 Arbeitsordnung über die Aufgaben der Betriebsangehörigen des VEB Esda Thalheim in der StVE Hoheneck v. 1.1.1978; SächsStAC 30461 StVE Stollberg 67, o. Pag.

28 Vgl. Information über eine Mitteilung des BA v. 7.7.1989; BStU, MfS, BV Halle, Abt. VIII 1644, Bl. 8.

Geschenke waren nur von geringem Wert – und die Staatssicherheit befürchtete sogar, der Betriebsangehörige wolle eines Tages selbst übersiedeln.[29]

Die zur Bewachung von Häftlingen in den Braunkohlewerken Deuben und Profen eingesetzten Bewacher waren zwar angewiesen worden, »sich nicht in Privatgespräche einzulassen, keine Begünstigungen vorzunehmen«, hatten aber ebenfalls den Häftlingen Zigaretten und Zigarren zugesteckt – und wurden daraufhin disziplinarisch bestraft.[30] Ein ehemaliger Beschäftigter der Warnowwerft erklärte, er wie auch mehrere Kollegen hätten den Häftlingsarbeitern öfters Zigaretten und Stullen zukommen lassen.[31] Ebenso erhielten die Insassen der Haftanstalt Karl-Marx-Stadt »Zigaretten und Tee durch Kraftfahrer und Betriebsangehörige«[32] wie auch die Häftlinge im Haftarbeitslager Sollstedt Zigaretten, Kautabak und Briefe der Angehörigen.[33] Weniger Mitleid oder weltanschauliche Sympathie denn materielle Motive standen hingegen hinter der Kooperation von Häftlingen mit Kraftfahrern des Arbeitseinsatzbetriebes Wohnungsbaukombinat der Haftanstalt Karl-Marx-Stadt. Hier versteckten Häftlinge bestimmte Mangelwaren, wie zum Beispiel Rohre und Leitungen, Mischbatterien und Toilettenbecken, Tapeten und ganze Elektroherde in den dort produzierten Badzellen, die dann mit Lkw aus dem Betrieb abtransportiert wurden. Die entsprechend informierten Kraftfahrer holten die Mangelwaren später aus den Badzellen und verscherbelten sie zum beiderseitigen Vorteil, was einen Schaden von 400 000 Mark verursacht haben soll.[34]

Andere Betriebsangehörige hingegen denunzierten Häftlinge, wenn diese mit dem Ersuchen auf Mitnahme von Briefen oder Gegenständen auf sie zukamen.[35] Wiederum andere konzentrierten sich auf ihre eigenen Aufgaben und überließen die Gefangenen weitestgehend sich selbst.[36] Von Häftlingen auf

29 Vgl. Bezirksverwaltung Cottbus: Unstatthafte Verbindungen zwischen einem Angehörigen des Arbeitseinsatzbetriebes VEB Pentacon Dresden und einem Strafgefangenen der StVE Cottbus v. 7.5.1985; BStU, MfS, BV Cottbus, AKG 4730, Bl. 38–40.

30 Vgl. Bericht der Strafvollzugsanstalt Naumburg über die Arbeit mit Helfern aus den Betrieben v. 13.2.1962; LHASA, MER, M 558-6 BDVP Halle 19.1. Nr. 1285, Bl. 30 f.

31 Vgl. http://stasiopfer.de/component/option,com_simpleboard/Itemid,/func,view/id,997279410/catid,4/ [22.11.2012].

32 Vgl. Operativer Lagebericht der StVE Karl-Marx-Stadt v. 14.4.1980; SächsStAC 33221 StVE Karl-Marx-Stadt Nr. 254, o. Pag.

33 Vgl. Sonntag: Arbeitslager in der DDR, S. 268.

34 Vgl. Information der Bezirksverwaltung für Staatssicherheit Karl-Marx-Stadt v. 2.6.1983; BStU, MfS, BV Karl-Marx-Stadt AKG 2029, Bd. 1, Bl. 72–74.

35 Vgl. Information über eine Mitteilung des BA v. 7.7.1989; BStU, MfS, BV Halle, Abt. VIII 1644, Bl. 8.

36 So heißt es über zwei Betriebsangehörige in Bitterfeld: »Die kamen früh, haben uns übernommen, und dann waren sie verschwunden in irgendeiner Baracke. Der Arbeitsbereich lief mit den Gefangenen selbstständig.« Interview mit einem ehemaligen Gefangenen bei Vesting: Zwangsarbeit im Chemiedreieck, S. 80.

den gesundheitsgefährdenden Lärmpegel der Metallstanzen angesprochen, erklärten sich auch die Zivilangestellten des VEB Pentacon Dresden für unzuständig und ließen sich auf keine weltanschaulichen Diskussionen ein, obwohl bzw. gerade weil sie nur zu genau wussten, dass sie politische Häftlinge vor sich hatten.[37] Oft bestimmten somit Gleichgültigkeit und Desinteresse das Auftreten der Betriebsangehörigen gegenüber den Häftlingsarbeitern.[38]

Viele Betriebsangehörige begegneten den Häftlingsarbeitern mit Vorurteilen. Im Jugendhaus Halle etwa wurden die Neuerervorschläge der jugendlichen Häftlingsarbeiter gar nicht erst einer Diskussion für wert befunden.[39] Auch »die im Arbeitseinsatzbetrieb ZW [Zementwerk] Rüdersdorf aufgetretenen Probleme in der Arbeitsdisziplin, der Auswahl und dem Einsatz der Strafgefangenen haben ihre Ursache in der vorherrschenden ideologischen Position der Betriebsangehörigen zu den Strafgef[angenen]«. Besonders die Mitarbeiter des Zementwerkes 2 gingen »in erster Linie davon aus [...], dass die Strafgef. ausschließlich zur Erreichung hoher Arbeitsleistungen verpflichtet sind. Der erzieherische Auftrag kommt hier noch zu kurz.«[40] Ihre Arbeitsaufträge, so beschwerten sich die Betriebsangehörigen, würden durch die Gefangenen »oftmals widerwillig oder gar nicht ausgeführt«.[41] Als nach der Amnestie von 1987 nach und nach wieder neue Häftlinge zur Arbeit eingesetzt wurden, schlugen ihnen Vorurteile entgegen: »Jetzt kommen die Faulpelze wieder«. Möglicherweise sahen die Beschäftigten die Erfüllung der Arbeitsnormen und den Erhalt von Zuschlägen auch für sich selbst gefährdet. Zudem mussten die Betriebsangehörigen nun wieder ihre Verwandtschaftsverhältnisse offenlegen; die ihnen wegen der gemeinsamen Beschäftigung mit Häftlingsarbeitern gewährte Zulage in Höhe von 80 Mark war ihnen ohnehin viel zu wenig.[42]

Seine herablassende Haltung gegenüber den Häftlingsarbeitern offenbarte ein Betriebsangehöriger des VEB Braunkohlewerk Oberlausitz/Hagenwerder, der von einem Kollegen den umgehenden Einsatz zweier Häftlinge mit den Worten anforderte »Schick mir mal 2 Neger her«. »Dieses Verhalten unterstützt keinesfalls den Erziehungsprozess im Strafvollzug«, wie die Gefängnislei-

37 Vgl. Schmidt, Helmuth; Weischer, Heinz: Zorn und Trauer. Als politischer Gefangener in Zuchthäusern der DDR. Essen 2006, S. 174.

38 Vgl. Vesting: Zwangsarbeit im Chemiedreieck, S. 133.

39 Vgl. Protokoll über die gemeinsame Beratung der Leitungskader des Jugendhauses Halle und dem VEB Ziehpresta v. 18.6.1975; LHASA, MER, BDVP Halle M 558-19 BDVP Halle 19.1. Nr. 1256, Bl. 104–108.

40 Komplexe Lageeinschätzung I. Halbjahr 1989 der StVE Rüdersdorf v. 10.7.1989; BLHA, Rep. 671/16.2 Nr. 675, o. Pag.

41 Vgl. Bericht des IM »Horst« über die Auswirkungen der Amnestie o. D. [1987]; BStU, MfS, BV Frankfurt/O., V 734/86, Abt. VII, Bl. 103 f.

42 Vgl. [Mitteilung des IM »Horst«] zum Einsatz der Sonderarbeitskräfte im Z[ementwerk] 2 v. 16.11.1988; BStU, MfS, BV Frankfurt/O., V 734/86, Abt. VII, Bl. 125.

tung in bestem SED-Deutsch – doch im Kern gewiss zutreffend – feststellte.[43] Auch nach Einschätzung der Gefängnisleitung der Haftanstalt Naumburg erfüllten die Betriebsangehörigen der Braunkohlewerke ihre »erzieherischen Aufgaben nur mangelhaft«.[44] Doch während den Betriebsangehörigen Mitte der siebziger Jahre »neben ihrer fachlichen Befähigung [auch] psychische« Eignung abverlangt wurde, entfiel dieser Passus dann in einer Neufassung der Arbeitseinsatzordnung – wohl weil man auf Schulungen der eingesetzten Mitarbeiter vertraute.[45]

Die Staatssicherheit warb unter den Betriebsangehörigen inoffizielle Mitarbeiter, wenn ihr diese nach den gängigen Kriterien geeignet erschienen – was etwa ihre politische Loyalität, ihre Kontaktfreudigkeit, aber auch ihre Verschwiegenheit hinsichtlich ihrer Zusammenarbeit mit dem Mielke-Apparat betraf.

> »Die in den Arbeitskommandos eingesetzten Betriebsangehörigen sind allseitig inoffiziell zu durchdringen mit dem Ziel, die innere Sicherheit zu gewährleisten. Unter Federführung der territorialen Diensteinheiten sind unter den eingesetzten Betriebsangehörigen relativ selbstständige FIM-Systeme zu schaffen, um eine durchgängige inoffizielle Absicherung zu ermöglichen.«[46]

So sollten die Spitzel unter den Betriebsangehörigen des VEB Stahlgießerei »Wilhelm Pieck« Magdeburg-Rothensee etwaige Fraternisierung zwischen anderen Betriebsangehörigen und Insassen verhindern, Ausbruchsabsichten aufdecken sowie die Gefangenen aushorchen.[47]

Letztlich musste die ostdeutsche Geheimpolizei ihre Kräfte aber auf Aufseher und Häftlinge konzentrieren. So gab es zwar beispielsweise unter den 140 Betriebsangehörigen des VEB Stahl- und Industriemöbelwerke »Altmark« (Stima) Stendal, die Umgang mit Häftlingen hatten, immerhin fünf IM bzw. GMS.[48] Bezeichnenderweise waren jedoch in den besonders wichtigen Haftan-

43 Information der StVE Görlitz v. 26.3.1987; BStU, MfS, BV Dresden, Abt. VII 7015, Bd. 3, Bl. 602 f.

44 Schreiben des Leiters der Strafvollzugsanstalt Naumburg an die Verwaltung Strafvollzug v. 20.5.1968; LHASA, MER, M 558-6 BDVP Halle 19.1. Nr. 1285, Bl. 54–56.

45 Vgl. Anordnung des MdI über den Einsatz Strafgefangener zu gesellschaftlich nützlicher Arbeit in der Volkswirtschaft – Arbeitseinsatzordnung – v. 30.7.1976 (BStU, MfS, BdL/Dok., Nr. 9132) bzw. v. 11.5.1977 (BStU, MfS, BdL/Dok., Nr. 9474).

46 Konzeption der Abt. VII zur langfristigen Sicherung der Außenarbeitskommandos der Arbeitseinsatzbetriebe im Bezirk Halle v. 27.4.1979; BStU, MfS, BV Halle, Abt. VII 889, Bl. 3–10. In solchen FIM-Netzen leitete ein inoffizieller Mitarbeiter andere Spitzel an und bündelte deren Informationen.

47 Vgl. Vorschlag der Abt. VII/5 der BV Magdeburg zur Verpflichtung eines IMS v. 2.12.1976; BStU, MfS, BV Magdeburg, AIM 854/80, Bl. 58–69 (MfS-Pag.).

48 Vgl. Einschätzung der Lage in der UHA Stendal und im Standkommando Stima durch die Kreisdienststelle Stendal v. 28.5.1976; BStU, MfS, BV Magdeburg, KD Stendal 2029, S. 60–65.

stalten Cottbus, Bautzen I, Hoheneck sowie den Berliner Untersuchungshaftanstalten I und II im Jahre 1984 unter insgesamt 840 Betriebsangehörigen lediglich 12 IM (1,4 %) tätig, verglichen mit 197 Zuträgern (inoffizielle Mitarbeiter/IM, Inoffizielle Kriminalpolizeiliche Mitarbeiter/IKM und Auskunftsbereite Strafgefangene/ASG) unter insgesamt 5 656 Häftlingen (3,4 %) und 106 Spitzeln unter 1 264 Aufsehern (8,3 %). Die abweichende Quote ist jedoch nicht so sehr als Ausweis unterschiedlich ausgeprägter Bereitschaft zur Spitzeltätigkeit, sondern als Ergebnis einer gezielten Werbungsstrategie der Geheimpolizei zu deuten: Im Unterschied zu den Häftlingen galten die Betriebsangehörigen wohl als grundsätzlich loyal, andererseits aber auch als längst nicht so wichtig wie die Aufseher – weswegen weniger Zuträger aus ihrer Mitte erforderlich zu sein schienen.[49]

49 Vgl. Zusammenfassender Bericht der HA VII über Ergebnisse der Kontrollen o. D. [1984]; BStU, MfS, HA VII 8479, Bl. 41–52.

3 Die Arbeitsbedingungen

3.1 Politische und kriminelle Häftlinge

Seitdem Mitte der fünfziger Jahre die ehemaligen Insassen der sowjetischen Speziallager größtenteils freigelassen worden waren, saßen im Strafvollzug der DDR politische und kriminelle Häftlinge in der Regel gemeinsam ein. Wie viele andere Diktaturen bediente sich auch das SED-Regime der oft größeren Manipulierbarkeit der kriminellen Häftlinge zur Disziplinierung und Überwachung der politischen Gefangenen. Zwar wurden auch die kriminellen Häftlinge diskriminiert und schlecht behandelt, doch wurde ihnen grundsätzlich eine gewisse Bereitschaft zur Besserung und zur Rückkehr in die sozialistische Gesellschaft attestiert, während die politischen Gefangenen häufig als unbelehrbar galten.[1] Da Läuterung nicht zu erwarten sei, stehe bei ihnen der Schutz der Gesellschaft an erster Stelle – »und der ist am besten garantiert durch ordentliche Gitter, eine feste Tür und einen tüchtigen Packen täglicher schwerer Arbeit«.[2] Erst die Zumutungen der Haft und der Arbeitseinsatz könnten die politischen Überzeugungen sowie die Identität der Gefangenen brechen, so die Vorstellung der Verantwortlichen. Dementsprechend hatten die Aufseher im »Erziehungsprogramm« eines politischen Häftlings beispielsweise festgelegt: »Der SG [Strafgefangene] muss erkennen, dass er falsche Vorstellungen vom Leben in WD [Westdeutschland] hat; durch strenge Maßnahmen disziplinieren; im Arbeits- und Verwahrbereich hohe Forderungen stellen.«[3] Im Strafvollzug sollten schließlich das »sozialistische Bewusstsein herausgebildet, entwickelt und vertieft« sowie »überholte Denk- und Verhaltensweisen systematisch abgebaut« werden,[4] was die politischen Gefangenen viel stärker berührte als ihre kriminellen Mitinsassen.

Wer »aus Feindschaft« Verbrechen gegen die DDR verübt hatte, für den waren die Haftbedingungen »strenger auszugestalten als für die übrigen Straf-

1 Vgl. Vesting: Zwangsarbeit im Chemiedreieck, S. 127.

2 Werner Jauch: Über einige aktuelle Frage des Zieles und der Aufgaben im Strafvollzug o. D.; BArch DO 1/11 1603, Bl. 57–75.

3 Kriegel, Manfred: Haftbefehl 2.11.1973. Halle 2009, S. 242.

4 Handbuch für Erzieher im Strafvollzug. Hg. v. Helmut Witter u. a. (Publikationsabteilung des Ministeriums des Innern). Berlin (Ost) 1981, S. 58.

gefangenen«.[5] Diese allgemeine Diskriminierung der politischen Gefangenen betraf auch den Arbeitseinsatz,[6] den sie in der Regel zusammen mit kriminellen Häftlingen auf dem Gelände fester Haftanstalten durchführen mussten. Denn in den Haftarbeitslagern und Außenarbeitskommandos herrschten zwar meist ebenso harte, teilweise sogar noch härtere Arbeitsbedingungen als in den festen Haftanstalten, doch boten die Arbeitskolonnen außerhalb von Gefängnismauern etwas größere Freiräume und eröffneten größere Chancen zur Flucht. Da ein Entkommen der politischen Gefangenen unbedingt verhindert werden musste, galt ihr Einsatz außerhalb der Gefängnismauern als zu riskant. Indes mussten in Phasen großen Arbeitskräftemangels (etwa nach allgemeinen Amnestien) die Kriterien für den Außenarbeitseinsatz gelockert werden, um genügend Häftlingsarbeiter zusammenzubekommen. Außerdem konnten auch berufliche Qualifikationen oder andere Gründe dazu führen, dass politische Gefangene eben doch außerhalb fester Gefängnismauern eingesetzt wurden; nach westlichen Schätzungen stellten sie daher rund 17 Prozent der Insassen in den Haftarbeitslagern.[7]

Benachteiligt wurden die aus politischen Gründen Verurteilten gegenüber den Kriminellen natürlich auch innerhalb der festen Haftanstalten – etwa dadurch, dass sie von den einflussreicheren und meist erträglicheren Kalfaktorenstellen überwiegend ferngehalten wurden. Etliche Spitzenfunktionäre des SED-Regimes wussten schließlich aufgrund eigener Hafterfahrungen, dass politische Gefangene als Funktionshäftlinge illegale Strukturen zu bilden vermochten. In Brandenburg-Görden etwa sorgte der neue Gefängnisleiter Fritz Ackermann 1960 dafür, dass die politischen Gefangenen seiner Haftanstalt von allen wichtigen Funktionen entfernt wurden und stattdessen kriminelle Gewalttäter deren Posten übernahmen.[8] Ferner wurden viele politische Häftlinge bis zuletzt dadurch schikaniert, dass sie an Arbeitsplätzen eingesetzt wurden, deren Normen beim besten Willen nicht zu schaffen waren.[9] Gerade Ausreisewillige wurden auch gezielt zu besonders monotonen Tätigkeiten eingeteilt, weil die Gefängnisverwaltung in Fällen des absehbaren Freikaufs

5 Buchholz; Tunnat; Mehner: Hauptaufgaben des sozialistischen Strafvollzugs, S. 54.

6 Vgl. Fricke, Karl Wilhelm: Zur Menschen- und Grundrechtssituation politischer Gefangener in der DDR. Köln 1988, S. 66.

7 Vgl. Müller: Strafvollzugspolitik und Haftregime, S. 303, unter Bezugnahme auf Finn: Die politischen Häftlinge der Sowjetzone, S. 190–195. Als Zeitpunkt nennt Müller das Ende der sechziger Jahre, Finn das Ende der fünfziger Jahre.

8 Vgl. [Redemanuskript eines leitenden Mitarbeiters der StVA Brandenburg, vermutlich des Polit-Stellvertreters] auf der Dienstversammlung v. 14.7.1966; BLHA, Bez. Pdm. Rep. 404/15.1/693, Bl. 189–211.

9 Vgl. Schmidt: Frage der Zwangsarbeit, S. 221.

»bildungsseitige Aufwendungen [...] vermeiden« wollte,[10] sie also aus ökonomischem Kalkül nicht erst für komplexere Aufgaben ausbilden wollte, derer sie wegen einer baldigen Freilassung in den Westen womöglich gar nicht lange nachgehen würden.

In einigen Arbeitseinsatzbetrieben mit besonders schweren oder gefährlichen Arbeiten wurden offenbar politische Gefangene konzentriert. So waren beispielsweise im Stahl- und Walzwerk Riesa von insgesamt 187 Häftlingen im Arbeitseinsatz 119 (63,6 %), zeitweise sogar bis zu 75 Prozent, wegen Republikflucht verurteilt.[11] In der Haftanstalt Cottbus, wo gefährliche Stanzarbeiten für Kameragehäuse zu verrichten waren, hatten 1987 40 Prozent der Insassen einen Ausreiseantrag gestellt (und weitere diesen nur aus taktischen Gründen zurückgezogen).[12] Und auch im Haftarbeitslager Bitterfeld mit seinen extrem harten Haftbedingungen stellten die politischen Gefangenen 1981/82 ein bis zwei Drittel aller Insassen,[13] was ebenfalls weit über dem DDR-üblichen Durchschnitt lag. In dem dortigen Chemiekombinat wurden sie auch besonders oft zu gefährlichen und gesundheitsschädlichen Tätigkeiten herangezogen, für die gerade sie als geeignet galten.[14] Erst als es dort zu tödlichen Quecksilbervergiftungen kam und negative Schlagzeilen in der Westpresse zu befürchten waren, wurde der Einsatz politischer Gefangener deutlich reduziert.[15]

In bestimmten Haftanstalten (wie Hoheneck) saßen besonders viele politische Häftlinge ein, obwohl die Arbeitsbedingungen dort in etwa genauso schlecht waren wie im Strafvollzug der DDR gemeinhin üblich. Für die besonders hohe Konzentration von politischen Gefangenen in Bautzen II wiederum waren Ermittlungs- sowie Geheimhaltungsinteressen der Staatssicherheit ausschlaggebend und vordergründig keine Aspekte des Arbeitseinsatzes. Vor einem ähnlichen Hintergrund wurden auch noch Ende der fünfziger Jahre in Brandenburg-Görden wichtige politische Gefangene in Isolationshaft zu Zel-

10 Problemdarstellung der Abt. Ökonomie der Verwaltung Strafvollzug v. 8.5.1988; BStU, MfS, HA VII 550 (Wg. 10-13), Bl. 35–38.

11 Vgl. Einschätzung der Wirksamkeit der operativen Maßnahmen und der Lage im Bereich Stahl- und Walzwerk Riesa durch die Arbeitsgruppe StVE Zeithain des Dezernat I/4 der Kriminalpolizei der BDVP Dresden v. 26.7.1987; BStU, MfS, BV Dresden, Abt. VII 7380, Bl. 238–244.

12 Genau 185 von 450 Insassen. Vgl. Bericht der Abt. 8 der HA VII über eine durchgeführte Dienstreise in die BV Cottbus, Abt. VII v. 1.7.1987; BStU, MfS, HA VII 4963, Bl. 25–30.

13 Vgl. Vesting: Zwangsarbeit im Chemiedreieck, S. 61–63.

14 Vgl. ebenda, S. 135.

15 Auf der tschechischen Seite des Erzgebirges wurde nach Kriegsende auch Uranerz speziell durch politische Gefangene abgebaut. Vgl. Schütterle, Juliane: Kumpel, Kader und Genossen: Arbeiten und Leben im Uranbergbau der DDR. Die Wismut AG. Paderborn 2010, S. 28.

lenarbeit oder zermürbender Untätigkeit gezwungen,[16] obwohl ihr Arbeitseinsatz in größeren Betrieben lukrativer gewesen wäre.

Um sie noch schlechter behandeln zu können, hätten die politischen Gefangenen in gesonderte Haftanstalten oder Kommandos mit Sonderhaftbedingungen gesperrt werden müssen, was aber (abgesehen vom Sonderfall Bautzen II) vermieden wurde – aus Gründen des besseren Erscheinungsbildes der DDR gegenüber dem Ausland und weil es die Überwachung durch kriminelle Häftlinge erschwert hätte. In geringem Umfang wurden freilich doch gesonderte Arbeitsbereiche für politische Gefangene geschaffen. So existierte in der seinerzeit ausschließlich mit Frauen belegten Strafvollzugsanstalt Dessau beispielsweise für den VEB Magnetbandfabrik Dessau ein Arbeitskommando, in dem »ausschließlich nach § 213 StGB verurteilte SG sowie solche SG eingesetzt sind, die einen rechtwidrigen Übersiedlungsantrag in die BRD gestellt haben und ihre feindliche Haltung zur DDR offen zum Ausdruck bringen«. Aus Sicherheitsgründen handelte es sich um ein Innenarbeitskommando, und die etwa 120 Häftlinge wurden durch 15 Spitzel in ihrer Mitte überwacht.[17] Im Jugendhaus Hohenleuben sollten die etwa 90 Häftlinge, gegen die der Staatssicherheitsdienst die strafrechtlichen Ermittlungen geführt hatte, ebenfalls auf ein Arbeitskommando konzentriert werden, doch war dies aus logistischen Gründen nicht möglich.[18] Und im Jugendhaus Halle mussten die 11 Skinheads der Haftanstalt von allen übrigen Gefangenen separiert in einem »gesonderten Kollektiv« im Keller der Haftanstalt Fließbandarbeit verrichten und Glühlampenfassungen herstellen.[19] Vermutlich wurden solche »Staatsfeinde« deswegen konzentriert untergebracht, damit sie ihre systemkritischen Auffassungen nicht noch weiter unter ihren Mitgefangenen verbreiten konnten und nicht noch mehr Insassen einen Antrag auf Übersiedlung stellten.

Selbst eine formale Gleichbehandlung der politischen und kriminellen Häftlinge konnte de facto die erstgenannten benachteiligen. Denn für sämtliche Häftlinge im Arbeitseinsatz wurde vom Verdienst ein bestimmter Anteil für die Entlassung zurückgelegt, auch gegen ihren Willen und selbst dann, wenn sie gar nicht in die DDR entlassen werden wollten, sondern auf ihren Freikauf hofften, wie die meisten politischen Häftlinge in der Ära Honecker.[20]

16 Vgl. Jahresperspektivplan des Referates Vollzug der BVSV Potsdam v. 28.12.1957; BLHA, Bez. Pdm. Rep. 404/15/115, Bl. 288–290.

17 Vgl. Bericht der HA VII über die Dienstreise zum JH Dessau v. 10.6.1983; BStU, MfS, HA VII 8482, Bl. 5–24.

18 Vgl. Bericht der Abt. 8 der HA VII über eine Dienstreise in den Verantwortungsbereich der BV Gera, Abt. VII, JH Hohenleuben v. 11.5.1987; BStU, MfS, HA VII 4963, Bl. 183–193.

19 Vgl. Information der HA VII über eine Dienstreise in den Verantwortungsbereich der BV Halle v. 17.10.1988; BStU, MfS, HA VII 6053, Bl. 71–74.

20 Vgl. Stötzer: Nähkommando Esda, S. 37.

Sie durften dann kurz vor ihrer Überstellung in den Westen noch in der Haftanstalt Karl-Marx-Stadt zu überhöhten Preisen Produkte der volkseigenen Wirtschaft erstehen, womit sich das SED-Regime ein weiteres Mal an ihnen bereicherte – wenngleich nur marginal im Vergleich zu den westlichen Devisen, die die Bundesregierung für ihren Freikauf zahlte (siehe Kapitel 4.8). Die erworbenen Kleidungsstücke und Ähnliches waren freilich modisch nach westlichen Maßstäben meist so veraltet, dass die freigekauften politischen Gefangenen dafür in der Bundesrepublik meist keine Verwendung mehr hatten.

Einer (allerdings unvollständigen) Aufstellung vom Vorabend der Amnestie von 1987 zufolge waren von 18 567 Arbeitskräften 2 307 weiblichen Geschlechts, was einem Anteil von 12,5 Prozent gleichkommt[21] und in der Größenordnung etwa dem Anteil von Frauen unter allen Häftlingen entspricht. Damit wurden sie vom Arbeitseinsatz ebenso wenig verschont wie jugendliche Gefangene, die ja auch in den Jugendwerkhöfen Arbeiten übernehmen mussten.[22] Im Jugendhaus Halle wurden beispielsweise im VEB Elektro- und Metallwaren Zwintschöna auch schon 16-Jährige zur Arbeit eingesetzt,[23] wenngleich die Leistungsfähigkeit der 50 jugendlichen Häftlingsarbeiter mit 50 Prozent der erwachsenen Häftlinge kalkuliert wurde.[24] Besonders hart »herangenommen« wurden dabei die jugendlichen »Rowdys«, denen keine Vergünstigungen gewährt werden sollten und die für besonders schwere Arbeiten herangezogen wurden.[25] Auch nach oben gab es offenbar keine Altersgrenze; so war in Brandenburg-Görden ein 81-jähriger Insasse, angeblich auf eigenen Wunsch, vier Stunden täglich mit »leichter körperlicher Arbeit« beschäftigt.[26]

21 Vgl. Information der Abt. 8 der HA VII zur allgemeinen Amnestie v. 19.10.1987 (mit Anlage); BStU, MfS, Arbeitsbereich Neiber 636, Bl. 172–185.

22 Vgl. u. a. Ministerium für Bildung Brandenburg: Einweisung nach Torgau.

23 Vgl. Fernschreiben der BDVP Halle v. 27.5.1987; BStU, MfS, HA VII 5457, Bl. 56.

24 Vgl. Schreiben der Abt. Leicht-, Lebensmittel- und Bezirksgeleitete Industrie an Abt. Planung und Finanzen [des ZK der SED] v. 24.3.1988; BArch DY 30/25489, o. Pag.

25 Vgl. Bastian; Neubert: Schamlos ausgebeutet, S. 63.

26 Gesundheitsbericht der Med[izinischen] Dienste der Strafvollzugseinrichtung Brandenburg über den Strafgefangenen [...] v. 10.9.1983; BStU, MfS, HA IX 19185, Bl. 221.

3.2 Arbeitszeiten und Schichten

Wie überall in der DDR wurden auch im Strafvollzug Arbeitsmoral und -disziplin bzw. »sozialistische Einstellung zur Arbeit« groß geschrieben.[1] Allerdings konnten die Gefangenen stärker als andere Bürger dazu gezwungen werden, hohe Arbeitsleistungen zu zeigen. In der Logik der Verantwortlichen war es zudem Teil der Sühne und Wiedergutmachung, das Gefangene oft länger als »gewöhnliche« Beschäftigte arbeiten mussten. Noch Ende der fünfziger Jahre hielt die oberste Gefängnisverwaltung einen Arbeitstag von lediglich acht Stunden für Gefangene für eine »unklassenmäßige Forderung«.[2] Die Häftlinge, insbesondere die Gegner des SED-Regimes, hatten »in erster Linie gegenüber unserem Staat etwas gutzumachen, d. h. wir werden sie zu anderen Arbeiten mehr denn je heranziehen«, wie es in Brandenburg-Görden hieß. Dort galt für hochbestrafte (oftmals politische) Häftlinge eine wöchentliche Arbeitszeit von 45 Stunden im Jahre 1966 als »unzweckmäßig«, ihnen wurden 48 Stunden Arbeit abverlangt,[3] obwohl eigentlich schon seit 1963 (etwa im Haftarbeitslager Sollstedt) die 45-Stunden-Woche galt.[4] Bald darauf wurde dann im Strafvollzug (mit einjähriger Verzögerung gegenüber den »freien« Arbeitern) die 5-Tage-Woche eingeführt, doch drohten stets Sonderschichten; die Gefängnisleitung von Brandenburg-Görden etwa wollte »keine 5-Tage-Arbeitswoche« gewähren, wenn in dieser Zeit »nicht[s] geleistet wird«.[5] Vollen Einsatz erwartete auch der Leiter der Haftanstalt Waldheim im Jahre 1978: Die »Wirtschaft der DDR sei angespannt«, weswegen die »volle Auslastung der Arbeitszeit« durch die Häftlingsarbeiter »dringend notwendig« sei.[6] Schließlich sollten die Maschinen möglichst rund um die Uhr laufen.

Im Jahre 1977 arbeiteten in der gesamten DDR nur etwa 5 500 Häftlinge in einer Schicht, wohingegen 6 400 Gefangene durch das 2-Schicht-System zu sehr frühen oder späten Arbeitszeiten gezwungen wurden und 10 200 Häftlinge gar im 3-Schicht-Betrieb, also auch in der Nacht arbeiten mussten.[7] Letzte-

1 Vgl. Schmidt: Frage der Zwangsarbeit, S. 40.

2 Vgl. Entwurf für dezentralisierte Konferenzen der VSV zur Auswertung des V. Parteitages der SED v. 22.8.1959; BArch DO 1/28474, Bl. 173–184.

3 Vgl. [Redemanuskript eines leitenden Mitarbeiters der StVA Brandenburg, vermutlich des Polit-Stellvertreters] auf der Dienstversammlung v. 14.7.1966; BLHA, Bez. Pdm. Rep. 404/15.1/693, Bl. 189–211.

4 Vgl. Sonntag: Arbeitslager in der DDR, S. 260.

5 Vgl. 1. Stellv. der StVA Brandenburg: Analyse der durch die SVE in Durchsetzung des SVWG zu erfüllenden Aufgaben v. 6.9.1968; BLHA, Bez. Pdm. Rep. 404/15.1/707, Bl. 170–200.

6 Information des IM »Fritz« betr. Erweiterte Gruppenversammlung der I. Parteigruppe [der StVE Waldheim] v. 3.4.1978; BStU, MfS, BV Leipzig, AIM 464/88, Bl. 110 f.

7 Vgl. Anlage 4 zum Bericht über die Arbeit des Organs Strafvollzug (Anlage Nr. 24 zum Protokoll Nr. 11/77 v. 15.3.1977); BArch DY 30/IV 2/2-039/218.

res galt etwa in Hoheneck bei Esda Thalheim,[8] den Burger Bekleidungswerken oder in der Haftanstalt Cottbus.[9] Auch im Außenarbeitskommando beim VEB Metallwaren Naumburg (der gleichnamigen Haftanstalt), wo unter anderem für IKEA produziert wurde, arbeiteten die Häftlingsarbeiter in drei Schichten (ab 6.00, 14.00 oder 22.00 Uhr).[10] Im Werk II des VEB Döbelner Beschläge und Metallwaren und dem Werk Oschatz des VEB Glasseide Oschatz, Außenkommandos der Haftanstalt Waldheim, wurden mehr als 200 Häftlinge sogar vorzugsweise frühmorgens, spätabends oder in der Nacht eingesetzt,[11] vermutlich weil die Tagschicht für »freie« Arbeiter des gleichen Betriebes reserviert war. Auch die 25 Strafgefangenen in der Expeditionsabteilung der Wäscherei des VEB Rewatex Berlin (Haftanstalt Berlin Rummelsburg) arbeiteten ausschließlich in der Nachtschicht zwischen 21 Uhr und 4 Uhr morgens.[12] Der mehrschichtige Arbeitseinsatz war also keineswegs einer unvorhersehbaren Auftragslage oder anderen Ausnahmesituationen geschuldet; beim Neubau einer Produktionshalle von Esda Thalheim auf dem Gelände der Haftanstalt Hoheneck wurde von vornherein von einem 2-Schicht-Betrieb ausgegangen, da so der Einsatz der Mittel optimiert werden konnte.[13] In diesem Betrieb mussten die Häftlingsarbeiterinnen auch binnen zehn Monaten 38 Zusatzschichten leisten, um so den Plan zu 108 Prozent zu erfüllen, ohne dass eine Amnestie der Auslöser hierfür gewesen wäre.[14]

Im Haftarbeitslager Rüdersdorf arbeiteten die Häftlinge 1972 sogar (drei- bis viermal in der Woche) zwölf Stunden im »durchgängigen 4-Schicht-Betrieb«,[15] zuletzt (je nach Betrieb) im durchgehenden 2-Schicht- oder durchgehenden 3-Schicht-Verfahren.[16] Ebenfalls zu einer 12-stündigen Arbeitszeit für Strafgefangene wollte die Betriebsleitung im Walzwerk Hettstedt (Haftar-

8 Vgl. Stötzer: Nähkommando Esda, S. 36–39.

9 Vgl. Bericht von Bernd Effenberger: 60. Pressekonferenz der Arbeitsgemeinschaft 13. August am 14.6.1984: DDR-Haftwesen und Justiz; BStU, MfS, HA IX 17604, Bl. 217–250.

10 Vgl. Schreiben des Leiters [der StVE Naumburg] v. 25.51988; BStU; MfS, BV Halle, Abt. VII 1728, Bl. 5 f.

11 Vgl. Übersicht über den Produktionsbereich VEB Glasseide Oschatz o. D.; BStU, MfS, BV Leipzig, AGL 211, Bl. 34.

12 Vgl. Bericht der HA IX/7 zum Brand in der Untersuchungshaftanstalt I des PdVP in Berlin Rummelsburg v. 23.7.1973; BStU, MfS, AS 46/76, Bl. 204–206.

13 Vgl. Grobkonzeption des Kombinats Esda Thalheim für die Errichtung eines Produktionsgebäudes in der StVA Hoheneck v. 22.11.1972; BArch DY 30/25338, o. Pag.; Information des Ministeriums für Leichtindustrie v. 11.11.1972; ebenda.

14 Vgl. Einschätzung des Zusammenwirkens zwischen dem AEB Esda und der StVE Hoheneck v. 5.11.1984; SächsStAC 30461 StVE Stollberg 67, o. Pag.

15 Vgl. Information der Abt. Bauwesen [des ZK der SED] über die Durchführung des Beschlusses des Ministerrats v. 4.10.1972 über die Amnestie v. 2.11.1972; BArch DY 3023/1150, Bl. 274–276.

16 Vgl. Protokoll über die Kontrolle der Abrechnung der Arbeitsleistungen Strafgefangener durch den Arbeitseinsatzbetrieb v. 11.10.1989; BLHA, Rep. 671/16.2 Nr. 675, o. Pag.

beitslager Volkstedt) im Jahre 1985 übergehen, weil Arbeitskräfte fehlten – und obwohl sich in den vorangegangenen Monaten extrem viele Arbeitsunfälle ereignet hatten.[17] Solche 12-Stunden-Schichten waren auch in der Stahlgießerei Magdeburg-Rothensee (Haftanstalt Magdeburg) am Wochenende die Regel.[18] Jeweils 25 Häftlingsarbeiterinnen im Fotochemischen Kombinat Wolfen (Jugendhaus Dessau) wurde 1978 nach Schichtende ein zusätzlicher Ernteeinsatz auferlegt, sodass ihnen weniger als vier Stunden Nachtruhe blieben.[19] In Hoheneck musste eine entsprechend begabte Häftlingsarbeiterin des Elektromotorenwerkes Grünhain nach Dienstende noch Wandteppiche knüpfen.[20] Und vermeintlich freiwillige Sonderschichten für die Volkssolidarität durften die Insassen der Haftanstalt Waldheim 1985 leisten und wurden für ihr »gutes Werk« lediglich mit Frühstück und Tee entschädigt.[21]

Um die Maschinen rund um die Uhr auszulasten, wurde in einigen Betrieben (wie im Haftarbeitslager Raßnitz) neben einem 3-Schicht-System auch die sogenannte »rollende Arbeitswoche« praktiziert. Dadurch reduzierten sich die arbeitsfreien Tage der Gefangenen zwar nicht, fielen aber nur noch selten auf ein Wochenende – was für die Besuche von Familienangehörigen der Gefangenen von erheblichem Nachteil war.[22] Auch in Hoheneck war in den siebziger Jahren die Arbeit teilweise nach diesem Prinzip organisiert.[23] Und selbst die »Aussetztage« wurden in einem Betrieb des Chemiekombinats Bitterfeld im Jahre 1976 mehrere Wochen lang nicht gewährt, da andernfalls Produktionsausfälle drohten und keine neuen Häftlingsarbeiter eingeliefert wurden.[24] So wurde auch in der Ära Honecker die 5-Tage-Woche durch angeblich »freiwillige« Zusatzschichten und Wochenendarbeit oftmals ausgehebelt.[25]

Besonders lang waren die Arbeitszeiten in den Wochen vor sowie in den ersten Monaten nach den Amnestien, weil den wenigen verbliebenen Insassen dann ein Maximum an Arbeitsleistung abverlangt wurde. Deshalb mussten die Gefangenen des Haftarbeitslagers Rüdersdorf selbst nach der relativ bescheide-

17 Vgl. Bericht der Kreisdienststelle Hettstedt über die Situation im Strafgefangeneneinsatz im VEB Walzwerk Hettstedt v. 14.6.1985; BStU, MfS, BV Halle, Abt. VII 825, Bl. 320 f.

18 Vgl. Information des IMS »Steffen« v. 15.9.1989; BStU, MfS, BV Magdeburg, Abt. VII 1829, Bl. 25.

19 Vgl. Information v. 27.6.1978; BStU, MfS, BV Halle, AIM 1488/84, Bl. 111.

20 Vgl. Thiemann, Ellen: Wo sind die Toten von Hoheneck? Neue Enthüllungen über das berüchtigte Frauenzuchthaus der DDR. München 2013, S. 75 u. 78.

21 Bericht des IMS »Ernst« der KD Döbeln v. 19.4.1985; BStU, MfS, BV Leipzig, AIM 1754/92, Teil II, Bd. 1, Bl. 182 f.

22 Vgl. Dokumentation des Strafvollzugskommando Raßnitz über die Anwendung rationaler Arbeitsweisen v. 6.9.1973; BStU, MfS, BV Halle, Abt. VII 767, Bl. 62–77.

23 Vgl. Schmidt: Frage der Zwangsarbeit, S. 252.

24 Vgl. Vesting: Zwangsarbeit im Chemiedreieck, S. 90 f.

25 Vgl. Koop, Volker: Zehn Jahre mit dem »gelben Streifen«. Karl-Heinz Rutsch: Vom Offizier der NVA zum Deserteur. Berlin 1996, S. 128–131.

nen Amnestie vom Herbst 1979 zu Beginn des Folgejahres bei harter körperlicher Arbeit durchschnittlich 15 Überstunden im Monat leisten. Allerdings füllte sich das Haftarbeitslager rasch wieder mit neu Verurteilten (siehe Tabelle 4). Die Leitung der Haftanstalt Waldheim bedauerte dagegen, dass entsprechend einer »Festlegung« hier die Häftlinge »nur 3 Arbeitstage Überstunden« (in einem nicht genannten Zeitraum) leisten durften.[26] Entsprechend dem Gesetzbuch der Arbeit waren auch die Gefangenen unter bestimmten Voraussetzungen zur Ableistung von Überstunden verpflichtet.[27]

Besonders verheerend an dem Schichtsystem war, dass durch die gemeinsame Unterbringung ausreichender Schlaf für die Gefangenen noch weniger als für die »gewöhnlichen« Beschäftigten gewährleistet war. So mussten in den fünfziger Jahren die Häftlingsarbeiter der Tischlerei in der Haftanstalt Brandenburg-Görden trotz späten Schichtendes um 1 Uhr[28] zum Zählappell am Morgen antreten – und danach war an erneuten Schlaf kaum zu denken.[29] Auch in Bautzen I kamen die Insassen aufgrund des Schichtsystems und der Lautsprecherdurchsagen auf sämtlichen Zellen nicht in den Genuss der gesetzlich vorgeschriebenen Arbeitsruhe, wie sogar die Staatssicherheit beklagte.[30]

Denn zur Bürde der langen Arbeitstage kam die Härte der Haftbedingungen während der übrigen Tageszeit hinzu. In der Haftanstalt Unterwellenborn etwa schikanierte ein Aufseher die Häftlinge, indem er während ihres Arbeitseinsatzes im strengen Winter 1986 die Fenster ihrer Großzelle öffnete – und die Gefangenen bei Rückkehr ihre zum Trocknen aufgehängte Wäsche steif gefroren auf dem Fußboden liegend vorfanden. Dabei wuschen die Häftlinge verbotenerweise ihre Wäsche nur deswegen selbst, weil der Wäscheaustausch so schlecht funktionierte, dass sie teilweise nur alle drei Wochen neue Leibwäsche bekamen. Die ausgekühlten Zellen waren auch kaum wieder warm zu bekommen, denn die den Gefangenen zustehende Menge von einem Eimer Kohle reichte zur Beheizung der 30 Jahre alten Baracken bei Außentemperaturen von minus 20 Grad nicht aus.[31] Im Haftarbeitslager Volkstedt, wo die Häftlinge teilweise unter Tage arbeiten mussten, wurden Häftlinge noch Mitte der sechziger Jahre zu Strafrunden im Laufschritt verdonnert, allein weil sie

26 Bericht des IMS »Ernst« der KD Döbeln v. 19.4.1985; BStU, MfS, BV Leipzig, AIM 1754/92, Teil II, Bd. 1, Bl. 182 f.

27 Vgl. Schmidt: Frage der Zwangsarbeit, S. 207.

28 Vgl. Bericht der Quelle 71464 Hm betr. StVA Brandenburg – Kdo. Tischlerei v. 4.11.1968 (Stand Mitte September 1968), 16 S.; BArch B 137/15761.

29 Vgl. Brundert, Willi: Fronarbeit für das SED-Regime. Die Ausbeutung menschlicher Arbeitskraft in den sowjetzonalen Haftanstalten. In: SBZ-Archiv Nr. 22/1957, S. 347 f.

30 Vgl. Vgl. Bezirksverwaltung für Staatssicherheit Dresden: Zu einigen Problemen des Kontrollauftrages v. 20.4.1976; BStU, MfS, BV Dresden, Abt. VII 7384, Bd. 1, Bl. 420–425.

31 Vgl. Bericht der Abt. VII des Ministeriums für Staatssicherheit über negative Erscheinungen in der StVE Unterwellenborn v. 14.2.1986; BStU, MfS, HA VII 6074, Bl. 24–29.

nach getaner Arbeit im Vorbeigehen verbotenerweise einen Blick auf einen Fernseher in der Baracke der Aufseher geworfen hatten.[32] Auch solche persönlichen Sadismen der Aufseher trugen zur Härte der Haft- und Arbeitsbedingungen maßgeblich bei.

Tabelle 4: Zahl der Häftlingsarbeiter, ihre Überstunden und ihr Lohn im Haftarbeitslager Rüdersdorf (1980)[33]

	Betrieb	Reifen-kombinat Fürstenwalde	Zement- und Betonwerke	Bauinvestition und Rekonstruktion (BIR)	Haus-arbeiter	gesamt
Zahl der Häftlingsarbeiter	Januar	74	217	201	k. A.	>492
	Februar	100	266	257	k. A.	>623
	März	116	352	297	k. A.	>765
	Ø	97	278	252	k. A.	>627
	15.4.	120	493	342	k. A.	>955
Überstunden	Januar	393	6 677	788	2 164	10 022
	Februar	0	8 523	26	1 442	9 991
	gesamt	393	15 200	814	3 606	20 013
	Ø pro Arbeiter/M	2,25	15,73	1,77	k. A.	14,84[34]
Vergütung	Ø-Vergütung im Januar 1980 in Mark	115,10	119,00[35]	112,80	110,00	115,88[36]

32 Vgl. Kurzbericht [eines entlassenen Strafgefangenenbrigadiers] über das Strafvollzugslager Volkstedt v. 21.11.1966; BStU, MfS, AS 138/69, S. 137–140.

33 Vgl. Schriftliche Leitungsvorlage der StVE Rüdersdorf v. 14.4.1980; BLHA, Rep. 672/16.2 Nr. 148, o. Pag.

34 Ohne Hausarbeiter.

35 Aufgeschlüsselt: Zementwerk 2: 141,80 M; Zementwerk 3: 125,00 M; Betonwerk: 90,20 M; zu erklären aus unterschiedlicher Anwendung des Leistungslohns.

36 In der Quelle werden, möglicherweise unter Einschluss der hier nicht ausgewiesenen Hausarbeiter, 117,50 M genannt.

3.3 Arbeitsschutz

Meist wurden den Gefangenen unangenehme, monotone, schwere und gefährliche Arbeiten übertragen. Wie körperlich anstrengend die Arbeit tatsächlich ausfiel, war freilich von Haftanstalt zu Haftanstalt sehr unterschiedlich und konnte innerhalb eines Gefängnisses je nach Betrieb bzw. je nach Arbeitsplatz stark variieren. Im Jahre 1972 lag nach einer (unvollständigen) Erfassung der Verantwortlichen für die Häftlinge in acht Haftanstalten leichte, in 18 Gefängnissen mittelschwere und in sechs Gefängnissen schwere Arbeit bereit (darunter die Haftanstalten Magdeburg, Leipzig, Karl-Marx-Stadt, Bitterfeld, Warnemünde und Neustrelitz).[1] Dabei ist zu bedenken, dass der Gefängnisverwaltung diese Differenzierung dazu diente, die Planung des Arbeitseinsatzes zum Beispiel hinsichtlich der Zuteilung unterschiedlich tauglicher Gefangener zu optimieren – und nicht der landläufigen Wahrnehmung von »leichter« Arbeit entsprechen muss. Die Verwaltung Strafvollzug hätte sich jedenfalls fast bei jedem dritten Häftlingsarbeiter eine höhere Tauglichkeitsstufe gewünscht,[2] was vermutlich zu entsprechend »großzügiger« Einstufung führte.

Neben der Härte der Arbeit an sich waren es vor allem die negativen Auswirkungen auf die Gesundheit der Gefangenen, die ihren Arbeitseinsatz so schwer erträglich machten. Die Arbeitsschutzbestimmungen wurden außerordentlich lax gehandhabt, an der Gesundheit der Häftlinge wurde gleichsam »Raubbau betrieben«.[3] Selbst bei einer vermutlich nachlässigen Erfassung der durch den Arbeitseinsatz hervorgerufenen Gesundheitsschäden kam die Gefängnisverwaltung zum Beispiel im Bezirk Halle zu dem Ergebnis, dass »etwa 6 Prozent der Gefangenen […] unter gesundheitsgefährdenden Bedingungen (Schweißarbeiten, Galvanik, Industriegas)« arbeiten mussten.[4] So war beispielsweise im Bereich der Emaillierung des VEB Elektro- und Metallwaren Zwintschöna offenkundig, dass »die Arbeitsbedingungen nicht dem Gesundheitsschutz entsprachen«.[5] Hier wie andernorts kamen die Arbeitseinsatzbetriebe ihren Pflichten hinsichtlich des Arbeitsschutzes »nur sehr unzureichend nach«.[6] In den holzverarbeitenden Betrieben der Haftanstalt Brandenburg-Görden etwa lag die Lärmentwicklung der Sägen »oberhalb der gesetzlichen

1 Vgl. [Liste der Haftanstalten mit Arbeitsplätzen für Gefangene nach der Amnestie von 1972] (Anlage 3 zur GVS B 2-175/73); BArch DO 1/3784, o. Pag.

2 Studie der Verwaltung Strafvollzug zur effektiven Gestaltung des Arbeitseinsatzes Strafgefangener (mit Anlagen) v. 15.4.1988; BStU, MfS, HA VII 550 (Wg. 10-13), Bl. 43–73.

3 Bastian; Neubert: Schamlos ausgebeutet, S. 89.

4 Geheime Chefvorlage der BDVP Halle v. 24.6.1974; LHASA, MER, M 555 Nr. 591 BDVP Halle 19.1. Nr. 376, Bl. 207–225.

5 Wortbericht des Vollzugsdienstes des Jugendhaus Halle v. 16.7.1974; LHASA, MER, BDVP Halle M 558–19 BDVP Halle 19.1. Nr. 1256, Bl. 128.

6 Schmidt: Frage der Zwangsarbeit, S. 203.

Maximalwerte«.[7] Auch für Häftlingsarbeiter der Elektroapparatewerke Berlin-Treptow stand in einigen Werkhallen »kein Gehörschutz zur Verfügung«, weswegen »Gesundheitsschäden zu erwarten« waren.[8] Sogar der Leiter der Haftanstalt Waldheim erklärte zum Arbeitseinsatzbetrieb VEB Elektroschaltgeräte Rochlitz, »dass die gegenwärtigen Arbeitsbedingungen des Arbeitseinsatzbetriebes ESR (Kellergewölbe) völlig unzureichend sind und den Forderungen des StVG [Srafvollzugsgesetz] in keiner Weise entsprechen«.[9] Teilweise mussten auch Gefangene aus dem Jugendhaus Halle[10] sowie den Strafvollzugsanstalten Bautzen I,[11] Hoheneck[12] und Schwedt[13] im Keller arbeiten.

Die tonnenschweren Metallstanzen des VEB Pentacon Dresden in der Haftanstalt Cottbus, an denen die Häftlinge Kameragehäuse für den Westexport fertigten, verursachten den »Lärmpegel eines Trommelfeuers« – und Gehörschutz war nicht vorgesehen.[14] Oft wurden Häftlinge an den ältesten Maschinen der Betriebe eingesetzt, so im VEB Metallwaren Naumburg beispielsweise, wo Beschläge für IKEA hergestellt wurden und die Metallstanzgeräte nach Aussage Betroffener noch aus dem Jahre 1912 stammten.[15] Aus dem gleichen Jahre war auch die bis Anfang der achtziger Jahre betriebene Metallpresse im VEB Walzwerk Hettstedt; das Umkehrwalzwerk im gleichen Betrieb stammte sogar aus dem Jahre 1909. So war für die Mitarbeiter, und vermutlich auch gerade für die Häftlingsarbeiter, eine Produktion nur noch unter »erschwerten Bedingungen« möglich und verlangte von ihnen eine »Bereitschaft bis an die Grenze des Machbaren«.[16] Auch im VEB Chemiekombinat Bitter-

7 Vgl. Schreiben des Leiters der StVE Brandenburg an den Werkleiter HVB v. 21.6.1972; BLHA, Bez. Pdm. Rep. 404/15.1/711, Bl. 12.

8 Vgl. Arbeitshygieneinspektion des Magistrats von Berlin: Protokoll über eine Begehung im Betriebsteil VEB Elektroapparatewerke in der Strafvollzugseinrichtung Rummelsburg v. 23.8.1985; LAB, C Rep. 303 Nr. 542, o. Pag.

9 Vgl. Beratung der StVE Waldheim mit dem Elektroschaltgerätewerk Rochlitz v. 15.7.1980; SächsStAL 20250 BDVP Leipzig 1073, o. Pag.

10 Vgl. Information der HA VII über eine Dienstreise in den Verantwortungsbereich der BV Halle v. 17.10.1988; BStU, MfS, HA VII 6053, Bl. 71–74.

11 Vgl. Bericht von Stefan Hecker: 69. Pressekonferenz der Arbeitsgemeinschaft 13. August v. 16.6.1986: DDR-Haftwesen und Justiz; BStU, MfS, HA IX 1106, Bl. 2–26.

12 Vgl. [Redemanuskript eines Aufsehers der StVE Hoheneck] v. 9.2.1980; SächsStAC 30441 25.2 BDVP Karl-Marx-Stadt StVE Hoheneck Nr. I/233, o. Pag.

13 Vgl. Wachtel, Stefan: Delikt 220. Bestimmungsort Schwedt. Gefängnistagebuch. Rudolstadt 1991, S. 87.

14 Vgl. Schmidt; Weischer: Zorn und Trauer, S. 174.

15 Aussage von Alexander Arnold, zit. nach: Deeg, Daniela: IKEA-Möbel sollen in DDR-Gefängnissen produziert worden sein. In: Augsburger Allgemeine v. 2.6.2012; http://www.augsburger-allgemeine.de/wirtschaft/IKEA-Moebel-sollen-in-DDR-Gefaengnissen-produziert-worden-sein-id20404941.html [20.11.2012].

16 Vgl. Schreiben des Betriebsdirektors des VEB Walzwerk Hettstedt an den VEB Germania Karl-Marx-Stadt v. 22.8.1983; BArch DF 400/52, Teil 5. o. Pag. Siehe auch: Wolfgang Großpietsch,

feld wurde Kali durch Häftlingsarbeiter seit 1936 »ohne wesentliche Neuinvestition produziert«.[17]

Auf die Befindlichkeit der Häftlingsarbeiter wurde kaum Rücksicht genommen, oft waren sie extremen Arbeitsbedingungen ausgesetzt. Wenn beispielsweise Paletten fehlten, mussten die Häftlingsarbeiter im VEB Stahlgießerei »Wilhelm Pieck« Magdeburg-Rothensee Gussteile mit einem Gewicht von 150 kg per Hand ausladen.[18] In einigen Produktionshallen des Strumpfkombinats Esda Thalheim herrschten im Hochsommer Innentemperaturen von über 40 Grad, weswegen den »gewöhnlichen« Beschäftigten ab dieser Grenze ein Hitzezuschlag gezahlt wurde; als unwahrscheinlich darf gelten, dass auch die Häftlingsarbeiterinnen davon profitierten.[19] Auch in einer in den siebziger Jahren errichteten Traglufthalle des VEB Landmaschinenbau »Fortschritt« auf dem Gelände der Haftanstalt Bautzen I war die Luftzirkulation zu gering, was noch durch den Umstand verschlimmert wurde, das verbotenerweise auch Dieselfahrzeuge in der Halle fuhren. Da außerdem die Wasserversorgung verschiedentlich zusammenbrach, war eine »den allgemeinen Grundsätzen entsprechende Körperhygiene, besonders in den Sommermonaten, [...] nicht gewährleistet«. Sogar die Staatssicherheit befand, dass »zu prüfen wäre, ob die Arbeitsbedingungen [...] den Anforderungen des Arbeits- und Gesundheitsschutzes entsprechen«.[20] In der Produktionshalle des Reifenkombinats Fürstenwalde (Standkommando des Haftarbeitslagers Rüdersdorf) wurde im Juni 1976 eine Temperatur von 49 Grad gemessen.[21] Hingegen mussten die Häftlinge für das Braunkohlewerk »Erich Weinert« Deuben selbst bei Schneestürmen und minus 18 Grad Gleise verlegen.[22]

Auch hinsichtlich des Arbeitsschutzes wurden die Häftlingsarbeiter nach Aussage Betroffener gegenüber den »gewöhnlichen« Beschäftigten benachteiligt. Während die Arbeiter in der Blockgießerei des Chemiekombinats Bitterfeld für gewöhnlich Asbesthandschuhe und -schürzen trugen, arbeiteten die

Das »Breite Umkehrwalzwerk« im Walzwerk Hettstedt; ttp://kupferspuren.artwork-agentur.de/index.php?option=com_content&task=view&id=120&Itemid=62 [18.12.2012].

17 Vgl. Information der HA VII v. 26.6.1981; BStU, MfS, BV Halle, OD CKB, SA 1, abgedruckt bei: Sauer: Der missglückte Versuch, S. 59–62.

18 Vgl. Information [der Arbeitsrichtung Kriminalpolizei der BDVP Magdeburg] von Februar 1987; BStU, MfS, BV Magdeburg AOG 1482/87, Bl. 29.

19 Vgl. Informationsbericht [der Betriebsgewerkschaftsleitung] des Strumpfkombinat Esda Thalheim v. 6.7.1977; BArch DY 34/11291, o. Pag.

20 Bezirksverwaltung für Staatssicherheit Dresden: Zu einigen Problemen des Kontrollauftrages v. 20.4.1976; BStU, MfS, BV Dresden, Abt. VII 7384, Bd. 1, Bl. 420–425.

21 Vgl. Informationsbericht der Arbeitsrichtung I/4 v. 30.6.1976; BStU, MfS, BV Frankfurt/O., AGMS 1747/80, Bl. 209 f.

22 Vgl. Bericht der Strafvollzugsanstalt Naumburg über die Leistungen von VP-Angehörigen v. 31.1.1963; LHASA, MER, M 558-6 BDVP Halle 19.1. Nr. 1285, Bl. 33 f.

Häftlingsarbeiter zumeist ohne Helm und in Wattejacken unter einfachen Arbeitsanzügen.[23] Durch unzureichende Kleidung fanden auch die Häftlingsarbeiter bei Gleisbauarbeiten oder im Tagebau zu wenig Schutz vor Nässe, Kälte oder Hitze.[24] In der Ziegelei des Haftarbeitslagers Schacksdorf zum Beispiel mussten sich die Gefangenen die sogenannten Arbeitsschutzschuhe zusätzlich mit Lappen umwickeln, um keine Verbrennungen davonzutragen.[25] In Brandenburg-Görden etwa beanstandete ein 1972 neu hinzuversetzter Mediziner, dass die Häftlingsarbeiter in der Lackiererei durch Dämpfe »gesundheitlich derart geschädigt« werden, dass »das Ausmaß der später auftretenden Erkrankungen noch gar nicht einzuschätzen« sei.[26] Und wohl aufgrund des noch ungenügenden Forschungsstandes zum Thema Formaldehyd wurde auch dessen Verwendung bei der Möbelproduktion noch nicht problematisiert (siehe Kapitel 4.2). Die Arbeit mit asbesthaltigem Füllstoff wurde in den Burger Bekleidungswerken (Haftanstalt Brandenburg-Görden) jedenfalls durch eine Erschwerniszulage von stündlich zwölf Pfennig abgegolten – gesundheitliche Schäden waren also wohl bereits einkalkuliert.[27] Dabei wären – etwa beim Hantieren mit Quecksilber – bessere Sicherheitsvorkehrungen möglich gewesen, unterblieben jedoch »aufgrund des unvertretbar hohen Aufwandes«.[28] Und dass der Zementstaub im Haftarbeitslager Schkeuditz Hautkrankheiten verursachte,[29] ist vermutlich auf ungenügende Schutzmaßnahmen zurückzuführen.

Die Staatssicherheit registrierte, dass sich etwa in den Bezirken Rostock, Halle und Dresden in den Jahren 1976 bis 1978 fast jede zweite Beschwerde eines Häftlingsarbeiters hinsichtlich der Arbeitssicherheit als berechtigt erwies,[30] obwohl das Wort der Gefangenen insgesamt kaum zählte und viele Einwände gar nicht erst erhoben wurden. Denn verlangten beispielsweise Häftlinge in Brandenburg-Görden nach Schutzhandschuhen, wurde ihnen Arrest angedroht.[31] Hingegen verweigerten im Mai 1988 13 aus politischen Gründen verurteilte Häftlingsarbeiter des Stahl- und Walzwerkes Riesa, Zweigbetrieb Zeithain (Haftanstalt Zeithain), erfolgreich einer Erklärung ihre

23 Vgl. Mühlenberg, Heidi; Kurt, Michael: Panikblüte. Bitterfeld-Report. Leipzig 1991, S. 82.

24 Vgl. Bastian; Neubert: Schamlos ausgebeutet, S. 86.

25 Vgl. ebenda, S. 89.

26 Lageeinschätzung des Leiters der Med[izinischen] Dienste der StVA Brandenburg K. für den Monat August 1972 v. 7.9.1972; BLHA, Bez. Pdm. Rep. 404/15.1/706, Bl. 97.

27 Vgl. Mündlicher Bericht des IMS »Förster« v. 28.9.1989; BStU, MfS, BV Potsdam, Abt. VII 627, Bl. 310.

28 Information der HA VII und IX v. 16.6.1981; BStU, MfS, BV Halle, OD CKB 1, Bl. 52–55, zit. nach: Sauer: Der missglückte Versuch, S. 59–62.

29 Vgl. Eberle: Ökonomische Aspekte des Strafvollzuges, S. 121.

30 Vgl. Bastian; Neubert: Schamlos ausgebeutet, S. 65.

31 Vgl. Schmidt, Andreas: Leerjahre. Leben und Überleben im DDR-Gulag. Böblingen 1986, S. 455.

Unterschrift, der zufolge sie über neue Arbeitsschutzbestimmungen aufgeklärt worden seien. Sie begründeten dies unter anderem damit, dass ihre Schweißgeräte defekt seien, die Kranführer nicht auf ihre Handzeichen reagieren würden und ihren zuvor erhobenen Beschwerden bislang nicht abgeholfen worden sei. Da eine Überprüfung durch die Staatssicherheit die Missstände bestätigte, wurden diese tatsächlich zumindest teilweise abgestellt.[32] Auch in der Haftanstalt Halle wurden »gesetzliche Bestimmungen zum [Arbeits-]Einsatz von Strafgefangenen [...] missachtet«, ohne dass dies näher präzisiert wurde.[33] Die unvermeidliche Folge der vernachlässigten Sicherheitsbestimmungen waren zahlreiche Arbeitsunfälle.

32 Vgl. Information der KD Riesa v. 10.6.1988; BStU, MfS, BV Dresden, Abt. VII 7015, Bd. 3, Bl. 422–425.

33 Vgl. Bericht der Abt. 8 der HA VII über die Durchführung eines Einsatzes in der BV Halle v. 19.3.1987; BStU, MfS, HA VII 4963, Bl. 27–36.

3.4 Unfälle

Da die Arbeitsschutzbestimmungen häufig missachtet und die selbstauferlegten Grenzwerte vielfach überschritten wurden sowie viele gefährliche Arbeiten zu verrichten waren, gingen von dem Arbeitseinsatz oftmals erhebliche Gefahren für Leib und Leben der Gefangenen aus. Auch ihre ungenügende einschlägige Ausbildung sowie die mangelnde Erfahrung ließen die Häftlingsarbeiter häufig zum Opfer von Unglücken und Missgeschicken werden. Die höhere Unfallhäufigkeit bei den Gefangenen war den Betriebsleitungen vielfach bekannt, ohne dass sie etwas dagegen unternahmen.[1]

Dabei setzte sich die Gefängnisverwaltung im Interesse der langfristigen Aufrechterhaltung der Arbeitskraft – oder auch nur um Kritik der Westpresse vorzubeugen – immer noch mehr für die Interessen der Häftlingsarbeiter ein als die Betriebe selbst, denen die kurzfristige Planerfüllung durch maximale Ausbeutung der Arbeitskraft der Gefangenen oft wichtiger war. Da die Häftlinge jedoch insbesondere in den Außenarbeitskommandos dem unmittelbaren Zugriff der Haftanstalten entzogen waren, konnten sich diese oftmals nicht gegen die Betriebsleitungen durchsetzen. Im Außenarbeitskommando im VEB Gießerei und Maschinenbau »Max Matern« Torgelow (Haftanstalt Ueckermünde) beispielsweise wurden Häftlinge regelmäßig durch einen mit 25 atü betriebenen Sandstrahler verletzt. »Um diese Situation zu ändern und zu verbessern, reicht der Einfluss des Leiters der StVE [Ueckermünde] gegenüber der Betriebsleitung der Gießerei nicht aus, sodass mit weiteren Unfällen zu rechnen ist«, stellte die Staatssicherheit fest. Immerhin sollte dann die vorgesetzte Abteilung Strafvollzug der BDVP einbezogen werden, um den Betrieb zu einer Änderung seiner Haltung zu veranlassen.[2]

Die Liste der nachweislich eingetretenen Unfälle in den Gefängnissen und Haftarbeitslagern der DDR ist lang; erwähnt seien hier exemplarisch eine Schlüsselbeinfraktur beim Außenarbeitseinsatz im Volkspolizeiamt Wittenberg,[3] eine Risswunde am Hals sowie am rechten Auge beim Herausziehen eines Profileisens im Außenarbeitskommando VEB Edelstahlwerk Freital

1 Vgl. Sonntag: Arbeitslager in der DDR, S. 295.

2 Bericht der HA VII über die Dienstreise in die BV Neubrandenburg v. 18.4.1988; BStU, MfS, HA VII 6053, Bl. 149–153. Weil sein Einfluss nicht weit genug reichte, konnte beispielsweise auch der Leiter des Haftarbeitslagers Unterwellenborn den VEB Maxhütte nicht zur Sanierung der Toiletten für die Häftlingsarbeiter veranlassen, da der Betriebsdirektor die Kosten scheute. Vgl. Sonntag: Arbeitslager in der DDR, S. 255 f.

3 Vgl. Fernschreiben der BDVP Halle v. 5.1.1986; BStU, MfS, HA VII 5457, Bl. 3.

(Bautzen I)[4] oder der Verlust mehrerer Fingerkuppen im VEB Leuchtenbau Narva (Haftanstalt Leipzig).[5]

Besonders folgenreich waren Arbeitsunfälle an schweren Geräten,[6] weil diese häufig Amputationen von Gliedmaßen nach sich zogen. Ein vormaliger Insasse der Haftanstalt Unterwellenborn berichtete mehrfach von Unfällen mit abgerissenen Fingern, zerquetschten Zehen sowie einem abgerissenen Arm in einem Zeitraum von eineinhalb Jahren.[7] In Brandenburg-Görden wurden in den achtziger Jahren jährlich mehr als 40 schwere, »meldepflichtige« Unfälle gezählt, bei denen Gefangene oftmals ganze Gliedmaßen einbüßten.[8] In der Strafvollzugsabteilung Markkleeberg beispielsweise geriet 1983 im damaligen Arbeitskommando im VEB Holzveredelungswerk Leipzig-Wiederitzsch kurz vor Mitternacht die rechte Hand einer Häftlingsarbeiterin in eine Messermaschine, wurde zerfetzt und musste amputiert werden.[9] Auch die Metallstanzen des VEB Pentacon Dresden in der Haftanstalt Cottbus kosteten im Mai 1977 einem Häftling je zwei Glieder von zwei Fingern.[10] Bei der Verarbeitung von Aluminium geriet in der Blockgießerei des Chemiekombinats Bitterfeld 1987 der Arm eines Häftlings in eine Schablone; ein Mithäftling versetzte dem Betroffenen zur »Narkose« geistesgegenwärtig einen Kinnhaken.[11] 1987 büßte ein Häftling im VEB Maschinen- und Apparatebau Schkeuditz sechs Wochen vor seiner Entlassung eine Fingerkuppe ein.[12] 1985 wurden einem Häftling in der Haftanstalt Karl-Marx-Stadt, der im Chemiekombinat Bitterfeld Abteilung Chlor eingesetzt war, beim Hantieren mit ätzender Chlorlauge die Zehen des rechten Fußes weggeätzt – wie es dort auch sonst »fast täglich« zu kleineren Arbeitsunfällen kam.[13] Im Außenarbeitskommando Bad Freienwalde (Jugend-

4 Vgl. Rapport des ODH der Strafvollzugseinrichtung Bautzen I v. 16.8.1989; BStU, MfS, BV Dresden, Abt. VII 7016, Bd. 2, Bl. 453–455.

5 Vgl. Abschlussmeldung zur Sofortmeldung zum Arbeitsunfall im VEB Leuchtenbau Narva Leipzig v. 14.5.1980; BStU, MfS, BV Leipzig, Abt. VII 69, Bd. 5, Bl. 102.

6 Vgl. Jablonski, Marietta: »Verhören bis zum Geständnis«. Der Operativ-Vorgang »Optima« (Betroffene erinnern sich 3. Hg. v. Landesbeauftragten für die Unterlagen des Staatssicherheitsdienstes der ehemaligen DDR in Sachsen-Anhalt). Magdeburg 1996.

7 Vgl. Bericht des IMB »Roland« v. 20.6.1989; BStU, MfS, HA XX/4 1722, Bl. 37 f. Siehe auch: Bericht von E. Pabst, abgedruckt in: Schmidt-Pohl, Jürgen (Hg.): DDR-Haftzwangsarbeit politischer Gefangener. Dokumentation (Schwarzbuch-Archiv Nr. 7). Schwerin 2003, S. 239–242.

8 Vgl. Ansorg: Brandenburg, S. 305.

9 Vgl. Sofortmeldung der Strafvollzugseinrichtung Leipzig v. 1.11.1983; BStU, MfS, BV Leipzig, Abt. VII 198, Bd. 2, o. Pag.

10 Vgl. Schmidt; Weischer: Zorn und Trauer, S. 174.

11 Vgl. Mühlenberg; Kurt: Panikblüte, S. 83.

12 Vgl. Fernschreiben der BDVP Leipzig v. 14.10.1987; BStU, MfS, HA VII 5457, Bl. 253.

13 Vgl. Bericht von Steffen Hörning: 69. Pressekonferenz der Arbeitsgemeinschaft 13. August v. 16.6.1986: DDR-Haftwesen und Justiz; BStU, MfS, HA IX 1106, Bl. 2–26. Den Vorfall mit den Zehen konnte die Staatssicherheit bei einer Überprüfung nicht bestätigen. Vgl. Bericht der Abt. 8 der

haus Wriezen) fuhr 1987 ein Kranauto einem Häftling über die Zehen des rechten Fußes,[14] im Stahl- und Walzwerk Riesa (Haftanstalt Zeithain) 1983 verlor ein Gefangener beim Arbeitseinsatz angeblich sogar beide Beine.[15] Auch tödliche Arbeitsunfälle kamen immer wieder vor; im Haftarbeitslager Sollstedt etwa ereignete sich im Untertagebau Mitte der sechziger Jahre alle sechs Monate ein tödlicher Unfall, im Haftarbeitslager Unterwellenborn sogar alle vier Monate.[16] Besonders menschenunwürdig waren die Arbeitsbedingungen in Bitterfeld, wo Häftlinge bei der Chloranalyse mit hochgiftigem Quecksilber hantierten. Wegen der hohen Raumtemperaturen konnte das Quecksilber leicht verdampfen – dazu trug auch die ungenügende Belüftung der Werkhallen bei, denn die Fenster waren zur Vermeidung von Fluchtversuchen zugemauert, und Belüftungsanlagen existierten nicht. Ein spezielles Reinigungskommando musste herumliegendes Quecksilber einsammeln, und die Gefangenen trugen die quecksilberverseuchte Arbeitskleidung auch beim Bustransport zur Arbeit und auf dem Rückweg.[17] Aufgrund der wissentlichen und systematischen Vernachlässigung von Arbeitsschutzbestimmungen starb im April 1980 ein Gefangener an einer Quecksilbervergiftung, was erst mit großer Verzögerung Ermittlungen auslöste. So kam im März 1981 erneut ein Häftling zu Tode, und im Juli 1981 starb im Haftarbeitslager Raßnitz ebenfalls ein Insasse an einer zu hohen Quecksilberkonzentration in seinem Körper. Da die Eltern der beiden erstgenannten Häftlinge in der Bundesrepublik wohnten und auch die Westpresse von den Fällen Wind bekam, wurden die Arbeitsbedingungen dort etwas verbessert, und das Ministerium für Gesundheitswesen legte 1982 strengere Grenzwerte fest. Doch auch in der Folgezeit mussten jährlich Dutzende von Häftlingen verlegt werden, weil der Quecksilbergehalt in ihren Körpern sowie in den Arbeitsbereichen die zulässigen Grenzwerte überschritten hatte.[18] Zudem war in verschiedenen Betrieben im Chemiekombinat Bitterfeld 1982 durch einen Stromschlag sowie im Januar 1989 durch eine Explosion jeweils ein Häftling ums Leben gekommen.[19] Auch im Haftar-

HA VII über die Durchführung eines Einsatzes in der BV Halle v. 19.3.1987; BStU, MfS, HA VII 4963, Bl. 27–36.

14 Vgl. Treffbericht des IMS »Gerald« v. 15.5.1987; BStU, MfS, BV Frankfurt/O., V 564/86, KD Fürstenwalde, Bd. 2, Bl. 49 f.

15 Vgl. Bericht von Falk Wähner und Michael Sielaff: 60. Pressekonferenz der Arbeitsgemeinschaft 13. August am 14.6.1984: DDR-Haftwesen und Justiz; BStU, MfS, HA IX, Nr. 17604, Bl. 217–250.

16 Vgl. Sonntag: Arbeitslager in der DDR, S. 273 u. 292.

17 Vgl. u. a. Information zur Durchsetzung der Sicherheitsbestimmungen in den Chlorbetrieben des Chemiekombinats Bitterfeld v. 15.7.1986; BStU, MfS, HA VII 6074, Bl. 61 f.

18 Vgl. Vesting: Arbeitsbedingungen von Strafgefangenen und Bausoldaten.

19 Vgl. Vesting: Zwangsarbeit im Chemiedreieck, S. 87 u. 89; Mühlenberg; Kurt: Panikblüte, S. 83.

beitslager Rüdersdorf kam 1976 im Werk 3 ein Häftling zu Tode, als eine Betonstützwand umfiel, was »auf bautechnische Mängel der 30 bis 40 Jahre alten Anlage« zurückgeführt wurde.[20]

Die Betriebe verzichteten häufig darauf, Unfälle mit Häftlingsarbeitern zu melden, obwohl sie dazu verpflichtet waren – wie auch die Staatssicherheit wusste.[21] Sofern aber Unfälle tatsächlich Eingang in die amtlichen Statistiken fanden, wurde wiederum meist nicht zwischen den Unfällen »gewöhnlicher« Beschäftigter und denen der Häftlingsarbeiter unterschieden.[22] Die Statistik der Ausfalltage durch Unfälle wurde auch dadurch etwas geschönt, dass beispielsweise während der Amnestie von 1987 ein Häftling, der sich beim Entladen das Schienbein gebrochen hatte, noch am gleichen Tag entlassen wurde, als er sich noch zur stationären Behandlung im Bezirkskrankenhaus Görlitz befand.[23] Insofern können Angaben in den Akten zur Häufigkeit der Vorfälle nur die Spitze eines Eisbergs darstellen. So wurden zum Beispiel allein in den Werkhallen der Getriebewerke Brandenburg in der gleichnamigen Haftanstalt im Jahr über 550 Gefangene bei Unfällen verletzt, darunter die Hälfte so sehr, dass sie mehr als drei Tage ausfielen.[24] Ehemalige Insassen schätzten, dass in diesem Betrieb jährlich jeder fünfte der eingesetzten Häftlinge dauerhaft Schaden erlitt.[25] Damit lag dieser Arbeitseinsatzbetrieb deutlich über dem Republikdurchschnitt – zumindest Anfang der sechziger Jahre.[26]

In der Haftanstalt Magdeburg, das heißt vermutlich insbesondere im VEB Magdeburger Armaturenwerke, gab es im ersten Halbjahr 1988 unter den Häftlingsarbeitern 59 Arbeitsunfälle (insbesondere Augenverletzungen), wegen denen die Häftlinge im Durchschnitt fast sechs Tage krankgeschrieben waren.[27] In der Haftanstalt Thale waren allein im I. Quartal 1974 etwa 3 200 Krankenstunden auf »Nichtdurchsetzung der Arbeitsschutzbestimmungen durch die Lenkungskräfte« des VEB Eisenhüttenwerks zurückzuführen. »Maß-

20 Vgl. Information Nr. 589/76 v. 25.8.1976; CD in: Suckut, Siegfried (Hg.): Die DDR im Blick der Stasi 1976. Die geheimen Berichte an die SED-Führung. Göttingen 2009.

21 Vgl. Treffbericht des IMS »Gerald« v. 15.5.1987; BStU, MfS, BV Frankfurt/O., V 564/86, KD Fürstenwalde, Bd. 2, Bl. 49 f.

22 Vgl. u. a. LHASA, MER, M 535 2. Nachtrag 530.

23 Vgl. Fernschreiben der BDVP Dresden v. 18.11.1987; BStU, MfS, BV Dresden, Abt. VII 7015, Bd. 1, Bl. 202.

24 Vgl. [Bericht des GI] »Stockhaus« betr. Unfallgeschehen im Werk IV v. 15.10.1968; BStU, MfS, BV Potsdam, AIM 2140/81, A-Akte, Bd. 2, Teil III, Bl. 121–124 (MfS-Pag.); [Bericht des GI] »Stockhaus« betr. Situation im Werk IV der GWB v. 19.1.1969; BStU, MfS, BV Potsdam, AIM 2140/81, A-Akte, Bd. 2, Teil III, Bl. 138–140 (MfS-Pag.).

25 Vgl. Bericht der Quelle 71443 Hm betr. StVA Brandenburg v. 3.10.1968 (Stand Ende Mai 1968), 5 S.; BArch B 137/15761.

26 Vgl. BLHA, Bez. Pdm. Rep. 404/15.1/389, Bl. 8.

27 Vgl. Operativer Lagebericht der Abt. VII der BV Magdeburg v. 5.9.1988; BStU, MfS, BV Magdeburg, Abt. VII 1591, S. 250–255.

nahmen des Werkdirektors führten im II. Quartal bisher zu einer Senkung der Unfallquote um 50 %«, die zuvor offenbar nicht in Erwägung gezogen worden waren. Bis dahin wiesen die Häftlingsarbeiter bei einer Belegung mit etwa 300 Häftlingen durchschnittlich fast zwei Krankentage im Jahr durch vermeidbare Unfälle auf.[28] Im Haftarbeitslager Sollstedt erlitt 1963 im Jahresverlauf sogar jeder vierte Häftlingsarbeiter einen Arbeitsunfall, der mindestens drei Tage Krankschreibung nach sich zog – was ihnen somit vier Mal häufiger widerfuhr als den »freien« Arbeitern im gleichen Untertagebau. Bemerkenswerterweise waren besonders Häftlinge mit kurzen Haftstrafen betroffen – wie die meisten Häftlingsarbeiter waren sie berufsfremd eingesetzt und hatten sich mit den Gegebenheiten bzw. Risiken wohl noch nicht vertraut machen können.[29] Häftlingsarbeiterinnen konnten auch nur unter großen Schwierigkeiten eine Krankschreibung erreichen, während im VEB Esda Thalheim 1986 wegen Krankheit 13,7 Prozent der Beschäftigten fehlten.[30] Wie hart Häftlingsarbeiter nach Arbeitsunfällen behandelt wurden, zeigte sich auch, als 1983 im Arbeitskommando Palettenbau (Haftanstalt Rackwitz) einem Häftlingsarbeiter durch eine Säge zwei Finger der rechten Hand abgetrennt wurden und der zuständige Oberarzt des Medizinischen Dienstes des Strafvollzugs dies lediglich als »mittelschwere Verletzung« einstufte.[31]

Nur vereinzelt erlauben amtliche Angaben die Häufigkeit der Unfälle zu ermessen. Im VEB Zieh-, Press- und Stanzwerk Zwintschöna beispielsweise kam es allein im ersten Halbjahr 1975 zu 28 Unfällen (bei rund 150 jugendlichen Häftlingsarbeitern).[32] Und in allen Arbeitseinsatzbetrieben der Haftanstalt Bautzen I zusammengenommen wurden zwischen Januar 1988 und Mauerfall 116 Arbeitsunfälle aktenkundig, also mindestens einer pro Woche,[33] darunter auch drei »schwere Arbeitsunfälle« in der ersten Jahreshälfte 1989.[34] Im Haftarbeitslager Regis erlitten bei einer nicht genannten Gesamtzahl von Insassen in den Jahren 1972/73 jährlich mehr als 60 Häftlingsarbeiter einen schweren Arbeitsunfall mit mindestens drei Tagen Krankschreibung und fast

28 Geheime Chefvorlage der BDVP Halle v. 24.6.1974; LHASA, MER, M 555 Nr. 591 BDVP Halle 19.1. Nr. 376, Bl. 207–225.

29 Vgl. Sonntag: Arbeitslager in der DDR, S. 272 f.

30 Vgl. Information über den Krankenstand in den Betrieben des Kombinats Esda v. 26.2.1986; BArch DY 30/25489, o. Pag.

31 Sofortmeldung der Strafvollzugseinrichtung Leipzig v. 2.11.1983; BStU, MfS, BV Leipzig, Abt. VII 198, Bd. 2, o. Pag.

32 Vgl. Halbjahreseinschätzung des Leiters des Jugendhauses Halle v. 1.7.1975; LHASA, MER, BDVP Halle 19.1. Nr. 1255, Bl. 137–139.

33 Vgl. Rapport des ODH der Strafvollzugseinrichtung Bautzen I v. 10.11.989; BStU, MfS, BV Dresden, Abt. VII 7016, Bd. 2, Bl. 637 f.

34 Vgl. Zuarbeit der Abt. Strafvollzug der BDVP Dresden zur komplexen Lageeinschätzung v. 10.7.1989; BStU, MfS, BV Dresden, Abt. VII 7380, Bl. 2–9.

140 einen »leichten« Arbeitsunfall.[35] Bei einer Zahl von etwa 180 Strafgefangenen im VEB Walzwerk Hettstedt erlitten in den Jahren 1984/85 binnen 18 Monaten 66 Häftlinge einen Arbeitsunfall, mit Folgen bis hin zum einseitigen Verlust des Augenlichts durch umhergeschleuderte Drahtstücke.[36] Daraufhin veranlasste Kontrollen im Walzwerk Hettstedt ergaben, dass die Mehrzahl der Maschinen über keine Not-Aus-Schalter verfügte und der Zustand der Gabelstapler »nach wie vor sehr mangelhaft« war, da deren Schaltelektrik zumeist nicht abgedeckt war.[37] Erst 1984 hatte die Arbeitssicherheitsinspektion eine »Ausnahmegenehmigung« zum Betrieb von Drahtziehmaschinen erteilt, damit diese trotz offenkundiger Verletzung des Sicherheitsstandards weiter betrieben werden konnten;[38] durch wachsenden Verschleiß und ungenügende Wartung waren diese jedoch zu einer permanenten Gefahrenquelle für die Gefangenen geworden. Im VEB Metallwaren Naumburg (der Haftanstalt am gleichen Ort) kam es bei der Produktion von Halbfertigteilen für die Möbelindustrie »regelmäßig zu Arbeitsunfällen wie Quetschungen, Fingerbrüchen und Fleischwunden«.[39] Und besonders häufig waren Unfälle auch im Haftarbeitslager Rüdersdorf; noch in der ersten Jahreshälfte 1989 erlitten hier 77 Häftlingsarbeiter einen Unfall. Zudem mussten 99 Gefangene (wegen Unfällen oder Krankheit) außerhalb des Lagers geröntgt werden, 32 mussten einem Chirurgen und 47 einem Augenarzt vorgestellt werden.[40] In sehr seltenen Fällen wurden die verantwortlichen Betriebsleiter wegen Fahrlässigkeit sogar vor Gericht gestellt;[41] meist blieben die Arbeitsunfälle jedoch folgenlos, weil die Geschädigten selbst dafür verantwortlich gemacht wurden.

Während die tieferen Ursachen der Arbeitsunfälle meist in hohen Arbeitsnormen, Antreiberei, ungenügender Erfahrung, Übermüdung und veralteten Maschinen zu suchen waren,[42] machten Betriebs- wie auch Gefängnisleitungen

35 Vgl. Sonntag: Arbeitslager in der DDR, S. 300.

36 Berichterstattung über das Unfallgeschehen Strafgefangener im Walzwerk Hettstedt v. 15.6.1986; BStU, MfS, BV Halle, Abt. VII 825, Bl. 301–305; Abschlussbericht über den Arbeitsunfall des Strafgefangenen v. 17.6.1985; ebenda, Bl. 299–301.

37 Kontrollbericht über die Komplexkontrolle im Außenarbeitskommando der StVE Volkstedt im VEB Walzwerk Hettstedt v. 17.10.1986; ebenda, Bl. 257–261.

38 Vgl. Ausnahmegenehmigung zur TGL 30264 v. 14.5.1984; ebenda, Bl. 308 f.

39 Bericht von Andreas Brust; 60. Pressekonferenz der Arbeitsgemeinschaft 13. August am 14.6.1984: DDR-Haftwesen und Justiz; BStU, MfS, HA IX 17604, Bl. 217–250.

40 Vgl. Anlage 5 zur Komplexen Lageeinschätzung I. Halbjahr 1989 der StVE Rüdersdorf v. 10.7.1989; BLHA, Rep. 671/16.2 Nr. 675, o. Pag.

41 So sorgte sich ein Betriebsleiter im Haftarbeitslager Rüdersdorf so wenig um Sicherheitsvorkehrungen, dass bei einem Unfall einem Häftling ein Bein abgetrennt wurde – was im September 1953 zu einer rechtskräftigen Verurteilung mit einer Geldstrafe von 600,– Mark führte. Vgl. Besucherliste [des Untersuchungsausschusses Freiheitlicher Juristen mit der Befragung des ehemaligen politischen Häftlings] Eberhard Klinke v. 17.12.1953, 2 S.; BArch B 209/1020.

42 Vgl. Schmidt: Frage der Zwangsarbeit, S. 205.

meist Unachtsamkeit und Unvorsicht der Geschädigten dafür verantwortlich.[43] Obwohl Unbedachtheit in manchen Fällen gewiss eine Rolle spielte, wurde in den gesichteten Unterlagen die Schuld fast ausnahmslos bei den Gefangenen selbst gesucht – was in dieser Häufung nicht plausibel erscheint. So hatte sich beispielsweise im VEB Walzwerk Hettstedt (Haftarbeitslager Volkstedt) ein Häftling, als er die Spule der Ziehmaschine wechseln wollte, die Quetschung des letzten Fingergliedes des 5. Fingers angeblich »selbst [...] beigefügt«; das Fingerglied musste amputiert werden.[44] Auch als im Juli 1979 ein Häftling des Außenarbeitskommandos Bau der Haftanstalt Schkeuditz das letzte Glied des linken Daumens verlor, weil ein Gerüstpfosten klemmte, galt die angebliche »Unachtsamkeit des geschädigten Strafgefangenen« als Ursache.[45] Als sich eine Häftlingsarbeiterin im Bezirk Leipzig im Mai 1979 den Arm brach, als dieser in eine laufende Stanzmaschine geriet, war ebenfalls angeblich »Unachtsamkeit« der Grund, da sie in ein Gespräch mit einer anderen Gefangenen vertieft gewesen sei.[46] Und als einem Häftling des Jugendhauses Halle im VEB Industriewerke Baumaschinen Halle Nord ein 200 kg schwerer Zahnkranz auf den linken Fuß fiel, wurde zwar vorübergehend der Arbeitsbereich gesperrt, die Schuld aber gleichwohl allein bei dem Häftling selbst gesucht.[47]

Die Schuldfrage war auch deswegen von Belang, weil theoretisch bei einem unverschuldeten Unfall (wie bei einer Erkrankung) weiterhin Lohn gezahlt werden musste, berechnet aus dem Durchschnittslohn des letzten Jahres bzw. ab 1987 aus dem der letzten drei Monate.[48] Für Arbeitsausfälle hingegen, die ein Häftling zu verantworten hatte, wurde nicht nur der Lohn einbehalten, sondern ab 1984 auch die Prämie aus bereits erarbeiteter Planübererfüllung ganz oder teilweise gestrichen. Dieser Fall trat auch bei Arreststrafen, Hungerstreiks, Selbstbeschädigungen oder verspätetem Arbeitsbeginn ein, unabhängig davon, ob das Tagesplansoll später doch noch erreicht wurde.[49] Außerdem mussten die Gefangenen von ihren kargen Einkünften Schadenersatz leisten, wenn durch angeblich vorsätzlich verursachte Unfälle Kosten entstanden waren; eine Schadenhöhe bis 50 Mark konnte der Haftanstaltsleiter selbst einzie-

43 Vgl. Operativinformation der Verwaltung Strafvollzug Nr. 2/84 v. 26.3.1984; BStU, MfS, BV Dresden, Abt. VII, Bdl. 118, Bl. 108–114; Sonntag: Arbeitslager in der DDR, S. 273.

44 Fernschreiben der BDVP Halle v. 16.2.1987; BStU, MfS, HA VII 5457, Bl. 24.

45 Fernschreiben der BDVP Leipzig v. 3.7.1979; BStU, MfS, BV Leipzig, Abt. VII 184, Bd. 1, Bl. 121.

46 Vorkommnismeldung der Abt. VII v. 15.5.1979; ebenda, Bl. 130.

47 Vgl. Fernschreiben der BDVP Halle v. 18.2.1987; BStU, MfS, HA VII 5457, Bl. 26.

48 Vgl. Operativinformation der Verwaltung Strafvollzug Nr. 3/84 v. 9.7.1984; BStU, MfS, BV Dresden, Abt. XIV 4, Bl. 142–156.

49 Vgl. ebenda.

hen, bei höheren Werten musste das Kreisgericht eingeschaltet werden.[50] Und bei einer Invalidisierung waren die Häftlinge (jedenfalls in den sechziger Jahren) erst ab einer Erwerbsunfähigkeit von über 50 Prozent rentenversichert, im Gegensatz zu den »gewöhnlichen« Arbeitern.[51]

Mitunter riskierten die Gefangenen, kurzfristiger finanzieller Vorteile willen, sogar wissentlich und vorsätzlich ihre Gesundheit – weswegen auch kriminelle Häftlinge offenbar häufiger Arbeitsunfälle erlitten als die politischen Gefangenen.[52] Im Chemiekombinat Bitterfeld manipulierten Gefangene sogar die monatliche Untersuchung des Quecksilbergehalts im Urin (unter Verwendung des unbelasteten Urins neueingelieferter Häftlinge), um nicht in die Braunkohle geschickt zu werden, wo ihnen nur noch ein Drittel des Geldes für den Einkauf zur Verfügung gestanden hätte.[53] Es wäre Aufgabe der Verantwortlichen gewesen, die lebensgefährliche Selbstausbeutung der ihrer Handlungsautonomie beraubten Gefangenen zu unterbinden.

Wie rabiat der Umgang mit den Häftlingsarbeitern war, zeigte sich auch darin, dass selbst Verunglückten beim Transport zur medizinischen Untersuchung regelmäßig eine Handfessel angelegt wurde.[54] Auch bei einem Häftling des Außenarbeitskommandos Margarethenhütte dieser Haftanstalt wurde im Oktober 1989 keine Ausnahme gemacht; ihm war eine 50 kg schwere Last entglitten, sodass er wegen einer Verletzung der Wirbelsäule weitgehend bewegungsunfähig war. Zusätzlich zur Handfessel wurde der Krankentransport in die Krankenhausabteilung auf dem Gelände von Bautzen I absurderweise durch einen Aufseher mit Maschinenpistole bewacht.[55]

Die Unfallhäufigkeit und die (aus Sicht der Verantwortlichen) ungenügende Leistungsfähigkeit der Häftlingsarbeiter hing auch damit zusammen, dass bei der Zuteilung der Arbeitsplätze auf Vorkenntnisse oder auf Präferenzen der Betroffenen wenig Rücksicht genommen wurde und sie vor allem entsprechend dem aktuellen Bedarf der Betriebe arbeiten mussten. Folglich waren die allermeisten Gefangenen »berufsfremd« eingesetzt; so waren beispielsweise in Bautzen I von den 175 im Innenarbeitskommando des VEB Kombinat Erntemaschinen »Fortschritt« eingesetzten Häftlinge zu 94 Prozent berufsfremd.[56]

50 Vgl. Anweisung 3/83 des Leiters der StVE Raßnitz über die Verfahrensweise bei der Sicherung von Schadenersatzforderungen v. 25.1.1983; BStU, MfS, BV Halle, Abt. VII 767, Bl. 6 f.

51 Vgl. Sonntag: Arbeitslager in der DDR, S. 278.

52 Vgl. Kittan, Tomas: Das Zuchthaus Cottbus. Die Geschichte des politischen Strafvollzugs (Cottbuser Blätter, Sonderheft 2009). Cottbus 2009, S. 63.

53 Vgl. Vesting: Zwangsarbeit im Chemiedreieck, S. 121.

54 Vgl. Rapport des ODH der Strafvollzugseinrichtung Bautzen I v. 16.8.1989; BStU, MfS, BV Dresden, Abt. VII 7016, Bd. 2, Bl. 453–455.

55 Vgl. Rapport des ODH der StVE Bautzen I v. 3.10.1989; ebenda, Bl. 556–558.

56 Vgl. Operative Lageeinschätzung im Innenarbeitskommando VEB Kombinat Erntemaschinen Fortschritt (Spezialobjekt I) v. 1.10.1984; BStU, MfS, BV Dresden, Abt. VII 7380, Bl. 99–103.

Den meisten Häftlingsarbeitern wurden auch lediglich monotone Arbeiten übertragen – was die Hauptverantwortlichen wiederum mit der aus ihrer Sicht ungenügenden Qualifikation vieler Insassen begründeten. »Das Bildungsniveau aller Strafgefangenen ist im Durchschnitt gering; erforderlich sind Tätigkeiten, die schnell erlernbar sind und die die Strafgefangenen kontinuierlich und intensiv belasten. Für Strafgefangene mit relativ längerer Verbleibsdauer können die Arbeitsanforderungen hinsichtlich des Qualifikationsniveaus erhöht werden«, lautete das nüchterne Kalkül der Verantwortlichen zur bestmöglichen Ausbeutung der Arbeitskraft von Häftlingsarbeitern.[57]

Gemessen an ihrer geringen einschlägigen Vorbildung wurde den Häftlingen wenig Zeit zum Eingewöhnen zugebilligt, bis ihnen nach der Zuteilung von Arbeit binnen kürzester Zeit die volle Arbeitsleistung abverlangt wurde. So wurde den Insassen des Haftarbeitslagers Rüdersdorf, die als Becherwerksmaschinisten arbeiten sollten, eine Anlernzeit von drei Tagen gewährt, was im Westen als einmonatiger Abschnitt einer dreijährigen Ausbildung zum Zementmaschinisten gilt.[58] Einem Brenner wurden immerhin vier Monate zugebilligt, einem Zementmüller zwei Wochen, einem Kohlenstaubsilowärter eine Woche und dem Lkw-Verlader drei Tage. In den Werkstätten wurden den Betriebsschlossern zwei Wochen, den Autoschlossern zwei Tage und den Drehern gar nur ein Tag zugebilligt.[59] Zwei Wochen galten auch für das Löten kleiner Leuchten im VEB Glühlampenwerk Berlin, Betriebsteil Naumburg, als ausreichend, während das Verpacken von Bürsten und Kämmen im VEB Kamm und Haarschmuck Naumburg ganz ohne Anlernphase geschah.[60] Im Bergbau des Mansfeldkombinats wurde den über Tage eingesetzten Häftlingen eine Anlernphase von zwei Wochen, bei den unter Tage Tätigen waren es vier Wochen.[61] Danach wurde von ihnen erwartet, die volle Arbeitsleistung zu erbringen (siehe Kapitel 3.8).

57 [Liste der Haftanstalten mit Arbeitsplätzen für Gefangene nach der Amnestie von 1972] (Anlage 3 zur GVS B 2-175/73); BArch DO 1/3784, o. Pag.

58 Vgl. Vorläufiges Reglement über die Ausbildung und die Lehrabschlussprüfung für Zementmaschinisten v. 25.6.1966; http://www.bbt.admin.ch/bvz/grundbildung/index.html?detail=1&item=1098&lang=de&typ=EFZ [27.8.2012].

59 Vgl. Anlage 5 zur Vereinbarung zwischen der StVE Rüdersdorf und dem VEB Zementwerk von 1989; BLHA, Rep. 672/16.2 Nr. 143, o. Pag.

60 Vgl. Einschätzung der Lage im Bereich der Strafvollzugsanstalt Naumburg v. 6.6.1974; LHASA, MER, M 558-6 BDVP Halle 19.1. Nr. 1284, Bl. 26–42.

61 Vgl. Vereinbarung zwischen dem Arbeitserziehungskommando Volkstedt und dem VEB Mansfeld Kombinat Wilhelm Pieck in Eisleben v. 1.1.1974; LHASA, MER, 558-17 BDVP Halle 19.1. Nr. 1319, Bl. 59–69.

3.5 Motivation der Gefangenen und Zwangsmaßnahmen

Mit »Zuckerbrot und Peitsche« wurden die Gefangenen zu hohen Arbeitsleistungen angetrieben. Verschiedene Formen materieller wie immaterieller Belohnung sollten sie dazu bewegen, ihre ganze Kraft in der gewünschten Art und Weise einzusetzen. Zu letzteren zählte beispielsweise ihre Einbeziehung in die »Produktionswettbewerbe«, wozu die Arbeitseinsatzbetriebe Konzeptionen zu erarbeiten und der Haftanstalt vorzulegen hatten.[1] Wie in gewöhnlichen Betrieben sollten auch mit den Häftlingsarbeitern Arbeitsbesprechungen und Produktionsberatungen stattfinden,[2] doch blieb dies zumeist blanke Theorie. Die Häftlinge hatten jedenfalls gemäß Paragraph 44 des Strafvollzugs- und Wiedereingliederungsgesetzes die ihnen zugewiesenen Arbeiten unter voller Nutzung ihrer Arbeitszeit ordnungsgemäß zu verrichten, Maschinen und Werkzeug pfleglich zu behandeln, Material sparsam zu verwenden, ihre berufliche Qualifikation voranzutreiben sowie die Bestimmungen zum Arbeits- und Unfallschutz einzuhalten.[3] Tatsächlich besaßen insbesondere politische Häftlinge oft ein strenges Arbeitsethos und empfanden etwa »das Arbeiten in Hoheneck nicht sofort als eine zusätzliche Zwangsmaßnahme«, sahen sich durch die Monotonie der Arbeit und die vielen Nachtschichten aber bald am Rande ihrer Leistungsfähigkeit.[4]

Da die Gefangenen mit Losungen, Wettbewerben ihrer Arbeitsbrigaden sowie ausdrücklicher Anerkennung ihrer Arbeit schwerlich zu begeistern waren, setzte die Gefängnisverwaltung auf materielle Stimuli. Deswegen war beispielsweise im Jahre 1955 der Paketempfang drastisch reduziert worden – die Gefängnisverwaltung wollte verhindern, dass die Gefangenen auf den empfangenen Lebensmitteln »ausruhten« und keine Notwendigkeit zum Arbeiten verspürten.[5] An Nahrungsmittel über die ausgegebenen Mahlzeiten hinaus konnten sie fortan nur noch kommen, indem sie arbeiteten und von ihrem kargen Lohn nach enormen Abzügen (siehe Kapitel 3.7) in den gefängniseigenen Verkaufsstellen (HO) Lebensmittel erwarben. Dort konnten Häftlinge aus einem schmalen Warensortiment Produkte des täglichen Bedarfs zu überhöhten Preisen erstehen. Dabei wurde spezielles, nur in der jeweiligen

1 Vgl. Schriftliche Leitungsvorlage der StVE Rüdersdorf v. 14.4.1980; BLHA, Rep. 672/16.2 Nr. 148, o. Pag.

2 Vgl. Disposition der Abt. II/2 der Verwaltung Strafvollzug v. 8.7.1960; BArch DO 1 11/1460, Bl. 286–289.

3 Schmidt: Frage der Zwangsarbeit, S. 187.

4 Vgl. Stötzer: Nähkommando Esda, S. 38.

5 Vgl. Wunschik: Honeckers Zuchthaus.

Haftanstalt gültiges Gefangenengeld verwendet, was dem Einschmuggeln von Geld und dem Schwarzmarkt entgegenwirken sollte.[6]

Voraussetzung für den begehrten Einkauf war in der Regel die (geringe) Entlohnung aus dem (schlecht bezahlten) Arbeitseinsatz. Bezeichnenderweise reagierte im Juni 1980 »der größte Teil« der Häftlinge »negativ«, als verschiedene Betriebe von der Haftanstalt Regis vermutlich wegen Materialmangel insgesamt 100 Häftlinge weniger anforderten, als die Staatliche Plankommission dies ursprünglich vorgesehen hatte, fürchteten sie doch um diesen Einkauf.[7] Und übereifrige Spitzel unter den Häftlingsarbeitern im Außenarbeitskommando VEB Metallwaren Naumburg kritisierten an ihren Mitgefangenen, »die geforderte Arbeitsnorm wird zwar gebracht, aber nicht mit Freude, sondern nur wegen des Einkaufs«.[8] Im Haftarbeitslager Sollstedt sollte den unter Tage eingesetzten Häftlingsarbeitern immerhin mit den Mahlzeiten 160 statt 80 Gramm Fleisch ausgegeben werden,[9] was vermutlich eine Grundvoraussetzung war, um ihre Arbeitskraft bei der kräftezehrenden, unbeliebten Arbeit in den Stollen zu erhalten.

Ebenso wirkungsvoll dürfte die Aussicht auf Strafrabatt gewesen sein, den sich Häftlingsarbeiter durch übermäßige Normerfüllung in den fünfziger Jahren verdienen konnten; im Januar 1962 entfiel diese Möglichkeit dann aber in der bisherigen Weise.[10] Die zwangsläufige Folge war, dass Disziplin und Leistungsbereitschaft der Gefangenen »erodierte«.[11] In den späteren Jahren wurde den Häftlingen erklärt, dass eine 100%ige Normerfüllung Grundvoraussetzung für eine vorzeitige Freilassung (etwa im Zuge von Amnestien) sei, dabei aber auch ihre Disziplin und ihre Läuterung Berücksichtigung fänden. Teilweise traf dies auch zu; von einem »automatischen« Strafrabatt je nach Grad der übermäßigen Normerfüllung konnten die Häftlingsarbeiter jedenfalls nun nicht mehr ausgehen.

Nicht zuletzt wurde die Leistung der Gefangenen durch Drohungen und Zwangsmaßnahmen aufrechterhalten, wenn sich Arbeitsniederlegungen abzeichneten. Den Verantwortlichen stand »eine Reihe von Disziplinierungsmaßnahmen zur Verfügung, um Arbeitsverweigerungen zu brechen, wobei

6 Vgl. Hiekel, Frank: Das Gefängnisgeld der DDR. »Wertgutscheine« als Ersatzzahlungsmittel im Strafvollzug des Ministeriums des Innern von 1975–1990. In: Klewin, Silke; Reinke, Herbert; Sälter, Gerhard (Hg.): Hinter Gittern. Zur Geschichte der Inhaftierung zwischen Bestrafung, Besserung und politischem Ausschluss v. 18. Jahrhundert bis zur Gegenwart. Leipzig 2010, S. 255–268.

7 Fernschreiben der KD Borna v. 27.6.1980; BStU, MfS, BV Leipzig, Abt. VII 199, Bd. 2, Bl. 1.

8 Information des IKM »Jürgen Meier« v. 12.12.1973; BStU, MfS, BV Halle, KD Naumburg 732, Bl. 22 f.

9 Vgl. Sonntag: Arbeitslager in der DDR, S. 199.

10 Vgl. ebenda, S. 137.

11 Ebenda, S. 272.

auch rechtlich nicht zugelassene Zwangsmittel angewandt wurden«.[12] Weil beispielsweise ein Häftlingsarbeiter im Haftarbeitslager Volkstedt nach getaner Arbeit nicht ordnungsgemäß in einer Kolonne in die Baracken zurückmarschierte, musste er noch 1966 mit Liegestützen und Entengang mehrmals die Lagerstraße auf und ab exerzieren.[13] Auch im VEB Metallwaren Naumburg, wo Beschläge für IKEA hergestellt wurden, drohte den Häftlingen bei Arbeitsverweigerung Isolationshaft: »Mit dem Stichtag 1.10.1974 waren gegenüber 10 Strafgefangenen Sicherungsmaßnahmen ausgesprochen worden, weil trotz allen Einflusses der SV-Angehörigen [Aufseher] sie die Arbeitsaufnahme verweigerten.«[14] Dabei handelte es sich um eine nach Strafvollzugsgesetz unzulässige Sanktion, denn solche »Sicherungsmaßnahmen« waren lediglich zur Abwehr körperlicher Angriffe oder Verhinderung der Flucht zulässig.[15] Nach Aussagen mehrerer Betroffener drohten selbst bei Planuntererfüllung Dunkelzellen und Fesselung.[16] Dem Stellvertreter für Vollzug der Haftanstalt Naumburg attestierte die Staatssicherheit, er »scheue sich nicht, Disziplinarmaßnahmen einzuleiten, unter Ausnutzung der gesamten Palette der zur Verfügung stehenden Maßnahmen«, fand aber keine Beweise für Schikanen.[17] Und zu dem für den »harten Kern« der ausreisewilligen Häftlinge verantwortlichen Aufseher hieß es, er habe »es verstanden [...] die volle Ausschöpfung des Arbeitsvermögens der Strafgefangenen zu gewährleisten«. Er zeige ein »teilweise schroffes und hartes Auftreten« und erziele »allein durch seine kräftige Stimme und Gestalt Wirkung bei den Strafgefangenen«,[18] was durchaus als verklausulierte Bestätigung der geschilderten Praktiken verstanden werden kann.

12 Vesting: Zwangsarbeit im Chemiedreieck, S. 68.

13 Vgl. Kurzbericht [eines entlassenen Strafgefangenenbrigadiers] über das Strafvollzugslager Volkstedt v. 21.11.1966; BStU, MfS, AS 138/69, S. 137–140.

14 Information über den Gefangenenbestand der Strafvollzugsanstalt Naumburg v. 1.10.1974 (Anlage 2 zur Geheimen Chefvorlage der BDVP Halle v. 30.10.1974); LHASA, MER, M 555 Nr. 589 BDVP Halle 19.1. Nr. 374, Bl. 162–164.

15 Vgl. § 37 des Strafvollzugs- und Wiedereingliederungsgesetz (SVWG) v. 12.1.1968 mit eingearbeiteter 1. Durchführungsbestimmung (Strafvollzugsordnung) v. 15.6.1968. Hg. als Arbeitsmaterial von der Verwaltung Strafvollzug des MdI; BStU, MfS, DSt 200615.

16 Alexander Arnold spricht von Dunkelzellen und Fesselung (vgl. Deeg, Daniela: IKEA-Möbel sollen in DDR-Gefängnissen produziert worden sein. In: Augsburger Allgemeine v. 2.6.2012; http://www.augsburger-allgemeine.de/wirtschaft/IKEA-Moebel-sollen-in-DDR-Gefaengnissen-produziert-worden-sein-id20404941.html [20.11.2012]), Mario Falcke von besonderen Arrestzellen, in denen Arbeitsverweigerer drei Tage angekettet und weitere 18 Tage inhaftiert blieben, bevor sie fortan in Einzelzellen isoliert wurden (vgl. http://stasiopfer.de/component/option,com_simpleboard/Itemid,/func,view/id,997279410/catid,4/ [22.11.2012]).

17 Vgl. Auskunftsbericht der Abt. VII über den Stellvertreter für Vollzug der StVE Naumburg v. 16.12.1986; BStU, MfS, BV Halle, Abt. VII 235, S. 4–7.

18 Weiter heißt es, er besitze einen »festen Klassenstandpunkt«, zeige aber ein »schablonenhaftes Denken«; auch bei ihm fand die Staatssicherheit aber keine Beweise für Übergriffe und nahm ihn mit exakt den gleichen Worten in Schutz wie die anderen Beschuldigten. Auskunftsbericht der Abt. VII

Nicht nur die grundsätzliche Arbeitsbereitschaft der Gefangenen, sondern auch die akkurate Erfüllung der Normen wurde den Gefangenen unter Druck abverlangt. Häufig wurde die 100%ige Normerfüllung nicht nur zur Voraussetzung für den Einkauf, sondern war auch Bedingung für den Erhalt von Post oder die Genehmigung einer zweiten Korrespondenz.[19] In der Haftanstalt Markkleeberg beispielsweise gingen weibliche Inhaftierte, die ihre Norm nicht erfüllt hatten, nicht nur den meisten Vergünstigungen verlustig (wie Paketempfang, Übergabe von kleinen Geschenken beim Besuch, erweiterte Schreiberlaubnis), sondern sie wurden auch zu zusätzlichen Reinigungsarbeiten herangezogen.[20] Andere durften ihr mühsam erarbeitetes Eigengeld dann in nur stark eingeschränktem Umfang für ein noch weiter reduziertes Warenkontingent ausgeben.[21]

Noch schmerzhaftere Sanktionen hatten Arbeitsverweigerer zu befürchten, insbesondere wenn sie nicht von Anfang an ihren Unwillen signalisierten oder durch eine politische Begründung »provozierten«. Dann wurden nicht nur die »legitimen Disziplinierungsmaßnahmen [...] besonders streng und häufig« angewendet, sondern es wurde auch vielfach auf »halb- oder nichtlegale Mittel« zurückgegriffen. Zu ersteren zählten die erwähnten Arreststrafen, zu den letztgenannten insbesondere körperliche Übergriffe. Gelegentlich wurde auch kein Essen ausgegeben oder im Winter die Heizung abgedreht. Mitunter wurden Hunde auf die Verweigerer gehetzt, die Betroffenen an heiße Rohre gefesselt[22] oder mit Waffen bedroht. Als beispielsweise im Haftarbeitslager Rostock-Langenort 1962 zwei Häftlinge den Außenarbeitseinsatz wegen Kälte und Regen verweigerten, forderte ein Aufseher die beiden Häftlinge auf vorzutreten; weil diese wegen ihrer baldigen Haftentlassung ablehnten, bedrohte der Aufseher sie mit einer Maschinenpistole und gab sogar Schüsse ab, deren Querschläger oder Splitter den wegen »Staatsverleumdung« verurteilten Anführer am Fuß trafen.[23] Auch im Jugendhaus Luckau wurde ein jugendlicher Arbeitsverweigerer 1974/75 nach Aussagen Betroffener mit erhobenen Händen stundenlang an ein Gitter gefesselt und später auf der Arreststation zusammen mit anderen Gefangenen gezwungen, bis zur Erschöpfung sinnlose, demütigende Übungen der

über den Erzieher der Strafvollzugseinrichtung Naumburg v. 17.12.1986; BStU, MfS, BV Halle, Abt. VII 235, S. 16–18.

19 Vgl. Rohrbach, Carmen: Solange ich atme. Ein Erlebnisbericht. München 2003, S. 210 u. 215.

20 Bericht von Kerstin Meisner: 60. Pressekonferenz der Arbeitsgemeinschaft 13. August am 14.6.1984: DDR-Haftwesen und Justiz; BStU, MfS, HA IX 17604, Bl. 217–250.

21 Vgl. Stötzer: Nähkommando Esda, S. 36–39.

22 Vesting: Zwangsarbeit im Chemiedreieck, S. 70 f.

23 Angeblich sorgten die Splitter nur für einen »blau angelaufenen Zeh«. Vgl. Spitzenmeldung der Kreisdienststelle Rostock v. 14.4.1962; BStU, MfS, BV Rostock, AOP 2470/63, Bd. I, Bl. 267.

Körperertüchtigung zu vollziehen.[24] Auch die jugendlichen Insassen des Arbeitserziehungslagers Rüdersdorf mussten 1967 nach dem täglichen Arbeitseinsatz »Sondersport« bis zur Erschöpfung als Disziplinarmaßnahme absolvieren.[25] Und weil sie darauf beharrte, dass der medizinische Dienst ihr einen Schonplatz beim Arbeitseinsatz (im Fotochemischen Kombinat Wolfen) zugewiesen habe, wurde Ende der siebziger Jahre einer Gefangenen aus Dessau vom Gefängnisleiter mehrfach ins Gesicht geschlagen.[26]

Dass die Aufseher die Gefangenen notfalls mit roher körperlicher Gewalt zur Arbeit zwangen, gab auch ein als Spitzel der Arbeitsrichtung I/4 der Kriminalpolizei verpflichteter Häftlingsbrigadier aus der Haftanstalt Waldheim 1983 zu Protokoll.

> »Als ich auf die VA [Vollzugs-Abteilung] II/2 zu dem Erzieher Ltn. d. SV [Leutnant des Strafvollzugs] [...] verlegt wurde, holte er mich in sein Zimmer und sagte, dass es in seiner Brigade keine Arbeitsverweigerungen gibt, ich solle es verhindern. Ich fragte ihn, und wenn mir dabei etwas passiert, worauf er zur Antwort gab, er sei schon Zeuge, dass der betreffende Strafgefangene hingefallen sei. Hierfür gab er mir einmal 10,-M[ark] oder 20,- M. So hat er es mit allen SG-Brigadieren vom Kdo. EWD [Kommando Elektro Wärme Döbeln] gemacht und auch mit dem bereits entlassenen Brigadier, SG [...], vom Kdo. Hausschuhwerke. [...] Er hat mich und den SG [...] einmal beauftragt, einen Strafgefangenen beim Baden ›stolpern‹ zu lassen. Dazu kam es aber nicht. Vor Kurzem sollte der Brigadier der Hausschuhwerke einen Strafgefangenen schlagen. Als dieser damit nicht einverstanden war, wurde er als Brigadier abgelöst.«[27]

Mit einer solchen abgestuften Hierarchie von Repressionen ließ sich die Arbeitsleistung der Gefangenen aufrechterhalten, ohne dass sich die Aufseher »die Finger schmutzig« machen mussten.

Auch ohne körperliche Übergriffe wurden Arbeitsverweigerer mit den prinzipiell zulässigen Disziplinarmaßnahmen des Arrests und der Isolation gefügig gemacht. So brachte die Arbeitsverweigerung einer politischen Inhaftierten in der Haftanstalt Halle noch in den achtziger Jahren acht Monate lang abwechselnd Arrest (über die maximale Dauer von 21 Tagen) sowie Einzelhaft (über

24 Zit. nach: Bastian; Neubert: Schamlos ausgebeutet, S. 4.

25 Feststellungen der Abt. Strafvollzug des Präsidiums der Volkspolizei Berlin v. 30.1.1967; LAB, C Rep. 303 Nr. 1132, Bl. 54–57.

26 Vgl. Beschwerde der Strafgefangenen v. 18.5.1978; BStU, MfS, BV Halle, AIM 1488/84, Bl. 91 f. Dem Gefängnisleiter trug dies eine »Missbilligung« ein, da sich der Vater der Betroffenen an die Staatsanwaltschaft gewandt hatte. Vgl. Schreiben des Leiters des Jugendhauses Dessau über das Vorkommnis mit der weiblichen Strafgefangenen v. 28.6.1978; BStU, MfS, BV Halle, AIM 1488/84, Bl. 105 f.

27 Immerhin notierte die Staatssicherheit, dass der Aufseher Häftlinge offensichtlich misshandeln ließ; weder Maßnahmen zum konsequenten Unterbinden noch Anstacheln der Gewaltanwendung sind den Unterlagen zu entnehmen. Information des Dezernates I Leipzig v. 9.12.1983; BStU, MfS, BV Leipzig, Abt. VII 201, Bd. 6, Bl. 11.

7 Tage hinweg) ein.[28] In der Haftanstalt Karl-Marx-Stadt wurden Arbeitsverweigerer nach Aussagen Betroffener durch mehrere Aufseher mit Schäferhunden zu ihrem Arbeitsplatz geleitet, kamen bei fortgesetzter Weigerung ebenfalls in Arrest und wurden dann auf Dauer im Kellertrakt der Haftanstalt isoliert. Sie gingen aller Vergünstigungen verlustig, erlitten jedoch keine Übergriffe und mussten durch die Einzelhaft wenigstens nicht mehr unter den kriminellen Häftlingen leiden.[29] Im Außenarbeitskommando Margarethenhütte (Haftanstalt Bautzen I) sollen kurz vor der friedlichen Revolution Betriebsangehörige sogar diszipliniert worden sein, weil sie einen Häftling entgegen vorliegender Gesundheitszeugnisse zur Arbeit hatten zwingen wollen.[30] Seinerzeit nahmen auch die Arbeitsverweigerungen wieder zu; allein in Bautzen I wurden zwischen Januar 1988 und Mauerfall in allen Arbeitseinsatzbetrieben zusammengenommen 312 kurzzeitige Streiks gezählt[31] – erste Vorboten der friedlichen Revolution auch im Strafvollzug der DDR.

28 Vgl. Bericht von Sybille Krenz: 60. Pressekonferenz der Arbeitsgemeinschaft 13. August am 14.6.1984: DDR-Haftwesen und Justiz; BStU, MfS, HA IX 17604, Bl. 217–250.

29 Vgl. Aussage von Walter Kollascheck; http://stasiopfer.de/component/option,com_simpleboard/Itemid,/func,view/id,997279410/catid,4/ [22.11.2012].

30 Am 2.10.1989 hatte hier ein Häftling mit der Begründung die Arbeit verweigert, dass seitens des Strafvollzugs seine »Maschinenuntauglichkeit« festgestellt worden sei. Während Brigadier und Schichtleiter die Haftanstalt über die »Arbeitsverweigerung« informierten und ihn damit zur Wiederaufnahme der Arbeit zwingen wollten, erwies sich bei näherer Untersuchung, dass der Häftling die Wahrheit gesagt hatte – was dann offenbar eine Belehrung derjenigen nach sich zog, die ihn zur Arbeit hatten zwingen wollen. Möglicherweise spielten dabei auch die latenten Rivalitäten zwischen Gefängnis- und Betriebsleitung eine Rolle. Vgl. Rapport des ODH der Strafvollzugseinrichtung Bautzen I v. 3.10.1989; BStU, MfS, BV Dresden, Abt. VII 7016, Bd. 2, Bl. 556–558.

31 Vgl. Rapport des ODH der Strafvollzugseinrichtung Bautzen I v. 10.11.989; BStU, MfS, BV Dresden, Abt. VII 7016, Bd. 2, Bl. 637 f.

3.6 Streiks und Sabotage

Da den Verantwortlichen der Arbeitseinsatz der Gefangenen aus erzieherischen wie ökonomischen Gründen wichtig war, hatten die Betroffenen mit der Verweigerung desselben zugleich ein wirksames Mittel der Selbstbehauptung und der Widersetzlichkeit in der Hand. Allerdings bedurfte es erheblichen Mutes, der Bereitschaft zur Inkaufnahme gravierender Nachteile und bei gemeinsamen Aktionen vor allem auch der Einigkeit. Dazu waren offensichtlich allein die politischen Gefangenen in der Frühphase der DDR in der Lage, als die Repression besonders stark war und sich in Bautzen I, Hoheneck und Cottbus große Häftlingsrevolten ereigneten. Zwar kam es auch in den späteren Jahren noch gelegentlich zu kleineren Streiks, doch entwickelten sich diese Aktionen meist spontan und hatten nicht den politischen Hintergrund der erwähnten Vorfälle der früheren Jahre – dafür aber andere, nachvollziehbare Gründe.

Als etwa 15 Häftlingen des Braunkohlewerks Regis des gleichnamigen Haftarbeitslagers im Jahre 1987 ein um 15 Minuten verfrühtes Arbeitsende zugesagt bekamen, was dann aber nicht eingehalten wurde, ließen sie sich durch den sie beaufsichtigenden Betriebsangehörigen nicht mehr zur Arbeit bewegen und marschierten selbstständig zurück in ihre Baracken.[1] Im März 1985 traten 40 Häftlinge des Haftarbeitslagers Hettstedt unmittelbar nach Ende ihrer eigentlichen Schicht eine spontane Sonderschicht an, weil wegen der extremen Witterung die Ablösung nicht erschienen war; sie verweigerten nach einer nächtlichen Pause aber eine halbe Stunde lang die Rückkehr an den Arbeitsplatz, da ihnen der versprochene Schwarztee als Sonderverpflegung nicht zugeteilt worden war.[2] In der Haftanstalt Hoheneck verweigerten zehn Frauen mehrfach die Sonntagsarbeit, weil eine ihnen zustehende Arbeitspause monatelang nicht gewährt worden war.[3] Und in Bautzen I legten im März 1978 73 Häftlinge aus nicht näher genannten Gründen, im April 1979 66 Gefangene wegen ungenießbaren Essens und im August 1980 50 Häftlinge im Außenarbeitskommando Edelstahlwerk Freital aus ebenfalls unbekannten Gründen gemeinsam die Arbeit nieder.[4]

Häufiger als gemeinsame Streiks einer größeren Zahl von Gefangenen waren individuelle Arbeitsniederlegungen, die gelegentlich auch mit Nahrungsverweigerung einhergingen. Aus Sicht der Gefängnisverwaltung konnten Arbeitsverweigerer womöglich zum Vorbild für andere Häftlinge werden, weswe-

1 Vgl. Fernschreiben der BDVP Leipzig v. 16.4.1987; BStU, MfS, HA VII 5457, Bl. 191.

2 Vgl. Bericht der Kreisdienststelle Hettstedt v. 23.3.1985; BStU, MfS, BV Halle, Abt. VII 825, Bl. 355–365.

3 Vgl. Schmidt: Frage der Zwangsarbeit, S. 254.

4 Vgl. BArch DO 1 32/53247; 32/53248; BStU, MfS, HA IX 283; BStU, MfS, HA VII/8, ZMA 399/79.

gen sie meist sämtliche Vergünstigungen einbüßten und in Einzelzellen abgesondert wurden. Im gewandelten politischen Klima der Entspannungsphase häuften sich solche individuellen Arbeitsverweigerungen durch teilweise selbstbewusstere Gefangene. So kam es zum Beispiel im VEB Zieh-, Press- und Stanzwerk Zwintschöna Mitte der siebziger Jahre zu circa 50 Arbeitsniederlegungen im Jahr bei rund 150 Häftlingen dieses Arbeitseinsatzbetriebes.[5] In Bautzen I verweigerten 1977 insgesamt 373 Häftlinge, darunter 35 Insassen dauerhaft und kategorisch, die Arbeit.[6] Im Folgejahr waren es in der gleichen Haftanstalt jeden Monat durchschnittlich etwa 100 Häftlinge von rund 2 400 Insassen insgesamt, manche davon dauerhaft. Einige wollten aus prinzipiellen Gründen keine Fronarbeit für den SED-Staat leisten, andere hofften lediglich auf eine andere Arbeitsstelle oder gar nur ein Gespräch mit ihrem Erzieher. »Bisher wurden noch keine wirksamen Mittel und Methoden zur Eindämmung und Verhinderung gefunden«, beklagte die Gefängnisleitung von Bautzen I.[7] Deswegen wurden ab 1980 verstärkt Ermittlungsverfahren wegen »Gefangenenmeuterei« (§ 236 StGB) eingeleitet.[8] Eine ähnliche Entwicklung ist in Brandenburg-Görden zu beobachten, wo im Jahr 1976 rund 100 Häftlinge individuell die Arbeit verweigerten. Als der Gefängnisleiter in der Zeit von Januar 1977 bis Februar 1978 die Zahl auf 52 drücken konnte,[9] wurde er von Innenminister Friedrich Dickel mit einer Prämie von 1 000 Mark ausgezeichnet.[10] Im September 1978 verweigerten hier noch 40 Gefangene die Arbeit, davon 19 aus politischen Gründen.[11]

Im Januar 1978 boykottierten neun Gefangene der Haftanstalt Schkeuditz aus »persönlichen Gründen« im VEB Maschinen- und Apparatebau (MAB) Schkeuditz die Arbeit. Sie wurden daraufhin in Einzelhaft in die Untersuchungshaftanstalt Leipzig verlegt.[12] In der gleichen Haftanstalt legten wegen ausbleibender Lohnzahlungen im Oktober 1978 zunächst insgesamt zwölf Gefangene bis zu vier Tage lang die Arbeit nieder, bis am 19. Oktober schließ-

5 Vgl. Halbjahreseinschätzung des Leiters des Jugendhauses Halle v. 1.7.1975; LHASA, MER, BDVP Halle 19.1. Nr. 1255, Bl. 137–139.

6 Vgl. BStU, MfS, BV Dresden, Abt. VII 7384, Bd. 1, Bl. 301.

7 Berichterstattung der SVE Bautzen I v. 9.2.1978; BStU, MfS, BV Dresden, Abt. VII 7384, Bd. 1, Bl. 312–336.

8 Vgl. BArch DO 1 32/53247; 32/53248; BStU, MfS, HA IX 283; BStU, MfS, HA VII/8, ZMA 399/79.

9 Vgl. Auskunftsbericht der Abt. VII/OPG [Operativgruppe] über die Entwicklung der Lage und Situation in der Strafvollzugseinrichtung Brandenburg v. 10.6.1978 (mit Anlagen); BStU, MfS, BV Potsdam, Abt. VII 706, Bl. 101–129.

10 Treffbericht des IME »Forelle« v. 25.3.1978; BStU, MfS, BV Potsdam, AIM 1983/89, Bd. 1, Bl. 10–13.

11 Vgl. Ansorg: Brandenburg, S. 282.

12 Vgl. Meldung der Strafvollzugseinrichtung Leipzig v. 17.6.1.1978; BStU, MfS, BV Leipzig, Abt. VII 183, Bl. 294–296.

lich 40 der seinerzeit insgesamt 120 dort eingesetzten Gefangenen streikten; in ersten Berichten war gar von 70 Streikenden die Rede gewesen.[13] Im gesamten DDR-Strafvollzug stieg seinerzeit der Anteil der dauerhaften Arbeitsverweigerer von 1,3 Prozent im ersten auf etwa 2 Prozent im zweiten Halbjahr 1978[14] und gar auf 4,4 Prozent im I. Quartal 1979, bevor die Quote im II. Quartal auf etwa 3,5 Prozent sank,[15] vermutlich weil nun allgemein eine Amnestie erwartet wurde. Nachdem diese vorüber war (und möglicherweise die polnische Gewerkschaftsbewegung Solidarność neue Hoffnungen aufkeimen ließ), wurden dann im Jahr 1980 125 und im Folgejahr gar 289 Arbeitsverweigerungen gezählt, während es 1982 nur noch 155 und in den darauffolgenden Jahren nur noch etwa 70 Vorfälle dieser Art gab.[16]

Andere Häftlinge verweigerten während ihrer gesamten Haftzeit die Arbeit, meist weil sie aus politischen Gründen für das SED-Regime keinen Handschlag tun wollten. In der Haftanstalt Naumburg beispielsweise kursierten unter den politischen Gefangenen viele Parolen wie »Für diesen Staat keinen Finger mehr!« und »25 % Normerfüllung sind schon zu viel!«.[17] Die Arbeitsgemeinschaft 13. August schätzte Ende der siebziger Jahre, dass etwa 5 bis 7 Prozent der politischen Gefangenen in der gesamten DDR die Arbeit verweigerten.[18] Die oberste Gefängnisverwaltung veranschlagte den Anteil der »hartnäckigen Arbeitsverweigerer« seinerzeit auf circa 2 Prozent aller Häftlinge,[19] – sofern es sich hierbei überwiegend um politische Gefangene handelte (die rund 10 % aller Insassen in der Ära Honecker stellten), entspricht dieser Anteil in

13 Vgl. Klärung der im Tagesbericht der KD Leipzig-Land aufgeführten Vorkommnisse v. 30.11.1978; BStU, MfS, BV Leipzig, Abt. VII 183, Bl. 75 f.

14 Für das II. Halbjahr 1978 wurde die Quote mit 1,3 % angegeben, lag damit im Vergleich zum I. Halbjahr jedoch »um etwa die Hälfte« niedriger. Referat [verm. des Leiters der Verwaltung Strafvollzug auf] der Dienstbesprechung mit den Leitern der Abt./AG Strafvollzug und den Leitern der StVE/JH am 28.2.1979; BStU, MfS, HA VII/8, ZMA 129/79, Bl. 11–73. Dies entsprach wohl in etwa einem Anteil von 5 bis 7 % Arbeitsverweigerern allein unter den politischen Gefangenen, wie seinerzeit im Westen geschätzt wurde. Vgl. [Arbeitsmaterialien zur] 37. Pressekonferenz der Arbeitsgemeinschaft 13. August am 8.7.1977; BStU, MfS, HA VII/8, ZMA 272/79, Bl. 1–17.

15 Vgl. Arbeitsverweigerungen im II. Quartal 1979; BArch DO 1/3698, o. Pag.

16 Vgl. Vorlage zur Leitungssitzung in der Abteilung v. 10.10.1983; BStU, MfS, BV Potsdam, Abt. VII, Sachakte 874, Bl. 1–10; Bericht der Stellv. des Leiters für Vollzug [der StVE Brandenburg] an die Verwaltung Strafvollzug v. 27.1.1984; BLHA, Bez. Pdm. Rep. 404/15.2/190.

17 Information über den Gefangenenbestand der Strafvollzugsanstalt Naumburg v. 1.10.1974 (Anlage 2 zur Geheimen Chefvorlage der BDVP Halle v. 30.10.1974); LHASA, MER, M 555 Nr. 589 BDVP Halle 19.1. Nr. 374, Bl. 162–164.

18 Vgl. [Arbeitsmaterialien zur] 37. Pressekonferenz der Arbeitsgemeinschaft 13. August am 8.7.1977; BStU, MfS, HA VII/8, ZMA 272/79, Bl. 1–17.

19 Für das II. Halbjahr 1978 wurde die Quote mit 1,3 % angegeben, lag damit im Vergleich zum I. Halbjahr jedoch »um etwa die Hälfte« niedriger. Referat [verm. des Leiters der Verwaltung Strafvollzug auf] der Dienstbesprechung mit den Leitern der Abt./AG Strafvollzug und den Leitern der StVE/JH am 28.2.1978; BStU, MfS, HA VII/8, ZMA 129/79, Bl. 11–73.

etwa der Schätzung der westlichen Gefangenenhilfsorganisation. Damit diese Häftlinge durch ihre Arbeitsverweigerung oder ihr Langsam-Arbeiten die Mitinsassen nicht beeinflussten, wurden sie dauerhaft isoliert. Der Verzicht auf ihre geringe Arbeitsleistung war für den SED-Staat ökonomisch immer noch vorteilhafter als ihr »schlechtes Beispiel« Schule machen zu lassen.[20]

Viele (politische) Gefangene suchten einen Mittelweg zwischen völliger Arbeitsverweigerung mit den entsprechenden Risiken und Nachteilen und der gewünschten Normerfüllung, die der ostdeutschen Volkswirtschaft zugutekommen sollte, und erbrachten ihr Arbeitspensum vorsätzlich nur zum Teil. Diese »Arbeite-Langsam-Bewegung« eröffnete auch die taktische Möglichkeit, auf Veränderungen im Haftregime intuitiv zu reagieren, lässt sich aktenmäßig heute aber nur noch selten dokumentieren. Wie in anderen Haftanstalten versuchten aber auch in Rüdersdorf Häftlinge ihre Mitinsassen für die »Arbeite-Langsam-Bewegung« zu gewinnen.[21] Im VEB »Otto Grotewohl« Böhlen, Teil des Petrolchemischen Kombinats Schwedt (Haftarbeitslager Regis), forderte beispielsweise 1979 ein »Biermann-Anhänger« seine Mitgefangenen mehrfach zum Langsam-Arbeiten auf.[22] Im VEB Planet Wäschekonfektion Eppendorf (Haftanstalt Hoheneck) diskutierten wegen Fluchtversuchen verurteilte Häftlingsarbeiterinnen, dass sie eigentlich nur 35 Prozent der Normen erreichen wollten und ließen dann tatsächlich in ihren Leistungen nach.[23] Im Nähkommando Esda der gleichen Haftanstalt erreichten die Kriminellen meist über 100 Prozent der Normen, während die meisten politischen Häftlinge absichtlich dahinter zurückblieben.[24] Bei angeordneten Sonderschichten, etwa um Produktionsverluste wegen Feiertagen auszugleichen, erbrachten sie oft gar nur 10 bis 20 Prozent der gewünschten Leistung – ihre Art von »passivem Widerstand«;[25] bei einer dieser Sonntagsschichten boykottierten vier politische

20 So erklärte der Leiter der Haftanstalt Naumburg nach der Isolierung von 10 langsam oder gar nicht arbeitenden Häftlingen: »Die von mir angewiesenen Maßnahmen zur Isolierung werden das ökonomische Ergebnis der Einrichtung nicht negativ beeinflussen. Schon jetzt ist festzustellen, dass sich die Arbeitsleistungen und die Disziplin in der Einrichtung stabilisiert haben. Die isolierten Strafgefangenen zeigten die niedrigsten Arbeitsleistungen. Durch ihre zeitweilige Ausschaltung vom Produktionsprozess führte die Isolierung zwangsläufig zur Erhöhung der Leistungen der anderen Strafgefangenen.« Information über den Gefangenenbestand der Strafvollzugsanstalt Naumburg v. 1.10.1974 (Anlage 2 zur Geheimen Chefvorlage der BDVP Halle v. 30.10.1974); LHASA, MER, M 555 Nr. 589 BDVP Halle 19.1. Nr. 374, Bl. 162–164.

21 Vgl. Bericht des IMV »Schalke« v. 14.4.1976; BStU, MfS, Frankfurt/O., AGMS 1747/80, Bl. 174–176.

22 Vgl. [Bericht einer] inoffiziellen Quelle v. 7.6.1979; BStU, MfS, BV Leipzig, Abt. VII 199, Bd. 2, Bl. 52.

23 Vgl. Operativer Monatsbericht der AR I/4 v. 9.8.1984; BStU, MfS, BV Karl-Marx-Stadt, KD Stollberg 59, Bl. 179–200.

24 Vgl. Stötzer: Nähkommando Esda, S. 38.

25 Stötzer, Gabriele: Die bröckelnde Festung. München 2002, S. 79.

Gefangene auch gemeinsam die Arbeit.[26] Und im Außenarbeitskommando VEB Glasseide Oschatz (Haftanstalt Waldheim) verweigerten drei Häftlinge 1983 eine Sonderschicht, und zwei weitere versuchten ihre Schicksalsgenossen zum Langsam-Arbeiten zu überreden. Alle wurden umgehend abgelöst und in andere Arbeitskommandos versetzt.[27] Und just am Jahrestag des Mauerbaus erfüllten 1975 die Häftlinge eines Arbeitseinsatzbetriebs in Cottbus ihre Norm auf Verabredung hin lediglich zu 13 Prozent; der Initiator Wolfgang Defort wurde daraufhin mit mehrmonatiger Isolationshaft bestraft.[28] Ebenso legten am Jahrestag des Volksaufstandes hier immer wieder politische Gefangene eine Gedenkminute ein.[29]

Vielfach war es die Härte der Arbeitsbedingungen, die einzelne Häftlinge an die Grenzen ihrer Leistungsfähigkeit trieb und ihnen so Grund zur Arbeitsniederlegung bot. Ein Häftling in der Haftanstalt Naumburg beispielsweise erklärte, ein wesentlicher Grund seiner Arbeitsverweigerung sei gewesen,

> »dass ich körperlich die Arbeit nicht durchstehen kann. Da nach einer gewissen Zeit mächtige Schmerzen auftreten. Und die sitzende Stellung ist gerade der fördernde Teil der Schmerzen. Das versteht hier aber keiner. Ich denke hier ist ein humaner Staat. Hier will mich keiner verstehen. Dass ein Mensch auch Probleme hat, wird nicht gesehen, nur arbeiten, das soll er.«[30]

Dass Willkür und drakonische Strafen vielfach erst zu »Arbeitsniederlegung« Anlass gaben, zeigte sich im Januar 1979 auch im Außenarbeitskommando Ueckermünde I (Haftanstalt Berndshof). Wegen einer ausgefallenen Heizung in der Arbeitshalle, in der Gussteile geschliffen wurden, und weil ihre dünne Kleidung kaum gegen Kälte schützte, wärmten etwa 10 Häftlinge alle paar Minuten ihre Hände an der einzigen verbliebenen Dieselheizung. Der zuständige Aufseher interpretierte dies als Arbeitsverweigerung und rief den Gefängnisleiter herbei. »Seine ersten Worte waren: ›So, wer will hier nicht arbeiten?‹« Ohne eine Antwort abzuwarten stürzte er auf einen der Gefangenen und stieß ihn rückwärts auf eine Palette.

> »Danach zog er den SG [Strafgefangenen] aus der Palette heraus und beförderte ihn mit brutaler Gewalt aus der Halle, bevor er zu Wort kommen konnte. Außerhalb der Halle warteten ca. zehn SV[Strafvollzugs]-Angehörige, die wild auf den SG einschlugen. So geschah es, dass man neun SG auf diese Art und Weise, ohne dass man sie zu

26 Vgl. Rohrbach: Solange ich atme, S. 227.

27 Vgl. Fernschreiben der Kreisdienststelle Döbeln an die BV Leipzig v. 5.10.1983; BStU, MfS, BV Leipzig, Abt. VII 201, Bd. 6, Bl. 12.

28 Vgl. Faust, Siegmar: Ich will hier raus. Berlin 1983, S. 208.

29 Vgl. Eisenfeld, Bernd; Kowalczuk, Ilko-Sascha; Neubert, Ehrhart: Die verdrängte Revolution. Der Platz des 17. Juni 1953 in der deutschen Geschichte. Bremen 2004, S. 233.

30 Erklärung von […] v. 3.2.1989; BStU, MfS, BV Halle, Abt. VII 1643, Bl. 25.

> Wort kommen ließ, mit brutaler Gewalt aus der Halle brachte. Unter diesen SG befand auch ich mich. Vor der Arbeitshalle mussten wir antreten, und der Anstaltsleiter versuchte, uns über die momentanen Zustände in der ganzen Republik aufzuklären. Danach fragte er uns nach unseren Delikten und beschimpfte uns daraufhin als ›Verbrecher‹, ›Scheißkerle‹ und ›Lumpen‹. Weiterhin äußerte er: ›Ihr wollt nur fressen und nicht arbeiten.‹ Nachdem wir eine Weile in der Kälte vor der Halle standen und der Anstaltsleiter bemerkt haben musste, dass wir vor Kälte zitterten, sagte er uns: ›Wenn Ihnen kalt ist, können wir ein paar Runden in Begleitung von Hunden auf dem Hof drehen oder ein paar Liegestütze im Schnee machen.‹«[31]

Die Beteiligten wurden isoliert und mindestens ein Betroffener erhielt 15 Monate zusätzlicher Haft.[32]

Neben der verabredeten oder spontanen Arbeitsniederlegung befürchtete die Staatssicherheit in ihren Feindperzeptionen stets, gerade die politischen Gefangenen könnten in den wichtigen Arbeitseinsatzbetrieben unbemerkt Sabotage an der Volkswirtschaft betreiben. Doch beispielsweise der Brand in der Wäscherei des VEB Rewatex Berlin in der Haftanstalt Berlin Rummelsburg war nach eingehenden Untersuchungen wohl nur auf Selbstentzündung frisch gebügelter, fettgetränkter Küchenschürzen zurückzuführen.[33] Im VEB Gas- und Elektrogeräte Dessau hingegen beschädigte ein 17-Jähriger sehr wohl mit vollem Vorsatz eine Presse für Backraumblenden von Gasherden, da er nach eigener Aussage von einem Betriebsangehörigen geschlagen worden war – und verursachte so einen Schaden von 25 000 Mark (siehe Abb. 7 und 8).[34] Er sollte wegen »vorsätzlicher Beschädigung sozialistischen Eigentums« erneut vor Gericht gestellt werden, profitierte dann aber von der Amnestie des Jahres 1972.[35] Meist lagen die Fälle aber längst nicht so eindeutig; so zählte die Geheimpolizei unter den 275 Häftlingen im Innenarbeitskommando des VEB Kombinat Erntemaschinen Fortschritt (Bautzen I) mindestens 40 »Störungsverursacher«, die kein Interesse verspürten »den Reichtum der Kommunisten zu mehren«.[36] In diesem Betrieb wurden tatsächlich aus Nachlässigkeit oder in voller Absicht »stark verminderte Ersatzteile« für Mähdrescher produziert, vom Betrieb jedoch »zum vollen Preis für den Export in die UdSSR verkauft«.[37] Im

31 Vgl. Eingabe über die Arbeitsweise der SV-Angehörigen in der StVE Berndshof an den Generalstaatsanwalt v. 7.1.1979; BStU, MfS, HA VII/8, ZMA 25/79, Bl. 20–23.

32 Vgl. E-Mail von Rainer Buchwald an den Autor v. 25.4.2013.

33 Vgl. Bericht der HA IX/7 zum Brand in der Untersuchungshaftanstalt I des PdVP in Berlin Rummelsburg v. 23.7.1973; BStU, MfS, AS 46/76, Bl. 204–206.

34 Vgl. Sofortmeldung der BV Halle v. 17.8.1972; BStU, MfS, BV Halle, Abt. IX 5039, o. Pag.

35 Vgl. Anklageschrift des Staatsanwaltes des Bezirks Halle v. 26.9.1972; BStU, MfS, BV Halle, Abt. XII 1644, Bl. 126–128; [Aktennotiz] v. 18.10.1972; ebenda, Bl. 129–131.

36 Operative Lageeinschätzung im Innenarbeitskommando VEB Kombinat Erntemaschinen Fortschritt (Spezialobjekt II) v. 13.9.1984; BStU, MfS, BV Dresden, Abt. VII 7380, Bl. 93–98.

37 Ebenda.

Teilbetrieb des VEB Roburwerk Zittau der gleichen Haftanstalt, wo 227 Häftlingsarbeiter für Lkw-Motoren stanzten und frästen, wurden allein im ersten Halbjahr 1984 (neben 11 Arbeitsverweigerungen) angeblich sechs Fälle von Sabotage nachgewiesen, die in zwei Fällen neue Ermittlungsverfahren auslösten.[38] Auch im Innenarbeitskommando VEB Metallwaren Naumburg »wurden durch unerlaubte Eingriffe in Maschinen (Öffnen der Kästen für die elektrischen Anschlüsse) Störungen hervorgerufen«,[39] ohne dass die Verursacher geschweige denn deren Motive bekannt wurden. Auch den 40%igen Ausfall von Maschinen im VEB Döbelner Beschläge und Metallwaren (Haftanstalt Waldheim) führten die Gefangenen nach Meinung der Aufseher absichtlich herbei.[40] Möglicherweise ebenfalls versteckter Sabotage von Häftlingsarbeitern war geschuldet, dass 10 Prozent der vom VEB Leuchtenbau Leipzig hergestellten Deckenleuchten reklamiert wurde, deswegen dem Betrieb ein entsprechendes Gütesiegel aberkannt wurde und sich der Export in die Bundesrepublik dadurch verkomplizierte.[41] Diese (mögliche) Sabotage sowie das vorgenannte Langsam-Arbeiten boten den politischen Gefangenen die Möglichkeit, ihren Beitrag zur wirtschaftlichen Prosperität der DDR unauffälliger zu unterlaufen als durch offenkundige Arbeitsverweigerung ein hohes persönliches Risiko und gravierende Nachteile inkauf zu nehmen.

38 Operative Lageeinschätzung im Arbeitseinsatzbetrieb Robur v. 2.7.1984; BStU, MfS, BV Dresden, Abt. VII 7380, Bl. 105–115.

39 Information [des Dezernates I/4 der Kriminalpolizei] v. 10.2.1989; BStU, MfS, BV Halle, Abt. VII 1643, Bl. 2–4.

40 Vgl. Bericht des IM »Heinz« betr. Produktionsausfälle v. 10.9.1972; BStU, MfS, BV Leipzig, AIM 1569/74, Bl. 85 (MfS-Pag.).

41 Vgl. Schreiben des Dezernates I/4 der im Tagesbericht der KD Leipzig-Land aufgeführten Vorkommnisse v. 30.11.1978; BStU, MfS, BV Leipzig, Abt. VII 183, Bl. 75 f.

3.7 Die Entlohnung der Gefangenenarbeit

Die Rechtsstellung der Häftlingsarbeiter war ausgesprochen schwach. Zwar galten sie seit 1952 als Arbeitskräfte des jeweiligen Betriebes, doch ob sie ihren Kollegen gegenüber rechtlich gleichgestellt werden sollten,[1] war selbst innerhalb der Gefängnisverwaltung strittig. Noch Ende der fünfziger Jahre lehnte die Politabteilung der Verwaltung Strafvollzug so etwas als »bürgerliche Überreste« entschieden ab.[2] Da zwischen den Häftlingsarbeitern und den Betrieben ohnehin keine individuellen Arbeitsverträge geschlossen wurden, die ein »echtes« Arbeitsverhältnis im Sinne einer sozialversicherungspflichtigen Tätigkeit begründet hätten,[3] handelte es sich letztlich um Spiegelfechterei. So erhielten die Häftlinge ihren Lohn auch nicht unmittelbar durch die Arbeitseinsatzbetriebe ausgezahlt, sondern diese hatten sämtliche Vergütungen einschließlich Überstundenzuschläge und Weihnachtsgeld an die Gefängnisse und Haftarbeitslager zu überweisen[4] – und die Strafvollzugsverwaltung behielt dann den Löwenanteil für sich. Von der verbleibenden Summe konnte der Häftling theoretisch 18 Prozent für sich verbuchen, wobei sich der Eigenanteil durch 5-Prozent-Normübererfüllung jeweils um 0,5 Prozent (auf maximal 20,5 %) erhöhen konnte.[5] Der Eigenanteil konnte aber auch auf 15 Prozent gekürzt werden, wenn die Disziplin aus Sicht der Verantwortlichen zu wünschen übrig ließ.[6]

Vor dem Strafvollzugs- und Wiedereingliederungsgesetz von 1977 hatte die Gefängnisverwaltung den Gefangenen zwar je nach Arbeitsleistung 25 Prozent des Arbeitslohns »gutgeschrieben«, davon jedoch noch Rücklagen und Unterhaltszahlungen abgezogen, sodass zum Einkauf nur etwa ein Drittel dieses Betrages übrig blieb.[7] So verdienten im Jahre 1974 die Häftlingsarbeiter beispielsweise im Bezirk Halle monatlich durchschnittlich 468 Mark brutto. Nach den Abzügen der Gefängnisverwaltung blieb davon aber lediglich eine Vergütung von 47 Mark übrig, und nach weiteren Abzügen standen ihnen für

1 Vgl. Grundsätze der HA Strafvollzug für eine Änderung der Regierungsverordnung v. 3.4.1952 über die Beschäftigung von Strafgefangenen v. 1.7.1953; BArch DO 1 11/1585, Bl. 28–30; dementgegen Schmidt: Frage der Zwangsarbeit, S. 226.

2 Vgl. Vgl. Entwurf für dezentralisierte Konferenzen der VSV zur Auswertung des V. Parteitages der SED v. 22.8.1959; BArch DO 1/28474, Bl. 173–184.

3 Vgl. Schmidt: Frage der Zwangsarbeit, S. 226.

4 Vgl. Anordnung des MdI über den Einsatz Strafgefangener zu gesellschaftlich nützlicher Arbeit in der Volkswirtschaft – Arbeitseinsatzordnung – v. 11.5.1977; BStU, MfS, BdL/Dok., Nr. 9474.2.

5 Vgl. Einnahmen und Ausgaben des Organs Strafvollzug 1986 (Zuarbeit für Pb[Politbüro] im Rahmen der Amnestie 1987) o. D.; BStU, MfS, HA VII 550 (Wg. 10-13), Bl. 95–98.

6 Vgl. Operativinformation der Verwaltung Strafvollzug Nr. 3/87 v. 5.3.1987; BStU, MfS, BV Neubrandenburg, Abt. VII 681, Bl. 1–5. Zur genauen Berechnung am Beispiel der Haftanstalt Berlin-Rummelsburg siehe LAB, C Rep. 303 Nr. 11.

7 Vgl. Müller: Strafvollzugspolitik und Haftregime, S. 304.

den Einkauf in den gefängniseigenen HO-Verkaufsstellen lediglich 26 Mark »zur freien Verfügung«. Dabei war die Spanne sehr breit; im Arbeitserziehungskommando Halle beispielsweise betrug schon der nominelle Bruttolohn nur 322 Mark, und wegen einer durchschnittlichen Normerfüllung von lediglich 90 Prozent verblieben hier zum Einkauf gerade einmal 13 Mark; im Haftlager Quedlinburg reduzierten sich die Einkünfte in Höhe von 326 Mark bei 92%iger Normerfüllung auf 16 Mark.[8] Auch in der Haftanstalt Naumburg blieben den Häftlingsarbeitern für den VEB Metallwaren Naumburg nicht mehr als 25 Mark.[9]

Das neue Strafvollzugsgesetz von 1977 bestimmte dann, dass von nun an die Arbeitsleistung während der Inhaftierung auf die Rente angerechnet werden sollte.[10] Gemäß der Ersten Durchführungsbestimmung zum Gesetz war die Vergütung theoretisch an den Nettolohn der gleichen Tätigkeit »freier« Arbeiter gebunden.[11] In der Literatur ist aber umstritten, welche finanziellen Auswirkungen das neue Gesetz den Häftlingsarbeitern bescherte; während Karin Schmidt davon ausgeht, dass der neue Gesetzestext den Gefangenen bei ihrer Vergütung sowie ihren Prämien keine Vorteile brachte,[12] schreiben Neubert und Bastian, den Gefangenen sei nun etwa doppelt soviel Geld zum Einkauf verblieben – rund 40 Mark statt bislang nur circa 20 Mark.[13] Vermutlich ist die Verwirrung darauf zurückzuführen, dass Schritt für Schritt ein »kaum durchschaubares Regelwerk« zur Entlohnung entstanden war.[14] Die Gefängnisleitung Hohenecks jedenfalls registrierte mit der Umsetzung des neuen Strafvollzugsgesetzes »eine Verbesserung der Leistungsbereitschaft« besonders in den Arbeitseinsatzbetrieben Wäschekombinat Lößnitz und VEB Planet Wäschekonfektion Eppendorf.[15]

Den Löwenanteil der Arbeitslöhne (in Höhe von etwa 80 %) kassierte die Gefängnisverwaltung weiterhin selbst, was die Betroffenen zwangsläufig mit Sarkasmus kommentierten: »Ich musste das schlechte Essen, das Hochbett, die

8 Vgl. Geheime Chefvorlage der BDVP Halle v. 24.6.1974; LHASA, MER, M 555, Nr. 591 BDVP Halle 19.1. Nr. 376, Bl. 207–225.

9 Vgl. Einschätzung der Lage im Bereich der Strafvollzugsanstalt Naumburg v. 6.6.1974; LHASA, MER, M 558-6 BDVP Halle 19.1. Nr. 1284, Bl. 26–42.

10 Bericht über die Arbeit des Organs Strafvollzug (Anlage Nr. 24 zum Protokoll Nr. 11/77 der Sitzung des Politbüros des Zentralkomitees v. 15.3.1977); BArch DY 30 J IV 2/2-1663, Bl. 379–394; Diskussionsbeitrag Gen. Rothe/Rechtsstelle [des Ministeriums für Staatssicherheit] auf Dienstkonferenz 28.4.1977; BStU, MfS, ZAIG 13698, Bl. 1–22.

11 Vgl. Sonntag: Arbeitslager in der DDR, S. 261.

12 Vgl. Schmidt: Frage der Zwangsarbeit, S. 197.

13 Vgl. Bastian; Neubert: Schamlos ausgebeutet, S. 97. So auch Bath: 1197 Tage, S. 134.

14 Schmidt: Frage der Zwangsarbeit, S. 199.

15 Zuarbeit des Stellvertreters für Vollzug der Strafvollzugseinrichtung Hoheneck v. 2.5.1977; SächsStAC 30441 25.2 BDVP Karl-Marx-Stadt StVE Hoheneck Nr. I/234, o. Pag.

ewig kalte Heizung mit bezahlen.«[16] Nach den Abzügen durch die Gefängnisverwaltung – aber vor den individuellen Abzügen – lagen die Einkünfte der Gefangenen im Jahre 1986 bei durchschnittlich 130 Mark monatlich, bei einer Spannbreite zwischen 45 und 238 Mark.[17] Im Jahre 1987 beziffert die oberste Gefängnisverwaltung die durchschnittliche Arbeitsvergütung der Gefangenen in den Arbeitseinsatzbetrieben dann auf 138 Mark (bei einer Spannbreite zwischen 47 und 238 Mark).[18] Hiervon wurden durchschnittlich monatlich 37 Mark für die Rücklage und 35 Mark an Familienunterstützung sowie für weitere Zahlungsverpflichtungen abgezogen.[19] Zehn Jahre zuvor hatten 40 Prozent der Gefangenen durchschnittlich 40 Mark Unterhalt zahlen müssen.[20]

Für die Zeit nach der Haftentlassung legte die Gefängnisleitung einen bestimmten Betrag oder Anteil als Rücklage fest.[21] Selbst nach längeren Haftstrafen galten 500 Mark Rücklage als ausreichend, um die Heimfahrt, die erste Kleidung etc. bezahlen zu können, doch konnte diese Summe bei kürzeren Haftstrafen gar nicht erarbeitet werden. Prämienzahlungen sollten zu 70 Prozent für den Einkauf verwendet werden dürfen, doch auch Rücklage oder Gläubiger konnten damit bedient werden.[22] Über oftmals geringere und weitgehend konstante Einkünfte verfügten die Hausarbeiter bzw. Kalfaktoren, die in der gefängniseigenen Küche arbeiteten oder die Gebäude zu reinigen hatten. Nur die arbeitsunfähigen Gefangenen durften sich von ihren Angehörigen 30 Mark monatlich für den Einkauf überweisen lassen – wie auch die inhaftierten Bundesbürger einen geringen Betrag von der Ständigen Vertretung erhielten.[23]

16 Stötzer: Nähkommando Esda, S. 37.

17 Vgl. Operativinformation der Verwaltung Strafvollzug Nr. 3/87 v. 5.3.1987; BStU, MfS, BV Neubrandenburg, Abt. VII 681, Bl. 1–5.

18 Vgl. ebenda.

19 Vgl. Einnahmen und Ausgaben des Organs Strafvollzug 1986 (Zuarbeit für Pb[Politbüro] im Rahmen der Amnestie 1987) o. D.; BStU, MfS, HA VII 550 (Wg. 10-13), Bl. 95–98.

20 Vgl. Einschätzung des Niveaus wesentlicher Kennzahlen durch die Verwaltung Strafvollzug v. 20.3.1980; BStU, MfS, HA VII/8, ZMA 57/79, Bl. 16–21.

21 Vgl. Ordnung 108/84 des MdI über die Abrechnung und Vergütung der Arbeitsleistungen, die Zahlung von Unterhalt an Unterhaltsberechtigte sowie die Verwaltung des Eigengeldes Strafgefangener und Verhafteter – Vergütungs-, Unterhalts- und Eigengeldordnung v. 14.3.1984; BStU, MfS, BdL/Dok., Nr. 10101; Ordnung 108/77 des MdI über Vergütung der Arbeitsleistungen, die Zahlung von Unterhalt an Unterhaltsberechtigte sowie die Verwaltung des Eigengeldes Strafgefangener und Verhafteter – Vergütungs-, Unterhalts- und Eigengeldordnung v. 7.4.1977; BStU, MfS, BdL/Dok., Nr. 9288.

22 Vgl. Operativinformation der Verwaltung Strafvollzug Nr. 3/84 v. 9.7.1984; BStU, MfS, BV Dresden, Abt. XIV 4, Bl. 142–156.

23 Vgl. Ordnung 107/77 des Ministers des Innern über die Durchführung des Vollzuges von Strafen mit Freiheitsentzug – Strafvollzugsordnung – v. 7.4.1977; BStU, MfS, BdL/Dok. Nr. 12003, Bl. 32b f.

So blieben den Häftlingsarbeitern zur individuellen Verfügung zuletzt monatlich etwa 57 Mark im Durchschnitt.[24] Dies deckt sich in der Größenordnung mit den Angaben der ehemaligen doch oftmals zu einem früheren Zeitpunkt entlassenen (und seinerzeit noch schlechter bezahlten) politischen Gefangenen, denen zufolge sie meist nicht mehr als 40 Mark bekamen.[25]

In den einzelnen Bezirken und Betrieben ergaben sich aber je nach individuellen Tätigkeiten sehr große Spannbreiten und verschiedene Entwicklungen. Im Haftarbeitslager Bitterfeld (im Chemiekombinat vor Ort) beispielsweise standen den Häftlingsarbeitern in den siebziger Jahren 30 bis 50 Mark zu, was sich nach Gewährung einer Gesundheitsgefährdungszulage ab 1981 auf circa 100 bis 120 Mark erhöhte.[26] Damit waren die dortigen Gefangenen aufgrund ihrer lebensgefährlichen Tätigkeit geradezu Spitzenverdiener, während die Häftlingsarbeiterinnen in Hoheneck bis zuletzt nur 20 bis 30 Mark verdienten,[27] vermutlich auch weil die Textilbranche traditionell schlecht zahlte und die Löhne der »freien« Arbeiterinnen die Bemessungsgrundlage bildeten. Auch die Jugendlichen in Ichtershausen erhielten in den achtziger Jahren nur wegen hoher Normerfüllung durchschnittlich 19,6 Prozent des Lohns, was einer Arbeitsvergütung von 98 Mark entsprach,[28] woraus sich dann der deutlich geringere Einkauf ergab.

Im Haftarbeitslager Rüdersdorf lagen die Beträge mit rund 100 Mark ebenfalls unter dem landesweiten Durchschnitt. Dies entsprach der dort zu leistenden körperlichen Arbeit, die fast immer schlecht bezahlt wurde. Und dabei fielen in der ersten Jahreshälfte 1980 die Beträge wohl sogar höher aus als sonst, weil nach der Amnestie wenige Häftlinge bereitstanden, diese folglich viele Überstunden leisten mussten, hohe Normen erbrachten und deswegen höhere Löhne erzielten (siehe Tabelle 4 und 5). Ihren Zahlungsverpflichtungen an Familienangehörige konnten aber auch die Gefangenen in Rüdersdorf oft nur symbolisch nachkommen. Zum eigenen Einkauf hatten die Häftlinge hier rund die Hälfte der monatlichen Einkünfte bzw. umgerechnet kaum mehr als 50 Mark zur Verfügung. Dabei zeichnete sich ab, dass mit höherer Vergütung immer mehr für den Einkauf ausgegeben wurde; die Gefängnisleitung hielt es für notwendig, »diesen Tendenzen entgegenzuwirken«.[29] Unmittelbar

24 Vgl. Einnahmen und Ausgaben des Organs Strafvollzug 1986 (Zuarbeit für Pb[Politbüro] im Rahmen der Amnestie 1987) o. D.; BStU, MfS, HA VII 550 (Wg. 10-13), Bl. 95–98.

25 Vgl. Bastian; Neubert: Schamlos ausgebeutet, S. 97.

26 Vgl. Vesting: Zwangsarbeit im Chemiedreieck, S. 120.

27 Vgl. Schlicke, Birgit: Gefangen im Stasiknast. Tagebuch einer politischen Gefangenen im Frauenzuchthaus Hoheneck. Lage 2009, S. 176.

28 Vgl. Kontrollbericht der Abt. Strafvollzug der BDVP Erfurt v. 31.8.1984; ThHStAW BDVP Erfurt Altregistratur Nr. 2361, o. Pag.

29 Schriftliche Leitungsinformation der StVE Rüdersdorf zur Einschätzung der Wirksamkeit der Arbeitsvergütung v. 7.10.1980; BLHA, Rep. 672/16.2 Nr. 148, o. Pag.

vor der Amnestie hatten Strafgefangene und Verhaftete in der gesamten DDR offenbar über einen »Eigengeldbestand« von durchschnittlich 285 Mark verfügt, was auf den Monat umgerechnet etwa 24 Mark bedeuten würde – aber die Verhafteten einschließt, die meist keine Verdienstmöglichkeiten hatten.[30]

Für die fast 250 jugendlichen und erwachsenen Häftlingsarbeiter im VEB Optima Büromaschinenwerk Erfurt stellte sich die Lage nur wenig besser dar; auch ihnen verblieben nach allen Abzügen zum Einkauf nur etwa 60 Mark (siehe Tabelle 6). Dabei ergaben sich für die Jahre 1981 und 1982 recht ähnliche Zahlen, während sich 1980 noch die Amnestie des Vorjahres sowie die Umprofilierung des Jugendhauses zur Strafvollzugseinrichtung für Erwachsene auswirkten. Erst dann vermochten die Häftlinge auch wieder jene 100%ige Normerfüllung zu erbringen, die eine standardmäßige Vergütung von 18 Prozent des Nettolohns nach sich zog.

Oft wurde den Häftlingsarbeitern gezielt schlecht bezahlte Arbeit zugewiesen oder die Normen wurden so hoch angesetzt (siehe Kapitel 3.8), dass sie diese gar nicht erfüllen konnten – was dann entsprechende Abzüge zur Folge hatte und sie gegenüber den »freien« Beschäftigten von vornherein benachteiligte. Auch die später greifenden Regelungen zur Entlohnung der Häftlinge waren oft zu deren Nachteil »gestrickt«. Für die (im Gegensatz zu den »freien« Arbeitern) durchgearbeitete Urlaubszeit beispielsweise hatten die Betriebe bis zum 20. Januar des Folgejahres den Lohn zu überweisen – und es scheint fraglich, ob die zwischenzeitlich entlassenen Häftlinge davon profitierten.[31]

Den Häftlingsarbeiterinnen bei Esda Thalheim beispielsweise hätte im Jahre 1981 arbeitsrechtlich ein Urlaubsanspruch zugestanden, der einer Lohnsumme von zusammengenommen 128 405 Mark entsprach. Dieser Betrag wurde nur knapp zur Hälfte bereits im Jahresverlauf monatsweise der Haftanstalt überwiesen, während die andere Hälfte erst am Jahresende fällig wurde – dass bereits entlassene Häftlinge nachträglich davon profitiert hätten oder die Haftanstalt auf eigene Kosten in Vorleistung ging, erscheint zweifelhaft; außerdem behielt die Haftanstalt Hoheneck offenbar 10 124 Mark davon ein.[32]

30 Vgl. Einschätzung des Niveaus wesentlicher Kennzahlen durch die Verwaltung Strafvollzug v. 20.3.1980; BStU, MfS, HA VII/8, ZMA 57/79, Bl. 16–21.

31 Vgl. Instruktion 52/71 des Leiters der Verwaltung Strafvollzug über den Abschluss von Vereinbarungen über den Arbeitseinsatz Strafgefangener v. 20.2.1971; BStU, MfS, BdL/Dok., Nr. 11213; Vereinbarung zwischen dem Jugendhaus Halle und dem VEB Zieh-, Press- und Stanzwerk Zwintschöna v. 28.6.1974; LHASA, MER, BDVP Halle M 558–19 BDVP Halle 19.1. Nr. 1256, Bl. 160–167.

32 Vgl. Nicht in Anspruch genommener Jahresurlaub der Produktionsarbeiter PA 1.8 – Urlaubsjahr 1981; SächsStAC 30461 StVE Stollberg 67, o. Pag.

Tabelle 5: Arbeitsvergütung und ihre Verwendung im Haftarbeitslager Rüdersdorf (April und Juli 1980)[33]

Betrieb	Arbeitsvergütung in Mark		verwendet für (in %)					
			April			Juli		
	April	Juli	Rücklage	Zahlungsverpflichtung	Einkauf	Rücklage	Zahlungsverpflichtung	Einkauf
Hausarbeiter	108	109	31,6	13,5	54,9	28,8	12,5	58,7
Bauinvest. u. Rekonstruktionen (BIR)	89	99	36,4	16,5	47,1	33,5	12,9	53,6
Betonwerk	82	103	34,2	15,0	50,8	36,6	12,6	50,8
Zementwerk 2	111	117	38,9	15,0	46,1	37,0	13,0	50,0
Zementwerk 3	88	135	44,0	18,8	37,2	36,0	12,8	51,2
Reifenkomb. Fürstenwalde	101	127	30,4	15,8	53,8	31,4	13,6	55,0
gesamt/Ø	95	112	36,7	16,0	47,3	34,1	12,9	53,0

Seit 1971 sollten die Häftlingsarbeiter auch sonst in den Genuss aller Zuschläge kommen, die den »freien« Arbeitern ebenfalls gewährt wurden. So hatte beispielweise die Gefängnisleitung von Hoheneck mit Esda Thalheim präzise vereinbart, dass dieser entsprechend Paragraph 165 Absatz 3 des Arbeitsgesetzbuchs wie den übrigen Beschäftigten auch den Häftlingsarbeitern pro Schicht 20 Minuten Pausenzeit als Arbeitszeit bezahlen und Nachtschichtzuschläge entrichten musste.[34]

Doch die vorgenannten Regelungen zur Arbeitsentlohnung wurden in der Praxis letztlich »niemals eingehalten«, so Gerhard Finn und Karl Wilhelm Fricke.[35] In einem Betriebsteil der Magdeburger Armaturenwerke »Karl Marx« verteilten beispielsweise Betriebsangehörige Prämien an die Gefangenen dergestalt, dass sie die Minutenanteile des Prämienzeitlohns nicht den Betreffenden gutschrieben, sondern an jene Gefangene verteilten, die ihnen genehm oder als Kalfaktoren eingesetzt waren.[36] Auch die knapp Hundert Häftlingsarbeiter im VEB Volltuchwerke Hartha (Haftanstalt Waldheim) erhielten »ungerechtfertigt

33 Vgl. Niederschrift der Abt. Strafvollzug der BDVP Erfurt über eine Kontrolle zum Stand der Arbeitsvergütung v. 29.10.1984; ThHStAW BDVP Erfurt Altregistratur Nr. 2357, o. Pag.

34 Vgl. Organisation des Arbeitseinsatzes und der Arbeitszeit von März 1986; SächsStAC 30461 StVE Stollberg 67, o. Pag.

35 Vgl. Finn; Fricke: Politischer Strafvollzug, S. 84–86.

36 Vgl. Information über Probleme bei der Gewährleistung von Sicherheit v. 30.10.1986; BStU, MfS, HA VII 6074, Bl. 65 f.

Tabelle 6: Arbeitsvergütung und ihre Verwendung beim VEB Optima Büromaschinenwerk Erfurt (Haftanstalt Gräfentonna; 1980–1982)[37]

Jahr	1980	1981	1982	Ø
Zahl der Häftlingsarbeiter	96	246	234	192
»NG (Mark)« [Nettogehalt in Mark]	467	565	604	545
»NOZ (Mark)« [Nettogehalt ohne Zulagen]	440	519	555	504
»TV« [Tarifvergütung]	70	94	106	90
»VGP« [Vergütungsgruppe in %]	16	18	19	17,6
»GV (Mark)« [Grundvergütung]	71	95	107	91
Rücklage	29	20	23	24
Zahlungsverpflichtung	13	16	13	14
Einkauf	57	63	62	60,6

zu geringe Lohnzahlungen«, wie sogar die Staatssicherheit feststellte.[38] Solche Manipulationen am Verdienst der Häftlingsarbeiter durch Aufseher, Brigadiere und Betriebsangehörige sind heute freilich kaum noch nachzuweisen und fanden nur dann Niederschlag in den Akten, wenn einmal – meist aufgrund irgendeines Vorfalls oder einer Intervention – »näher hingeschaut« wurde.

So hieß es beispielsweise nach einer Prüfung durch die Abteilung Finanzen zum Haftarbeitslager Regis im Jahre 1984: »Die Nettoberechnung des Lohns für nicht in Anspruch genommenen Urlaub erfolgt von allen Betrieben nicht ordnungsgemäß.«[39] In Rüdersdorf wurde im September 1989 gar zwei Wochen lang die Abrechnung der Gefangenengelder kontrolliert.[40] Dabei kam die zweiköpfige Kontrollgruppe der obersten Gefängnisverwaltung zu dem erwartbaren Ergebnis, dass die »vereinbarten Verpflichtungen« zwischen den beiden Parteien eingehalten würden, eine »ordnungsgemäße Eingruppierung der Arbeitsaufgaben der Strafgefangenen« vorliege und die Arbeitsleistungen korrekt erfasst und abgerechnet würden. Der Lohnabzug bei stundenweiser Abwesenheit vom Arbeitsplatz würde durch die Schichtleiter jedoch »subjektiv ausgelegt«. Die »Nichtgewährung des Ausgleichs für die Verkürzung der Arbeits-

37 Vgl. Schriftliche Leitungsinformation der StVE Rüdersdorf zur Einschätzung der Wirksamkeit der Arbeitsvergütung v. 7.10.1980; BLHA, Rep. 672/16.2 Nr. 148, o. Pag.

38 Bericht der Kreisdienststelle Döbeln zum Treff mit dem IMS »Inge« v. 11.5.1989; BStU, MfS, BV Leipzig, AOPK 1993/92, Bl. 256 f.

39 Bericht der Abt. Finanzen der BDBP Leipzig über die finanzwirtschaftliche Tätigkeit des HAL Regis v. 9.12.1974; SächsStAL 20250 BDVP Leipzig Nr. 610, Bl. 192–195.

40 Grundlage waren das Strafvollzugsgesetz v. 7.4.1977, die Arbeitseinsatzordnung v. 1.2.1989 und die – möglicherweise erst wegen der anstehenden Kontrolle abgeschlossene – Vereinbarung zwischen der Haftanstalt Rüdersdorf und dem VEB Zementwerke Rüdersdorf v. 14.8.1989. Vgl. Vereinbarung zwischen der StVE Rüdersdorf und dem VEB Zementwerk v. 14.8.1989; BLHA, Rep. 672/16.2 Nr. 143, o. Pag.

zeit von 42 auf 40 Stunden/Woche bei Abzug von 8 Stunden steht im Widerspruch zum AGB [Arbeitsgesetzbuch].« Die Planerfüllung sei durch den einzelnen Häftling »kaum zu beeinflussen«, wie es in einem Entwurf des Dokuments hieß; allerdings wurde dieser Satz später gestrichen. Vor allem jedoch stellte die Kontrollgruppe fest: Die Eingruppierung der Häftlingsarbeiter »in die Arbeitsaufgaben und damit Lohngruppen (LG) erfolgt mit Ausnahme der Handwerker« nach Anforderungskriterien, »die nur für SG Anwendung finden«. Unter der Begründung, dass die Häftlinge ja schließlich »angeleitet« würden, erfolgte deren Eingruppierung in die jeweilige Lohngruppe nämlich »um 1 bis 2 Stufen unter der niedrigsten LG lt. Qualifikationshandbuch (QHB)«. So konnten die Häftlingsarbeiter bestenfalls in die Leistungsgruppe 4, keinesfalls aber in Gruppe 5 eingestuft werden. »Erschwerniszuschläge werden gewährt, liegen aber deutlich in Höhe und Zeitdauer unter denen der Betriebsangehörigen und werden pauschal vergeben.« Selbst die Kontrollgruppe der Gefängnisverwaltung sah daher die Häftlinge in Rüdersdorf so ungerecht behandelt bzw. eingruppiert, dass sie künftig eine Unterschrift der Erzieher zur Voraussetzung für eine Eingruppierung durch die Betriebe machen wollte, die künftig bei entsprechender Qualifikation maximal eine Lohngruppe unter dem üblichen Niveau liegen dürfe.[41]

Aber auch in den eigenen Betrieben des Ministeriums des Innern ging es nicht immer mit rechten Dingen zu; weil beispielsweise der anstaltseigene Etat der Untersuchungshaftanstalt Zwickau schon ausgeschöpft war, wurden sämtliche Tischler in der anstaltseigenen Werkstatt ab März 1971 nach Vergütungsgruppe 3 entlohnt, obwohl ihnen eigentlich Stufe 4 bis 5 zugestanden hätte; die »Nichteinhaltung der gesetzlichen Bestimmungen« wurde erst nach einem Jahr beendet.[42] Und im Innenarbeitskommando für den VEB Fahrzeugelektrik Ruhla (Haftanstalt Gräfentonna) hatte der Betrieb die Tätigkeiten der Häftlingsarbeiter ausschließlich in die Lohngruppen 4 und 5 eingruppiert, während der Betrieb (wohl gegenüber den zentralen Organen der Planwirtschaft) für die Häftlingsarbeiter auf seinem »Stammdatenband« ausschließlich Lohngruppe 3 auswies – nach der »gewöhnliche« Beschäftigte des Betriebs schon lange nicht mehr bezahlt wurden. Außerdem gewährte der Betrieb anfänglich keinen Nachtzuschlag, der eigentlich auch den Häftlingsarbeitern zustand[43] und was systematischem Betrug nahekam.

41 Vgl. Protokoll über die Kontrolle der Abrechnung der Arbeitsleistungen Strafgefangener durch den Arbeitseinsatzbetrieb v. 11.10.1989; BLHA, Rep. 671/16.2 Nr. 675, o. Pag.

42 Vgl. Bericht der Arbeitsgruppe SV der BDVP Karl-Marx-Stadt über die Überprüfung der Tischlerei-Produktion in der UHA Zwickau v. 4.2.1972; SächsStAC 30441 25.1 BDVP Karl-Marx-Stadt Nr. 340, o. Pag.

43 Vgl. Protokoll der Verwaltung Strafvollzug über die Abrechnung des Arbeitseinsatzes Strafgefangener v. 16.12.1982; ThHStAW BDVP Erfurt Altregistratur Nr. 6233, o. Pag.

Im VEB Esda Thalheim war es eine als Bandleiterin eingesetzte Strafgefangene, die die »Arbeitsleistungen einiger SG unterschlägt und diese guten Freundinnen, die diese Arbeitsleistungen nicht bringen, zuschreibt. Die dadurch geschädigten SG [...] wagen nicht sich darüber zu beschweren, weil sie Drangsalierungen durch die [...] befürchten.«[44] Auch im VEB Narva Leuchtenbau (Haftanstalt Leipzig) erfolgte die Vergütung »nicht immer entsprechend den gesetzlichen Bestimmungen«. Hier wurden die vorgeschriebenen Nachtschichtzuschläge nicht immer gezahlt und die geleisteten Arbeitsstunden nicht durch Unterschrift bestätigt.[45] In der Aufnahmestation von Brandenburg-Görden erklärten die Aufseher Neuankömmlingen, dass diese im ersten Monat keinen oder nur einen sehr geringen Arbeitslohn erhalten würden, und teilten sich die daraus erwachsende Lohnsumme mit dem Gefangenenhauptkalfaktor.[46] Tatsächlich wurde seit 1972 der Lohn rückwirkend gezahlt, sodass im ersten Monat kaum Einkaufsmöglichkeiten bestanden.[47] Und im gleichen Gefängnis (Brandenburg-Görden) bereicherte sich die Gefängnisleitung an den Jahresendprämien. Diese standen, wie allen »Werktätigen«, auch Häftlingsarbeitern zu und sollten von den Betrieben spätestens Ende März überwiesen werden.[48] Mit der scheinheiligen Begründung, dass im Jahresverlauf entlassene Häftlinge so leer ausgehen würden, wurden diese Prämien stattdessen teilweise während des Jahres bei hoher Normerfüllung vorzeitig ausgezahlt. Ein anderer Teil der Gelder aber wanderte in einen »Fonds zur persönlichen Verwendung des Anstaltsleiters« und von dort weiter an leitende Aufseher der Haftanstalt, »weil sie doch zu den guten Arbeitsleistungen [der Häftlinge] wesentlich beigetragen haben«. Sämtliche Arbeitseinsatzbetriebe von Brandenburg-Görden kooperierten dabei, weil sie angesichts des Arbeitskräftemangels auf die Kooperation der Gefängnisleitung angewiesen waren.[49] So wurden die Häftlinge einmal mehr um einen gerechten Lohn betrogen – und mehrten gegen ihren Willen und ohne ihr Wissen die Einkünfte ihrer Bewacher.[50]

44 Anlage 4 zum Op. Monatsbericht [der AR I/4] von Januar 1981; BStU, MfS, BV Karl-Marx-Stadt, KD Stollberg 59, Bl. 1–4.

45 Begehungsprotokoll des VEB Narva Leuchtenbau Leipzig v. 13.11.1978; BStU, MfS, BV Leipzig, Abt. VII 69, Bd. 3, Bl. 1–6.

46 Vgl. u. a. Information der OPG der Abt. VII v. 31.5.1989; BStU, MfS, BV Potsdam, Abt. VII 322, Bd. 1, Bl. 289.

47 Vgl. Schmidt: Frage der Zwangsarbeit, S. 195.

48 Vgl. Instruktion 52/71 des Leiters der Verwaltung Strafvollzug über den Abschluss von Vereinbarungen über den Arbeitseinsatz Strafgefangener v. 20.2.1971; BStU, MfS, BdL/Dok., Nr. 11213.

49 Vgl. Information der KD Luckenwalde v. 27.2.1972; BStU, MfS, BV Potsdam, AOPK 356/83, Bl. 59 f.

50 Vgl. Wunschik: Honeckers Zuchthaus.

3.8 Normerfüllung

Wie im vorangegangenen Kapitel bereits angedeutet, hing die Entlohnung der Gefangenen nicht zuletzt von der Erfüllung ihrer Arbeitsnormen in den Betrieben ab. Um das Plansoll zu erfüllen oder möglichst zu übertreffen, wurden die Gefangenen unter Androhung verschiedenster Sanktionen zur Arbeit gezwungen (siehe Kapitel 3.5). Die Folgen des hohen Arbeitsdrucks für die betroffenen Häftlingsarbeiter waren schwerwiegend: »Ich fühlte mich in diesem ständigen Stress nicht nur schlecht, sondern empfand auch rein körperlich Übelkeit. Mir war unwohl, manchmal schwindelig, ich hatte keinen Appetit.«[1] Der hohe Leistungsdruck führte im Wechselspiel mit den ungenügenden Sicherheitsstandards auch zu vielen Unfällen (siehe Kapitel 3.4) – was wiederum Rückwirkungen auf die Befindlichkeit der Häftlingsarbeiter haben musste.

Gemessen wurde die Leistungsbereitschaft an der (Über-)Erfüllung der Normen. Beispielsweise erreichten die Häftlingsarbeiter des Bezirks Dresden (d. h. insbesondere die Insassen der großen Haftanstalt Bautzen I) im ersten Halbjahr 1989 eine durchschnittliche Normerfüllung von 109,4 Prozent.[2] Viele Häftlingsarbeiter vermochten nur unter Aufbietung all ihrer Kräfte solche Arbeitsleistungen zu erbringen; von den nach Leistung bezahlten Gefangenen konnten 1971 70,3 Prozent und 1976 80,2 Prozent ihre Normen erfüllen. Dieser Anstieg der Quote dürfte eher auf ein noch unerbittlicheres Antreiben der Häftlinge zur Arbeit als auf gesunkene Anforderungen zurückzuführen sein.[3] In der Literatur wird vielmehr davon ausgegangen, dass Normen für Häftlingsarbeiter im Laufe der Jahre immer weiter erhöht wurden.[4]

Allerdings handelt es sich hierbei um Durchschnittswerte, die unerreichbare Normen in dem einen Betrieb ebenso verdecken konnten wie das Langsam-Arbeiten (siehe Kapitel 3.6) in einem anderen. Im Haftarbeitslager Rüdersdorf beispielsweise herrschte nach der Amnestie im Sommer 1989 wieder »Normalbetrieb« und die Gefängnisleitung erklärte: »Die durchschnittliche Normerfüllung liegt in allen Arbeitseinsatzbereichen bei 120 % pro VBE [Vollbeschäftigteneinheit].«[5] Diese Einschätzung verdeckt jedoch beachtliche Unterschiede zwischen den Betrieben, da unterschiedliche Normen, instabile Zulieferungen, ältere oder jüngere Maschinen und die unterschiedlich geeignete Gerätschaft

1 Stötzer: Nähkommando Esda, S. 38.

2 Vgl. Zuarbeit der Abt. Strafvollzug der BDVP Dresden zur komplexen Lageeinschätzung v. 10.7.1989; BStU, MfS, BV Dresden, Abt. VII 7380, Bl. 2–9.

3 Vgl. Anlage 4 zum Bericht über die Arbeit des Organs Strafvollzug (Anlage Nr. 24 zum Protokoll Nr. 11/77 v. 15.3.1977); BArch DY 30/IV 2/2-039/218.

4 Vgl. Bastian; Neubert: Schamlos ausgebeutet, S. 49.

5 Vgl. Anlage 1 zur Komplexen Lageeinschätzung I. Halbjahr 1989 der StVE Rüdersdorf v. 10.7.1989; BLHA, Rep. 671/16.2 Nr. 675, o. Pag.

in ganz unterschiedlichem Maße das Erfüllen oder Übertreffen der Normen ermöglichten (siehe Tabelle 7). Auch in den Arbeitseinsatzbetrieben, wie zum Beispiel in denen der Haftanstalt Hoheneck, schwankte die Normerfüllung über die Jahre, abhängig etwa von der rechtzeitigen Materialanlieferung. Und die Amnestie im Herbst 1979 ließ bei den weiterhin Inhaftierten wohl die Motivation sinken, was eine etwas geringere Normerfüllung und in der Konsequenz eine schlechtere Planerfüllung nach sich zog (siehe Tabelle 8).

Tabelle 7: Zahl der Häftlingsarbeiter und ihre Normenerfüllung im Haftarbeitslager Rüdersdorf (Januar bis Mai 1989)[6]

	Zahl der Häftlingsarbeiter		Zahl der Häftlingsarbeiter nach Grad der Normerfüllung in %			
Bereich	geplant	tatsächlich	<100	100–110	>110	im Ø
Hausarbeiter	120	113	3	40	70	118
Reifenkombinat Fürstenwalde	110	122	29	10	83	127
Verkaufsstelle	2	2	–	2	–	100
Zementwerke	180	156	53	94	9	113
Bauinvest. und Rekonst. (BIR)	620	425	86	132	186	125
SVE[7]	70	54	14	17	23	117
Falkenberg	240	229	46	34	140	128
Basdorf	130	65	14	28	23	117
Altglienicke	180	77	5	13	59	132
gesamt	1 652	1 243	250	370	593	123

Entscheidend bleibt freilich, welche Normen überhaupt zugrunde gelegt wurden bzw. ob den Häftlingsarbeitern nicht von vornherein mehr Arbeit aufgebürdet wurde. Lediglich in den fünfziger Jahren wurde noch explizit formuliert, dass die Gefangenen zur Sühne »mehr leisten müssen als die Werktätigen in der Produktion«.[8] In der Ära Honecker hingegen waren die Häftlinge bei eindeutiger Rechtslage formal gleich zu behandeln: Die für die »freien« Arbeiter der jeweiligen Betriebe geltenden »Arbeits-, Materialverbrauchs- und anderen Normen sowie sonstigen Kennzahlen der Arbeitsleistung dürfen von den im Arbeits-

6 Vgl. Anlage 1 zur Komplexen Lageeinschätzung I. Halbjahr 1989 der StVE Rüdersdorf v. 10.7.1989; BLHA, Rep. 671/16.2 Nr. 675, o. Pag.

7 Strafvollzugseinrichtung; gemeint sind wohl Produktionseinrichtungen des MdI.

8 Ausarbeitung vom Oberst der VP Siegesmund von 1958/59; BArch DO 1/27342, zit. nach: Müller: Strafvollzugspolitik und Haftregime, S. 132.

einsatzbetrieb gültigen Normen nicht abweichen«.[9] Auch die Betriebe versicherten nach 1989 nach Stückzahlen abgerechnet und den Inhaftierten daher die gleichen Lohnsummen wie den »freien« Arbeitern gezahlt zu haben, wenngleich die tatsächliche Verrechnung und Auszahlung der Haftanstalt oblag und der Betrieb (wie der VEB Pentacon Dresden) somit nicht das letzte Wort hatte.[10]

In der Elektroindustrie erbrachten Häftlingsarbeiter Mitte der achtziger Jahre in 16 von 28 Arbeitseinsatzbetrieben höhere Normen als die »freien« Arbeiter, weswegen das Ministerium des Innern »innerbetriebliche Leistungsvergleiche« anregte.[11] Schon 1973 hatte das Ministerium diagnostiziert, »eine Reihe von Betrieben« würde dabei »die für den Arbeitseinsatz Strafgefangener geltende Rechtsvorschrift, wonach die Arbeitsnormative der Betriebe uneingeschränkt für Strafgefangene gelten [...] missachten«. Die Verantwortlichen diagnostizierten um 30 Prozent höhere Normen für Häftlingsarbeiter, fanden aber auch Betriebe, in denen (ungelernten) Häftlingsarbeitern 40 Prozent weniger Leistung abverlangt wurde als »freien« Beschäftigten. Weniger die tatsächliche Leistungsfähigkeit von Häftlingsarbeitern als vielmehr verschiedene betriebswirtschaftliche Überlegungen beeinflussten die Kalkulation. So hatte beispielsweise der VEB Elektromotorenwerk Wernigerode bei seinem »Antrag auf Planreduzierung wegen der Amnestie« für jeden Häftlingsarbeiter eine Arbeitsproduktivität von 190 000 Mark angenommen, veranschlagte diese aber nach der Amnestie, wohl um mehr Gefangene zugeteilt zu bekommen, auf nur noch 40 000 Mark[12] – als habe sich das Leistungsvermögen der Häftlingsarbeiter über Nacht verflüchtigt.

Die Regel war freilich, dass den Gefangenen höhere und steigende Arbeitsnormen zugemutet wurden. Auf dem Jochmontageplatz Stößen der Deutschen Reichsbahn beispielsweise erbrachten im Jahre 1971 70 Häftlinge »dieselben Leistungen« wie 120 Häftlingsarbeiter im Jahre 1967, was für den Einzelnen ein deutlich höheres Arbeitspensum bedeuten musste.[13] Im Bezirk Magdeburg wurde die Leistung eines Häftlingsarbeiters mit 1,8 Zivilbeschäftigten gleichgesetzt – weswegen vor der Amnestie von 1987 die Betriebsangehörigen

9 Anordnung des Ministeriums des Innern über den Einsatz Strafgefangener zu gesellschaftlich nützlicher Arbeit – Arbeitseinsatzordnung – v. 1.2.1989; BStU, MfS, BdL/Dok., Nr. 12011.

10 Vgl. Jehmlich: VEB Pentacon Dresden, S. 112.

11 Niederschrift der StVE Berlin über wesentliche Darstellungen bzw. Probleme aus der gemeinsamen Beratung des Ministeriums für Elektrotechnik und Elektronik und des Ministeriums der Innern zur Erhöhung der Effektivität des Arbeitseinsatzes Strafgefangener v. 17.7.1985; LAB, C Rep. 303 Nr. 542, o. Pag.

12 Vgl. Beschluss des Ministerrats über den weiteren Einsatz von Strafgefangenen zur Arbeit v. 16.8.1973; http://stasiopfer.npage.de/ministerratsbeschluss–1973.html [17.11.2012].

13 Vgl. Diskussionsbeitrag des Leiters der Strafvollzugsanstalt Naumburg v. 4.8.1971; LHASA, MER, M 558-6 BDVP Halle 19.1. Nr. 1285, Bl. 65–67.

Tabelle 8: Planerfüllung der Häftlingsarbeiterinnen aus der Haftanstalt Hoheneck in den VEB Esda Thalheim und Planet Wäschekonfektion Eppendorf (1976–80)[14]

	VEB Esda Thalheim			VEB Planet Wäschekonfektion Eppendorf		
Jahr	Zahl der Häftlinge	Norm-erfüllung	Plan-erfüllung	Zahl der Häftlinge	Norm-erfüllung	Plan-erfüllung
1976	187	89,3	100,4	230	93,3	87,2
1977	153	102,8	102,4	107	122,3	109,5
1978	107	113,0	113,0	88	107,0	95,0
1979	97	112,8	106,8	102	97,7	86,8
1. Hj. 1980	109	108,4	92,3	155	126,9	124,7

voller Schaudern daran dachten, dass sie demnächst produktiver würden arbeiten müssen und die Normen der Gefangenen doch nicht würden erreichen können.[15] Und sogar die Bezirksbehörde der Deutschen Volkspolizei Karl-Marx-Stadt selbst beklagte 1962, dass die VEB Wälzlager Fraureuth und Grubenlampe Zwickau den Häftlingsarbeitern dreifach höhere Normen aufbürdeten.[16]

Insofern ist die Wahrnehmung der Betroffenen, sie hätten drei Mal mehr als die »freien« Arbeiter in den gleichen Betrieben leisten müssen,[17] nicht von vornherein von der Hand zu weisen. Andere ehemalige Gefangene (etwa aus Hoheneck) schätzten ihre Arbeitsnormen um mindestens 30 Prozent höher als die der normalen Beschäftigten.[18] Ein ehemaliger Insasse Brandenburg-Gördens erklärte, auch nach Aussagen der Zivilangestellten habe die Norm im VEB Elektromotorenwerk Wernigerode (Elmo) für Häftlingsarbeiter um 200 Prozent höher gelegen als für »freie« Beschäftigte.[19] Auch ein ehemaliger Häftling der Haftanstalt Naumburg veranschlagte die Normen für Häftlinge »fast doppelt so hoch wie normal«.[20]

Allerdings verbieten sich auch hier Pauschalurteile, denn die Anforderungen variierten stark zwischen den Haftanstalten, den Betrieben und sogar in ein

14 Vgl. [Zuarbeit durch die StVE Hoheneck] v. 17.11.1980; SächsStAC 30441 25.2 BDVP Karl-Marx-Stadt StVE Hoheneck Nr. I/233, o. Pag.

15 Vgl. Operativer Lagebericht der Abt. VII der BV Magdeburg v. 4.11.1987; BStU, MfS, BV Magdeburg, Abt. VII 1590, S. 13–24.

16 Zit. nach: Schmidt: Frage der Zwangsarbeit, S. 231.

17 Vgl. Schmidt: Leerjahre, S. 455.

18 Vgl. Jürgensen, Uwe Jens; Jürgensen Elke Margarita; Ebers, Volker: Erst verraten – dann verkauft. Im Netz der Stasi. Frankfurt/M. 2008, S. 206.

19 Vgl. Bastian; Neubert: Schamlos ausgebeutet, S. 96.

20 Bericht von Dimitris Lainidis: 60. Pressekonferenz der Arbeitsgemeinschaft 13. August am 14.6.1984: DDR-Haftwesen und Justiz; BStU, MfS, HA IX 17604, Bl. 217–250.

und derselben Schicht. War es in einem Fall unmöglich auf 100 Prozent zu kommen, waren an anderen Arbeitsplätzen auch 200 Prozent ohne weiteres möglich.[21] So vermochte die Arbeitsnorm von 3 600 Stanzvorgängen an jeweils neu einzulegenden Rohlingen an den Metallstanzen des VEB Pentacon Dresden (Haftanstalt Cottbus) 1977 kaum ein Häftling zu erfüllen.[22] Hingegen hielt ein anderer Insasse der gleichen Haftanstalt in seinem Arbeitseinsatzbetrieb in seinem Fall die Arbeitsbedingungen für »normal, die Norm erfüllbar«.[23] So kam es häufig vor, dass sich sogar in ein und demselben Betrieb je nach Art der Beschäftigung die gewünschten Normen in unterschiedlichem Maße erbringen ließen. So berichtet ein Insasse der Haftanstalt Bautzen I von der Arbeit für den VEB Schaltelektronik Oppach, wo im 2-Schicht-Betrieb Schaltelemente hergestellt wurden, nach seinem Freikauf im Jahre 1986:

> »Die Arbeit ist monoton, da täglich tausendfach die gleichen Handbewegungen gemacht werden und an veralteten Maschinen gearbeitet wird. Die Arbeitsräume liegen im Keller und sind bei stärkerem Regen ständig feucht und im Winter nur ungenügend beheizt. Selbst in der geforderten, vollständigen Auslastung der 8½-stündigen Arbeitszeit ist eine 100%ige Normerfüllung an den Einzelarbeitsplätzen kaum möglich. Bei den Bandarbeitsplätzen ist die Norm allerdings gut zu schaffen.«[24]

Problematisch an der Normerfüllung war auch, dass die Abrechnung den Betriebsangehörigen sowie den (Gefangenen-)Brigadieren oblag und die »gewöhnlichen« Häftlinge keine Beschwerdemöglichkeit besaßen oder sich auch nur die Abrechnungen hätten zeigen lassen können.[25] Teilweise wurde die Normerfüllung aber auch gar nicht individuell erfasst; zum Beispiel in den Haftarbeitslagern zur Förderung der Braunkohle wurden entsprechend der riesigen Bagger abgerechnet, an denen Häftlingsarbeiter und »freie« Arbeiter mehr oder weniger gemeinsam arbeiteten. Wo eine Leistungsbemessung nach Zahl der fabrizierten Gegenstände oder durchgeführten Verrichtungen nicht möglich war oder sorgfältige Arbeit Priorität hatte, durften Gefangene auch nach Zeitlohn arbeiten. So arbeiteten Ende der sechziger Jahre in Brandenburg-Görden 1 557 Insassen im Akkord, doch weitere 440 Gefangene durften nach Zeitlohn arbeiten. Dies betraf die VEB Getriebewerke Brandenburg und Holzverarbeitungswerk Burg (HVB), doch Überstunden und Sonderschichten waren auch hier üblich.[26]

21 Vgl. Beschwerde des IM »Schwarz« o. D. [6.1978]; BStU, MfS, BV Potsdam, AIM 255/79, Bd. 2, Bl. 88 f.

22 Vgl. Schmidt; Weischer: Zorn und Trauer, S. 174.

23 Bericht von Bernd Effenberger: 60. Pressekonferenz der Arbeitsgemeinschaft 13. August am 14.6.1984: DDR-Haftwesen und Justiz; BStU, MfS, HA IX 17604, Bl. 217–250.

24 Vgl. Bericht von Stefan Hecker: 69. Pressekonferenz der Arbeitsgemeinschaft 13. August v. 16.6.1986: DDR-Haftwesen und Justiz; BStU, MfS, HA IX 1106, Bl. 2–26.

25 Vgl. Bastian; Neubert: Schamlos ausgebeutet, S. 64.

26 Vgl. [Statistik zum Arbeitseinsatz in der StVA Brandenburg] v. 3.4.1968; BLHA, Bez. Pdm. Rep. 404/15.1/707, Bl. 216–225.

4 Der Westexport der Produkte aus Häftlingsarbeit

4.1 Die deutsch-deutschen Wirtschaftskontakte in der Ära Honecker

Im Zuge der Berlin-Krise und des Mauerbaus versuchte das SED-Regime, unter der Devise »Störfreimachung«, die ostdeutsche Volkswirtschaft von westlichen Importen unabhängig zu machen, doch war dies letztlich nicht praktikabel.[1] In der Folgezeit nahm die Verflechtung der beiden Ökonomien vielmehr immer weiter zu. Aus politischen Gründen wollte Ostberlin zwar eigentlich ein wirtschaftliches Abhängigkeitsverhältnis vermeiden, doch in der Praxis setzte Erich Honecker die gleiche Außenhandelspolitik fort, die sein Vorgänger Walter Ulbricht begonnen hatte. Noch dazu ließ die konsumorientierte »Einheit von Wirtschafts- und Sozialpolitik« wenig Spielraum für eine alternative Wirtschaftspolitik.[2]

Im Zuge der Entspannungspolitik setzten sich ab Beginn der siebziger Jahre neue Formen der Zusammenarbeit zwischen ost- und westdeutschen Handelspartnern durch. Die DDR konnte nun häufiger von ihr favorisierte Kompensationsgeschäfte abschließen; hierbei wurden vom Westen gelieferte Investitionsgüter insbesondere durch den Rückkauf von Waren finanziert.[3] Ostdeutsche Betriebe fertigten daher in Kooperation mit westlichen Firmen zunehmend Produkte nach westeuropäischen Qualitätsstandards.[4] Die Westfirmen lieferten zu diesem Zweck moderne Maschinen (und blieben rechtlich oft deren Eigentümer), mit deren Hilfe dann qualitativ höherwertige oder modischere Artikel mit besseren Exportchancen gefertigt werden konnten – die sogenannte Gestattungsproduktion. Wurden auch die benötigten Materialien aus dem Westen importiert, handelte es sich um sogenannte Lohnveredelungsgeschäfte; so wurde zum Beispiel Tabak zur Herstellung westlicher Ziga-

1 Vgl. Fäßler, Peter E.: Zwischen »Störfreimachung« und Rückkehr zum Tagesgeschäft. Die deutsch-deutschen Wirtschaftsbeziehungen nach dem Mauerbau (1961–1969). In: Deutschland Archiv 2/2012, S. 294–304.

2 Vgl. Kruse, Michael: Politik und deutsch-deutsche Wirtschaftsbeziehungen von 1945 bis 1989. Berlin 2005, S. 121 u. 127.

3 Vgl. Judt: Bereich Kommerzielle Koordinierung, S. 94–98.

4 Vgl. Krewer, Peter: Geschäfte mit dem Klassenfeind. Die DDR im innerdeutschen Handel 1949–1989. Trier 2008, S. 241.

retten oder Sirup für Kaugummis eingeführt.[5] Brachte die ostdeutsche Seite die benötigten Materialien und Rohstoffe selbst mit ein, wurde dies als Lizenzproduktion bezeichnet, wie sie etwa Salamander (Langenfelden) seit 1976 intensiv betrieb (siehe Kapitel 4.6).[6] Auch die Firmen Dr. Oetker,[7] Trumpf (Aachen), Ferrero (Alba), Sarotti (Hattersheim) und Pfanni (München) betrieben oder planten in großem Umfang Gestattungsproduktionen in der DDR.[8] Zwar wurde es wegen der mangelnden Konkurrenzfähigkeit ostdeutscher Produkte auf dem Weltmarkt in den achtziger Jahren immer schwieriger, bei Kompensationsgeschäften die eingeführten Maschinen und Technologien abzubezahlen.[9] Doch letztlich wurde die DDR-Wirtschaft durch die Gestattungsproduktion in Teilen »zu einer Art verlängerter Werkbank für westliche Unternehmen«.[10]

Die Geschäfte mit dem »Klassenfeind« bereiteten dem SED-Regime durchaus weltanschauliche Bauchschmerzen – und für die Verbraucher ergab sich das Paradoxon, dass die höchstwertigen und modernsten Waren, die die ostdeutsche Volkswirtschaft (teilweise mit westlichem Know-how) produzierte, für DDR-Bürger gar nicht erhältlich waren.[11] Für den SED-Staat war dabei der so ermöglichte Zugang zu westlichen Devisen ausschlaggebend. Ob dabei im Einzelfall ost- oder westdeutsche Betriebe den größeren finanziellen Nutzen verbuchen konnten, lässt sich heute trotz detaillierter Aktenführung[12] meist nicht mehr mit Gewissheit feststellen. Trotz umfangreicher Produktionen und breiter Sortimente blieben die Gestattungsproduktionen letztlich vom Volumen her zu gering, als dass sie die DDR aus ihrer Verschuldungskrise hätten retten können.[13]

Da die Bundesrepublik trotz des »Eisernen Vorhangs« den Anspruch erhob, die Bürger im anderen Teil Deutschlands mit zu vertreten, hatte sie in den Römischen Verträgen auf eine Sonderrolle für die DDR gepocht. De facto gehörte Ostdeutschland so zur Europäischen Wirtschaftsgemeinschaft (EWG).

5 Vgl. Klussmeier, Gerhard: Vom Wirtschaftswunder-Erfolg über die DDR ins Nichts. OK-Kaugummi aus Pinneberg. Herne 2013, S. 51–170.

6 Vgl. Kruse: Politik und deutsch-deutsche Wirtschaftsbeziehungen, S. 122.

7 Vgl. BArch DG 5/3915; BArch DG 5/3913.

8 Vgl. Analyse der Abt. XVIII/A [der Bezirksverwaltung für Staatssicherheit Halle] v. 22.5.1978; BStU, MfS, BV Halle, Abt. XVIII 3467, Bl. 4–27. Siehe auch: Schalck-Golodkowski, Alexander: Deutsch-deutsche Erinnerungen. Reinbek 2000, S. 190.

9 Vgl. Judt: Bereich Kommerzielle Koordinierung, S. 211.

10 Judt: Bereich Kommerzielle Koordinierung, S. 182. Das Zitat bezog sich ursprünglich auf die DDR-Wirtschaft nach dem Mauerfall. Vgl. ND v. 5.9.1990, S. 2.

11 Einschätzung der schwedischen Firma IKEA durch IMS »Manfred Paul« v. 18.11.1981; BStU, MfS, BV Schwerin, AIM 191/94, Bd. 2, Bl. 93–96.

12 Vgl. u. a. BStU, MfS, HA XVIII 19681.

13 Vgl. Steiner, André: Von Plan zu Plan. Eine Wirtschaftsgeschichte der DDR. München 2004, S. 200.

Und durch geringere Produktionskosten konnte sie durchaus Verkaufserfolge erzielen, obwohl ihre Produkte hinsichtlich Qualität und Design meist nicht mithalten konnten und so auf dem Weltmarkt insgesamt kaum Fuß zu fassen vermochten.[14]

Die ostdeutschen Exportstrategien (überwiegend im niedrigpreisigen Marktsegment) erregten wiederum den Widerstand bundesdeutscher Unternehmen, zumal DDR-Produkte in ganz Westeuropa als deutsche Wertarbeit beworben wurden. Erst 1970 musste Ostberlin festlegen, dass in der DDR produzierte Waren als solche kenntlich gemacht werden mussten.[15] Allerdings behielten sich manche Konzerne, wie etwa Quelle (Fürth) vor, bestimmte aus der DDR bezogene Waren weiterhin lediglich mit dem Siegel »Made in Germany« zu versehen.[16] Da die Bundesrepublik ihre Märkte nicht vollends öffnen wollte, beklagten DDR-Betriebe bei ihren Export-Bemühungen in den Westen nicht ganz zu Unrecht »protektionistische Maßnahmen staatsmonopolistischer Einrichtungen in der BRD«.[17] Dennoch konnte die DDR von 1970 bis 1983 ihren Export von Verbrauchsgütern in die Bundesrepublik fast verdreifachen,[18] nach einer anderen Zählung sogar vervierfachen.[19] Zugleich war die Außenhandelsbilanz der DDR von 1969 bis 1981 negativ;[20] insgesamt lagen in den Jahren 1971 bis 1981 die Exporte der DDR in westliche Industrienationen um etwa 40 Milliarden Valutamark unter dem Wert der Importe, vor allem wegen der mangelnden Konkurrenzfähigkeit des Investitionsgütersektors, der Rohstoffknappheit und weil viele Genussmittel (wie Kaffee) zu Weltmarktpreisen eingeführt werden mussten.[21]

Eine Vielzahl bundesdeutscher Konzerne suchte ihren Profit im innerdeutschen Handel, was selbst in der Phase der Entspannungspolitik angesichts der fortdauernden politischen Repression in Ostdeutschland immer auch eine politische Dimension hatte. Zu jenen Unternehmen, die nicht durch die »rechte Westpresse« beeinflusst wurden, deshalb weniger politische Vorbehalte

14 Vgl. Steiner: Von Plan zu Plan, S. 166.

15 Vgl. Verordnung über die Kennzeichnung der Herkunft der Ware v. 7.5.1970; Gesetzblatt der DDR v. 11.6.1970, Teil II, Nr. 50, S. 359 f.

16 Tietz, Janko: Ein Label geht um die Welt. In: Spiegel-Spezial Nr. 5/2008 v. 26.8.2008 [http://www.spiegel.de/spiegel/spiegelspecial/d-59462242.html; 8.8.2012].

17 Vgl. Information über den VEB Strumpfkombinat Esda Thalheim v. 5.5.1980, 10 Bl.; BArch DC 20/20975, o. Pag.

18 Vgl. Deutsches Institut für Wirtschaftsforschung: Konsumgüterversorgung in der DDR und Wechselwirkungen zum innerdeutschen Handel. Bearb. v. Cornelsen, Doris; Koch, Andreas; Lambrecht, Horst u. a. Berlin 1985, S. 251.

19 Vgl. Vorschlag zur Erhaltung der Zahlungsfähigkeit der DDR gegenüber dem NSW o. D. [Ende 1982]; BStU, MfS, HA XVIII 6066, Bl. 1–28.

20 Vgl. Judt: Bereich Kommerzielle Koordinierung, S. 134.

21 Vgl. Steiner: Von Plan zu Plan, S. 193. Siehe auch: Kaminsky, Annette: Wohlstand, Schönheit, Glück. Kleine Konsumgeschichte der DDR. München 2001, S. 131 f.

gegen die DDR hegten und bei Saldenausgleich und Kreditvergabe weniger harte Positionen einnahmen, zählten aus DDR-Sicht zu Beginn der siebziger Jahre beispielsweise Friedrich Krupp (Essen), Thyssen (Essen), Salzgitter (Salzgitter), Mannesmann (Düsseldorf), AEG-Telefunken (Frankfurt/M.) und Siemens (Berlin/München).[22] Tatsächlich galten die Unternehmensleitungen von Krupp und Thyssen als »Wortführer einer aktiven Osthandelspolitik« – zusammen mit Otto Wolff von Amerongen, der dem Ostausschuss der Deutschen Wirtschaft vorstand (und dem die Universität Jena die Ehrendoktorwürde verlieh).[23] Im gesamten Osthandel erzielte das Unternehmen Otto Wolff (Köln) in der zweiten Hälfte der siebziger Jahre einen Umsatz von schätzungsweise 375 Millionen DM, was etwa 12 Prozent des Gesamtgeschäftes entsprach; der Anteil von Mannesmann und Hoechst (Frankfurt-Höchst) lag etwas darunter.[24] Der Thyssen-Konzern wiederum machte schon Mitte der siebziger Jahre jährlich bis zu 70 Millionen DM Umsatz allein mit der DDR,[25] bezog aber nicht mal ein Drittel des Warenwertes von dort (siehe Tabelle 9). Für die DDR war der bundesdeutsche Markt gleichwohl unverzichtbar; die dem Ministerium für Erzbergbau, Metallurgie und Kali nachgeordneten Betriebe beispielsweise sollten 1983 Waren und Güter im Wert von 1,7 Milliarden Valutamark in den Westen exportieren, während die Ministerien für Elektrotechnik und Elektronik 1,7 Milliarden, für Allgemeinen Maschinen-, Landmaschinen und Fahrzeugbau 1,4 Milliarden, für Schwermaschinen- und Anlagenbau 1,4 Milliarden und für Werkzeug- und Verarbeitungsmaschinenbau 597 Millionen zu erbringen hatten.[26]

Ende der siebziger Jahre bezog die DDR dann von 15 großen, durch die Staatssicherheit für eine Geschäftsfeldanalyse ausgewählten Industriekonzernen der Bundesrepublik Produkte im Wert von bis zu 950 Millionen DM (bzw. Valutamark) jährlich, darunter hauptsächlich Anlagen, Ausrüstungen sowie metallurgische und chemische Erzeugnisse. Im Gegenzug konnte Ostberlin

22 Vgl. Information der Inspektion [der Arbeitsgruppe für Organisation und Inspektion beim Ministerrat der DDR] über Aktivitäten imperialistischer Kräfte v. 11.9.1972 mit Anlagen 1–5; BArch DC 20/22660, o. Pag.

23 Danylow, Peter; Soénius, Ulrich S. (Hg.): Otto Wolff. Ein Unternehmen zwischen Wirtschaft und Politik. München 2005, S. 316 u. 426.

24 Vgl. Rudolph, Karsten: Wirtschaftsdiplomatie im Kalten Krieg. Die Ostpolitik der westdeutschen Großindustrie 1945–1991. Frankfurt/M. 2004, S. 237.

25 Vgl. Bericht des IMF »Uwe« der HA XVIII v. 24.6.1974; BStU, MfS, HA XVIII 10347, Bl. 21 f. Eine andere Aufstellung (s. Tabelle 9) weist ein Geschäftsvolumen von lediglich 15 Mio. DM aus, im Durchschnitt der Jahre 1970 bis 1974 waren es für die August-Thyssen-Hütte AG/Rheinstahl AG 8,7 Mio. VM. Vgl. Analyse der Konzerne August-Thyssen-Hütte AG/Rheinstahl AG v. 30.1.1976; BArch DL 2/6314, Bl. 330–344.

26 Vgl. Technische Überwachung der DDR: Zum Problem »Großer Befähigungsnachweis« für die Hersteller von geschweißten Bauteilen v. 30.8.1976; BArch DF 400/52, Teil 4, o. Pag.

diesen Konzernen aber lediglich Produkte im Wert von knapp 350 Millionen Mark verkaufen (siehe Tabelle 9) – zugleich knapp 10 Prozent des Gesamtexports der DDR in die Bundesrepublik, der vor allem aus Rohstoffen und Halbfabrikaten bestand.[27] Die DDR-Seite drängte daher in den Verhandlungen mit bundesdeutschen Konzernen auf einen Ausgleich der Import-Export Bilanz, wozu als erste Firma Daimler-Benz Zustimmung signalisierte.[28] Vermutlich hing dies aber weniger mit politischer Sympathie als vielmehr damit zusammen, dass der Konzern ohnehin schon eine vergleichsweise ausgewogene Import-Export-Bilanz mit der DDR aufwies. Sogar umgekehrt verhielt es sich mit Konzernen, die mit Rohstoffen oder kaum bearbeiteten Massengütern handelten: die britische Shell etwa bezog jährlich Benzin und Gas (vermutlich sowjetischer Herkunft) im Wert von 200 Millionen DM aus der DDR, lieferte aber lediglich Spezialchemikalien und Kerosin für 60 Millionen DM.[29]

Zu Beginn der achtziger Jahre hatte die DDR mit AEG-Telefunken (Frankfurt/M.), BASF (Ludwigshafen), Robert Bosch (Gerlingen), Daimler-Benz (Stuttgart), Hoechst (Frankfurt-Höchst), Friedrich Krupp (Essen), Thyssen (Essen), Volkswagen (Wolfsburg) und Otto Wolff (Köln) Vereinbarungen geschlossen, die Ostberlin einen Ausgleich der Handelsbilanz erlauben sollten, was wegen der mangelnden Konkurrenzfähigkeit der ostdeutschen Produkte freilich nie eintrat. Ostberlin reagierte dabei durchaus sensibel auf die unterschiedlichen Signale aus den bundesdeutschen Konzernzentralen. Mit der Volkswagen AG beispielsweise glaubte Ostberlin die Geschäftsbeziehungen kaum noch intensivieren zu können, das Handelsvolumen mit der Robert Bosch AG erschien ihr zu gering und bei den Konzernspitzen von Siemens und MAN glaubte die DDR-Führung Vorbehalte gegen intensivierte Geschäfte zu spüren, weswegen sie das Interesse an diesen Konzernen etwas verlor.[30] Otto Wolff[31] wiederum bemühte sich auf der Leipziger Messe so intensiv um Gespräche mit dem Staatsratsvorsitzenden Erich Honecker, dass die westlichen Medien dies schon seinerzeit kritisierten.[32] Erschwert wurden die Wirtschaftskontakte auch dadurch, dass die Staatssicherheit westlichen Konzernen (wie etwa der BASF und ihren Tochtergesellschaften) Wirtschaftsspionage unter-

27 Vgl. Konzeption zur Entwicklung der Geschäftsbeziehungen zu ausgewählten Industriekonzernen der BRD v. 2.12.1980; BStU, MfS, HA XVIII 8718, Bl. 6–12.

28 Vgl. Bericht der IMF »Uwe« der HA XVIII v. 4.7.1977; BStU, MfS, HA XVIII 10347, Bl. 60–62.

29 Stand 1986. Vgl. Schreiben von Shell East Europe Trading Company an das Ministerium für Auswärtige Angelegenheiten der DDR v. 11.11.1987 (mit Anlage); BStU, MfS, AG BKK 109, Bl. 55 f. Siehe auch: ND v. 24.2.1989, S. 6.

30 Vgl. Konzeption zur Entwicklung der Geschäftsbeziehungen zu ausgewählten Industriekonzernen der BRD v. 2.12.1980; BStU, MfS, HA XVIII 8718, Bl. 6–12.

31 Vgl. Danylow; Soénius: Otto Wolff.

32 Vgl. Bericht der HA XVIII/7 v. 15.3.1982; BStU, MfS, HA XVIII 11754, Bl. 17 f.

stellte und mitunter deren ostdeutsche Ansprechpartner in den Außenhandelsbetrieben (AHB) wegen Korruption oder Veruntreuung vor Gericht stellte,[33] was den Aufbau vertrauensvoller Geschäftsbeziehungen behindern musste. Trotz solcher systembedingten Defizite sowie der Nachteile ihres ungenügenden Warenangebots konnte die DDR ihre Exporte an bundesdeutsche Konzerne in der zweiten Hälfte der siebziger Jahre wie erwünscht steigern.

In einigen Geschäftsfeldern (wie Metallwaren, Elektrotechnik oder Anlagenbau) könnte der Arbeitseinsatz von Gefangenen eine Rolle gespielt haben; in dem der Tabelle 9 zugrundeliegenden Dokument sind aber lediglich die großen Außenhandelsbetriebe wie auch die riesigen Kombinate genannt,[34] die viel zu weitläufig waren, als dass sich die Spur eines bestimmten Produkts bis hin zu jenen DDR-Betrieben verfolgen ließe, die Häftlinge beschäftigten (siehe Tabelle 17). Weiter unten, insbesondere in Kapitel 4.6 wird bei der Untersuchung möglicher Exportwege von Produkten aus Häftlingsarbeit aber auf einige der Konzerne zurückzukommen sein.

Nicht nur an die obenstehenden Unternehmen, sondern an sämtliche westlichen Handelspartner konnte die DDR im Jahr 1985 insgesamt für 15,9 Milliarden Valutamark Produkte, Waren und Rohstoffe liefern. Darunter machten die Leichtindustrie 1,4 Milliarden und die Elektro/Elektronikbranche 1,2 Milliarden aus; gerade in diesen Geschäftsfeldern könnte Häftlingsarbeit eine Rolle gespielt haben. Ähnliches gilt für die Chemische Industrie mit 4,8 Milliarden und den Bereich Erzbergbau, Metallurgie und Kaliindustrie mit 2,6 Milliarden.[35] Was speziell Konsumgüter betrifft, registrierte die Bundesrepublik Importe aus der DDR im Wert von fast 1,5 Milliarden DM (1983), darunter mehr als die Hälfte Bekleidung und Textilien und fast ein Fünftel Holzwaren (wie Möbel und Matratzen) sowie 8,5 Prozent Elektronik einschließlich Fotoapparate.[36] Gerade in der Textilindustrie verschärften die niedrigen Preise der DDR-Produkte den Konkurrenzkampf in der Bundesrepublik beträchtlich und führten zu einem erheblichen Abfluss volkswirtschaftlichen Vermögens in den anderen Teil Deutschlands.[37]

33 Vgl. Plan der HA XVIII und IX von August 1977; BStU, MfS, HA XVIII 12131, Bd. 1, Bl. 53–61.

34 Vgl. Langfristige Konzeption für den Zeitraum 1982 bis 1985; BStU, MfS, HA XVIII 8718, Bl. 41–99.

35 Vgl. Information des Bereichs Außenwirtschaft der Staatlichen Plankommission zur Einschätzung des NSW-Exports v. 16.6.1985; BArch DE 1/59066, o. Pag. Siehe auch: Ansatz Export NSW [der Staatlichen Plankommission] für 1986 bis 1990 v. 11.12.1984; BArch DC 20/27554, o. Pag.; Arbeitsmaterial des Bereichs Außenwirtschaft der Staatlichen Plankommission: Übersicht über bisher bekannte Belastungen im NSW-Export v. 6.8.1985; ebenda.

36 Vgl. Deutsches Institut für Wirtschaftsforschung: Konsumgüterversorgung, S. 260.

37 Vgl. Junkers, Christian: Der Strukturwandel der deutschen Textilveredelungsindustrie im zwanzigsten Jahrhundert. Duisburg 2007, S. 52.

Tabelle 9: DDR-Exporte an bundesdeutsche Konzerne in Millionen Valutamark (1975–79)[38]

Konzern	1975	1976	1977	1978	1979	Geschäftsfelder und Produkte zum Ausbau nach 1975
AEG-Telefunken	5,5	9,2	16,7	10,2	11,5	Kompensationshandel, Kooperationsprojekte, Drittstaaten; Schreibmaschinen, Bügeleisen, Bauelemente, Getriebemotoren, Zugfunksysteme
BASF	30,0	33,0	24,1	21,0	34,0	Harnstoff, Bergbauhandel, Armaturen, Steinkohle, Laborglas
Robert Bosch	4,3	6,0	13,5	10,0	8,0	keine Angaben
Daimler-Benz	1,2	12,0	8,0	9,0	9,4	Drittstaaten; Reifen, Werkzeugmaschinen, Traktorenanhänger, Kunstleder
MAN	10,0	6,5	25,0	27,0	38,0	keine Angaben
Hoechst	30,0	27,5	20,5	21,0	40,0	Kompensationshandel; Rücklieferung von Acrylaten, Acrylsäureester, Polyacrylaten; Laborglas, Pumpen
Hoesch	30,0	28,0	17,3	27,0	39,0	Maschinen, Entstaubungsanlagen, Genussmittelmaschinen
Friedrich Krupp	10,0	22,0	17,5	8,0	10,0	Drittstaaten; Stahlerzeugnisse, Elektrotechnik, Anlagen
Klöckner & Co.	15,0	18,0	22,0	27,8	33,6	Zulieferung für Investitionsprojekte; Werkzeugmaschinen, Chemieanlagen
Mannesmann	20,0	15,0	2,4	12,1	21,3	Kompensationshandel; Autodrehkräne, Fein- und Grobbleche, Rohre
Salzgitter	35,0	32,0	10,3	23,3	17,3	Zulieferung für Investitionsprojekte, Drittstaaten; Anlagen, Kräne, Elektrotechnik, Motoren, Chemie, Metallurgiehandel
Siemens	5,0	4,5	4,0	8,0	13,6	Bergbauausrüstung, Werkzeuge[39]
Thyssen	15,0	24,5	12,0	18,0	38,0	Drittstaaten, Kompensationshandel
Volkswagen	0,0	1,0	0,5	6,3	20,0	keine Angaben
Otto Wolff	4,0	2,5	2,7	10,0	9,0	Kompensationshandel; Weißbleche
gesamt	215,0	241,7	196,3	238,7	342,7	

38 Vgl. Konzeption zur Entwicklung der Geschäftsbeziehungen zu ausgewählten Industriekonzernen der BRD v. 2.12.1980; BStU, MfS, HA XVIII 8718, Bl. 6–12. Für die letzte Spalte vgl. Langfristige Konzeption für den Zeitraum 1982 bis 1985; BStU, MfS, HA XVIII 8718, Bl. 41–99.

39 Von den Waren im Gesamtwert von 5 Mio. VM im Jahre 1975 wurden über den Außenhandelsbetrieb Bergbau-Handel 2,0 und den Außenhandelsbetrieb WMW-Export 1,5 Mio. bezogen. Vgl. Analyse des Konzerns Siemens AG v. 30.1.1976; BArch DL 2/6314, Bl. 293–304.

Die Export-Import Bilanz der Bundesrepublik war gegenüber der DDR mit 16,5 Milliarden DM Export und 16,3 Milliarden Import im Jahre 1984 dann weitgehend ausgeglichen. Doch aufgrund ihrer insgesamt viel intensiveren Einbindung in die Weltwirtschaft machte der gesamte »Osthandel« – in erster Linie mit der Sowjetunion und erst in zweiter Linie mit der DDR – nur 7,4 Prozent des Gesamtaußenhandels der Bundesrepublik aus.[40] Die DDR hingegen war wesentlich stärker von ihren Exporterfolgen im Westen abhängig; etwa 20 Prozent aller in der DDR produzierten Konsumgüter wurden Mitte der achtziger Jahre allein in die Bundesrepublik exportiert.[41] Gerade im Bereich der »Holz- und Kulturwarenindustrie« wurden von den insgesamt im Wert von 8,2 Milliarden DDR-Mark produzierten Möbeln zuletzt 4,2 Milliarden exportiert, während lediglich 3,6 Milliarden für das Inland vorgesehen waren, der Rest in andere sozialistische Staaten ging und lediglich Möbel im Wert von 38 Millionen DDR-Mark importiert wurden.[42] In der Elektroindustrie verhielt es sich recht unterschiedlich, je nach Attraktivität und Qualität der Produkte. Von 576 000 produzierten Fernsehern etwa gingen 152 000 in den Export und 466 000 blieben im Land, während von 800 000 Staubsaugern 669 000 exportiert wurden und nur ein kleiner Anteil den ostdeutschen Konsumenten offeriert wurde.[43]

Möbel waren dabei ein wichtiger, aber keineswegs der einzige »Exportschlager« der DDR. So exportierte der monopolistische Außenhandelsbetrieb Holz und Papier im Jahre 1982 Möbel im Wert von 335,1 Millionen Valutamark in den Westen, während 349 Millionen geplant gewesen waren. Doch auch die Bilanz des Außenhandelsbetriebs Werkzeugmaschinen und Werkzeuge (WMW) konnte sich sehen lassen. Dieses Geschäftsfeld lag bei 312,4 (von geplanten 320,6), Glas-Keramik bei 258,5 (von 278,9), das Kombinat Fortschritt Landmaschinen bei 144,1 (von 160,8) und Polygraph bei 95,3 (von

40 Vgl. Information des Ministeriums für Staatssicherheit v. 23.9.1985; BStU, MfS, HA XVIII 21259, Bl. 35–46.

41 Vgl. Deutsches Institut für Wirtschaftsforschung: Konsumgüterversorgung, S. 267.

42 Vgl. Übersicht der Staatlichen Plankommission v. 28.2.1989; BArch DE 1/59135, o. Pag. 1984 hatten die sieben Möbelkombinate der DDR Waren im Wert von 7,1 Milliarden DDR-Mark produziert, von denen 43 % in den Westen exportiert worden waren. Vgl. Information der Abt. Inspektion der Arbeitsgruppe für Organisation und Inspektion beim Ministerrat über ausgewählte Probleme der Möbelindustrie für den NSW-Export v. 8.1.1985 (mit Anlagen); BArch DC 20/11174, Bl. 56–73. Die größten Hersteller darunter waren die Möbelkombinate Hellerau (140,8 Mio. VM), Berlin (120,7), Suhl (Tischmöbelkombinat; 113,3), Zeulenroda (70,9) und Ribnitz-Damgarten (41,6). Stand Mitte 1988. Vgl. Ministerium für Bezirksgeleitete Industrie und Lebensmittelindustrie: Einschätzung der voraussichtlichen Erfüllung NSW-Export v. 9.6.1988; BArch DG 5/3212, o. Pag.

43 Vgl. Übersicht der Staatlichen Plankommission v. 28.2.1989; BArch DE 1/59135, o. Pag.

105,8) Millionen Valutamark.[44] Doch nicht nur das DDR-Betriebe in dieser Phase immer weniger Aufträge im Westen ergattern konnten, auch die eingesetzten Mittel erbrachten (nach Berechnung ostdeutscher Seite) immer weniger Ertrag. Konnten im Jahr 1970 durch den Einsatz einer DDR-Mark angeblich noch 0,53 Valutamark erwirtschaftet werden, sank dieser Wert bis 1980 auf 0,45, bis 1985 auf 0,33 und betrug 1988 nur noch 0,25 Valutamark.[45] Dabei lag etwa der Devisenerlös von Textilien gemessen am Wert der Produktion immer noch deutlich höher als in allen anderen Industriebereichen.[46] Durch alle diese Faktoren geriet die DDR angesichts der steigenden Preise für Erdöl, die ihr auch die Sowjetunion abverlangte, in den Jahren 1982/83 in eine Schuldenfalle und einen Teufelskreislauf, aus dem sie sich angesichts der unverzichtbaren sozialpolitischen Wohltaten zum Zwecke der Herrschaftssicherung nicht mehr befreien konnte.

Neben der Staatlichen Plankommission, die die DDR-Volkswirtschaft mittelfristig zu steuern versuchte und mit den großen Kombinaten alljährlich die Zielvorgaben bei den Produktionsziffern aushandelte,[47] hatte das Ministerium für Außenhandel die wirtschaftliche Zusammenarbeit mit den westlichen Staaten zu koordinieren und zu überwachen. Für die westlichen Firmen waren die sogenannten Außenhandelsbetriebe die formalen Vertragspartner; sie wurden 1981 den verschiedenen Industrieministerien unterstellt und den entsprechenden Kombinaten zugeordnet[48] und wickelten über 80 Prozent des geplanten Westexports ab.[49] Die Außenhandelsbetriebe standen mit den inländischen Betrieben in »fest geplanten Lieferbeziehungen« und schirmten diese gleichsam von den Nachfragen und den Erwartungen der Weltmärkte ab – »es herrschte gewissermaßen Protektionismus in höchster Potenz«.[50]

44 Genauer Zeitraum 1.1.–10.11.1982. Vgl. Schreiben der Valutakontrollgruppe der Staatlichen Finanzrevision des Ministeriums der Finanzen über die Ergebnisse der Prüfung des Valutaaufkommens NSW in ausgewählten Außenhandelsbetrieben v. 11.11.1982; BArch DY 30/25284, o. Pag.

45 Vgl. Pohle, Meinolf: Staatliche Wirtschaftskriminalität im realen Sozialismus der DDR (1966–1990). Wirtschaftsspionage, Embargoverstöße und Vermögensverschiebungen des Bereichs Kommerzielle Koordinierung (KoKo) und des MfS. Clausthal-Zellerfeld 2004, S. 59.

46 Vgl. Heimann: Systembedingte Ursachen des Niedergangs, S. 296.

47 Vgl. Lepsius, Rainer M.: Handlungsräume und Rationalitätskriterien der Wirtschaftsfunktionäre in der Ära Honecker. In: Pirker, Theo; Lepsius, M. Rainer; Weinert, Erich u. a. (Hg.): Der Plan als Befehl und Fiktion. Wirtschaftsführung in der DDR. Gespräche und Analysen. Opladen 1995, S. 354–357.

48 Vgl. Haendcke-Hoppe, Maria: Die Umgestaltung des Außenhandelsapparates in der DDR. In: Deutschland Archiv 4/1981, S. 378–383; Bischof, Ulf: Die Kunst und Antiquitäten GmbH im Bereich Kommerzielle Koordinierung. Berlin 2003, S. 30.

49 Vgl. Judt: Bereich Kommerzielle Koordinierung, S. 181.

50 Buchheim, Christoph: Die Achillesverse der DDR – der Außenhandel. In: Steiner, André (Hg.): Überholen ohne einzuholen. Die DDR-Wirtschaft als Fußnote der deutschen Geschichte? Berlin 2006, S. 93.

Ferner war im innerdeutschen Handel, insbesondere bei der Umgehung westlicher Exportbeschränkungen gegenüber Staaten hinter dem »Eisernen Vorhang«, der Bereich Kommerzielle Koordinierung unter Alexander Schalck-Golodkowski maßgebend. Dieser konnte, seit 1971 am DDR-Zoll vorbei, den innerdeutschen Handel kontrollieren und steuern.[51] Die Devisenkonten vieler Betriebe, sogenannte Lorokonten, wurden allein von der Koko verwaltet und von der Valutakontrollgruppe des Finanzministeriums nicht überwacht.[52] Quantitativ entsprach der vom Bereich Kommerzielle Koordinierung betriebene Technologietransfer in die DDR zwar maximal 8 Prozent der in der DDR insgesamt getätigten Anlageinvestitionen, doch deren praktischer Folgenutzen für die technologisch in vielen Bereichen weit zurückhinkende DDR-Wirtschaft war immens.[53]

Die Wirtschaftskontakte zwischen der DDR und der Bundesrepublik waren teilweise unübersichtlich, denn das geheimniskrämerische SED-Regime wollte seine Abhängigkeit von westlichen Devisen verschleiern und insbesondere die Importwege von eigentlich unter das westliche Embargo fallenden Produkten geheim halten, zumal der so erwirtschaftete Gewinn neben Konsumgütern für die Bevölkerung auch in Luxusartikel für die Führungsriege von Partei und Staat floss. Weil Produkte aus der DDR wie erwähnt zollfrei in die Bundesrepublik importiert werden konnten, ergaben sich mitunter absurde Warenwege – Mitte der siebziger Jahre wurden beispielsweise Textilien aus rumänischer Produktion nach Hamburg verschifft, dann von der ostdeutschen Spedition VEB Deutrans in die DDR transportiert, dort umdeklariert und schließlich in die Bundesrepublik als angebliche DDR-Produkte eingeführt.[54] Mitunter waren auch westdeutsche Händler aus steuerlichen Gründen an Geheimhaltung interessiert und schlossen Scheinverträge ab.[55] Zudem wurden DDR-Produkte in den Volkseigenen Betrieben unter einem bestimmten Namen gefertigt, von Westfirmen aber unter gänzlich anderer Bezeichnung vertrieben.[56] Quelle beispielsweise hatte weitgehend identische Uhren des VEB Glashütter Uhrenbetriebe im Angebot, die beide im Katalog mit dem Label »Made in Germany« beworben wurden, aber mal zu einem wesentlich günstigeren Preis mit präziser Herstellerangabe und mal wesentlich teurer unter dem Na-

51 Vgl. Judt: Bereich Kommerzielle Koordinierung, S. 46.

52 Vgl. Krewer: Geschäfte mit dem Klassenfeind, S. 187; Judt: Bereich Kommerzielle Koordinierung, S. 23.

53 Vgl. Steiner: Von Plan zu Plan, S. 183.

54 Vgl. Krewer: Geschäfte mit dem Klassenfeind, S. 210.

55 Vgl. ebenda, S. 211.

56 Vgl. Einschätzung zu den Ergebnissen der Leipziger Herbstmesse v. 15.10.1980; BStU, MfS, BV Schwerin, AIM 191/94, Bd. 2, Bl. 52–58.

men der Quelle-Hausmarke »Anker«.[57] Unter dem Namen »Universum« wiederum vertrieb Quelle Rundfunk- und Fernsehgeräte,[58] die aus der DDR, aber auch aus anderen sozialistischen Staaten stammten.[59] Solchermaßen verschleierte Warenwege erschweren es heute noch, den genauen Produktions- und Vertriebsweg von DDR-Produkten nachzuvollziehen.

Wegen Mängeln in Verarbeitung[60] und Design erwiesen sich viele DDR-Produkte als Ladenhüter, die oftmals auch in Entwicklungsländern sowie in sozialistischen Staaten keine Abnehmer fanden. Ausbleibende Zulieferungen an die ostdeutschen Produktionsstätten, ungenügende Qualitätsstandards und unüberwindliche Kapazitätsgrenzen führten häufiger zu Lieferrückständen, unerfüllten Wünschen der Abnehmer sowie letztlich zu zahlreichen Reklamationen durch die Einkäufer und Endabnehmer.[61] Natürlich nahm die DDR-Seite an, die Materialprüfung westlicher Ämter werde von den großen Konzernen gesteuert und würde lediglich vorgeschoben um den eigenen Profit zu maximieren.[62] In einigen Bereichen hätten die westlichen Reklamationen »einen solchen Umfang erreicht, dass eine bewusste Manipulierung nicht auszuschließen« sei, vermutete die DDR-Seite.[63] Bei näheren Untersuchungen stellte sich oft heraus, dass die meisten Reklamationen im Westen zu Recht erfolgten, weil die DDR-Betriebe unter Termindruck Abstriche in der Verarbeitungsqualität zugelassen hatten[64] bzw. die Ware vor der Auslieferung nicht gründlich genug auf Mängel untersucht worden war. Auch die Verpackung war für den Transport über weite Strecken oft ungenügend und führte zu Beschädigungen.[65] Letztlich waren es die harten Gesetze des Wettbewerbs in

57 Tietz, Janko: Ein Label geht um die Welt. In: Spiegel-Spezial Nr. 5/2008 v. 26.8.2008 [http://www.spiegel.de/spiegel/spiegelspecial/d-59462242.html; 8.8.2012].

58 Vgl. Schöllgen: Gustav Schickedanz, S. 380.

59 Vgl. u. a. http://www.radiomuseum.org/dsp_hersteller_detail.cfm?company_id=871 [23.4.2013].

60 So ließ etwa die Firma Standard Elektrik Lorenz (Stuttgart) beim VEB Elektronik Radeberg 2 000 Fernseher produzieren, doch benötigten zwei entsandte Kontrolleure des Betriebes etwa sechs Tage, um vor Ort unstrittige Produktionsmängel noch zu beheben, bevor die Geräte in den Verkauf gelangen konnten. Vgl. [Bericht der] Arbeitsgruppe für Organisation und Inspektion beim Ministerrat über nicht ausreichende Qualität der auf dem NSW-Markt angebotenen Erzeugnisse von DDR-Lieferbetrieben v. 28.12.1983; BArch DC 20/23112 , o. Pag.

61 Vgl. Analyse der im VEB Polstermöbel Güstrow eingetretenen Planrückstände v. 22.5.1980; BStU, MfS, BV Schwerin, AIM 191/94, Bd. 2, Bl. 24 f.

62 Vgl. Information der Arbeitsgruppe für Organisation und Inspektion über Aktivitäten bundesdeutscher Dienststellen v. 28.5.1974; BArch DC 20/27459, o. Pag.

63 Information über Reklamationen, die sich hemmend auf die weitere Steigerung der Exporte in nichtsozialistische Länder auswirken v. 8.8.1975; BArch DC 20/22688, o. Pag.

64 Vgl. Schreiben des Präsidenten des Amtes für Standardisierung, Messwesen und Warenprüfung Prof. Lilie an Genossen Möbius v. 23.6.1978; BArch DC 20/27717, o. Pag.

65 Vgl. Information über Reklamationen, die sich hemmend auf die weitere Steigerung der Exporte in nichtsozialistische Länder auswirken v. 8.8.1975; BArch DC 20/22688, o. Pag.

einer konsumorientierten Marktwirtschaft, die zu hoher Unduldsamkeit der Abnehmer und Kunden gegenüber jeglichen Abstrichen von der versprochenen Qualität und Ausstattung führten. Die Produktion vorrangig nach den Kundenwünschen auszurichten war für DDR-Betriebe ungewohnt, die den rauen Wind des Wettbewerbs erst in dem Moment zu spüren bekamen, als sie mit ihren Produkten westliche Märkte zu erobern versuchten.

So brachten »einige kapitalistische Unternehmen« schon in der Anfangsphase des intensiveren Ost-West-Handels im Jahre 1975 »bereits unmissverständlich zum Ausdruck, dass sie nicht mehr bereit sind, DDR-Erzeugnisse zu kaufen, wenn nicht eine generelle Verbesserung der Qualität und des Kundendienstes gewährleistet wird«.[66] Einmal mehr stand sich die ostdeutsche Wirtschaft hier mit ihrer mangelnden Anpassungsfähigkeit und ungenügender Innovationsdynamik selbst im Wege.[67] Durch ungeschicktes Geschäftsgebaren irritierten DDR-Betriebe zudem selbst zuverlässige Abnehmer und gefährdeten dadurch Absatzwege, die sie sich bereits erobert hatten.[68] Nachfolgend wird anhand einer exemplarischen, nicht streng repräsentativen Auswahl von Betrieben bzw. Haftanstalten zu untersuchen sein, inwieweit bei dem Export von DDR-Produkten die erzwungene Arbeit von (politischen) Häftlingen eine Rolle gespielt haben könnte.

66 Ebenda.

67 Vgl. Fäßler: »Störfreimachung« und Rückkehr zum Tagesgeschäft, S. 295.

68 Vgl. Bericht eines IM zum Export von Vorschaltgeräten für das NSW [Ende 1978]; BStU, MfS, BV Gera, Abt. XVIII 4124, Bl. 45–50.

4.2 Sofas aus Waldheim – die Rivalen Kamprad und Lämmerzahl

Im Jahre 1958 eröffnete Ingvar Kamprad das erste Einrichtungshaus in Älmhult (Schweden) und war aufgrund des ansprechenden Designs seiner Modelle und der günstigen Preise sehr schnell erfolgreich. Als dann die schwedischen und dänischen Lieferanten die Nachfrage nach den zumeist zerlegbaren IKEA-Möbeln nicht länger stillen konnten, wich der Konzern bereits Anfang der sechziger Jahre mit einem Teil seiner Produktion nach Polen aus.[1] Zunächst kurzfristige, bald aber langfristige Lieferverträge ermöglichten es der sozialistischen Planwirtschaft, auf die Wünsche des Konzerns einzugehen und extrem günstig zu produzieren. Um auch den westlichen Qualitätsmaßstäben zu genügen, wurden sehr früh Produktionsanlagen in Schweden abgebaut und im kommunistischen Polen wieder aufgebaut[2] – was dem Prinzip der Gestattungsproduktion in der DDR entsprach. Aus Polen wurden so, Konzernangaben zufolge, zwei Millionen »Billy«- und drei Millionen »Ivar«-Regale importiert, und zeitweise stammte in den sechziger Jahren jeder zweite Sortimentsartikel aus der Volksrepublik.[3]

Die ersten Kontakte von IKEA zu den Außenhandelsbetrieben der DDR hatten sich schon 1960 entwickelt.[4] Hauptabnehmer von DDR-Möbeln in Schweden war seinerzeit aber noch die aus der Arbeiterbewegung hervorgegangene Kooperativa Förbundet (KF) mit Sitz in Stockholm.[5] Der gesamte Möbelexport Ostdeutschlands nach Schweden hatte im Jahre 1967 einen Umfang von lediglich 1,1 Millionen Valutamark, sollte im Folgejahr indes auf 5,9 Millionen steigen, davon offenbar 600 000 durch den VEB Polstermöbelwerk Cottbus und 280 000 durch den VEB Sitzmöbelwerk Waldheim;[6] beide Betriebe beschäftigten auch Häftlingsarbeiter, worauf noch zurückzukommen sein wird. Auch aufgrund schlechterer Umtauschkurse halbierte sich jedoch in Wirklichkeit der Möbelexport nach Schweden bis 1975 auf insgesamt 630 000 Valutamark.[7]

Das Geschäft mit der Bundesrepublik hingegen blühte auf, und als IKEA 1974 seine erste Filiale in der Bundesrepublik eröffnete, ließ der Konzern

1 Vgl. u. a. Torekull; Kamprad: Geheimnis von IKEA, S. 75.

2 Vgl. Jungbluth: 11 Geheimnisse des IKEA-Erfolgs, S. 65–69.

3 Vgl. Torekull; Kamprad: Geheimnis von IKEA, S. 75–79.

4 Vgl. Antrag von Inter-IKEA auf Einrichtung einer ständigen Niederlassung in der DDR v. 4.11.1980; BArch DL 2/6472, o. Pag.

5 Vgl. Brazda, Johann; Schwediwy, Robert; Rönnebeck, Gerhard (Hg.): Pioniergenossenschaften am Beispiel der Konsumgenossenschaften in Großbritannien, Schweden und Japan. Frankfurt/M. 1996, S. 95–167.

6 Vgl. Konzeption der VVB Möbel zur Vorbereitung der Leipziger Frühjahrsmesse v. 4.12.1967; BArch DG 4/246, o. Pag.

7 Vgl. DDR-Export 1975 nach Schweden (vorläufig); BArch DL 2/5685a, Bl. 140–143.

bereits »vornehmlich in Polen, Rumänien und der DDR herstellen«.[8] Die Herkunft vieler IKEA-Möbel aus Osteuropa war schon seinerzeit bekannt und ließ die bundesdeutschen Konkurrenten Sturm laufen.[9] Als die polnischen Betriebe dann höhere Abnehmerpreise erzielen wollten, stellte IKEA sich taub und ließ fortan immer mehr in Ostdeutschland fertigen, die Konkurrenz zwischen den sozialistischen Volkswirtschaften nutzend.[10]

Noch bevor das schwedische Einrichtungshaus auch mit Artikeln aus der DDR reüssierte, bezog bereits eine Reihe bundesdeutscher Unternehmen und Zwischenhändler Möbel aus dem anderen Teil Deutschlands, allen voran der fränkische Möbelfabrikant Richard Karl Lämmerzahl (International) (RKL/RKLI). Dieser beschäftigte selbst circa 350 Mitarbeiter in einer Möbelfabrik in Neunkirchen am Sand und war bereits 1965 in größerem Umfang in das DDR-Geschäft eingestiegen. Er konnte den Import von Möbeln aus Ostdeutschland von 12 Millionen Valutamark im Jahre 1966 auf 43 Millionen im Jahre 1972 ausbauen. Da der Gesamtumfang der Möbelexporte aus der DDR in die Bundesrepublik im gleichen Zeitraum aber sogar von 27 auf 106 Millionen anstieg, stagnierte sein Anteil am gesamten Geschäft und lag 1966 bei 43,7, im Folgejahr bei 68,9 und 1972 bei 40,6 Prozent.[11] In alle westlichen Staaten zusammengenommen wollte die DDR im Jahre 1973 gar Möbel im Wert von 170 Millionen Valutamark exportieren. Selbst innerhalb der Administration war daher umstritten, ob nicht die Versorgung der eigenen Bevölkerung Vorrang genießen solle.[12]

Allein auf der Leipziger Herbstmesse von 1967 hatte die Vereinigung Volkseigener Betriebe (VVB) Möbel mit bundesdeutschen Firmen Lieferverträge im Umfang von 21,3 Millionen Valutamark abgeschlossen, darunter für 20,6 Millionen mit der Firma Lämmerzahl.[13] Dabei wurde der Firmenchef zu Beginn der siebziger Jahre gerade wegen seiner Geschäftsbeziehungen in die

8 Jungbluth: 11 Geheimnisse des IKEA-Erfolgs, S. 100.

9 Vgl. Der Spiegel Nr. 16/1977 v. 11.4.1977, S. 84.

10 Vgl. Jungbluth: 11 Geheimnisse des IKEA-Erfolgs, S. 124.

11 Vgl. Information der Inspektion der Arbeitsgruppe für Organisation beim Ministerrat der DDR zu den Möbelexportbeziehungen mit der BRD-Firma Lämmerzahl v. 10.11.1972; BStU, MfS, HA XVIII 18357, Bd. 3, Bl. 298–308; sowie in BArch DC 20/27773, o. Pag. (Dok. 2245). Siehe auch: Auszug aus dem Bericht von »Toni« über die Handelsbeziehungen RKL-DDR v. 18.2.1971; BStU, MfS, BV Suhl, AOPK 1006/74, Teil I, Bl. 75 f.

12 Vgl. Information des Ministeriums für Leichtindustrie über aufgetretene Probleme bei der Staatlichen Auflage 1973 v. 18.5.1972; BArch DG 4/1583, o. Pag.; Schreiben des AHB Holz und Papier Export-Import an das Ministerium für Außenwirtschaft v. 4.10.1972; BArch DG 4/1583, o. Pag.

13 Vgl. Protokoll des Ministeriums für Leichtindustrie über die Verteidigung der Konzeption zur Vorbereitung der Leipziger Frühjahrsmesse v. 10.1.1968; BArch DG 4/246, o. Pag.; Messeabschlussbericht der VVB Möbel – Leipziger Herbstmesse 1967 – v. 3.10.1967; BArch DG 4/246, o. Pag.

DDR noch in einer Operativen Personenkontrolle (OPK) bearbeitet, da er – den Kundenwünschen entsprechend – von den ostdeutschen Produktionsbetrieben eine hohe Flexibilität erwartete und angeblich vertraglich zugesagte Lieferungen nicht abgenommen hatte. Die Bearbeitung war dann jedoch eingestellt worden, da »politische Erwägungen den Vorrang gegenüber den auftretenden ökonomischen Problemen« besaßen.[14] Es entsprach der grundsätzlich argwöhnischen Haltung der ostdeutschen Geheimpolizei, die Wirtschaftskontakte bundesdeutscher Unternehmen in die DDR unter Generalverdacht zu stellen.[15]

Die Gewinnspanne des fränkischen Möbelimporteurs war dabei beachtlich, wurden Polstermöbel, Schlafzimmer und Wohnzimmereinrichtungen von den belieferten Kaufhauskonzernen in der Bundesrepublik doch zum doppelten Abnahmepreis verkauft, den die DDR-Betriebe erzielt hatten.[16] Von 1975 bis einschließlich 1987 machte seine Firma so einen Gewinn von knapp 9 Millionen DM, was größtenteils auf den Handel mit DDR-Möbeln zurückzuführen sein dürfte[17] – und dies, obwohl in Anbetracht der Besteuerung in der Bundesrepublik nach dem Willen Ostberlins die Gewinne gar nicht so hoch ausfallen sollten, wie weiter unten noch ausgeführt wird. Lämmerzahl hoffte sogar auf eine noch höhere Rendite, indem er die bislang parallelen Lieferbeziehungen an verschiedene bundesdeutsche Unternehmen auf einen Abnehmer bzw. Zwischenhändler konzentrieren wollte – was er damit begründete, dass die Sowjetunion ihren Kaviar ja schließlich auch nur an einen einzigen Importeur in der Bundesrepublik verkaufen würde.[18] Auch die ostdeutsche Seite hoffte – in partieller Unkenntnis der Gesetze der Marktwirtschaft – auf diese Weise bessere Preise für die DDR-Betriebe zu erzielen.[19]

Als alleiniger Abnehmer kam nach Lage der Dinge nur die Firma Lämmerzahl selbst infrage, die nun als »Geschäftskonstruktion des Bereichs Kommerziel-

14 Übersichtsbogen zur operativen Personenkontrolle von 1972; BStU, MfS, BV Suhl, AOPK 1006/74, Teil I, Bl. 3 f.

15 Vgl. Rudolph, Karsten; Wüstenhagen, Jana: Große Politik – kleine Begegnungen. Die Leipziger Messe im Ost-West-Konflikt. Berlin 2006, S. 135.

16 Vgl. Tonbandabschrift [des mündlichen Berichts des Inoffiziellen Mitarbeiters] »Oswald« zu einigen Fragen der Preisgestaltung v. 4.8.1972; BStU, MfS, BV Suhl, AOPK 1006/74, Teil I, Bl. 176; Tonbandabschrift [des mündlichen Berichts des Inoffiziellen Mitarbeiters] »Oswald« über eine durchgeführte Reise nach Westdeutschland v. 10.4.1973; ebenda, Bl. 209–220.

17 Vgl. Gewinn- und Verlustrechnung der Firma RKLI; BArch DL 226/1820, o. Pag.

18 Vgl. 3. Information der Inspektion des Vorsitzenden des Wirtschaftsrats des Bezirkes Cottbus v. 29.8.1970; BStU, MfS, BV Suhl, AOPK 1006/74, Teil I, Bl. 85 f.

19 Vgl. Abt. XVIII/2 der BV Cottbus: Veränderungen der gegenwärtigen Absatzstruktur v. 8.6.1971; BStU, MfS, BV Cottbus, AOP 905/72, Bl. 61–64; Konzeption zur Gestaltung der Absatzorganisation Möbel in der BRD/WB für 1975 und Folgejahre; BStU, MfS, HA XVIII 18357, Bd. 3, Bl. 181–195.

le Koordinierung AHB [Außenhandelsbetrieb] Simpex« aufgebaut wurde.[20] Mit einem Anteil von 52 Prozent war die ostdeutsche Seite (vermutlich verdeckt) an dem Unternehmen beteiligt.[21] So schloss der Außenhandelsbetrieb Holz und Papier, durch Alexander Schalck-Golodkowski protegiert, mit dem fränkischen Möbelunternehmer im November 1974 einen Vertrag, der ihm für Möbel aus der DDR das »Alleinverkaufsrecht in der BRD« garantierte.[22] Gegenüber der Bundesrepublik war er nun der »Alleinvertreter für den AHB Ho/Pa [Außenhandelsbetrieb Holz/Papier]«, nur die »speziellen Sortimente in der BRD« der Firma IKEA bildeten eine Ausnahme.[23] Doch während IKEA im Jahre 1977 für nicht einmal 10 Millionen Valutamark Möbel aus der DDR direkt in die Bundesrepublik exportierte, hatten die Verträge mit der Firma Lämmerzahl seinerzeit ein Geschäftsvolumen von 130 Millionen Valutamark.[24] Richard Karl Lämmerzahl wurde sich in dieser Phase »offensichtlich völlig bewusst, dass seine Stabilität völlig von der DDR-Möbelindustrie abhängt«.[25]

Der fränkische Möbelfabrikant war angeblich auch an der Thurn-und-Taxis-Bank (München) beteiligt,[26] beabsichtigte Hauptaktionär beim Börsengang von Quelle zu werden und war zeitweilig wohl so liquide, dass er dem Außenhandelsbetrieb Holz und Papier Vorauskasse in einer Höhe von bis zu 30, nach anderen Quellen gar bis 500 Millionen DM offerierte.[27] Der zeitweilige Geschäftsführer der Firma kannte zudem den bayerischen Ministerpräsidenten Franz Josef Strauß mehr oder weniger gut.[28]

Zugleich hatte Richard Karl Lämmerzahl vorzügliche Kontakte nach Ostberlin aufgebaut – vermutlich weil er sich politisch flexibel zeigte und beispielsweise während der Verhandlungen um die deutsch-deutschen Grundla-

20 Gemeinsamer Maßnahmeplan der HA XVIII/11 und der AG BKK v. 13.1.1988; BStU, MfS, AG BKK 567, Bl. 2–14.

21 Vermerk der HA XVIII über eine Aussprache mit Gen. W. Ledig v. 22.1.1976; BStU, MfS, HA XVIII 18357, Bd. 3, Bl. 3 f.

22 Vgl. Schreiben des Staatssekretärs im Ministerium für Außenhandel Dr. Schalck an den Generaldirektor AHB Holz und Papier Kämmler v. 4.2.1980; BArch DL 2 VA 484, o. Pag. Siehe auch: Worst, Anne: Ostprodukte im Westregal – Geschäfte mit der DDR, MDR-TV v. 11.12.2012; http://www.mdr.de/doku/ostprodukte162.html [28.1.2013].

23 Vgl. [Übersicht über die] Firma Richard K. Lämmerzahl o. D.; BStU, MfS, AG BKK 567, Bl. 19; Zusammenfassung der Erkenntnisse durch die HA XVIII/11 v. 2.7.1987; BStU, MfS, HA XVIII 13616, Bl. 13–18.

24 Vgl. Information der HA XVIII/6/3 über den gegenwärtigen Stand der Messeverhandlungen v. 6.9.1977; BStU, MfS, HA XVIII 18352, Bd. 1, Bl. 103–106.

25 Treffbericht des IMS »Greiner« v. 6.1.1976; BStU, MfS, HA XVIII 18357, Bd. 3, Bl. 5–10.

26 Vgl. Bericht der Arbeitsgruppe Innenstadt [der Kreisdienststelle für Staatssicherheit Leipzig] v. 17.3.1971; BStU, MfS, BV Cottbus, AOP 905/72, Bl. 150 f.

27 Vgl. Begründung für das Anlegen einer VAO durch die Abt. XVIII der BV Cottbus o. D. [1970]; BStU, MfS, BV Suhl, AOPK 1006/74, Teil I, Bl. 74.

28 Vgl. Treffbericht der HA XVIII/7 mit IMV »Greiner« am 1.9.1979; BStU, MfS, HA XVIII 18356, Bl. 33–35.

genverträge den Alleinvertretungsanspruch der Bundesrepublik kritisierte. Zudem stellte er in bester Unternehmertradition den Profit seines Hauses in den Vordergrund und importierte ohne Berührungsängste in großem Stile Waren aus den Ostblockstaaten in den Westen.[29] Vor allem jedoch ließ Lämmerzahl, der den ostdeutschen Betriebsdirektoren bei ihren Besuchen gern den hauseigenen Swimmingpool präsentierte,[30] einer Druckerei der DKP finanzielle Mittel zukommen (oder vergab großzügig bemessene Aufträge dorthin) und bekam dafür vom ZK der SED günstigere Preise bei der Abnahme von Möbeln aus der DDR zugesprochen.[31] Als Verbindungsmann fungierte Werner Pokorny, Parteiorganisator des ZK im VEB Möbel Hellerau. Er galt als »ZK-Beauftragter für die VVB Möbelindustrie«[32] und war »in die Westarbeit des ZK der SED einbezogen«.[33] Im Jahre 1977 wurde er jedoch abberufen[34] und hatte als Generaldirektor des VVB Schnittholz und Holzwaren Berlin den Holzexport in den Westen im Volumen von nur noch 25 Millionen Valutamark jährlich zu organisieren.[35] In den achtziger Jahren leitete Pokorny als Generaldirektor den VEB Möbelkombinat Berlin und reiste auch zu Lämmerzahl in den Westen.[36] Zumindest für das Polstermöbelkombinat Oelsa war jetzt aber ein anderer »ZK-Beauftragter« zuständig[37] – was vermutlich auf große Produktionsrückstände in dem Kombinat im Jahre 1981 zurückging, die »komplexe Untersuchungen« und ein Disziplinarverfahren gegen einen Verantwortlichen ausgelöst hatten.[38]

29 Vgl. Bericht des IMS »Toni« der Abt. XVIII/2 über eine Dienstreise nach Nürnberg v. 12.1.1971; BStU, MfS, BV Cottbus, AOP 905/72, Bl. 131 f.

30 Vgl. 1. Information der Inspektion des Wirtschaftsrat des Bezirks Cottbus v. 26.2.1970; ebenda, Bl. 104 f.

31 Vgl. Treffbericht der HA XVIII/7/4 v. 21.8.1973; BStU, MfS, HA XVIII 18357, Bd. 3, Bl. 291; Vermerk der HA XVIII/7 von Januar 1973; ebenda, Bl. 296.

32 Schreiben der Abt. VI der Bezirksverwaltung für Staatssicherheit Dresden an die HA VI v. 8.4.1970; BStU, MfS, HA XX, AP 78687/92, Bl. 30 f. Zu Pokorny siehe auch die Zusammenfassende Darstellung der HA XVIII/7/4 über die Firma Lämmerzahl v. 15.8.1974; BStU, MfS, HA XVIII 18356, Bl. 278–284.

33 Schreiben der HA XVIII/6 an die HA XX/10 v. 6.9.1982; BStU, MfS, HA XX, AP 78687/92, Bl. 30 f.

34 Vgl. Protokoll Nr. 33 der Sitzung des Sekretariats des ZK der SED v. 4.11.1977; BArch DY 30/J IV 2/3 2575, Bl. 1–7.

35 Vgl. Schnittholz – Auslieferungsstand 31.10.1977; BArch DG 5/2116, o. Pag.; Schreiben der Vereinigung Volkseigener Betriebe an Wange v. 5.4.1978; ebenda, o. Pag.

36 Vgl. Direktive des VEB Möbelkombinat Berlin v. 18.6.1985; BArch DG 5/2867, o. Pag.

37 Vgl. Bericht des IM »Meißner« der Abt. II der Bezirksverwaltung für Staatssicherheit Dresden v. 24.9.1984; BStU, MfS, BV Dresden, AIM 1914/86, Teil II, Bd. 3, Bl. 143–148.

38 Festlegungen aus der Exportberatung des Ministers [für Bezirksgeleitete Industrie und Lebensmittelindustrie] v. 5.3.1981; BArch DG 5/2248, o. Pag.

Richard Karl Lämmerzahl war mit dem Minister für Leichtindustrie, Johann Wittik, »sehr gut bekannt«,[39] in dessen Ressort die Möbelproduktion bis 1973 fiel und der in den fünfziger Jahren inoffiziell für die Staatssicherheit gearbeitet hatte.[40] »Zur schnelleren Durchsetzung eines energischen Fortschritts bei der Steigerung der Produktion von Konsumgütern, insbesondere bei Möbeln«[41] wurde die Zuständigkeit dann aber dem Ministerium für Bezirksgeleitete Industrie und Lebensmittelindustrie übertragen.[42] Dem 1974 vom Stellvertreter zum Minister in diesem Ressort beförderten Udo-Dieter Wange attestierte zudem die Staatssicherheit große Aufgeschlossenheit gegenüber ihren Anliegen.[43] Der Außenhandelsbetrieb Holz und Papier erteilte dann jedenfalls schon 1972 den Möbelwerken Themar beispielsweise die Weisung, ihr gesamtes Sortiment an Lämmerzahl zu verkaufen, selbst wenn andere Abnehmer (wie Steinhoff/Westerstede) höhere Preise gezahlt hätten.[44] Dadurch waren für die betreffenden Betriebe die »erzielten VM [Valutamark]-Nettoerlöse [...] bei RKL-International kleiner als bei den [anderen] genannten Firmen«,[45] weswegen sie an lukrativeren Absatzwegen interessiert sein mussten.

So entwickelte der Generaldirektor des Außenhandelsbetriebs Holz und Papier – trotz der exklusiven Lieferverträge mit Richard Karl Lämmerzahl – parallel geschäftliche Kontakte zu IKEA und verhandelte offenbar schon ab 1975 direkt mit Ingvar Kamprad; auch an andere schwedische Firmen (wie Europa-Möbler/Uppsala, Södra/Växjö oder Torkelson/Skanes-Fagerhult) sowie nach ganz Europa wurden schließlich Möbel geliefert.[46] Die beiden Parteien kamen 1976 überein, dass der Außenhandelsbetrieb Holz und Papier im Folgejahr Möbel im Wert von 36 Millionen DM an IKEA liefern sollte;

39 Auszug aus dem Bericht von »Toni« über die Handelsbeziehungen RKL-DDR v. 18.2.1971; BStU, MfS, BV Suhl, AOPK 1006/74, Teil I, Bl. 75 f.

40 Vgl. BStU, MfS, AIM 1238/58.

41 Begründung zur Durchsetzung einer zielstrebigen und einheitlichen Leitung und Planung in den Industriebereichen Textil, Bekleidung, Leder sowie Holz, Papier, Kulturwaren o. D. [1973]; LAB, C Rep. 101 Nr. 719, o. Pag.

42 Vgl. [Entwurf eines] Beschlusses [des Ministerrats] zur Durchsetzung einer zielstrebigen und einheitlichen Leitung und Planung in den Industriebereichen Textil, Bekleidung, Leder sowie Holz, Papier, Kulturwaren o. D. [1973]; ebenda, o. Pag. Auch später waren beim Möbelexport neben dem Ministerium für Bezirksgeleitete Industrie und Lebensmittelindustrie das Ministerium für Leichtindustrie, das Ministerium für Außenhandel sowie das Ministerium für Wissenschaft und Technik eingebunden. Vgl. Beschluss [des Ministerrats] Nr. 10/1982 zur volkswirtschaftlichen Effektivität des Exports von Möbeln in das NSW; BArch DN 1/126777, o. Pag.

43 Vgl. [Einschätzung von] Udo-Dieter Wange [durch das Ministerium für Staatssicherheit] v. 7.12.1966; BStU, MfS, HA XX 6630, Bl. 32.

44 Vgl. Bericht der Kreisdienststelle Hildburghausen v. 25.10.1972; BStU, MfS, HA XVIII 18357, Bd. 3, Bl. 310 f.

45 Vgl. Hinweise eines IM der KD Eisenberg zur BRD-Vertreterfirma Lämmerzahl o. D. [1974]; BStU, MfS, HA XVIII 18357, Bd. 3, Bl. 170.

46 Vgl. Bericht über Kontaktaufnahme v. 28.3.1989; BStU, MfS, AP 47142/92, Bl. 16–19.

eine rasche Expansion war dabei einkalkuliert, denn schon 1978 sollte der Umsatz auf 42 und 1979 auf 49 Millionen DM steigen.[47]

Den schwedischen Konzernchef unterrichtete der Generaldirektor des Außenhandelsbetriebs Holz und Papier aber erstmalig im Februar 1977 von den Exklusiverträgen mit Lämmerzahl. Kamprad entgegnete, dass sich die Sortimente nicht überschneiden würden[48] – und tatsächlich zielten die beiden Importeure mit teilweise unterschiedlichem Sortiment auf andere Kundenkreise und bezogen ihre Waren auch teils von unterschiedlichen Kombinaten und Betrieben in der DDR. Der Direktor des Außenhandelsbetriebs Holz und Papier wollte den Rivalitäten die Spitze nehmen und traf sich im Juli 1977 mit den beiden Rivalen Ingvar Kamprad und Richard Karl Lämmerzahl, konnte aber keine Einigung herbeiführen.[49] Sollte Lämmerzahl mit juristischen Mitteln seinen Exklusivvertrag durchsetzen, so fürchtete der ostdeutsche Generaldirektor, würde sich der schwedische Abnehmer andere Zulieferbetriebe in Osteuropa suchen, und dem Außenhandelsbetrieb Holz und Papier würde das Exportvolumen des IKEA-Geschäfts von seinerzeit bereits 15 Millionen Valutamark wegbrechen; weitere 50 Millionen würden mit »anderen Märkten« wegfallen, womit möglicherweise weitere Landesgesellschaften von IKEA gemeint waren. Der Direktor des Außenhandelsbetriebs Holz und Papier schlug daher als Kompromisslösung vor, den Vertrag mit der Firma Lämmerzahl zu modifizieren, eine einmalige Kompensation von IKEA zu erwirken und fortan die Exporte an diesen Konzern zu limitieren.[50] Zu einem Gentlemen-Agreement waren die beiden Streithähne aber nicht bereit; Richard Karl Lämmerzahl bestand darauf, dass auch die Möbelimporte von IKEA aus der DDR über ihn abgewickelt werden müssten; Kamprad entgegnete »freundlich aber bestimmt [...], dass IKEA unter keinen Umständen dies akzeptieren könne«, sondern seine Lieferverträge wie gehabt direkt mit dem Außenhandelsbetrieb Holz und Papier abschließen werde.[51]

47 Vgl. Protokoll zwischen AHB Holz und Papier und Firma Inter-IKEA v. 13.5.1976; BArch DL 2 VA 484, o. Pag. In der Quelle in schwedischen Kronen, hier umgerechnet zum tatsächlichen Wechselkurs der jeweiligen Jahrgänge.

48 Vgl. Gesprächsvermerk des Generaldirektor AHB Holz und Papier Kämmler über die am 12.7.1977 stattgefundene Verhandlung mit den Herren Lämmerzahl und Kamprad v. 13.7.1977; BArch DL 2 VA 484, o. Pag.

49 Vgl. Schreiben des Generaldirektor AHB Holz und Papier Kämmler an den Staatssekretär im Ministerium für Außenhandel Dr. Schalck v. 25.8.1977; BArch DL 2 VA 484, o. Pag.

50 Vgl. ebenda.

51 Vgl. Schreiben von Ingvar Kamprad an den Generaldirektor AHB Holz und Papier Kämmler v. 1.8.1977; BArch DL 2 VA 484, o. Pag.

Die ostdeutsche Seite versuchte zunächst IKEA als Konkurrenten Lämmerzahls »kleinzuhalten«,[52] obwohl sie aufgrund ihrer Eigentumsanteile im letztgenannten Unternehmen jederzeit die Verträge hätte ändern können.[53] Da Lämmerzahls Unternehmen aber wesentlich von der Staatssicherheit getragen wurde, hatte er mit Schalck-Golodkowski einen wichtigen Verbündeten. Dieser wollte die Produktionsaufträge von der Firma Lämmerzahl durch den Außenhandelsbetrieb Holz und Papier vorrangig bearbeitet wissen und dessen Exportvolumen an IKEA auf 20 Millionen Valutamark begrenzen. »Dabei sind Sortimentsüberschneidungen mit RKLI zu vermeiden und für die Direktimporte an IKEA maximale Preise durchzusetzen«, wie der Chef des Bereichs Kommerzielle Koordinierung jetzt in klarer Kenntnis der Gesetze der Marktwirtschaft formulierte. »Der Provisionserlös ist an den Bereich Kommerzielle Koordinierung abzuführen.«[54] Dieser wollte zwar für den fränkischen Möbelhändler »Umsatzsteigerungen von Jahr zu Jahr« erreichen, doch sollten »die Gewinne für RKLI in Hinsicht auf die Gewinnbesteuerung in der BRD möglichst klein« gehalten werden[55] – und die Erträge sollten schließlich vorzugsweise bei dem Bereich Koko oder zumindest beim Außenhandelsbetrieb Holz und Papier anfallen. Schalck-Golodkowskis Machtwort hatte Gewicht, und es galt nun für Lieferungen an IKEA für das Jahr 1978 eine Obergrenze von 20 Millionen und für das Jahr 1979 eine Obergrenze von 22 Millionen Valutamark.[56]

Doch der Direktor des Außenhandelsbetriebs Holz und Papier stellte im Frühjahr 1979 klar, dass er alle Möglichkeiten zum Westexport von Möbeln ausnutzen müsse, um die ihm von der Staatlichen Plankommission auferlegten Exportpläne erfüllen zu können.[57] Zudem erziele man bei Geschäften mit IKEA eine um 15 Prozent höhere Außenhandelsertragskennziffer (AEK), weil die DDR-Betriebe bei Exporten an die Firma Lämmerzahl in der Preisgestaltung ja nicht frei waren. Ein Limit von 22 Millionen Valutamark würde für das Jahr 1979 »nicht ausreichen. Ich möchte Sie bitten«, wie er freundlich aber bestimmt an den Chef des Bereichs Kommerzielle Koordinierung schrieb, »das festgelegte Limit auf 30 Mio. zu erhöhen.«[58] Auch der Gedanke, IKEA eine

52 Vgl. Information der HA XVIII/6/3 über den gegenwärtigen Stand der Messeverhandlungen v. 6.9.1977; BStU, MfS, HA XVIII 18352, Bd. 1, Bl. 103–106.

53 Vgl. Vermerk der HA XVIII über eine Aussprache mit Gen. W. Ledig v. 22.1.1976; BStU, MfS, HA XVIII 18357, Bd. 3, Bl. 3 f.

54 Vgl. Schreiben [des Staatssekretärs im Ministerium für Außenhandel] Dr. Schalck an den Generaldirektor AHB Holz und Papier Kämmler o. D. [1977]; BArch DL 2 VA 484, o. Pag.

55 Vgl. Vermerk der HA XVIII über eine Aussprache mit Gen. W. Ledig v. 22.1.1976; BStU, MfS, HA XVIII 18357, Bd. 3, Bl. 3 f.

56 Vgl. Schreiben des Generaldirektors AHB Holz und Papier Kämmler an den Staatssekretär im Ministerium für Außenhandel Dr. Schalck v. 24.4.1979; BArch DL 2 VA 484, o. Pag.

57 Vgl. ebenda.

58 Vgl. ebenda.

Provision in Höhe von einem Prozent an die Firma Lämmerzahl entrichten zu lassen, war noch nicht vom Tisch.[59]

Tatsächlich war auch die Beschränkung auf 30 Millionen DM schnell erreicht; alle DDR-Betriebe zusammengenommen exportierten 1979 Waren im Wert von 29 439 400 Valutamark an IKEA.[60] Der gesamte Möbelexport in den Westen sollte in diesem Jahr sogar 240 Millionen Valutamark betragen, hinkte aber schon im Mai um 20 Millionen dem Plan hinterher.[61] Als hinderlich erwiesen sich immer wieder die schleppende Reaktion der DDR-Betriebe auf veränderte Wünsche der westlichen Käufer und der »Sand im Getriebe« der beteiligten Ministerien und Kombinate. Im Interesse der jährlichen Planerfüllung mussten gegen Jahresende oft noch so viele Lieferungen erfolgen, dass sogar Lkw aus der Bundesrepublik angemietet werden mussten, was wiederum die Devisenrentabilität schmälerte.[62] Vor allem mussten viele modische und hochwertige Bezugsstoffe erst aus dem Westen importiert werden, weil die Möbelstücke sich sonst im Westen als Ladenhüter erwiesen hätten.[63] Weil aber so viele Ausgangsstoffe (wie Furniere und Beschläge) sowie Maschinen erst importiert werden mussten, hielt das Finanzministerium den »Export von Möbeln in das NSW [Nichtsozialistische Wirtschaftsgebiet] für die Volkswirtschaft der DDR aufgrund der gegenwärtigen Produktions- und Exportstruktur [sogar für] wenig effektiv«. Die diesbezügliche Exportrentabilität liege »unter dem Durchschnitt« anderer Branchen; Wohnzimmermöbel, Tische und Sessel würden angeblich sogar »mit Verlust exportiert«. Da vorwiegend »Massenware für Kaufhäuser« produziert werde, stünden die DDR-Betriebe in »hartem Konkurrenzkampf«.[64] Nachteilig wirkte sich gewiss auch aus, dass bei den Exporten an die Firma Lämmerzahl politische Erwägungen eine Rolle spielten und nicht kaufmännisch nüchtern kalkuliert wurde.

Weil jedenfalls im Jahre 1979 erneut mehr Möbel als im Vorjahr an IKEA geliefert worden waren, kritisierte Schalck-Golodkowski den Direktor des Außenhandelsbetriebes Holz und Papier abermals, er habe den mit der Firma Lämmerzahl im November 1974 abgeschlossenen Vertrag über das »Alleinver-

59 Vgl. Gesprächsvermerk über die Verhandlungen Kamprad (IKEA) – AHB H-P v. 3.7.1979; BArch DL 2 VA 484, o. Pag.

60 Vgl. Aufstellung IKEA per 7.4.1979; BArch DL 2 VA 484, o. Pag.

61 Vgl. Information des Ministeriums der Finanzen zu Problemen der volkswirtschaftlichen Effektivität des Exports von Möbeln in das NSW v. 3.7.1979; BArch DN 1/26761, o. Pag.

62 Vgl. Information der Abt. Inspektion der Arbeitsgruppe für Organisation und Inspektion beim Ministerrat über ausgewählte Probleme der Möbelindustrie für den NSW-Export v. 8.1.1985 (mit Anlagen); BArch DC 20/11174, Bl. 56–73.

63 Vgl. Bericht der Abteilung für Organisation bei der Sicherung des NSW-Exports von Polster- und Sitzmöbeln von 1982; BArch DC 20/10661, Bl. 14–18.

64 Information des Ministeriums für Finanzen zu Problemen der volkswirtschaftlichen Effektivität des Exports von Möbeln in das NSW v. 3.7.1979; BArch DN 1/26761, o. Pag.

kaufsrecht in der BRD […] nicht beachtet«.[65] Hätten sich die Sortimente anfänglich noch nicht überschnitten, führte der ansteigende Export an IKEA »in zunehmendem Maße zur Bindung von Produktionskapazitäten […] und letzten Endes zum Rückgang des Exportvolumens für die Firma RKLI«, wie Schalck-Golodkowski in Sorge um die Geschäftskonstruktion Lämmerzahls befand. Er legte daher fest, »dass der jährliche Umsatz mit der Firma IKEA, BRD, 15 % des Exportplanes/BRD der Jahre 1980 und 1981 nicht übersteigen darf«.[66] Der Bereich Kommerzielle Koordinierung hielt es unverändert für »zweckmäßig und notwendig, sich auf andere Abnehmerkreise stärker zu orientieren. In der BRD Fa. RKL-International, in Schweden KF[Kooperativa Förbundet]- Konsumgenossenschaft sowie langjährige Großkunden«.[67] Die Parteifreunde in Schweden ließ die SED-Führung, wie bereits ausgeführt, ja genauso alimentieren wie die DKP in der Bundesrepublik. So wurde bei Lieferungen der Möbelwerke Plau an den schwedischen IKEA-Konzern ein Zwischenhändler eingeschaltet, der auf Geheiß Ostberlins verbündete schwedische Kommunisten mit bedachte; innerparteiliche Querelen der schwedischen Parteifreunde setzten dem allerdings 1977 ein Ende.[68]

Die Firma Lämmerzahl sah ihre Felle wohl auch deswegen davonschwimmen, weil durch den großen Wirbel um das aufstrebende schwedische Möbelhaus und dessen Importwege die Presse nun über Möbel aus der DDR generell schlecht berichtete. Der Präsident des Bundesverbandes der deutschen Möbelindustrie Kurt Schmiedeknecht ließ sich mit der Einschätzung zitieren, bei den DDR-Importen seien »viele Möbel größter Mist«.[69] Die Unternehmensführung des fränkischen Möbelimporteurs machte gegenüber dem Außenhandelsbetrieb Holz und Papier auch ihren Konkurrenten schlecht und erklärte, IKEA sei finanzschwach und in fünf Jahren wieder vom Markt verschwunden, wie sie nicht ganz zutreffend prognostizierte.[70] Auch sprach der von der Firma Lämmerzahl belieferte IKEA-Konkurrent Steinhoff im April 1980 mit dem Generaldirektor des Außenhandelsbetriebes Holz und Papier und beschwerte sich, dass IKEA im vergangenen Jahr bereits für 30 Millionen DM Möbel aus

65 Vgl. Schreiben des Staatssekretärs im Ministerium für Außenhandel Dr. Schalck an den Generaldirektor AHB Holz und Papier Kämmler v. 4.2.1980; BArch DL 2 VA 484, o. Pag.

66 Vgl. ebenda.

67 Vgl. Niederschrift der Aussprache mit dem GD des AHB Holz und Papier Kämmler über IKEA v. 20.5.1980; BArch DL 2 VA 484, o. Pag.

68 Vgl. Halbrock, Christian: Grenzraum Ostsee, Operationsgebiet Schweden. Das Verhältnis DDR-Schweden. In: Zeitgeschichte regional. Mitteilungen aus Mecklenburg-Vorpommern Nr. 1/2007, S. 56–70, hier 57.

69 Vgl. »Möbel von drüben«. In: Quick Nr. 12/1980, S. 65. Siehe auch: Tagesanzeiger Zürich v. 30.1.980; Der Spiegel Nr. 16 v. 12.4.1977.

70 Vgl. Niederschrift der Aussprache mit dem GD des AHB Holz und Papier Kämmler über IKEA v. 20.5.1980; BArch DL 2 VA 484, o. Pag.

der DDR in die Bundesrepublik importiert habe und mit seinen günstigen Preisen anderen Firmen erheblichen Schaden zufüge. Ein Repräsentant der Firma Möbel Steinhoff (Westerstede) beschwerte sich sogar ausdrücklich beim Außenhandelsbetrieb Holz und Papier, IKEA würde »Möbel aus DDR-Sträflingsbetrieben« verkaufen[71] – was Anlass zur Prüfung der eigenen Bezugswege hätte sein müssen oder möglicherweise auch war.

Als Käufer bzw. Endabnehmer »im eigenen Namen und auf eigene Rechnung« fungierten gegenüber der Firma Lämmerzahl in der Bundesrepublik Neckermann (Frankfurt/M.), Quelle (Fürth), Otto-Versand (Hamburg), Baur Versand (Burgkunstadt), Woolworth (Unna), Hertie (Frankfurt/M.), Horten (Düsseldorf), Kaufhof (Köln), Karstadt (Essen), Möbel Hess (München) Möbel Steinhoff;[72] später sollte auch an die Firma Wiemann (Osnabrück) verkauft werden.[73] Das Geschäftsvolumen der Großkunden von insgesamt 131 Millionen DM stellt Abbildung 9 dar. Konkret importierte Lämmerzahl beispielsweise die Polstermöbel des Typs »Trier«, »Steinbach« und »Senta« aus der DDR.[74]

Förmlicher Geschäftspartner auf DDR-Seite war auch in diesem Fall der Außenhandelsbetrieb Holz und Papier, hinter dem alle Möbelhersteller der DDR stehen konnten und dessen Produktionswege und Zulieferbetriebe sich kaum überblicken lassen. Überwiegend bezog Lämmerzahl seine Ware aus den Möbelkombinaten Hellerau, Dessau, Berlin und Ribnitz-Damgarten sowie dem Polstermöbelkombinat Oelsa und dem Tischmöbelkombinat Suhl.[75] So wie IKEA nahm auch die Firma Lämmerzahl großen Einfluss auf Produktentwicklung und Design; so wurden im Möbelkombinat Ribnitz-Damgarten 54 Prozent, im Polstermöbelkombinat Oelsa 36 Prozent und im Möbelkombinat Hellerau 28 Prozent aller Exporterzeugnisse von westlichen Möbelimporteuren entwickelt und den ostdeutschen Betrieben lediglich zur Ausführung übergeben. »Damit bestimmen die NSW-Kunden zugleich auch das Preisniveau«, wie die ostdeutsche Seite bedauerte.[76] Allein das Möbelkombinat Zeulenroda beispielsweise besuchten im Jahre 1984 22 verschiedene Mitarbeiter der Firma

71 Vgl. ebenda.

72 Vgl. [Übersicht über die] Firma Richard K. Lämmerzahl o. D.; BStU, MfS, AG BKK 567, Bl. 19; Zusammenfassung der Erkenntnisse durch die HA XVIII/11 v. 2.7.1987; BStU, MfS, HA XVIII 13616, Bl. 13–18.

73 Ab 1985. Vgl. Bericht des IME »Reichardt« der KD Zeulenroda v. 4.12.1984; BStU, MfS, HA XVIII 16932, Bd. 2, Bl. 102.

74 Vgl. Dokumentation zur Prüfung der Formaldehydemission von Spanplatten v. 29.10.1986; BStU, MfS, HA XVIII 17772, Bl. 1–4.

75 Vgl. Übersicht über die Firma Richard. K. Lämmerzahl von Oktober 1989; BStU, MfS, HA XVIII 13616, Bl. 29–31.

76 Vgl. Information der Abt. Inspektion der Arbeitsgruppe für Organisation und Inspektion beim Ministerrat über ausgewählte Probleme der Möbelindustrie für den NSW-Export v. 8.1.1985 (mit Anlagen); BArch DC 20/11174, Bl. 56–73.

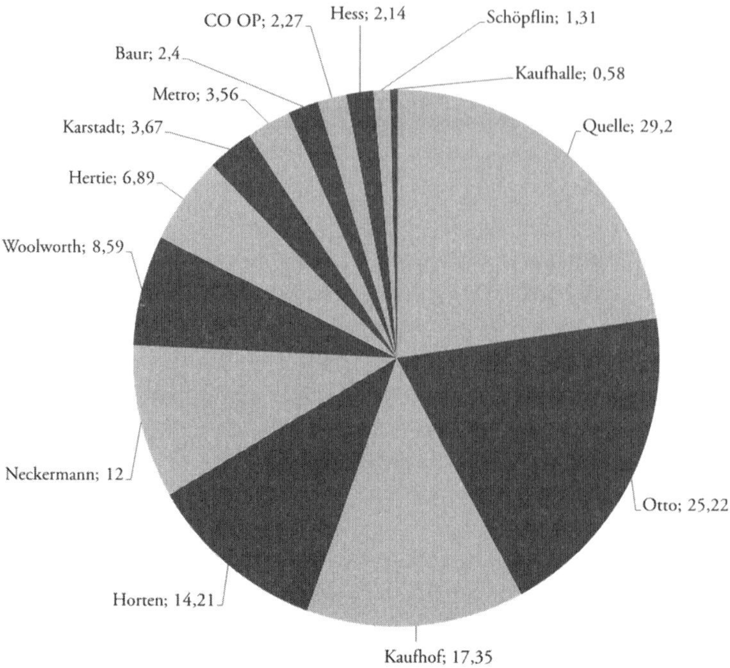

Geschäftsvolumen der Großkunden der Firma Lämmerzahl in Mio. DM, 1985[77]

Lämmerzahl insgesamt 89 Mal, um die Einzelheiten des Geschäfts im Umfang von 50 Millionen Valutamark jährlich zu besprechen,[78] und es reisten auch Delegationen aus Zeulenroda zur Firma Lämmerzahl.[79] Zehn Jahre zuvor hatte Zeulenroda lediglich Möbel im Wert von 12,1 Millionen Valutamark in den Westen exportiert, davon 11,0 Millionen in die Bundesrepublik,[80] 1988 sollte der gesamte Westexport des Möbelkombinats hingegen 70,9 Millionen betragen.[81]

Die Firma Lämmerzahl bezog Ware von über 60 Betrieben aus allen sieben Möbelkombinaten der DDR[82] – und einige dieser Betriebe beschäftigten eben-

77 Vgl. Umsatzanteile 85 Vertrieb II [der Firma Lämmerzahl]; BArch DL 2 Koko VA 437, o. Pag.

78 Vgl. Operative Erkenntnisse zur BRD-Firma RKL v. 13.2.1986; BStU, MfS, BV Gera, Abt. XVIII 4029, Bl. 118–121.

79 Vgl. u. a. Bericht des VEB Zeulenroda über die durchgeführte Dienstreise in die BRD v. 28.5.1985; BArch DG 5/2686, o. Pag.

80 Vgl. Protokoll zur Abstimmung zwischen VVB Möbel und AHB Holz und Papier Kontor Möbel v. 8.3.1972; BArch DG 4/1583, o. Pag.

81 Vgl. Ministerium für Bezirksgeleitete Industrie und Lebensmittelindustrie: Einschätzung der voraussichtlichen Erfüllung NSW-Export v. 9.6.1988; BArch DG 5/3212, o. Pag.

82 Vgl. Schreiben des Stellv. Leiters der HA XVIII an die BV Schwerin v. 14.3.1980; BStU, MfS, HA XVIII 13616, Bl. 268.

falls Häftlingsarbeiter. So besuchte Lämmerzahl persönlich den VEB Sitzmöbelwerk Waldheim,[83] der in einem Betriebsteil Häftlinge beschäftigte, doch musste der Firmenchef dessen nicht zwangsläufig gewahr werden; der Betrieb zählte zum wichtigen Möbelkombinat Hellerau.[84] Dieses sollte bereits im Jahre 1973 Möbel im Wert von 35,3 Millionen Valutamark in den Westen exportieren, davon 23,2 Millionen in die Bundesrepublik.[85] 15 Jahre später exportierte das Kombinat Hellerau allein Stühle für 14 Millionen Valutamark in den Westen und konnte, wohl infolge der Amnestie, weitere Nachfragen erst befriedigen, nachdem Wange ein Machtwort sprach.[86] Die Stühle stammten vermutlich vom VEB Tischfabrik Finsterwalde. Auch dieser Betrieb zählte zum Kombinat Hellerau, beschäftigte ebenfalls Häftlinge und pflegte außer zu IKEA gleichermaßen Geschäftskontakte mit dem Unternehmen Lämmerzahl.[87] Ferner gehörte zu besagtem Möbelkombinat das Polstermöbelwerk Cottbus,[88] in dem rund 50 Gefangene arbeiten mussten; der Betrieb lieferte rund 40 Prozent seiner Couchgarnituren an die Firma Lämmerzahl.[89] Bei den Cottbuser Möbelbetrieben beschwerte sich 1983 auch die Firma Möbel Steinhoff, die »große Anzahl von zu späten bzw. Nichtlieferungen aus der DDR seien direkt geschäftsschädigend« für die Firma.[90] Zu den Betrieben in Cottbus und Finsterwalde unterhielten führende Repräsentanten der Firma Lämmerzahl seit vielen Jahren Geschäftskontakte und besichtigten die Betriebe vor Ort.[91]

83 Vgl. Anlage zum Antrag von Herrn Lämmerzahl IV. [Quartal] [19]71; BStU, MfS, HA XVIII 18357, Bd. 3, Bl. 426–428.

84 Deswegen vermutlich werden 1976 auch 15 Häftlingsarbeiter der Haftanstalt Waldheim dem »VEB Möbelkombinat Hellerau« zugerechnet. Vgl. Arbeitseinsatzbetriebe der StVE Waldheim 1976; SächsStAL 20250 BDVP Leipzig 1073, o. Pag.

85 Vgl. Protokoll zur Abstimmung zwischen VVB Möbel und AHB Holz und Papier Kontor Möbel v. 8.3.1972; BArch DG 4/1583, o. Pag.

86 Vgl. Zusammenfassung der unbefriedigten Kundenanfragen NSW o. D. [1988]; BArch DG 5/4851, o. Pag.

87 Vgl. Bericht der KD Finsterwalde über eine Parteiversammlung im VEB Tischfabrik Finsterwalde v. 26.11.1970; BStU, MfS, BV Cottbus, AOP 905/72, Bl. 122; Zwischenbericht der KD Finsterwalde zum OV »Tisch« v. 10.12.1985; BStU, MfS, HA XVIII 4928, Bl. 10–17.

88 Vgl. Reisebericht eines Mitarbeiters des Büro des Ministeriums für Bezirksgeleitete Industrie und Lebensmittelindustrie von Oktober 1989; BStU, MfS, HA XVIII 13616, Bl. 142–154.

89 Vgl. Operativ-Information der Abt. XVIII der BV Cottbus v. 8.12.1970; BStU, MfS, BV Cottbus, AOP 905/72, Bl. 54–56.

90 Vgl. Auszug aus [dem] Sofortbericht von Wolfgang Gramsch, Absatzdirektor des VEB Möbelindustrie Cottbus v. 24.6.1983; BArch DC 20/23112, o. Pag.

91 Vgl. Anlage zum Antrag von Hr. Lämmerzahl o. D. [18.11.1968]; BStU, MfS, HA XVIII 18352, Bd. 1, Bl. 137 f.

IKEA tätigte bei rund 500 Zulieferbetrieben in Polen, Rumänien, der ČSSR und der DDR[92] nach eigenen Angaben etwa 20 Prozent seiner Einkäufe.[93] Allein aus der DDR stammten in den bundesdeutschen Einrichtungshäusern zuletzt etwa 4 bis 5 Prozent aller Waren.[94] Einer Argumentationshilfe für die eigenen Mitarbeiter zufolge hatte der Konzern im Jahre 1983 Waren im Wert von etwa 30 Millionen DM in der DDR bestellt, zugleich 0,4 Prozent der Gesamtimporte der Bundesrepublik aus der DDR in Höhe von 7,5 Milliarden DM.[95] Den Angaben des schwedischen Möbelhauses gegenüber der DDR-Regierung zufolge bezog der Konzern jedoch Waren im Wert von etwa 80 Millionen DM aus der DDR (Stand 1984[96]). Im Jahre 1985 waren es bereits 94 Millionen DM, davon 88 Millionen über den Außenhandelsbetrieb Holz und Papier; im Folgejahr sanken diese Zahlen vor allem wegen des veränderten Wechselkurses zwischen DM und Schwedischen Kronen auf 86 und 79 Millionen DM.[97] Dies deckt sich von der Größenordnung her mit dem Umstand, dass 1983 aus der DDR in die Bundesrepublik Möbel im Wert von 245 Millionen DM geliefert wurden, darunter Couches für 52 Millionen und Sessel für 37 Millionen DM.[98] In den Jahren 1987/88 handelte es sich um Möbel im Wert von etwa 260 Millionen DM, darunter Couches für 76 Millionen und Polstersessel für 24 Millionen DM.[99] Seinen Marktanteil wollte der IKEA-Konzern weiter erhöhen; die DDR war damit nach den schwedischen Herstellern der wichtigste Handelspartner für IKEA und rangierte deutlich vor allen anderen osteuropäischen Staaten.[100] Nach dem Willen der Unternehmensleitung sollte die DDR gar zum Hauptlieferanten für IKEA avancieren, wie zumindest ein Zuträger der Staatssicherheit seinerzeit berichtete.[101] IKEA betrieb bereits im Jahre 1987 die Eröffnung einer Filiale in Budapest (die erst 1990 realisiert wurde), führte Gespräche mit sowjetischen Vertretern, um nach

92 Vgl. Jungbluth: 11 Geheimnisse des IKEA-Erfolgs, S. 126.

93 Vgl. IKEA facts 85/86; BStU, MfS, AG BKK 1330, Bl. 13.

94 Vgl. [Handschriftlicher] Messeabschlussbericht LHM [Leipziger Herbstmesse] der IKEA Trading Berlin v. 11.9.1989; BStU, MfS, AIM 7892/91, Bd. 1, Bl. 324–327.

95 Vgl. Schreiben von IKEA an seine Mitarbeiter v. 28.3.1984; BStU, MfS, HA XVIII 17788, Bl. 78.

96 Vgl. Schreiben von IKEA Trading Berlin an Staatssekretär Dr. Beil v. 11.7.1985; BStU, MfS, AG BKK 1330, Bl. 123.

97 Vgl. Schreiben von IKEA-Trading Berlin an das Ministerium für Außenhandel v. 26.5.1987; BArch DL 2/6472, o. Pag.; Konzernanalyse IKEA – Stand Juni 1987; BStU, MfS, AG BKK 1330, Bl. 18–26.

98 Vgl. Deutsches Institut für Wirtschaftsforschung: Konsumgüterversorgung, S. 262.

99 Hochgerechnet aus vorliegenden Angaben aus den Zeiträumen Januar bis Juli der Jahre 1987 und 1988. Vgl. DDR-Importe im Juli rückläufig, in: Europäischer Wirtschaftsdienst (Euwid) Möbel Nr. 41/42 v. 19.10.1988, S. 16; BStU, MfS, HA XVIII 17312, o. Pag.

100 Vgl. Konzernanalyse IKEA – Stand Juni 1987; BStU, MfS, AG BKK 1330, Bl. 18–26.

101 Vgl. Treffbericht eines GMS v. 26.6.1981; BStU, MfS, HA XVIII 17285, Bl. 63 f.

Moskau und Leningrad zu expandieren, und hätte auch gerne in der DDR ein Geschäft eröffnet.[102] Zwar blieb die Firma Lämmerzahl beispielsweise für das Möbelkombinat Ribnitz-Damgarten bis zuletzt der wichtigste Abnehmer.[103] Doch letztlich musste die DDR der wirtschaftlichen Stärke des aufstrebenden Einrichtungshauses aus Schweden Rechnung tragen und ihm einen größeren Marktanteil einräumen. Auch über IKEA verstand es die DDR, Westdevisen zum eigenen Vorteil zu erwirtschaften – die gleichwohl längst nicht genügten, um den wirtschaftlichen Kollaps der DDR nennenswert aufzuhalten.

Mitte der achtziger Jahre war IKEA an einer weiteren Steigerung der DDR-Produktion interessiert und wollte ein Zentrallager und einen Umschlagplatz in Ostdeutschland einrichten, weil dann kleinere Transporte aus verschiedenen Betrieben zu größeren Fuhren hätten kombiniert werden können – und die Lagerhaltung wahrscheinlich geringere Kosten als in der Bundesrepublik verursacht hätte.[104] Vermutlich stand dies erneut auf der Wunschliste, als sich Kamprad (etwa im November 1985) mit dem stellvertretenden Minister für Außenhandel Gerhard Beil traf.[105] Wegen der großen Verkaufserfolge mit seinen preisgünstigen Möbeln konnte IKEA seinen Rückstand gegenüber der Firma Lämmerzahl aufholen und teilte sich in der zweiten Hälfte der achtziger Jahre schließlich den Importmarkt von DDR-Möbeln etwa zur Hälfte mit dem fränkischen Unternehmen.[106] Speziell bei Polstermöbeln bezog die Bundesrepublik im Jahre 1982 822 000 Möbel für 111,6 Millionen Valutamark aus der DDR (nach 744 000 Stück für 97,2 Mio. im Vorjahr).[107]

Die DDR, namentlich die von der Staatssicherheit (Bereich Kommerzielle Koordinierung) dominierte Delta GmbH, betrieb auch »Entwicklungshilfe«, als IKEA ab 1988 zunächst probeweise Polstergarnituren auf Kuba produzieren ließ[108] sowie Ess- und Kindertische von dort in das Sortiment aufnehmen

102 Vgl. Konzernanalyse IKEA – Stand Juni 1987; BStU, MfS, AG BKK 1330, Bl. 18–26.

103 Vgl. Messebericht des VEB Möbelkombinat Ribnitz-Damgarten v. 12.2.1988; BStU, MfS, AOibE 11356/89, Bl. 89–93.

104 Vgl. Information der HA XVIII/7 v. 14.11.1984; BStU, MfS, HA XVIII 17788, Bl. 72; Niederschrift der Aussprache mit dem GD des AHB Holz und Papier über IKEA v. 20.5.1980; BArch DL 2 VA 484, o. Pag.

105 Vgl. Terminersuchen der Abteilung Protokoll v. 24.9.1985; BArch DL 2/6472, o. Pag. Zu dem Plan eines Zwischenlagers in der DDR siehe auch: Niederschrift der Aussprache mit dem GD des AHB Holz und Papier Kämmler über IKEA v. 20.5.1980; BArch DL 2 VA 484, o. Pag.

106 Vgl. [Übersicht über die] Firma Richard K. Lämmerzahl o. D.; BStU, MfS, AG BKK 567, Bl. 19; Zusammenfassung der Erkenntnisse durch die HA XVIII/11 v. 2.7.1987; BStU, MfS, HA XVIII 13616, Bl. 13–18.

107 Vgl. Bericht Nr. 6/1983 der TSI an den Bundesminister für Wirtschaft v. 18.3.1983; BArch B 136/21509, o. Pag.

108 Vgl. Staadt, Jochen: »Vom Genossen Fidel Castro genehmigt«. Möbel für IKEA aus kubanischen Haftanstalten. In: Zeitschrift des Forschungsverbundes SED-Staat Nr. 31/2012, S. 163–168.

wollte.[109] Eine ostdeutsche Regierungsdelegation besichtigte zu diesem Zweck auf der Karibikinsel vorsorglich »eine Strafvollzugseinrichtung mit materieller Produktion«, da offenbar ein ähnliches »Geschäftsmodell« wie in der DDR beabsichtigt war.[110] Es kamen später tatsächlich kubanische Häftlinge zum Einsatz, doch krankte die Produktion der Polstergarnituren an vielerlei Kinderkrankheiten und konnte nicht in Serie gehen.[111]

Hauptverantwortlich für die Vergabe von Produktionsaufträgen durch IKEA an DDR-Betriebe war ein ehemaliger Tischlermeister aus dem Raum Zittau, der wenige Wochen vor dem Mauerbau in die Bundesrepublik geflüchtet war. Er hatte sich zwischenzeitlich in Schweden niedergelassen, wo eine ältere Schwester lebte, und die schwedische Staatsbürgerschaft angenommen. Er arbeitete in der Zentrale von IKEA in Älmhult, reiste ab 1965 regelmäßig im Auftrag des Konzerns in die DDR und wurde als Chefeinkäufer aufgebaut. Zur Koordinierung und Optimierung seiner Geschäftsstrategie richtete der schwedische Möbelkonzern dann im September 1980 im Internationalen Handelszentrum an der Friedrichstraße (siehe Abb. 9) eine ständige Niederlassung ein,[112] von IKEA als Trading Office Berlin (TOB) und von ostdeutscher Seite als Platzbüro bezeichnet. Im 8. Stock des Gebäudes verfügte IKEA nun über einige Räume.[113] Die Eröffnung einer IKEA-Dependance hatte die DDR-Seite auch deswegen gewünscht, weil der Firma so leichter 0,5 Prozent Provision abgeknöpft werden konnten,[114] während anfänglich ja noch ein Prozent Provision für die Firma Lämmerzahl im Gespräch gewesen war.

Im 1978 erbauten Internationalen Handelszentrum unterhielten rund 100 westliche Firmen ihre Büros, besonders aus Westeuropa und Japan, wofür sie zusammen über 3 Millionen Valutamark Miete entrichteten. Während die westlichen Firmen hier knapp 150 eigene Mitarbeiter ständig beschäftigten, stellte die DDR-Seite neben technischem Personal auch 30 »kommerzielle DDR-Kader« als Mitarbeiter. Unter ihnen befanden sich 23 IM vor allem der Hauptabteilung XVIII, weil die ostdeutsche Geheimpolizei das Handelszen-

109 Vgl. Protokoll der IKEA Trading Berlin v. 30.10.1987; BStU, MfS, AG BKK 2292, Bl. 199–201.

110 Vgl. Schreiben der Hauptverwaltung Aufklärung an die HA XVIII (mit Anlage) v. 17.1.1983; BStU, MfS, AP 55788/92Z, Bl. 3–5.

111 Vgl. Staadt: Möbel für IKEA, S. 164; Ehlert, Gerhard; Staadt, Jochen; Voigt, Tobias: Die Zusammenarbeit zwischen dem Ministerium für Staatssicherheit der DDR (MfS) und dem Ministerium des Innern Kubas (MININT) (Arbeitspapiere des Forschungsverbundes SED-Staat Nr. 33/2002).

112 Vgl. Genehmigung für Inter-IKEA für die Eröffnung des Repräsentanzbüros Inter-IKEA durch Dr. Beil v. 10.9.1980; BArch DL 2/6472, o. Pag.

113 Vgl. Übersicht der ausländischen Mieter im IHZ v. 1.7.1984; BStU, MfS, AG BKK 2272, Bl. 4–16.

114 Vgl. Gesprächsvermerk über die Verhandlung mit der Firma Interikea v. 30.10.1979; BArch DL 2 VA 484, o. Pag.

trum für ein Einfallstor der Wirtschaftsspionage hielt.[115] Speziell im IKEA-Büro waren seinerzeit drei, zuletzt 17 überwiegend ostdeutsche Mitarbeiter tätig. Im März 1982 avancierte der besagte Tischlermeister aus Zittau dann zum alleinigen Leiter des Büros, wohnte aber in Westberlin.[116] Da seine Mutter und sein Bruder weiterhin im Raum Zittau lebten, war er bei seinen Einreisen in die DDR vom Wohlwollen der DDR-Behörden abhängig.[117] Der Leiter des IKEA-Platzbüros bewegte sich aber stets innerhalb der erlaubten Bahnen – und wenn er einmal (wie an Ostern 1989) anlässlich eines gemeinsamen Betriebsbesuchs einen Geschenkbeutel sowie 20 DM an einen ostdeutschen Gesprächspartner überreichte, geriet er an einen IM, der pflichtschuldigst die Annahme des Geldes verweigerte.[118] Der Außenhandelsbetrieb Holz und Papier drängte den Leiter des IKEA-Platzbüros, bilaterale Kontaktaufnahmen zu leitenden Mitarbeitern von DDR-Betrieben zu unterlassen und stets die Betriebsleitungen einzuschalten.[119] Andererseits konstatierten ihm auch DDR-Offizielle großes Verhandlungsgeschick.[120]

Erneut ins Visier der Staatssicherheit geriet der Leiter des IKEA-Platzbüros im Jahre 1982. Denn die intensive Reisetätigkeit seiner Mitarbeiter aus dem Internationalen Handelszentrum in den Westen und ihre guten Kontakte in die ostdeutschen Betriebe machten sie auch im Westen der Wirtschaftsspionage verdächtig.[121] Seinerzeit wurde ein Mitarbeiter des Platzbüros mehrere Tage in Westberlin von der Polizei festgehalten – und tatsächlich handelte es sich um einen IM der Hauptabteilung II.[122] Da die Staatssicherheit den Leiter des Platzbüros, ohne jeglichen Beweis in der Hand zu haben, an der Verhaftung seines Mitarbeiters für mitschuldig hielt, wurde er nun abermals operativ »bearbeitet«.[123] Die Geheimpolizei wollte ihn erneut intensiv ausforschen, seine politische Einstellung untersuchen, seine damalige »Republikflucht« ein weite-

115 Vgl. Zusammenfassung der HA XVIII/7 zum Stand der politisch-operativen Sicherung der kommerziellen Büros kapitalistischer Konzerne im Internationalen Handesszentrum (IHZ) Berlin v. 17.2.1981; BStU, MfS, HA XX 6166, Bl. 1–140.

116 Vgl. Zusammenfassung zu vorliegenden Ausgangshinweisen der HA XVIII/6 v. 28.12.1983; BStU, MfS, HA XVIII 17788, Bl. 82–87.

117 Vgl. Charakteristik v. 4.12.1986; BStU, MfS, AG BKK 210, Bl. 22–29; [Bericht des IM] »Fred« v. 23.3.1982; ebenda, Bl. 247.

118 Vgl. Information v. 8.7.1989; BStU, MfS, HA XVIII 17788, Bl. 1.

119 Vgl. AHB Holz- und Papier: Einschätzung der Verhaltensweise der IKEA-Vertreter v. 26.5.1987; ebenda, Bl. 45 f.

120 Vgl. Charakteristik v. 4.12.1986; BStU, MfS, AG BKK 210, Bl. 22–29; [Bericht des IM] »Fred« v. 23.3.1982; ebenda, Bl. 247.

121 Vgl. Schreiben der Hauptverwaltung Aufklärung an die HA XVIII (mit Anlage) v. 17.1.1983; BStU, MfS, AP 55788/92Z, Bl. 3–5.

122 Siehe auch: Zusammenfassender Bericht der HA II/9 v. 19.11.1982; BStU, MfS, AIM 5287/84, Bd. 2, Bl. 95–97 (MfS-Pag.).

123 Auskunftsvermerk der HA XVIII/11/1 v. 15.8.1986; BStU, MfS, HA XVIII 17788, Bl. 49–53.

res Mal durchleuchten, seine Einflussnahmen auf die Exporte der DDR-Betriebe erkunden und Hinweise auf eine mögliche Spionagetätigkeit zusammentragen.[124] Im Zuge des Operativen Materials (OM) »Holz« wurden dann drei IM auf ihn angesetzt, die bereits in seinem beruflichen Umfeld platziert waren und weiterhin Abhörmaßnahmen erwogen.[125] Vermutlich machte der Betreffende sich ein paar Jahre später in den Augen des Mielke-Apparates erneut verdächtig, als er sich als Anhänger von Glasnost und Perestroika zu erkennen gab.[126]

IKEA bemühte sich um stabile und ertragreiche Geschäftsbeziehungen in die DDR. Die Vertreter etlicher ostdeutscher möbelproduzierender Betriebe reisten alljährlich zu harten Preisverhandlungen direkt in die IKEA-Zentrale nach Schweden.[127] Um zuverlässige Lieferungen zu honorieren, lud der Konzern etwa Vertreter des VEB Polstermöbel Gernrode, Produktionsgenossenschaft des Handwerks (PGH) Polstermöbel Potsdam, des VEB Möbelwerke Gardelegen, VEB Möbelwerke Meyenburg, VEB Möbelwerke Olbernhau, VEB Möbelwerke Bad Doberan und Berliner Möbelwerkstätten zu einer Auszeichnungsveranstaltung ins Interhotel Cecilienhof, überreichte dabei insgesamt 400 000 Schwedische Kronen (umgerechnet 116 000 DM) und trug die Übernachtungskosten.[128] Durch die vielen Aufkäufe gelangte IKEA überhaupt in eine starke Position gegenüber den DDR-Betrieben und konnte beispielsweise Einfluss darauf nehmen, welche leitenden Vertreter der Betriebe zu Geschäftstreffen in den Westen eingeladen wurden und dann auch reisen durften – sehr zum Argwohn der Staatssicherheit. Versuchten die Betreffenden gar aus eigener Initiative sich als alleinige Ansprechpartner zu etablieren um erneut in den Westen reisen zu können, konnte dies gar eine Überwachung durch die Geheimpolizei in einer Operativen Personenkontrolle nach sich ziehen.[129] Denn natürlich standen die Geschäftskontakte von IKEA in die DDR unter sorgsamer Beobachtung durch die Staatssicherheit, zu der es gewiss auch ohne die Rivalitäten mit dem Koko-Ableger Lämmerzahl gekommen wäre. Mitarbeiter des schwedischen Zweiges von IKEA beispielsweise, die ebenfalls intensive Geschäftsbeziehungen in die DDR, zum Beispiel zu dem

124 Vgl. ebenda.

125 Vgl. Maßnahmeplan der Arbeitsgruppe BKK zum OM »Holz« Wolfgang v. 27.4.1989; BStU, MfS, AG BKK 1260, Bl. 146–151.

126 Vgl. Zusammenfassung des operativen Erkenntnisstandes zu dem schwedischen Staatsbürger v. 26.4.1989; ebenda, Bl. 137–145.

127 Vgl. Treffbericht eines IM/GMS v. 24.5.1982; BStU, MfS, HA XVIII 17285, Bl. 75 f.

128 Information über Prämierungen einzelner Betriebe der Möbelindustrie der DDR durch den schwedischen Konzern IKEA v. 14.6.1989; BStU, MfS, HA XVIII 17788, Bl. 6 f. In dem Dokument ist unzutreffenderweise fast ausschließlich von Kombinaten die Rede.

129 Vgl. Abschlussbericht zur OPK »Gatter« v. 13.9.1988; BStU, MfS, BV Potsdam, Abt. XVIII 1183, Bd. 4, Bl. 123–125.

VEB Möbelpolsterwerk Hohenstein, unterhielten, wurden ebenfalls von der Staatssicherheit überwacht, die heimlich die dienstlichen Notizen der Mitarbeiter (etwa über die weitere Verhandlungsstrategie) kopieren ließ,[130] vermutlich beim Grenzübertritt oder im Hotel. Und Mitarbeiter von DDR-Betrieben, die zugleich als IM der Stasi arbeiteten, konnten Dienstreisen in die Schweiz und nach Schweden unternehmen. Nach Rückkehr berichteten sie der Geheimpolizei detailliert auch über die persönlichen Lebensverhältnisse ihrer vertrauensseligen Gegenüber von IKEA.[131] Über die Geschäftsstrategie von IKEA, die Rivalitäten im Management und die Stärken sowie die Fauxpas ihrer Mitarbeiter war die Staatssicherheit daher bestens im Bilde.[132]

Zwei wichtige Zulieferbetriebe von IKEA beschäftigten neben »freien« Arbeitern auch politische Gefangene aus der Haftanstalt Waldheim. Hierbei handelt es sich zum einen um den VEB Sitzmöbelwerk Waldheim, für den allerdings nur 30 Häftlingsarbeiter aus Waldheim tätig waren. Weil der gesamten Haftanstalt 1984 150 Arbeitskräfte fehlten, erhielten auch die Sitzmöbelwerke jetzt nur noch 27 statt 30 Gefangene zugeteilt.[133] Bei einer Gesamtzahl von bis zu 1 700 Gefangenen Mitte der achtziger Jahre[134] befanden sich unter den Insassen im Jahre 1983 knapp 80[135] und 1987 circa 100 Ausreisewillige, sodass vermutlich einige politische Gefangene auch in der Möbelfabrik eingesetzt worden sind, wenngleich diese grundsätzlich eher dem VEB Spindelfabrik Hartha und dem VEB Döbelner Beschläge und Metallwaren zugeteilt wurden.[136] Beide Betriebe exportierten im Übrigen ebenfalls in den Westen[137] – so der Döbelner Betrieb Waren im Wert von 2 052 036 Valutamark im Jahre 1979 allein an IKEA.[138]

130 Vgl. Beurteilung über die Situation der Möbelstoffindustrie in der DDR aus der Sicht von IKEA Svenska AB v. 14.9.1984; BStU, MfS, HA XVIII 18053, Bl. 89.

131 Vgl. BStU, MfS, HA XVIII 17788.

132 Vgl. u. a. BStU, MfS, AIM 7892/91.

133 Vgl. Bericht des IMS »Ernst« der KD Döbeln v. 19.4.1985; BStU, MfS, BV Leipzig, AIM 1754/92, Teil II, Bd. 1, Bl. 182 f.

134 Vgl. ebenda.

135 Vgl. [Auflistung] des Stellv. Vollzug der StVE Waldheim: SG mit Ersuchen auf »Ausweisung« v. 21.3.1983; BStU, MfS, BV Leipzig, AIM 1754/92, Teil II, Bd. 1, Bl. 13–15.

136 Vgl. Sicherungskonzeption der Kreisdienststelle Döbeln zur StVE Waldheim v. 5.2.1986; BStU, MfS, BV Leipzig, KD Döbeln 212, Bd. 3, S. 63–74.

137 Vgl. Anlage 2 zum Bericht des Kreiskomitees Döbeln der Arbeiter- und Bauern-Inspektion zur Kontrolle der Exportverträge v. 13.9.1982; BStU, MfS, BV Leipzig, KD Döbeln 470, Bl. 1–11.

138 Vgl. Aufstellung IKEA per 7.4.1979; BArch DL 2 VA 484, o. Pag.

Der VEB Sitzmöbelwerk Waldheim fertigte für IKEA insbesondere das Sofa-Modell »Klippan«[139] und die Couch-Eckgarnitur »Alvajo«, doch handelte sich eine Verantwortliche des Betriebs zuletzt gehörigen Ärger ein, als sie eine gelungene Einsparung von Bezugstoff der Firma IKEA ausdrücklich mitteilte – statt die Einsparung in eine bessere Betriebsbilanz einfließen zu lassen.[140] Insgesamt sollte das Sitzmöbelwerk etwa im Jahr 1982 Waren im Wert von mehr als 10 Millionen Valutamark in den Westen exportieren und konnte vor der Leipziger Herbstmesse Verträge im Wert von etwas mehr als 7 Millionen Valutamark vorweisen, die bis Jahresende umzusetzen machbar erschien.[141] Der Betrieb verursachte dabei weit mehr Reklamationen als alle anderen Möbelproduzenten in der DDR,[142] wobei unklar ist, ob dies auf Sabotage der Häftlinge, deren mangelnde Berufserfahrung oder ganz andere Ursachen zurückzuführen ist. Grundsätzlich gingen bei den mit Häftlingen arbeitenden Möbelbetrieben aber nicht mehr Reklamationen ein als bei den anderen Betrieben.[143] Im Zuge der Amnestie von 1987 wurde das Kommando Sitzmöbelwerk dann kurzzeitig aufgelöst; im Sommer 1988 saßen insgesamt wieder 701 Häftlinge[144] und zum Jahresende gar 1 054 Gefangene in Waldheim.[145]

Ein weiterer Hauptzulieferbetrieb für IKEA war der VEB Metallwaren Naumburg (Mewa), in dem Häftlinge aus der Haftanstalt Naumburg Möbelbeschläge für den Export in den Westen fertigten.[146] Bereits seit 1946 waren in diesem Gefängnis Häftlinge zur Arbeit eingesetzt worden, zunächst für Wintershall AG.[147] Der VEB Metallwaren Naumburg war aus dem VEB Metallwa-

139 Vgl. Vermerk des AHB Holz und Papier v. 16.3.1984; BStU, MfS, HA XVIII 17788, Bl. 81.

140 Vgl. Information Nr. 25/1989 der Kreisdienststelle Döbeln v. 4.5.1989; BStU, MfS, BV Leipzig, KD Döbeln 876, Bl. 10 f.

141 Vgl. Anlage 2 zum Bericht des Kreiskomitees Döbeln der Arbeiter- und Bauern-Inspektion zur Kontrolle der Exportverträge v. 13.9.1982; BStU, MfS, BV Leipzig, KD Döbeln 470, Bl. 1–11.

142 Vgl. Anlage zum Sofortbericht Nr. 141103 [von 1983]; BStU, MfS, HA XVIII 17788, Bl. 88 f.

143 Vgl. Information der Inspektion Handel und Versorgung des Komitees der ABI zur Kontrolle der Bearbeitung von Kundereklamationen in der Möbelindustrie v. 28.1.1982; BArch DC 20/20980, o. Pag.

144 Vgl. Bericht der HA VII über eine Dienstreise in die BV Leipzig v. 15.8.1988; BStU, MfS, HA VII 6053, Bl. 105–108.

145 Vgl. Bericht der HA VII über eine Dienstreise zur KD Döbeln v. 20.12.1988; ebenda, Bl. 137–142.

146 Vgl. Bericht von Bernd Effenberger: 60. Pressekonferenz der Arbeitsgemeinschaft 13. August am 14.6.1984: DDR-Haftwesen und Justiz; BStU, MfS, HA IX 17604, Bl. 217–250. Zahlreiche Fotos der Beschläge finden sich in: BArch DG 5/4703.

147 Vgl. Sonntag: Arbeitslager in der DDR, S. 88 f. Schon vor 1945 hatten Häftlinge Naumburgs für die Wintershall AG arbeiten müssen. Vgl. http://www.dasgeiseltal.de/zwangsarbeit/treibstoffwerk-luetzkendorf.html [19.12.2012]. Siehe auch: Abelshauser, Werner: Die BASF seit der Neugründung von 1952. In: Ders. (Hg.): Die BASF. Eine Unternehmensgeschichte. München 2003, S. 359–636, hier 623.

ren Zeitz und dem VEB Blechkonstruktion Naumburg hervorgegangen; letzterer hatte ab 1953 Ofengestelle, Elektroherde und elektrische Kocher produziert, stellte dann aber 1963 auf Türbeschläge und Scharniere um und richtete im Folgejahr eine gesonderte Abteilung zur Fertigung von »Exportscharnieren« ein. Der Betrieb verfügte seinerzeit über 218 Beschäftigte, darunter zwei Drittel Frauen.[148] Ende der siebziger Jahre war der VEB Metallwaren Naumburg Teil des Kombinats Holzwerkstoffe, Beschläge und Maschinen (HBM) Leipzig. Der Betrieb produzierte jetzt zum Beispiel Rollen (für Füße von Möbeln), Sicherheitsfächer (kleine Panzerschränke) sowie Drehstuhlfüße und Ausziehschienen für Türen und Tische (z. B. im Auftrag der VEB Tischfabrik Finsterwalde und Küchenmöbel »ratiomat« Eppendorf), die für den Westexport vorgesehen waren.[149] Der Betrieb suchte offenkundig stets nach weiteren Abnehmern seiner Produkte in der Bundesrepublik, und ein Vertreter des VEB Metallwaren Naumburg reiste auch zur »Internationalen Zubehörmesse für die Möbelindustrie« (Interzum) nach Köln.[150]

Im VEB Metallwaren Naumburg wurden vorzugsweise Gefangene mit geringer Arbeitstauglichkeit eingesetzt, »die sonst nur wenig im Strafvollzug eingesetzt werden können«.[151] Als der Betrieb 1967 auf die Haftanstalt Naumburg zukam und 100 Häftlinge zusätzlich für den Bau von Kühlern einsetzen wollte, beabsichtigte die Gefängnisleitung eine angrenzende Gärtnerei aufzukaufen und auf deren Gelände eine neue Produktionshalle zu errichten. Dadurch würden weniger Aufsichtskräfte als beim Außenarbeitseinsatz benötigt werden und es könnten dort »alle renitenten Strafgefangenen des Bezirks [...] zum Einsatz kommen«,[152] galten Innenarbeitskommandos doch als besonders ausbruchssicher und erlaubten die unmittelbare Disziplinierung der Gefangenen. Dann blieb es aber zunächst doch beim Arbeitseinsatz von zwei Schichten à 30 Häftlingsarbeitern auf dem Betriebsgelände des VEB Metallwaren Naumburg. Von den insgesamt 69 Häftlingen, die Ende der sechziger Jahre dort arbeiteten, waren bis auf einen alle in die sogenannte »strenge Vollzugsart« eingewiesen, was überdurchschnittlich häufig politische sowie »renitente« Gefangene betraf. »Vorwiegend wird hier die Tauglichkeitsstufe III gefordert, da es sich überwiegend um Maschinen- und Stanzarbeiten handelt.« Tatsächlich wiesen 10 Gefangene die Tauglichkeitsstufe I auf, 19 die II, 34 die

148 Vgl. Dorsch, Herbert: Schularbeit zum Thema Prämierung von Leistungen am Beispiel des VEB Metallwaren Naumburg o. D. [1964]; BArch DY 79/263, o. Pag.

149 Vgl. BArch DF 7/1035.

150 Vgl. Zusammenfassung der Erkenntnisse durch die HA XVIII/11 v. 2.7.1987; BStU, MfS, HA XVIII 13616, Bl. 13–18.

151 Vgl. Bericht der Strafvollzugsanstalt Naumburg über das Zusammenwirken mit VE-Betrieben v. 20.6.1967; LHASA, MER, M 558-6 BDVP Halle 19.1. Nr. 1285, Bl. 48–51.

152 Vgl. Vorschlag der Strafvollzugsanstalt Naumburg v. 15.1.1968; ebenda, Bl. 52 f.

III und 6 waren mit der Stufe IV selbst nach Einschätzung der Gefängnisverwaltung eigentlich für diese Arbeit nicht geeignet.[153]

Mitte der siebziger Jahre konnten die Häftlingsarbeiter für den VEB Metallwaren Naumburg dann doch teilweise auf dem Gelände der Haftanstalt in einer eigens errichteten Baracke eingesetzt werden, während im Außenarbeitseinsatz im Betriebsteil in der Kroppentalerstraße vier Brigaden in der mechanischen Fertigung sowie je zwei Brigaden in der Oberflächenveredelung bzw. Farbgebung und im Bau eingesetzt wurden. Im Betriebsteil in der Weißenfelserstraße waren zwei weitere Brigaden in der Galvanik bzw. Plastikverarbeitung tätig. Gerade die »renitenten« Häftlinge wurden jedoch im Innenarbeitskommando eingesetzt.[154] Jeder dritte Insasse Naumburgs war jetzt wegen versuchter Republikflucht inhaftiert (286 von 720 Häftlingen).[155] Die politischen Häftlinge waren auch gemeint, als die Gefängnisleitung Naumburgs im Jahre 1974 unter sämtlichen Insassen »145 negative Strafgefangene mit einem besserungsunwilligen Kern von 61 Strafgefangenen« identifizierte. Vor allem unter diesen hatten in den ersten zehn Monaten des Jahres zehn Gefangene die Arbeit verweigert, sechs hatten bewusst langsam gearbeitet und 20 hatten eine »Störung der Ordnung während des Arbeitseinsatzes« verursacht.[156] Nach anderer Zählung mussten die Häftlinge im IV. Quartal 1973 und I. Quartal 1974 zusammen 234 Disziplinarmaßnahmen hinnehmen,[157] womit jährlich jeder Insasse durchschnittlich ein bis zwei Mal betroffen war. Zehn Häftlinge wurden seinerzeit sogar dauerhaft gefesselt und in Isolationshaft gehalten, weil sie die Arbeit verweigerten oder zu langsam gearbeitet hatten. Die übrigen knapp 150 »negativen, besserungsunwilligen« Häftlinge auf die verschiedenen Betriebe gleichmäßig zu verteilen, hatte das oppositionelle Meinungsklima in der Häftlingsgesellschaft aber ebenso wenig schwächen können wie deren Konzentration auf einzelnen Stationen.[158]

153 Vgl. Übersicht des Leiters der Strafvollzugsanstalt Naumburg über den Arbeitseinsatz Strafgefangener v. 16.5.1969; ebenda, Bl. 57–61.

154 Vgl. Vereinbarung zwischen der Strafvollzugsanstalt Naumburg und dem Möbelkombinat Wi-We-Na Dessau, Betrieb VIII v. 1.1.1974; LHASA, MER, M 558-6 BDVP Halle 19.1. Nr. 1284, Bl. 43–51; Einschätzung der Lage im Bereich der Strafvollzugsanstalt Naumburg v. 6.6.1974; ebenda, Bl. 26–42.

155 Vgl. Information über den Gefangenenbestand der Strafvollzugsanstalt Naumburg v. 1.10.1974 (Anlage 2 zur Geheimen Chefvorlage der BDVP Halle v. 30.10.1974); LHASA, MER, M 555 Nr. 589 BDVP Halle 19.1. Nr. 374, Bl. 162–164.

156 Bericht des Leiters der Strafvollzugsanstalt Naumburg über Ordnungsstörungen v. 31.10.1974; LHASA, MER, M 558-6 BDVP Halle 19.1. Nr. 1285, Bl. 94–96.

157 Vgl. Geheime Chefvorlage der BDVP Halle v. 24.6.1974; LHASA, MER, M 555 Nr. 591 BDVP Halle 19.1. Nr. 376, Bl. 207–225.

158 Vgl. Information über den Gefangenenbestand der Strafvollzugsanstalt Naumburg v. 1.10.1974 (Anlage 2 zur Geheimen Chefvorlage der BDVP Halle v. 30.10.1974); LHASA, MER, M 555 Nr. 589 BDVP Halle 19.1. Nr. 374, Bl. 162–164.

Die Zahl der Gefangenen in Naumburg sank von Dezember 1976 mit 540 Insassen auf 422 Häftlinge im August 1978. Obwohl »äußerst negative« (also politisch andersdenkende) Gefangene hinzuverlegt wurden, verfügte allein die vorrangig für kriminelle Häftlinge zuständige Arbeitsrichtung I/4 der Kriminalpolizei seinerzeit über 49 Spitzel unter den Gefangenen (11,6 %).[159] Allein im VEB Metallwaren Naumburg wurden zuletzt 379 Häftlingsarbeiter eingesetzt, die 23 Prozent aller im Betrieb hergestellten Möbelbeschläge im Wert von 79,1 Millionen DDR-Mark produzierten.[160] Das gesamte Möbelkombinat Wittenberg-Weißenfels-Naumburg (Wi-We-Na) machte allein mit IKEA einen jährlichen Umsatz von 4 235 521 Valutamark, wobei die Waren fast ausschließlich aus dem VEB Metallwaren Naumburg stammten.[161] Unter den zuletzt insgesamt 488 in Naumburg einsitzenden Strafgefangenen hatten 30 in der Haftzeit einen Ausreiseantrag gestellt bzw. aufrechterhalten; elf (möglicherweise teils identische) Häftlinge waren wegen »ungesetzlichem Grenzübertritt« verurteilt.[162] Auch in einem der Außenarbeitskommandos beim VEB Metallwaren Naumburg befanden sich wegen Republikflucht verurteilte Häftlinge,[163] obwohl diese eigentlich beim Arbeitseinsatz die Gefängnismauern nicht verlassen durften und dieses Außenarbeitskommando auch nicht durch die Staatssicherheit, sondern durch die Arbeitsrichtung I/4 der Kriminalpolizei geheimpolizeilich überwacht wurde.[164]

IKEA bezog ferner Ware vom VEB Stahl- und Industriemöbelwerke »Altmark« (Stima) Stendal, der vor allem Stahlschränke, Stühle und Tische produzierte[165] und an weitere Abnehmer bis in den Libanon lieferte.[166] Unter den insgesamt 850 Beschäftigten des Betriebes[167] waren mehr als 100 Gefangene.[168]

159 Vgl. Bericht der Arbeitsrichtung I/4 der Kriminalpolizei v. 15.8.1978; BStU, MfS, HA VII/8, ZMA 517/78, Bl. 9–15.

160 Vgl. Schreiben der Abt. Leicht-, Lebensmittel- und Bezirksgeleitete Industrie an Abt. Planung und Finanzen [des ZK der SED] v. 24.3.1988; BArch DY 30/25489, o. Pag.

161 Stand 1979. Vgl. Aufstellung IKEA per 7.4.1979; BArch DL 2 VA 484, o. Pag.

162 Stand 6.9.1989; hinzu kamen noch 45 Untersuchungshäftlinge. Vgl. Statistische Angaben über Verhaftete/Strafgefangene der Strafvollzugseinrichtung Naumburg v. 6.9.1989; BStU, MfS, BV Halle, Abt. VII 1049, Bl. 6 f.; Statistische Angaben zu den im Bereich der StVE Naumburg vorhandenen Innen- und Außenarbeitskommandos v. 6.9.1989; BStU, MfS, BV Halle, Abt. VII 1049, Bl. 8.

163 Vgl. Mitteilung des IKM »Jürgen Meier« über SG v. 13.12.1973; BStU, MfS, BV Halle, KD Naumburg 732, Bl. 25.

164 Vgl. BStU, MfS, BV Halle, KD Naumburg 732.

165 Vgl. BArch DF 7/1073.

166 Vgl. Abschlussbericht Leipziger Frühjahrsmesse 1976 des Wirtschaftsrats des Bezirkes Magdeburg v. 21.3.1976; BArch DG 5/1285, o. Pag.

167 Vgl. Landen, Francie: Stühle setzen auf Sitzfleisch. Ein Stahlmöbelhersteller schreibt deutsche Geschichte. In: Jugend und Wirtschaft v. 7.7.2006; http://www.jugendundwirtschaft.de/schuelerartikel/archiv/donnerstag-07.-september-2006/stuehle-setzen-auf-sitzfleisch [8.12.2012].

Ab 1966 waren zunächst 60 zur Arbeitserziehung Verurteilte in einer Wohnbaracke auf dem Betriebsgelände untergebracht worden.[169] 1968 war dann das Arbeitseinsatzkommando Oschersleben wegen der Schließung der dortigen Untersuchungshaftanstalt mit 100 Häftlingsarbeitern nach Stendal verlegt worden und wurde seitdem im VEB Stima Stendal eingesetzt;[170] die Häftlingsarbeiter fungierten dabei als sogenanntes Standkommando der Untersuchungshaftanstalt Stendal. Da die Belegungskapazität des gesamten Gefängnisses bei 148 Personen lag[171] und einige Zellen für eine stark variierende Zahl von Untersuchungshäftlingen frei bleiben mussten, bestand praktisch die gesamte Haftanstalt aus diesem einen Arbeitskommando. Unter den Gefangenen hatten, kurz nachdem es möglich wurde, mindestens zwei in der Haft einen Ausreiseantrag gestellt, sodass ein politischer Hintergrund ihrer Verurteilung wahrscheinlich ist. »Die Belegungskapazitäten der UHA werden fast ständig überschritten«, notierte selbst die Staatssicherheit Mitte der siebziger Jahre,[172] als die politische Verfolgung besonders hohe Häftlingszahlen zur Folge hatte. 1985 waren hier 135 Gefangene[173] und vor der Amnestie 1987 noch 102 männliche und 9 weibliche Häftlinge inhaftiert, darunter mindestens fünf Ausreisewillige,[174] bewacht durch 45 Aufseher.[175] Bereits im Jahre 1976 war unter den seinerzeit 120 Häftlingen im Arbeitseinsatz bei Stima »eine gewisse Konzentration« von Zeugen Jehovas zu beobachten gewesen.[176]

Häftlinge aus den Gefängnissen in Karl-Marx-Stadt, Waldheim und Hoheneck kamen auch im VEB Tischfabrik Finsterwalde zum Einsatz,[177] ohne dass ihr genauer Arbeitsanteil präzisiert werden kann. Insgesamt verfügte die Tischfabrik Finsterwalde über 880 Beschäftigte, die hauptsächlich Tische für den Westexport herstellten – und zwar (bei einer Gewinnspanne von 300 bis

168 Vgl. Ministerium für Bezirksgeleitete Industrie und Lebensmittelindustrie: Betrifft Arbeitseinsatz von Strafgefangenen in ausgewählten Betrieben (Anlage 1 zur GVS B 2-183/73); BArch DO 1/3784, o. Pag.

169 Vgl. Schreiben der Abt. Strafvollzug der BDVP Magdeburg betr. Errichtung eines Arbeitserziehungskommandos im Objekt des VEB Stima Stendal; LHASA, MD, M 24 Nr. 11343, Bl. 7–10.

170 Vgl. BArch DO 1 32/32972.

171 Vgl. Verwahrkapazitäten der Vollzugseinrichtungen vom September 1972; BArch DO 1 32/53246.

172 Vgl. Einschätzung der Kreisdienststelle Stendal v. 5.9.1974; BStU, MfS, BV Magdeburg, KD Stendal 2028, Bl. 52–54.

173 Vgl. Operativer Lagebericht der Abt. VII der BV Magdeburg v. 4.4.1985; BStU, MfS, BV Magdeburg, Abt. VII 1590, S. 123–129.

174 Vgl. Operativer Lagebericht der Abt. VII der BV Magdeburg v. 6.4.1987; ebenda, S. 34–42.

175 Vgl. Information über die Mitarbeiter der Untersuchungshaftanstalt Stendal v. 19.12.1983; BStU, MfS, BV Magdeburg, KD Stendal 987, Bl. 4a–72.

176 Vgl. Einschätzung der Lage in der UHA Stendal und im Standkommando Stima durch die Kreisdienststelle Stendal v. 28.5.1976; BStU, MfS, BV Magdeburg, KD Stendal 2029, S. 60–65.

177 Siehe auch: http://www.lr-online.de/regionen/finsterwalde/Eine-Bilderbuch-Sprengung;art1057,1446044 [26.11.2012].

400 Prozent[178]) im Wert von 40 Millionen Valutamark jährlich (Stand 1984).[179] Im Jahre 1979 exportierte »Finsterwalde«, das heißt höchstwahrscheinlich die Tischfabrik Finsterwalde, bereits Waren im Wert von 432 000 Valutamark an IKEA,[180] der Löwenanteil von 80 Prozent aller produzierten Tische ging jedoch nach Großbritannien, insbesondere an die Philip Lait Furniture Limited/London und die MFI Furniture Group/London,[181] die somit ebenfalls von Häftlingsarbeit aus der DDR profitierten. Zusätzlich zum Plan sollte die Tischfabrik Finsterwalde im Jahre 1984 im Westen Waren im Wert von 2,6 Millionen Valutamark verkaufen.[182]

Eine geringe Anzahl weiterer Betriebe, die ihrerseits Häftlinge beschäftigten, lieferte (Teil-)Produkte an Zulieferbetriebe von IKEA, doch sind diese Warenwege heute nur noch schwer nachzuzeichnen. Der erwähnte VEB Metallwaren Naumburg kooperierte beispielsweise mit VEB Druckguss Weißensee,[183] der wiederum 64 Häftlinge der Haftanstalt Berlin-Rummelsburg für sich arbeiten ließ.[184] Auf den VEB Metalldrücker Halle, der Lampen für IKEA fertigte, wird in Kapitel 4.5 noch näher eingegangen. Lampen bezog IKEA auch vom Kombinat Narva,[185] das in verschiedenen Betrieben insgesamt auch etwa 250 Häftlingsarbeiter beschäftigte (siehe Kapitel 4.6), deren unmittelbare Beteiligung an den Westexporten aber unklar ist.

Der VEB Wittol Wittenberg wiederum produzierte Kerzen im Betriebsteil Ebersbach mit den Produktionsstandorten Bautzen, Großschweidnitz und Beiersdorf, im Betriebsteil Kerzenfabrik Salzwedel mit dem Produktionsstandort Bonese, im Betriebsteil Kerzenfabrik Dresden mit den Produktionsstandorten Heidenau, Görlitz und Neustadt sowie im Betriebsteil Kerzenfabrik Leipzig mit dem Produktionsstandort Markranstädt. Der Betriebsteil Ebersbach, der offenkundig auch IKEA Kerzen lieferte,[186] beschäftigte zuletzt 183 Häft-

178 Vgl. Zwischenbericht der KD Finsterwalde zum OV »Tisch« v. 23.7.1986; BStU, MfS, HA XVIII 4928, Bl. 18–26.

179 Vgl. Eröffnungsbericht der KD Finsterwalde über die Person v. 24.1.1985; ebenda, Bl. 4–9.

180 Vgl. Aufstellung IKEA per 7.4.1979; BArch DL 2 VA 484, o. Pag.

181 Vgl. Zwischenbericht der KD Finsterwalde zum OV »Tisch« v. 10.12.1985; BStU, MfS, HA XVIII 4928, Bl. 10–17.

182 Vgl. Staatliche Plankommission: Ergebnis der Durcharbeitung der Vorschläge zur Überarbeitung des NSW-Exports des Ministeriums für Bezirksgeleitete Industrie und Lebensmittelindustrie v. 6.5.1983; BArch DN 1/27060, o. Pag.

183 Vgl. BArch DF 7/1035.

184 Stand Oktober 1972: geplant 60, tatsächlich 64. Vgl. Ministerium für Schwermaschinen- und Anlagenbau: Betrifft Arbeitseinsatz von Strafgefangenen in ausgewählten Betrieben (Anlage 1 zur GVS B 2-183/73); BArch DO 1/3784, o. Pag.

185 Vgl. Schreiben von IKEA an Firmenchef Narva v. 3.6.1986; BStU, MfS, AIM 7892/91, Berichtsteil, Bd. 1, Bl. 311–316.

186 Vgl. [Handschriftlicher] Messeabschlussbericht LFM [Leipziger Frühjahrsmesse] der IKEA Trading Berlin v. 27.3.1986; BStU, MfS, AIM 7892/91, Berichtsteil, Bd. 1, Bl. 287–292.

lingsarbeiter.[187] Im Jahre 1966 hatten hier unter den knapp 1 000 Beschäftigten allein 172 Gefangene Kerzen produziert.[188]

An deren Herstellung waren außerdem Häftlingsarbeiter aus Bitterfeld beteiligt.[189] Der VEB Wittol Wittenberg sollte im Jahre 1988 Waren für 15,4 Millionen Valutamark in den Westen exportieren,[190] musste jedoch allein beim Westexport von Kerzen im Jahre 1983 einen durchschnittlichen Vertragsrückstand von 187 000 DDR-Mark monatlich verzeichnen.[191] Beliefert wurden unter anderem die Drogeriekette Schlecker (Ehingen) sowie die Firma Chemo-Plast (Westberlin und Nürnberg).[192] Letztere bezog im Jahre 1984 103 Tonnen Kerzen aus der DDR (neben Pflastern, Watte, Holzkohle u. a.);[193] allein die Nürnberger Filiale erwirtschaftete 29,7 Prozent ihres Umsatzes mit Kerzen (12,3 Mio. DM).[194] Chemo-Plast zählte zum Außenhandels-Imperium von Schalck-Golodkowski und galt schon seinerzeit als Finanzier der DKP.[195] Tatsächlich war der alleinige Gesellschafter der Firma Chemo-Plast, die (Briefkasten-)Firma Rexim SA (Morcote/Lugano, Schweiz) – ihrerseits vollständig in Besitz der DDR – Eigentümer des Gebäudes, in dem der Düsseldorfer Parteivorstand der DKP residierte. Chemo-Plast zahlte sogar sieben DKP-Mitgliedern Gehalt, die nie für die Firma arbeiteten.[196]

Mit rund 65 ostdeutschen Betrieben (mit etwa doppelt so vielen Teilbetrieben) stand IKEA in den achtziger Jahren in geschäftlichen Beziehungen;[197] bei einem Einkaufsvolumen von 150 Millionen Schwedischen Kronen allein für

187 Stand 20.6.1987. Vgl. Übersicht [von Dickel] über den Arbeitseinsatz Strafgefangener in der Volkswirtschaft o. D. [14.7.1987]; BArch DY 30/IV 2/2-039/191, Bl. 69–84.

188 Genau 559 männliche und 385 weibliche Beschäftigte. Vgl. Bericht über die Entwicklung des Krankenstandes [des VEB Wittol] von 1966; BArch DY 38/1928, Bl. 195.

189 Vgl. Eröffnungsbericht der Kreisdienststelle Wittenberg zum Anlegen des OV v. 17.3.1986; BStU, MfS, BV Halle, AOP 752/87, Bl. 10–15. Siehe auch: Übersicht zu ausgewählten Betrieben [v. 6.8.1987]; LHASA, MER, P 516 SED-Bezirksleitung Halle IV/F-2/5/243, Bl. 79 f.

190 Vgl. Revisionsprotokoll der Staatlichen Finanzrevision betr. Prüfungsobjekt VEB Wittol Wittenberg v. 22.4.1988; BArch DN 1/6293, o. Pag.

191 Vgl. Konzeption zur Verhinderung von Vertragsrückständen im VEB Wittol v. 2.2.1984; BArch BD 11/3713, o. Pag.

192 Vgl. Analysierung der bisherigen Verhandlungen mit NSW-Vertretern v. 31.1.1986; BStU, MfS, BV Halle, AOP 752/87, Bl. 154–156.

193 Vgl. Jahresbericht der Chemo-Plast IM- und Export GmbH 1984; BArch DL 2 Koko VA 1112, o. Pag.

194 Vgl. Umsätze Nürnberg [der Chemo-Plast Im- und Export GmbH] 1984 vorläufig; ebenda, o. Pag.; Lager- und Streckenumsätze Nürnberg 1984 [der Chemo-Plast IM- und Export GmbH]; ebenda, o. Pag.

195 Vgl. Faktenanalyse der Kreisdienststelle Wittenberg zur OPK v. 16.4.1985; BStU, MfS, BV Halle, AOP 752/87, Bl. 75–84.

196 Vgl. Vorlage zur Sicherung des staatlichen Eigentums der DDR an der Firma Chemo-Plast GmbH, Berlin von September 1979; BArch DL 2 Koko VA 1017a, o. Pag. Siehe auch: BArch DL 2 Koko VA 943.

197 Vgl. Konzernanalyse IKEA – Stand Juni 1987; BStU, MfS, AG BKK 1330, Bl. 18–26.

Möbel bezog IKEA beispielsweise 1983 Waren im Wert von etwa 12,5 Millionen (8,3 %) aus der DDR.[198] Geknüpft wurden die Geschäftskontakte oft auf den Leipziger Messen,[199] an denen auch schwedische Vertreter von Wirtschaft und Politik regelmäßig teilnahmen.[200] Auf der Messe im Herbst 1987 sollten dabei etliche Produktionsaufträge neu vereinbart oder intensiviert werden (siehe Tabelle 10). Offenbar ohne Beteiligung von Gefangenen ließ IKEA in den achtziger Jahren beispielsweise auch in den Mecklenburgischen Matratzenwerken Warin (MMW) Matratzen fertigen.[201] Der VEB Jugendmöbel Döbeln im Möbelkombinat Hellerau lieferte 1982 ausschließlich Möbel an IKEA im Wert von mehreren Hunderttausend Valutamark.[202] Ebenso ließ IKEA im VEB Möbelwerke Meyenburg die Modelle »Billy«, »Kavalier« und »Baron« fertigen.[203] Der VEB Holzverarbeitung Mühlhausen lieferte wiederum das Modell »Kalmar«; auch hier waren vermutlich keine Häftlinge an der Produktion beteiligt.[204] Ferner unterhielt IKEA zum Metallleichtbaukombinat Frankfurt/O. Geschäftskontakte.[205] An sämtliche Abnehmer im Westen sollte das Kombinat Haushaltsgeräte im Jahre 1984 sogar Waren im Wert von fast 90 Millionen Valutamark exportieren, wobei aufgrund nachlassender Attraktivität von DDR-Produkten lediglich eine Planerfüllung von etwa zwei Dritteln zu erwarten war.[206] Allein im Jahre 1986 wollte IKEA vom Außenhandelsbetrieb Union-Haushaltsgeräte Karl-Marx-Stadt erstmalig oder zusätzlich 10 000 Kaffeemühlen, 10 000 Rohkostreiben, 5 000 Wandwaagen, 5 000 Tischwaagen, 5 000 Satz Siebe, 5 000 Blumentöpfe und 4 000 Kartoffelpressen beziehen.[207] Zu den Vertragspartnern von IKEA in der DDR zählte auch der Außenhandelsbetrieb Spielwaren und Sportartikel, der auch Waren des VEB Holz Naumburg vertrieb.[208]

198 Vgl. Bericht des Exportdirektors des AHB Holz und Papier – Anlage zum Sofortbericht Nr. 141151 o. D. [1984]; BStU, MfS, HA XVIII 17285, Bl. 89 f.

199 Vgl. Rudolph; Wüstenhagen: Die Leipziger Messe.

200 Vgl. Linderoth, Andreas: Der Kampf um Anerkennung. Die Außenpolitik der DDR gegenüber Schweden von 1949 bis 1972. Älmhult 2007, S. 212.

201 Vgl. BStU, MfS, BV Schwerin, KD Sternberg, ZMA 492.

202 Vgl. Auszug aus der Information Nr. 12/82 zur Kontrolle der NSW-Exportplan- und Vertragserfüllung o. D. [1982]; BStU, MfS, BV Leipzig, KD Döbeln 470, Bl. 12–14.

203 Vgl. Information Nr. 703/87 v. 11.12.1987; BStU, MfS, BV Potsdam, KD Pritzwalk 582, Bl. 1; Reisebericht zur Dienstreise nach Schweden v. 4.10.1989; BStU, MfS, BV Potsdam, KD Pritzwalk 618, Bl. 83–86.

204 Vgl. Treffbericht eines IM/GMS v. 24.5.1982; BStU, MfS, HA XVIII 17285, Bl. 75 f.

205 Vgl. BStU, MfS, HA XVIII 6324.

206 Vgl. [Bericht der] Arbeitsgruppe für Organisation und Inspektion beim Ministerrat zur Situation im NSW-Export im Ministerium für Allgemeinen Maschinen-, Landmaschinen- und Fahrzeugbau v. 22.1.1984 (mit Anlagen); BStU, MfS, HA XVIII 6802, Bl. 15–24.

207 Vgl. Messeabschlussbericht LHM [Leipziger Herbstmesse] 1985; BStU, MfS, AG BKK 1330, Bl. 99–101.

208 Vgl. [Aufstellung der Außenhandelsbereiche] o. D.; BStU, MfS, AG BKK 1330, Bl. 134.

Offenbar ebenfalls ohne die Beteiligung von Häftlingen wurden ferner im VEB Polstermöbel Güstrow Möbel produziert, die Ende der siebziger Jahre in sechs westliche Länder geliefert wurden.[209] Der Direktor Absatz des Betriebes beobachtete »stabile« Handelsbeziehungen zu IKEA – »natürlich unter Berücksichtigung der Krise in den kapitalistischen Ländern«, wie er schon aus weltanschaulichen Gründen einschränken musste.[210] Allein für IKEA sollten hier etwa im Jahre 1979 13 000 Liegen des Typs »Erik« gefertigt und unter anderem nach Schweden verschifft werden.[211] Auch Matratzen und Federkerne für das Bett »Sultan« wurden hier produziert, hielten aber den Belastungsproben nicht stand.[212] Auch zwei weitere Modelle aus dem IKEA-Möbelsortiment kamen hier her.[213] Das übergeordnete Möbelkombinat Ribnitz-Damgarten sollte allein im ersten Halbjahr 1982 Möbel im Wert von 17,6 Millionen Valutamark in den Westen (u. a. an die Firmen Quelle/Fürth, Otto-Versand/Hamburg, Steinhoff/Westerstede, Dima/Göppingen) exportieren, blieb jedoch um 3,2 Millionen Valutamark hinter dem Plan zurück. Wegen Fertigungsmängeln drohte der Otto-Versand sogar ultimativ, keine weiteren Möbel des Kombinats vertreiben zu wollen,[214] weswegen der Westexport stagnierte.[215] Die dem Kombinat angehörenden VEB (Polstermöbel Güstrow, Möbelwerk Parchim, Möbelwerk »Wilhelm Pieck« Anklam, Wohnraummöbel Ribnitz-Damgarten, Faserplattenwerk Ribnitz-Damgarten, Formschaum Lychen, Glasverarbeitung Prenzlau, Holzindustrie Plau, Holzverarbeitung Neustrelitz, Holzbau Rehna, Mechanische Werkstätten Krakow, Mecklenburgische Matratzenwerke Warin, Metall Bützow, Möbelwerke Bad Doberan, Möbelwerk Malchin, Möbelwerk Parchim, Möbelwerke Plau, Möbelwerk Templin, Möbelwerk »Ernst Mundt« Bützow, Möbelwerke Schwerin, Polstermöbel Blumenhagen) in den Bezirken Rostock, Schwerin und Neubran-

209 Vgl. Anforderungskriterien an den IM-Kandidaten v. 14.2.1979; BStU, MfS, BV Schwerin, AIM 191/94, Bd. 1, Bl. 55 f.

210 Einschätzung der schwedischen Firma IKEA durch IMS »Manfred Paul« v. 18.11.1981; BStU, MfS, BV Schwerin, AIM 191/94, Bd. 2, Bl. 93–96.

211 Vgl. Mündliche Einschätzung über die Verhandlungen mit der Firma IKEA v. 25.6.1979; ebenda, Bl. 10 f.

212 Vgl. Information über Reklamationen, die sich hemmend auf die weitere Steigerung der Exporte in nichtsozialistische Länder auswirken v. 8.8.1975; BArch DC 20/22688, o. Pag.

213 Vgl. Einschätzung zu den Ergebnissen der Leipziger Herbstmesse v. 15.10.1980; BStU, MfS, BV Schwerin, AIM 191/94, Bd. 2, Bl. 52–58.

214 Vgl. Bericht der Abt. XVIII über die politisch-operative Sicherung des VEB Möbelkombinat Ribnitz v. 5.7.1982; BStU, MfS, BV Rostock, Abt. XVIII 151, Bl. 42–54.

215 Auch 1988 hatte der Möbelexport in den Westen praktisch unverändert einen Umfang von 34,7 Mio. VM jährlich. Vgl. Monatsbericht des VEB Möbelkombinat Ribnitz-Damgarten v. 9.12.1988; BStU, MfS, AOibE 11356/89, Bl. 123 f.

denburg[216] setzten wahrscheinlich keine Häftlinge zur Arbeit ein – vermutlich auch weil die Produktionsstätten zu weit von den großen Haftanstalten der DDR im Süden der Republik entfernt lagen. Zwar produzierten nachweislich spätestens seit 1953 auch Insassen der Haftanstalt Bützow Möbel,[217] doch geschah dies offenbar nicht im Auftrag des genannten VEB am gleichen Ort. Allerdings beschäftigten Zulieferer der gesamten Betriebe (wie der VEB Metallwaren Naumburg) ihrerseits Häftlingsarbeiter, weswegen auch das Möbelkombinat Ribnitz-Damgarten die Amnestien negativ zu spüren bekam.[218]

In den Jahren 1983/84 wurde die Produktion von IKEA-Möbeln in DDR-Haftanstalten in der westlichen Öffentlichkeit publik (siehe Kapitel 4.8). Bundesdeutsche Möbelhändler zeigten sich damals auch immer unzufriedener mit den Lieferungen aus dem anderen Teil Deutschlands; der Hauptgeschäftsführer des Verbandes der baden-württembergischen Möbelindustrie beschwerte sich bei einer Kundenkonferenz darüber, dass die ostdeutsche Möbelindustrie sich »in der letzten Zeit in höchstem Maße als lieferunzuverlässig« erwiesen hätte. Dass nur mit Verspätung geliefert werden könne, werde erst nach dem eigentlich vereinbarten Liefertermin gemeldet, die Ware werde immer weniger auf Qualität kontrolliert und die Lieferung erfolge oftmals en bloc, was das Ausladen verteuere.219 Wäre der Import von Möbeln und anderen Produkten aus der DDR jedoch schlussendlich defizitär gewesen, hätten nicht so viele bundesdeutsche Firmen und Konzerne sich Zulieferwege aus Ostdeutschland erschlossen – und auch das schwedische Möbelhaus war an der Erweiterung seiner Produktion in der DDR interessiert.

Zuletzt wollte IKEA eine breite Modellpalette in Ostdeutschland fertigen lassen, wie die Tabelle 10 ausweist. Wohl durch die öffentliche Debatte über Häftlingsarbeit in der DDR mit bedingt (siehe Kapitel 4.8), wollte IKEA-Chef Kamprad im Jahre 1987 die Produktion in der DDR zwar zurückfahren, doch Teile seiner Unternehmensführung hatten vor allem die hohe Rentabilität im Blick und wollten die Geschäftskontakte eher noch ausbauen – wie die Staats-

216 Vgl. Deutsche Rentenversicherung: Betriebsliste »Vorhandene Unterlagen«; http://www.deutsche-rentenversicherung.de/cae/servlet/contentblob/266332/publicationFile/1631/zusatzversorgung_betriebsrente_pdf.pdf [24.11.2012].

217 Vgl. Beschäftigte Strafgefangene in den StVA; Stand 25.3.1953/30.3.1953; BArch DO 1 11/1581, Bl. 43–70.

218 Vgl. Telegramm [des VEB Möbelkombinat Ribnitz-Damgarten] an das Ministerium für Bezirksgeleitete Industrie o. D. [1987]; BStU, MfS, AOibE 11356/89, Bl. 94–96.

219 Vgl. Auszug aus [dem] Sofortbericht von Wolfgang Jerke, stellvertretender Generaldirektor des AHB Holz/Papier v. 16.4.1983; BArch DC 20/23112 , o. Pag.

Tabelle 10: Beabsichtigte zusätzliche Gestattungsproduktionen von IKEA in der DDR (1987)[220]

Firma	Artikelbezeichnung
VEB Sonnholz Großfurra	Furen, Blumenkästen lasiert
VEB Sponeta Schlotheim	Ekorre-Sessel, Paus-Stuhl
VEB Formaplast Sohland	Badset-Spiegelschrank
VEB Plastunion Triptis	Tablett, Werkzeugbau
VEB Plast- und Holzverarbeitung Grabow	Bilderrahmenleisten
VEB Plastverarbeitungswerk Staaken	Plastekasten, Plastelacktisch, Gleitleiste Back
VEB Sintolan Annaberg	Sintolan-Muster
VEB BIGGI Waltershausen	Flodis, Muster Skrinda
AHB Spielwaren und Sportartikel	Triss, Splint
VEB Kunstgewerbe Pappenheim	Flit-Serie
VEB Holz Naumburg	Logik
VEB Vereinigte Porzellanwerke Colditz	diverses Porzellan, Haushaltsporzellan
VEB Crottendorfer Metallwaren	Kartoffelpressen, Siebe
VEB Metall- und Plastverarbeitung, Beierfeld	Kassetten
VEB Schnittwerkzeuge Klingenthal	Kaffeemühlen
VEB Drahtverarbeitung Herrnhut	Wäschetrockner
VEB Spiegelwerk Wilsdruff	ALG-Spiegel klar
VEB Farbglaswerk Weißwasser	ALG-Spiegel grau
VEB Flachglaskombinat Torgau	Brenna, Voss
VEB Wittol Wittenberg	Kerzen

sicherheit durch ihre IM erfuhr.[221] Zur Skepsis Kamprads trug wohl bei, dass seinerzeit der gesundheitsschädliche Formaldehyd eine Debatte ausgelöst hatte. Zwar wurden im Westen bereits formaldehydreduzierte Spanplatten angeboten, doch deren Import und Verarbeitung erschien dem zuständigen Ministerium für Bezirksgeleitete Industrie und Lebensmittelindustrie zu teuer. Es verfügte daher die übergangsweise Verwendung selbstentwickelter sogenannter F 2-Spanplatten, mit denen allerdings »nicht die Emissionswerte bei Formal-

220 Vgl. Messekonzeption LHM [Leipziger Herbstmesse] von 1987; BStU, MfS, AG BKK 1330, Bl. 31–33.

221 Vgl. Information des IMS »Klaus Lunge« v. 25.4.1987; BStU, MfS, AG BKK 210, Bl. 251. Siehe auch: Information zur Firma IKEA des IM-Vorlaufs »Luise« v. 26.5.1987; ebenda, Bl. 254.

dehyd der Spitzenprodukte aus dem NSW-Markt erreicht« werden konnten.[222] Weil der Absatz im Westen wegzubrechen drohte,[223] wurde dann in Dresden im Wissenschaftlich-Technischen Zentrum Holz (WTZ) eine zentrale Prüfstelle für Möbel eingerichtet. IKEA ließ hier ab 1986 die für seine Möbel aus ostdeutscher Produktion verwendeten Spanplatten kursorisch prüfen und schloss einen förmlichen Vertrag mit der Dresdener Prüfstelle.[224] Der Leiter des IKEA-Platzbüros und seine Mitarbeiter besuchten häufig diese Prüfstelle und achteten darauf, dass westliche Grenzwerte beachtet wurden, überließen aber im Wesentlichen die Formaldehydprüfungen der DDR-Prüfstelle[225] und durften deren Prüfergebnisse nur mit Zustimmung der Prüfstelle (etwa zu Werbezwecken) veröffentlichen.[226] Außer IKEA ließen auch die Firmen Lämmerzahl und Quelle hier die von ihnen importierten Möbel prüfen.[227]

Eine erste Stichprobe im Dezember 1986 erbrachte dann, dass bei einer Raumtemperatur von 23 Grad, einer Luftfeuchtigkeit von 45 Prozent und einem stündlichen kompletten Luftwechsel nach 8 Tagen die seinerzeit maximal zulässige Formaldehydkonzentration von 0,10 ppm nicht überschritten wurde.[228] Allerdings liegt der heutige, seit 1990 gültige Grenzwert mit 0,05 ppm nur halb so hoch, gemessen nach 28 Tagen.[229] Und in der Möbelproduktion selbst, insbesondere bei Lackierern und Schreinern von Spanplatten, ergaben sich bei »Probeprüfungen« im VEB Spanplattenwerk Beeskow »in Abhängigkeit der Emissionsquelle erhebliche Überschreitungen der gültigen MAK[Maximale-Arbeitsplatz-Konzentration]-Werte«.[230] In der Festlegung ge-

222 Information der Abt. Inspektion der Arbeitsgruppe für Organisation und Inspektion beim Ministerrat über ausgewählte Probleme der Möbelindustrie für den NSW-Export v. 8.1.1985 (mit Anlagen); BArch DC 20/11174, Bl. 56–73.

223 Vgl. Information der HA XVIII/6/3 zu verstärkten Versuchen der politischen und ökonomischen Druckausübung seitens der BRD auf die Möbelexporte der DDR v. 26.9.1984; BStU, MfS, HA XVIII 21526, Bl. 29 f.

224 Vgl. Vertrag zur Durchführung von Prüfleistungen zur Bestimmung der Formaldehydemission von Spanplatten zwischen der Firma IKEA und dem AHB Holz und Papier v. 27.9.1986; BStU, MfS, HA XVIII 17772, Bl. 5–9.

225 Vgl. Dokumentation zur Prüfung der Formaldehydemission von Spanplatten v. 29.10.1986; ebenda, Bl. 1–4.

226 Vgl. Vertrag zur Durchführung von Prüfleistungen zur Bestimmung der Formaldehydemission von Spanplatten zwischen der Firma IKEA und dem AHB Holz und Papier v. 27.9.1986; ebenda, Bl. 5–9.

227 Vgl. Dokumentation zur Prüfung der Formaldehydemission von Spanplatten v. 29.10.1986; ebenda, Bl. 1–4.

228 Vgl. Prüfergebnis Nr. 1/86 v. 10.1.1986; ebenda, Bl. 13–15.

229 Vgl. Plehn, Wolfgang: Was können emissionsarme Möbel und Baustoffe leisten? (http://www.bfr.bund.de/cm/343/was_koennen_emissionsarme_baustoffe_und_moebel_leisten.pdf/19.12.2012).

230 Informationsmaterial des VEB Kombinat HBM zur Formaldehyddiskussion v. 3.9.1986; BStU, MfS, HA XVIII 17772, Bl. 24–33.

setzlicher Grenzwerte in der Bundesrepublik ab dem Jahre 1985 vermochte die DDR nur das Bemühen der konkurrierenden westdeutschen Möbelindustrie zu sehen, die osteuropäischen Konkurrenten nun auf diese Weise auf Abstand zu halten, und hielt angesichts ihrer Devisennot den Verbraucherschutz lediglich für vorgeschoben.[231] »Freie« Beschäftigte, Häftlingsarbeiter und Endabnehmer könnten also durch eine überhöhte Konzentration mit Formaldehyd belastet worden sein. Solange der Westexport von Möbeln jedoch neue Devisen versprach, wollte das SED-Regime auf diese Einnahmequelle nicht verzichten. Wange kam mit Schalck-Golodkowski im Juli 1985 überein, allein für das Möbelkombinat Oelsa-Rabenau im Westen hochmoderne Maschinen für 25 Millionen Valutamark anzuschaffen.[232] Zwei Jahre später sollten alle Betriebe zusammen für neue Sägen und Maschinen (insbesondere aus Italien) sogar 137 Millionen Valutamark ausgeben[233] – um danach noch mehr Möbel exportieren zu können.

Aufgrund des hohen Lohnanteils an der Wertschöpfung waren Möbel tatsächlich für den Arbeitseinsatz von Häftlingen prädestiniert. Auch in der Haftanstalt Brandenburg-Görden beispielsweise wurden nach übereinstimmenden Aussagen Betroffener für das Werk IV des VEB Holzverarbeitungswerk Burg (HVB) zu einem Großteil Küchenmöbel für den Westexport hergestellt.[234] Auch schriftliche Unterlagen dokumentieren, dass hier im Jahr des Volksaufstandes bereits mehr als 120 Häftlingsarbeiter[235] und im Jahre 1967 mehr als 220 Inhaftierte[236] Küchenmöbel auch für den Export zimmerten. Möbel verkauften DDR-Betriebe freilich nicht nur in die Bundesrepublik und nach Schweden. Für Großbritannien etwa war Ostdeutschland der zweitgrößte Importeur von Möbeln (im Wert von 18 Millionen Pfund Sterling beispielsweise im Jahre 1980), Spielwaren lieferte Ostdeutschland im Jahre 1982 im Wert von annähernd 2 Millionen Pfund Sterling. Hauptabnehmer war dabei die United Sterling Cooperation Limited Consumer Goods (London), die zu

231 Vgl. Schreiben von Wange an die Ministerin der Finanzen Dr. König o. D. [Juli 1985]; BArch DG 5/3982, o. Pag.

232 Vgl. Informationsmaterial des VEB Kombinat HBM zur Formaldehyddiskussion v. 3.9.1986; BStU, MfS, HA XVIII 17772, Bl. 24–33.

233 Vgl. Anfragekonzeption zum Sondervorhaben Möbelprojekt NSW 1987; BStU, MfS, BV Gera, Abt. XVIII 3680, Bl. 2–4.

234 Vgl. 69. Pressekonferenz der Arbeitsgemeinschaft 13. August am 16.6.1986: DDR-Haftwesen und Justiz; BStU, MfS, HA IX 1106, Bl. 2–26; Bericht von Burkhard Görs: 60. Pressekonferenz der Arbeitsgemeinschaft 13. August am 14.6.1984: DDR-Haftwesen und Justiz; BStU, MfS, HA IX 17604, Bl. 217–250.

235 Vgl. BArch DO 1 11/1581, Bl. 43–70; BLHA, Bez. Pdm. Rep. 404/15/120.

236 Vgl. [Aufstellung der Arbeitsbetriebe der] Strafvollzugsanstalt Brandenburg o. D. [Juli 1967]; BLHA, Bez. Pdm. Rep. 404/15.1/707, Bl. 140 f.

50 Prozent der DDR selbst gehörte.[237] Dem britischen Möbelhändler (und späteren IKEA-Rivalen) MFI Furniture Group (London) wollte der Außenhandelsbetrieb Holz und Papier 1982 gar viermal mehr Polstermöbel als zuvor verkaufen, während sich in der Praxis der Absatz wegen des veralteten Designs und des überholten Maschinenparks in den Produktionsstätten längst rückläufig entwickelte.[238] Auch nach Belgien wurde exportiert; so wurden aus Cottbus, mutmaßlich aus dem dortigen Polstermöbelwerk, für das auch 60 Häftlinge (zeitweise aus der Haftanstalt Cottbus[239], zeitweise aus dem Haftarbeitslager Schwarze Pumpe) arbeiteten, das Jugendzimmer »Bianca« und die Garnitur »3622-3522« an belgische Firmen geliefert, darunter die Firma Unigro SA (Sint-Niklaas). Aus dem VEB Sitzmöbelwerk Waldheim (zugleich Außenarbeitskommandos der Haftanstalt Waldheim) ging der Sessel »1306« an die Firma I.M.H. sowie an die gleiche Firma aus Halle (vermutlich aus dem VEB Polstermöbel Halle mit einem Außenkommando der Haftanstalt Halle) die Garnitur »G 502«.[240] Auch für den VEB Leuchtenbau Zeulenroda, Zulieferbetrieb des VEB Möbelwerke Zeulenroda, arbeiteten Häftlinge des Jugendhauses Hohenleuben.[241] Der Betrieb exportierte für mehrere Millionen Valutamark Waren in den Westen[242]; das übergeordnete Möbelkombinat Zeulenroda lieferte seinerseits an das Unternehmen Lämmerzahl und andere westliche Firmen. Weil sich allerdings in Zeulenroda 1983 die Möbel stapelten und die Nachfrage in der Bundesrepublik zurückging, vereinbarte der Außenhandelsbetrieb Holz und Papier mit der Firma Lämmerzahl Umsatzboni, die aber auch keine Wende zum Besseren brachten.[243] Und der VEB Polstermöbel Güstrow, in dessen Zulieferbetrieben teilweise ebenfalls Häftlinge arbeiteten, lieferte neben dem fränkischen Möbelhändler auch an die Unternehmen Ber-

237 Vgl. [Rede von Ph. Lait, Chairman der United Sterling Cooperation Limited Consumer Goods] o. D. [1982]; BStU, MfS, HA XVIII 16932, Bd. 2, Bl. 82–87.

238 An den Gesprächen nahm auch jener Generaldirektor des Polstermöbelkombinats Waldheim teil, der gegenüber IKEA irreführenderweise den Abbruch der Möbelproduktion in Waldheim zugesichert hatte. Vgl. Vermerk über das Gespräch des Stellvertreters des Ministers mit den Chairman des größten britischen Einzelhandelsunternehmens MFI v. 24.5.1982; BStU, MfS, HA XVIII 16932, Bd. 2, Bl. 88–90.

239 Vgl. Gefangenenstatistik des Ministeriums des Innern von 1964; BArch DO 1/3367, o. Pag.

240 Vgl. Jahresbericht der Firma Story Import-Export v. 6.2.1985; BStU, MfS, HA XVIII 16932, Bl. 143–179.

241 Vgl. Bericht über eine Dienstreise in den Verantwortungsbereich der Bezirksverwaltungen Halle und Gera v. 3.8.1987; BStU, MfS, HA VII 4963, Bl. 236–239.

242 Der VEB Leuchtenbau Zeulenroda sollte 1984 zusätzlich (zum nicht genannten Plan) Waren für 1,8 Mio. VM in den Westen liefern. Vgl. Staatliche Plankommission: Ergebnis der Durcharbeitung der Vorschläge zur Überarbeitung des NSW-Exports des Ministeriums für Bezirksgeleitete Industrie und Lebensmittelindustrie v. 6.5.1983; BArch DN 1/27060, o. Pag.

243 Vgl. Information eines GMS der Abt. XVIII/4 der BV Gera über Umsatzbonus v. 21.4.1983; BStU, MfS, HA XVIII 18356, Bl. 6–11.

kelrode Meubel (Zwolle), Wehkamp, Prins (alle Niederlande), Silva (Westberlin), Schwarz (Schweiz), Reli Møbler (Lillestrøm/Norwegen), Bonoes (Dänemark) und Aernouldt (Belgien).[244] Letztlich fanden also Möbel aus der DDR viele Abnehmer in Westeuropa – und an etlichen Modellen waren Häftlinge direkt oder indirekt beteiligt.

244 Vgl. Einschätzung der Vertragspartner im Export in das NSW v. 3.7.1980; BStU, MfS, BV Schwerin, AIM 191/94, Bd. 2, Bl. 37–42.

4.3 Zement aus Rüdersdorf – belieferten Häftlinge die Senatsreserve von Westberlin?

Das Beispiel des Haftarbeitslagers Rüdersdorf verdeutlicht einmal mehr die Abhängigkeit der ostdeutschen Volkswirtschaft von dem massenhaften Arbeitseinsatz von Gefangenen, wie disponibel diese eingesetzt wurden und welchen Stellenwert der Westexport der produzierten Waren hatte. Im Jahre 1940 waren für das örtliche Zementwerk (Berginspektion der Preußag) als Barackenlager für Zwangsarbeiter errichtet worden, die zuletzt 2 156 der rund 3 500 Arbeiter stellten; mindestens 73 Häftlingsarbeiter waren verstorben, darunter Frauen und Kinder.[1] Unmittelbar nach Kriegsende hatte die Rote Armee dann in Rüdersdorf ein Gefangenenlager für NS-Funktionäre wie auch für Jugendliche eingerichtet und sie bis Mai 1946 im Zuge von Reparationsleistungen Teile der dortigen Zementwerke demontieren lassen.[2] Parallel hierzu wurden in den Baracken der früheren Zwangsarbeiter »Am Bruch 6« zunächst Umsiedler einquartiert.[3] Auf Beschluss der Konferenz der ostdeutschen Länder vom November 1947 wurde das Lager dann von der brandenburgischen Polizei als Sonderstrafarbeitslager eingerichtet[4] und im Februar 1948 erstmals mit Häftlingen belegt.[5] Im April 1948 wachten hier 38 Aufseher über 205 Gefangene[6] bzw. am Jahresende über rund 240 Häftlinge. Unter ihnen waren 10 Prozent Frauen,[7] die wenig später aber nach Luckau eingewiesen wurden.[8]

Bereits im Jahre 1947 waren aus der Vereinigung der Berginspektion Rüdersdorf sowie den Zementwerken Adler die Rüdersdorfer Kalk-, Zement- und Betonwerke entstanden. Obwohl viele Anlagen demontiert worden waren, zählte der Betrieb 1950 bereits wieder 1 700 Mitarbeiter.[9] Doch wegen der harten Arbeit und der katastrophalen Wohnraumsituation war die Fluktuation der Beschäftigten immens. So wurden zwar im IV. Quartal 1953 etwa 100

1 Vgl. Köhler, Eva: Rüdersdorf. Die Kalkhauptstadt am Rande Berlins. Berlin 1994, S. 153 f.

2 Vgl. Rüchel, Uta: Antreten zur Arbeit! Haftarbeit in Rüdersdorf. Hg. v. d. Beauftragten des Landes Brandenburg zur Aufarbeitung der Folgen der kommunistischen Diktatur. Berlin 2012, S. 14.

3 Vgl. Köhler: Kalkhauptstadt, S. 164 u. 170.

4 Protokoll der Innenministerkonferenz am 29./30.11.1947; BArch IV 2/13/109, Bl. 84 u. 88–93; abgedruckt in: Rößler (Hg.): Die Entnazifizierungspolitik der KPD/SED, S. 212–217.

5 Vgl. Schreiben der Abt. Polizei des Ministeriums des Innern der Landesregierung Brandenburg v. 16.1.1948; BLHA, LBDVP Ld. Br. Rep. 203/319, Bl. 81.

6 Vgl. Bericht des Lagers 201 Rüdersdorf bei Berlin v. 3.4.1948; BLHA, LBDVP Ld. Br. Rep. 203/133, Bl. 182 f.

7 Vgl. Ergebnisprotokoll einer Besprechung in der Deutschen Justizverwaltung v. 2.11.1948; BArch DO 1 11/1589, Bl. 4–6.

8 Vgl. Runderlass Nr. 159/49 des Ministers der Justiz v. 8.6.1949, zit. nach: Bericht der Landeskriminalpolizeiabteilung Brandenburg über die Durchführung des Befehls 201 v. 1.8.1949; BLHA, LBDVP Ld. Br. Rep. 203/133, Bl. 102–104.

9 Vgl. Köhler: Kalkhauptstadt, S. 163.

Mitarbeiter neu eingestellt, doch hatten zugleich 197 Kollegen gekündigt.[10] Wohl wegen der Personalknappheit setzte man verstärkt Häftlinge zur Arbeit ein.

Für die nach SMAD-Befehl 201 Verurteilten sollte hier ein besonders strenges Regime herrschen und jeder zweite Insasse musste im örtlichen Zementwerk körperlich hart arbeiten. »Infolge hohen Alters und der ungenügenden Ernährung« waren die Leistungen indes »nicht allzu hoch«, wie es in den Berichten hieß. Ein Teil der Gefangenen litt bereits nach einigen Wochen unter »Wasser in den Füßen«.[11] Trotz der Belastungen durften die Häftlinge nur alle acht Tage baden.[12] Immerhin konnten sie sich seinerzeit noch durch hohe Normerfüllung Strafrabatt erarbeiten.[13] Das Haftarbeitslager verfügte 1957 über insgesamt 80 Aufseher (davon 7 Frauen), was etwa 80 Prozent der Sollstärke entsprach.[14] Bereits ein halbes Jahr später waren hier 88 Aufseher (davon 7 Frauen) tätig, bei einer Sollstärke von 113 Stellen.[15]

Ende der fünfziger Jahre wurde gegenüber von Werk 1 das Werk 3 des Zementwerks Rüdersdorf errichtet.[16] Der zusätzliche Personalbedarf sowie die überaus harten Arbeitsbedingungen für alle Beschäftigten führten zu einer »z. Zt. nicht vertretbar hohen Fluktuation«. Die Verantwortlichen wollten deswegen durch »ideologische Aufklärung« den Beschäftigten »das Bewusstsein [...] vermitteln, dass sie als Zementwerker an einer entscheidenden Front im Kampf um die Erfüllung unser Volkswirtschaftspläne stehen«. Ferner sollten von den Zementwerken »Verhandlungen mit dem Ministerium des Innern, HVDVP, Strafvollzug geführt [werden], mit dem Ziel, zu erreichen, dass das Baustoffkombinat Rüdersdorf auf der Dringlichkeitsliste für die Zuführung von Strafgefangenen einen vordringlichen Platz« erhalten würde.[17]

Im Jahre 1963 bestand Rüdersdorf aus den einander gegenüberliegenden Zementwerken 1 und 3, dem Zementwerk 2, dem Betonwerk und dem Kalkwerk mit zusammengenommen 2 644 Beschäftigten.[18] Die Zementproduktion

10 Vgl. Schreiben des VEB Kalk- und Zementwerke Rüdersdorf an die Plankommission des Bezirks v. 16.3.1954; BLHA Rep. 601 Nr. 2781, o. Pag.

11 Vgl. Bericht des Lagers 201 Rüdersdorf bei Berlin v. 3.4.1948; BLHA, LBDVP Ld. Br. Rep. 203/133, Bl. 182 f.

12 Vgl. BLHA, LBDVP Ld. Br. Rep. 203/133.

13 Vgl. Köhler: Kalkhauptstadt, S. 164 u. 170.

14 [Personalstatistik] SV Rüdersdorf III. Quartal 1957; BLHA, Rep. 671/16.2 Nr. 671, o. Pag.

15 Vgl. [Personalstatistik] HAL Rüdersdorf I. Quartal 1958; BLHA, Rep. 671/16.2 Nr. 671, o. Pag.

16 Vgl. BArch DG 8/1336.

17 Vorlage für die Beratung mit dem stellvertretenden Minister Jeske am 2.6.1961; BLHA, Rep. 601 Nr. 1997, o. Pag.

18 Vgl. Bericht des Zentralvorstandes der Industriegewerkschaft Bau-Holz über Produktionsberatungen im VEB Zementwerk Rüdersdorf v. 20.5.1963; BArch DY 34/21928.

erforderte in der DDR seinerzeit doppelt so viel Einsatz an Arbeitskräften und Energie wie international üblich. Deswegen sollte ab 1962 ein neues Werk 4 aufgebaut werden, um eine »schrittweise Überwindung des Rückstandes zum Weltniveau« in der Zementproduktion zu erreichen. Die entsprechende Vorlage für den Ministerrat wurde jedoch zeitweilig zurückgestellt,[19] vermutlich weil Baukapazitäten fehlten. Die Zuständigkeit für die Errichtung von Werk 4 lag beim Ministerium für Bauwesen, nachdem die Staatliche Plankommission das Projekt zunächst angeschoben hatte.[20] Tatsächlich verzögerte sich die Errichtung des neuen Werkes mehrfach, nicht zuletzt wegen des Fehlens von Arbeitskräften und Baukapazitäten.[21] Es bedurfte schon neuer Beschlüsse des Ministerrats, um die stockende Errichtung des Werkes 4 doch noch voranzutreiben.[22]

Das Rüdersdorfer Zementwerk 1 wiederum war das »dienstälteste« in der DDR, bedurfte aufwendiger Reparaturen und erreichte bestenfalls die Hälfte der weltweit üblichen Produktivität. Daher sollte es eigentlich Mitte 1966 geschlossen werden, wurde dann aber doch weiter betrieben, denn »insbesondere [...] zur Sicherung der Exportverpflichtungen bis 1970« ergab sich ein Zementbedarf, der durch die anderen Werke »nicht gedeckt werden kann«.

Unter Berücksichtigung der zugleich beabsichtigen Zementimporte errechnete sich nämlich bereits für 1966 landesweit ein Defizit von 860 000 Tonnen Zement, das bis 1970 auf 1 530 000 Tonnen anwachsen würde, während das Rüdersdorfer Zementwerk 1 immerhin 240 000 Tonnen pro Jahr liefern konnte. Zwar war den Verantwortlichen klar, dass dies betriebswirtschaftlich wenig Sinn machte, doch die riesige Inlandsnachfrage und die ehrgeizigen Exportpläne standen im Vordergrund.[23] Erst als im Dezember 1966 das Zementwerk 4 voll in Betrieb ging, konnte das alte Werk 1 stillgelegt werden.[24]

Bei einer Zahl von 3 174 Beschäftigten der Zementwerke Rüdersdorf im Jahre 1964 (einschließlich etwa 500 Häftlingsarbeitern) würde sich die Personalnot fortan dramatisch verschärfen; bis 1967 seien mehr als 650 neue Arbeitskräfte vonnöten (siehe Tabelle 11). Walter Ulbricht und Erich Mückenberger hatten jedoch offenbar vereinbart, dass die Zementwerke nicht in den nahegelegenen Berliner Großbetrieben Arbeitskräfte rekrutieren durften, wohl weil die Hauptstadt der DDR ebenfalls Priorität genoss. Und der einzig größere

19 Vgl. Vorlage für den Ministerrat der Regierung der Deutschen Demokratischen Republik v. 22.12.1962; BArch DC 20-I/4/675, Bl. 84–88.

20 Vgl. Schreiben vom Ministerium für Bauwesen an die Deutsche Investitionsbank v. 11.1.1965; BArch DG 8/1335, Bl. 11 f.

21 Vgl. BArch DG 8/1335, Bl. 1–10.

22 Vgl. Maßnahmeplan des Maschinenbaus und des Bauwesens zum zukünftigen Zementwerk Rüdersdorf 4; BArch DC 20-I/4/1005, Bl. 150–159. Siehe auch: BLHA, Rep. 601 Nr. 7650.

23 Vgl. Studie über die mögliche weitere Inbetriebnahme des Zementwerkes 1 in Rüdersdorf ab Mitte 1966 o. D. [2.3.1965]; BHA, Rep. 601 Nr. 4886, o. Pag.

24 Vgl. Köhler: Kalkhauptstadt, S. 172.

VEB vor Ort, der VEB Ziegelwerk »Rotes Banner« mit 550 Arbeitskräften, arbeitete als einziger Betrieb in der DDR bei der Ziegelproduktion rentabel, konnte also nicht »angezapft« werden – und die dortigen Arbeiter verdienten auch besser, sodass sie wohl kaum wechseln mochten. So sollten Arbeitskräfte aus der Landwirtschaft in der Umgebung sowie bisher nicht Berufstätige angeworben werden, weil für sie nicht eigens Wohnraum geschaffen werden musste. Auch sollten 150 Arbeitskräfte aus dem VEB Eichsfelder Zementwerke Deuna versetzt sowie Abgänge der NVA angeworben werden. Und ferner war natürlich »beabsichtigt, ab 1965 230 Häftlinge [zusätzlich] einzusetzen« – bei steigender Tendenz. Bei ihnen war schließlich die Fluktuation präzise berechenbar und der Anspruch auf »Wohnraum« minimal. Allerdings erforderten mehr Insassen eine Vergrößerung oder einen Neubau des Lagers (für 5,3 Mio. Mark) in der Nähe des Sportplatzes, denn die Grundfläche des Lagers war wegen benachbarter Grundstücke begrenzt.[25] Vermutlich vor diesem Hintergrund existierte zwischen November 1966 und Oktober 1967 in der Ernst-Thälmann-Straße ohne gesetzliche Grundlage zusätzlich ein gesondertes Arbeitserziehungslager für 45 Jugendliche (vielfach aus Ostberlin[26]), die wegen geringfügiger politischer Unbotmäßigkeiten bis zu acht Wochen in Haft behalten wurden.[27] Die Jugendlichen ab 16 Jahren mussten ebenfalls im Zementwerk arbeiten – zunächst ohne Entlohnung; allenfalls ein »bei guter Führung« wurde ein Taschengeld gewährt.[28]

Auch Ende der sechziger Jahre mussten die Zementwerke Rüdersdorf noch das Ausscheiden von mehr als 600 »freien« Mitarbeitern im Jahr verkraften, weswegen an eine Verpflichtung ungarischer Arbeitskräfte gedacht wurde. Und neu errichtete Wohnungen in der Gemeinde sollten an die Bereitschaft zur Arbeit in dem Betrieb geknüpft werden.[29] Unbeliebt wie diese war, mussten seinerzeit nicht nur in Rüdersdorf Häftlinge in der Zementindustrie arbeiten; es wurden damals auch 34 Insassen der Haftanstalt Naumburg im Zement-

25 Vgl. ebenda.

26 Vgl. u. a. 61. Bericht der Auswertungs- und Informationsgruppe der Verwaltung für Staatssicherheit Groß-Berlin v. 31.3.1967; BStU, MfS, HA XX 6166, Teil 2, Bl. 256–259; Einzel-Information der Verwaltung Groß-Berlin über ehemalige Zöglinge des Lagers Rüdersdorf v. 1.4.1967; BStU, MfS, BV Berlin, AKG 419, Bl. 1 f.

27 Vgl. Rüchel: Haftarbeit in Rüdersdorf, S. 19–22; Sachse, Christian: Das illegale Arbeitserziehungslager Rüdersdorf. In: Horch & Guck, Heft 72 (Nr. 2/2011), S. 30–34.

28 Vgl. 1. Entwurf der Vorläufigen Ordnung für die Durchführung von Erziehungsmaßnahmen an Jugendlichen im Erziehungskommando Rüdersdorf o. D. [1966]; LAB, C Rep. 303 Nr. 1132, Bl. 37–46.

29 Vgl. Beschluss des Rat des Bezirks Frankfurt/O. zur Sicherung der Zahl der Beschäftigten im Zementwerke Rüdersdorf v. 23.9.1969; BLHA, Rep. 601 Nr. 29218, o. Pag.

werk Karsdorf[30] sowie ein paar Jahre später sogar 120 jugendliche Häftlingsarbeiter im Zementanlagenbau Dessau eingesetzt.[31]

Das Haftarbeitslager Rüdersdorf verfügte Mitte der siebziger Jahre über 56 Offiziere und 169 gewöhnliche Aufseher, zusammen 225 Mitarbeiter. Der Leiter verdiente damals schon 1 000 Mark, seine Stellvertreter 850 Mark, die Aufseher meist zwischen 450 und 600 Mark.[32] In den Zementwerken waren Zivilbeschäftigte, zum Beispiel als ingenieurtechnisches Personal, Maschinisten und Angestellte, tätig, Häftlinge als Brenner, Kohlenmüller, Packer und sonstige »niedere« Arbeiter. In einigen Betriebsteilen waren die insgesamt 467 Häftlingsarbeiter sogar in der Überzahl gegenüber den anderen Beschäftigten.[33] Aufgabe der Gefangenen war es beispielsweise, bei Havarien in den noch heißen Drehöfen neue Ummauerungen einzuziehen; für die gefährliche Arbeit in Asbestanzügen gab es eine Extramahlzeit und eine Packung Zigaretten.[34]

Tabelle 11: Kalkulierter Bedarf an Arbeitskräften der Zementwerke Rüdersdorf (1965–70)[35]

benötigte Beschäftigte	1965	1966	1967	1968	1969	1970
	3 478	3 768	3 861	3 760	3 960	3 690
Zuführung/Jahr	+304	+290	+93	-101	-70	-70
natürlicher Abgang	+70	+75	+77	+75	+74	+74
Zwischensumme	+374	+365	+170	-26	+4	+4
abgeschlossene Lehre	-77	-73	-101	-116	-134	-151
effektive Zuführung/Jahr	+297	+292	+69	-142	-130	-147
kumulativ	+297	+589	+658	+516	+386	+249

Da weiterhin etwa 130 Arbeitskräfte fehlten, pflegte die Hauptabteilung Produktion der Zementwerke die Personalnot erfindungsreich zu kompensieren, in dem sie Betrieben und LPG für die Bereitstellung von drei Arbeitskräften pro Tag eine Tonne Zement abseits des Plans aus den Werken 2 und 4 zusprach. Allein im ersten Halbjahr 1970 schickten daher 54 LPG insgesamt

30 Vgl. Bericht der Strafvollzugsanstalt Naumburg über das Zusammenwirken mit VE-Betrieben v. 20.6.1967; LHASA, MER, M 558-6 BDVP Halle 19.1. Nr. 1285, Bl. 48–51.

31 Vgl. Erster Überblick über die zu erwartenden Schwerpunktbereiche [bei der Amnestie von 1979]; LHASA, MER, M 501 Nr. 19322, o. Pag.

32 Vgl. Stellenplan der StVE Rüdersdorf v. 1.1.1975; BArch DO 1/12170, o. Pag.

33 Vgl. Information der Abt. Bauwesen [des ZK der SED] über die Durchführung des Beschlusses des Ministerrats v. 4.10.1972 über die Amnestie v. 2.11.1972; BArch DY 3023/1150, Bl. 274–276.

34 Vgl. Bericht von Manfred Wiese, abgedruckt bei: Rüchel: Haftarbeit in Rüdersdorf, S. 66–69.

35 Vgl. Studie über die mögliche weitere Inbetriebnahme des Zementwerkes 1 in Rüdersdorf ab Mitte 1966 o. D. [2.3.1965]; BHA, Rep. 601 Nr. 4886, o. Pag.

225 Arbeitskräfte nach Rüdersdorf und erhielten ihrerseits 2 481 Tonnen Zement als Ausgleich. Die insgesamt abgezweigte Menge von 4 166 Tonnen hatte seinerzeit einen Wert von über 2 Millionen Mark. Obwohl der Zement angeblich aus Überproduktion stammte und die Abgabe zumeist vertraglich geregelt wurde, durften die Zementwerke diese Praxis nach deren Bekanntwerden nur noch in geringem Umfang fortsetzen.[36]

Am Vorabend der Amnestie von 1972 arbeiteten im Betonwerk 74, im Zementwerk 2 194 und im Zementwerk 3 186 sowie in einem gesonderten Kommando 5, zusammengenommen 459 Häftlingsarbeiter.[37] Nun aber war die vollständige Entlassung aller dort eingesetzten Häftlinge bis Ende Januar 1973 absehbar. Da ohnehin schon ständig 80 Arbeitskräfte fehlten, drohte jetzt ein erheblicher Produktionsausfall. Allein die Zementwerke 2 und 3 sollten 1973 eigentlich 1 106 000 Tonnen Zement produzieren, was zugleich 12 Prozent der gesamten, landesweiten Produktion der DDR entsprach, die wegen einer Zunahme des Eigenheimbaus sogar um 4,3 Prozent steigen sollte.[38] Der Direktor des VEB Zementwerke Rüdersdorf erklärte deshalb gegenüber dem Leiter des Haftarbeitslagers, »dass er die Produktion nicht halten kann, wenn auch nur 5 Prozent von dem augenblicklichen Bestand an Strafgefangenen fehlen«. Zudem war ein Vertrag mit polnischen Arbeitern ausgelaufen und mit Ersatz nicht vor Anfang 1973 zu rechnen.[39] Deswegen sollten nun Beschäftigte aus anderen Zementwerken abgestellt werden, Mitarbeiter der Verwaltung als »Rote Brigaden« zeitweilig in die Produktion gehen sowie Arbeitskräfte aus der Landwirtschaft gewonnen werden.[40] Gleichwohl fehlten 440 Arbeitskräfte, was durch die Einstellung Amnestierter sowie Delegierungen von Beschäftigten aus dem Betonwerk in das Zementwerk auf etwa 100 Arbeitskräfte reduziert werden konnte.[41]

36 Vgl. Schreiben des Volkspolizeikreisamtes Fürstenwalde betr. Abgabe von nichtkontingentiertem Zement v. 21.9.1970; BStU, MfS, BV Frankfurt/O., AS 3/71, Bl. 10 f.

37 Vgl. Übersicht über Strafgefangene [des Bezirks Frankfurt/O., d. h. HAL Rüdersdorf und JH Wriezen], die in der Produktion eingesetzt sind v. 5.10.1972; BLHA, Rep. 601 Nr. 25485, o. Pag.

38 Vgl. Information der Abt. Bauwesen [des ZK der SED] über die Durchführung des Beschlusses des Ministerrats v. 4.10.1972 über die Amnestie v. 2.11.1972; BArch DY 3023/1150, Bl. 274–276.

39 Treffbericht mit dem GMS v. 23.5.1972; BStU, MfS, Frankfurt/O., AGMS 1747/80, Bl. 33 f.

40 Vgl. Information der Abt. Bauwesen [des ZK der SED] über die Durchführung des Beschlusses des Ministerrats v. 4.10.1972 über die Amnestie v. 2.11.1972; BArch DY 3023/1150, Bl. 274–276.

41 Vgl. Information des Stellvertreters des Vorsitzenden des Rat des Bezirks Frankfurt/O. betr. Wiedereingliederung o. D. [1972]; BLHA, Rep. 601 Nr. 20949, Bl. 147–150.

Tabelle 12: Schwerpunkte der Häftlingsarbeit im Haftarbeitslager Rüdersdorf (Oktober 1972)[42]

Betrieb	Zivile Beschäftigte	in %	Häftlinge	in %	gesamt
Zementwerk 2	172	46,7	196	53,3	368
Zementwerk 3	170	49,4	174	50,6	344
Betonwerk	73	48,0	79	52,0	152
andere Betriebsteile	k. A.	k. A.	18	k. A.	k. A.
gesamt	>415	–	467	–	>864

Tatsächlich lag es nahe, die bisherigen Häftlingsarbeiter als nunmehr »freie« Arbeiter im gleichen Betrieb weiterzubeschäftigen, zumal sie mit den Abläufen bereits vertraut waren. So wurden bis Ende Januar 1973 213 Amnestierte in den VEB Zementwerke eingegliedert, wo sich zwangsläufig Konzentrationen ehemaliger Häftlinge bildeten. So waren im Werk 3 nun von insgesamt 322 Beschäftigten 106 Amnestierte (32,4 %) und im Werk 2 in einer Schicht von 32 Arbeitern gar 24,[43] obwohl eigentlich ehemalige Häftlinge aus »Sicherheitsgründen« nicht die Mehrheit unter den Beschäftigten einzelner Brigaden stellen sollten (und nicht in Leitungsfunktionen aufsteigen durften).[44] Die schon länger in den Betrieben Beschäftigten, die von Schwesterbetrieben delegiert worden waren, wollten auch rasch wieder abgezogen werden, da sie ungern mit stigmatisierten Haftentlassenen zusammenarbeiteten.[45] So sollten weitere Amnestierte nur noch in Werk 3 eingesetzt werden. Denn »Werk 4 ist Exportbetrieb«; hier durften trotz 39 Fehlstellen weder Häftlinge noch Amnestierte eingesetzt werden um die Qualität der Exportware zu garantieren,[46] eilte ihnen doch der Ruf der Unzuverlässigkeit voraus. Werk 4 unterstand zusammen mit Werk 2 dem gleichen Stellvertretenden Produktionsdirektor.[47]

42 Vgl. Information der Abt. Bauwesen [des ZK der SED] über die Durchführung des Beschlusses des Ministerrats v. 4.10.1972 über die Amnestie v. 2.11.1972; BArch DY 3023/1150, Bl. 274–276.

43 Vgl. Information der Abt. Innere Angelegenheiten über die Lage im VEB Rüdersdorf v. 22.3.1973; BLHA, Rep. 601 Nr. 20949, Bl. 20–22.

44 Vgl. Information der Abt. Bauwesen [des ZK der SED] über die Durchführung des Beschlusses des Ministerrats v. 4.10.1972 über die Amnestie v. 2.11.1972; BArch DY 3023/1150, Bl. 274–276.

45 Vgl. Information der Abt. Innere Angelegenheiten über die Lage im VEB Rüdersdorf v. 22.3.1973; BLHA, Rep. 601 Nr. 20949, Bl. 20–22.

46 Vgl. Information der Abt. Innere Angelegenheiten des Rat des Bezirks Frankfurt/O. über die Entwicklung der Konzentration im VEB im Zementwerk Rüdersdorf v. 12.4.1973; BLHA, Rep. 601 Nr. 20071, o. Pag.

47 Vgl. Auskunftsbericht der KD Fürstenwalde zum Auslandskader NSA v. 20.12.1983; BStU, MfS, BV Frankfurt/O., V 161/86, KD Fürstenwalde, Bl. 5–17.

Tabelle 13: Belegung des Haftarbeitslager Rüdersdorf nach dem geplanten Ausbau (Oktober 1973)[48]

Bereich/Zahl der Häftlingsarbeiter	Normal-kapazität	Maximal-kapazität	geplante Kapazität	neu benötigte Haftplätze
Zementwerk	363	474	480	117
Metallaufbereitung Eberswalde	25	30	25	0
Reifenkombinat Fürstenwalde	0	0	260	260
Hausarbeiter	39	39	39	0
Aufnahmestation	36	63	36	0
Bau bei BDVP	0	0	30	30
Haftstrafen	0	0	40	40
U-Haftabteilung	100	144	100	0
gesamt	563	75	1 010	447

Den Verantwortlichen war aber bewusst, dass eine noch in Haft geäußerte Bereitschaft zur Weiterbeschäftigung reines Zweckverhalten sein konnte, das vor allem die baldige Entlassung sicherstellen sollte. Es bestand also »keine ausreichende Gewissheit, dass diese Haftentlassenen auch über einen längeren Zeitraum im Betrieb verbleiben«, zumal in der Kürze der Zeit gar nicht genug Wohnraum zur Verfügung gestellt werden konnte.[49] Während die Häftlingsarbeiter bis Januar 1973 »eine relativ disziplinierte Arbeit« leisteten, nutzten sie nach der Entlassung ihre wiedergewonnene Freiheit zu häufigeren Fehlschichten, Alkoholkonsum und Kündigungen bzw. Fernbleiben von der Arbeit, sodass nun eine »verstärkte Fluktuation« unter den Beschäftigten zu beobachten war.[50] Mitte März hatten von den vormals 213 eingegliederten Amnestierten 69 (32 %)[51] und bis zum 11. April gar 96 (44 %) ihre Arbeitsverträge wieder aufgekündigt. Doch weil andererseits viele Amnestierte (aus allen Haftanstalten) rasch rückfällig wurden (und neue Verurteilungen erfolgten), befanden sich zum 12. April 1973 schon wieder 238 Häftlinge im Arbeitseinsatz, davon 179 in

48 Vgl. Konzeption [zum Erweiterung des Arbeitseinsatzes im Haftarbeitslager] Rüdersdorf v. 3.10.1973; BStU, MfS, BV Frankfurt/O., AGMS 1747/80, Bl. 77–87.

49 Vgl. Information der Abt. Bauwesen [des ZK der SED] über die Durchführung des Beschlusses des Ministerrats v. 4.10.1972 über die Amnestie v. 2.11.1972; BArch DY 3023/1150, Bl. 274–276.

50 Vgl. Information der Abt. Innere Angelegenheiten des Rat des Bezirks Frankfurt/O. über die Entwicklung der Konzentration im VEB im Zementwerk Rüdersdorf v. 12.4.1973; BLHA, Rep. 601 Nr. 20071, o. Pag.

51 Vgl. Information der Abt. Innere Angelegenheiten über die Lage im VEB Rüdersdorf v. 22.3.1973; BLHA, Rep. 601 Nr. 20949, Bl. 20–22.

Zementwerk 2 und 43 im Betonwerk.[52] Durch den Bau zweier neuer Baracken wollte man gar ab 1973 die »Einsatzgröße […] für die Zementproduktion« von 300 auf 480 Häftlingsarbeiter erhöhen,[53] das Haftarbeitslager mittelfristig bis an die äußerste Grenze des Zulässigen belegen sowie Haftraum für fast 500 weitere Häftlinge schaffen, insbesondere durch erneute Belegung des Außenkommandos Fürstenwalde.[54] In diesen Jahren (wie auch erneut in der ersten Hälfte der achtziger Jahre) wurden Häftlinge in der jahrelang stillgelegten Untersuchungshaftanstalt Fürstenwalde untergebracht und von dort täglich mit Bussen zur Arbeit in das örtliche Reifenkombinat gefahren.[55]

Mitte der siebziger Jahre bezog Westberlin seinen Zement zu 25 Prozent vom VEB Zementwerke Rüdersdorf. In absoluten Zahlen waren dies rund 225 000 Tonnen jährlich, was bei beim seinerzeitigen Preis von etwa 65 Valutamark je Tonne insgesamt 14 bis 15 Millionen Valutamark entsprach. Für die DDR-Seite war dies, vermutlich aufgrund der geringeren Transportkosten, noch lukrativer als der Export bis in die westlichen Bundesländer. Importeur war dabei die Westberliner Firma Zementvertrieb, deren Versuche, vor allem aus Gründen der Qualitätssicherung »selbst die Fremdüberwachung im Herstellerwerk durchzuführen, […] zurückgewiesen« wurden.[56] Weitere Abnehmer waren Seyd & Heinrich Transportkontor sowie die Gesellschaft für Industriebeteiligungen (beide Westberlin). Allerdings vereinbarte die bundesdeutsche Zementindustrie mit den DDR-Betrieben, dass diese nicht in bestimmte Bundesländer (wie Nordrhein-Westfalen oder Hessen) lieferten; ob dies nach Wettbewerbsrecht zulässig war, sei dahingestellt. Doch nicht nur Firmen und Zwischenhändler, sondern auch der Senat von Berlin war Abnehmer von Zement aus Rüdersdorf, denn die »Frontstadt« lagerte in ihrer Senatsreserve auch Baustoffe ein.[57] Dem VEB Zementwerke Rüdersdorf war dies auch wohlbekannt, stellte er sich doch die Aufgabe der »reklamationsfreien Abwicklung eines NSW-Zusatzauftrages bei Kalk für den Senat von Berlin West«.[58]

52 Vgl. Information der Abt. Innere Angelegenheiten des Rat des Bezirks Frankfurt/O. über die Entwicklung der Konzentration im VEB im Zementwerk Rüdersdorf v. 12.4.1973; BLHA, Rep. 601 Nr. 20071, o. Pag.

53 Vgl. Beschluss des Ministerrats über den weiteren Einsatz von Strafgefangenen zur Arbeit v. 16.8.1973; http://stasiopfer.npage.de/ministerratsbeschluss–1973.html [17.11.2012].

54 Vgl. Konzeption [zum Erweiterung des Arbeitseinsatzes im Haftarbeitslager] Rüdersdorf v. 3.10.1973; BStU, MfS, BV Frankfurt/O., AGMS 1747/80, Bl. 77–87.

55 Vgl. Information [des Ministeriums für Staatssicherheit] über eine Nachkontrolle in den StVE/JH/UHA des Bezirks Frankfurt/O. v. 7.6.1982; BStU, MfS, HA VII 6053, Bl. 57–68.

56 Information der Arbeitsgruppe für Organisation und Inspektion über Aktivitäten bundesdeutscher Dienststellen v. 28.5.1974; BArch DC 20/27459, o. Pag.

57 Vgl. Bericht des GMS »Herbert Schneider« v. 24.2.1988; BStU, MfS, BV Frankfurt/O., V 161/86, KD Fürstenwalde, Bl. 322 f.

58 Vgl. Eingabenanalyse des VEB Zementkombinat v. 9.7.1986; BStU, MfS, BV Frankfurt/O., V 738/72, KD Fürstenwalde, Bd. III, Bl. 496–505.

Zum Transport kamen die Westberliner Lastkraftwagen bis auf das Betriebsgelände der Zementwerke gefahren, doch durften die Fahrer eigentlich nicht aussteigen und die Mitarbeiter der Zementbetriebe mussten die Kommunikation mit ihnen auf das unvermeidliche Geschäftliche beschränken.[59] Zudem lieferte die senatseigene Bewag ab 1988 täglich 100 bis 120 Tonnen Asche ihrer Westberliner Heizkraftwerke nach Rüdersdorf (für umgerechnet fast 400 000 DM im Jahr), wo sie in bestimmten Produktionsprozessen dem Zement beigemischt wurde.[60] Doch auch ihre Kraftstoffreserve für Notzeiten ließ die Stadt wegen ihrer Insellage immer wieder aus der DDR auffüllen.[61]

Im Februar 1977 beauftragte Werner Krolikowski, 1. Stellvertreter des Vorsitzenden des Ministerrats, Bauminister Wolfgang Junker und Innenminister Friedrich Dickel, die zuletzt instabile Produktion in Rüdersdorf zu untersuchen.[62] Dabei stellte sich heraus, »dass zur Abdeckung des Arbeitskräftebedarfs in den Arbeitsbereichen des Strafvollzugs im VEB Zementwerke Rüdersdorf etwa 380 Strafgefangene erforderlich sind«, bislang aber lediglich 330 Häftlingsarbeiter vor Ort waren – was eine entsprechende Erhöhung der Soll-Stärke nach sich zog.[63] Zusätzlich kamen bereits vor der Amnestie von 1979 im März dieses Jahres 60 ausländische Arbeitskräfte zum Einsatz.[64] Die »freien« Beschäftigten erwarteten wegen der Amnestie ähnliche Produktionseinbrüche wie schon 1972 und Beschäftigte der Verwaltung befürchteten wieder in die Produktion geschickt zu werden.[65] Weil die Amnestie von 1979 dann aber weniger umfassend ausfiel als erwartet, waren offenbar auch die Konsequenzen in Rüdersdorf weniger dramatisch als befürchtet.

Aufgrund zahlreicher Neuverurteilungen sowie Zuverlegungen saßen im Sommer 1980 schon fast wieder 1 200 Häftlingsarbeiter in Rüdersdorf ein. Fast jedem zweiten Insassen – genau 559 Personen bzw. 46 Prozent – war nach Paragraph 249 »Arbeitsscheu« zur Last gelegt worden. Überwiegend handelte es sich um sehr junge Männer, denn 600 Insassen (51 %) waren maximal 25 Jahre alt, 239 Inhaftierte (20,5 %) hatten vormals den Bewaffne-

59 Vgl. Ergänzung zum Arbeitsvertrag des VEB Zementwerke Rüdersdorf o. D.; BStU, MfS, BV Frankfurt/O., V 738/72, KD Fürstenwalde, Bd. III, Bl. 412 f.

60 Vgl. Information des GMS »H. Schneider« v. 6.6.1988; BStU, MfS, BV Frankfurt/O., V 161/86, KD Fürstenwalde, Bl. 345.

61 Vgl. Judt: Bereich Kommerzielle Koordinierung, S. 106.

62 Vgl. Schreiben des 1. Stellvertretenden des Vorsitzenden des Ministerrats Krolikowski an den Minister für Bauwesen Wolfgang Junker v. 24.2.1977; BArch DC 20/21375.

63 Vgl. Schreiben des Ministers des Innern Friedrich Dickel an den 1. Stellvertretenden des Vorsitzenden des Ministerrats Krolikowski v. 7.4.1977; ebenda.

64 Vgl. Bericht des VEB Zementwerke Rüdersdorf v. 29.3.1979; BStU, MfS, BV Frankfurt/O., V 738/72, KD Fürstenwalde, Bd. III, Bl. 42–45.

65 Vgl. Information der, KD Fürstenwalde über Amnestiebeschluss v. 27.9.1979; BStU, MfS, BV Frankfurt/O., V 738/72, KD Fürstenwalde, Bd. III, Bl. 87 f.

ten Organen angehört. Aus Sicht der Gefängnisleitung war ferner bedeutsam, dass 17 bereits einmal im Westen gewohnt hatten, 15 der Glaubensgemeinschaft der Zeugen Jehovas angehörten und 21 als »renitent« galten.[66] Eine Gefahrenquelle war dabei aus Sicht der Verantwortlichen der Umstand, dass im Zementwerk 3 Häftlinge auch in der Packerei eingesetzt wurden – und dort mit »Selbstabholern« des Zements (hier nicht genannter Herkunft) »illegal« Kontakt aufnehmen konnten.[67] Auch zwischen den Amnestien kamen in den Zementwerken jetzt kontinuierlich ausländische Arbeitskräfte zum Einsatz, zum Beispiel gegen Jahresende 1981 48 Personen aus Algerien, 35 aus Polen, 30 aus Mosambik und 22 aus Ungarn.[68]

Während in der Bundesrepublik die Zementproduktion von 35,7 Millionen Tonnen im Jahre 1979 auf 31,5 Millionen Tonnen im Jahre 1982 sank, stieg der Zementimport aus der DDR von 303 000 auf 446 000 Tonnen. Dies löste Proteste der heimischen Anbieter besonders im nunmehr hart umkämpften hessischen Markt aus und veranlasste die Treuhandstelle für Industrie und Handel (siehe Kapitel 4.8), dem Ministerium für Außenhandel eine Begrenzung auf 450 000 Tonnen vorzuschlagen.[69] Angesichts der dramatisch verschärften Devisenknappheit diskutierte der Ministerrat der DDR hingegen im Jahre 1982, ob die Zementwerke Rüdersdorf sich noch stärker im Westexport engagieren – oder zumindest durch die Verarbeitung von Muschelkalk der Landwirtschaft Düngemittel bereitstellen könnten.[70] Tatsächlich wurde immer mehr DDR-Zement in den Westen geliefert, denn im Jahre 1987 exportierten alle ostdeutschen Zementbetriebe zusammengenommen von ihrer Produktion im Umfang von 12,4 Millionen Tonnen 2,5 Millionen (20,2 %), davon 1,1 Millionen Tonnen vor allem nach Nordamerika (»NSW-Übersee«; 8,8 %), 590 000 Tonnen in sozialistische Staaten (4,7 %), 500 000 Tonnen in die Bundesrepublik einschließlich Westberlins (4,1 %) und 320 000 Tonnen in das übrige Europa (2,6 %).[71] Von den 500 000 Tonnen im innerdeutschen Handel waren 150 000 Tonnen für Westberlin und 350 000 Tonnen für die übrige Bundesre-

66 Vgl. Schriftliche Leitungsvorlage der StVE Rüdersdorf v. 25.81980; BLHA, Rep. 672/16.2 Nr. 148, o. Pag.

67 Vgl. Möglichkeiten der illegalen Verbindungsaufnahme und Schleusung in der StVE Rüdersdorf o. D. [1979]; BStU, MfS, HA VII/8, ZMA 41/79, Bl. 14.

68 Vgl. Information des VEB Zementwerke Rüdersdorf v. 27.11.1981; BStU, MfS, BV Frankfurt/O., V 738/72, KD Fürstenwalde, Bd. III, Bl. 177–181.

69 Vgl. Bericht Nr. 20/1982 der TSI an den Bundesminister für Wirtschaft v. 23.9.1982; BArch B 136/21509, o. Pag.

70 Vgl. Bericht der Arbeitsgruppe für Organisation und Inspektion beim Ministerrat über die Nachkontrolle im Zementwerk Rüdersdorf v. 16.11.1982; BLHA, Rep. 601 Nr. 23583, o. Pag.

71 Vgl. Beschluss des Ministerrats zum Bericht über die Versorgung der Volkswirtschaft mit Zement v. 10.12.1987; BArch DC 20/I/3/2580.

publik bestimmt.[72] Auf dem Westberliner Markt herrschte mittlerweile ein solches Überangebot an Zement auch aus der DDR, dass die besagte Treuhandstelle ab 1987 die Lieferungen dieses Baustoffs endgültig kontingentieren wollte.[73] Allein Rüdersdorf hatte am Ende der Leipziger Herbstmesse 1987 Verträge im Wert von 25 Millionen Valutamark mit der Bundesrepublik, 20,4 Millionen Valutamark mit Westberlin und 47,2 Millionen Valutamark mit anderen westlichen Staaten abgeschlossen; damit waren die Planauflagen gegenüber Westberlin zu 111,5 Prozent und gegenüber der übrigen westlichen Welt zu 104,4 Prozent erfüllt, allein gegenüber den westlichen Bundesländern lag die Quote erst bei 90,6 Prozent.[74] Mit anderen Worten: Rüdersdorf lieferte jetzt umgerechnet monatlich etwa 32 000 Tonnen Zement nach Westberlin, was auf etwa 380 000 Tonnen im Jahr hinauslief.[75] Weil sich aufgrund »aggressiver Preispolitik kapitalistischer Exporteure« Absatzschwierigkeiten auf dem Weltmarkt andeuteten, hofften die Zementwerke (teilweise durch neue Produkte) auf zusätzlichen Absatz in Frankreich, Norwegen, Finnland, der USA, Kanada sowie in einigen Entwicklungsländern wie Nigeria, Guinea, Ghana und Somalia.[76] Die Wirtschaftskontakte waren so weitläufig, dass leitende Mitarbeiter der Zementwerke Rüdersdorf im Zuge der »sozialistischen Bruderhilfe« etwa eine Zementfabrik in Mosambik mit aufbauen sollten.[77]

Die außerordentlich umfassende Amnestie von 1987 bereitete erneut enorme Probleme bei der Sicherung der Produktion. Hatte die Haftanstalt am 20. Juni 1987 noch 1 246 Insassen gezählt, waren es am 20. Dezember noch ganze 24 Häftlinge.[78] Um dies wenigstens zu einem kleinen Teil zu kompensieren, sollten die Kreise und Stadtkreise des Bezirks eigentlich bis Ende November 65 Personen zum Arbeitseinsatz delegieren, konnten aber in der Realität gerade einmal 14 Personen dafür gewinnen.[79] Und von 37 amnestierten Häftlingen, die sich zur Arbeitsaufnahme allein im Zementwerk »verpflichtet« hatten, erschienen bis zum Nikolaustag nur 20, während viele lieber in anderen Be-

72 Vgl. Bericht Nr. 23/1982 der TSI an den Bundesminister für Wirtschaft v. 4.11.1982; BArch B 102/443078, o. Pag.

73 Vgl. Information A/35370 v. 9.10.1986; BStU, MfS, AG BKK 1176, Bl. 15.

74 Vgl. Mitteilung des Direktors für Beschaffung und Absatz des VEB Zementwerke Rüdersdorf v. 3.4.1987; BStU, MfS, BV Frankfurt/O., V 161/86, KD Fürstenwalde, Bl. 303 f.

75 Vgl. Information des GMS »H. Schneider« v. 6.6.1988; BStU, MfS, BV Frankfurt/O., V 161/86, KD Fürstenwalde, Bl. 344.

76 Vgl. Mitteilung des Direktors für Beschaffung und Absatz des VEB Zementwerke Rüdersdorf v. 3.4.1987; BStU, MfS, BV Frankfurt/O., V 161/86, KD Fürstenwalde, Bl. 303 f.

77 Vgl. Bericht der, KD Fürstenwalde zum 2. Kontaktgespräch v. 13.12.1985; BStU, MfS, BV Frankfurt/O., V 161/86, KD Fürstenwalde, Bl. 34 f.

78 Vgl. BLHA, Rep. 671/16.2 Nr. 677, Pag.

79 Vgl. Fernschreiben des Rat des Bezirks Frankfurt/O. v. 27.11.1987; BLHA, Rep. 601 Nr. 26978, o. Pag.

Bildteil

Abb. 1: Haftanstalt Magdeburg, Tischlerei der Produktionseinrichtung Möbel des Ministeriums des Innern (PEM), 1985

Abb. 2: Haftarbeitslager Volkstedt im Kupferbergbau, o. D.

Abb. 3: Haftanstalt Bützow-Dreibergen, Außenkommando mit Häftlingsarbeitern bei Erdarbeiten, o. D.

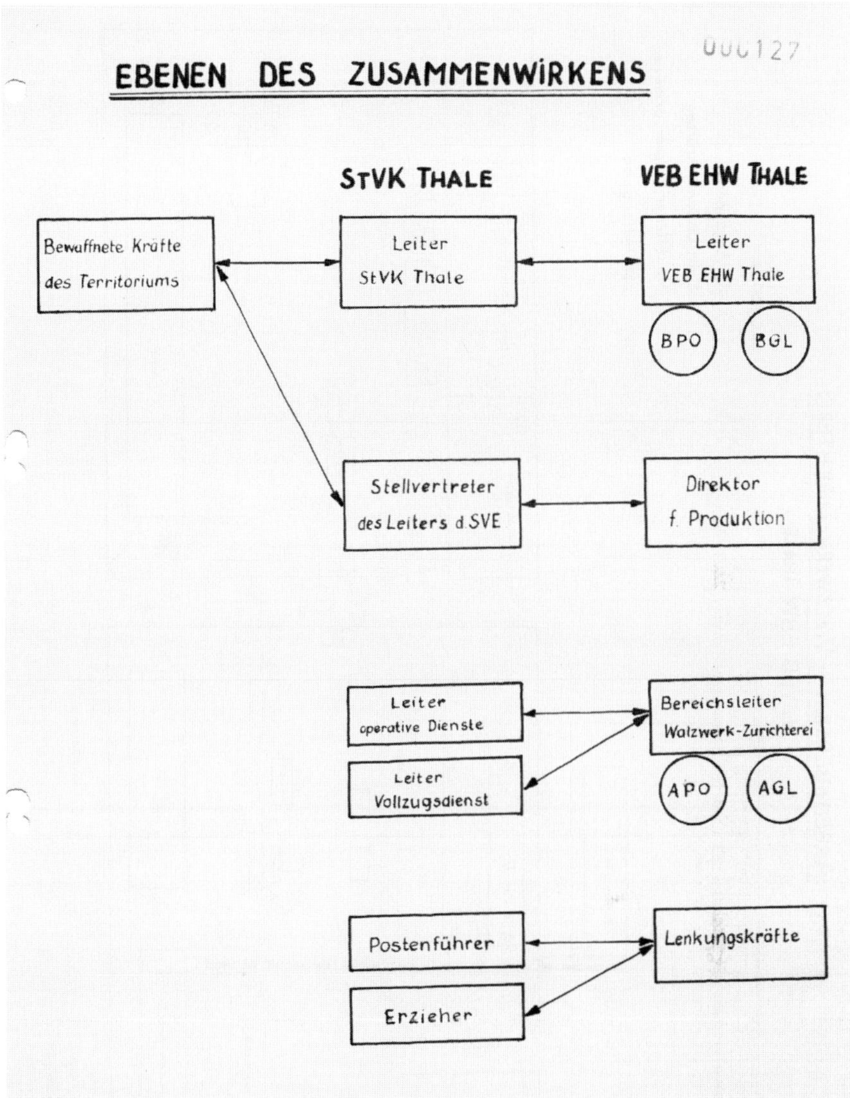

Abb. 4: »Ebenen des Zusammenwirkens« zwischen dem Strafvollzugskommando und dem Eisenhüttenwerk Thale, 1972

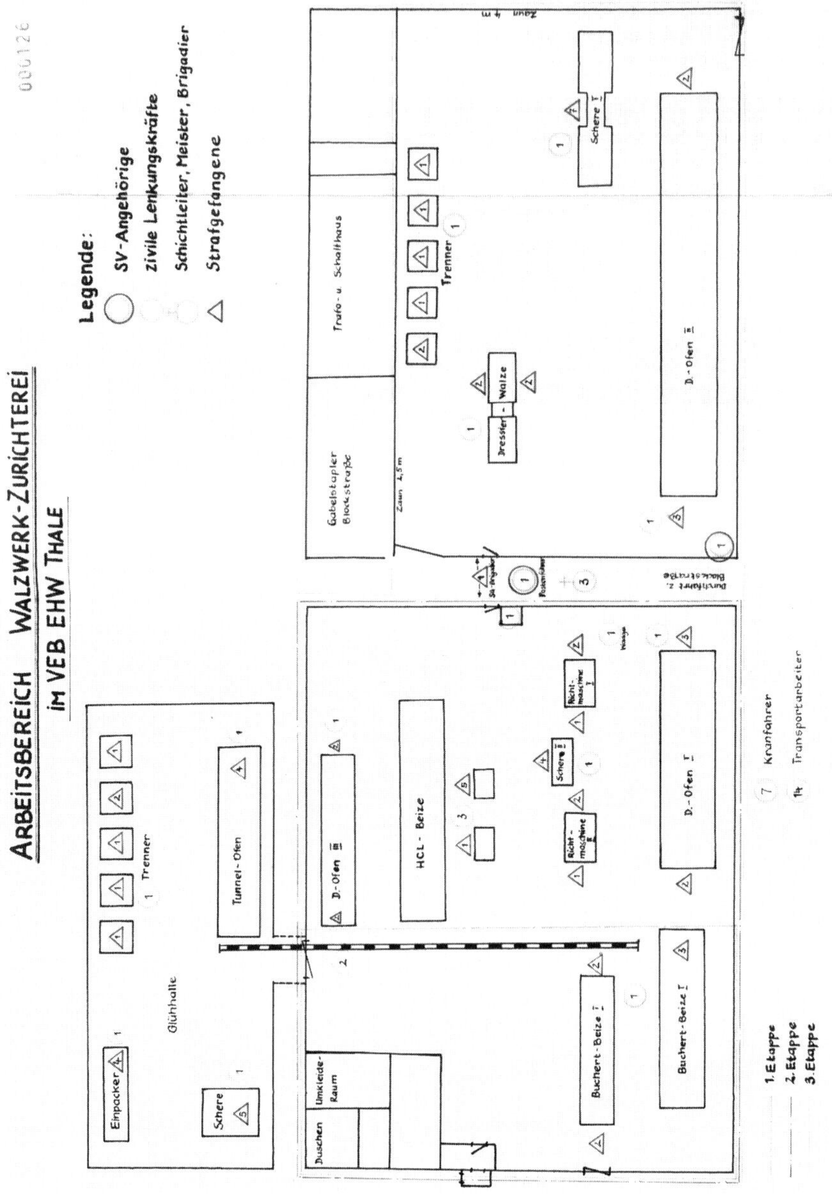

Abb. 5: Häftlingsarbeiter und Betriebsangehörige im VEB Eisenhüttenwerk Thale in einer schematischen Darstellung, 1972

Abb. 6: Werk II des VEB Gas- und Elektrogeräte Dessau (Jugendhaus Dessau), Presse für Backraumblenden von Gasherden, 1972

Abb. 7: Werk II des VEB Gas- und Elektrogeräte Dessau (Jugendhaus Dessau), Riss im Gussteil der Presse, 1972

Abb. 8: Internationales Handelszentrum in der Friedrichstraße in Ostberlin, o. D.

Abb. 9: IKEA-Chef Ingvar Kamprad und das Sofa-Modell »Klippan«, das auch von Gefangenen aus Waldheim gefertigt wurde, 1988

Abb. 10: Haftanstalt Waldheim, Wachturm an der Dresdener Straße, o. D.; Standpunkt des Betrachters in Abb. 11 rechts unten

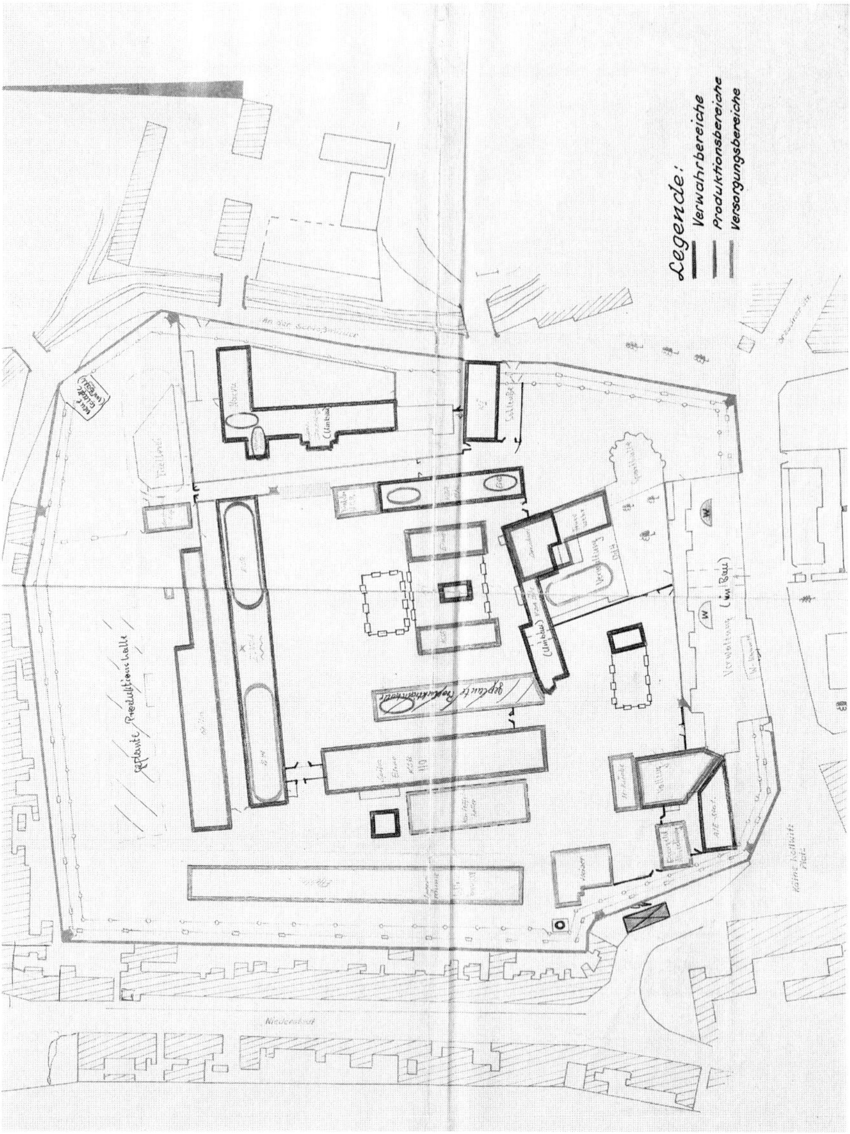

Abb. 11: Lageskizze der Haftanstalt Waldheim, o. D.

Abb. 12: Haftanstalt Naumburg, Schleusenhof, 1986

Abb. 13: Haftanstalt Naumburg, Eingang für Aufseher, 1986

Abb. 14: Haftanstalt Naumburg, Eingang zur Krankenstation in Haus I, 2. Etage, 1986

Abb. 15: Zählappell im Haftarbeitslager Rüdersdorf, 1949

Abb. 16: Häftlingsarbeiter des Haftarbeitslagers Rüdersdorf im Steinbruch, 1949

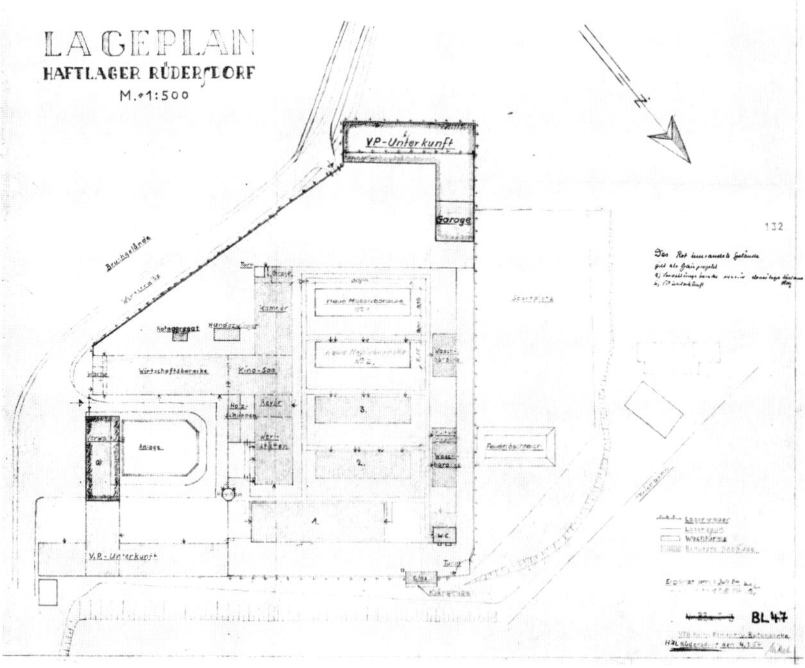

Abb. 17: Lageplan des Haftarbeitslagers Rüdersdorf, 1954

Abb. 18: Haftanstalt Hoheneck, Innenhof, Dezember 1989

Abb. 19: »Freie« Facharbeiterin an Rundstrickautomaten im VEB ESDA Thalheim, März 1976; Foto: Wolfgang Thieme

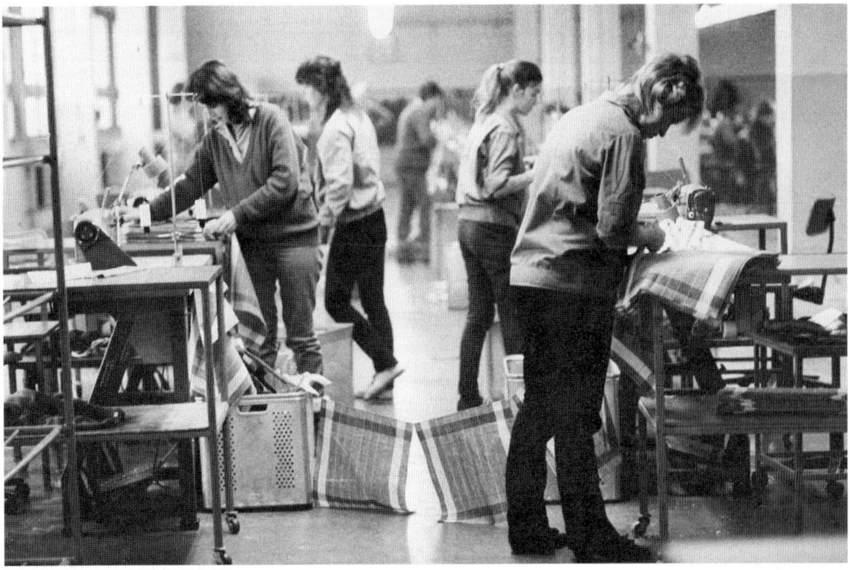

Abb. 20: Haftanstalt Hoheneck, Häftlingsarbeiterinnen des VEB Planet Eppendorf, Dezember 1989

Abb. 21: Haftanstalt Halle, o. D.

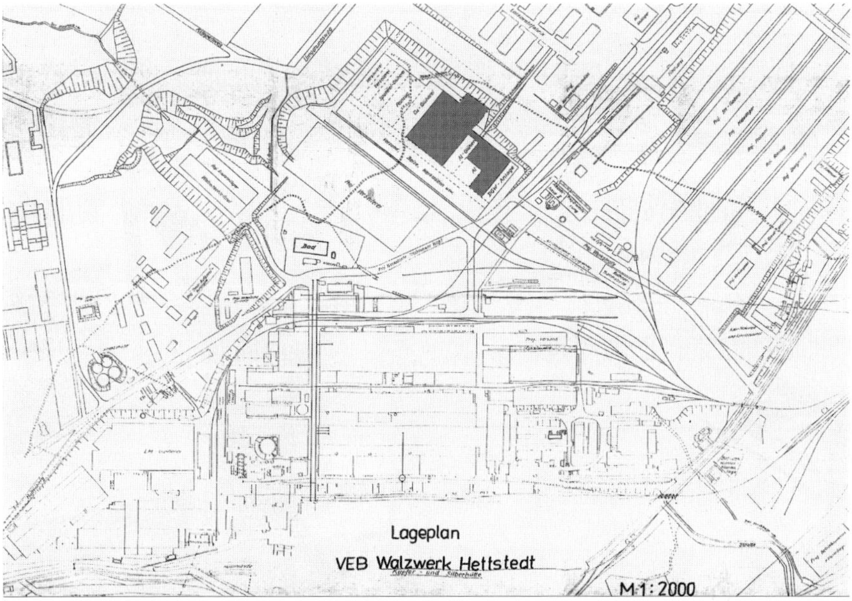

Abb. 22: Lageplan des VEB Walzwerk Hettstedt, Haftarbeitslager Volkstedt mit dem grau hervorgehobenen Bereich für die Häftlingsarbeiter, o. D., vermutlich 80er Jahre

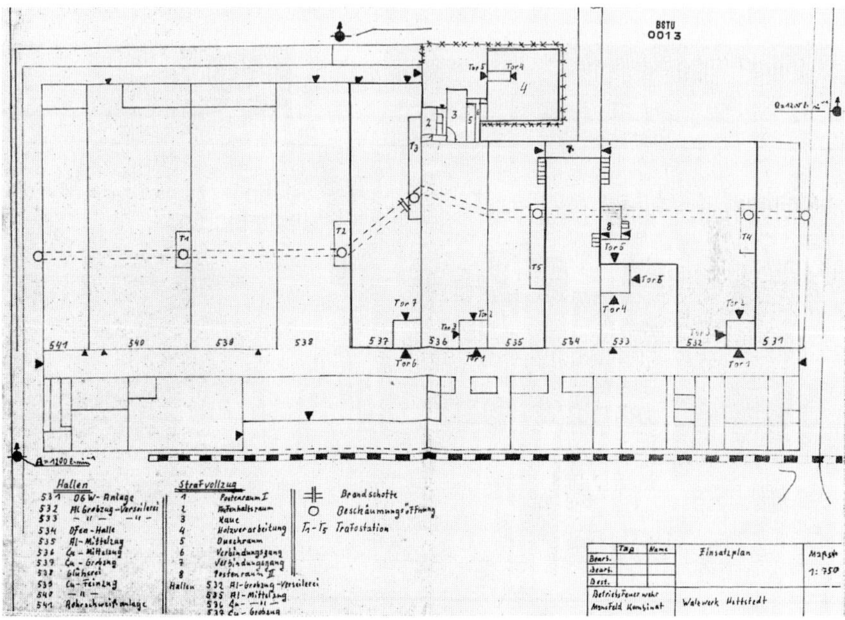

Abb. 23: Lageplan des VEB Walzwerk Hettstedt, Haftarbeitslager Volkstedt, Ausschnitt von Abb. 22; umrandet der Bereich der Häftlingsarbeiter, o. D., vermutlich 80er Jahre

Abb. 24: Haftanstalt Magdeburg, Werkhalle (Dreherei) des VEB Magdeburger Armaturenwerke auf dem Gefängnisgelände, o. D., vermutlich 80er Jahre

Abb. 25: Werkhalle des VEB Mähdrescherwerk »Fortschritt« Bischofswerda/Singwitz in der Haftanstalt Bautzen I, 1986

Abb. 26: Haftanstalt Gräfentonna, Luftbild nach 1989

Abb. 27: Haftanstalt Gräfentonna, Eingang, 2008; Foto: Thomas Ritter

Abb. 28: Haftanstalt Gräfentonna, Wachturm der Haftanstalt, 2008; Foto: Thomas Ritter

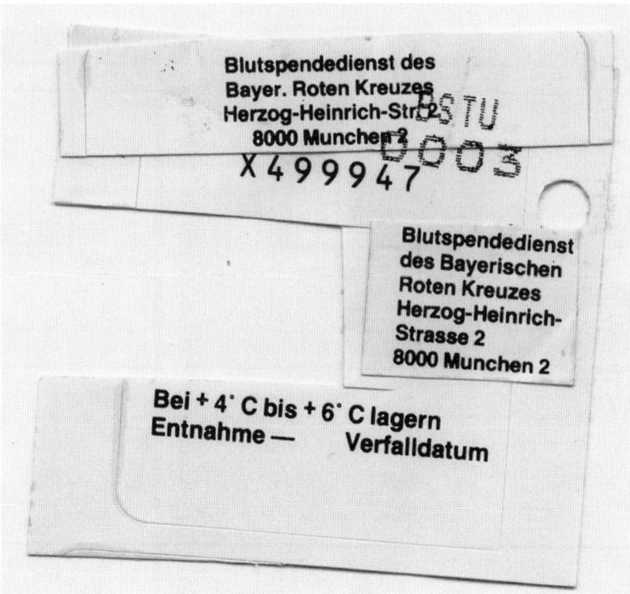

Abb. 29: Etiketten für Blutkonserven des Bayerischen Roten Kreuzes, o. D.

Abb. 30: Haftanstalt Gräfentonna, Innenhof, nach 1989

Abb. 31: Haftanstalt Gräfentonna, Arrest-/Isolierungszelle, o. D.; Foto: Anke Kunze/Mitteldeutsche Medienförderung GmbH

trieben arbeiteten.[80] Im Juli 1988 war die Arbeitskräftesituation in der Zementproduktion noch so angespannt, dass Günter Mittag die Betriebe zu strengster Bilanzführung verpflichtete.[81] So wurden jetzt in den Zementwerken Rüdersdorf 295 Bausoldaten[82] sowie 240 vietnamesische Arbeitskräfte eingesetzt,[83] die allerdings 1989 durch neue Strafgefangene abgelöst wurden.[84] So konnten auch im ersten Halbjahr 1989 die Außenarbeitskommandos Altglienicke, Zementwerk 2, Basdorf und Kinderferienlager Glubigsee neu eröffnet werden – neben den bereits bestehenden im Reifenkombinat Fürstenwalde, Falkenberg sowie Bauinvestitionen und Rekonstruktionen. Gegen Jahresmitte 1989 waren in den Außenarbeitskommandos schon wieder 69 Prozent und in den Zementwerken bereits 87 Prozent der vorgesehenen Häftlingsarbeiter im Einsatz, der VEB Reifenkombinat Fürstenwalde mit 111 Prozent sogar überbesetzt. Als Hausarbeiter waren dabei 13,8 Prozent aller Insassen unfreiwillig tätig.[85]

Im Mai 1989 waren insgesamt 980 Gefangene im Arbeitseinsatz,[86] im Juli 1989 insgesamt 1 172 Häftlinge in Rüdersdorf inhaftiert,[87] mehr als doppelt so viele wie zu Jahresbeginn.[88] Da für die schwere körperliche Arbeit kaum eine spezifische Ausbildung vonnöten war, wurden hier offenkundig Häftlinge mit niedrigerem Bildungsniveau konzentriert: 14,7 Prozent hatten lediglich eine Sonderschule besucht und 15,3 Prozent verfügten nur über eine achtjährige Schulbildung.[89] Die als »arbeitsscheu« Verurteilten waren nicht mehr so stark

80 Vgl. Bericht des GMS »H. Stein« v. 6.12.1987; BStU, MfS, BV Frankfurt/O., V 1241/83, KD Fürstenwalde, Bl. 450; Bericht des GMS »H. Stein« v. 11.11.1987; ebenda, Bl. 445.

81 Vgl. Information des IME »Sabine Heinz« v. 4.7.1988; BStU, MfS, BV Frankfurt/O., V 738/72, KD Fürstenwalde, Bd. III, Bl. 626 f.

82 Vgl. Produktionseinsatz Bausoldaten im VEB Zementwerke Rüdersdorf v. 25.71.1988; BStU, MfS, BV Frankfurt/O., V 738/72, KD Fürstenwalde, Bd. III, Bl. 596 f.; Bericht des GMS »H. Stein« v. 6.12.1987; BStU, MfS, BV Frankfurt/O., V 1241/83, KD Fürstenwalde, Bl. 450.

83 Vgl. Vorläufiger Ablaufplan für die Aufnahmephase v. 26.11.1987; BStU, MfS, BV Frankfurt/O., V 738/72, KD Fürstenwalde, Bd. III, Bl. 567–583.

84 Vgl. [Mitteilung des IM »Horst«] zum Einsatz der Sonderarbeitskräfte im Z[ementwerk] 2 v. 16.11.1988; BStU, MfS, BV Frankfurt/O., V 734/86, Abt. VII, Bl. 125.

85 Vgl. Komplexe Lageeinschätzung I. Halbjahr 1989 der StVE Rüdersdorf v. 10.7.1989; BLHA, Rep. 671/16.2 Nr. 675, o. Pag.

86 Darunter im Wohnungsbau Altglienicke 136, im Wohnungsbau Basdorf 89, im Bauinvestitionen und Rekonstruktionen Berlin-Falkenberg 229, bei der Rekonstruktion des Haftarbeitslagers 60, im Zementwerk Rüdersdorf 170, im Reifenkombinat Fürstenwalde 124, im Kinderferienlager Glubigsee 16 und als Hausarbeiter 117 Gefangene. Vgl. Angaben zur Arbeitsberatung in der StVE Rüdersdorf v. 30.5.1989; BLHA, Rep. 671/16.2 Nr. 676, o. Pag.

87 Vgl. Schriftliche Leitungsvorlage der StVE Rüdersdorf v. 25.81980; BLHA, Rep. 672/16.2 Nr. 148, o. Pag.

88 Vgl. Komplexe Lageeinschätzung I. Halbjahr 1989 der StVE Rüdersdorf v. 10.7.1989; BLHA, Rep. 671/16.2 Nr. 675, o. Pag.

89 Vgl. Anlage 4 zur Komplexen Lageeinschätzung I. Halbjahr 1989 der StVE Rüdersdorf v. 10.7.1989; ebenda, o. Pag.

vertreten wie noch zu Beginn des Jahrzehnts, stellten aber immer noch jeden fünften Insassen. Bemerkenswerterweise hatte jetzt kein einziger Häftlingsarbeiter einen Übersiedlungsantrag gestellt, wie auch keiner der Gruppe der »Skins« zuzurechnen war, doch insgesamt acht Insassen hielt die Gefängnisleitung für »renitent«.[90] Peinlich genau hatte die oberste Gefängnisverwaltung offenbar darauf geachtet, dass kein einziger wegen Grenzdelikten Verurteilter (§ 213) nach Rüdersdorf gelangte, während vor der Amnestie von 1987 zumindest noch 20 Häftlinge ein Übersiedlungsersuchen gestellt hatten.[91] Möglichweise waren die zumeist besser qualifizierten politischen Häftlinge an anderer Stelle von größerem Nutzen für die Volkswirtschaft als ausgerechnet in einem Zementwerk; außerdem rückten die Gefangenen so weniger wahrscheinlich in den Fokus der Freikaufsbemühungen der Bundesregierung, weswegen die Arbeits- und Haftbedingungen vor dem Westen besser verborgen werden konnten.

Tabelle 14: Schwerpunkte der Häftlingsarbeit im Haftarbeitslager Rüdersdorf (August 1984)[92]

Betrieb	Häftlingsarbeiter	
	Soll	Ist
Zementwerk 2	154	148
Zementwerk 3	138	132
Packer in ZW 2+3	107	102
Kommando SVE[93]	141	135
Kommando Kuhlmühle	150	132
Reifenkombinat Fürstenwalde	120	118
Betonwerke	118	115
Diaproduktion	35	32
Falkenberg II	26	22
Hausarbeiter und Aufnahme	164	162
gesamt	1 153	1 098

90 Vgl. Angaben zur Arbeitsberatung in der StVE Rüdersdorf v. 30.5.1989; BLHA, Rep. 671/16.2 Nr. 676, o. Pag.

91 Vgl. Bericht der Abt. 8 der HA VII über beabsichtigte Demonstrativhandlungen in der StVE Rüdersdorf v. 2.5.1987; BStU, MfS, HA VII 4963, Bl. 108–111.

92 Vgl. Politisch-operative Lageeinschätzung in den StVE Rüdersdorf durch Abt. VII der BV Frankfurt/O. v. 18.9.1984; BStU, MfS, HA VII 8481, Bl. 60–72. In der Quelle sind Ist-Angaben falsch zu 1 312 addiert.

93 Strafvollzugseinrichtung; gemeint sind wohl Produktionseinrichtungen des MdI.

Tabelle 15: Delikte der Insassen des Haftarbeitslagers Rüdersdorf (Juni 1989)[94]

Kapitel bzw. Paragraphen des Strafgesetzbuchs	Zahl	in %
Verbrechen gegen die Persönlichkeit	166	16,5
Verbrechen gegen Jugend und Familie	71	7,0
Delikte zum Nachteil sozialistischen Eigentums	215	21,4
Delikte zum Nachteil persönlichen Eigentums	116	11,5
Straftaten gegen die allgemeine Sicherheit	68	6,8
Straftaten gegen die staatliche Ordnung	369	36,7
davon: § 213	0	0
§ 249	212	21,1
Militärstraftaten	1	0,1
gesamt	1 006	100

Vor der friedlichen Revolution hatten die Zementwerke 2 722 männliche und 998 weibliche Beschäftigte sowie 424 Lehrlinge. Bei einer industriellen Warenproduktion von 194 539 000 Mark erwirtschaftete der Betrieb in diesem Jahr offenbar lediglich 5 963 Mark Gewinn.[95] Die Zementwerke würden ihr Plansoll von 2,7 Millionen Tonnen Zement »gezielt überbieten«, wie der Minister für Bauwesen Wolfgang Junker versicherte, als er zu Jahresbeginn 1989 das Werk 4 besichtigte. Hier wurden zwar meist keine Häftlinge eingesetzt, aber eigentlich wurde hier auch nicht am »Wohnungsbauprogramm im Interesse der Menschen« in der DDR gearbeitet, wie dem Minister versichert wurde[96] – sondern für den Export, vor allem in den kapitalistischen Westen. Die sozialistischen Bruderstaaten wurden dabei in der Weise betrogen, dass Waggons für den Export in die ČSSR zu zwei Dritteln mit minderwertigem Klinker aus dem Zementwerk 2 beladen und lediglich das oberste Drittel mit dem besseren, alkalireduzierten Klinker aus Werk 4 gefüllt wurden.[97] Nicht auszuschließen, dass bei Lieferengpässen oder Wartungsarbeiten an den Werken 2 und 3 auch bei den Westexporten so verfahren wurde; das Werk 2 hatte schließlich die Produktion von Werk 4 »zu unterstützen«.[98] Und trotz aller Erfolgsmeldungen »nach oben« hatte auch Werk 4 mit den typischen Problemen des Schlendrians der »freien« Arbeiter, des Missmanagements, der unge-

94 Stand 21.6.1989. Vgl. Komplexe Lageeinschätzung I. Halbjahr 1989 der StVE Rüdersdorf v. 10.7.1989; BLHA, Rep. 671/16.2 Nr. 675, o. Pag.

95 Vgl. [Charakteristik des Industriegebietes Rüdersdorf – Titelblatt fehlend] o. D.; BLHA, Rep. 601 Nr. 7610, Bl. 1–124.

96 Vgl. ND v. 3.1.1989, S. 3.

97 Vgl. Treffbericht des IMS »Gerald« v. 21.11.1988; BStU, MfS, BV Frankfurt/O., V 564/86, KD Fürstenwalde, Bd. 2, Bl. 119–124.

98 Vgl. Bericht von Manfred Wiese, abgedruckt bei: Rüchel: Haftarbeit in Rüdersdorf, S. 66–69.

nügenden Bevorratung dringend benötigter Ausgangsprodukte sowie weiteren Problemen zu kämpfen.[99] So könnte unter die Lieferungen nach Westberlin auch von Häftlingen produzierter Zement gemischt worden sein und so Eingang in die Senatsreserve gefunden haben – abgesehen davon, dass vereinzelt Häftlingsarbeiter auch gezielt im Zementwerk 4 eingesetzt wurden.[100]

99 Vgl. Treffbericht des IMS »Gerald« v. 21.10.1987; BStU, MfS, BV Frankfurt/O., V 564/86, KD Fürstenwalde, Bd. 2, Bl. 85–89.

100 Vgl. Treffbericht über das Treffen mit dem IME »Karl Braune« v. 28.11.1982; BStU, MfS, BV Frankfurt/O., V 486/80, KD Fürstenwalde, Berichtsteil, Bd. 1, Bl. 78.

4.4 Strumpfhosen aus Hoheneck – »Sayonara« bei ALDI, »Petit Chat« bei Woolworth

Der letzte Inhaber der Fabrik zur Herstellung von Strümpfen »M. Richard Hofmann« in Thalheim/Erzgebirge wurde im Juni 1948 vom Landgericht Chemnitz nach Kontrollratsdirektive 38 zu einer Gefängnisstrafe von einem Jahr und vier Monaten verurteilt und flüchtete nach seiner vorzeitigen Freilassung schon vor Jahresende 1949 in den Westen.[1] Die Geschichte der Feinstrumpfwerke Thalheim ist mit der politischen Verfolgung in der DDR somit eng verknüpft, wenngleich in dem Betrieb selbst seinerzeit wohl noch keine Häftlinge der nahegelegenen Haftanstalt Hoheneck arbeiteten, sondern in anderen Bereichen der Textilindustrie zum Einsatz kamen.

Im Februar 1950 wurden im Zuge der Auflösung und Übergabe der sowjetischen Speziallager in Ostdeutschland über 1 100 Häftlinge nach Hoheneck transportiert. Nachdem sie bis zu 36 Stunden in völlig überfüllten Waggons zugebracht hatten, wurden sie von der deutschen Wachmannschaft mit »Fußtritten, Püffen und lautem Geschrei« in die Zellen getrieben.[2] Wurden im Juni 1950 1 272 Häftlinge (zunächst beiderlei Geschlechts) in der völlig überfüllten Haftanstalt gezählt,[3] waren es am Vorabend des Volksaufstandes immer noch 1 072 weibliche Inhaftierte. Auch damals schon war der Arbeitseinsatz für die meisten von ihnen Pflicht: 654 Frauen fertigten Bettwäsche für Textilfirmen und Uniformhosen für die Kasernierte Volkspolizei (KVP), also die frühen Militärverbände. Ferner mussten 16 Häftlingsarbeiterinnen Reparaturarbeiten für die Hauptverwaltung der Deutschen Volkspolizei (HVDVP) und das Wachbataillon erledigen, 21 mussten Bergbaugerätschaft warten, 22 arbeiteten in der hauseigenen Schweinemast und im Ackerbau und etwa 150 Frauen waren als Kalfaktorinnen für Hausreinigung, Krankenpflege und Essensausgabe zuständig oder arbeiteten als Friseusen.[4] Ihr täglicher Lohn betrug nach Aussage Betroffener 20 bis 25 Pfennig.[5]

Im Oktober 1953 versuchten die Frauen durch einen Hungerstreik eine Überprüfung ihrer Urteile und bessere Haftbedingungen zu erwirken – eine

1 Urteil v. 25.6.1948. Vgl. Schreiben der Feinstrumpfwerke Thalheim v. 6.12.1949; SächsStAC 31362 VEB Esda Nr. 3397, o. Pag.

2 Vgl. Bericht an die Landesbehörde der Deutschen Volkspolizei v. 15.2.1950; abgedruckt bei: Stadtverwaltung Stollberg (Hg.): Vergittertes Schloss. Hoheneck im Wandel der Zeit. Stollberg 2002, S. 51.

3 Vgl. Schreiben der HA HS an den stellv. Vorsitzenden der SKK für administrative Fragen A.F. Kabanow v. 26.8.1950; BArch DO 1 11/1586, Bl. 45–53.

4 Vgl. Beschäftigte Strafgefangene in den StVA; Stand 25.3.1953/30.3.1953; BArch DO 1 11/1581, Bl. 43–70.

5 Vgl. Aussage von Wendelgard Trampota, abgedruckt bei: Stadtverwaltung Stollberg: Hoheneck im Wandel der Zeit, S. 62.

der drei großen Häftlingsrevolten in der DDR.[6] Nach Entlassung der SMT-Verurteilten Mitte der fünfziger Jahre saßen im Jahre 1960 wieder weit über 700 Frauen in Hoheneck ein; in den sechziger Jahren schwankten die Zahlen meist zwischen 500 und 600 Häftlingen.[7] Wie in anderen Haftanstalten wurde auch in Hoheneck in dieser Zeit bei Disziplinverstößen fast ausnahmslos die maximale Strafe von 21 Tagen strengem Arrest verhängt; die Aufseher galten als »unbeherrscht und voreingenommen« und begegneten den Frauen »oftmals unter dem Gesichtspunkt der persönlichen Antipathie«, wie sogar vorgesetzte Instanzen diagnostizierten.[8]

In einem langfristigen Konzentrationsprozess sank in der ostdeutschen Textilindustrie zwischen 1955 und 1977 die Zahl der Beschäftigten um fast 30 Prozent auf 248 000 und nahm bis zum Ende der DDR um weitere neun Prozentpunkte ab. Anfang der siebziger Jahre arbeiteten aber immer noch in 1 369 Betrieben durchschnittlich 182 Beschäftigte, zehn Jahre später in (nunmehr oft zusammengeschlossenen) 332 Betrieben durchschnittlich 689 Beschäftigte.[9] Immerhin knapp 5 Prozent trug die ostdeutsche Textilindustrie in den siebziger und achtziger Jahren zum Nettoinlandsprodukt der DDR bei.[10] Eine Vielzahl von Strumpfwirkereien aus der Region Stollberg ging dann im Januar 1970 in das Strumpfkombinat Esda Thalheim auf, Konfektion, Veredelung, Aufmachung und Versand von Damenstrumpfhosen erfolgten bis dato im Werk 1 Thalheim wie auch im Werk 2 Oberlungwitz,[11] doch sollte die »Zersplitterung der Veredelungs- und Aufmachungskapazität« nun beendet werden und eine »Konzentration der Sortimente Feinstrümpfe/Feinstrumpfhosen im Raum Thalheim/Auerbach« beginnen.[12] Doch auch im Teilbetrieb Dorfchemnitz sollten Strumpfhosen hergestellt werden.[13] Automatisierung sollte für das Jahr 1971 eine Produktionssteigerung auf 34 Millionen Paar

6 Vgl. Veith, Ines: Klipp, klapp, Holz auf Stein. Frauen in politischer Haft, Hoheneck 1950–1989. Berlin 1996, S. 152 f.; Wunschik, Tobias: Norilsk und Workuta, Cottbus und Hoheneck. Die Proteste der Häftlinge in der Sowjetunion und der DDR nach Stalins Tod im Jahre 1953. In: Timmermann, Heiner (Hg.): Das war die DDR. DDR-Forschung im Fadenkreuz von Herrschaft, Außenbeziehungen, Kultur und Souveränität. Münster 2004, S. 198–218.

7 Vgl. Stadtverwaltung Stollberg: Hoheneck im Wandel der Zeit, S. 79 u. 90.

8 Auswertung des Praktikums der weiblichen VP-Angehörigen der Zentralschule Radebeul in Hoheneck v. 28.1.1960; BArch DO 1 32/1490, Bl. 21–25.

9 Vgl. Heimann: Systembedingte Ursachen des Niedergangs, S. 228.

10 Vgl. Riesch, Roman: Lage und Perspektiven der Textil- und Bekleidungsindustrie. Mainz 1998, S. 72.

11 Modell zur Gestaltung des Gesamtsystems für den Verbraucherkomplex Strumpfwaren v. 10.7.1970 (45 Blatt und Anhang); BArch DG 4/2091, o. Pag.

12 Rationalisierungsprogramm zur Bildung des VEB Strumpfkombinat Esda, Thalheim v. 28.11.1969; BArch DG 4/2091, o. Pag.

13 Vgl. Antrag vom Kombinatsdirektor auf Investvorentscheidung für die zusätzliche Produktion von 13 Mio. Paar Damenstrumpfhosen v. 23.9.1971; BArch DG 4/992, o. Pag.

Damenstrümpfe und 8,5 Millionen Stück Damenstrumpfhosen und eine Gesamtproduktion von 114 Millionen Paar bzw. Stück (einschließlich Herren- und Kindersortiment) ermöglichen.[14]

Esda Thalheim lieferte auch seinerzeit schon in den Westen, soweit es die Kapazität der Planwirtschaft gestattete: Durch verspätete Lieferung von Maschinen und schlechte Arbeitsorganisation musste der Betrieb schon in den ersten drei Quartalen des Jahres 1967 einen Planrückstand beim Westexport von Strumpfhosen und Strümpfen in Höhe von einer Million Valutamark verbuchen.[15] Möglicherweise hing dies auch damit zusammen, dass die Motivation der »freien« ostdeutschen Textilarbeiter und Textilarbeiterinnen als vergleichsweise gering galt, denn angemessene Leistungsanreize fehlten und Entlassungen waren kaum zu befürchten.[16]

Deswegen – und weil in die Erweiterung der Produktion statt in deren Rationalisierung investiert wurde – fehlten der Branche zumeist Arbeitskräfte,[17] sodass zu Beginn der siebziger Jahre auch bei Esda Thalheim Häftlingsarbeiterinnen zum Einsatz kamen.[18] Sie mussten auf dem Gelände der Haftanstalt in der speziell für sie eingerichteten Produktionsabteilung 1.8 »Konfektion Stollberg-Hoheneck«, Produktionsabschnitt 4117 des Stammbetriebes von Esda Thalheim, arbeiten[19] und hier beispielsweise an sogenannten »Heißformern« den Strumpfhosenstoff über eine Form ziehen, wobei sich giftige Dämpfe entwickelten und große Hitze entstand.[20] »Wir arbeiteten in Früh-, Spät- und Nachtschicht durchgehend ohne Ferien, Woche für Woche, viele Frauen jahrelang.« Der Durchschnittslohn lag nach Aussage Betroffener bei etwa 15 Mark.[21]

Im Frühjahr 1972 waren in Hoheneck 900 Frauen inhaftiert, darunter 145 politische Gefangene,[22] bei einer offiziellen Belegungskapazität von 661 Perso-

14 Vgl. Kurzcharakteristik für das Investitionsvorhaben Automatisierung der Strumpfhosenproduktion im VEB Feinstrumpfwerke Esda, Thalheim o. D. [1969]; BArch DG 4/2091, o. Pag.

15 Vgl. Bericht der Bezirksverwaltung für Staatssicherheit Karl-Marx-Stadt über Ursachen der Nichtplanerfüllung v. 16.10.1967; BStU, MfS, BV Karl-Marx-Stadt AKG 7650, Bl. 155–157.

16 Vgl. Junkers: Strukturwandel der deutschen Textilveredelungsindustrie, S. 52.

17 Vgl. Heimann: Systembedingte Ursachen des Niedergangs, S. 271.

18 Vgl. für die späteren Jahre die Vereinbarung zwischen der StVE Hoheneck und dem VEB Strumpfkombinat Esda Thalheim o. D. [1981/82]; SächsStAC 30441 25.2 BDVP Karl-Marx-Stadt StVE Hoheneck Nr. I/233, o. Pag; Arbeitsordnung für die Betriebsangehörigen des VEB Strumpfkombinat Esda Thalheim v. 11.5.1977; ebenda, o. Pag.

19 Vgl. Strukturplan der Werke des Stammbetriebs von Esda Thalheim v. 29.2.1976; SächsStAC 31362 VEB Esda Nr. 417, o. Pag.

20 Vgl. Jauch, Anke: Die Stasi packt zu – Freiheitsberaubung 1980. Frankfurt/M. 2007, S. 102.

21 Stötzer: Nähkommando Esda, S. 36–39.

22 Vgl. Sitzung der erweiterten Leitung der Bezirksverwaltung v. 22.3.1972; BStU, MfS, BV Karl-Marx-Stadt, AKG 1136; auszugsweise abgedruckt bei: Stadtverwaltung Stollberg: Hoheneck im Wandel der Zeit, S. 125.

nen.[23] 132 Häftlinge unter ihnen hatten für Esda Thalheim zu arbeiten.[24] Nach Bekanntgabe der Amnestie im gleichen Jahr mussten dann bis Jahresende die Häftlingsarbeiterinnen wie auch die normalen Beschäftigten samstags zwischen 5 und 19 Uhr und sonntags zwischen 6 und 12 Uhr Sonderschichten fahren. Doch »die Reduzierung des Außenkommandos Hoheneck führt im Jahr 1972 zu einem Produktionsausfall von 360 000 Strümpfen in das NSW im Wert von 274 000 Valutamark«; an anderer Stelle ist gar von 15 Millionen Paar Strümpfen die Rede, was dann wohl alle Absatzmärkte sowie das Folgejahr beinhaltete. Immerhin ließen sich im Zuge der Amnestie 83 der 144 zu entlassenen Frauen auf Arbeitsverträge mit dem Betrieb ein – möglicherweise weil auch sie befürchteten, andernfalls nicht auf freien Fuß zu kommen. Außerdem sollten Beschäftigte aus anderen Bereichen des Betriebes umgesetzt werden, doch die besonders unangenehme Tätigkeit des Fixierens wollte kaum jemand übernehmen. Bis Ende Januar 1973 musste jedenfalls aufgrund der Entlassungen das Esda-Außenkommando in der Haftanstalt Hoheneck komplett aufgelöst werden.[25]

Wie diese Lücke zu schließen sei, diskutierten die oberste Gefängnisverwaltung sowie der BDVP Karl-Marx-Stadt, das Ministerium für Leichtindustrie, die Abteilung für Leichtindustrie beim ZK der SED und der Leiter der Arbeitsgruppe Amnestie und des Sekretariats des Ministerrats sowie (der Offizier in besonderem Einsatz/OibE) Harry Möbis kontrovers. Die verbliebenen Insassen durften aus Sicherheitsgründen fortan nur innerhalb der Gefängnismauern eingesetzt werden, sodass über eine neue Produktionshalle (für 220 Arbeitskräfte) auf dem Gelände der Haftanstalt nachgedacht wurde.[26] Im Sommer 1973 formulierten dann Esda Thalheim und VEB Planet Wäschekonfektion Eppendorf gemeinsam eine Planvorlage, welche die Erweiterung der Produktionsflächen zur Beschäftigung von nun zusammengerechnet 800 Häftlingsarbeiterinnen beinhaltete.[27] Durch neue Verurteilungen stiegen die

23 Vgl. Verwahrkapazitäten der Vollzugseinrichtungen vom September 1972; BArch DO 1 32/53246.

24 Stand Oktober 1972: geplant 144, tatsächlich 132. Vgl. Ministerium für Leichtindustrie: Betrifft Arbeitseinsatz von Strafgefangenen in ausgewählten Betrieben (Anlage 1 zur GVS B 2-183/73); BArch DO 1/3784, o. Pag.

25 [Schreiben des VEB Esda Thalheim] an das Ministerium für Leichtindustrie v. 22.11.1972; BArch DY 30/25338, o. Pag.

26 Vgl. Grobkonzeption des Kombinats Esda Thalheim für die Errichtung eines Produktionsgebäudes in der StVA Hoheneck v. 22.11.1972; BArch DY 30/25338, o. Pag.; Information des Ministeriums für Leichtindustrie v. 11.11.1972; ebenda, o. Pag.

27 Vgl. Beschluss des Ministerrats über den weiteren Einsatz von Strafgefangenen zur Arbeit v. 16.8.1973; http://stasiopfer.npage.de/ministerratsbeschluss–1973.html [17.11.2012].

Häftlingszahlen bald wieder an[28] und erreichten mit 1 612 Frauen im Mai 1974 einen vermutlich weder zuvor noch danach wieder erreichten Höhepunkt.[29] Die Belegungsquote betrug auch im Jahre 1975 noch 164 Prozent der ohnehin hoch veranschlagten Kapazität,[30] doch nur so konnten Maschinen und Hafträume »optimal« genutzt werden. Es wurde sogar eine Überbelegung der Zellen genehmigt, auch wenn dadurch die zulässigen Grenzwerte um bis zu einen Kubikmeter Luft unterschritten wurden.[31] In der drangvollen Enge achteten die Aufseher offenbar besonders auf Disziplin und rechneten es sich als »Verdienst« an, »wenn Strafgefangene beim Entlassungsgespräch zum Ausdruck bringen, dass es in keiner SV[Strafvollzugs]-Einrichtung so streng, so militärisch zuging, wie in der StVA Hoheneck«.[32]

Die verschiedenen Arbeitseinsatzbetriebe überwiesen der Haftanstalt im Jahre 1977 für den Arbeitseinsatz der Gefangenen insgesamt 3 645 200 DDR-Mark.[33] Dieses Geld wurde, wie überall, nur zum (weitaus kleineren) Teil an die Häftlingsarbeiterinnen sowie deren Familien weitergereicht und weitgehend vom Gefängniswesen vereinnahmt, ist in Ermangelung einer echten Kostenanalyse aber auch nicht als Gewinn zu verstehen. Von größter wirtschaftlicher Bedeutung war dabei der Export von Esda Thalheim in den Westen, weswegen genau auf Termintreue geachtet wurde. Ende Mai 1971 etwa waren 98 Prozent der dem Westexport dienenden Leistungen auch tatsächlich erbracht, was einem Rückstand von 460 000 DDR-Mark entsprach.[34] Probleme bereitete der ostdeutschen Textilindustrie angesichts der allgemeinen Devisenknappheit der DDR und steigender Rohstoffpreise insbesondere auch die Beschaffung neuer Maschinen und ihrer Ersatzteile.[35] Esda Thalheim immerhin konnte bis 1973 von der Firma Gottlieb Eppinger (Denkendorf bei Stuttgart), die über entsprechende Patente verfügte, mehr als 500 Rundstrickautomaten für Strümpfe beziehen.[36]

28 Vgl. [Schreiben des VEB Esda Thalheim] an das Ministerium für Leichtindustrie v. 22.11.1972; BArch DY 30/25338, o. Pag.

29 Vgl. Stadtverwaltung Stollberg: Hoheneck im Wandel der Zeit, S. 112.

30 Vgl. Verwaltung Strafvollzug: Einschätzung der Lage in den Vollzugseinrichtungen des Organs (Ergebnisse der Überprüfungen der Vollzugseinrichtungen gemäß Befehl 84/74 des Ministers des Innern) v. 8.5.1975; BArch DO 1 32/280/1.

31 Vgl. Bericht über den Besuch des Gen. Oberst Giehl v. 4.7.1974; BStU, MfS, AIM 22060/80, Bd. 1, Bl. 310–320.

32 Dienstversammlung in der StVE Hoheneck v. 15.1.1974; SächsStAC 30441 25.1 BDVP Karl-Marx-Stadt Nr. 339, o. Pag.

33 Vgl. Haushaltsplan der StVE Hoheneck v. 5.1.1977; SächsStAC 30441 25.2 BDVP Karl-Marx-Stadt StVE Hoheneck Nr. I/234, o. Pag.

34 Vgl. Auswertung des VEB Strumpfkombinat Thalheim zu den Ergebnissen des sozialistischen Wettbewerbs [von 1971]; BArch DY 30/IV 1/VIII/ 53, o. Pag.

35 Vgl. Heimann: Systembedingte Ursachen des Niedergangs, S. 259.

36 Vgl. http://www.prior-ip.com/patent/13885969/ [14.8.2012].

So vermochte der Betrieb seinerseits wiederum kostengünstig an Westfirmen zu liefern. Um Ausbau der Absatzmöglichkeiten bemüht, besuchte ein Vertreter von Esda Thalheim etwa im Mai 1975 die Edeka-Gruppe (Hamburg), den Otto-Versand (Hamburg), ALDI Nord (Essen) und ALDI Süd (Mühlheim an der Ruhr), den Kaufring (Düsseldorf), Horten (Düsseldorf), C&A (Düsseldorf), Karstadt (Essen) sowie Kaufhalle (Köln) und Kaufhof (Köln).[37] Tatsächlich lieferte Esda Thalheim, Stammbetrieb Auerbach, Strumpfhosen bereits an die Firmen ALDI (zum Beispiel unter den Namen »Sayonara« und »Iris«),[38] Karstadt (Essen mit Zentrallager Schwerte – »102 Paar im neutr. ›G‹-Kart. m. Karstadt-Ankleber an eine Stirnseite des Kartons«),[39] Hertie Importabteilung (Frankfurt/M. – mit Einstecker »Amoretto«), Horten (über die Schaperjahn Heinrich Spedition Hannover), Kaufhof (Zentrallager Frechen – mit Einstecker »Kaufhof gemustert«), Kaufhalle (Köln – mit Aufdruck »Vera-Feinstrumpfhose Sonderangebot«) und Woolworth (Frankfurt/M. – mit Einstecker »Petit Chat« und »Caprice«).[40]

Im Durchschnitt sollte die ostdeutsche Leichtindustrie in der zweiten Hälfte der siebziger Jahre ihre Westexporte um 15 bis 20 Prozent jährlich steigern.[41] Von Esda Thalheim wurde noch mehr erwartet: der Westexport von Damenstrumpfhosen sollte 1978 gegenüber dem Vorjahr um 32 Prozent zunehmen, obwohl dem Betrieb wegen Haftentlassungen 60 der bis dahin eingesetzten 160 Häftlingsarbeiterinnen verloren gingen.[42] Da in anderen dem Ministerium für Leichtindustrie zugeordneten Haftanstalten die inhaftierten Frauen (hauptsächlich in der Schuhproduktion) vertraglich an die Betriebe gebunden waren, konnten sie nicht einfach auf die Schnelle nach Hoheneck verlegt werden. So sollte dem Betrieb im Jahre 1978 die Produktion von insgesamt 9 Millionen Paar Strümpfe »erlassen« werden – aber unter der Maßgabe, dass der Gewinn aus dem Export unverändert bleiben sollte. Zudem wurde über Sortimentsumstellungen im Westexport (von Damen- auf Herren- und Kinderstrümpfe),

37 Vgl. Schreiben des VEB Strumpfkombinat Thalheim an die Abt. Leicht- und Lebensmittelindustrie des Zentralkomitees der SED v. 6.2.1973; BArch DY 30/25546, o. Pag.

38 Vgl. Lieferscheine von 1989 in: SächsStAC 31362 VEB Esda Nr. 5834; SächsStAC 31362 VEB Esda Nr. 5849.

39 Vgl. Rechnungen von 1989; SächsStAC 31362 VEB Esda Nr. 5837.

40 Vgl. Rechnungen und Lieferscheine von 1987 in: SächsStAC 31362 VEB Esda Nr. 5751; SächsStAC 31362 VEB Esda Nr. 5833.

41 Vgl. Heimann: Systembedingte Ursachen des Niedergangs, S. 285.

42 Vgl. Beschlussentwurf für das Präsidium des Ministerrats o. D. [1978]; BArch DC 20/16467, Bl. 196; Begründung zur Vorlage über die Veränderung des gesellschaftlichen Arbeitsvermögens o. D. [1978]; ebenda, Bl. 197–204.

den Einsatz von Springern sowie höhere Löhne nachgedacht.[43] Einer ausdrücklichen Minderung der Planvorgaben mochte der Vorsitzende des Ministerrats Willi Stoph dann zwar nicht zustimmen, war sich aber des Arbeitskräftemangels bewusst (und über die Häftlingsarbeit im Bilde).[44]

Im Jahr 1977 produzierte Esda insgesamt 240 Millionen Paar Strumpfwaren, darunter 138 Millionen Stück bzw. Paar für Damen (im Stammbetrieb Esda Thalheim), 54,4 Millionen Paar für Herren und 39,7 Millionen Paar für Kinder. In den Westexport gingen dabei Waren im Wert von 80 Millionen Valutamark, die im Land einem inländischen Betriebspreis von 176,8 Millionen DDR-Mark entsprachen.[45] Im Folgejahr 1978 wollte Esda Thalheim für 81,2 Millionen Valutamark Waren in den Westen exportieren,[46] was 96,281 Millionen Paar Strümpfen allein für diesen Absatzmarkt entsprach; zusätzlich wurden 55,175 Millionen Exemplare nach Osteuropa geliefert.[47] Bei vertraglichen Bindungen des gesamten Kombinats in Höhe von 83 Millionen Valutamark gingen dabei 46 Millionen auf den Stammbetrieb Thalheim zurück.[48] Einer anderen Aufstellung zufolge exportierte Esda im Jahre 1980 29,980 Millionen Paar Damenstrumpfhosen in den Westen.[49] Im Jahre 1981 hatten die Westexporte des Kombinats Esda Thalheim bereits ein Volumen vom 115,2 Millionen Valutamark, wovon auf Damenstrumpfwaren 50,6 Millionen, auf Herrenstrümpfe 38,7 und Kinderstrumpfwaren 25,9 Millionen Valutamark entfielen[50] und was einem Betriebspreis von 296,4 Millionen DDR-Mark entsprach.[51] In dieses Bild fügt sich, dass die Bundesrepublik im Jahre 1983 bei leicht rückläufiger Tendenz 45,187 Millionen Paar Damenstrumpfhosen im Wert von 32 Millionen DM sowie Bettwäsche im Wert von 40 Millionen DM

43 Vgl. Beschlussentwurf für das Präsidium des Ministerrats o. D. [1978]; ebenda, Bl. 196; Begründung zur Vorlage über die Veränderung des gesellschaftlichen Arbeitsvermögens o. D. [1978]; ebenda, Bl. 197–204.

44 Vgl. [Aktenvermerk für] Genossen Stoph v. 23.2.1978; ebenda, Bl. 206.

45 Vgl. Wichtige Kennziffern des VEB Strumpfkombinat »Esda«, Thalheim o. D. [1978]; ebenda, Bl. 203.

46 Vgl. Aktenvermerk des Sektors 220 über die Rechenschaftslegung der Exportförderbetriebe VEB Kombinat Esda v. 21.12.1978; BArch DN 10/1605, o. Pag.

47 Vgl. Arbeitsmaterial Exportrapport des VEB Strumpfkombinat Esda Thalheim v. 26.9.1978; BArch DN 10/1605, o. Pag.

48 Vgl. Anlage 1: Spezifizierung und Vertragsbindung Export 1978; SächsStAC 31362 VEB Esda Nr. 308, o. Pag.

49 Vgl. Information über den VEB Strumpfkombinat Esda, Thalheim v. 5.5.1980, 10 Bl.; BArch DC 20/20975, o. Pag.

50 Vgl. VEB Strumpfkombinat Esda Thalheim: Ausgewählte Positionen Export 1981; BArch DG 4/3268, o. Pag.

51 Vgl. Abschlussbericht des Generaldirektors des VEB Strumpfkombinat Esda Thalheim v. 10.9.1981; BArch DG 4/3268, o. Pag.

aus der DDR importierte,[52] wovon ein großer Anteil fraglos auf Esda Thalheim (sowie die Bettwäsche auf Planet Wäschekonfektion Eppendorf) zurückging.

In der ostdeutschen Mangelwirtschaft waren die auf dem Weltmarkt konkurrenzfähigen Strumpfhosen sehr beliebt, weswegen gern »unter der Hand« mit ihnen gehandelt wurde. Dass etwa der VEB Esda Thalheim die Strumpfhosengrößen der Aufseherinnen von Hoheneck kannte,[53] lässt auf ein »Abzweigen« der Produkte aus der Häftlingsarbeit auch in diese Richtung schließen – möglicherweise wollte oder musste der Betrieb so honorieren, dass die Aufseherinnen die Häftlingsarbeiterinnen pünktlich bereitstellten und sie zu Höchstleistungen antrieben. Wohl aus dem von Häftlingen produzierten Kontingent für den Westexport bereicherte sich auch der (wenige Jahre zuvor als hauptamtlicher Mitarbeiter der Staatssicherheit entlassene) Leiter der Inspektion von Esda Thalheim, indem er 10 000 Strumpfhosen jährlich gewinnbringend an lokale Funktionäre sowie hauptamtliche MfS-Mitarbeiter insbesondere aus dem Bereich Alexander Schalck-Golodkowskis verkaufte.[54]

In den siebziger und achtziger Jahren verlor die ostdeutsche Textilbranche »sukzessive an Konkurrenzfähigkeit«, insbesondere weil sie das oft bemühte »Weltniveau« hinsichtlich Qualität und modischem Design immer weniger erreichte.[55] Gemessen am Gewicht konnte die ostdeutsche Kleidungsindustrie seit Beginn der siebziger Jahre nur noch ein Viertel der Preise erzielen, die die krisengebeutelte Textilindustrie im anderen Teil Deutschlands erreichte.[56] Weil schon 1977 14,2 Millionen Damenstrümpfe von Esda Thalheim für den Westexport als »absatzgefährdet« galten, vermerkte die Zentralbank der DDR kritisch, neue Produkte seien »stärker auf die Entwicklung weltmarktfähiger Erzeugnisse zu orientieren«. Es werde zu sehr auf Kostensenkung statt auf Qualitätssteigerung gesetzt. »Auch die zu den Leipziger Messen mit Goldmedaillen ausgezeichneten Erzeugnisse werden nicht genügend im NSW-Export wirksam.«[57] Das gesamte Kombinat sollte im Jahre 1985 Waren im Wert von 107 Millionen Valutamark in den Westen exportieren, davon 78,4 Millionen

52 Vgl. Deutsches Institut für Wirtschaftsforschung: Konsumgüterversorgung, S. 261, 263 u. 268. Siehe auch: Bericht Nr. 2/1980 der TSI an den Bundesminister für Wirtschaft v. 25.1.1980; BArch B 102/443076, o. Pag.

53 Vgl. Strumpfhosengrößen (Vollzugsdienst) v. 23.4.1987; SächsStAC 30461 StVE Stollberg 67, o. Pag.

54 Vgl. Niederschrift der AKG/Kontrollgruppe über die Aussprache des Leiters der Bezirksverwaltung Karl-Marx-Stadt v. 2.11.1978; BStU, MfS, BV Karl-Marx-Stadt, AKG 2461, Bl. 39–42; Bericht der AKG/Kontrollgruppe über die durchgeführte Aussprache v. 13.12.1978; ebenda, Bl. 75–77.

55 Heimann: Systembedingte Ursachen des Niedergangs, S. 286.

56 Vgl. ebenda, S. 338.

57 Schreiben der Staatsbank der DDR zur Textilindustrie an die Zentrale der Staatsbank v. 20.4.1977; BArch DN 10/1605, o. Pag.

in den anderen Teil Deutschlands.[58] In der Praxis hatte Esda Thalheim aber mit Absatzschwierigkeiten und schlechter Zahlungsmoral der Westfirmen zu kämpfen, weswegen Ende Oktober 1984 noch Valutaeinnahmen in Höhe von 9,2 Millionen ausstanden.[59] Und im Jahre 1985 erteilte das Präsidium des Ministerrats Esda gar die Maßgabe »alle Anstrengungen auf die vollständige Erfüllung des NSW-Exportplans zu richten« und bis 1990 25 Prozent mehr Strumpfhosen zu produzieren und sogar 50 Prozent mehr in den Westen zu exportieren. Dazu wäre ein Produktivitätszuwachs von 340 Prozent notwendig gewesen, was durch Einsatz von Industrierobotern, qualifiziertere Kader und intensive Forschung erreicht werden sollte.[60]

Das Strumpfkombinat Esda Thalheim wurde im Januar 1979 dem Ministerium für Leichtindustrie direkt unterstellt und galt in dieser Branche mit 17 000 Beschäftigten als »Gigant«.[61] Sein Stammbetrieb Feinstrumpfwerk Esda Thalheim zählte im Jahre 1980 insgesamt 5 687 Beschäftigte, darunter 3 950 Frauen (73 %) – vermutlich einschließlich der Häftlingsarbeiterinnen.[62] Mitte der achtziger Jahre bestand das gesamte Strumpfkombinat Esda Thalheim gar aus acht Betrieben mit 16 200 Beschäftigten,[63] doch der Stammbetrieb von Esda Thalheim zählte jetzt nur noch 3 030 Mitarbeiter.[64] Die Jahresproduktion des gesamten Strumpfkombinats belief sich zuletzt auf etwa 420 Millionen Paar Strumpfwaren.[65] Exportiert wurde in insgesamt 23 westliche Staaten, darunter Frankreich (an die Firmen Service, Bloquert-Bavesse und La Bonnal SA)[66] und

58 Vgl. Außenhandel Export NSW Esda (VVS B 156-269/84); BArch DG 4/5538, Bl. 11. Siehe auch: Sicherungskonzeption der Kreisdienststelle Stollberg für das Strumpfkombinat Esda v. 30.7.1984; BStU, MfS, BV Karl-Marx-Stadt, Abt. XVIII 1351, Bl. 1–15.

59 Vgl. Information der Inspektion Karl-Marx-Stadt der Staatlichen Finanzrevision des Ministeriums der Finanzen über die Ergebnisse der komplexen Finanzrevision im VEB Strumpfkombinat Esda Thalheim v. 18.12.1984; BArch DY 30/25284, o. Pag.

60 Vgl. Beschluss des Präsidiums des Ministerrats zum Bericht über die Leistungsentwicklung im VEB Strumpfkombinat Esda Thalheim v. 19.9.1985 (mit Anlagen); BArch DC 20/I/4/5666, Bl. 105.

61 Vgl. Zimmermann, Hartmut (unter Mitarbeit von Ulrich, Horst; Fehlauer, Michael) (Hg.): DDR-Handbuch, 2 Bde. Köln 1985, S. 824.

62 Vgl. Information über den VEB Strumpfkombinat Esda, Thalheim v. 5.5.1980, 10 Bl.; BArch DC 20/20975, o. Pag.

63 Vgl. Beschluss des Präsidiums des Ministerrats zum Bericht über die Leistungsentwicklung im VEB Strumpfkombinat Esda Thalheim v. 19.9.1985 (mit Anlagen); BArch DC 20/I/4/5666, Bl. 105.

64 Vgl. BArch DY 34/12811. Die veränderte Beschäftigtenzahl ging wohl auf Umgruppierungen innerhalb des Kombinats zurück, denn dieses zählte 1984 fast unverändert noch 16 500 Beschäftigte, der Stammbetrieb Esda Thalheim hingegen nur noch 3 441 Mitarbeiter (in 14 Betriebe). Vgl. Sicherungskonzeption der Kreisdienststelle Stollberg für das Strumpfkombinat Esda v. 30.7.1984; BStU, MfS, BV Karl-Marx-Stadt, Abt. XVIII 1351, Bl. 1–15.

65 Vgl. Kreisdienststelle Stollberg des Ministeriums für Staatssicherheit: Planerfüllung Strumpfkombinat Esda v. 10.2.1989; BStU, MfS, BV Karl-Marx-Stadt, AKG 1881, Bl. 81 f.

66 Vgl. Information des IKM »Walter« v. 13.3.1982; BStU, MfS, BV Karl-Marx-Stadt, AKAG 4176/88, Bd. 2, Bl. 151 f.

Holland, aber auch nach Kuwait und Libyen.[67] Damenstrumpfhosen des Typs »cheer to waste« wurden sogar nach Australien an Kolotex Pty Ltd (Sydney) geliefert, und Kortex Textile Company (Melbourne) wollte 100 000 Stück zum Preis von 3 US-Dollar bestellen;[68] letztgenannter Betrieb sah sich seinerzeit am heimatlichen Standort mit Lohnforderungen und Streiks linksgerichteter Arbeitsmigrantinnen konfrontiert.[69] Von Esda Thalheim wurden jetzt alljährlich für alle Absatzmärkte zusammen 143 Millionen Damenstrumpfhosen produziert, von denen vermutlich etwa 28 Millionen allein in die Bundesrepublik exportiert wurden. Pro einer Mark Selbstkosten erwirtschaftete Esda im Export in die Bundesrepublik 0,44 Valutamark, pro einer Mark Betriebspreis 0,32 Valutamark und pro einer Stunde Arbeitszeit 47,71 Valutamark.[70] Unter der (heute kaum mehr überprüfbaren) Annahme, dass die Häftlingsarbeiterinnen ausschließlich für den Westexport arbeiteten und etwa 500 Strumpfhosen pro Tag schafften,[71] mussten 70 Häftlingsarbeiterinnen zusammengenommen etwa 9 Millionen Strumpfhosen im Jahr produzieren,[72] was etwa 10 Prozent der gesamten Westproduktion des Stammbetriebes und einem Devisenumsatz von etwa 8 Millionen Valutamark pro Jahr für die DDR entsprochen hätte. Dabei sind allerdings die Kosten für den Import von Ausgangsstoffen und Maschinen sowie weitere Posten nicht berücksichtigt.

Anders ausgedrückt kostete die Strumpfhose von Esda in der DDR 15,20 Mark, wurde von Hertie aber für 0,75 DM verkauft – wie der Betriebsdirektor der Strumpfwerke VEB »Max Roscher« bei einer Dienstreise selbst feststellte.[73] Somit war »der Strumpfexport in die BRD z. Z. für das Kombinat

67 Vgl. Information über den VEB Strumpfkombinat Esda, Thalheim v. 5.5.1980, 10 Bl.; BArch DC 20/20975, o. Pag.

68 Vgl. Gemeinsamer Reisebericht des AHB Textilkommerz v. 8.9.1981; BArch DG 4/3268, o. Pag.

69 Vgl. Bloodworth, Sandra: Sweatshop rebels: The Kortex Strike. In: Socialist Alternative v. 13.4.2007; https://sa.org.au/index.php?option=com_k2&view=item&id=3904:sweatshop-rebels-the-kortex-strike&Itemid=412 [12.7.2013].

70 Vgl. Information über den VEB Strumpfkombinat Esda, Thalheim v. 5.5.1980, 10 Bl.; BArch DC 20/20975, o. Pag.

71 Vgl. Stötzer: Nähkommando Esda, S. 38.

72 Dies deckt sich mit der Angabe, dass die 70 vietnamesischen Arbeiterinnen, die 1987 nach der Amnestie anstelle der Häftlingsarbeiterinnen eingesetzt wurden, 8,6 Mio. Stück Strumpfwaren produzieren sollten. Vgl. Information der Inspektion des Ministeriums für Leichtindustrie v. 25.9.1987; BStU, MfS, HA XVIII 17826, Bl. 133–135. Einer anderen Aufstellung zufolge produzierte eine bestimmte, hier nicht genau genannte Zahl von Häftlingsarbeiterinnen im Jahre 1984 etwa 2,7 Mio. Damenstrumpfhosen. Vgl. Zuarbeit zur Einschätzung des Zusammenwirkens zwischen dem AEB Esda und der StVE Hoheneck v. 5.11.1984; SächsStAC 30461 StVE Stollberg 67, o. Pag.

73 Vgl. Information der Abt. Auslandsdienstreisen zu Fragen der Qualität v. 1.11.1974; BArch DC 20/22671, o. Pag.

am effektivsten«.[74] An anderer Stelle errechnete der Betrieb bei einem Abnahmepreis von 1,75 Valutamark je Damenstrumpfhose mit Längsnaht einen Valutaerlös von 1,31 Valutamark – unter Berücksichtigung von Materialkosten von etwa 0,40 Valutamark, aber offenbar unter Vernachlässigung aller weiteren Kosten.[75] Denn das gesamte Kombinat musste auch 36 Millionen Valutamark im Jahr investieren, um hochwertige chemische Ausgangsmaterialien und Maschinen zu importieren.[76] Weil die Firma ALDI (möglicherweise wegen Absatzschwierigkeiten) 1983 etwa drei Millionen Paar bestellter Damenstrümpfe seiner Hausmarke »Sayonara« nicht abforderte und sich im Betrieb daher die Ware stapelte[77] (sowie die Bürokratie die Beschaffung von Ersatzteilen für die Maschinen erschwerte),[78] wurden im Folgejahr monatlich 150 000 Strumpfhosen weniger für den Westexport produziert als vorgesehen.[79] Dass immer mehr Näherinnen in Teilzeitbeschäftigung wechselten, trug zur knappen Personaldecke im Strumpfkombinat Esda Thalheim bei – und erhöhte vermutlich den Druck auf die inhaftierten Frauen, Sonderschichten zu leisten.[80] Auf mittlere Sicht wurden aber weniger Häftlingsarbeiterinnen bei Esda Thalheim eingespannt; waren es vor der Amnestie von 1972 noch 132 Frauen gewesen,[81] waren es unmittelbar vor der Amnestie von 1987 nur noch 71.[82] Im Vorfeld des letztgenannten Gnadenaktes wollte der Betriebsleiter des Arbeitseinsatzbetriebes Esda dann »so viel als nur möglich produzieren« lassen. Von Sonderschichten blieben die Häftlingsarbeiterinnen dann nur deswegen weitgehend verschont, weil nicht schnell genug Material zur Weiterverarbeitung herangeschafft werden konnte.[83] Die Häftlingsarbeiterinnen

74 Vgl. Information über den VEB Strumpfkombinat Esda, Thalheim v. 5.5.1980, 10 Bl.; BArch DC 20/20975, o. Pag.

75 Vgl. [VEB Kombinat Esda:] Valutaeffektivitätsberechnung zur LHM 1980 (Basis BRD) o. D.; BArch DG 4/3268, o. Pag.

76 Vgl. Information über den VEB Strumpfkombinat Esda, Thalheim v. 5.5.1980, 10 Bl.; BArch DC 20/20975, o. Pag.

77 Vgl. Bericht der Kreisdienststelle Stollberg über Probleme der Planerfüllung im VEB Strumpfkombinat Esda v. 5.7.1983; BStU, MfS, BV Karl-Marx-Stadt, AKG 3220, Bd. 2, S. 12 f.

78 Vgl. Bericht zur gegenwärtigen Lage [im Stammbetrieb Esda Thalheim] v. 17.10.1989; BStU, MfS, BV Karl-Marx-Stadt, AKG 1881, Bl. 79 f.

79 Vgl. Bericht der Kreisdienststelle Stollberg über Falschmeldungen des VEB Strumpfhosenkombinat v. 28.6.1984; BStU, MfS, BV Karl-Marx-Stadt AKG 3224, S. 117 f.

80 Vgl. Information der Zentralen Betriebsgewerkschaftsleitung des VEB Strumpfkombinat Esda Thalheim v. 5.10.1981; BArch DY 34/11933, o. Pag.

81 Stand Oktober 1972: geplant 144, tatsächlich 132. Vgl. Ministerium für Leichtindustrie: Betrifft Arbeitseinsatz von Strafgefangenen in ausgewählten Betrieben (Anlage 1 zur GVS B 2-183/73); BArch DO 1/3784, o. Pag.

82 Stand 11.10.1987. Vgl. Information der Abt. 8 der HA VII zur allgemeinen Amnestie v. 19.10.1987 (mit Anlage); BStU, MfS, Arbeitsbereich Neiber 636, Bl. 172–185.

83 Vgl. Bericht über eine Dienstreise in den Verantwortungsbereich der BV Karl-Marx-Stadt v. 5.8.1987; BStU, MfS, HA VII 4963, Bl. 61–65.

vermochten so lediglich einen Planvorsprung von vier Tagen zu erarbeiten, kaum mehr als ein Tropfen auf den heißen Stein.[84] Sie wurden dann durch 70 vietnamesische Arbeiterinnen ersetzt, die nun jene 8,6 Millionen Stück Strumpfwaren produzieren sollten, die bislang die Häftlingsarbeiterinnen hatten herstellen müssen.[85]

Neben Esda Thalheim ließ seit 1955 ebenfalls in der Haftanstalt Hoheneck (noch dazu in einer verwandten Branche) der VEB Planet Wäschekonfektion Eppendorf produzieren. Der Betrieb hatte seinerzeit den gesamten Nordflügel der Haftanstalt vom Keller bis zum Boden in Beschlag und überließ den Gefangenen alle Arbeitsschritte vom Zuschnitt bis zur Verpackung.[86] Mit allerlei Textilware erzielte der gesamte VEB Planet Wäschekonfektion Eppendorf[87] bereits Ende der fünfziger Jahre ein Exportvolumen von 2,5 Millionen DM.[88] Mitte der sechziger Jahre waren bereits mehr als 250 Häftlingsarbeiterinnen im Werk IV von Planet Wäschekonfektion Eppendorf beschäftigt.[89] Der dem Ministerium für Leichtindustrie zugeordnete Betrieb ließ dann in Hoheneck teilweise mit Maschinen aus westlicher Produktion Bettwäsche etwa für die Firma Neckermann fertigen.[90] Auch in Filialen der Kette Woolworth fanden ehemalige Häftlinge die in Hoheneck produzierte Ware.[91] Die Arbeitsnormen lagen dabei sehr hoch; ehemalige Insassinnen berichten, dass sie Mitte der siebziger Jahre pro Schicht bei 180 bis 240 Bettbezügen oder 250 bis 300 Kopfkissen die Seitennähte schließen mussten, während die Normen zuletzt sogar bei 280 Bettbezügen und 670 Kopfkissen lagen, wie andere ehemalige Häftlingsarbeiterinnen berichten.[92]

84 Vgl. Anlage: Beispiele erreichter Leistungen der Strafgefangenen o. D. [10.1987]; BStU, MfS, Arbeitsbereich Neiber 636, Bl. 212.

85 Vgl. Information der Inspektion des Ministeriums für Leichtindustrie v. 25.9.1987; BStU, MfS, HA XVIII 17826, Bl. 133–135.

86 Vgl. [Redemanuskript eines Aufsehers der StVE Hoheneck] v. 9.2.1980; SächsStAC 30441 25.2 BDVP Karl-Marx-Stadt StVE Hoheneck Nr. I/233, o. Pag. Für die späteren Jahre vgl. grundlegend die Vereinbarung zwischen der StVE Hoheneck und dem VEB Planet Wäschekonfektion Eppendorf v. 4.4.1985; ebenda, o. Pag.

87 Vgl. Anlage 3 zur Vereinbarung v. 25.1.1974 über den Einsatz der SG zur Arbeit; abgedruckt bei: Stadtverwaltung Stollberg: Hoheneck im Wandel der Zeit, S. 93.

88 Vgl. Der Außenhandel und innerdeutsche Handel. Zeitschrift für Handelspolitik und Handelspraxis Nr. 9/1958, S. 315 f.

89 Vgl. Gefangenenstatistik des Ministeriums des Innern von 1964; BArch DO 1/3367, o. Pag.

90 Vgl. Schlicke: Gefangen im Stasiknast, S. 146–148. Josef Neckermann hatte von zwangsarisierten Firmen profitiert, war deswegen 1945 zu »harter Arbeit« verurteilt worden und hatte in der Haftanstalt Ebrach in der Näherei arbeiten müssen, wo bei Abbrechen einer Nadel 1946 noch zwei Tage Dunkelzelle bei Wasser ohne Brot drohten. Vgl. Veszeltis, Thomas: Die Neckermanns. Licht und Schatten einer deutschen Unternehmerfamilie. Frankfurt/M. 2005, S. 215.

91 Vgl. http://stasiopfer.de/component/option,com_simpleboard/Itemid,/func,view/id,997279410/catid,4/ [22.11.2012].

92 Vgl. Bastian; Neubert: Schamlos ausgebeutet, S. 85.

Im Jahre 1977 produzierte der VEB Planet Wäschekonfektion Eppendorf fast 15 Millionen Stück Bettwäsche, was einem Westexport im Wert von fast 20 Millionen Valutamark entsprach.[93] Nach zahlreichen Entlassungen im Jahre 1978 standen dem Betrieb statt 310 allerdings nur mehr 260 Häftlingsarbeiterinnen zur Verfügung – und dabei sollte der Westexport in diesem Jahr um 167 Prozent steigen. So wurden dem Betrieb zwar 1,25 Millionen Stück Haushaltswäsche »erlassen«, doch sollte der Gewinn aus dem Export nicht schrumpfen. Weitere Maßnahmen sollten die Verschlankung der Produktpalette sowie die Konzentration und Qualifizierung der Häftlingsarbeiterinnen sein, wohingegen der – ebenfalls erwogene – Einsatz zahlreicher externer Arbeiter innerhalb der Haftanstalten aus Sicherheitsgründen nicht möglich war.[94]

Im Jahre 1987 sollte der VEB Planet Wäschekonfektion Eppendorf Ware im Wert von 65 Millionen Valutamark in den Westen exportieren, erreichte vermutlich aber nur 42 Millionen.[95] Dies hing wahrscheinlich damit zusammen, dass im Zuge der seinerzeitigen Amnestie 334 Gefangene aus Hoheneck entlassen wurden; um den absehbaren Arbeitskräftemangel abzumildern, hatten die Häftlinge im Vorfeld 16 437 Überstunden leisten müssen.[96] Gleichwohl befürchtete das zuständige Ministerium für Leichtindustrie, etwa die Hälfte der 6,4 Millionen Stück Bettwäsche könnten ausfallen (die 25 Mio. Valutamark erbringen sollten), weswegen etwa 100 vietnamesische Arbeitskräfte den drohenden Produktionsverlust zumindest zur Hälfte auffangen sollten.[97] Die andere Hälfte sollten etwa 170 »Sonderarbeitskräfte« erbringen, die in der zweiten Jahreshälfte 1988 schon wieder durch 200 neu eingewiesene Häftlingsarbeiterinnen ersetzt werden sollten.[98]

93 Vgl. 1977 produzierte VEB »Planet« Wäschekonfektion Eppendorf fast 15 Mio. Stück Bettwäsche, was einem Westexport im Wert von fast 20 Mio. VM entsprach.

94 Vgl. Beschlussentwurf für das Präsidium des Ministerrats o. D. [1978]; BArch DC 20/16467, Bl. 196; Begründung zur Vorlage über die Veränderung des gesellschaftlichen Arbeitsvermögens o. D. [1978]; ebenda, Bl. 197–204.

95 Vgl. Kreisdienststelle Flöha des Ministeriums für Staatssicherheit: VEB Planet Wäschekonfektion Eppendorf v. 25.11.1987; BStU, MfS, BV Karl-Marx-Stadt, AKG 1881, Bl. 98.

96 Vgl. Abschlussbericht der AR I/4 StVE Hoheneck zur allgemeinen Amnestie v. 18.12.1987; BStU, MfS, BV Karl-Marx-Stadt, KD Stollberg 59, Bl. 323–325.

97 Vgl. Information der Inspektion des Ministeriums für Leichtindustrie v. 25.9.1987; BStU, MfS, HA XVIII 17826, Bl. 133–135.

98 Vgl. Heimann: Systembedingte Ursachen des Niedergangs, S. 311.

4.5 Werkzeugkästen aus Halle als Exportschlager – Stasi in die Produktion

In Halle existierten in den siebziger Jahren neben der Untersuchungshaftanstalt in der Innenstadt die Strafvollzugsanstalt (bzw. bis 1974 das Arbeitserziehungskommando) Halle-Kirchtor sowie das Jugendhaus Halle. Letzteres wurde Anfang der siebziger Jahre zu einer selbstständigen Dienststelle des Organs Strafvollzug aufgewertet und verfügte im Jahre 1972 bei 189 Planstellen über 126 Aufseher (zuzüglich 24 Lehrern der Berufsschule).[1] Über 90 Prozent der Aufseher waren Mitglied der SED. Sie verfügten zur Niederschlagung etwaiger Häftlingsrevolten oder von äußeren Angriffen über 12 Maschinenpistolen und -gewehre.[2] Die Aufseher wachten unmittelbar vor der Amnestie von 1972 im Jugendhaus Halle über 334 Insassen, davon 261 Jugendliche.[3] Hierher eingewiesen wurden vor allem verurteilte Jugendliche aus dem Bezirk Halle sowie den Nachbarbezirken, soweit sie als Bildungsstand mindestens einen Schulabschluss der 7. bis 8. Klasse vorzuweisen hatten, wohingegen Jugendliche mit einem darunter liegenden Schulabschluss sowie Hilfsschüler in das Jugendhaus Dessau eingeliefert wurden.[4]

Aufgrund der seinerzeit besonders hohen Häftlingszahlen in der gesamten DDR war auch in Halle nicht genug Arbeit für alle Häftlinge vorhanden. So musste der Leiter der Haftanstalt seinerzeit »leider einschätzen, dass wir 105 Jugendliche nicht zur Arbeit einsetzen können. [...] Ich vertrete die Auffassung, wenn wir die Jugendlichen nicht beschäftigen, dann beschäftigen sie uns.« So wurde der Einsatz von 30 Jugendlichen in einem zusätzlichen Betrieb vereinbart, nachdem im Kraftwerk an der Dieselstraße keine Häftlingsarbeiter mehr benötigt wurden und sich deren Zahl in den Chemischen Werken Buna offenbar nicht aufstocken ließ.[5] Zur Beschäftigung der Jugendlichen ausgewählt wurde unter anderem der VEB Zieh-, Press- und Stanzwerk Zwintschöna (VEB Ziehpresta), der in den achtziger Jahren VEB Elektro- und Metallwaren Zwintschöna genannt wurde und Teil des Kombinats Elektrowaren Halle war. Konkret im Betriebsteil »Halle Jugendhaus«[6] mussten die ju-

1 Vgl. Auskunftsbericht des Leiters des Jugendhauses Halle v. 29.8.1972; LHASA, MER, BDVP Halle 19.1. Nr. 1255, Bl. 122–129.

2 Vgl. Übergabeprotokoll des Jugendhauses Halle v. 3.10.1972; ebenda, Bl. 1–8.

3 Vgl. Auskunftsbericht des Leiters des Jugendhauses Halle v. 29.8.1972; ebenda, Bl. 122–129.

4 Vgl. Niederschrift über die Einweisung Jugendlicher in das Jugendhaus Halle v. 27.10.1971; LHASA, MER, BDVP Halle M 558–19 BDVP Halle 19.1. Nr. 1256, Bl. 213–216.

5 Vgl. Auskunftsbericht des Leiters des Jugendhauses Halle v. 29.8.1972; LHASA, MER, BDVP Halle 19.1. Nr. 1255, Bl. 122–129.

6 Vgl. Info zu Schiebereien im Betriebsteil Halle, »Jugendhaus« v. 9.2.1986; BStU, MfS, BV Halle, KD Halle, VIII 2447/83, Teil II, Bd. 2, Bl. 200 f.

gendlichen Häftlingsarbeiter nun für diesen Betrieb Werkzeugkästen fertigen.[7] Eine Vereinbarung zwischen Gefängnis- und Betriebsleitung sah zunächst lediglich den Einsatz von 14 Häftlingen vor.[8]

Nach der Amnestie von 1972 verfügte das Jugendhaus Halle im Sommer des Folgejahres erst wieder über 107 Gefangene, die Untersuchungshaftanstalt jedoch – bedingt durch neue Festnahmen und Verurteilungen vieler Rückfalltäter – bereits über 477 und das Arbeitserziehungskommando über 977 Insassen.[9] Zu Jahresbeginn 1975 waren im Jugendhaus Halle dann insgesamt 742 Häftlinge eingesperrt,[10] im Juli 642, darunter 542 Jugendliche.[11] 1978 saßen 497 Jugendliche und 206 erwachsene Strafgefangene im Jugendhaus Halle, viele wegen »kleinerer« politischer Delikte. Meist nicht aus deren Mitte stammten die 55 Spitzel der Arbeitsrichtung I/4 der Kriminalpolizei unter den Insassen (7,8 %).[12] Es wurde strengstens auf Disziplin geachtet, denn rein rechnerisch erhielt im Jahresverlauf jeder Häftling eine Disziplinarstrafe, meist eine Arreststrafe.[13] Um auch die Aufsicht der Betriebsangehörigen über die Jugendlichen lückenlos zu gestalten, wurden dann auf den Toiletten für Häftlinge im VEB Zieh-, Press- und Stanzwerk Zwintschöna die Kabinentüren entfernt.[14]

Gefängnis- und Betriebsleitung beklagten seinerzeit, nur zwei Drittel ihrer Arbeitszeit würden die Jugendlichen tatsächlich produktiv arbeiten, zu viel Zeit jedoch mit der Reinigung der Maschinen vertrödeln und könnten deswegen auch den Plan oft nur zu zwei Drittel erfüllen. »Ordnungswidrigkeiten« der jugendlichen Häftlinge, so beklagte die Gefängnisleitung, »werden seitens der Lehrausbilder zu liberal gehandhabt. […] Weisungen sind genügend vorhanden – müssen aber auch erfüllt bzw. befolgt werden.« Außerdem würden

7 Vgl. LHASA, MER, P 517 SED-Kreisleitung Saalekreis IV/D-4/20/73.

8 Vgl. Vereinbarung zwischen dem Jugendhaus Halle und dem VEB Zieh-, Press- und Stanzwerk Zwintschöna v. 28.6.1974; LHASA, MER, BDVP Halle M 558–19 BDVP Halle 19.1. Nr. 1256, Bl. 160–167.

9 Vgl. LHASA, MER, M 555 Nr. 591 BDVP Halle 19.1. Nr. 376, Bl. 191.

10 Vgl. Einschätzung des Standes der Sicherheit in den StVE durch das Dezernat I/4 der BDVP Halle v. 7.1.1975; LHASA, MER, M 555 BDVP Halle 19.1. Nr. 382, Bl. 32–44.

11 Vgl. Halbjahreseinschätzung des Leiters des Jugendhauses Halle v. 1.7.1975; LHASA, MER, BDVP Halle 19.1. Nr. 1255, Bl. 137–139.

12 Vgl. Bericht der Arbeitsrichtung I/4 der Kriminalpolizei v. 10.8.1978; BStU, MfS, HA VII/8, ZMA 517/78, Bl. 1–8.

13 Im I. Halbjahr 1975 317 Disziplinarstrafen, davon 189 Arreststrafen. Vgl. Halbjahreseinschätzung des Leiters des Jugendhauses Halle v. 1.7.1975; LHASA, MER, BDVP Halle 19.1. Nr. 1255, Bl. 137–139.

14 Vgl. Information über Sicherheit und Ordnung in der StVE v. 10.5.1974; LHASA, MER, BDVP Halle M 558–19 BDVP Halle 19.1. Nr. 1256, Bl. 201–205.

die Jugendlichen zu viel Waschpaste verbrauchen – auch darauf sollten die Betriebsangehörigen achten.[15]

Obwohl der Arbeitseinsatz vor allem volkswirtschaftlich begründet war bzw. auf Westdevisen zielte und der 3-Schicht-Betrieb für viele Häftlinge Nachtarbeit bedeutete, galt ihre Beschäftigung im VEB Zieh-, Press- und Stanzwerk Zwintschöna zugleich als »Teilberufsausbildung«.[16]

> »Der Betrieb und die StVE [Strafvollzugseinrichtung] sichern durch ihr Zusammenwirken, dass den jugendlichen SG [Strafgefangenen] durch eine zweckmäßig aufeinander abgestimmte berufstheoretische und praktische Ausbildung umfassende berufliche Kenntnisse, Fähigkeiten und Fertigkeiten [...] vermittelt werden.«

So durchliefen viele Jugendliche förmlich eine Ausbildung an der Gewerblichen Berufsschule (GBS), die dem Leiter der Haftanstalt unterstand. Dies ließ sich die Strafvollzugsverwaltung angeblich sogar einiges kosten: So zahlte die Haftanstalt im Berufsschuljahr 1974/75 an die Berufsschule 40 000 Mark, ließ sich die Gehälter der Berufsschullehrer jedoch vom VEB Zieh-, Press- und Stanzwerk Zwintschöna zurückerstatten.[17] Vermutlich aufgrund wachsender Häftlingszahlen entstanden dem VEB Zieh-, Press- und Stanzwerk Zwintschöna zwischen Januar und April 1975 gar Kosten in Höhe von 89 000 Mark, denen durch den Verkauf der Werkzeugkästen Erlöse in Höhe von nur 61 000 Mark gegenüber standen;[18] den Differenzbetrag hatte die Haftanstalt zu tragen.[19] Der Hauptbuchhalter des Betriebs klagte denn auch, dass wegen der hohen Ausschussquote sowie der vielen, zu Leerlauf führenden Engpässe bei der Anlieferung von Ausgangsmaterial der Betrieb mit den Jugendlichen »praktisch unrentabel« arbeite.[20] Sehr wahrscheinlich wurden dabei aber Kosten und Nutzen für die beteiligten Parteien (Betrieb, Berufsschule und Haftanstalt) nicht umfassend kalkuliert und insbesondere die anfallenden Devisenerlöse vernachlässigt.

Mitte der siebziger Jahre wurden die Insassen des Jugendhauses Halle auf Außenarbeitskommandos bei der Deutschen Reichsbahn sowie der Kfz-Werkstatt und der Waschanlage der BDVP eingesetzt. Die meisten Häftlinge

15 Protokoll über die gemeinsame Beratung der Leitungskader des Jugendhauses Halle und dem VEB Ziehpresta v. 18.6.1975; ebenda, Bl. 104–108.

16 Vgl. Lageeinschätzung im Jugendhaus Halle v. 7.3.1975; ebenda, Bl. 19–46.

17 Vgl. ebenda.

18 Vgl. Arbeitsgrundlagen [des Jugendhauses Halle] o. D. [1975]; LHASA, MER, BDVP Halle 19.1. Nr. 1255, Bl. 140–146.

19 Anlage 2 (Arbeitsordnung) zur Vereinbarung zwischen dem Jugendhaus Halle und dem VEB Zieh-, Press- und Stanzwerk Zwintschöna Ziehpresta v. 28.6.1974; LHASA, MER, BDVP Halle M 558–19 BDVP Halle 19.1. Nr. 1256, Bl. 160–167.

20 Protokoll über die gemeinsame Beratung der Leitungskader des Jugendhauses Halle und dem VEB Ziehpresta v. 18.6.1975; ebenda, Bl. 104–108.

arbeiteten aber auf dem Gelände der Haftanstalt für den VEB Industriewerke Baumaschinen Halle-Nord, den VEB Zieh-, Press- und Stanzwerk Zwintschöna (Ziehpresta) mit 23 Kooperationsbetrieben und den VEB Metalldrücker Halle (mit 13 Kooperationsbetrieben).[21] Für letzteren hatten bis zu 260[22] jugendliche Gefangene beispielsweise Wohnraumleuchten zu fertigen, die etwa an die Firmen Bomann Leuchten (Kempen) sowie Peter Bruhns (Hamburg) gingen; letzterer belieferte wiederum etliche Versandhäuser.[23] Ferner hatten die jungen Häftlingsarbeiter Tortenplatten zu fertigen sowie Heizkörper zu montieren, Springbrunnen zu bauen (»geringe körperliche Belastung«) sowie Bohrer herzustellen (»mittelschwere körperliche Belastung«). Für den VEB Zieh-, Press- und Stanzwerk Zwintschöna mussten außerdem 150 Jugendliche[24] Emaillearbeiten verrichten (»mittelschwer gesundheitsschädigend«, 4 Wochen Einarbeitungszeit), Stanzarbeiten vornehmen (»schwere bis mittelschwere körperliche Belastung«) und vor allem Werkzeugkästen bauen, was als »mittelschwere körperliche Belastung« galt und wofür den Gefangenen lediglich ein Tag zur Einarbeitung zugebilligt wurde. Dabei schafften die Gefangenen im VEB Zwintschöna im I. Quartal 1974 112 Prozent Normerfüllung, obwohl sie zugleich 1 170 Ausfallstunden kompensieren mussten, die überwiegend wegen defekter Maschinen, zerbrochener Werkzeuge und ausbleibender Zulieferung angefallen waren.[25] Seinerzeit mussten im VEB Zwintschöna bereits 54 mehrheitlich oder ausschließlich jugendliche Häftlingsarbeiter gleichzeitig arbeiten – infolge des 3-Schicht-Betriebs also insgesamt 162 Jugendliche. Nach »Fertigstellung der Rekonstruktionsarbeiten« wollte man sogar 73 Jugendliche pro Schicht, das heißt insgesamt 220 Häftlinge einsetzen.[26]

Die in der Ausweglosigkeit der Haftsituation und aufgrund des strengen Regimes erwachsenden Frustrationen und Aggressionen entluden sich im Jugendhaus Halle häufig in Streitigkeiten und Übergriffen der Jugendlichen untereinander, wozu auch die hohe Arbeitsbelastung sowie das mangelnde pädagogische Geschick der Aufseher beigetragen haben dürften. So gab es häufig

21 Vgl. Einschätzung der Lage im Jugendhaus Halle durch den Leiter v. 13.6.1974; ebenda, Bl. 1–13.

22 Vgl. Geheime Chefvorlage der BDVP Halle v. 30.10.1974 (mit Anlagen); LHASA, MER, M 555 Nr. 589 BDVP Halle 19.1. Nr. 374, Bl. 144–169.

23 Vgl. Mündlicher Bericht des IM »Nowodny« v. 22.6.1989; BStU, MfS, BV Halle VIII 433/89, KD Halle, Bd. 2, Bl. 3 f.

24 Vgl. Geheime Chefvorlage der BDVP Halle v. 30.10.1974 (mit Anlagen); LHASA, MER, M 555 Nr. 589 BDVP Halle 19.1. Nr. 374, Bl. 144–169.

25 Vgl. Einschätzung der Lage im Jugendhaus Halle durch den Leiter v. 13.6.1974; LHASA, MER, BDVP Halle M 558–19 BDVP Halle 19.1. Nr. 1256, Bl. 1–13.

26 Vgl. Lageeinschätzung im Jugendhaus Halle v. 7.3.1975; LHASA, MER, BDVP Halle M 558–19 BDVP Halle 19.1. Nr. 1256, Bl. 19–46.

»Ausschreitungen« bis hin zu »sexuellen Handlungen der Nötigung«.[27] Im April 1972 entwich ein jugendlicher Häftling vor allem deswegen aus einem Außenarbeitskommando, weil er Bettnässer war, von den anderen Jugendlichen gehänselt wurde, Angst vor deren Schlägen hatte und seine schwer herzkranke Mutter noch einmal sehen wollte; er wurde in einer nahegelegenen Ortschaft gestellt.[28] Im Oktober 1972 konnten erneut drei Jugendliche flüchten, die aus einem Kleiderbügel einen Dietrich gefertigt hatten; auch sie wurden in der Nähe wieder aufgegriffen.[29] Wegen solcher Vorfälle wurde Mitte der siebziger Jahre binnen zwölf Monaten bei durchschnittlich 545 Insassen gegen 12 Gefangene erneut ein Ermittlungsverfahren eröffnet, was auch tatsächlich zu mindestens fünf neuen Verurteilungen führte, im Häftlingsjargon »Nachschlag« genannt. Durchschnittlich 46 Häftlinge beobachtete die Arbeitsrichtung I/4 der Kriminalpolizei auf der Grundlage sogenannter Kontrollakten, etwa wegen »Schlagen[s] von Mitinhaftierten in brutaler Weise unter Anwendung von Zwang nach faschistischer Manier, überwiegend gemeinschaftlich«.[30]

Der VEB Zwintschöna wurde in der zweiten Hälfte der siebziger Jahre immer stärker auf den Westexport ausgerichtet. Diesen steigerte der gesamte Betrieb von 921 000 Valutamark im Jahr 1976 über 1,6 Millionen im Folgejahr auf mindestens 2,4 Millionen im Jahr 1978. Zugleich beklagte die Parteileitung des Betriebes die »nicht befriedigende Leistung bei der Fertigung der Werkzeugkästen durch die Jugendlichen im Strafvollzug«. Daraufhin setzten sich auch die Parteileitungen des Betriebes sowie des Jugendhauses zusammen »um bestehende Probleme, insbesondere die schlechten Arbeitsleistungen der Jugendlichen […] aus der Welt zu schaffen«. Durch »Wettbewerbe«, also durch stärkeren Konkurrenzdruck, konnte die Produktion von Werkzeugkästen von 300 bis 400 täglich im ersten Halbjahr auf durchschnittlich 900 in den letzten Monaten des Jahres gesteigert werden;[31] außerdem produzierten die jugendlichen Häftlingsarbeiter des VEB Zieh-, Press- und Stanzwerk Zwintschöna auch Manometer. Von Jahresbeginn bis Oktober 1979 fertigte der Betrieb 132 220 Werkzeugkästen, sodass zu Beginn der Amnestie noch 26 480 Stück zum Plansoll von 158 700 fehlten. Wegen der anstehenden Haftentlassungen musste der Betrieb damit rechnen, am Jahresende nur noch

27 Vgl. Auskunftsbericht des Leiters des Jugendhauses Halle v. 29.8.1972; LHASA, MER, BDVP Halle 19.1. Nr. 1255, Bl. 122–129.

28 Vgl. Abschlussbericht des Jugendhaus Halle v. 28.8.1972; LHASA, MER, BDVP Halle M 558–19 BDVP Halle 19.1. Nr. 1256, Bl. 255–257.

29 Vgl. Abschlussbericht des Jugendhaus Halle v. 11.10.1972; ebenda, Bl. 264–266.

30 Vgl. Einschätzung der Lage im Jugendhaus Halle durch den Leiter v. 13.6.1974; ebenda, Bl. 1–13.

31 Vgl. Rechenschaftsbericht der Parteileitung des VEB Zieh-, Press- und Stanzwerk Zwintschöna o. D. [II. Halbjahr 1978]; LHASA, MER, P 520 GO VEB Elektro- und Metallwaren Zwintschöna Halle IV/D-7/580/1, o. Pag.

50 Jugendliche einsetzen zu können. Bis auf weiteres wurde daher einfach deren Arbeitsende von 18.30 Uhr auf 21.30 Uhr verlängert, ein 3-Schicht-System eingeführt oder intensiviert und die Lehre vieler Jugendlicher abgebrochen, damit sie voll zur Arbeit eingesetzt werden konnten. »Die Amnestie wurde im Rahmen der gesetzlichen Möglichkeiten durch den Leiter im Bereich Zieh-, Press- [und] Stanzwerk vom Entlassungstermin her verzögert«,[32] was die jugendlichen Häftlingsarbeiter einmal mehr zum Objekt ökonomischer Nützlichkeitserwägungen der ostdeutschen Gefängnisverwaltung machte.

Tatsächlich verlor der Betrieb durch die Amnestie viele Beschäftigte. Aufgrund der massenhaften Entlassungen standen dem Betrieb nun nicht mehr wie bisher bis zu 300[33] bzw. durchschnittlich rund 170 jugendliche Häftlingsarbeiter zur Verfügung, sondern nur noch 31 Gefangene. So wurde entschieden, die verbliebenen jugendlichen Häftlingsarbeiter nur mehr für Zuarbeiten einzusetzen. Mindestens 36 weiterer Jugendlicher bedürfe es aber zur »Abdeckung des volkswirtschaftlich notwendigen Arbeitsvermögens«, wie der Betrieb klagte. Die geplanten Exportleistungen in den Westen in Höhe von 2,9 Millionen Valutamark seien im laufenden Jahr höchstens zu 2,2 Millionen Valutamark zu erfüllen. Der Betrieb bat daher die Kreisleitung der SED, andere Betriebe sollten wenigstens 19, besser aber 44 Arbeitskräfte abstellen, wie dies auch schon bei der Amnestie von 1972 geschehen sei.[34] Wegen des Ausfalls der jugendlichen Häftlingsarbeiter konnte der VEB Elektro- und Metallwaren Zwintschöna, der mit seinen Betriebsteilen in Zwintschöna, Halle, Dessau, Großkorbetha, Poserna, Pouch und Zeitz monatlich im Westexport 363 000 Valutamark einnehmen sollte, im Januar 1980 lediglich 270 000 Valutamark erreichen.[35] Auch im ersten Halbjahr 1980 konnte der Betrieb seinen Exportplan zu lediglich 78 Prozent erfüllen; besonders die Montage der Werkzeugkästen hinkte der Planerfüllung hinterher. »Lediglich im BT [Betriebsteil] Halle wurden durch Bereitstellung von entsprechenden Arbeitskommandos ab 5.5.1980 die geplanten Stückzahlen erreicht«, allerdings ohne den Rückstand zu kompensieren. In dem VEB Metallverarbeitung Bernburg sollten 1980 165 000 Werkzeugkästen und durch den im Jugendhaus Halle befindlichen Betriebsteil 209 250 Werkzeugkästen produziert werden.[36] Der Arbeitsdruck

32 Vgl. Einschätzung des Leiters des Jugendhauses Halle v. 15.11.1979, 5 Bl.; LHASA, MER, M 501 Nr. 19322, o. Pag.

33 Vgl. Erster Überblick über die zu erwartenden Schwerpunktbereiche [bei der Amnestie von 1979]; LHASA, MER, M 501 Nr. 19322, o. Pag.

34 Vgl. Schreiben von Betriebsdirektor Scholz an die Kreisleitung der SED-Saalekreis v. 3.12.1979; LHASA, MER, P 520 GO VEB Elektro- und Metallwaren Zwintschöna Halle IV/D-7/580/1, o. Pag.

35 Vgl. ebenda, o. Pag.

36 Vgl. Schreiben an die SED-Kreisleitung Saalekreis Abt. Wirtschaft v. 23.7.1980; LHASA, MER, P 520 GO VEB Elektro- und Metallwaren Zwintschöna Halle IV/D-7/580/1, o. Pag.

auf die Gefangenen muss dabei erheblich gewesen sein, denn der Betrieb war 1981 der einzige Planschuldner im Saalekreis.[37]

In den anderen Betriebsteilen wurden vom VEB Elektro- und Metallwaren Zwintschöna auch Einfachkochplatten,[38] Wasserkocher und Adventssterne für den Export in die Bundesrepublik gefertigt,[39] möglicherweise unter Beteiligung von Häftlingen an den Vorarbeiten. Und eben weil Wasserkocher und andere elektrische Geräte in die Bundesrepublik gingen,[40] musste der Betrieb im Mai 1985 auch den Besuch eines Mitarbeiters des TÜV zulassen,[41] was aber offenkundig nicht den Betriebsteil mit den jugendlichen Häftlingsarbeitern betraf. DDR-Betriebe mussten den Besuch von TÜV-Mitarbeitern hinnehmen und diesen Auskunft geben, wenn sie »technische Arbeitsmittel« in der Bundesrepublik in den Verkehr bringen wollten.[42]

Im Jahre 1986 plante der VEB Elektro- und Metallwaren Zwintschöna Werkzeugkästen im Werte vom 1,119 Millionen Valutamark in die Bundesrepublik und 81 000 Stück Werkzeugkästen nach Großbritannien (sowie in weit geringerer Zahl in die Schweiz, nach Schweden, Ägypten und Dubai) zu exportieren.[43] Der Betrieb beschäftigte in diesem Jahr, vor der nächsten Amnestie, insgesamt 175 Häftlingsarbeiter des seinerzeit mit 934 Häftlingen belegten[44] Jugendhauses Halle, womit zugleich fast jeder zweite Mitarbeiter des Betriebs ein Häftling war. Diese fertigten neben Stanzteilen für Bremszylinder für den heimischen Markt im Wert von 7 Millionen DDR-Mark mindestens 120 000 Werkzeugkästen für den Westexport jährlich.[45] Diese besaßen eine Länge von 42 oder auch 53 cm, waren ohne Nieten gefertigt und speziell für den Westexport entwickelt worden.[46] Die Farbgebung und Verpackung der Werkzeugkästen erfolgte dabei durch einen VEB aus Dessau von der Ortschaft

37 Vgl. LHASA, MER, P 517 SED-Kreisleitung Saalekreis IV/D-4/20/73.

38 Vgl. LHASA, MER, P 520 GO VEB Elektro- und Metallwaren Zwintschöna Halle IV/D-7/580/1, o. Pag.

39 Vgl. Abschlussbericht des VEB Elektro- und Metallwaren Zwintschöna v. 24.3.1986; BStU, MfS, BV Halle, KD Halle VIII 2447/83, Teil II, Bd. 2, Bl. 279–282.

40 Vgl. ebenda.

41 Vgl. [Bericht des IM »Hermann Kant« über den] TÜV-Aufenthalt im EMZ v. 22.5.1985; BStU, MfS, BV Halle, KD Halle VIII 2447/83, Teil II, Bd. 2, Bl. 128.

42 Vgl. Gesetz über technische Arbeitsmittel v. 24.6.1968; BGBl. Teil I, S. 717–720; Gesetz zur Änderung des Gesetzes über technische Arbeitsmittel v. 13.8.1979; BGBl. Teil I, S. 1432–1434.

43 Vgl. Abschlussbericht des VEB Elektro- und Metallwaren Zwintschöna v. 24.3.1986; BStU, MfS, BV Halle, KD Halle VIII 2447/83, Teil II, Bd. 2, Bl. 279–282.

44 Vgl. Bericht der HA VII/8 über eine Dienstreise nach Halle v. 19.11.1986; BStU, MfS, HA VII 1953, Bl. 3–6.

45 Vgl. Zuarbeit der KD Saalkreis – zu erwartende Auswirkungen der Amnestie v. 3.8.1987; BStU, MfS, BV Halle, KD Saalkreis 609, Bl. 1–4.

46 Vgl. Schreiben [der PO des VEB Zieh-, Press- und Stanzwerk Zwintschöna] an die Kreisleitung Saalekreis v. 6.2.1979; LHASA, MER, P 520 GO VEB Elektro- und Metallwaren Zwintschöna Halle IV/D-7/580/1, o. Pag.

Osternienburg aus.[47] Die diesbezüglichen Leistungen wurden mit 14 Millionen DDR-Mark bilanziert und erbrachten 3,9 Millionen Valutamark aus dem Westexport.[48] Der einzelne Werkzeugkasten erbrachte also etwa 32 Valutamark, womit der einzelne Häftling rein rechnerisch etwa 22 000 Valutamark im Jahr erwirtschaftete.

Durch die umfassende Amnestie von 1987 drohte dem VEB Elektro- und Metallwaren Zwintschöna erneut der Westexport von Werkzeugkästen wegzubrechen. Das übergeordnete Kombinat Elektrowaren Halle veranschlagte den nicht kompensierbaren Ausfall der Häftlingsarbeit auf 10,6 Millionen Mark sowie 3,2 Millionen Valutamark aus dem Westexport, insbesondere bei Werkzeugkästen sowie Wohnraumleuchten und Zweckleuchten.[49] So konnte der VEB Elektrowaren Halle dem dänischen Lampenhersteller Fog & Mørup (Kopenhagen) wegen eines »AK[Arbeitskräfte]-Problems«, wahrscheinlich als Folge der Amnestie, auch nicht wie gewünscht Metallpendelleuchten für 300 000 Valutamark liefern.[50] Denn auch Leuchten wurden von jugendlichen Häftlingsarbeitern gefertigt.[51] Dabei war schon einkalkuliert, dass die 175 jugendlichen Häftlingsarbeiter aus dem Jugendhaus Halle alleine im August zehn Nachtschichten sowie zusätzliche Wochenendschichten einlegen mussten.[52] Gerade wenn der Westexport gefährdet schien, mussten zudem Angehörige der bewaffneten Organe aushelfen; im VEB Elektro- und Metallwaren Zwintschöna sollten deswegen die 175 jugendlichen Insassen durch 100 Angehörige der bewaffneten Organe, 50 im Jahresverlauf 1988 neu einzuliefernde jugendliche Häftlinge sowie 30 Untersuchungshäftlinge ersetzt werden.[53] Dass so viele Erwachsene für die gleichen Verrichtungen benötigt wurden, lässt einmal mehr auf ein bis dahin hohes Anforderungsniveau für die jugendlichen Häftlingsarbeiter schließen.

Unter den nun eingesetzten Angehörigen der bewaffneten Organe waren auch zehn hauptamtliche Mitarbeiter der Bezirksverwaltung für Staatssicherheit

47 Vgl. Abschlussbericht des VEB Elektro- und Metallwaren Zwintschöna v. 24.3.1986; BStU, MfS, BV Halle, KD Halle VIII 2447/83, Teil II, Bd. 2, Bl. 279–282.

48 Vgl. Schreiben der Abt. Leicht-, Lebensmittel- und Bezirksgeleitete Industrie an Abt. Planung und Finanzen [des ZK der SED] v. 24.3.1988; BArch DY 30/25489, o. Pag.

49 Vgl. Information der Abt. Industrie über die Auswirkungen der allgemeinen Amnestie in der Industrie des Bezirkes Halle v. 6.8.1987; LHASA, MER, P 516 SED-Bezirksleitung Halle IV/F-2/5/243, Bl. 71–79.

50 Vgl. Zusammenfassung der unbefriedigten Kundenanfragen NSW o. D. [1988]; BArch DG 5/4851, o. Pag.

51 Vgl. Fernschreiben der BDVP Halle v. 27.5.1987; BStU, MfS, HA VII 5457, Bl. 56.

52 Vgl. Zuarbeit der KD Saalkreis – zu erwartende Auswirkungen der Amnestie v. 3.8.1987; BStU, MfS, BV Halle, KD Saalkreis 609, Bl. 1–4.

53 Vgl. Schreiben der Abt. Leicht-, Lebensmittel- und Bezirksgeleitete Industrie an Abt. Planung und Finanzen [des ZK der SED] v. 24.3.1988; BArch DY 30/25489, o. Pag.

Gera, die zwischen November 1987 und März 1988 anstelle der jugendlichen Häftlinge für den VEB Elektro- und Metallwaren Zwintschöna Werkzeugkästen fertigen mussten. Sie wurden im »Lager für Arbeit und Erholung« am »Süßen See« in Aseleben untergebracht, jeden Tag 32 km hin und zurück zur Arbeit gefahren und erhielten am Ende ihres viermonatigen Einsatzes zwei Tage Sonderurlaub sowie teilweise Prämien.[54] Von einer Gleichstellung der Häftlingsarbeiter mit den »gewöhnlichen« Werktätigen konnte also insbesondere dann keine Rede sein, wenn letztere zu den ohnehin privilegierten Beschäftigten des Staatsapparates gehörten. Dass in diesem Fall gerade Mitarbeiter des Überwachungsapparates in die Produktion geschickt wurden um jene Häftlingsarbeiter zu ersetzen, für deren vormalige Verurteilung der Staatssicherheitsapparat teilweise selbst erst gesorgt hatte, entbehrt nicht einer gewissen Ironie.

54 Vgl. Schreiben der HA Kader und Schulung an den Leiter der BV Gera v. 26.3.1988; BStU, MfS, BV Gera, Abt. KuSch 3966, Bl. 4.

4.6 Küchenherde für Quelle, Fernseher für Neckermann – weitere Haftanstalten, Betriebe und Abnehmer von Waren aus dem DDR-Strafvollzug

Neben den in Kapitel 4.1 bis 4.5 genannten Konzernen waren weitere bundesdeutsche Unternehmen an Importen aus der DDR interessiert. Insbesondere Versandhäuser verkauften gerne Haushalts- und Fernsehgeräte, Bettwäsche und Textilien, Spielwaren und Möbel aus der DDR, die schlechtere Qualität durch günstigere Preise wettmachten.[1] Versandhäuser sowie Kaufhauskonzerne bezogen daher im Jahre 1979 ostdeutsche Waren im Wert von 400 Millionen DM, was etwa einem Drittel des Gesamtexports von Konsumgütern aus der DDR in die Bundesrepublik entsprach.[2] Der VEB Kombinat Haushaltsgeräte etwa verkaufte Erzeugnisse für 91 Millionen DM im anderen Teil Deutschlands, etwa 10 Prozent seiner gesamten Produktion.[3]

Allein das Versandhaus Quelle bezog nach eigenen Angaben jährlich Waren im Wert von 250 Millionen DM aus der DDR[4] (sowie etliche Produkte auch aus der Sowjetunion)[5]. Allein aus dem Bereich des Ministeriums für Bezirksgeleitete Industrie und Lebensmittelindustrie orderte das Fürther Unternehmen im Jahre 1982 Artikel im Wert von 12,5 Millionen Valutamark, davon 7,2 Millionen für Spielwaren.[6] Im Bereich der Haushaltsgeräte wurden dem Konzern beispielsweise im Jahre 1974 vom VEB Waschgerätewerk Schwarzenberg, dem VEB Elektrogeräte Falkenberg, dem VEB Gas- und Elektrogeräte Dessau sowie den Außenhandelsbetrieben Heimelectric und Union 12 850 Elektroherde, 5 500 Waschautomaten, 5 300 Gasherde, 9 140 Kohlenheizungen und 5 012 Kohleherde geliefert. Dabei hatten mindestens an den aus Dessau stammenden Geräten vermutlich (politische) Häftlinge mitgearbeitet, denn der VEB Gas- und Elektrogeräte Dessau beschäftigte zeitweise mehr als 350 Gefangene.

1 Vgl. Der Spiegel Nr. 16/1977 v. 11.4.1977, S. 24.

2 Vgl. Information der Abt. Inspektion der Arbeitsgruppe für Organisation und Inspektion beim Ministerrat über den Verkauf von Konsumgütern in die BRD v. 13.2.1980; BArch DC 20/20979, Bl. 23–26.

3 Durchschnitt der Jahre 1985 bis 1987. Vgl. Bericht der Kontrollabteilung der Arbeitsgruppe für Organisation und Inspektion beim Ministerrat zu ausgewählten Problemen bei der Sicherung der NSW-Exportaufgaben 1988 o. D.; BArch DC 20/20236, Bl. 85–96.

4 Aussage des Vorstandsvorsitzenden Handel der Quelle AG Willi Harrer. In: Worst, Anne: Westware aus dem Ostknast. ARD 9.7.2012.

5 So bezog Quelle angeblich bereits im Jahre 1971 75 % seiner Spiegelreflexkameras aus der Sowjetunion. Vgl. Schöllgen: Gustav Schickedanz, S. 377.

6 Im Dokument keine Währungseinheit genannt. Vgl. Schreiben des Ministeriums für Bezirksgeleitete Industrie und Lebensmittelindustrie v. 15.3.1983; BStU, MfS, HA XVIII 16932, Bd. 1, Bl. 39–42.

Während Quelle seine »Qualitätsnorm 2000« als Druckmittel benutzte um niedrigere Preise zu erzielen, recherchierte die DDR-Seite die Preisentwicklung anhand der Quelle-Kataloge, um bei den nächsten Vertragsverhandlungen entsprechende Kompensationen fordern zu können.[7] Allerdings waren, wie bei vielen anderen DDR-Produkten, Qualitätsmängel nicht zu übersehen:

> »Im Verlauf des Jahres 1982 trat zum Beispiel eine zunehmende Instabilität der Qualität bei den Erzeugnissen des VEB Gas- und Elektrogeräte Dessau (Kombinat Haushaltsgeräte) auf. Das führte zu umfangreichen Reklamationen und zur Sperrung kompletter Lieferungen für den Verkauf durch das Versandhaus Quelle.«

Tatsächlich ließ das Fürther Unternehmen im Folgejahr zwischen Jahresbeginn und Ende August fast die Hälfte der 5 003 übernommenen Gasherde und 4 228 übernommenen Elektroherde nicht ausliefern und reklamierte »fast jede Lieferung«.[8] Wegen solcher Probleme hinsichtlich der Qualität und Liefertreue beendete Quelle dann im Herbst 1983 den Bezug vieler größerer Haushaltsgeräte aus der DDR. Rund 3 000 Gasherde und 4 000 Waschmaschinen waren hiervon betroffen, was dem AHB Union einen Verlust von 2,1 Millionen Valutamark allein für den Rest des Jahres 1983 bescherte – ohne dass andere Abnehmer in Sicht waren.[9] Quelle bezog ferner aus der DDR Langlaufski des Typs »Favorit« und »Olympia« vom VEB Sportgeräte Schmalkalden,[10] Quarzuhren vom VEB Uhrenwerke Ruhla[11] und Zehntausende von Mänteln aus dem Bereich Berufskleidung vom VEB Bekleidungswerk Falkenstein.[12] Ähnlich wie IKEA wurde das Unternehmen in den achtziger Jahren durch Käufer, die Häftlingskassiber in Quelle-Produkten gefunden hatten, sowie von freigekauften Häftlingen auf die Häftlingsarbeit aufmerksam, versuchte aber gegenüber der Öffentlichkeit abzuwiegeln (siehe Kapitel 4.8).

Bei der Mehrzahl dieser Produkte waren nach heutigem Kenntnisstand keine Häftlinge unmittelbar involviert. Ähnlich wie andere bundesdeutsche Unternehmen bezog aber auch Quelle Bettbezüge aus Hoheneck,[13] wenngleich

7 Vgl. Information der Arbeitsgruppe für Organisation beim Ministerrat der DDR über Aktivitäten des Waren- und Versandhauskonzerns Quelle v. 25.11.1974; BArch DC 20/22671, o. Pag.

8 Bericht über Probleme bei der Sicherung einer hohen Erzeugnisqualität v. 28.1.1983; BArch DC 20/23112, o. Pag.

9 Vgl. [Information] 3/83 der BV Karl-Marx-Stadt, o. D. [1983]; BStU, MfS, HA XVIII 23476, Bl. 149.

10 Vgl. [Information] 8/83 der BV Suhl o. D. [1983]; ebenda, Bl. 150 f.

11 Vgl. Information über die Warenprüfung des Quelle-Versandes Nürnberg o. D. [1983]; BStU, MfS, HA XVIII 23476, Bl. 155 f.

12 Vgl. Information 896 der Abt. Auslandsdienstreisen der Arbeitsgruppe für Organisation und Inspektion beim Ministerrat v. 19.5.1981; BStU, MfS, HA XVIII 23476, Bl. 144.

13 Vgl. Abschrift des Berichts des AHB Textil Commerz v. 22.11.1982; BStU, MfS, HA XVIII 23476, Bl. 148. Siehe auch: http://www.stern.de/wirtschaft/news/gefangene-in-der-ddr-zwangsarbeiter-sollen-auch-fuer-versandhaeuser-geschuftet-haben-1822360.html. Kein Beleg findet

das Versandhaus nach Pressemeldungen seine ostdeutschen Geschäftspartner diesbezüglich um Abhilfe bat.[14] Außerdem soll Quelle nach Aussagen Betroffener beispielsweise aus der Haftanstalt Bautzen II Frottee-Handtücher bezogen haben.[15] Auch in den Kaufhäusern von Karstadt war von Häftlingen im VEB Planet Wäschekonfektion Eppendorf (siehe Kapitel 4.4) genähte Bettwäsche später offenbar zu finden,[16] ebenso wie Feinstrumpfhosen bei ALDI.[17] Vermutlich ohne Beteiligung von Häftlingen ließ Kaufhof ferner vom VEB Elastic-Miederwaren, Betriebsteil Oelsnitz, 10 000 Büstenhalter im Jahr fertigen.[18] Ferner bezog eine Vielzahl weiterer Versandhäuser eine breite Palette von Möbeln über die Firma Lämmerzahl (siehe Kapitel 4.2).

Das Versandhaus Neckermann[19] ließ im VEB Fernsehgerätewerk »Friedrich Engels« Staßfurt, in dem unter anderem 200 (zum Teil aus politischen Gründen verurteilte[20]) Häftlingsarbeiter in den Hallen 28 und 29 des Betriebs Leiterplatten produzierten,[21] Fernseher des Typs N-electronic 1002 herstellen – die allerdings große Qualitätsmängel aufwiesen.[22] Allein der Stammbetrieb Staßfurt exportierte unter dem speziell der Ausfuhr in die Bundesrepublik dienenden Markennamen »Bruns« jährlich an die 20 000 Fernsehgeräte in die Bundesrepublik sowie etwa 15 000 Fernsehgeräte nach Schweden und etwa 5 000 Fernsehgeräte nach Frankreich; insgesamt entsprach dies einem Geschäftsvolumen von über 50 Millionen Valutamark.[23] Auch die niederländische Firma

sich dazu bei: Dingemann, Rüdiger; Lüdde, Renate: Die Quelle Story. Ein deutsches Unternehmen im Spiegel der Zeit. München 2007.

14 Vgl. Abschrift des Berichts des AHB Textil Commerz v. 22.11.1982; BStU, MfS, HA XVIII 23476, Bl. 148.

15 Vgl. Klein, Volkmar: Auch Quelle profitierte von Zwangsarbeit politischer Häftlinge. In: Märkische Allgemeine v. 3.5.2012; http://www.maerkischeallgemeine.de/cms/beitrag/12320811/492531/Gefangene-im-Frauenknast-Hoheneck-und-im-Stasi-Sondergefaengnis.html [17.7.2012].

16 Vgl. Nayhauß, Dirk von; Riepl, Maggie: Der dunkle Ort. 25 Schicksale aus dem DDR-Frauengefängnis Hoheneck. Berlin 2012, S. 76.

17 Vgl. ebenda, S. 110.

18 Vgl. BArch DC 20/22684.

19 Neckermann ließ darüber hinaus beispielsweise auch in China Fotoapparate produzieren. Vgl. Veszeltis: Die Neckermanns, S. 391.

20 Vgl. Inoffizielle Information des GMS »Klaus Fischer« v. 9.10.1989; BStU, MfS, BV Magdeburg, Abt. VII 1829, Bl. 84 f.

21 Vgl. Operativer Lagebericht der Abt. VII der BV Magdeburg v. 6.4.1987; BStU, MfS, BV Magdeburg, Abt. VII 1590, S. 34–42.

22 Vgl. Information über Reklamationen, die sich hemmend auf die weitere Steigerung der Exporte in nichtsozialistische Länder auswirken v. 8.8.1975; BArch DC 20/22688, o. Pag.

23 Vgl. Einschätzung des Standes der Exportfähigkeit durch die KD Staßfurt v. 26.8.1985; BStU, MfS, BV Magdeburg, Stv Op 15, Bl. 14–19; Berichterstattung der KD Staßfurt zur Umstellung des Produktionsprofils v. 17.4.1984; ebenda, Bl. 29–32.

Electronics bezog und reklamierte Schwarz-Weiß-Fernseher aus Staßfurt.[24] Zu dem übergeordneten Kombinat Rundfunk und Fernsehen Staßfurt gehörte auch der VEB Sternradio Berlin, wo in den siebziger Jahren knapp Hundert Häftlinge arbeiten mussten. Dieser Betrieb sollte 1984 mindestens 2 400 Radiorekorder in den Westen exportieren, fand dort aber keine Abnehmer.[25]

Der VEB Büromaschinenwerk Optima Erfurt wiederum produzierte in den achtziger Jahren zu 70 Prozent mechanische und zu 30 Prozent elektromechanische Schreibmaschinen.[26] Annähernd 300 Gefangene (aus Gräfentonna) waren hier insbesondere mit Zuarbeiten für die erstgenannten Geräte befasst, weswegen »die StVE [Strafvollzugseinrichtung] Gräfentonna der Alleinproduzent der Tastatur für die mechanischen Schreibmaschinen« in der DDR war.[27] Von diesen mechanischen Schreibmaschinen wurden allein im Jahr 1984 61 000 Stück für 13 Millionen Valutamark in den Westen geliefert,[28] darunter Schreibmaschinen des Typs daro 16 an Imperial Typewriter Co. (Karatschi/Pakistan) und Devlet Malzeme Ofisi (Ankara/Türkei).[29]

Stark exportorientiert war auch der VEB Carl Zeiss Jena, der Mitte der siebziger Jahre Waren im Wert von 41,5 Millionen Valutamark nach Westeuropa exportierte;[30] zuletzt lag das weltweite Exportvolumen des wesentlich vergrößerten Kombinats gar bei 442 Millionen Valutamark.[31] Anfang der achtziger Jahre erzielte das gesamte Kombinat einen Umsatz von 13 Millionen Valutamark allein beim Export in die Bundesrepublik (etwa an die Firmen Werner Jähnert GmbH/Göttingen und Harvix/Westberlin) und weitere 27 Millionen Valutamark beim Export nach Großbritannien, in die USA, nach Frankreich und Japan. Bei insgesamt allerdings rückläufiger Tendenz wurden insbesondere Mikroskope (im Wert von 26,4 Mio. Valutamark), Feinmessge-

24 Vgl. Bericht der Kontrollabteilung der Arbeitsgruppe für Organisation und Inspektion beim Ministerrat über Reklamationen beim Export von Erzeugnissen in das NSW v. 21.7.1981 (mit Anlagen); BArch DC 20/20812. Bl. 100–132.

25 Vgl. Information der Arbeitsgruppe für Organisation und Inspektion beim Ministerrat über den Verlauf von Konsumgütern v. 26.3.1984 (mit Anlagen); BStU, MfS, HA XVIII 6814, Bl. 17–38.

26 Vgl. Aktennotiz des Jugendhauses Gräfentonna v. 27.6.1984; ThHStAW BDVP Erfurt Altregistratur Nr. 2357, o. Pag.

27 Vgl. Bericht der Abt. 8 der HA VII über den Einsatz in der BV Erfurt, Abt. VII, v. 14.8.1987; BStU, MfS, HA VII/AKG PK 1/8.1.5., Bd. 4, Bl. 11–18.

28 Vgl. Information der Kontrollabteilung der Arbeitsgruppe für Organisation und Inspektion beim Ministerrat zur Sicherung des NSW-Exports im VEB Kombinat Robotron v. 9.7.1984; BArch DC 20/19725, Bl. 19–27.

29 Vgl. Information der Arbeitsgruppe für Organisation und Inspektion beim Vorsitzenden des Ministerrats der DDR über Reklamationen bei der Realisierung von Exporten in das nichtsozialistische Wirtschaftsgebiet v. 28.5.1976 (mit Anlagen); BArch DC 20/22696, Bl. 27–55.

30 Vgl. Mühlfriedel; Hellmuth: Carl Zeiss in Jena, S. 221.

31 Vgl. Krakat, Klaus: Wirtschaftsdaten ausgewählter DDR-Kombinate. Berlin 1994, S. 10.

räte (9,3 Mio.) und Vermessungsgeräte (8,3 Mio.) exportiert.[32] Bis mindestens 1964 hatte Carl Zeiss Jena auch circa 50 Häftlingsarbeiter in der Haftanstalt Torgau Konstruktionsunterlagen fertigen lassen.[33] Ferner kamen Anfang der siebziger Jahre 14 Häftlinge (ebenfalls aus der Haftanstalt Torgau) in der Schleiferei eines Teilbetriebs von Carl Zeiss Jena zum Einsatz.[34]

Zum Kombinat von Carl Zeiss Jena mit seinen rund 33 000 Beschäftigten zählte ab Januar 1985 auch der VEB Pentacon Dresden, der insgesamt fast 6 700 Mitarbeiter hatte.[35] Bekanntermaßen unterhielt der Betrieb seit etwa 1964 in der Haftanstalt Cottbus eine Produktionsstätte, in der circa 250 Häftlinge die Gehäuse von Fotoapparaten stanzten, die zu 80 Prozent in den Westen exportiert wurden.[36] Anteilig produzierten die 250 Häftlinge hier unter den rund 6 500 Beschäftigten des VEB Pentacon somit rein rechnerisch etwa 190 000 der im Zeitraum 1964 bis 1989 insgesamt in den Westen exportierten knapp 5 Millionen Kameras.[37] Das Exportvolumen des gesamten (seinerzeit noch eigenständigen) Kombinats Pentacon belief sich 1984 auf circa 30 Millionen Valutamark.[38] Auch hier drohten durch die Amnestie von 1987 »erhebliche Ausfälle im NSW-Export«, was den hohen Stellenwert der Häftlingsarbeit gerade für den Westexport unterstreicht.[39] Die Arbeitsbedingungen waren auch hier hart und der Maschinenpark weitgehend veraltet, weswegen fast jeder Dritte vormals hier beschäftigte Häftlingsarbeiter vom »posttraumatischen Belastungssyndrom« (PTSD) berichtet.[40]

Wie die Warenwege weniger stark verarbeiteter bzw. veredelter Produkte liefen, ist heute nur noch schwer nachzuvollziehen. Vesting schätzt ein, dass Häftlinge für bestimme Chemieprodukte (wie Kalilauge oder Kaliumchlorate) aufgrund ihrer Stellung im einzigen relevanten DDR-Betrieb quasi »Alleinher-

32 Für die genannten Staaten Durchschnitt der Jahre 1981–83, für die Produkte Stand 1983. Vgl. Information der Arbeitsgruppe für Organisation und Inspektion beim Ministerrat über einige Probleme zur Sicherung der NSW-Exportaufgaben im Kombinat VEB Carl Zeiss Jena v. 26.3.1984; BStU, MfS, HA XVIII 6822, Bl. 2–30.

33 Vgl. Gefangenenstatistik des Ministeriums des Innern von 1964; BArch DO 1/3367, o. Pag.

34 Vgl. Ministerium für Elektrotechnik und Elektronik: Betrifft Arbeitseinsatz von Strafgefangenen in ausgewählten Betrieben (Anlage 1 zur GVS B 2-183/73); BArch DO 1/3784, o. Pag.

35 Vgl. Mühlfriedel; Hellmuth: Carl Zeiss in Jena, S. 300 u. 372.

36 Vgl. Jehmlich: VEB Pentacon Dresden, S. 112.

37 Vgl. ebenda, S. 114 u. 179.

38 Vgl. [Bericht der] Arbeitsgruppe für Organisation und Inspektion beim Ministerrat zur Sicherung der NSW-Exportplanerfüllung im Ministerium für Elektrotechnik und Elektronik v. 22.1.1984 (mit Anlagen); BStU, MfS, HA XVIII 6801, Bl. 1–43.

39 Vgl. Information der Arbeitsgruppe für Organisation und Inspektion beim Ministerrat zu eingeleiteten Maßnahmen zu Problemen der Amnestie im Bereich des Ministeriums für Elektrotechnik und Elektronik v. 16.10.1987; BArch DC 20/26960, o. Pag.

40 Vgl. Bastian; Neubert: Schamlos ausgebeutet, S. 83.

steller« waren.[41] Zwar mag diese Feststellung etwas überzogen sein, doch auf den gesamten Betrieb dreier großer Kaliwerke bezogen stellten Häftlingsarbeiter tatsächlich etwa 12 Prozent bzw. im Untertagebau gar 25 Prozent der Beschäftigten.[42] Und das Kombinat Kali leistete zweifellos einen »bedeutenden Beitrag zur Sicherung der Außenhandelsaufgaben der DDR«, »besonders« beim Export in den Westen.[43] Der VEB Kombinat Chemische Werke Buna wollte zum Beispiel den Chemischen Werken Hüls (Marl bei Münster) Vinylchorid verkaufen.[44] Um den Absatz der gleichen Ware bemühte sich das Chemiekombinat Bitterfeld gegenüber der Firma Hoechst; in dem Betrieb arbeiteten auch über 400 Häftlinge unter zum Teil lebensgefährlichen Bedingungen.[45] Die Firma Hoechst, die schon Ende der siebziger Jahre für 40 Millionen DM Güter und Waren aus der DDR bezog (siehe Kapitel 4.1), bemühte sich 1984 auch um Geschäftsabschlüsse mit der Filmfabrik Wolfen, Stammbetrieb des Fotochemischen Kombinats (FCK) Wolfen.[46]

Die Filmfabrik Agfa Wolfen war von Agfa (Leverkusen) weitgehend abhängig, sowohl im Vertrieb in den Westen wie hinsichtlich von Chemikalien für die Produktion.[47] Nach juristischen Streitigkeiten stellte der VEB im Jahre 1964 auf das eigene Markenzeichen Orwo um und musste den weitgehenden Zusammenbruch seines westlichen Absatzmarktes hinnehmen.[48] Ein nennenswerter Export in die Bundesrepublik war zeitweilig überhaupt nur noch durch neutrale Verpackungen über das Versandhaus Neckermann möglich.[49] In den siebziger Jahren lieferte das Kombinat, in dem 600 Häftlinge unter anderem in der Rohfilmproduktion arbeiten mussten, wieder Farbfilme in die Bundesrepublik, nach Österreich[50] und nach Ägypten,[51] hatte aber lediglich in der Tür-

41 Vesting: Zwangsarbeit im Chemiedreieck, S. 118.

42 Stand 1962. Vgl. Sonntag: Arbeitslager in der DDR, S. 250.

43 Erfahrungen bei der Arbeit mit sicherheitspolitischen Studien im Industriebereich Erzbergbau o. D. [von 1984]; BStU, MfS, HA XVIII 6826, Bl. 17–28.

44 Vgl. Bericht der Arbeitsgruppe für Organisation und Inspektion beim Ministerrat über Probleme der plan- und vertragsgerechten Erfüllung der Exportaufgaben in das NSW v. 26.5.1975; BArch DC 20/10345, Bl. 26–33.

45 Vgl. Information der Arbeitsgruppe für Organisation und Inspektion beim Ministerrat über Hemmnisse und Probleme die bei der Erweiterung der Exporttätigkeit in das NSW festgestellt wurden o. D. [1985] (mit Anlagen); BStU, MfS, ZAGG 1337, Bl. 1–24.

46 Vgl. Information zur Vorgehensweise von Firmen der BRD v. 27.3.1984; BStU, MfS, AG BKK 1886, Bl. 49 f.

47 Vgl. BStU, MfS, AS 24/59, 2 Bde.

48 Vgl. Inspektion des VEB Filmfabrik Wolfen: Entwicklung der Außenwirtschaftsbeziehungen des FCK Wolfen v. 18.12.1972; BStU, MfS, BV Halle, Abt. XVIII 2884, Bl. 91–94.

49 Vgl. Monatsbericht von September 1975; BStU, MfS, BV Halle, Abt. XVIII 2884, Bl. 35 f.

50 Vgl. Information über Reklamationen, die sich hemmend auf die weitere Steigerung der Exporte in nichtsozialistische Länder auswirken v. 8.8.1975; BArch DC 20/22688, o. Pag.

51 Vgl. Abschlusseinschätzung der HVA Abt. IX/B/1302 von Mai 1989; BStU, MfS, Abt. XVIII 5430, Bl. 1–3.

kei und in Indien eine gute Marktposition.[52] Im Jahre 1973 beispielsweise exportierte das Kombinat schon wieder Fotofilme und andere Produkte im Wert von mindestens 28 Millionen Valutamark in den Westen, sah aufgrund unzureichender Investitionen in neue Technologien der Zukunft aber skeptisch entgegen.[53] Drei Jahre später war der Westexport zwar auf 38 Millionen gestiegen, weil insbesondere der Positiv-Colorfilm (PC) 7 »billiger verkauft wird als ähnliche Erzeugnisse der Konkurrenz«,[54] doch 1988 hatte der Westexport nur noch ein Volumen von 1,8 Millionen Valutamark.[55]

Die Chemischen Werke Buna, in denen 110 Häftlinge (unter 18 000 Beschäftigten) arbeiteten, lieferten PVC-Folie an die bundesdeutschen Firmen Otto Wolff (Köln) und Bebo-Plastik (Bremervörde)) sowie Polyethylen-Rohre an die Firma Reißer (Böblingen).[56] Der VEB Junkalor Dessau wiederum, für den neben anderen Beschäftigten auch 120 Häftlingsarbeiter tätig waren, lieferte Analysegeräte an die Firma Withof (Kassel).[57]

Die DDR gelangte bei kaltgewalztem Stahl in der ersten Hälfte der siebziger Jahre in Osteuropa in eine Führungsposition, konnte bei höherwertigerem warmgewalztem Stahl jedoch kaum Schritt halten.[58] Denn die Produktivität dieses Industriezweiges betrug lediglich ein Drittel oder Viertel der Produktivität der bundesdeutschen Unternehmen.[59] Folglich führte die DDR zu Beginn der siebziger Jahre sieben Mal mehr Stahl aus der Bundesrepublik ein als sie dorthin exportieren konnte.[60] Und auch Anfang der achtziger Jahre blieb die Import-Export-Bilanz der DDR an Walzdraht, Form- und Stabstahl sowie Feinblechen gegenüber der Bundesrepublik stark negativ; lediglich bei Grobblechen verhielt es sich umgekehrt.[61] Global betrachtet konnte die DDR aber etwa im Jahre 1982 erstmals mehr Walzstahl exportieren als sie importieren musste.[62] Trotz höheren Energieverbrauchs erzielten ostdeutsche Stahlbetriebe

52 Vgl. Analyse einiger kapitalistischer Vertretungen o. D. [1972]; BStU, MfS, BV Halle, Abt. XVIII 2884, Bl. 97–111.

53 Vgl. [Aktennotiz] v. 15.3.1973; BStU, MfS, BV Halle, Abt. XVIII 5238, Bl. 15.

54 Vgl. Information der Arbeitsgruppe für Organisation und Inspektion beim Vorsitzenden des Ministerrats der DDR über die Realisierung des NSW-Exports im VEB Fotochemisches Kombinat Wolfen v. 27.8.1976 (mit Anlagen); BArch DC 20/22702, Bl. 27–55.

55 Vgl. Protokoll der Staatlichen Finanzrevision über die durchgeführte Prüfung der Jahresbilanz im VEB Filmfabrik Wolfen v. 6.3.1989; BArch DN 1/6293, o. Pag.

56 Vgl. Information über Reklamationen, die sich hemmend auf die weitere Steigerung der Exporte in nichtsozialistische Länder auswirken v. 8.8.1975; BArch DC 20/22688, o. Pag.

57 Vgl. ebenda.

58 Vgl. Unger: Eisen und Stahl für den Sozialismus, S. 419 f.

59 Vgl. Wienert: Stahlindustrie der DDR, S 116.

60 Vgl. Unger: Eisen und Stahl für den Sozialismus, S. 425.

61 Vgl. Eckart: Eisen- und Stahlindustrie, S. 237, 241, 249 u. 251.

62 Vgl. ebenda, S. 226.

also unter anderem aufgrund geringerer Löhne durchaus Exporterfolge,[63] auch begünstigt durch Lieferschwierigkeiten der Sowjetunion und Streiks in Polen zu Beginn der achtziger Jahre.[64]

Da sich der Personalbedarf der ostdeutschen Stahlindustrie von 1952 bis 1977 verdoppelte,[65] wurden auch immer mehr Häftlingsarbeiter eingesetzt – die folglich ebenfalls ihren unfreiwilligen Anteil an den Exporterfolgen hatten. Der VEB Edelstahlwerk Freital (ESW), in dem Häftlinge 180 der insgesamt 5 825 Beschäftigten stellten,[66] lieferte beispielsweise Stahl an Schoeller-Bleckmann in Ternitz/Niederösterreich sowie an das Schweizer Unternehmen Feinstahl in Zürich, doch wies dieser immer wieder Qualitätsmängel auf.[67] Und der VEB Stahl- und Walzwerk Gröditz, in dem auch fast 150 Häftlinge arbeiteten[68] (bei insgesamt 5 822 Beschäftigten[69]), konnte zwar 1981 seine Exportverpflichtungen in Höhe von etwa 15 Millionen Valutamark weit übertreffen, blieb jedoch etwa der Firma Hagesta (Hagen) Tausende Fittinge schuldig.[70] Nach Aussagen von Betroffenen wurden von Gröditz aus auch Stahlrohre an den Klöckner & Co.-Konzern geliefert.[71]

Der Klöckner & Co.-Konzern war Anfang der siebziger Jahre sehr daran interessiert, vom VEB Fahrzeug- und Jagdwaffenwerk »Ernst Thälmann« Suhl (FAJAS) mit dem Umweg über eine Hamburger Firma Bolzen und Buchsen für Baufahrzeuge zu beziehen; die DDR hätte hierfür 7 000 Tonnen Stahl aus der ČSSR auf Rubelbasis bezogen und die gefertigten Produkte dann für

63 Vgl. Wienert: Stahlindustrie der DDR, S. 116.

64 Vgl. Eckart, Karl: Die wirtschaftspolitische Bedeutung der Schwarzmetallurgie in der DDR. In: Timmermann, Heiner (Hg.): Diktaturen in Europa im 20. Jahrhundert – der Fall DDR. Berlin 1996, S. 567–580, hier 576.

65 Vgl. Eckart: Eisen- und Stahlindustrie, S. 264.

66 Vgl. Wienert: Stahlindustrie der DDR, S. 43.

67 Vgl. Information über Reklamationen, die sich hemmend auf die weitere Steigerung der Exporte in nichtsozialistische Länder auswirken v. 8.8.1975; BArch DC 20/22688, o. Pag.

68 Stand Oktober 1972: geplant 150, tatsächlich 143. Vgl. Ministerium für Erzbergbau, Metallurgie und Kali: Betrifft Arbeitseinsatz von Strafgefangenen in ausgewählten Betrieben (Anlage 1 zur GVS B 2-183/73); BArch DO 1/3784, o. Pag.

69 Vgl. Denk- und Verhaltensweisen unter der Arbeiterklasse in der Industrie des Kreises Riesa v. 6.12.1983; BStU, MfS, BV Dresden, KD Riesa 13118, Bl. 24–30. Siehe auch: Wienert: Stahlindustrie der DDR, S. 43.

70 Vgl. Information der Kreisdienststelle Riesa v. 28.5.1981; BStU, MfS, BV Dresden, KD Riesa 13242, Bl. 32–34.

71 So die Aussage von Hugo Diederich, zit. nach: Wendt, Alexander: Wäsche aus dem Knast, In: Focus Nr. 19/2012; http://www.focus.de/magazin/archiv/report-waesche-aus-dem-knast_aid_748033.html [23.11.2012]; Müller, Klaus-Dieter: »Jeder kriminelle Mörder ist mir lieber ...« Haftbedingungen für politische Häftlinge in der SBZ und DDR. In: »Die Vergangenheit lässt uns nicht los ...«. Haftbedingungen politischer Gefangener in der SBZ/DDR und deren gesundheitliche Folgen. Hg. v. d. Gedenkstätte für die Opfer politischer Gewalt Moritzplatz Magdeburg u. a. Berlin 1997, S. 7–129, hier 119.

15 Millionen Valutamark in den Westen verkauft.[72] Der Betrieb exportierte ferner insbesondere Kleinkrafträder für 19,6 Millionen Valutamark im Jahre 1982 in den Westen.[73] In dem Betrieb waren etwa 150 Häftlinge der Haftanstalt Untermaßfeld mit der Produktion von Fahrzeugteilen befasst.

Im Rohrkombinat Riesa, mit insgesamt 11 792 Beschäftigten ein Gigant in der ostdeutschen Stahlindustrie,[74] arbeiteten Gefangene des Haftarbeitslagers Zeithain. Im Zweigbetrieb Rohrwerk Zeithain lag die Gesamtzahl der Beschäftigten bei 3 295[75] und die der Häftlingsarbeiter bei 160; in diesem Betrieb ließ etwa die Firma Bölling (Dortmund) in großem Umfang Lagerrohre herstellen.[76] Die meisten für den Westexport vorgesehenen Rohre stammten jedoch aus dem Zweigbetrieb IV des Stammbetriebs des Stahl- und Walzwerkes Riesa,[77] wo Häftlinge etwa 220 der insgesamt 9 413 Beschäftigten[78] stellten; die Betroffenen selbst schätzten, dass circa 50 Prozent des produzierten Stahls in den Westen exportiert wurde.[79] Trotzdem besaßen die aus Riesa oder anderen Betrieben an Mannesmann gelieferten Rohre mit einem Volumen von 15 Millionen Valutamark im Jahr 1982 »häufig nur Schrottwert« – und wurden gleichwohl nach Informationen der Staatssicherheit dann angeblich als Mannesmann-Erzeugnisse an Dritte weiterverkauft.[80]

An die Firmen BASF (Ludwigshafen), Bayer (Leverkusen) und Helm (Hamburg) lieferten die Eisenhüttenwerke (EHW) Thale, in denen fast 450 Gefangene (unter insgesamt 11 866 Beschäftigten)[81] arbeiteten. Sie waren Anfang der siebziger Jahre in der Zurichterei des Walz- und Stahlwerks eingesetzt, fertigten aber auch in der Verzinkerei Eimer[82] und emaillierten Ausrüstungsteile, die häufig reklamiert wurden.[83] Ungewiss ist die Beteiligung von

72 Vgl. Schreiben der Bezirksverwaltung Suhl v. 1.4.1970; BStU, MfS, HA XVIII 6007, Bl. 87–89.

73 Vgl. Schreiben an Genossen E. Mückenberger v. 12.7.1983; BArch DY 30/30564, o. Pag.

74 Stand 1966. Vgl. Fink: Stahl- und Walzwerk Riesa, S. 462.

75 Vgl. Denk- und Verhaltensweisen unter der Arbeiterklasse in der Industrie des Kreises Riesa v. 6.12.1983; BStU, MfS, BV Dresden, KD Riesa 13118, Bl. 24–30.

76 Vgl. Information über Reklamationen, die sich hemmend auf die weitere Steigerung der Exporte in nichtsozialistische Länder auswirken v. 8.8.1975; BArch DC 20/22688, o. Pag.

77 Vgl. Information über zu erwartende Probleme in der NSW-Exportplanerfüllung des VEB Rohrkombinat Riesa v. 16.12.1985; BStU, MfS, BV Dresden, AKG 7626, S. 248–254.

78 Vgl. Denk- und Verhaltensweisen unter der Arbeiterklasse in der Industrie des Kreises Riesa v. 6.12.1983; BStU, MfS, BV Dresden, KD Riesa 13118, Bl. 24–30.

79 Vgl. Bericht von Falk Wähner und Michael Sielaff: 60. Pressekonferenz der Arbeitsgemeinschaft 13. August am 14.6.1984: DDR-Haftwesen und Justiz; BStU, MfS, HA IX 17604, Bl. 217–250.

80 Vgl. Information der HA XVIII über interne Reaktionen aus westlichen Wirtschaftskreisen v. 14.3.1983; BStU, MfS, HA XVIII 21806, Bl. 42–47.

81 Vgl. Wienert: Stahlindustrie der DDR, S. 43.

82 Vgl. [Überblick über den] Arbeitseinsatz Strafgefangener des StVK Thale im VEB EHW Thale o. D. [1973]; LHASA, MER, M 555 Nr. 589 BDVP Halle 19.1. Nr. 374, Bl. 118.

83 Vgl. Information über Reklamationen, die sich hemmend auf die weitere Steigerung der Exporte in nichtsozialistische Länder auswirken v. 8.8.1975; BArch DC 20/22688, o. Pag.

Häftlingsarbeitern an dem Export von Rollbrotkästen (zum Teil im gewünschten orange) durch den Betriebsteil Beierfeld des VEB Eisenhüttenwerk Thale an die niederländischen Firmen Hollandse Eenheidsprijzen Maatschappij Amsterdam (HEMA) und Maxis.[84] Thale lieferte zudem Druckbehälter an die Winzergenossenschaft Deutsches Weintor, Ilbesheim (Pfalz).[85]

Im Geschäftsjahr 1974/75 bezog BASF vor allem Chemieprodukte (u. a. aus Leuna)[86] im Wert von 15 Millionen Valutamark aus der DDR, zudem über den Außenhandelsbetrieb Invest emaillierte Behälter für 67 000 und über den Außenhandelsbetrieb Werkzeugmaschinen und Werkzeuge (WMW) Werkzeuge sowie über den Außenhandelsbetrieb Intermed Werkstoffprüfmaschinen für je 50 000 Valutamark.[87] Die BASF wollte insbesondere, wohl um perspektivisch die eigenen Exportchancen in die DDR zu vergrößern, von den Eisenhüttenwerken Thale Rührmaschinen importierten.[88] In der Phase ab 1983 stieg BASF hinter DuPont zum zweitgrößten Chemiekonzern weltweit auf und beschäftigte rund um den Globus etwa 135 000 Mitarbeiter.[89]

Im VEB Walzwerk Hettstedt mussten knapp 200 Gefangene – wie in den Außenarbeitsbetrieben üblich – in einem genau abgegrenzten Bereich des riesigen Industriekomplexes arbeiten (siehe Abb. 22 und 23). Die Häftlinge rangierten hier Trolleys bei der Produktion des Kupferdrahts[90] und noch im November 1989 wurde ein weiteres Teilareal im Außenarbeitsbereich des Betriebs für den Einsatz von Gefangenen bei der Herstellung von Blankdraht freigegeben, nicht ohne auch die unterirdischen Kabelkanäle vorher zu vergittern.[91] Das gesamte Walzwerk Hettstedt exportierte 29 verschiedene Produkte in den Westen und hielt einen Devisenerlös von 90 Millionen Valutamark im Jahre 1987 für realistisch.[92] Beispielsweise lieferte der Betrieb jährlich mehrere Hundert Tonnen

84 Vgl. Information der Abt. Auslandsdienstreisen über Beeinträchtigung des Exports von DDR-Erzeugnissen in nichtsozialistische Länder v. 3.3.1975; BArch DC 20/10676, Bl. 98–105.

85 Vgl. Schreiben des VEB Eisen- und Hüttenwerke Thale an die Technische Überwachung Thale v. 7.31975; BArch DF 400/52, Teil 5, o. Pag.

86 Vgl. Bericht zu einigen Besonderheiten während der Dienstreise in die BRD v. 3. bis 8.11.1985; BStU, MfS, AP 34685/92, Bl. 14 f.

87 Vgl. Analyse des Konzerns BASF AG v. 30.1.1976; BArch DL 2/6314, Bl. 305–319.

88 Angeblich verhinderten westliche Sonderwünsche dann einen Vertragsabschluss. Vgl. [Information der] BV Halle o. D. [1980]; BStU, MfS, HA XVIII 6497, Bl. 29.

89 Vgl. Schmidt, Sebastian: Die Entwicklung der Unternehmensführung deutscher Großunternehmen seit 1945. Eine historische, systemtheoretische Betrachtung von Unternehmensstrategie und Unternehmensorganisation anhand dreier Fallstudien. Bayreuth 2012, S. 144.

90 Vgl. [Bericht von] »Simone«, Kreisdienststelle Hettstedt v. 1.10.1986; BStU, MfS, BV Halle, Abt. XVIII 1138, Bl. 27 f.

91 Vgl. Abnahmeprotokoll der Strafvollzugseinrichtung Volkstedt v. 6.11.1989; BStU, MfS, BV Halle, Abt. VII 1381, Bl. 1.

92 Vgl. Bericht der Kreisdienststelle Hettstedt zur Situation im NSW-Export [von 1987]; BStU, MfS, BV Halle, Abt. XVIII 4855, Bl. 72–75.

Messingstangen an die Firma Eisengießerei und Maschinenfabrik (Salach) und MG Draht- & Metall-Handelsgesellschaft (Bensheim).[93] 8,5 Tonnen Kupferdraht nahm die Firma Kabelmetall jährlich ab.[94] Ferner exportierte der Betrieb Aluminium-Freileitungsseile an die Firma Electric Rails LTD (Finnland)[95] sowie Aluminiumbleche im Wert von 9 Millionen Valutamark im Jahre 1983 ebenfalls an finnische Abnehmer (wie Merkantile/Helsinki), stand dabei aber unter heftigem Druck sowjetischer Konkurrenten, die ähnliche Ware unterhalb der Weltmarktpreise anboten.[96] Zudem war der in Hettstedt verwendete Maschinenpark marode; ein seit fast 75 Jahren betriebenes Umkehrwalzwerk hatte eigentlich zum Jahresende 1983 stillgelegt werden sollen, musste aber wegen der Devisenknappheit dann mindestens noch ein Jahr länger seinen Dienst versehen, sodass der Betriebsdirektor »eine Übernahme von Aufträgen zu NSW-Bedingungen nicht mehr verantworten« konnte.[97]

Die SED-Außenhandelsfirma Intema (Essen) verkaufte unter anderem feuerverzinkte Feinbleche aus der DDR.[98] Ihre Grobbleche bezog die Firma vom VEB Walzwerk Hettstedt im Mansfeldkombinat und dem VEB Stahl- und Walzwerk Brandenburg. Dabei wiesen reklamierte Bleche aus dem erstgenannten Betrieb, in dem unter anderem 180 Häftlinge arbeiteten, in 65 Prozent der Fälle eine Abweichung von der DIN-Norm auf, die aus Brandenburg stammenden Bleche, an denen lediglich 40 Häftlinge beteiligt waren, hingegen nur in einem Prozent der Fälle;[99] dies auf Sabotage der Gefangenen zurückzuführen, wäre aber rein spekulativ. Spätestens ab 1984 sollte das Stahl- und Walzwerk Brandenburg, wo die besagten 40 Häftlinge lediglich einen kleinen Teil der insgesamt 8 985 Beschäftigten stellten[100] und mit der Adjustage von Halb-

93 Vgl. Abschrift des mündlichen Berichts des IM »Werner Klemm« der Kreisdienststelle Hettstedt v. 25.5.1987; BStU, MfS, BV Halle, Abt. XVIII 4551, Bl. 12.

94 Vgl. Information über Reklamationen, die sich hemmend auf die weitere Steigerung der Exporte in nichtsozialistische Länder auswirken v. 8.8.1975; BArch DC 20/22688, o. Pag.; Bericht der Kreisdienststelle Hettstedt v. 18.4.1985; BStU, MfS, BV Halle, Abt. XVIII 2611, Bl. 3 f.

95 Vgl. Ergebnisbericht der Kreisdienststelle Hettstedt v. 22.6.1987; BStU, MfS, BV Halle, Abt. XVIII 1138, Bl. 12–14.

96 Vgl. Bericht der Kreisdienststelle Hettstedt über die Dienstreise in die Republik Finnland v. 5.1.1984; BStU, MfS, HA XVIII 19056, Bl. 44–46; Ergänzung zum Sofortbericht der Kreisdienststelle Hettstedt v. 23.12.1983; BStU, MfS, BV Halle, Abt. XVIII 2607, Bl. 1–3.

97 Vgl. Schreiben des Betriebsdirektors des VEB Walzwerk Hettstedt an den VEB Germania Karl-Marx-Stadt v. 22.8.1983; BArch DF 400/52, Teil 5, o. Pag.

98 Vgl. Bericht Nr. 14/1981 der TSI an den Bundesminister für Wirtschaft v. 13.8.1981; BArch B 102/443077, o. Pag.

99 Vgl. Information über Reklamationen, die sich hemmend auf die weitere Steigerung der Exporte in nichtsozialistische Länder auswirken v. 8.8.1975; BArch DC 20/22688, o. Pag.

100 Vgl. Wienert: Stahlindustrie der DDR, S. 43.

zeugen beschäftigt waren, auch Walzdraht in den Westen exportieren.[101] Abnehmer (von mindestens 500 Tonnen Ia-Blechen) war zum Beispiel die schwedische Firma Folkebolaget.[102]

Im VEB Maxhütte handelte es sich bei knapp 300 der insgesamt 7 093 Beschäftigten um Häftlingsarbeiter, im VEB Walzwerk »Hermann Matern« Burg um rund 60 der 890 Beschäftigten und im VEB Ferrolegierungswerk Lippendorf um rund 50 der 2 062 Beschäftigten.[103] Bis Anfang der siebziger Jahre arbeiteten auch noch 60 Häftlinge im VEB Stahlgießerei Frankleben, wo sie Gusseisenstücke »putzten«, die wiederum auf der Warnowwerft in Schiffe auch für den Westexport eingebaut wurden.[104] Somit waren praktisch in allen ostdeutschen Walzwerken Häftlinge im Einsatz – eine Ausnahme bildeten (wohl aus Sicherheitsgründen) allein die wenigen grenznah gelegenen Werke.[105] Angesichts des hohen Wertes der gefertigten Stahlprodukte sowie der Vielzahl der eingesetzten Häftlingsarbeiter hatte dieses Geschäftsfeld am Westexport der aus Häftlingsarbeit stammenden Produkte vermutlich den größten Anteil. Allerdings vermochten selbst die Betroffenen im Westen die Produkte ihrer Arbeit kaum zu identifizieren, bekamen aber mitunter während ihrer Haftzeit (ganz entgegen dem Willen ihrer Bewacher) Adressatenlisten zu Gesicht.[106]

Ebenfalls nicht mehr wiedererkennen konnten freigekaufte Häftlingsarbeiter viele Produkte der Kunststoffindustrie sowie des Werkzeug- und Fahrzeugbaus, insbesondere wenn Gefangene nur zu Beginn einer komplexen Produktionskette Teilprodukte fertigten. Der Stammbetrieb des VEB Glasseide Oschatz mit 1 490 Mitarbeitern etwa beschäftigte auch 40 Häftlinge (der Haftanstalt Waldheim) im Außenarbeitseinsatz mit der Glasseidenproduktion. Sie erbrachten »ca. 20 % [des Produktionsvolumens] vom Gesamtbetrieb, davon 50 % für den NSW-Export«.[107] Der gesamte Betrieb lieferte Glasseide, Glasfasern und

101 An dieser Stelle sind weder Geschäftsumfang noch Abnehmer genannt. Vgl. Bericht der Kreisdienststelle Brandenburg über das Stahl- und Walzwerk Brandenburg v. 29.3.1984; BStU, MfS, HA XVIII 19056, Bl. 73–77.

102 Vgl. Bericht der Kontrollabteilung der Arbeitsgruppe für Organisation und Inspektion beim Ministerrat über Reklamationen beim Export von Erzeugnissen in das NSW v. 21.7.1981 (mit Anlagen); BArch DC 20/20812. Bl. 100–132.

103 Vgl. Wienert: Stahlindustrie der DDR, S. 43.

104 Vgl. Bericht über die Arbeitsbedingungen der Strafgefangenenbrigadiere im VEB Stahlwerk Frankleben v. 3.3.1970; LHASA, MER, M 558-15 BDVP Halle 19.1. Nr. 1308, Bl. 97 f.

105 Vgl. Eckart: Eisen- und Stahlindustrie, S. 196.

106 Vgl. Aussage des ehemaligen politischen Gefangenen Hugo Diederich. In: Worst, Anne: Westware aus dem Ostknast. ARD 9.7.2012.

107 Diskussionsbeitrag des Betriebsdirektors des VEB Glasseide Oschatz Wilfried Queißer v. 31.10.1986; SächsStAL 20250 BDVP Leipzig 1133, o. Pag.

Schaumglas für 10,7 Millionen Valutamark jährlich, insbesondere an die Firmen Mühlmeier (Bärnau in der Oberpfalz) und Bohlmann (Bremen).[108]

Die Firma Garelly (Saarbrücken) wiederum bezog schon seit 1959 Armaturen aus der DDR; der VEB Kombinat Magdeburger Armaturenwerke, der in seinem Stammbetrieb unter 6 873 Werktätigen[109] auch fast 400 Häftlinge beschäftigte, lieferte Anfang der achtziger Jahre 45 Prozent seines gesamten Exports allein an diese Firma. Zumindest teilweise wurden die Ventile aber auch ohne Häftlingsarbeit im VEB Keulahütte Krauschwitz gefertigt.[110] Ungenügend ausgetestete Neuentwicklungen von Ventilen durch DDR-Betriebe führten dann jedoch zu erheblicher Verärgerung der westlichen Handelspartner und einem Einbruch der Aufträge.[111] Der VEB Magdeburger Armaturenwerke lieferte auch an die Firma Intertechnik in Elze sowie die schwedische Firma Saab-Scania, die ebenfalls Absperrventile reklamierten, weil sie nicht dicht waren.[112] Die Firma Rummel & Co. Industriearmaturen (Mönchengladbach) war ab 1979 ein weiterer Abnehmer.[113] Insgesamt hatten die Exporte des VEB Magdeburger Armaturenwerke »Karl Marx« im Jahre 1984 ein Volumen von etwa 40 Millionen Valutamark,[114] was sich offenbar auf das gesamte Kombinat mit seinen 18 600 Beschäftigten bezog.[115]

Auch in der Fahrzeugbranche wurde die Arbeitskraft von Gefangenen für den Westexport ausgenutzt, obwohl die eigene Entwicklung eines modernen konkurrenzfähigen Kleinwagens 1979 eingestellt worden war.[116] So mussten ab Januar 1982 zunächst 20, später 130 Gefangene aus Gräfentonna für den VEB

108 Vgl. Sicherungskonzeption der Kreisdienststelle Oschatz zur Sicherung des VEB Kombinat Glasseide Oschatz v. 15.4.1983; BStU, MfS, BV Leipzig, KD Oschatz 283, Bl. 1–16.

109 Vgl. Sicherungskonzeption des VEB Magdeburger Armaturenwerke (MAW) v. 28.10.1983; BStU, MfS, BV Magdeburg, KD Magdeburg 73552, Bl. 3–28.

110 Vgl. Information der Arbeitsgruppe für Organisation und Inspektion beim Vorsitzenden des Ministerrats der DDR über Reklamationen bei der Realisierung von Exporten in das nichtsozialistische Wirtschaftsgebiet v. 28.5.1976 (mit Anlagen); BArch DC 20/22696, Bl. 27–55.

111 Vgl. Information über erhebliche Probleme beim NSW-Export von weichdichtenden Absperrventilen des VEB Kombinat Magdeburger Armaturenwerke v. 11.3.1983; BArch DC 20/23112, o. Pag.

112 Vgl. Information über Reklamationen, die sich hemmend auf die weitere Steigerung der Exporte in nichtsozialistische Länder auswirken v. 8.8.1975; BArch DC 20/22688, o. Pag.

113 Vgl. [Information] MB 4/79 BV Magdeburg o. D. [1979]; BStU, MfS, HA XVIII 6472, Bl. 112.

114 Vgl. [Bericht der] Arbeitsgruppe für Organisation und Inspektion beim Ministerrat zur Situation im NSW-Export im Ministerium für Schwermaschinen- und Anlagenbau v. 22.1.1984 (mit Anlagen); BStU, MfS, HA XVIII 6802, Bl. 1–14.

115 Zum Vergleich handelte es sich im Jahre 1982, offenbar im gesamten Kombinat, noch um ein Exportvolumen von 21,8 Mio. VM. Vgl. Sicherungskonzeption des VEB Magdeburger Armaturenwerke (MAW) v. 28.10.1983; BStU, MfS, BV Magdeburg, KD Magdeburg 73552, Bl. 3–28.

116 Vgl. Bauer, Reinhold: Pkw-Bau in der DDR. Zur Innvoationsschwäche von Zentralverwaltungswirtschaften. Frankfurt/M. 1999, S. 250.

Fahrzeugelektrik Ruhla, Betriebsteil Eisenach, arbeiteten.[117] Zehn Häftlingsarbeiter unter ihnen fertigten Gehäuse für Kfz-Zusatzscheinwerfer.[118] Dieser Betriebsteil Eisenach galt als »exportintensiv«[119] und lieferte beispielsweise Kfz-Scheinwerfer an den Volkswagen-Konzern (Wolfsburg),[120] doch ist unklar, ob es sich um die von Gefangenen hergestellte Produktlinie handelte. Der Wolfsburger Automobilkonzern reklamierte jedenfalls beim VEB Fahrzeugelektrik Ruhla 322 Nebelscheinwerfer im Jahr 1980.[121] Volkswagen hatte nach einer beachtlichen Lieferung eigener Fahrzeuge in die DDR für zusätzlich 70 Millionen Valutamark Waren in Ostdeutschland gekauft.[122]

Ferner waren für den VEB Renak Reichenbach 170 Häftlingsarbeiter (von 1 758 Beschäftigten), für den VEB Blechverformungswerk Leipzig 40 Gefangene (unter 1 139 Mitarbeitern) und für das Kfz-Zubehörwerk Meißen 230 Häftlingsarbeiter an der Fahrzeugproduktion beteiligt.[123] Zudem stellten im Getriebewerk Brandenburg 480 Häftlinge (der Haftanstalt Brandenburg-Görden) Getriebeteile für den (auch als Gefangenentransporter nutzbaren) Lastkraftwagen W 50 sowie die Personenkraftwagen Trabant und Wartburg her.[124] Der W 50 sollte möglichst zahlreich auch in den Westen exportiert werden, war zu Beginn der achtziger Jahre technologisch jedoch so veraltet, dass nur technische Neuentwicklungen und umfangreiche Investitionen die Exportchancen wieder hätten erhöhen können.[125] Es standen damals auch schon mehrere Hundert Lastkraftwagen W 50, die exportiert werden sollten, auf Halde, weil sie keinen Abnehmer fanden, und rosteten vor sich hin,[126] während viele DDR-Betriebe händeringend nach Transportmöglichkeiten suchten. Die ostdeutschen Motorradwerke Zschopau (MZ) wiederum konnten Mitte der siebziger Jahre 16 000 Motorräder in den Westen exportieren, etwa nach

117 Vgl. Bericht der Arbeitsgruppe Strafvollzug [der BDVP Erfurt] über die Umprofilierung des Jugendhauses Gräfentonna v. 11.2.1981; ThHStAW BDVP Erfurt Altregistratur Nr. 5372, o. Pag.

118 Vgl. Protokoll der Verwaltung Strafvollzug über die Abrechnung des Arbeitseinsatzes Strafgefangener v. 16.12.1982; ThHStAW BDVP Erfurt Altregistratur Nr. 6233, o. Pag.

119 Information über die Sicherung einer qualitätsgerechten Auslieferung der Erzeugnisse und eines reklamationsfreien Exports v. 10.2.1984; BStU, MfS, HA XVIII 22044, Bl. 12–14.

120 Vgl. Sekretariat des Ministerrats: Information über die Entwicklung von Bereitstellungen für ausgewählte Exporte v. 10.1.1985; BArch DC 20/11174, Bl. 216–242.

121 Vgl. Bericht der Kontrollabteilung der Arbeitsgruppe für Organisation und Inspektion beim Ministerrat über Reklamationen beim Export von Erzeugnissen in das NSW v. 21.7.1981 (mit Anlagen); BArch DC 20/20812. Bl. 100–132.

122 Vgl. Bericht Nr. 12/1981 der TSI an den Bundesminister für Wirtschaft v. 10.7.1981; BArch B 102/443077, o. Pag.

123 Stand 1978. Vgl. Bauer: Pkw-Bau, S. 37.

124 Vgl. BStU, MfS, BV Potsdam, Abt. VII 747, Bd. 2, Bl. 127 f. u. 190.

125 Vgl. Vorlage für das Politbüro betr. Aufgaben für die Weiterentwicklung des W 50 v. 10.6.1983; BStU, MfS, HA XVIII 19780, Bl. 33–43; Stellungnahme zur Vorlage für das Politbüro o. D.; ebenda, Bl. 58 f.

126 Vgl. BArch DC 20/20812.

Großbritannien.[127] Auch Neckermann führte die Motorräder aus Zschopau im Katalog (zum Preis von 1 795 DM bei einem Abnahmepreis von 1 075 DM); im Jahre 1979 wurden davon 580 Stück geordert.[128] Teile für dieses Motorrad wurden von 160 Insassen der Haftanstalt Karl-Marx-Stadt gefertigt.[129] Das gesamte Kombinat Zweiradfahrzeuge exportierte jährlich gar für etwa 40 Millionen Valutamark Motorräder in die Bundesrepublik sowie nach Frankreich, Ägypten und Großbritannien.[130]

Der VEB Berliner Bremsenwerk (BBW) in Berlin-Marzahn, für den rund 180 Häftlinge[131] unter insgesamt 1 600 Beschäftigten (zu)arbeiteten,[132] unterhielt wiederum enge Geschäftsbeziehungen zu der Firma Knorr-Bremse (München), waren die Werke vor 1945 doch Teil eines Unternehmens gewesen[133] (und wurden 1990 von dem Münchner Konzern wieder übernommen).[134] Auf Lizenzen von Knorr-Bremse beruhend konnte das Ostberliner Werk seine Bremsen in die Bundesrepublik, nach Schweden sowie in sozialistische Staaten exportieren.[135] In den Westen geliefert wurden auch die Fahrradreifen[136] des VEB Gummikombinat Waltershausen in Thüringen (KOWALIT), wo Häftlinge der Untersuchungshaftanstalt Gotha sowie weiterer umliegender Haftanstalten eingesetzt wurden.[137] Die Pkw-Reifen des Reifenkombinats Fürstenwalde wurden gar zu 20 bis 25 Prozent in den Westen exportiert – und unter

127 Vgl. Information der Arbeitsgruppe für Organisation und Inspektion beim Ministerrat über Hemmnisse und Probleme die bei der Erweiterung der Exporttätigkeit in das NSW festgestellt wurden o. D. [1985] (mit Anlagen); BStU, MfS, ZAGG 1337, Bl. 1–24.

128 Vgl. Information der Abt. Inspektion der Arbeitsgruppe für Organisation und Inspektion beim Ministerrat über den Verkauf von Konsumgütern in die BRD v. 13.2.1980; BArch DC 20/20979, Bl. 23–26.

129 Vgl. Information über Reklamationen, die sich hemmend auf die weitere Steigerung der Exporte in nichtsozialistische Länder auswirken v. 8.8.1975; BArch DC 20/22688, o. Pag.

130 Vgl. [Bericht der] Arbeitsgruppe für Organisation und Inspektion beim Ministerrat zur Situation im NSW-Export im Ministerium für Allgemeinen Maschinen-, Landmaschinen- und Fahrzeugbau v. 22.1.1984 (mit Anlagen); BStU, MfS, HA XVIII 6802, Bl. 15–24.

131 Stand 1989. Vgl. Ender, Roland: Knorr-Bremse GmbH. In: Fabrikstadt Lichtenberg. Bergauf – bergab im Berliner Osten (Lichtenberger Beiträge Heft 3). Berlin 1997, S. 111–116.

132 Stand 1972. Vgl. Ministerium für Schwermaschinen- und Anlagenbau: Betrifft Arbeitseinsatz von Strafgefangenen in ausgewählten Betrieben (Anlage 1 zur GVS B 2-183/73); BArch DO 1/3784, o. Pag.

133 Vgl. Sachstandsbericht der Kreisdienststelle Friedrichshain v. 5.5.1970; BStU, MfS, HA XVIII 24040, Bl. 1–21.

134 Vgl. Bericht des Sektors Inspektion und Kontrolle beim Ministerium für Schwermaschinen- und Anlagenbau v. 1.2.1971; BStU, MfS, HA XVIII 16752, Bl. 56–112.

135 Vgl. BStU, MfS, HA XVIII 24040, Bl. 165.

136 Vgl. http://ddr-fahrradwiki.de/index.php?title=Kowalit&oldid=12481 [15.2.2013].

137 Vgl. Haushaltsplanvorschlag der BDVP Erfurt/Strafvollzug v. 3.8.1979; ThHStAW BDVP Erfurt Altregistratur Nr. 5373, o. Pag.; http://www.billard-krausse.de/bandengeschichten.html [15.1.2013].

den 11 500 Beschäftigten[138] waren rund 100 Insassen des Haftarbeitslagers Rüdersdorf (siehe Kapitel 4.3).

Mit insgesamt 2 715 Häftlingsarbeitern wurden im Bereich des Ministeriums für Allgemeinen Maschinen-, Landmaschinen- und Fahrzeugbau besonders viele Gefangene zur Arbeit eingesetzt (siehe Tabelle 1).[139] Der VEB Maschinenfabrik und Eisengießerei Dessau etwa, in dem fast 300 jugendliche Häftlingsarbeiter aus Ichtershausen arbeiteten, exportierte Tiegelkippantriebsgetriebe an die österreichische Voest-Alpine (Linz) sowie nach Mexiko und Bandgetriebe im Wert von mindestens 200 000 Valutamark im Jahr nach Griechenland.[140] Weitere Abnehmer von Getrieben und Kupplungen waren die Deutsche Maschinenbau-AG (Demag/Duisburg, 1973 übernommen durch die Mannesmann) sowie die Firma Pekrun Getriebebau (Iserlohn).[141]

Zusammengerechnet fast 1 000 Häftlingsarbeiter mussten für den VEB Landmaschinenbau Torgau (aus der Haftanstalt am gleichen Ort), den VEB Mähdrescherwerk »Fortschritt« Bischofswerda (Haftanstalt Bautzen I) und den VEB Landmaschinenbau Güstrow (Haftanstalt Bützow) Bauteile für Mähdrescher, Traktoren und anderes landwirtschaftliches Gerät fertigen.[142] So stellten Insassen des Bützower Gefängnisses fast 200 von etwa 3 000 Beschäftigten (einschließlich Lehrlingen) des VEB Landmaschinenbau Güstrow und Gefangene aus Bautzen I bis zu 500 der insgesamt fast 7 000 Beschäftigten des VEB Mähdrescherwerk »Fortschritt« Bischofswerda (siehe Abb. 25).[143] Die Mähdrescher der Werke Singwitz und Bischofswerda wurden etwa 1984 an die französische Firma (mit ostdeutscher Beteiligung) SMAFA SA (Amiens) geliefert,[144] hatte der Stammbetrieb Singwitz des Mähdrescherwerks doch »Exportkennziffern nach dem NSW« zu erfüllen.[145] Ebenfalls zum Kombinat »Fortschritt«

138 Staude, Jörg: Reifenkombinat Fürstenwalde. Vom größten in der DDR zum kleinsten auf der Welt. In: Wochenzeitung Die Wirtschaft (Hg.): Kombinate. Was aus ihnen geworden ist. Reportagen aus den neuen Ländern. Berlin 1993, S. 127–136.

139 Vgl. Übersicht [von Dickel] über den Arbeitseinsatz Strafgefangener in der Volkswirtschaft o. D. [14.7.1987]; BArch DY 30/IV 2/2-039/191, Bl. 69–84.

140 Vgl. VEB Kombinat Getriebe und Kupplungen: Stand der Staatsplanaufgaben v. 14.9.1981; BStU, MfS, BV Magdeburg, Stv Op 15, Bl. 9 f.

141 Vgl. Information der Arbeitsgruppe für Organisation und Inspektion beim Vorsitzenden des Ministerrats der DDR über Reklamationen bei der Realisierung von Exporten in das nichtsozialistische Wirtschaftsgebiet v. 28.5.1976 (mit Anlagen); BArch DC 20/22696, Bl. 27–55.

142 Vgl. [Bericht der] Arbeitsgruppe für Organisation und Inspektion beim Ministerrat zur Situation im NSW-Export im Ministerium für Allgemeinen Maschinen-, Landmaschinen- und Fahrzeugbau v. 22.1.1984 (mit Anlagen); BStU, MfS, HA XVIII 6802, Bl. 15–24.

143 Vgl. Krombholz: Landmaschinenbau der DDR, S. 156, 172–174 u. 205 f. Dabei ist allerdings unklar, ob die Häftlingsarbeit unmittelbar oder nur indirekt zum Westexport beitrug.

144 Vgl. BStU, MfS, HA XVIII 12983, Bl. 4. Siehe auch: ND v. 7.9.1989.

145 Vgl. Politisch-operative Lageeinschätzung zur NSW-Exportplanerfüllung v. 25.9.1986; BStU, MfS, BV Dresden, KD Bautzen 8908, Bl. 1–3.

zählte der VEB Landmaschinenbau Döbeln, der 1982 Exportverpflichtungen von knapp 500 000 Valutamark[146] und mindestens bis Anfang der sechziger Jahre auch Häftlinge beschäftigt hatte.[147] Das gesamte Kombinat »Fortschritt« Landmaschinenbau exportierte außerdem beispielsweise auch Großküchen an die schwedische Firma Electrolux AB.[148] In den Jahren 1981 bis 1985 sollten insgesamt 25 150 Mähdrescher produziert werden, davon 6 225 für den Westexport.[149] Von den Traktoren waren viele für Algerien und Mosambik bestimmt, doch 450 Drillmaschinen für 1,1 Millionen Valutamark sollten auch in die Bundesrepublik geliefert werden.[150] Der VEB Landmaschinenbau Torgau lieferte außerdem ab 1974 Federzinken, Gareeggenzinken, Schare und Klemmplatten im Wert von mindestens einer Million Valutamark (Stand 1982) an die Firma Kotte Landtechnik (Rieste bei Osnabrück); für den DDR-Betrieb arbeiteten auch 50 Häftlinge, deren Einbindung in den Herstellungsprozess der genannten Artikel jedoch nicht bekannt ist.[151] Das Kombinat Landmaschinen konnte so im Jahre 1984 Produkte im Wert von 100 Millionen Valutamark (bei doppelt so hohen Planauflagen) nach Algerien, Ägypten, Syrien, Saudi-Arabien und Iran, aber auch in die Bundesrepublik und nach Griechenland exportieren.[152]

Der VEB Industriewerke Baumaschinen Halle Nord wiederum beschäftigte lediglich zehn Häftlingsarbeiter, und das gesamte Kombinat Baukema (mit 8 000 Beschäftigten) exportierte lediglich 6 Prozent seiner schweren Räumfahrzeuge und Bagger in den Westen.[153]

Anders verhielt es sich im Elektromotorenbau; mehr als 1 100 Häftlingsarbeiter mussten in Torgau, Waldheim, Brandenburg-Görden, Hoheneck, Dessau, Luckau und Ueckermünde Elektromotoren wickeln oder deren Gehäuse

146 Vgl. Anlage 2 zum Bericht des Kreiskomitee Döbeln der Arbeiter- und Bauern-Inspektion zur Kontrolle der Exportverträge v. 13.9.1982; BStU, MfS, BV Leipzig, KD Döbeln 470, Bl. 1–11.

147 Vgl. Aussagen Betroffener, zit. bei: Bastian; Neubert: Schamlos ausgebeutet, S. 126.

148 Vgl. Erikson, Gösta A.: DDR, Stasi und Schweden. Berlin 2003, S. 75.

149 Vgl. Bericht über Probleme der Sicherung der Bereitstellung von Mähdreschern o. D. [1981]; BArch DC 20/10661, Bl. 1–13.

150 Vgl. Bericht der Kontrollabteilung der Arbeitsgruppe für Organisation und Inspektion beim Ministerrat zur tatsächlichen Erfüllung des NSW-Exports im VE Kombinat »Fortschritt« Landmaschinenbau von 1981; ebenda, Bl. 81–83.

151 Vgl. Schreiben des Außenhandelsbetriebs Fortschritt Landmaschinenbau an das Ministerium für Außenhandel v. 16.7.1982; BArch B 102/443078, o. Pag.

152 Vgl. [Bericht der] Arbeitsgruppe für Organisation und Inspektion beim Ministerrat zur Situation im NSW-Export im Ministerium für Allgemeinen Maschinen-, Landmaschinen- und Fahrzeugbau v. 22.1.1984 (mit Anlagen); BStU, MfS, HA XVIII 6802, Bl. 15–24; Beschluss des Ministerrats über den zu geringen Export neuentwickelter Spitzenprodukte in das NSW v. 11.11.1982; BStU, MfS, SdM 1698, Bl. 618–637.

153 Vgl. Information der Arbeitsgruppe für Organisation und Inspektion beim Ministerrat über einige Probleme zur Sicherung der NSW-Exportaufgaben im Kombinat VEB Carl Zeiss Jena v. 26.3.1984; BStU, MfS, HA XVIII 6823, Bl. 19–23.

fertigen. Nicht bekannt ist, ob darunter auch jene Motoren mit 0,375 Kilowatt Leistung waren, die für 35 bis 65 DM pro Stück an die (zum Bereich Kommerzielle Koordinierung gehörende) Firma Wittenbecher & Co. (Essen) exportiert wurden.[154] Schon 1976 lieferten alle DDR-Betriebe zusammen Elektromotoren im Wert von 752 Millionen Valutamark in den Westen, darunter zur Hälfte in die Bundesrepublik, aber auch allein für 12 Millionen Valutamark an die Firma Sermes (Strasbourg).[155] Ferner produzierte der VEB Maschinen- und Apparatebau Schkeuditz (Kombinat ILA/LuK) ab Mitte 1979, offenbar auch unter Einsatz von Häftlingsarbeitern, für den »NSW-Auftrag ›Kulifix‹«, der dem Betrieb 12 Millionen Valutamark einbringen sollte.[156]

Die 200 Häftlingsarbeiter des VEB Spindelfabrik Hartha[157] stellten in dem Betrieb etwa jeden dritten Beschäftigten. Der Betrieb lieferte Spindeln an den VEB Spinnereimaschinenbau Karl-Marx-Stadt, von wo aus Maschinen in die Bundesrepublik, vor allem aber in den Sudan, nach Äthiopien, Ägypten und in andere Entwicklungsländer exportiert wurden (bei einem Zuwachs von 1978 auf 1979 von 345 Prozent).[158] So lieferte der Betrieb »Ausrüstungen für die Textilindustrie mit überdurchschnittlich hohem NSW- und SW-Exportanteil«[159] und sollte dabei etwa im Jahr 1982 einen Umsatz von knapp 4 Millionen Valutamark erzielen, doch war dieses Soll selbst bei guten Resultaten auf der Leipziger Herbstmesse nicht zu schaffen.[160] Das übergeordnete Kombinat Textima vermochte sein Plansoll an Verträgen über Warenlieferungen im Wert von 120 Millionen Valutamark im Jahr (nach Algerien, Brasilien, Ägypten, Mexiko und Italien) offenbar ebenfalls lediglich zu einem Viertel zu erfüllen.[161]

Auch Handwerkzeug, Bohrer und Teile für Werkzeugmaschinen fertigten zusammen etwa 300 Häftlinge für die Werkzeugfabrik Altenburg (Haftanstalt

154 Vgl. Bericht Nr. 7/1981 der TSI an den Bundesminister für Wirtschaft v. 27.4.1981; BArch B 102/443077, o. Pag.

155 Vgl. Information der Arbeitsgruppe für Organisation und Inspektion beim Ministerrat über Probleme bei der Realisierung des Exports von Elektromotoren in das NSW v. 2.3.1977; BArch DC 20/22820, Bl. 58.

156 Zuarbeit des Stellvertreters für Ökonomie der StVE Leipzig v. 30.8.1979; SächsStAL 20250 BDVP Leipzig 1070, o. Pag.

157 Vgl. Stand 20.6.1987. Vgl. Übersicht [von Dickel] über den Arbeitseinsatz Strafgefangener in der Volkswirtschaft o. D. [14.7.1987]; BArch DY 30/IV 2/2-039/191, Bl. 69–84.

158 Vgl. Rolle und Bedeutung Spiha o. D. [Vortrag auf der Konferenz der Direktoren von Arbeitseinsatzbetrieben] o. D. [1979]; SächsStAL 20250 BDVP Leipzig 1069, o. Pag.

159 Redekonzeption für Diskussionsbeitrag Gen. Probst, Betriebsdirektor VEB Spindelfabrik Hartha für Ökonomische Konferenz o. D. [1988]; SächsStAL 20250 BDVP Leipzig 1133, o. Pag.

160 Vgl. Anlage 2 zum Bericht des Kreiskomitee Döbeln der Arbeiter- und Bauern-Inspektion zur Kontrolle der Exportverträge v. 13.9.1982; BStU, MfS, BV Leipzig, KD Döbeln 470, Bl. 1–11.

161 Vgl. [Bericht der] Arbeitsgruppe für Organisation und Inspektion beim Ministerrat zur Situation beim NSW-Export im Ministerium für Werkzeug- und Verarbeitungsmaschinenbau v. 22.1.1984 (mit Anlagen); BStU, MfS, HA XVIII 6802, Bl. 28–41.

Altenburg), den VEB Drehmaschinenwerk Leipzig (Jugendhaus Halle) und den VEB Werkzeugfabrik Königsee;[162] das Werkzeugkombinat Schmalkalden sowie das Werkzeugmaschinenkombinat »7. Oktober« in Ostberlin, wozu diese Betriebe zählten, sollten 1984 für fast 120 Millionen Valutamark Waren im Westen absetzen, konnten diese Quote aber wohl lediglich zu einem Drittel erfüllen.[163] Im »exportintensiven« VEB Leichtmetallwerk (LMW) Rackwitz[164] »werden in den Einsatzbereichen der SG [Strafgefangenen] unter anderem 250 Tonnen Al[uminium]-Wasserpaste, ca. 30 Tonnen Gießereiteile für den Export produziert«,[165] was aber auch Lieferungen allein nach Osteuropa bedeuten könnte. Im Arbeitseinsatzbetrieb Reichsbahnausbesserungswerk (RAW) der Haftanstalt Brandenburg-Görden wurden nach Aussage ehemaliger Insassen außerdem ausgemusterte Eisenbahnwaggons aus der Bundesrepublik instandgesetzt oder aber verschrottet.[166] Tatsächlich wurden über die Firma Friedrich Krupp Tausende ausgemusterter Güterwaggons dazu in die DDR geliefert,[167] teils wurden sie aber auch schon im Westen aufgearbeitet.[168]

Salamander (Kornwestheim) ließ zwischen 1977 und 1989 50 Millionen Paar Schuhe in zwölf verschiedenen DDR-Betrieben produzieren.[169] Allein im Jahre 1984 machte das Unternehmen zusammen mit seinem Tochterunternehmen Klawitter Geschäfte mit der DDR im Umfang von 150 Millionen Valutamark, womit die DDR, jedenfalls nach Einschätzung der Staatssicherheit, der größte Kooperationspartner von Salamander war.[170] Überwiegend wurde allerdings wohl im Rahmen von Gestattungsproduktionen für den ostdeutschen Markt produziert (durch die VEB Schuhfabrik »Paul Schäfer« Erfurt, Schuhfabrik

162 Vgl. Stand 20.6.1987. Vgl. Übersicht [von Dickel] über den Arbeitseinsatz Strafgefangener in der Volkswirtschaft o. D. [14.7.1987]; BArch DY 30/IV 2/2-039/191, Bl. 69–84.

163 Vgl. [Bericht der] Arbeitsgruppe für Organisation und Inspektion beim Ministerrat zur Situation beim NSW-Export im Ministerium für Werkzeug- und Verarbeitungsmaschinenbau v. 22.1.1984 (mit Anlagen); BStU, MfS, HA XVIII 6802, Bl. 28–41.

164 Information über die Sicherung einer qualitätsgerechten Auslieferung der Erzeugnisse und eines reklamationsfreien Exports v. 10.2.1984; BStU, MfS, HA XVIII 22044, Bl. 12–14.

165 Zuarbeit des Stellvertreters für Ökonomie der StVE Leipzig v. 30.8.1979; SächsStAL 20250 BDVP Leipzig 1070, o. Pag. Aluminium-Wasserpaste wird für die Farbbeschichtung von Metall benötigt.

166 Vgl. 69. Pressekonferenz der Arbeitsgemeinschaft 13. August am 16.6.1986: DDR-Haftwesen und Justiz; BStU, MfS, HA IX 1106, Bl. 2–26.

167 Vgl. Vermerk betr. Gespräch zwischen der TSI und dem Ministerium für Außenhandel v. 13.1.1982; BArch B 288/388, o. Pag.

168 Vgl. Bericht Nr. 1/1982 der TSI an den Bundesminister für Wirtschaft v. 11.1.1982; BArch B 102/443078, o. Pag.

169 Vgl. Krewer: Geschäfte mit dem Klassenfeind, S. 244–246.

170 Vgl. Beziehungen zu speziellen Firmen im NSW – Salamander AG v. 21.11.1984; BStU, MfS, AG BKK 381, Bl. 19–21. Siehe auch: Bericht des IM »Buschner« der Abt. XVIII der Bezirksverwaltung für Staatssicherheit Halle v. 2.12.1981; BStU, MfS, BV Halle, Abt. XVIII 2685, Bl. 44–50.

Terra Roßwein, Schuhfabrik Panther Ehrenfriedersdorf, Schuhfabrik Trumpf Seifhennersdorf, Schuhfabrik Kranich Eppendorf und Schuhfabrik Roter Stern Burg).[171] Salamander versuchte zum Zweck der Qualitätssicherung auf die Arbeitsbedingungen der »gewöhnlichen« Beschäftigten insofern (erfolglos) Einfluss zu nehmen, dass die Zulieferbetriebe unter Anleitung eigener Mitarbeiter ausschließlich tagsüber produzieren sollten.[172] Zugleich exportierte die DDR Schuhe in den Westen: Die Firma Adidas (Herzogenaurach) etwa bezog schon im Jahre 1966 100 000 Paar Formsohlen aus der DDR und Puma (Herzogenaurach) wollte eine Gestattungsproduktion aufbauen.[173] Alle ostdeutschen Betriebe zusammengenommen exportierten im Jahre 1973 Schuhe im Wert von 9,3 Millionen Valutamark in den Westen.[174] Quelle und Otto hätten sogar vom VEB Schuhfabrik Elastra Schönebeck zusammen 30 000 Hausschuhe (für 270 000 Valutamark) mehr geordert, als der Betrieb herzustellen vermochte.[175] Zehn Jahre später (1983) exportierte die DDR bereits für rund 20 Millionen Valutamark Schuhe in den Westen, insbesondere an den Otto-Versand sowie Salamander.[176] Außerdem registrierte die DDR eine »große Nachfrage« nach Sportschuhen durch Quelle, Horten, Adidas sowie, über einen Zwischenhändler, C&A.

Vermutlich hatten an der Mehrzahl der Schuhe Gefangene keinen Anteil, doch in manchen Fällen waren sie arbeitsteilig involviert. Allein der VEB Hausschuhfabrik Hartha lieferte 1982 Schuhe im Wert von mehr als 4 Millionen Valutamark in den Westen[177] und beschäftigte offenbar auch Häftlinge aus der Haftanstalt Waldheim.[178] Ferner ließ der VEB Schuhfabrik Roter Stern Burg noch Mitte der sechziger Jahre in der Haftanstalt Bützow durch 230 Häftlinge Kinderschuhe fertigen.[179] Und im Jahre 1976 waren 15 Häftlingsar-

171 Vgl. Information über den Stand der Salamander-Gestattungsproduktion v. 10.5.1982; BArch DC 20/20811, o. Pag.

172 Vgl. Krewer: Geschäfte mit dem Klassenfeind, S. 245.

173 Vgl. Bericht über den Besuch der Internationalen Wintersportartikel-Fachmesse Wiesbaden in den Zeit vom 19. bis 25.3.1966; BArch DG 4/247, o. Pag.

174 Vgl. Schreiben der VVB Schuhe an das Ministerium für Leichtindustrie v. 19.1.1973; BArch DG 4/1583, o. Pag.

175 Vgl. Abschlussbericht Leipziger Frühjahrsmesse 1976 des Wirtschaftsrats des Bezirkes Magdeburg v. 21.3.1976; BArch DG 5/1285, o. Pag.

176 Vgl. Geschäftsbericht des VEB Kombinat Schuhe für das Planjahr 1983, 56 Bl.; BArch DG 4/4603.

177 Vgl. Anlage 2 zum Bericht des Kreiskomitee Döbeln der Arbeiter- und Bauern-Inspektion zur Kontrolle der Exportverträge v. 13.9.1982; BStU, MfS, BV Leipzig, KD Döbeln 470, Bl. 1–11.

178 Vgl. Information des Dezernates I Leipzig v. 9.12.1983; BStU, MfS, BV Leipzig, Abt. VII 201, Bd. 6, Bl. 11; Abschrift einer Information v. 12.2.1987; BStU, MfS, BV Leipzig, AOP 873/88, Bl. 119.

179 Vgl. Gefangenenstatistik des Ministeriums des Innern von 1964; BArch DO 1/3367, o. Pag. Ehemalige Häftlinge berichten, sie hätten bis mindestens 1970 für den Betrieb gearbeitet. Vgl. Bastian; Neubert: Schamlos ausgebeutet, S. 119.

beiter des Haftarbeitslagers Regis kurzzeitig für den VEB Schuhfabrik Kranich Eppendorf tätig.[180]

Auch weitere Betriebe der Schuhindustrie beschäftigten Häftlingsarbeiter; so waren für die (Damen-)Schuhfabrik Radebeul (Raschufa) im Jahr 1972 fast 150 Häftlinge[181] bei einer Gesamtzahl von mehr als 800 Mitarbeitern tätig. Dabei gingen von 2,1 Millionen produzierten Schuhen 1,3 Millionen in den Export;[182] die Handelspartner sind aber nicht bekannt. Der VEB Lederwaren Zeitz wiederum beschäftigte ebenfalls rund 100 Häftlingsarbeiter (der Haftanstalt Halle)[183] und erfüllte bereits Ende der fünfziger Jahre Exportverpflichtungen in Höhe von knapp 3 Millionen Valutamark jährlich.[184] Im Gegenzug importierte die DDR zahlreiche Fertigungsmaschinen für Schuhe; der VEB Schuhkombinat »Banner des Friedens« Weißenfels beispielsweise, der unter anderem 350 Gefangene beschäftigte, unterhielt schon 1977 geschäftliche Kontakte zu 21 bundesdeutschen und 7 weiteren westlichen Firmen.[185]

Auf vier der sieben zum Kombinat Schiffbau gehörenden Werften wurden zusammengerechnet circa 600 Häftlingsarbeiter eingesetzt; dabei stellten sie in Stralsund und Wismar zusammen etwa 300 von 9 500 Beschäftigten.[186] In dem Zulieferbetrieb des Kombinats VEB Gießerei und Maschinenbau »Max Matern« Torgelow wurden weitere 300 Häftlingsarbeiter eingesetzt; der Betrieb exportierte Decksausrüstungen für Schiffe (sowie Kanalabdeckungen)[187] im Wert von 90 000 Valutamark jährlich in den Westen.[188] Auch wenn die Häftlingsarbeiter auf den Werften hauptsächlich Schiffsrümpfe entrosten und konservieren mussten, trugen sie indirekt oder direkt auch zum Export von

180 Vgl. Arbeitseinsatzbetriebe der StVE Regis 1976; SächsStAL 20250 BDVP Leipzig 1073, o. Pag.

181 Stand Oktober 1972: geplant 147, tatsächlich 145. Vgl. Ministerium für Leichtindustrie: Betrifft Arbeitseinsatz von Strafgefangenen in ausgewählten Betrieben (Anlage 1 zur GVS B 2-183/73); BArch DO 1/3784, o. Pag.

182 Vgl. Stadtarchiv Radebeul (Hg.): Stadtlexikon Radebeul. Radebeul 2006, S. 160.

183 Stand Oktober 1972: geplant 100, tatsächlich 96. Vgl. Ministerium für Leichtindustrie: Betrifft Arbeitseinsatz von Strafgefangenen in ausgewählten Betrieben (Anlage 1 zur GVS B 2-183/73); BArch DO 1/3784, o. Pag.

184 Vgl. Der Aussenhandel und innerdeutsche Handel. Zeitschrift für Handelspolitik und Handelspraxis Nr. 9/1958, S. 315 f.

185 Ein Verantwortlicher des Kombinats wanderte wegen angeblicher Bevorzugung westdeutscher Firmen dann seinerseits hinter Gitter. Vgl. Zweiter Bericht der HA IX/3 über die Aufdeckung von schweren Wirtschaftsverbrechen im Bereich der Lederwaren- und Schuhindustrie v. 11.1.1977; BStU, MfS, HA XVIII 19404, Bl. 49–60.

186 Vgl. Eich-Born, Marion: Transformation der ostdeutschen Schiffbauindustrie. Anpassungsprozesse in einem global-lokalen Institutionengefüge. Münster 2005, S. 16 u. 179.

187 Vgl. Exportbetriebe Bezirk Neubrandenburg o. D. [1986]; BStU, MfS, BV Neubrandenburg, Abt. XVIII 298, Bl. 23–29.

188 Vgl. Betriebe des Bezirks Neubrandenburg mit NSW-Export v. 31.12.1988; BStU, MfS, BV Neubrandenburg, AKG 317, Bl. 22.

Schiffen im Wert von 235 Millionen Valutamark allein im Jahre 1984 bei.[189] Auftraggeber waren zum Beispiel die Deutschen Afrikalinien (Hamburg), die (zum Steuerbetrug in Westberlin gegründete) Marimoto Schiffahrts GmbH[190] und der Österreichische Lloyd Wien sowie auch Redereien in Hongkong, Panama und Singapur. Vor allem skandinavische Länder kauften ostdeutsche Schiffe; so gingen 104 Frachtschiffe an Norwegen, 78 Fischerboote an Dänemark sowie 60 Schiffe an Schweden. Hauptabnehmer blieb freilich stets die Sowjetunion (mit rund 4 130 Schiffen), wohingegen die DDR in manchen Jahren nicht ein einziges Schiff selbst behalten durfte.[191] In den achtziger Jahren wurden 2 236 Schiffe an die Sowjetunion und 866 Schiffe in den Westen exportiert, während lediglich 392 Schiffe in Ostdeutschland blieben (und 187 in andere sozialistische Staaten exportiert wurden).[192] Zum Kombinat Schiffbau gehörte auch der VEB Dieselmotorenwerk Rostock, der »Wirtschaftsverbindungen« in das »kap[italistische] Ausland« unterhielt,[193] denn MAN hatte diesem Betrieb mehrere Lizenzen verkauft und war offenbar auch am Rückkauf der so produzierten Waren interessiert.[194] In diesem Betrieb stellten Häftlingsarbeiter etwa 40 der 3 200 Beschäftigten.[195]

Auch im Bereich von Elektrogeräten und Elektrotechnik mussten viele Gefangene arbeiten, was der Exportbilanz des SED-Regimes in besonderem Maße zugutekam. In den dem Ministerium für Elektrotechnik und Elektronik nachgeordneten Kombinaten und Betrieben (wie Robotron, Pentacon Dresden, Narva, Elektro-Apparate-Werke Berlin-Treptow) stellten die 4 650 Häftlingsarbeiter im Jahre 1985 8,5 Prozent aller Produktionsarbeiter;[196] am Westexport dieses Bereichs von fast 1,8 Milliarden Valutamark jährlich[197] hatten die Ge-

189 Vgl. [Bericht der] Arbeitsgruppe für Organisation und Inspektion beim Ministerrat zur Situation im NSW-Export im Ministerium für Schwermaschinen- und Anlagenbau v. 22.1.1984 (mit Anlagen); BStU, MfS, HA XVIII 6802, Bl. 1–14.

190 Vgl. Der Spiegel Nr. 7/1979 v. 12.2.1979; http://www.spiegel.de/spiegel/print/d-40351414.html [1.11.2012].

191 Vgl. Strobel; Dame: Schiffbau zwischen Elbe und Oder, S. 205.

192 Vgl. Eich-Born: Transformation der ostdeutschen Schiffbauindustrie, S. 21.

193 [Bericht der] Kreisdienststelle Rostock über das Betriebsschutzkommando des DMR v. 31.10.1966; BStU, MfS, BV Rostock Leiter 103, Teil 1, Bl. 61–63.

194 Vgl. Bericht [der BV Rostock] über die Beziehungen des Schiffbaus und der Motorenindustrie zu MAN v. 3.1.1968; BStU, MfS, BV Rostock, Stv Op 22, Teil 2, Bl. 233–237.

195 Vgl. Eich-Born: Transformation der ostdeutschen Schiffbauindustrie, S. 229.

196 Vgl. Niederschrift der StVE Berlin über wesentliche Darstellungen bzw. Probleme aus der gemeinsamen Beratung des Ministeriums für Elektrotechnik und Elektronik und des Ministeriums der Innern zur Erhöhung der Effektivität des Arbeitseinsatzes Strafgefangener v. 17.7.1985; LAB, C Rep. 303 Nr. 542, o. Pag.

197 Hochgerechnet aus 359,9 Millionen »protokollierten« Valutamark im I. Quartal 1984. Vgl. [Bericht der] Arbeitsgruppe für Organisation und Inspektion beim Ministerrat zur Sicherung der NSW-Exportplanerfüllung im Ministerium für Elektrotechnik und Elektronik v. 22.1.1984 (mit

fangenen somit rein rechnerisch einen Anteil von 156 Millionen Valutamark. Allein die Elektro-Apparate-Werke (EAW) Berlin-Treptow beispielsweise nahmen mittels ihrer gesamten Produktpalette alljährlich über 30 Millionen Valutamark durch den Westexport ein[198] – und beschäftigten dabei mehr als 400 Häftlingsarbeiter der Haftanstalt Berlin-Rummelsburg. Sie mussten unter anderem Fahrraddiebstahlsicherungen mitproduzieren, von denen 1984 100 000 Stück für 8,5 Millionen Valutamark an die bundesdeutsche Firma Jürgens & Kroll (Westberlin) geliefert werden sollten. Diese Firma war angeblich ihrerseits mit dem Wunsch des Nachbaus einer Diebstahlsicherung an den Betrieb herangetreten, doch waren die Fertigungsmängel dann so augenscheinlich, dass das Geschäft 1984 offenbar platzte.[199]

Zum Kombinat VEB Elektro-Apparate-Werke Berlin-Treptow zählte auch der VEB Elektroschaltgeräte Rochlitz, für den bis zu 150 Insassen der Haftanstalt Waldheim arbeiten mussten und der etwa »afrikanische Länder« belieferte.[200] Der VEB Elektrobetriebe Gera, dem aber offenbar nur wenige Untersuchungshäftlinge zuarbeiteten, exportierte Leuchten an seinen Hauptgeschäftspartner, die bundesdeutsche Firma Reiss International (Tettnang), die damit – anscheinend im Auftrag der AEG-Telefunken – unter anderem ein neues Verwaltungsgebäude der Burda-Hauptzentrale sowie das Polizeipräsidium in Westberlin bestückte; allerdings erwiesen sich die Leuchten wegen eines nicht behebbaren Brummtons als unbrauchbar.[201] Der VEB Elektrobetriebe Gera unterhielt außerdem Geschäftskontakte mit der Stiebel Eltron (Holzminden) und der Lichttechnik (Herzebrock bei Gütersloh); der Betrieb konnte allein auf der Leipziger Frühjahrsmesse von 1989 Verträge über den Westexport von Kondensatoren im Wert von 17 Millionen Valutamark abschließen.[202]

Das Kombinat VEB Elektronische Bauelemente Teltow (EBT) nahm jährlich mehr als 25 Millionen Valutamark ein,[203] allein durch neue Konsumgüter

Anlagen); BStU, MfS, HA XVIII 6801, Bl. 1–43. An anderer Stelle wird ein monatlicher »Vertragszugang« von 150 Mio. VM im Jahre 1982 erwähnt. Vgl. BArch DG 10/650, Bl. 38a.

198 Vgl. [Bericht der] Arbeitsgruppe für Organisation und Inspektion beim Ministerrat zur Sicherung der NSW-Exportplanerfüllung im Ministerium für Elektrotechnik und Elektronik v. 22.1.1984 (mit Anlagen); BStU, MfS, HA XVIII 6801, Bl. 1–43.

199 Vgl. Bericht der Kontrollabteilung der Arbeitsgruppe für Organisation und Inspektion beim Ministerrat über die Kontrolle von Exportreklamationen v. 2.10.1984; BArch DC 20/19725, Bl. 118–121.

200 Information des IM »Ernst« der KD Döbeln v. 30.11.1984; BStU, MfS, BV Leipzig, AIM 1754/92, Teil II, Bd. 1, Bl. 146–148.

201 Vgl. Information über Reklamationen, die sich hemmend auf die weitere Steigerung der Exporte in nichtsozialistische Länder auswirken v. 8.8.1975; BArch DC 20/22688, o. Pag.

202 Vgl. Vorlage des Kombinat VEB Elektronische Bauelemente v. 12.4.1989; BStU, MfS, BV Potsdam, Abt. XVIII 1585, Bd. 1, Bl. 8–20.

203 Vgl. Analyse des NSW-Export- sowie Importgeschehens des Kombinats Elektronische Bauelemente Teltow v. 10.10.1985; BStU, MfS, BV Potsdam, Abt. XVIII 1312, Bd. 2, Bl. 34–37.

(wie Plattenspieler und Kassettenrekorder) sollten 6,6 Millionen Valutamark zusammenkommen.[204] Der Stammbetrieb VEB Elektronische Bauelemente »Carl von Ossietzky« Teltow beispielsweise exportierte Kondensatoren, Widerstände und Taschenlampen nicht nur nach Westeuropa, sondern auch bis nach Saudi-Arabien und Indonesien;[205] die Widerstände etwa hatten auch Gefangene gefertigt. Bauelemente wurden etwa an AEG-Telefunken Rundfunk und Fernsehen (Hannover), AEG-Telefunken Nachrichten und Verkehrstechnik (Ulm), Conrad Electronic (Hirschau), ITT-Bauelemente Gruppe Europa (Nürnberg), Volkswagen (Wolfsburg), die Firma Probosch-Vogt-Loos (Nürnberg/Cadolzburg), die Firma Bröckelmann, Jäger & Busse (Arnsberg-Neheim), die schwedische Firma IFÖ Elektric (Bromölla), die dänische Firma Danotherm Electric (Rodovre) sowie über den Mittelsmann Peter Bruhns (Hamburg) an Grundig (Fürth) und Wacker & Dörr (Ramstadt) geliefert.[206] 1989 hatte der Betrieb Verträge über den Westexport von Widerständen und Bauelementen im Wert von 2 Millionen Valutamark abgeschlossen; im Hauptbetrieb handelte es sich Anfang der siebziger Jahre bei 90[207] und Ende der achtziger Jahre noch bei circa 50[208] der 1 509 Mitarbeiter um Häftlingsarbeiter.[209]

Im VEB Solidor Heiligenstadt stellten Gefangene bis zu 120 der 2 346 Beschäftigten des Stammbetriebes und mussten Bandklemmen montieren. Bei einer Gesamtzahl von 6 419 Beschäftigten exportierte das gesamte Kombinat ein breites Warensortiment im Wert von 3,4 Millionen Valutamark hauptsächlich nach Westeuropa.[210] Auch die Schraubenkappenproduktion von 150 Häftlingsarbeitern im VEB Elektroinstallation Annaberg-Buchholz »in Kooperation« mit »freien« Beschäftigten war »exportintensiv«, doch sind den gesich-

Möglicherweise ist hierbei der Gewinn gemeint, denn der Umfang des Westexports des Kombinats lag 1989 bei fast 140 Mio. VM. Vgl. Krakat: Wirtschaftsdaten, S. 10.

204 Vgl. Kombinat VEB Elektronische Bauelemente Teltow: Produktion neuer hochwertiger Konsumgüter für die Bevölkerung v. 17.10.1986; BStU, MfS, BV Potsdam, Abt. XVIII 1312, Bd. 1, Bl. 132–140.

205 Vgl. Erzeugnisse [des VEB Elektronische Bauelemente »Carl von Ossietzky« Teltow (EBT)] für das NSW o. D. [1983]; BStU, MfS, BV Potsdam, Abt. XVIII 1224, Bl. 11–14.

206 Vgl. Information des VEB Elektronische Bauelemente »Carl von Ossietzky« Teltow über bestehende Geschäftsverbindungen in das NSW v. 21.4.1979; BStU, MfS, BV Potsdam, Abt. XVIII 1312, Bd. 2, Bl. 242–260.

207 Stand Oktober 1972: geplant 110, tatsächlich 90. Vgl. Ministerium für Elektrotechnik und Elektronik: Betrifft Arbeitseinsatz von Strafgefangenen in ausgewählten Betrieben (Anlage 1 zur GVS B 2-183/73); BArch DO 1/3784, o. Pag.

208 Stand 11.10.1987. Vgl. Information der Abt. 8 der HA VII zur allgemeinen Amnestie v. 19.10.1987 (mit Anlage); BStU, MfS, Arbeitsbereich Neiber 636, Bl. 172–185.

209 Vgl. BArch DY 34/21545.

210 Vgl. Geschäftsbericht des VEB Kombinat Solidor Heiligenstadt für das Jahr 1983, 47 Bl.; BArch DG 4/5530, o. Pag.

teten Unterlagen die Abnehmer (in West oder Ost) nicht zu entnehmen.[211] Im VEB Buchungsmaschinenwerk Karl-Marx-Stadt arbeiteten 40 Häftlingsarbeiter an (nicht näher spezifizierten) »NSW-Exporten«, weswegen sie »vom Betrieb gesondert überwacht« wurden.[212] Der VEB Elektro-Physikalische Werke Neuruppin (EPN), unter Verwendung technischer Anlagen aus der Bundesrepublik größter Produzent von Leiterplatten in der DDR[213] und mit dem Westexport von Elektronik im Wert von einer halben Million Valutamark beauftragt,[214] beschäftigte zuletzt noch 50 Häftlingsarbeiter.[215] Der gleiche Betrieb exportierte beispielsweise auch Stromspulen an die türkische Holding Cankurtaran (Istanbul).[216]

Das Kombinat Narva mit rund 6 000 Beschäftigten umfasste unter anderem den VEB Narva Brand-Erbisdorf mit über 100 Häftlingsarbeitern der Haftanstalt Waldheim, den VEB Glühlampenwerk Berlin (Betriebsteil Naumburg) mit 35 Häftlingsarbeitern sowie den VEB Leuchtenbau Leipzig mit mehr als 100 Häftlingsarbeitern der Haftanstalten Markkleeberg bzw. Dessau sowie zeitweilig Produktionsstätten in den beiden Berliner Untersuchungshaftanstalten des Ministeriums des Innern; dieses Kombinat exportierte insgesamt jährlich Waren im Wert von fast 90 Millionen Valutamark in den Westen.[217] SABA (Villingen-Schwenningen) kündigte 1978 einen Vertrag mit Narva über die Lieferung von 10 Millionen Glühlampen, weil unter den bereits ausgelieferten 10 Prozent defekt waren.[218] Vom VEB Kondensatorenwerk »Wilhelm Pieck« Görlitz, der 1972 fast 100 Häftlingsarbeiter der Haftanstalt am gleichen Ort beschäftigte, hätten Siemens und Thomson-CSF (Frankreich) im Vorjahr gerne elektronische Bauelemente gekauft, trotz eines Überangebots auf dem Weltmarkt – vermutlich um das Angebot nicht noch weiter ausufern zu lassen. Doch hätte dies die

211 Vgl. Operativer Lagebericht der StVE Karl-Marx-Stadt v. 7.8.1981; SächsStAC 33221 StVE Karl-Marx-Stadt Nr. 255, o. Pag.

212 Operativer Lagebericht der StVE Karl-Marx-Stadt v. 10.3.1981; ebenda, o. Pag.

213 Vgl. Bericht des GMS »Tasche« v. 13.11.1986; BStU, MfS, BV Potsdam, Abt. XVIII 1312, Bd. 1, Bl. 130–132.

214 Vgl. Vorlage des Kombinat VEB Elektronische Bauelemente v. 12.4.1989; BStU, MfS, BV Potsdam, Abt. XVIII 1585, Bd. 1, Bl. 8–20.

215 Vgl. Bericht der HA VII über die Dienstreise in die BV Neubrandenburg v. 18.4.1988; BStU, MfS, HA VII 6053, Bl. 149–153.

216 Vgl. Information des VEB Elektronische Bauelemente »Carl von Ossietzky« Teltow über bestehende Geschäftsverbindungen in das NSW v. 21.4.1979; BStU, MfS, BV Potsdam, Abt. XVIII 1312, Bd. 2, Bl. 242–260.

217 Vgl. [Bericht der] Arbeitsgruppe für Organisation und Inspektion beim Ministerrat zur Sicherung der NSW-Exportplanerfüllung im Ministerium für Elektrotechnik und Elektronik v. 22.1.1984 (mit Anlagen); BStU, MfS, HA XVIII 6801, Bl. 1–43.

218 Bericht der Kontrollabteilung der Arbeitsgruppe für Organisation und Inspektion beim Ministerrat zu Problemen bei der Erfüllung des NSW-Exportplans v. 11.7.1978; BArch CD 20/19664, Bl. 79–85.

gesamte Kapazität des Werkes gebunden – das Kondensatorenwerk lehnte daher ab, woraufhin Thomson die Geschäftskontakte abbrach.[219] Erst 1988 vereinbarte Siemens dann mit dem VEB Kabelwerk Nord Schwerin-Sacktannen die Lieferung von Installationsleitungen; fast jeder dritte der 1 000 Beschäftigten[220] war ein Häftlingsarbeiter, die aber vor allem Kabelbäume fertigten. Der VEB Kontaktbauelemente Luckenwalde, wo knapp 200 Häftlingsarbeiter aus Brandenburg-Görden arbeiteten, sollte hingegen erst 1990 den Export von Elektronik im Wert einer halben Million DM aufnehmen.[221]

Die deutsche Tochtergesellschaft (aus Maintal) des US-amerikanischen Elektrokonzerns Honeywell Incorporated (New Jersey) war ebenso wie IKEA mit einem Büro im Internationalen Handelszentrum in der Friedrichstraße vertreten. Sie suchte Geschäftsbeziehungen zu DDR-Betrieben und schloss beispielsweise mit dem VEB Mertik Quedlinburg schon 1977 ein Vertriebsabkommen, das der ostdeutschen Seite einen Mindestumsatz von 200 000 Dollar jährlich garantierte.[222] Als Abgesandte von Honeywell jedoch den VEB Mertik Quedlinburg (sowie den VEB Meßgerätewerk »Erich Weinert« Magdeburg) vor Ort besichtigen wollten, diente dies nach Eindruck der ostdeutschen Seite allein dem Ausspionieren des technischen Standes der Produktion.

Für den letztgenannten Betrieb mussten einige Untersuchungshäftlinge der Untersuchungshaftanstalt Magdeburg zuarbeiten, für den erstgenannten waren etwa 80 Insassen der Haftanstalt Thale unfreiwillig tätig.[223] Im Rahmen von Gegengeschäftsverpflichtungen lieferten zahlreiche DDR-Betriebe Waren aus den Bereichen Technik, Elektronik, Chemie und Metallurgie an den Konzern;[224] zudem bahnten sich zuletzt Geschäftskontakte zu Sternradio Berlin an, wo zu diesem Zeitpunkt aber offenbar keine Gefangenen mehr beschäftigt wurden.[225] Der VEB Fernmeldewerk Arnstadt (Kombinat Rundfunk- und Fernmeldetechnik/RFT), in dem auch 250 Häftlingsarbeiter eingesetzt waren, lieferte 1974 35 Telefonzentralen im Wert von 2,3 Millionen Valutamark nach Griechenland; aufgrund von Qualitätsmängeln mussten jedoch 10 bis

219 Vgl. [Bericht der] Quelle MB 5071 der KD Görlitz v. 30.5.1971; BStU, MfS, HA XVIII 3436, Bd. 2, Bl. 67.

220 Vgl. Baufeld, Michael: Kombinat Kabelwerk Oberspree. Einst unter einem Dach – jetzt harte Konkurrenz, in: Kombinate. Was aus ihnen geworden ist, S. 39–50.

221 Vgl. Vorlage des Kombinat VEB Elektronische Bauelemente v. 12.4.1989; BStU, MfS, BV Potsdam, Abt. XVIII 1585, Bd. 1, Bl. 8–20.

222 Vgl. BStU, MfS, HA XVIII 11015, Bl. 93–95.

223 Vgl. Information der Arbeitsgruppe für Organisation und Inspektion beim Ministerrat über Hemmnisse und Probleme die bei der Erweiterung der Exporttätigkeit in das NSW festgestellt wurden o. D. [1985] (mit Anlagen); BStU, MfS, ZAGG 1337, Bl. 1–24.

224 Vgl. Vorschläge zur Intensivierung der Zusammenarbeit mit dem Honeywell-Konzern v. 25.10.1988; BStU, MfS, AG BKK 927, Bl. 83–89.

225 Vgl. Reisebericht des AHB TI o. D. [15.2.1987]; ebenda, Bl. 25–29.

14 DDR-Spezialisten überall in Griechenland vier Monate lang Schalter nachrüsten.[226] Ebenfalls nach Griechenland lieferte der VEB Fernmeldewerk Bautzen (im gleichen Kombinat Rundfunk- und Fernmeldetechnik), der auf dem Weltmarkt jedoch kaum noch mithalten konnte[227] und bis zu 300 Häftlingsarbeiter für sich arbeiten ließ. Der VEB Schaltelektronik Oppach (SEO), in dem über 220 Häftlinge (aus Bautzen I) arbeiteten, lieferte ebenfalls elektrische Bauteile in den Westen.[228] Und für den VEB Elektrowärme Döbeln fertigten neben anderen Beschäftigten knapp 100 Häftlinge (der Haftanstalt Waldheim) unter anderem Elektroheizgeräte; der Betrieb hatte Exportverpflichtungen im Umfang von 100 000 Valutamark jährlich.[229] Ebenfalls Waren im Wert etlicher Hunderttausend Valutamark hatte der VEB Elektroporzellanwerk Margarethenhütte Großdubrau,[230] der auch circa 70 Häftlinge für sich arbeiten ließ, in den Westen zu liefern. Aus dem Betrieb stammten etwa Hochspannungsisolatoren im Wert von 13 000 Valutamark, die von der bundesdeutschen Firma HPA im Jahre 1976 reklamiert wurden.[231]

Der VEB Elektrotechnik Gera lieferte Kondensatoren und andere Elektrobauteile bei einem Lieferumfang von 700 000 Valutamark jährlich an die Allmänna Svenska Elektriska AB (ASEA/Stockholm), an die Manufacture Belge de Lampes et de Materiél Electronique (BLE/Brüssel, Teil der Firma Philips; rund 600 000 Valutamark), an die Firma Grundig (Fürth; 500 000 Valutamark), den Thomson-CSF-Konzern (in München für die Bundesrepublik; 400 000 Valutamark) und AEG-Telefunken sowie AEG Hydra (Hannover und Westberlin zusammen 50 000 Valutamark).[232] Doch die Untersuchungshäftlinge der Untersuchungshaftanstalt Gera waren daran vermutlich nur in sehr geringem Umfang beteiligt.[233] Das große Kombinat Keramische Werke Hermsdorf exportierte

226 Vgl. Information über Reklamationen, die sich hemmend auf die weitere Steigerung der Exporte in nichtsozialistische Länder auswirken v. 8.8.1975; BArch DC 20/22688, o. Pag.

227 Vgl. Politisch-operative Lageeinschätzung zur NSW-Exportplanerfüllung v. 25.9.1986; BStU, MfS, BV Dresden, KD Bautzen 8908, Bl. 1–3.

228 Vgl. Information über Reklamationen, die sich hemmend auf die weitere Steigerung der Exporte in nichtsozialistische Länder auswirken v. 8.8.1975; BArch DC 20/22688, o. Pag.

229 Vgl. Anlage 2 zum Bericht des Kreiskomitees Döbeln der Arbeiter- und Bauern-Inspektion zur Kontrolle der Exportverträge v. 13.9.1982; BStU, MfS, BV Leipzig, KD Döbeln 470, Bl. 1–11.

230 Vgl. Politisch-operative Lageeinschätzung zur NSW-Exportplanerfüllung v. 25.9.1986; BStU, MfS, BV Dresden, KD Bautzen 8908, Bl. 1–3.

231 Vgl. Übersicht über gemeldete Reklamationen in der Zeit 1.4. bis 30.4.1976; BArch DL 2/6314, Bl. 254 f.

232 Vgl. Analyse der Kreisdienststelle Gera über die Organisierung der Außenwirtschaftsbeziehungen des VEB Elektronik Gera v. 30.6.1983; BStU, MfS, BV Gera, Abt. XVIII 3716, Bl. 14–30.

233 Dementgegen die Auflistung der (offenbar nur ständigen) Mitarbeiter v. 30.6.1985; BStU, MfS, BV Gera, Abt. XVIII 3117, Bl. 55.

jährlich Waren im Wert von 80 Millionen Valutamark in den Westen,[234] darunter nach Österreich, in die Schweiz und nach Ägypten[235] sowie Porzellankörper für Spannungswandler an die Firma Messwandler-Bau (Bamberg).[236] In den Keramischen Werken Hermsdorf kamen Anfang der siebziger Jahre 150 jugendliche Häftlinge[237] (wahrscheinlich aus der Strafvollzugsanstalt Halle, später eine nicht näher bekannte Zahl von Untersuchungshäftlingen der Untersuchungshaftanstalt Halle) zum Einsatz. Auch in Einzelhaft, die während der Untersuchungshaft die Regel war, ließen sich Bauteile fabrizieren.

Als Kuriosität mag indes gelten, dass der VEB Bodeta Oschersleben, der auch Häftlingsarbeiter beschäftigte, unter anderem Ostereier an die Firma Obella (Frankfurt/M.) lieferte.[238] Hier sollten ab August 1968 24 Arbeitspflichtige in den Räumlichkeiten des Volkseigenen Gutes (VEG) »August Bebel«, Abteilung Morgenrot, in unmittelbarer Nähe der Haftanstalt, Pralinenschachteln herstellen oder füllen;[239] bis mindestens 1974 kamen hier Gefangene zum Einsatz.[240] Möglicherweise dauerte die Beschäftigung von Häftlingsarbeitern an und war der Grund dafür, warum 1983 Vertretern des bundesdeutschen Abnehmers eine Betriebsbesichtigung unter fadenscheinigen Argumenten verwehrt wurde.[241]

Der Ostberliner VEB Bärensiegel wiederum ließ ab 1952 Siegelmarken für Getränkeflaschen auch von Gefangenen herstellen.[242] Der Betrieb produzierte zugleich bereits Ende der sechziger Jahre beispielsweise 75%igen Wodka für

234 Vgl. Schreiben der KD Stadtroda an die Bezirksverwaltung für Staatssicherheit Gera v. 28.9.1989; BStU, MfS, BV Gera, KD Stadtroda 1214, Bl. 1–4. Siehe auch: Krakat: Wirtschaftsdaten, S. 10.

235 Vgl. http://www.porzellangeschichte.de/content/keramische-werke-hermsdorf [25.10.2012].

236 Vgl. Information der Arbeitsgruppe für Organisation und Inspektion beim Vorsitzenden des Ministerrats der DDR über Reklamationen bei der Realisierung von Exporten in das nichtsozialistische Wirtschaftsgebiet v. 28.5.1976 (mit Anlagen); BArch DC 20/22696, Bl. 27–55.

237 Stand Oktober 1972: geplant 165, tatsächlich 154. Vgl. Ministerium für Elektrotechnik und Elektronik: Betrifft Arbeitseinsatz von Strafgefangenen in ausgewählten Betrieben (Anlage 1 zur GVS B 2-183/73); BArch DO 1/3784, o. Pag.

238 Vgl. Vereinbarung zwischen dem Arbeitserziehungskommando Quedlinburg und dem VEB Süßwarenfabrik Bodeta v. 12.8.1969; LHASA, MER, M 558-7 BDVP Halle 19.1. Nr. 1298, Bl. 121–124.

239 In den Quellen ist von Faltschachteln die Rede. Vgl. Vereinbarung zwischen dem Arbeitserziehungskommando Quedlinburg und dem VEB Süßwarenfabrik Bodeta v. 12.8.1969; ebenda, Bl. 121–124. Siehe auch: Vereinbarung zwischen der Firma Gustav Fasshauer und dem Arbeitserziehungskommando Quedlinburg v. 12.6.1968; ebenda, Bl. 125–127; Schreiben des Offiziers für Gefangenenarbeit des Arbeitserziehungskommandos Quedlinburg v. 4.7.1968; ebenda, Bl. 128.

240 Vgl. LHASA, MER, M 558-7 BDVP Halle 19.1. Nr. 1299, Bl. 80. Siehe auch: Information der HA VII/3 v. 4.1.1980; BStU, MfS, HA XVIII 6497, Bl. 18–20.

241 Vgl. Verhandlungsbericht des VEB Kombinat Süßwaren v. 28.11.1983; BStU, MfS, BV Magdeburg, KD Oschersleben 1167, Bl. 2–4.

242 Vgl. Schreiben des Referats III/4 Arbeitsverwaltung KVP-Kommissar Kosielski betr. [Arbeitseinsatz von Gefangenen in Ostberlin] v. 10.1.1952; LAB, C Rep. 303 Nr. 288, Bl. 195 f.

die Firma Gebrüder Heinemann (Hamburg).[243] Anfang der siebziger Jahre lieferte Bärensiegel jährlich gar Spirituosen im Wert von 2,3 Millionen Valutamark in den Westen[244] (bzw. an Intershops), darunter ab 1972/73 auch an die Underberg GmbH (Rheinberg).[245] Von dem Kräuterschnaps dieser Marke sollten mindestens fünf Millionen Flaschen pro Jahr produziert werden.[246] Tatsächlich ergab sich aus der Abfüllung von 64 919 Litern Underberg ein Gesamtnettogewinn für die DDR von 423 863 Valutamark. 49 997 Liter gingen dabei in den Valutahandel, 5 874 Liter wurden exportiert und 9 048 Liter sollten an Interhotels geliefert werden,[247] wurden tatsächlich aber ausschließlich von »Sonderbedarfsträgern« wie den in Wandlitz wohnhaften Mitgliedern des Zentralkomitees konsumiert.[248] Auch an Cinzano (Alba/ Italien) und Eggers (Bremen) wurde exportiert, und zudem wollte Bärensiegel mit der Tengelmann (Mühlheim), Verporten sowie Edeka (Hamburg) ins Geschäft kommen.[249] Die Firma Metro (Düsseldorf) wurde ferner mit Apfelkorn beliefert.[250] Aussagen Betroffener zufolge beschäftigte der Betrieb auch politische Gefangene aus Berlin-Rummelsburg,[251] doch dies wohl vorwiegend bevor die Exportanstrengungen des Betriebs in der Ära Honecker ihren Höhepunkt erreichten. Eine geringe Zahl von Häftlingsarbeitern wurde auch von der Exportbrauerei Sternburg eingesetzt, die ihrerseits Pils nach Italien und Schweden lieferte sowie die Fluglinie Interflug bediente.[252] Schon aufgrund der Verderblichkeit mancher Lebensmittel sowie stets befürchteter Sabotage durch die Häftlingsarbeiter dürfte ihr Einsatz in der Lebensmittelindustrie aber eher die Ausnahme geblieben sein.

243 Vgl. Bericht der HA XVIII/1/4 v. 28.8.1968; BStU, MfS AGMS 14151/83, Bd. 4, Bl. 71 f.

244 Vgl. Geschäftsbericht des Betriebes Bärensiegel im VEB Getränkekombinat Berlin für das Planjahr 1971 v. 10.2.1972; LAB, C Rep. 750 Nr. 47, Bl. 17.

245 Vgl. Ender, Roland: VEB Berliner Bärensiegel. In: Fabrikstadt Lichtenberg, S. 89–91.

246 Vgl. Vertrag zwischen der Underberg GmbH und der Firma Asimex v. 28.7.1972 (mit Anlagen); BArch DG 5/3926, o. Pag.

247 Vgl. Gewinnanalyse Gestattungsproduktion Underberg v. 9.8.1978 (mit Anlagen); ebenda, o. Pag.

248 Vgl. Information an Genossen Minister Dr. Wange v. 2.6.1981; ebenda, o. Pag.

249 Vgl. BStU, MfS, AGMS 14151/83.

250 Vgl. Bericht der Kontrollabteilung der Arbeitsgruppe für Organisation und Inspektion beim Ministerrat über Reklamationen beim Export von Erzeugnissen in das NSW v. 21.7.1981 (mit Anlagen); BArch DC 20/20812. Bl. 100–132.

251 Vgl. Der Tagesspiegel v. 5.5.2012; http://www.tagesspiegel.de/wirtschaft/schiesser-neckermann-underberg-unternehmen-weisen-berichte-ueber-ddr-zwangsarbeit-zurueck/6593930.html [22.5.2013]. Siehe auch: Hoffmeister: Strafvollzugsanstalt Rummelsburg, S. 25. Etwa 15 % der dort inhaftierten DDR-Bürger (einschließlich der wegen »Asozialität« Verurteilten) und etwa 40 % der Ausländer und Bundesbürger, die oft wegen Fluchthilfe einsaßen, zählten im weiteren Sinne zu den politischen Gefangenen. Vgl. Komplexe Lageeinschätzung der StVE Berlin v. 13.2.1984; LAB, C Rep. 303 Nr. 2. o. Pag.

252 Vgl. Erzeugnis: Sternburg German Pils Export v. 23.6.1975; BArch DF 3/4895, o. Pag.

Weil die DDR von der Sowjetunion das Erdöl in den achtziger Jahren mit leichter Verzögerung zu immer höheren Preisen beziehen musste und in (zukunftsträchtige) Industrien seit Jahren kaum noch investiert hatte, wurde auch der Westexport für sie immer aufwendiger. Musste Ostberlin 1980 zur Erwirtschaftung einer Valutamark einen Betriebspreis von 2,00 Mark aufwenden, waren es 1984 2,52 Mark.[253] Um in diesem Jahr im Möbelsektor 70 Millionen Valutamark zusätzlich zum Plan zu erwirtschaften, mussten erst einmal Maschinen für 41 Millionen und Material für 21 Millionen angeschafft werden.[254] Aufgrund ihrer Kreditkrise musste die DDR ihre Exporte aber unbedingt steigern – und vermochte zwischen 1981 und 1984 tatsächlich insgesamt einen Überschuss von (je nach Zählweise) 10 bzw. 14 Milliarden Valutamark zu erwirtschaften.[255] Dennoch lagen weit mehr Exportprodukte als geplant auf Halde, weil sie wegen Qualitätsmängeln keinen Abnehmer fanden. Allein im VEB Polstermöbel Güstrow und im Matratzenwerk Warin betraf dies Waren im Wert von 750 000 Valutamark.[256] Auch in der metallverarbeitenden Industrie entwickelten sich die NSW-Exporte im Jahre 1983 erstmals seit langer Zeit wieder rückläufig und sanken um 13 Prozent.[257] Im ersten Halbjahr 1983 konnte nur ein einziges Kombinat (Kabelwerk Oberspree/KWO »Wilhelm Pieck«) seine Verpflichtungen aus dem NSW-Exportplan erfüllen, da die meisten Betriebe auf die immer zügigeren Marktveränderungen nicht zu reagieren vermochten, von der Neuentwicklung von Produkten bis zur Serienfertigung zu viel Zeit verstrich[258] – und weil zur Bewältigung der Kreditkrise die Westexporte eigentlich stärker zunehmen sollten, als es sich in der Praxis als möglich erwies. Auch die ostdeutsche Elektroindustrie beklagte 1985 einen »empfindlichen Rückschlag betreffs der Marktarbeit«; die in den vergangenen Jahren erzielten Exporterfolge seien »hinfällig« und es müsse eine »z. T. völlig neue Exportstruktur aufgebaut werden«.[259]

253 Vgl. Vorlage von Gerhard Schürer für die Wirtschaftskommission beim Politbüro des ZK der SED v. 13.7.1984; BArch DE 1/58900, o. Pag.

254 Vgl. Staatliche Plankommission: Ergebnis der Durcharbeitung der Vorschläge zur Überarbeitung des NSW-Exports des Ministeriums für Bezirksgeleitete Industrie und Lebensmittelindustrie v. 6.5.1983; BArch DN 1/27060, o. Pag.

255 Vgl. Judt: Bereich Kommerzielle Koordinierung, S. 155 u. 166.

256 Vgl. Bericht der Abt. XVIII über die politisch-operative Sicherung des VEB Möbelkombinat Ribnitz v. 5.7.1982; BStU, MfS, BV Rostock, Abt. XVIII 151, Bl. 42–54.

257 Vgl. Vorlage von Gerhard Schürer für die Wirtschaftskommission beim Politbüro des ZK der SED v. 13.7.1984; BArch DE 1/58900, o. Pag.

258 Vgl. Vorlage für das Politbüro betr. Gestaltung des Produktions- und Exportprofils v. 4.8.1983; BStU, MfS, HA XVIII 19780, Bl. 191–258.

259 Analyse des NSW-Export- sowie Importgeschehens des Kombinats Elektronische Bauelemente Teltow v. 10.10.1985; BStU, MfS, BV Potsdam, Abt. XVIII 1312, Bd. 2, Bl. 34–37.

So blieben die Asymmetrien im DDR-Geschäft bis 1989 bestehen. Siemens beispielsweise lieferte auch 1988 noch dreimal mehr Waren in die DDR als der Konzern von dort bezog, peilte aber ein Importvolumen von 100 Millionen DM an.[260] BASF zeigte sich gegenüber einem Besuch Erich Honeckers auf ihrem Messestand in Leipzig auch eher desinteressiert, da dies zwar viel Publicity, aber »keine konkreten Geschäftsabschlüsse bringt«.[261]

Eine Aufschlüsselung der Import-Export-Bilanzen von 15 großen Konzernen im DDR-Geschäft (siehe Tabelle 9) liegt für die Zeit bis zur friedlichen Revolution zwar nicht vor. Der Möbelsektor jedenfalls machte in dieser allgemeinen Stagnation keine Ausnahme; 1987 exportierte die DDR nur noch Möbel im Wert von 259,1 Millionen Mark in die Bundesrepublik, womit (in Relation zu einem gesamten Möbelimport von mehr als 4 Milliarden DM) lediglich 6,3 Prozent aller in die Bundesrepublik eingeführten Möbel aus dem anderen Teil Deutschlands stammten, was einem Rückgang von einem Prozentpunkt gegenüber dem Vorjahr entsprach. Über dem Durchschnitt lag indes der Export von Polstermöbeln: Mindestens jede dritte in die Bundesrepublik importierte Couch kam aus der DDR.[262] Die Häftlingsarbeiter in den ostdeutschen Gefängnissen hatten daran wie an vielen weiteren Exporterfolgen in der geschilderten Weise unfreiwillig ihren Anteil.

260 Vgl. Vorschläge und Maßnahmen zur Entwicklung einer langfristigen Exportstrategie der DDR gegenüber der Siemens AG v. 1.11.1988; BStU, MfS, AG BKK 348, Bl. 168–170.

261 Arbeitsgruppe BKK: Meinungsäußerung des Leiters der Westberliner Niederlassung der BASF v. 17.4.1989; ebenda, Bl. 13–15.

262 Vgl. Jahresanalyse des Büros Düsseldorf des AHB Holz und Papier zum BRD-Export [der DDR] v. 20.12.1988; BStU, MfS, HA XVIII 13616, Bl. 97–133.

4.7 Blutplasma aus Gräfentonna

Nach Kriegsende hatte bereits die ostdeutsche Justizverwaltung die ehemalige Kettenburg Gräfentonna als Gefängnis genutzt. Im Januar 1951 wurde sie dem Ministerium des Innern der DDR unterstellt,[1] da die Justiz angeblich Fraternisierung bis hin zu sexuellen Kontakten zwischen Insassen und Aufsehern geduldet hatte. Zugleich soll der Gefängnisleiter Regierungsrat Stübner unfolgsame Häftlinge in seinem Dienstzimmer so brutal misshandelt haben, dass sie auf die Krankenstation getragen werden mussten.[2]

Die insgesamt 370 Insassen der Strafvollzugsanstalt Gräfentonna mussten im Jahre 1953 die damals typischen manuellen, oft kleinteiligen Arbeiten verrichten, wie das Anfertigen von Schreibmaschinentischen durch 45 Häftlingsarbeiter (für den Betriebsteil Bad Langensalza des VEB Optima Büromaschinenwerk Erfurt), das Herstellen von Taschen- und Armbanduhren (31 Beschäftigte) sowie Wäscheknöpfen (10), das Sortieren von Zellwolle (32) oder die Gewinnung von Buntmetallen im Schrottkommando (22). Andere mussten ausgestanzte Gummiteile für den VEB Kautasit beschneiden (79), Lastkraftwagen be- oder entladen, Maurerarbeiten für die Bau-Union (17) vornehmen oder in der Zentralwerkstatt tischlern (62); hinzu kamen insgesamt 72 Kalfaktoren für Hausreinigung, Krankenpflege, Essenausgabe und Haareschneiden.[3] Im Jahre 1962 wurde die Strafvollzugsanstalt Gräfentonna in ein Jugendhaus umgewandelt; zwei Jahre später waren hier hauptsächlich nach Jugendgerichtsgesetz verurteilte Jungen und Männer inhaftiert, darunter ein Kind im Alter von lediglich 14 Jahren und drei im Alter von 15 Jahren. 90 Prozent der Insassen verfügten über keine abgeschlossene Lehre, 40 Prozent der Jugendlichen fehlten mindestens ein Elternteil, und die »Erziehungsarbeit« gesellschaftlicher Organisationen, zum Beispiel der Jungen Pioniere, der FDJ und des FDGB, galt selbst den Verantwortlichen als »unzureichend«.[4]

Etwa 130 Aufseher des Jugendhauses Gräfentonna[5] wachten am Jahresende 1971 über 348 jugendliche Häftlinge – bei einer Kapazität von lediglich

1 Vgl. Aktenvermerk der HA SV der HVDVP v. 2.1.1951; BArch DO 1 11/1449, Bl. 369.

2 Vgl. Bericht über einen Erfahrungsaustausch mit Genossen im Bezirk Erfurt über die Arbeitsweise zur Zeit der Justiz v. 20.11.1956; BArch DO 1 11/1472, Bl. 252–257.

3 Vgl. Beschäftigte Strafgefangene in den StVA; Stand 25.3.1953/30.3.1953; BArch DO 1 11/1581, Bl. 43–70.

4 Vgl. [Analyse von Erziehungsmängeln] durch die Abt. Strafvollzug der BDVP Erfurt v. 3.4.1964; BArch DO 1 32/29705.

5 137 im Jahre 1969, 130 im Jahre 1973, 86 im Jahre 1978. Vgl. Stellenplan der Jugendstrafanstalt Gräfentonna v. 11.6.1969; BArch DO 1/11963, o. Pag.; Stellenplan der Jugendstrafanstalt Gräfentonna v. 1.1.1973; ebenda, o. Pag.; Stellenplan des Jugendhauses Gräfentonna v. 1.7.1978; BArch DO 1/12180, o. Pag.

224 Plätzen.[6] Auch in diesem Gefängnis suchten die Insassen nach Möglichkeiten, sich der ideologischen Bevormundung zu widersetzen und etablierten ein systemkritisches, teilweise gar rechtsextremes Meinungsklima. Durch die Repressionen der Haft bedingt, suchten Frustrationen und Aggressionen ein Ventil – und richteten sich oft gegen die schwächeren Mitglieder der Häftlingsgesellschaft. So wurden Feten zum Geburtstag Adolf Hitlers organisiert sowie Mitgefangene als Juden bezeichnet und misshandelt. Die Ursachen vermuteten die Aufseher in den Westmedien, die die Jugendlichen allenfalls vor ihrer Inhaftierung hatten sehen können, und »falsch verstandenen Idealen«, zudem wurde eine »Freude an Brutalität« und ein »Oppositionsverhalten gegenüber vorhandenen Verboten« für die »rigide Hackordnung« verantwortlich gemacht. Zwar wurde die völlig ungenügende Resozialisierung thematisiert, doch mögliche Abhilfe erwartete die Staatssicherheit vor allem vom Ausbau ihrer noch unzureichenden inoffiziellen Basis – in völliger Verkennung der tatsächlichen Zusammenhänge.[7] 1978 saßen in Gräfentonna 222 Jugendliche, unter denen die Arbeitsrichtung I/4 der Kriminalpolizei über 19 Quellen verfügte (7,8 %).[8]

Die Disziplin der jugendlichen Insassen besserte sich angeblich, als 1980 Günther Schreiber als neuer Leiter des Jugendhauses eingesetzt wurde; er ließ es auch auf eine Wirtshausschlägerei mit einem ehemaligen Insassen ankommen.[9] Unter den 260 im Jahre 1979 vorzeitig entlassenen Jugendlichen waren neben vielen Diebstahls- und Sittendelikten 51 Jugendliche wegen »Rowdytums« und 20 wegen »versuchten illegalen Grenzübertritts« verurteilt worden; zudem kamen 19 erwachsene Häftlinge frei.[10] Ab Dezember 1980 wurden die Jugendlichen verlegt und das Jugendhaus zu einer Strafvollzugseinrichtung »umprofiliert«. Statt 13 Erzieher galten für die gleiche Zahl von maximal 450 Insassen dann nur noch acht Erzieher als erforderlich, aber 59 statt 54 Wachtmeister.[11] Da die jugendlichen Häftlinge nun nicht mehr ausgebildet

6 Vgl. Grundkonzeption [der Verwaltung Strafvollzug] zur perspektivischen Profilierung der Jugendstrafvollzugseinrichtungen [von 1972]; BArch DO 1 32/278/2.

7 Vgl. [HA VII:] Untersuchungsergebnisse zu ausgewählten Problemen aus dem Brigadeeinsatz der HA VII in der Abt. VII der BV Erfurt v. 5.7.1979; BStU, MfS, HA VII/8, ZMA 335/79, Bl. 29–33.

8 Vgl. Bericht der Arbeitsrichtung I/4 der Kriminalpolizei v. 16.8.1978; BStU, MfS, HA VII/8, ZMA 517/78, Bl. 16–21.

9 Vgl. Information des GMS »Peter Riedel« v. 5.3.1981; BStU, MfS, BV Erfurt, AGMS 694/88, Bl. 98 f.; Information von »Alfred« v. 22.5.1980; ebenda, Bl. 110.

10 Vgl. [Namensliste] des Jugendhaus Gräfentonna der Jugendlichen, die unter die Amnestie fallen v. 3.10.1979; ThHStAW BDVP Erfurt Altregistratur Nr. 2357, o. Pag.

11 Vgl. Bericht der Arbeitsgruppe Strafvollzug [der BDVP Erfurt] über die Umprofilierung des Jugendhauses Gräfentonna v. 11.2.1981; ThHStAW BDVP Erfurt Altregistratur Nr. 5372, o. Pag.

wurden, verloren die bisher in der Jugendhaftanstalt tätigen Lehrmeister der kommunalen Berufsschule ihren Job.[12]

Nun gelangten vorwiegend erwachsene Häftlinge hierher. Sie wurden, wie zuvor die jugendlichen Gefangenen, vor allem im VEB Optima Büromaschinenwerk Erfurt eingesetzt, der Schreibmaschinen in den Westen exportierte (siehe Kapitel 4.6). Der Betrieb hatte die Häftlingsarbeiter nach jahrelanger Kooperation fest eingeplant; sollte einmal die Nachfrage sinken, wollte der Betrieb Arbeit und Maschinen aus anderen Betriebsteilen nach Gräfentonna verlegen, da hier offenbar besonders günstig produziert werden konnte. Außerdem waren in diesem Betrieb 25 Gefangene mit der »Klammerproduktion« beschäftigt, erreichten aber lediglich 35 Prozent der Norm.[13] Ferner arbeiteten jetzt 25 Häftlinge für den VEB Leder- und Schuhfabrik Bad Langensalza.[14] Im Sommer 1981 saßen 443 Häftlinge in Gräfentonna ein, doch aufgrund der Umprofilierung waren manche von ihnen noch ohne Beschäftigung.[15] Umfassend war der Arbeitseinsatz erst organisiert, als ab Januar 1982 erstmals Häftlingsarbeiter (zunächst 20) als Innenarbeitskommandos auf dem Gelände der Haftanstalt für den VEB Fahrzeugelektrik Ruhla, Betriebsteil Eisenach, arbeiteten.[16] Nach weiterem Ausbau des Kommandos montierten 27 Häftlinge Scheibenwischer, 23 setzten Halter zusammen, zehn fertigten Gehäuse für Zusatzscheinwerfer sowie je neun arbeiteten in der Stanzerei, waren in der Vorfertigung von Scheibenwischern tätig und wickelten Spulen. Mit Ausnahme der letztgenannten (sowie elf flexibel eingesetzten Häftlingen) waren alle im 3-Schicht-Betrieb tätig.[17]

Im Jahre 1989 verfügte Gräfentonna über 97 Aufseher,[18] unter denen, aus Sicht der Geheimpolizei, einzelne zu nachsichtig waren und Kosmetika sowie Zeitschriften an den Kontrollen vorbeischmuggelten.[19] Im Zuge der Amnestie von 1987 sollten 340 Häftlinge (darunter 11 Ausreisewillige) freikommen, was

12 Vgl. Schreiben eines Lehrmeisters an die Sendereihe »Fragen Sie Prof. Kaul« v. 6.4.1981; ThHStAW BDVP Erfurt Altregistratur Nr. 5373, o. Pag.

13 Vgl. Aktennotiz des Jugendhauses Gräfentonna v. 27.6.1984; ThHStAW BDVP Erfurt Altregistratur Nr. 2357, o. Pag.

14 Vgl. Bericht der Arbeitsgruppe Strafvollzug [der BDVP Erfurt] über die Umprofilierung des Jugendhauses Gräfentonna v. 11.2.1981; ThHStAW BDVP Erfurt Altregistratur Nr. 5372, o. Pag.

15 Vgl. Zuarbeit der Arbeitsgruppe Strafvollzug [der BDVP Erfurt] anlässlich der Inspektion v. 25.8.1981; ebenda, o. Pag.

16 Vgl. Bericht der Arbeitsgruppe Strafvollzug [der BDVP Erfurt] über die Umprofilierung des Jugendhauses Gräfentonna v. 11.2.1981; ebenda, o. Pag.

17 Vgl. Protokoll der Verwaltung Strafvollzug über die Abrechnung des Arbeitseinsatzes Strafgefangener v. 16.12.1982; ThHStAW BDVP Erfurt Altregistratur Nr. 6233, o. Pag.

18 Stand 1989. Vgl. Stellenplan der StVE Gräfentonna v. 1.7.1989; BArch DO 1/11963, o. Pag.

19 Vgl. Information der ZAIG über negative Erscheinungen in der StVE Gräfentonna v. 24.2.1986; BStU, MfS, ZAIG 27845, Bl. 1–6.

vermutlich einen Großteil der Insassen einschloss.[20] Ende 1988 befanden sich dann wieder 249 Häftlinge in Gräfentonna.[21]

Mitte der achtziger Jahre sollten die Häftlinge nicht nur durch den Arbeitseinsatz, sondern auch durch angeblich freiwillige Blutspenden zur Verbesserung der Haushaltslage des SED-Staates beitragen. Hintergrund hierfür war wohl letztlich, dass im Jahre 1984 die Immunschwächekrankheit HIV bzw. AIDS entdeckt wurde, welche sich sukzessive über Nordamerika und Europa ausbreitete.[22] Hauptsächlich durch Reisekader, die dauerhaft im Auslandseinsatz gewesen waren, sowie afrikanische Studenten gelangte das neue Virus mit Verzögerung auch in die DDR.[23] Um es untersuchen sowie einen eigenen HIV-Test entwickeln zu können, musste das zunehmend devisenschwache Land die notwendige Laborausrüstung aus dem Westen importieren, allein in den Jahren 1985/86 für weit über eine Million US-Dollar.[24] Glücklicherweise hatte sich das Blutspendeaufkommen in der gesamten DDR zwischen 1975 und 1984 mehr als verdoppelt, sodass die Verantwortlichen hier ein lukratives Exportgeschäft witterten.[25] Obwohl das in der DDR hergestellte Blutplasma schon für den Inlandsbedarf nicht ausreichte,[26] sollte aufgrund der zunehmenden Devisenknappheit ab 1984 zusätzliches Blutplasma gewonnen und in den Westen verkauft werden. »Obwohl Plasma auch bei uns in nicht ausreichender Menge zur Verfügung stand, habe sich das Ministerium für Gesundheitswesen auf der Grundlage eines devisengünstigen Angebotes entschlossen, Humanplasma in das NSW zu exportieren.« Nicht weniger als 300 Liter Blutplasma im Wert von knapp 900 000 Valutamark sollte allein der Bezirk Karl-Marx-Stadt jährlich erbringen, abzüglich einmaliger Investitionskosten für die Ausrüstung in Höhe von 100 000 DM.[27] Der Bezirk Suhl wiederum sollte 400 Liter Blutplasma beisteuern, wozu etwa 550 bis 600 Spender nötig wa-

20 Vgl. Bericht der Abt. 8 der HA VII über den Einsatz in der BV Erfurt, Abt. VII, v. 14.8.1987; BStU, MfS, HA VII, AKG PK 1/8.1.5., Bd. 4, Bl. 11–18.

21 Vgl. Bericht der HA VII über eine Dienstreise zur BV Leipzig, BV Erfurt und BV Suhl v. 19.12.1988; BStU, MfS, HA VII 6053, Bl. 37–46.

22 Vgl. http://de.wikipedia.org/wiki/HIV#Geschichte [2.11.2012].

23 Vgl. Tagesspiegel v. 3.12.1987, S. 18; BStU, MfS, HA XX 7103, Bl. 116.

24 Vgl. Information für den Staatssekretär Genossen Dr. Schalck o. D. [Sommer 1985]; BStU, MfS, HA XX 7102, Bl. 247–250.

25 Soweit es die Blutspenden beim DDR-DRK betraf, das etwa drei Viertel aller Blutspenden in der DDR erhielt. Vgl. Auszug aus Gesamtblutabnahmen DDR 1984 [des DRK der DDR]; BStU, MfS, BV Erfurt, Abt. XX 615, Bl. 26.

26 Vgl. Riesenberger, Dieter: Das Deutsche Rote Kreuz. Eine Geschichte 1864–1990. Paderborn 2002, S. 629.

27 Information der Abt. XX der BV Karl-Marx-Stadt v. 28.2.1984; BStU, MfS, BV Karl-Marx-Stadt, Abt. XX 2325, Bl. 242 f. Vgl. Erices, Rainer; Gumz, Antje: DDR-Bezirksärzte – Im Zweifelsfall für die sozialistische Sache. In: Deutsches Ärzteblatt 2012; 109(43): A 2128-32; https://www.aerzteblatt.de/archiv/131912 [1.11.2012].

ren.[28] Auch der Bezirk Erfurt hatte im Jahre 1985 bereits 1 600 Liter Blutplasma und im Folgejahr 1 660 Liter zu erbringen.[29] Nur in diesem Bezirk bediente man sich bei der Blutentnahme der Vakuumtechnik, ohne dass vorgesetzte Instanzen prinzipielle Einwände erhoben (und sich eher an der unhygienischen Lagerung der Blutproben störten).[30] Die Durchführung der Blutabnahmen sowie die Zwischenlagerung der Blutspenden oblagen überwiegend den jeweiligen Bezirksinstituten für Blutspende- und Transfusionswesen.

»Aufgrund zentraler Maßnahmen« wurde das Ministerium für Gesundheitswesen dann beauftragt, die »Lieferung von Blutbestandteilen an die Schweiz einzuleiten und durchzuführen«.[31] Das Ministerium beauftragte sein Zentrales Exportbüro, sich mit den Bezirksinstituten für Blutspende- und Transfusionswesen »in Verbindung zu setzen, um die Wirtschaftsverträge für Erythrozyten und tiefgefrorenes Plasma 1985 und 1986 abzustimmen und abzuschließen«.[32] So vereinbarte das Ministerium für Gesundheitswesen über eine Firma »transcommerz« mit dem Schweizer Konzern »Ortho-Diagnostic-Systems« rote Blutzellen sowie Blutplasma (nicht jedoch Blutvollkonserven) zu liefern. Die Firma Ortho-Diagnostic-Systems war seinerzeit ein wichtiger Handelspartner des DDR-Gesundheitsministeriums bei der Lieferung von Blutplasma.[33] Die Schweizer Firma informierte dann »transcommerz«, dass es die Blutkonserven (im weiteren Sinne) an das Bayerische Rote Kreuz verkaufen werde, »ohne dass der Partner aus der BRD Kenntnis über die Herkunft der Ware erhält«.[34] Der Blutspendedienst des Bayerischen Roten Kreuzes meldete den Import der Blutproben dann wie vorgeschrieben dem Bundesgesundheitsamt und versicherte, eine »Rückverfolgung der Spende bis zum einzelnen Spender sei unproblematisch möglich«. Der Blutspendedienst wusste, dass die Proben noch nicht auf HIV getestet worden waren und nahm diese Untersu-

28 Vgl. Treffbericht des IME »Alfred Pasch« v. 19.1.1984; BStU, MfS, BV Suhl, AIM 1380/90, Teil II, Bd. 1, Bl. 84 f. Siehe auch: Erices; Gumz: DDR-Bezirksärzte.

29 Vgl. Schreiben des Stellvertreters des Ministers für Gesundheitswesen Dr. Schneidewind an den Bezirksarzt des Bezirks Erfurt OMR Prof. Dr. Knappe v. 4.10.1985; ThHStAW Bezirkstag und Rat des Bezirkes Erfurt Altregistratur Nr. 040855, Bl. 60.

30 Vgl. Protokoll des Instituts für Arzneimittelwesen über die Kontrolle im Bezirksinstitut für Blutspende- und Transfusionswesen Erfurt v. 21.5.1984; BArch DQ 1/26603, 2 Teile, o. Pag.

31 Schreiben des Leiters der HA XX des Ministeriums für Staatssicherheit Kienberg an den Stellvertreter Operativ der Bezirksverwaltung für Staatssicherheit Erfurt Boller v. 25.1.1985; BStU, MfS, BV Erfurt, Abt. XX 668, Bl. 1.

32 Vgl. Schreiben des Stellvertreters des Ministers für Gesundheitswesen Dr. Schneidewind an den Bezirksarzt des Bezirks Erfurt OMR Prof. Dr. Knappe v. 4.10.1985; ThHStAW Bezirkstag und Rat des Bezirkes Erfurt Altregistratur Nr. 040855, Bl. 60.

33 Vgl. Protokoll über die am 2.8.1985 zwischen Ortho-Diagnostic-Systems und transcommerz in Dresden durchgeführte Besprechung; BStU, MfS, HA XX 7102, Bl. 253 f.

34 Information der HA XX [des Ministeriums für Staatssicherheit] über den Export von Blutbestandteilen in die Schweiz v. 14.1.1985; BStU, MfS, BV Erfurt, Abt. XX 668, Bl. 2 f.

chungen dann ab Mai 1985 selbst vor; gesetzlich vorgeschrieben war dies erst ab Oktober des gleichen Jahres. Insgesamt importierte das Bayerische Rote Kreuz im Jahresverlauf 1985 fast 35 000 und im Folgejahr 5 000 Einheiten Erythrozytenkonzentrat aus Ostdeutschland.[35] In der DDR abgeholt wurden die Blutplasmabeutel von »einer schweizerischen Firma«; beim Bezirksinstitut für Blutspende- und Transfusionswesen Gera etwa erfolgte die Abholung jeden Donnerstag.[36] Im Bezirk Erfurt hingegen rief man die Bürger bevorzugt montags und dienstags zur Blutspende, weil zwischen Abnahme und Lieferung auf Wunsch des westlichen »Abnehmers« eigentlich nur ein Tag liegen sollte – weswegen hier aber die gewünschte Blutmenge um 30 bis 50 Prozent hinter dem Plan zurückblieb.[37]

Durchführen sollte den Export seitens der DDR das Zentrale Exportbüro im Ministerium für Gesundheitswesen, das von einem Staatssekretär angeleitet wurde.[38] Dieses Exportbüro schloss mit den Bezirksinstituten für Blutspende- und Transfusionswesen in Erfurt, Leipzig, Gera und Suhl »Liefervereinbarungen« über Blutkonserven ab.[39] Vermutlich wurden diese Bezirke gewählt, weil die Bürger hier deutlich weniger Blut als in den nördlichen Bezirken spendeten[40] und die Bezirksinstitute so stärker in Zugzwang gerieten. Im Bezirk Karl-Marx-Stadt in der ehemaligen Unfallchirurgischen Klinik in der Juri-Gagarin-Straße sollten speziell für den Westexport von Blutplasma 22 Ärzte, Schwestern und Hilfspersonal in einem Gebäudeteil mit 18 Räumen Blutspenden sammeln. Besonders Studenten der Technischen Hochschule waren für die Blutabnahmen im Mindestabstand von einer Woche vorgesehen; sie sollten für einen Tag vom Studium freigestellt, zur Blutspende herangezogen und mit 65 Mark entlohnt werden.[41] Das Schweizer Unternehmen »Ortho-Diagnostic-Systems« sollte dazu die Blutbeutel, die notwendigen medizinischen Bedarfs-

35 Antwort des Staatsministeriums für Arbeit und Sozialordnung, Familie, Frauen und Gesundheit v. 16.12.1993; Drucksache des Bayerischen Landtags Nr. 12/13945.

36 Vgl. Erstinformation der Kreisdienststelle Gera zum Blutplasmaexport v. 21.2.1985; BStU, MfS, BV Gera X/376/83, Bl. 146.

37 Vgl. Schreiben des Bezirksarztes des Bezirks Erfurt OMR Prof. Dr. Knappe an den Stellvertreter des Ministers für Gesundheitswesen Dr. Schneidewind v. 4.9.1985; ThHStAW Bezirkstag und Rat des Bezirkes Erfurt Altregistratur Nr. 040855, Bl. 61.

38 Vgl. Schreiben der Außenstelle Berlin des Bundesministerium für Jugend, Familie, Frauen und Gesundheit an den Parlamentarischen Staatssekretär betr. Zentrales Exportbüro v. 8.11.1990; BArch DQ 1/15345, o. Pag.

39 Information der HA XX [des Ministeriums für Staatssicherheit] über den Export von Blutbestandteilen in die Schweiz v. 14.1.1985; BStU, MfS, BV Erfurt, Abt. XX 668, Bl. 2 f.

40 Vgl. Auszug aus Gesamtblutabnahmen DDR 1984 [des DRK der DDR]; BStU, MfS, BV Erfurt, Abt. XX 615, Bl. 26.

41 Vgl. Information der Abt. XX der BV Karl-Marx-Stadt v. 28.2.1984; BStU, MfS, BV Karl-Marx-Stadt, Abt. XX 2325, Bl. 242 f.

Tabelle 16: Blutspenden in der DDR (1980–88)[42]

Jahr	1978	1979	1980	1981	1982	1983	1984	1985	1986	1987	1988
Gesamtblutspenden je 0,4/0,5l	655 726	663 260	659 663	681 673	708 303	739 265	841 437	943 289	968 905	810 902	995 271
davon durch DRK	253 788	309 874	328 797	385 471	450 220	518 288	607 609	683 782	730 446	761 859	781 136
in %	38,7	46,7	49,8	56,5	63,5	70,1	72,2	72,4	75,3	93,9	78,4
Bezirk	Blutspende je 100 000 Einwohner										
Berlin	1 354	1 657	1 865	2 474	2 768	3 048	3 537	3 888	3 958	3 854	4 068
Cottbus	3 050	3 178	3 284	3 558	4 115	4 178	4 420	5 067	5 330	5 222	5 310
Dresden	1 231	1 398	1 624	1 929	2 316	2 792	3 446	4 001	4 299	4 370	4 307
Erfurt	1 476	1 620	1 738	2 105	2 386	2 679	3 125	3 391	3 686	6 918	4 574
Frankfurt	1 394	1 914	1 882	2 219	2 859	3 022	3 695	4 673	5 097	5 023	4 945
Gera	1 816	1 896	1 923	2 113	2 294	2 953	3 531	3 974	3 935	4 332	5 000
Halle	1 175	1 489	1 527	1 824	2 220	2 687	3 118	3 259	3 483	3 872	3 863
K-M-Stadt	1 444	1 573	1 759	1 822	2 261	2 788	3 337	3 755	4 163	4 316	4 456
Leipzig	1 209	1 450	1 389	1 670	2 010	2 476	2 960	3 390	3 507	3 573	3 610

42 Vgl. Institut für medizinische Statistik und Datenverarbeitung: Das Gesundheitswesen der Deutschen Demokratischen Republik, Jahrgänge 1978–88. Berlin (Ost).

Jahr	1978	1979	1980	1981	1982	1983	1984	1985	1986	1987	1988
Bezirk	Blutspende je 100 000 Einwohner										
Magdeburg	1 639	1 979	2 033	2 531	2 818	3 186	3 613	4 050	4 490	4 557	4 595
Neubrandburg	1 957	2 498	2 535	3 152	3 457	3 921	4 568	5 348	5 645	5 707	5 915
Potsdam	1 829	2 249	2 402	2 755	3 326	3 782	4 332	5 088	5 405	5 615	5 833
Rostock	2 191	2 494	2 652	3 050	3 489	3 939	4 742	5 045	5 512	5 919	6 377
Schwerin	1 764	2 210	2 383	2 755	3 203	3 502	3 845	4 404	5 073	5 832	5 652
Suhl	1 979	2 130	2 257	2 779	2 979	3 407	4 498	4 837	5 292	5 497	5 712
Ø	1 592	1 857	1 964	2 449	2 690	3 096	3 638	4 094	4 385	4 571	4 949
Veränderung zum Folgejahr in %	+16,6	+5,7	+24,6	+9,8	+15,0	+17,5	+12,5	+7,1	+4,2	+8,2	k.A.

artikel sowie den Fragebogen für den Blutspender in die DDR liefern, bezog diese aber seinerseits vom Bayerischen Roten Kreuz.[43] Ein weiterer Exportweg von Blutplasma aus der DDR lief über die Berliner Import- und Exportgesellschaft (Bieg) aus dem Bereich Kommerzielle Koordinierung an die bayerische Firma Humedia.[44] Ferner sandte die Diag Human (Zürich) »Teile und Zubehör zur Blutentnahme«, das heißt 20 000 »Doppelbeutel« mit Aufklebern des Blutspendedienstes des Bayerischen Roten Kreuzes an das Bezirksinstitut für Blutspende- und Transfusionswesen in Gera.[45]

In der DDR wurde das Projekt unter größter Geheimhaltung verfolgt, war den Verantwortlichen doch bewusst, dass eine Erwirtschaftung von Devisen auf diese Weise unter den Bürgern »sehr leicht auf Unverständnis« stoßen würde. Tatsächlich wurde unter den (nicht leitenden) angestellten Ärzten und Schwestern über die verstärkten Anstrengungen zur Gewinnung von Blut debattiert, der eigentliche Sinn und Zweck des Unterfangens aber noch nicht bekannt.[46] Erst zum Jahresbeginn 1984 führten in einigen Kreisen des Bezirks Erfurt »politisch-ideologische Unklarheiten bezüglich des Blutaustausches in das NSW« zum Einbrechen der Spendenbereitschaft,[47] und auch landesweit verlangsamte sich zumindest ab 1984 die Bereitschaft der Bürger (bei regional abweichenden Resultaten; siehe Tabelle 16). Deswegen sollten jetzt gezielt in vielen Betrieben Werktätige zur Blutspende motiviert werden.[48]

Möglicherweise hatte sich bis Februar 1985 auch schon in Gera der eigentliche Zweck der Aktion herumgesprochen. Hier sollten die Bürger zu einer möglichst kostenlosen Blutspende motiviert werden, mussten auf die Blutabnahme jedoch bis zu drei Stunden warten, weswegen sich die Bereitschaft in Grenzen hielt. Das Plansoll von 100 Blutplasmabeuteln pro Woche konnte in Gera jedenfalls zunächst nicht erfüllt werden. Skeptischen Bürgern gegenüber sollte erklärt werden, dass die DDR für die Lieferung des Blutplasmas in den

43 Information der HA XX [des Ministeriums für Staatssicherheit] über den Export von Blutbestandteilen in die Schweiz v. 14.1.1985; BStU, MfS, BV Erfurt, Abt. XX 668, Bl. 2 f.

44 Vgl. Wolle, Stefan: Die heile Welt der Diktatur. Alltag und Herrschaft in der DDR 1971–1989. Berlin 1998, S. 208.

45 Vgl. Schreiben der Diag Human AG Zürich an das BiBT [Bezirksinstitut für Blutspende- und Transfusionswesen] Gera v. 19.12.1984; BStU, MfS, BV Gera, Abt. XX 127, Bl. 1. Siehe auch: Der Spiegel Nr. 28/1999 v. 12.7.1999; http://www.spiegel.de/spiegel/print/d-13950149.html [5.1.2013].

46 Auszug aus dem Ausspracheberichtmit dem Ärztlichen Direktor des Blutspendezentrums Karl-Marx-Stadt v. 24.2.1984; BStU, MfS, BV Karl-Marx-Stadt, Abt. XX 2325, Bl. 244.

47 Vgl. Bericht der Arbeiter- und Bauern-Inspektion Erfurt v. 27.3.1985; BStU, MfS, BV Erfurt, Abt. XX 615, Bl. 16–25.

48 Vgl. Periodische Information der Arbeiter- und Bauern-Inspektion Erfurt v. 2.4.1985; ebenda, Bl. 5–9.

Westen im Gegenzug Medikamente erhalten würde.[49] Im Bezirk Erfurt wurden seit April 1985 auch die Kreise vom Rat des Bezirks bedrängt, mit dem Bezirksinstitut für Blutspende- und Transfusionswesen formale Vereinbarungen über die Organisation der Blutspende abzuschließen,[50] doch bis Juli 1985 waren dem nur die Kreise Eisenach, Erfurt und Worbis gefolgt.[51] Tatsächlich war die Spendebereitschaft in den Kreisen wohl deswegen geringer, weil Blutspenden unmittelbar beim Bezirksinstitut für Blutspende- und Transfusionswesen für Blutspenden höher vergütet wurden als bloß mit einem Frühstück, Urkunden und Anstecknadeln wie in den Kreisen – und selbst an diesen Auszeichnungen mangelte es oft. Zudem rückten die Ärzte und Schwestern des Bezirksinstituts ungern zu einer Blutspendenaktion aus, wenn die Abteilungen Gesundheits- und Sozialwesen der Kreise nicht wenigstens 30 Spender gleichzeitig präsentierten.[52] Damit war den ehrgeizigen Plänen des ostdeutschen Gesundheitsministeriums aber nicht näherzukommen – wegen der hohen Devisenrentabilität sollten allein im Jahr 1986 1,3 Millionen Blutbeutel für den Westexport beschafft werden. Seinerzeit wollte man die Blutspendebereitschaft von 4,4 Prozent aller DDR Bürger – bei einem internationalen Durchschnitt von 5 bis 6 Prozent – bis 1990 auf 7,7 Prozent erhöhen,[53] doch wurde in Wirklichkeit nicht einmal die 5-Prozent-Marge erreicht (siehe Tabelle 16).

Vermutlich gerade um die Blutspenden der Aufmerksamkeit der Öffentlichkeit zu entziehen, sollten auch Gefangene hierzu herangezogen werden. Hierfür ausgewählt wurde neben der Haftanstalt Waldheim (im Kreis Döbeln des Bezirkes Leipzig) das Gefängnis Gräfentonna (im Kreis Bad Langensalza des Bezirkes Erfurt). Denn während im letztgenannten Bezirk in der ersten Hälfte der achtziger Jahre die Blutspendebereitschaft eher gewachsen war[54] und

49 Vgl. Erstinformation der Kreisdienststelle Gera zum Blutplasmaexport v. 21.2.1985; BStU, MfS, BV Gera X/376/83, Bl. 146.

50 Vgl. Schreiben des Rat des Bezirks Erfurt, Abt. Gesundheits- und Sozialwesen, OMR Dr. Sonntag an die Kreisärzte v. 25.4.1985; ThHStAW Bezirkstag und Rat des Bezirkes Erfurt Altregistratur Nr. 040855, Bl. 18; Schreiben des Bezirksinstituts für Blutspende- und Transfusionswesen Erfurt, Nordhäuser Straße 74, v. 29.4.1985; ebenda, Bl. 62.

51 Vgl. Schreiben des Bezirksinstitut für Blutspende- und Transfusionswesen Erfurt o. D.; ebenda, Bl. 69.

52 Vgl. Schreiben des Rat des Kreises Arnstadt an den Rat des Bezirks Erfurt, Abt. Gesundheits- und Sozialwesen, OMR Dr. Sonntag v. 25.5.1985; ebenda, Bl. 35.

53 Vgl. Information zur Einführung der Plastblutbeuteltechnologie [im Blutspende- und Transfusionswesen der DDR] o. D. [1985]; BArch DC 20-I/4/5699, Bl. 137–144.

54 Siehe Tabelle 16. Einer anderen Aufstellung zufolge wurden im Bezirk Erfurt 1981: 956, 1982: 926, 1983: 1 292, 1984: 1 338 und 1985 (bis Jahresmitte) 883 Transfusionseinheiten gespendet. Vgl. Anlage 1 zum Schreiben des Rat des Kreises Bad Langensalza an den Rat des Bezirks Erfurt, Abt. Gesundheits- und Sozialwesen v. 15.5.1985: Übersicht der Abnahmestützpunkte und deren Leistungen in der Rot-Kreuz-Blutspende; ThHStAW Bezirkstag und Rat des Bezirkes Erfurt Altregistratur Nr. 040855, Bl. 40.

der Kreis Weimar im Jahre 1985 »zu Ehren des 40. Jahrestages der Befreiung vom Faschismus« sein Soll sogar vorfristig übererfüllte,[55] war im Kreis Bad Langensalza im Jahr 1983 ein »allgemeiner Rückgang« an Blutspenden zu beobachten gewesen, womit der Kreis auf die letzte Position im Bezirk (in Relation zur Einwohnerzahl) zurückgefallen war. Die Gründe hierfür lagen neben der unterschiedlich gehandhabten Entlohnung sowie logistischen Problemen mit Räumen und Personal im Fehlen von Großbetrieben in diesem Kreis, in denen die Mitarbeiter zur Blutspende motiviert werden konnten – der einzige größere Betrieb, der VEB Leder- und Schuhfabrik Bad Langensalza, wollte sich nicht mehr beteiligen.[56] So vereinbarte das Erfurter Bezirksinstitut für Blutspende- und Transfusionswesen mit dem Leitenden Arzt des Strafvollzugs Gräfentonna, dass am 8. Oktober 1984 zwischen 63 und 67 Häftlinge sowie zehn bis zwölf Aufseher der Haftanstalt Gräfentonna eine »unbezahlte [Blut-]Spende« leisten sollten. Von Freiwilligkeit war in dem Bericht nicht die Rede, und angesichts der Umstände der Haft wäre davon auch kaum zu sprechen; eine finanzielle Kompensation war für die Gefangenen auch nicht vorgesehen.[57] Um die Herkunft des Materials zu verschleiern, sollten dann die Aufdrucke »Bayerisches Rotes Kreuz« überklebt und die vom Spender abzugebende Erklärung weggelassen werden, derzufolge er sich mit der Speicherung seiner Daten entsprechend dem Bundesdatenschutzgesetz einverstanden erklärte. Ebenso sorgten die DDR-Verantwortlichen dafür, dass außer dem Geburtsdatum keine Personalien des Spenders erfasst und auf seine Unterschrift verzichtet wurde; stattdessen sollten die Fragebögen von Schwestern ausgefüllt und von Ärzten unterschrieben werden. Von vornherein war außerdem festgelegt: »Die Frage 42 wird grundsätzlich mit – nein – beantwortet.«[58] Frage 42 lautete: Haben Sie »Kontakte mit AIDS/Kontakte mit Homophilen«?[59] Angesichts der damals um sich greifenden HIV-Virusinfektion war dies eine unverantwortliche Praxis, befördert durch das Geheimhaltungsinteresse der DDR und die Profitgier der Vertragspartner.

Die in dem Blutplasmaexport eingebundenen Ärzte (etwa im Bezirk Gera) standen der Sache ohnehin »aus moralischen und ethischen Aspekten nicht

55 Vgl. Schreiben des Rat des Kreises Weimar an den Rat des Bezirks Erfurt, Abt. Gesundheits- und Sozialwesen, OMR Dr. Sonntag v. 13.5.1985; ebenda, Bl. 45.

56 Vgl. Schreiben des Rat des Kreises Bad Langensalza an den Rat des Bezirks Erfurt, Abt. Gesundheits- und Sozialwesen v. 15.5.1985; ebenda, Bl. 38 f.

57 Vgl. Abschrift der Information des GMS »Bungalow«, entgegengenommen von Hptm. Senebald v. 4.10.1984; BStU, MfS, BV Erfurt, Abt. XX 668, Bl. 5 f.

58 Information der HA XX [des Ministeriums für Staatssicherheit] über den Export von Blutbestandteilen in die Schweiz v. 14.1.1985; ebenda, Bl. 2 f.

59 Erfassungsbogen [für Blutspender] o. D.; ebenda, Bl. 4.

positiv gegenüber«.[60] Möglicherweise spielten auch politische Vorbehalte eine Rolle, denn am Bezirksinstitut für Blutspende- und Transfusionswesen Erfurt betrieben einige Angestellte aktiv ihren Ausreiseantrag.[61] Die in Gräfentonna eingesetzten Schwestern des Erfurter Instituts weigerten sich sogar, den Häftlingen Blut abzunehmen. »Die armen Strafgefangenen«, »die sind doch alle sicher gezwungen worden« und »dies geschieht doch nur unter Zwang« waren die häufigsten Meinungen in ihrer Mitte – weswegen der Blutabnahmetermin abgesagt werden musste. Dies stelle einen »Affront« gegen die »Staatspolitik und unsere sozialistische Gesellschaftsordnung« dar, noch dazu »am Vorabend des Jahrestages« der Staatsgründung, wie sich ein Funktionär im Bezirkskomitee des DRK ereiferte,[62] der schon wiederholt seine politische Loyalität gegenüber dem SED-Regimes bewiesen hatte und eifrig für die Staatssicherheit spitzelte.[63] Er wollte jetzt den Vorsitzenden des Bezirkskomitees des DRK, einen vormaligen Arzt der BDVP, einschalten und veranlassen, dass die Bezirksärztin ihre Disziplinargewalt zur Bestrafung der Schwestern einsetzen sollte.[64] Die Hauptabteilung XX wies daraufhin die Bezirksverwaltung Erfurt Ende Januar 1985 an, »mit operativen Mitteln entsprechende Kontrolle auszuüben, damit keine Schäden zum Ansehen der DDR entstehen«. Dazu sollte auch eine »Rückinformation über eingeleitete Maßnahmen und Ergebnisse« erfolgen, die aber nicht überliefert ist.[65]

Der Blutspendedienst des Bayerischen Roten Kreuzes untersuchte (wie vorgeschrieben) die knapp 35 000 von »Ortho-Diagnostic-Systems« im Jahre 1985 gelieferten Blutbeutel und beurteilte etwa 6 000 Beutel als mangelhaft bzw. unbrauchbar. Auch die übrigen Proben entsprachen nicht den strengen Richtlinien des Deutschen Arzneimittelgesetzes, weil eine Rückverfolgung der Proben bis zum einzelnen Spender nicht möglich war, wie die Staatssicherheit nur zu genau wusste. Nach internen Protesten wurde die Mehrzahl der Erythrozytenkonzentrate dann vom Bayerischen Roten Kreuz nicht selbst verwendet, aber an das New York Blood Center verkauft sowie dem Pharmakonzern

60 Ergänzende Erfassungsangaben der Kreisdienststelle Gera zum Blutplasmaexport v. 26.2.1985; BStU, MfS, BV Gera X/376/83, Bl. 144 f. Zur Ärzteschaft siehe auch: Weil, Francesca: Zielgruppe Ärzteschaft. Ärzte als inoffizielle Mitarbeiter des Ministeriums für Staatssicherheit der DDR. Göttingen 2008.

61 Vgl. BStU, MfS, BV Erfurt, ZMA 38/93.

62 Vgl. Abschrift der Information des GMS »Bungalow«, entgegengenommen von Hptm. Senebald v. 4.10.1984; BStU, MfS, BV Erfurt, Abt. XX 668, Bl. 5 f.

63 Vgl. BStU, MfS, BV Erfurt, AIM 1489/82.

64 Vgl. Abschrift der Information des GMS »Bungalow«, entgegengenommen von Hptm. Senebald v. 4.10.1984; BStU, MfS, BV Erfurt, Abt. XX 668, Bl. 5 f.

65 Schreiben des Leiters der HA XX des Ministeriums für Staatssicherheit Kienberg an den Stellvertreter Operativ der Bezirksverwaltung für Staatssicherheit Erfurt Boller v. 25.1.1985; ebenda, Bl. 1.

Behringwerke (Marburg) »zur Weiterverarbeitung« zur Verfügung gestellt.[66] Eine HTLV-III-Testung sollten ab 1986 auch schon die DDR-Bezirksinstitute vornehmen, doch standen zu wenige Testmaterialen aus dem Westen, Räumlichkeiten sowie Ärzte zur Verfügung.[67]

Ob später in Gräfentonna ein neuer Anlauf unternommen wurde, besagen die bislang aufgefundenen Unterlagen nicht mit letzter Sicherheit. Nachweislich wurde in der Haftanstalt Gräfentonna im Jahre 1984 erstmalig doch Blut abgenommen – 54 Liter noch in diesem Jahr und 26 Liter bis Mitte Mai 1985, was nur wenig hinter dem Plan zurückblieb –, doch diese Spenden könnten theoretisch auch allein von Aufsehern stammen.[68] Ebenfalls im Jahre 1984 sollten aber auch Insassen der Haftanstalt Waldheim Blut spenden; durch das selbstständige Eintragen in eine Liste sah die Gefängnisverwaltung wohl die Freiwilligkeit garantiert und veranlasste ärztliche Untersuchungen unmittelbar vor der Blutabnahme, die vermutlich einen HIV-Test beinhalteten.[69] Ob noch in weiteren Gefängnissen entsprechende Versuche zur Blutentnahme unternommen wurden (oder bereits stattgefunden hatten), ist nicht bekannt. Gründe für eine Fortsetzung hätte es gegeben, denn das SED-Regime hatte Blutspenden als Devisenquelle für sich entdeckt, und als beispielsweise 1988 erneut ein »Rückstand in der Produktion von Plasma für den Export« eintrat, galt es die »Leistungen des Blutspende- und Transfusionswesen durch Prämien [...] zu stimulieren«,[70] was jedoch sehr wahrscheinlich die traditionellen Wege der Blutspende meinte. Der Tenor der vorliegenden Berichte lässt jedenfalls nicht vermuten, dass die Verantwortlichen ein Einsehen hatten und Blutspenden von Gefangenen nun aus prinzipiellen Überlegungen, moralischen Skrupeln oder taktischen Überlegungen einstellten. Bekannt ist lediglich, dass auch angesichts sequenzieller Homosexualität von Gefangenen mögliche HIV-Infektionen zunehmend als Risiko betrachtet wurden. Ab November 1987 wurden neu eingelieferte Gefangene daraufhin untersucht, was bis März 1988 angeblich in keiner DDR-Haftanstalt zu einem positiven Befund

66 Süddeutsche Zeitung v. 12./13.12.1998, S. 59.

67 Vgl. Schreiben des Bezirksinstitut für Blutspende- und Transfusionswesen Erfurt an das Institut für Arzneimittelwesen v. 8.8.1986; ThHStAW Bezirkstag und Rat des Bezirkes Erfurt Altregistratur Nr. 040855, Bl. 92.

68 Vgl. Anlage 1 zum Schreiben des Rat des Kreises Bad Langensalza an den Rat des Bezirks Erfurt, Abt. Gesundheits- und Sozialwesen v. 15.5.1985: Übersicht der Abnahmestützpunkte und deren Leistungen in der Rot-Kreuz-Blutspende; ebenda, Bl. 40.

69 Vgl. Treffbericht der KD Döbeln mit dem IMS »Ernst« v. 13.9.1984; BStU, MfS, BV Leipzig, AIM 1754/92, Teil II, Bd. 1, Bl. 130 f.

70 Protokoll II/1988 der Beratung des Ministers [für Gesundheitswesen] mit den Bezirksärzten v. 31.3.1988; BStU, MfS, HA XX 8115, Bl. 74–79.

führte.[71] Allein in der Haftanstalt Brandenburg-Görden beispielsweise, die mit einer hohen Zahl langzeitbestrafter Männer gefährdet hätte sein können, wurden im ersten Halbjahr 1988 1 126 Gefangene auf HIV getestet,[72] vermutlich ohne dass sie davon erfuhren.

Im gerade wiedervereinigten Deutschland drängte das Bundesministerium für Jugend, Familie, Frauen und Gesundheit nun darauf, dass das Zentrale Exportbüro seine Tätigkeit möglichst rasch einstellen sollte, um dem Vorwurf des »Gewinnstrebens« im internationalen Handel mit Blut entgegenzutreten und nicht »die Spender in den neuen fünf Ländern auszunutzen«.[73] Die Geschäfte mit dem Schweizer Konzern »Ortho-Diagnostic-Systems« sowie die Vertuschungsversuche der Staatssicherheit wurden dann 1993 bekannt, doch war noch unklar, »wer damals alles so spendete«.[74] Dass auch Gefangenen Blut abgenommen worden sein konnte, wurde bereits vermutet, doch Details hierzu wurden nicht bekannt[75] und die Staatsanwaltschaft Erfurt konnte nach der friedlichen Revolution keine Hinweise auf eine zwangsweise Blutentnahme bei den Häftlingen in Gräfentonna finden.[76] Forschungen von Rainer Erices und Antje Gumz brachten zuletzt mehr Licht in die Sache.[77]

71 Vgl. Krause, Bärbel; Mager, Bernd: Untersuchungen zum Risiko und Vorkommen von Infektionen mit dem Humanen Immundefizienzvirus und dem Hepatitis B-Virus bei Strafgefangenen und Verhafteten im Strafvollzug der DDR (Dissertation). Berlin 1988, S. 70.

72 Komplexe Lageeinschätzung des Leiters der StVE Brandenburg für das I. Halbjahr 1988 v. 13.7.1988; BLHA, Bez. Pdm. Rep. 404/15.2/459.

73 Vgl. Schreiben der Außenstelle Berlin des BMJFFG an den Parlamentarischen Staatssekretär betr. Zentrales Exportbüro v. 8.11.1990; BArch DQ 1/15345, o. Pag.

74 Der Spiegel Nr. 45/1993 v. 8.11.1993, »Und dann in die Kanalisation«; http://www.spiegel.de/spiegel/print/d-13681598.html [31.10.2012].

75 Vgl. Koch, Egmont R.; Meichsner, Irene: Böses Blut. Die Geschichte eines Medizin-Skandals. Akt. u. erw. Neuaufl., Hamburg 1993, S. 333.

76 Förster, Andreas: Für Devisen geblutet. In: Mitteldeutsche Zeitung v. 14.5.2013; http://www.mz-web.de/politik/ddr-fuer-devisen-geblutet,20642162,22771254.html [20.5.2013].

77 Vgl. Erices; Gumz: DDR-Bezirksärzte.

4.8 Das Bekanntwerden der Westexporte aus der Häftlingsarbeit, die Rolle der Staatssicherheit und die Treuhandstelle für den Interzonenhandel

Der Strafvollzug an politischen Gefangenen war nicht so sehr durch deren Arbeitseinsatz (teilweise zur Herstellung von Erzeugnissen für den Westexport oder den Sonderfall der Blutabnahme) für das SED-Regime lukrativ, sondern durch den Freikauf der politischen Gefangenen. Denn in einem ethisch zweischneidigen »Deal« zahlte die Bundesregierung für deren Übersiedlung in die freie Welt und nahm damit eine Stabilisierung des SED-Regimes inkauf, konnte jedoch in humanitärer Absicht politische Gefangene aus ihrer Zwangslage in DDR-Haftanstalten befreien. Die Insassen gewannen so ihre Freiheit vorzeitig wieder und standen für den Arbeitseinsatz nicht länger zur Verfügung – weswegen der Freikauf auch nicht im Mittelpunkt dieser Untersuchung stand.

Seit Weihnachten 1962 sind unter Einschaltung von Rechtsanwalt Wolfgang Vogel 33 755 Häftlinge gegen westliche Devisen oder Bereitstellung von Mangelwaren freigekauft worden.[1] Bereits 1965 war mit 11 541 binnen eines Jahres freigekauften Häftlingen der Höhepunkt erreicht, während über die Folgejahre durchschnittlich etwa 1 200 Gefangene jährlich freigekauft wurden.[2] Bis 1977 wurden für einen Häftling zwischen 20 000 und 80 000 DM von der Bundesregierung gezahlt, je nach Reststrafe und Bildungsabschluss, den das SED-Regime finanziert wissen wollte; dann galt bis 1989 ein Pauschalpreis von knapp 96 000 Mark.[3] Dies summierte sich insgesamt zu über 3,5 Milliarden DM.[4] Die pro forma dafür bereitgestellten Waren verkaufte Ostberlin meist umgehend auf dem Weltmarkt, ohne dass sie das Territorium der DDR erreichten. Dafür wurden auch Luxuswaren für die SED-Führung sowie Überwachungstechnologien für die Staatssicherheit finanziert,[5] vor allem jedoch Kredite bedient sowie Exporthilfen finanziert.[6]

1 Vgl. Pötzl, Norbert F.: Basar der Spione. Die geheimen Missionen des DDR-Unterhändlers Wolfgang Vogel. Hamburg 1997, S. 13. Eine Dissertationsschrift von Jan Philipp Wölbern zum Thema »Häftlingsfreikauf aus der DDR« befindet sich im Erscheinen.

2 Vgl. Werkentin: Politische Strafjustiz in der Ära Ulbricht, S. 408.

3 Vgl. Beschlussempfehlung und Bericht des 1. Untersuchungsausschusses nach Artikel 44 des Grundgesetzes (Drucksache des Deutschen Bundestages 12/7600 – Bericht des KoKo-Untersuchungsausschusses). Bonn 1994, S. 305–317.

4 Vgl. Rehlinger, Ludwig: Freikauf. Die Geschäfte der DDR mit politisch Verfolgten 1963–1989. Berlin 1991, S. 247.

5 Vgl. Horster, Maximilian: The trade in political prisoners between the two german states, 1962–89. In: Journal of contemporary history, Nr. 3/2004, S. 404–424, hier 418 f.

6 Vgl. Judt, Matthias: Häftlinge für Bananen? Der Freikauf politischer Gefangener aus der DDR und das »Honecker-Konto«. In: Vierteljahrsschrift für Sozial- und Wirtschaftsgeschichte Nr. 4/2007, S. 417–439.

Die Abwicklung der Warenlieferungen übernahm auf DDR-Seite der bereits erwähnte Bereich Kommerzielle Koordinierung mit Alexander Schalck-Golodkowski. Wünschte die westliche Seite den Freikauf bestimmter Häftlinge, strich der ostdeutsche Unterhändler und Rechtsanwalt Wolfgang Vogel auf Geheiß der Staatssicherheit die Namen jener Personen, die das SED-Regime aus politischen oder geheimpolizeilichen Gründen (noch) nicht in den Westen ziehen lassen wollte. Im November 1984 hingegen bot der Ostberliner Rechtsanwalt sogar mehr Häftlinge zum Freikauf an, als der Westen freikaufen mochte oder konnte.

Vogel hatte in den fünfziger Jahren inoffiziell für die Staatssicherheit gearbeitet. Jetzt war sein Verbindungsmann bei der Geheimpolizei Heinz Volpert, Leiter des Selbstständigen Referates Sonderaufgaben des Ministers in der Hauptabteilung IX, dem Untersuchungsorgan der Staatssicherheit, das über die Freikaufslisten letztlich entschied, sofern nicht Erich Mielke selbst darüber befand.[7] Im Jahre 1986 wurde dann die für die Bekämpfung der Ausreisebewegung verantwortliche Zentrale Koordinierungsgruppe (ZKG) mit ihrem Leiter Gerhard Niebling für das Freikaufsgeschäft zuständig.[8]

Die Staatssicherheit fungierte außerdem für eine dreistellige Zahl von Gefangenen selbst als »Arbeitgeber«, insbesondere bis 1974 im Haftarbeitslager Hohenschönhausen.[9] Hier mussten die Gefangenen in den fünfziger Jahren in einer Spezialwerkstatt Gegenstände für die geheimpolizeiliche Arbeit herstellen, wie gefälschte Personalausweise oder Geräte zum heimlichen Öffnen von Briefen.[10] Ferner betrieben sie eine Spezialwerkstatt für Pkw, sahen sich aber dem Vorwurf verdeckter Sabotage ausgesetzt, die mehrfach zu Unfällen geführt habe.[11] In den späteren Jahren erledigten sie unter Aufsicht der Geheimpolizei vor allem Zeichen-, Konstruktions- und Bauarbeiten. In Zeiten geringerer Häftlingszahlen stellte das Ministerium des Innern aber nur widerstrebend die gewünschte Zahl von Häftlingsarbeitern bereit.[12]

Unabhängig von der Auflösung des Haftarbeitslagers in Hohenschönhausen im Jahre 1974 (bei weiterhin bestehender Untersuchungshaftanstalt sowie Haftkrankenhaus am gleichen Ort)[13] existierten in sämtlichen Untersuchungs-

7 Vgl. Schalck-Golodkowski, Alexander: Deutsch-deutsche Erinnerungen. Reinbek 2000, S. 166.

8 Vgl. Schreiben der Bezirksverwaltung für Staatssicherheit betr. ständige Ausreisen von Strafgefangenen in die BRD v. 3.3.1989; BStU, MfS, BV Potsdam, BdL/Dok., Nr. 401200.

9 Vgl. u. a. Erler, Peter: »Lager X«. Das geheime Haftarbeitslager des MfS in Berlin-Hohenschönhausen (1952–1972). Fakten, Dokumente, Personen (Arbeitspapiere des Forschungsverbundes SED-Staat Nr. 25/1997).

10 Vgl. Schmidt: Frage der Zwangsarbeit, S. 222 u. 240.

11 Vgl. BStU, MfS, KS II 827/89, Bl. 265.

12 Vgl. Eberle: Ökonomische Aspekte des Strafvollzuges, S. 129.

13 Vgl. Voigt, Tobias; Erler, Peter: Medizin hinter Gittern. Das Stasi-Haftkrankenhaus in Berlin-Hohenschönhausen. Berlin 2011.

haftanstalten der Staatssicherheit in den Bezirken sogenannte Strafgefangenenarbeitskommando (SGAK). Hier wurden Strafgefangene unter Bewachung für Dienstleistungen im jeweiligen Gefängnis eingesetzt (wie den Betrieb der Küche, das Waschen von Wäsche oder Instandhaltungsarbeiten),[14] analog zu den Hausarbeitern in den großen Strafvollzugsanstalten des Ministeriums des Innern. Deswegen übernahm die Staatssicherheit hierfür auch gern Häftlinge mit einschlägigen Berufen (wie Schlosser oder Schmied).[15] Gelegentlich kamen Sonderaufgaben hinzu, wie etwa das Überholen von Atemschutzmasken für den Bereich Bewaffnung und chemischer Dienst der Staatssicherheit in der MfS-Untersuchungshaftanstalt in Rostock.[16] In der MfS-Untersuchungshaftanstalt Magdeburg hingegen endete der vereinzelte Außenarbeitseinsatz Strafgefangener zur Renovierung öffentlicher Gebäude schon 1966, nachdem ein Häftlingsarbeiter zu fliehen versucht hatte.[17]

Strafgefangene wurden für solche Aufgaben in Untersuchungshaftanstalten verlegt, obwohl hier bereits Verhaftete einsaßen, doch diese sollten für Vernehmungen zur Verfügung stehen und durften keinen Kontakt zu Mittätern gewinnen, was bei einem Arbeitseinsatz schwer zu verhindern war. Dieser Vorrang der Ermittlungsverfahren ließ ökonomische Gesichtspunkte in den Hintergrund treten, weswegen Untersuchungshäftlinge bei der Staatssicherheit selten arbeiten mussten, wesentlich seltener jedenfalls als in den Untersuchungshaftanstalten des Ministeriums des Innern üblich. Ein erwünschter Nebeneffekt der Strafgefangenen-Arbeitskommandos war, dass die Geheimpolizei hier verurteilte Geheimnisträger (wie Angehörige der bewaffneten Organe) besser von anderen Gefangenen abschirmen,[18] enttarnte Zelleninformatoren leichter vor Vergeltung schützen und als IM geworbene Strafgefangene besser auf ihren Einsatz in der Freiheit vorbereiten konnte.[19] Denn in den meist nur ein bis zwei Dutzend Mann oder Frau starken Kommandos inmitten einer Untersuchungshaftanstalt mit Isolationshaft war das Durchsickern von Informationen und Gerüchten wesentlich leichter zu unterbinden als in den großen Strafvollzugsanstalten des Ministeriums des Innern.

14 Vgl. u. a. Scherrieble, Joachim (Hg.): Der Rote Ochse Halle (Saale). Politische Justiz 1933–1945, 1945–1989. Berlin 2008, S. 503–510; BStU, MfS, BV Neubrandenburg, Abt. XIV 1412.

15 Vgl. u. a. BStU, MfS, BV Halle, Abt. IX 6157.

16 Vgl. Nachweis der Abt. XIV Rostock über durchgeführte Arbeiten für andere Diensteinheiten im Jahre 1983 v. 13.1.1984; BStU, MfS, Abt. XIV 545, Bl. 33 f.

17 Vgl. Bastian, Alexander: Repression, Haft und Geschlecht. Die Untersuchungshaftanstalt des Ministeriums für Staatssicherheit Magdeburg-Neustadt 1958–1989. Halle 2012, S. 191.

18 Befehl 17/86 über den Vollzug von Freiheitsstrafen an Strafgefangenen in den Abteilungen XIV des MfS v. 3.10.1986; BStU, MfS, DSt 103319.

19 Vgl. Schekahn, Jenny; Wunschik, Tobias: Die Untersuchungshaftanstalt der Staatssicherheit in Rostock. Ermittlungsverfahren, Haftbedingungen und Zelleninformatoren in der Ära Honecker. Hg. BStU. Berlin 2012, S. 138–142.

Mit Ausnahme der Haftanstalten der Staatssicherheit sowie des Ministeriums für Nationale Verteidigung saßen alle Strafgefangenen in der DDR in den »regulären« Haftarbeitslagern und Strafvollzugsanstalten (sowie Haftkrankenhäusern und Untersuchungshaftanstalten) des Ministeriums des Innern ein. Gegenüber diesem sogenannten Organ Strafvollzug mit seiner obersten Gefängnisverwaltung in Ostberlin, der Verwaltung Strafvollzug, nahm die ostdeutsche Geheimpolizei grundsätzlich eine starke Position ein. Durch Auswahl der Aufseher, Beeinflussung fachlicher Leitungsentscheidungen (im Rahmen des sogenannten »politisch-operativen Zusammenwirkens«), Steuerung von Zuträgern (unter Aufsehern wie Häftlingen) sorgte der Mielke-Apparat für eine »Absicherung« des ostdeutschen Gefängniswesens.[20] Die Leitungen der in Kapitel 4.2. bis 4.6 genannten Gefängnisse machten dabei keine Ausnahme; so galt etwa der seit 1968 amtierende Leiter das Haftarbeitslagers Rüdersdorf ebenso wie sein Stellvertreter Ökonomie den Interventionen der Staatssicherheit gegenüber als aufgeschlossen.[21] Hingegen attestierte diese dem Stellvertreter Ökonomie der Haftanstalt Waldheim in der typischen Terminologie des Mielke-Apparates, er habe »die Notwendigkeit einer engen Zusammenarbeit mit den Mitarbeitern des MfS und der anderen Sicherheitsorgane noch nicht umfassend erkannt«;[22] die Staatssicherheit sorgte dann für die Versetzung dessen »rechter Hand«.[23] Ablösen ließ die Staatssicherheit insbesondere Aufseher, die private Westkontakte verschwiegen oder verschleierten, wurden hier doch »undichte Stellen« vermutet – gleich ob in diesen Haftanstalten (wie im Falle Waldheims) Waren für den Westexport produziert wurden oder nicht.[24]

Gegen Häftlinge schritt die Staatssicherheit beispielsweise ein, wenn diese den »Produktionsprozess« störten[25] und die Betriebs- und Gefängnisleitungen der Sache nicht Herr wurden oder die Urheber der stets vermuteten »Sabotage« nicht ermitteln konnten. Auch über die Schwerpunkte des Arbeitseinsatzes

20 Vgl. Wunschik, Tobias: Der DDR-Strafvollzug unter dem Einfluß der Staatssicherheit in den siebziger und achtziger Jahren. In: Engelmann, Roger; Vollnhals, Clemens (Hg.): Justiz im Dienste der Parteiherrschaft. Rechtspraxis und Staatssicherheit in der DDR. Berlin 1999, S. 467–493.

21 Vgl. Einschätzung des Leiters der StVE Rüdersdorf v. 18.5.1981; BStU, MfS, HA VII/8, ZMA 350/81, Bd. 1, Bl. 196–198; Einschätzung über den Stellvertreter für Ökonomie der StVE Rüdersdorf v. 15.5.1981; ebenda, Bl. 202 f.

22 Auskunftsbericht der Kreisdienststelle Döbeln zum Stellvertreter für Ökonomie des Leiters der StVE Waldheim zur v. 6.8.1982; BStU, MfS, BV Leipzig, AOPK 1993/92, Bl. 68 f.

23 Vgl. Sachstandsbericht der Kreisdienststelle Döbeln OPK »Kratzer« v. 17.5.1989; ebenda, Bl. 262–264.

24 Vgl. u. a. Abschlussbericht der Kreisdienststelle Döbeln zur OPK »Hamster« v. 11.12.1986; BStU, MfS, BV Leipzig, AOPK 2106/86, Bl. 96 f.

25 Schreiben an die Bezirksverwaltung für Staatssicherheit Frankfurt/O. betr. Einsatz von Strafgefangenen v. 10.5.1989; BStU, MfS, BV Frankfurt/O., V 738/72, KD Fürstenwalde, Bd. III, Bl. 672.

war die Geheimpolizei bei Zeiten im Bilde;[26] ein Vertreter des Mielke-Apparates nahm auch an den Beratungen zwischen den Gefängnisleitungen und den Arbeitseinsatzbetrieben teil.[27] Während die Gefängnisverwaltung dem Drängen der Betriebe sowie der Staatlichen Plankommission entsprechend beim Arbeitseinsatz den wirtschaftlichen Nutzen betonte, hielt die Staatssicherheit unter politischen Gesichtspunkten eine sichere Verwahrung der Gefangenen für mindestens ebenso wichtig.[28]

Wo Häftlinge an der Herstellung von Exportware beteiligt waren, erschien eine geheimpolizeiliche Absicherung der Betriebe besonders wichtig. So hieß es zum Beispiel zur Anwerbung eines Schichtleiters des VEB Stahlgießerei »Wilhelm Pieck« Magdeburg-Rothensee (in diesem Fall durch die Arbeitsrichtung I/4 der Kriminalpolizei): »Speziell in diesem Bereich werden Teile hergestellt, die in Exportgeräte eingebaut werden. Gerade hier kommt es darauf an, dass Faktoren wie: Manipulationen mit Produktionsergebnissen [...] durch inoffizielle Tätigkeit aufgedeckt und beseitigt werden.«[29] Angesichts der Devisenknappheit der DDR sorgte sich die Geheimpolizei auch außerhalb der Arbeitseinsatzbetriebe um die Sicherung des Westexports und half mit geheimpolizeilichen Mitteln nach, wenn ihr dieses nötig erschien.[30] »Die operative Arbeit wurde immer wieder auf die Feststellung der Ursachen für die Planrückstände im NSW-Export ausgerichtet«, wie etwa die für die Absicherung des Möbelkombinats Ribnitz-Damgarten zuständige Diensteinheit resümierte.[31] Da exportorientierte Betriebe ihre Mitarbeiter regelmäßig zu Verkaufsverhandlungen sowie »intensiver Marktforschung« in den Westen schickten, war aus Sicht der Staatssicherheit deren intensive Durchleuchtung unabdingbar und teilwei-

26 So informierte sie die Verwaltung Strafvollzug beispielsweise von der Absicht der Staatlichen Plankommission, angesichts hoher Häftlingszahlen 1979 Gefangene im Erzgebirge, dem Thüringer Wald sowie dem Zittauer Gebirge Bäume fällen zu lassen. Aus Sicherheitsgründen lehnte dies die oberste Gefängnisverwaltung ab, ließ aber auch keinen Zweifel daran: »Falls durch Ministerrat doch auf Einsatz SG bestehen bleibt müssen wir dem zustimmen aufgrund VW[volkswirtschaftlicher]-Bedeutung.« Vermerk der Verwaltung Strafvollzug v. 24.7.1979; BStU, MfS, HA VII/8, ZMA 57/79, Bl. 6.

27 Vgl. u. a. Aufstellung der Teilnehmer der Beratung des Chefs der BDVP mit den Direktoren der zentral festgelegten Arbeitseinsatzbetriebe v. 17.8.1978; SächsStAL 20250 BDVP Leipzig 1069, o. Pag.

28 Vgl. Auskunftsbericht der Kreisdienststelle Döbeln zum Stellvertreter für Ökonomie des Leiters der StVE Waldheim zur v. 6.8.1982; BStU, MfS, BV Leipzig, AOPK 1993/92, Bl. 68 f.

29 Information [der Arbeitsrichtung Kriminalpolizei der BDVP Magdeburg] v. 19.8.1986; BStU, MfS, BV Magdeburg, AOG 1482/87, Bl. 6.

30 Vgl. Haendcke-Hoppe-Arndt, Maria: Hauptabteilung XVIII: Volkswirtschaft (MfS-Handbuch). Hg. BStU. Berlin 1997; Hertle, Hans-Hermann; Gilles, Franz-Otto (Hg.): Zur Rolle des Ministeriums für Staatssicherheit in der DDR-Wirtschaft. In: Hürtgen, Renate; Reichel, Thomas (Hg.): Der Schein der Stabilität. DDR-Betriebsalltag in der Ära Honecker. Berlin 2001, S. 173–189, hier 179.

31 Bericht der Abt. XVIII über die politisch-operative Sicherung des VEB Möbelkombinat Ribnitz v. 5.7.1982; BStU, MfS, BV Rostock, Abt. XVIII 151, Bl. 42–54.

se deren Anwerbung als IM notwendig.[32] In wichtigen Exportbetrieben (wie im Möbelkombinat Ribnitz-Damgarten) waren auf strategisch wichtigen Positionen sogar Offiziere im besonderen Einsatz tätig.[33]

Hauptaufgabe der Spitzel in der Volkswirtschaft war es oft, verschleierte Westkontakte ihrer Kollegen aufzudecken[34] – was gerade in solchen Betrieben wichtig war, die Geschäftsbeziehungen in den Westen unterhalten mussten. Mithilfe ihrer personellen Verankerung in den Betrieben konnte die Geheimpolizei außerdem Wirtschaftsspionage im Westen betreiben und war zugleich über eigene Lieferengpässe und die Gefährdung des Westexports im Bilde[35] – oftmals vermutlich früher als die Betriebe über die offiziellen Kanäle an Staats- und Parteiführung meldeten. Die Staatssicherheit ermittelte auch gegen die westreisenden Leiter Volkseigener Betriebe, wenn diese etwa womöglich Devisen in die eigene Tasche fließen ließen.[36] Selbst Betriebsdirektoren wurden auf Betreiben der Staatssicherheit abgelöst, wenn sie etwa im Westen Geschenke angenommen und deren Empfang nach Rückkehr aus der Bundesrepublik verschwiegen hatten.[37] Diese Gefahr bestand schon deswegen, weil Parteifirmen (wie Lämmerzahl oder Chemo-Plast) die ostdeutschen Betriebsleiter oft mit großzügigen Präsenten und Geldgeschenken bis zu 2 000 DM bedachten – und die SED-Führung deren problemlose Entgegennahme (im Gegensatz zur üblichen Praxis) damit begründet, dass die »Parteiinteressen den Interessen des Staatsapparates übergeordnet« seien.[38]

Bis hinauf in die Ministeriumsebene untersuchte die Staatssicherheit verschwiegene Westkontakte und achtete auf die Kooperationsbereitschaft der zuständigen Minister – wie bei dem (in Kapitel 4.2 genannten) Minister für Bezirksgeleitete Industrie und Lebensmittelindustrie Udo-Dieter Wange, der zwischen 1974 und 1989 für die Möbelindustrie verantwortlich zeichnete. Ihn sowie die Führungsebene seines Ministeriums informierte die Staatssicherheit auch über die (durch ihre Untersuchungen bewirkten) Verurteilungen von

32 Vgl. Anforderungskriterien an den IM-Kandidaten v. 14.2.1979; BStU, MfS, BV Schwerin, AIM 191/94, Bd. 1, Bl. 55 f.

33 Vgl. Beurteilung der KD Ribnitz-Dammgarten v. 31.5.1989; BStU, MfS, AOibE 11356/89, Bl. 276 f.

34 Vgl. Gilles, Franz-Otto; Hertle, Hans-Hermann: Überwiegend negativ. Das Ministerium für Staatssicherheit in der Volkswirtschaft dargestellt am Beispiel der Struktur und Arbeitsweise der Objektdienststellen in den Chemiekombinaten des Bezirkes Halle. Berlin 1994, S. 21.

35 Vgl. Information über zu erwartende Probleme in der NSW-Exportplanerfüllung des VEB Rohrkombinat Riesa v. 16.12.1985; BStU, MfS, BV Dresden, AKG 7626, S. 248–254.

36 Vgl. Zwischenbericht der KD Finsterwalde zum OV »Tisch« v. 23.7.1986; BStU, MfS, HA XVIII 4928, Bl. 18–26.

37 Vgl. Abschlussbericht zum OV der Kreisdienststelle Wittenberg v. 20.1.1987; BStU, MfS, HA XVIII 3652, ZMA 9839, Bl. 34–37.

38 Information der HA XVIII v. 11.4.1977; BStU, MfS, AG BKK 1754, Bl. 32 f.

Kombinatsdirektoren und erntete dafür Loyalitätsadressen (oder Lippenbekenntnisse).[39] Auch der ab 1982 amtierende, unter anderem für das Kombinat Esda Thalheim zuständige Minister für Leichtindustrie Werner Buschmann »unterstützte spezifische Anliegen unseres Organs bereitwillig und wahrte die Konspiration«.[40] Und wenn in den nachgeordneten Betrieben etwa Havarien bzw. Sabotagehandlungen untersucht werden sollten, gab die Staatssicherheit dem Ministerium die Linie vor.[41]

Wie in Kapitel 2.6 bereits geschildert, konnte die Staatssicherheit auch darüber befinden, welche Betriebsangehörigen überhaupt in Berührung mit den Häftlingsarbeitern kommen durften. Dies sollte vorrangig verhindern, dass letztere durch Bestechung unzuverlässiger Betriebsangehöriger begehrte Waren in die Haftanstalt einschmuggeln oder Nachrichten an der Zensur vorbei nach draußen (oder gar bis in den Westen) transportieren konnten, etwa den Arbeitseinsatz der Gefangenen betreffend. So durften laut Sicherungsordnung 102/85 »Betriebsangehörige mit Leitungs- und Überwachungsfunktion […] keine Besuche aus den nichtsozialistischen Staaten und Westberlin empfangen« sowie keine postalischen Verbindungen dorthin unterhalten.[42] In der Praxis wurde Briefverkehr in den Westen gerade noch toleriert, es sei denn, die Betreffenden saßen in Leitungsfunktionen oder überwachten unmittelbar die Produktion der Häftlingsarbeiter.[43] Wo berufliche Kontakte leitender Betriebsangehöriger Dienstreisen in den Westen einschlossen, befürchtete die Geheimpolizei häufig weltanschauliche »Aufweichung« – etwa in Form nachlässiger Preisverhandlungen (zum Nachteil des Betriebes), der Korruption (durch Gastgeschenke westlicher Konzernvertreter) oder gar ein Überwerben durch westliche Dienste –, selbst wenn die Betreffenden zugleich als IM der Staatssicherheit akribisch von ihren Westreisen berichteten.[44] Nicht wenige Kontrollmaßnahmen (Operative Personenkontrolle) der Geheimpolizei gegen die Beschäftigten der Arbeitseinsatzbetriebe galten daher dem Nachweis ver-

39 Vgl. Vermerk der HA XVIII/6/3 v. 10.7.1978; BStU, MfS, HA XVIII, AP 47143/92, Bl. 24.

40 Vgl. Stellungnahme [der Staatssicherheit] zur Vorlage für das Politbüro – Bestätigung Genossen Buschmann als Minister – v. 23.10.1978; ebenda, Bl. 32.

41 Vgl. Vermerk der HA XVIII/11 über ein Gespräch mit dem Stellv. des Ministers für Lebensmittelindustrie; BStU, MfS, HA XVIII, AP 43781/92, Bl. 131.

42 Einleitungsbericht zur operativen Personenkontrolle »Schlosser«, o. D.; BStU, MfS, BV Halle, Abt. VII 825, Bl. 245 f., unter Bezug auf Teil B 3 der Sicherungsordnung Strafvollzug Nr. 102/85 des Ministers des Innern v. 22.8.1985; BStU, MfS, BdL/Dok., Nr. 11690.

43 Vgl. Festlegungen des Leiters der Bezirksverwaltung Dresden über die Organisation der Zusammenarbeit zwischen der Abt. VII zur politisch-operativen Sicherung der Arbeitseinsatzbetriebe v. 30.9.1986; BStU, MfS, BV Dresden, Abt. VII 7463, Bl. 36–39.

44 Vgl. Konzeption der Kreisdienststelle Hettstedt zur Durchführung einer operativen Kombination im Rahmen der EÜ [Ehrlichkeitsüberprüfung] »Werner Klemm« v. 29.1.1988; BStU, MfS, BV Halle, Abt. XVIII 4551, Bl. 47–49.

schwiegener Westkontakte.[45] Wenn sich der Verdacht erhärtete, war in der Regel die Konsequenz, dass den Betreffenden der weitere Zugang zu den Betriebsteilen mit Häftlingsarbeitern verwehrt wurde oder sie in andere Betriebe versetzt wurden. Aber auch strafrechtliche Konsequenzen und operative Zersetzungsmaßnahmen lagen im Bereich des Möglichen.

Um die Betriebsangehörigen überprüfen sowie die Überwachung der Häftlinge mithilfe der Betriebsangehörigen auch auf den täglichen Arbeitseinsatz ausdehnen zu können, mussten wiederum andere Betriebsangehörige (möglichst in Leitungspositionen) als IM angeworben werden.[46] Deren Einsatz hatte »sowohl aus Sicht der Sicherheit, als auch unter Beachtung der volkswirtschaftlichen Erfordernisse« zu erfolgen.[47] Wie in Kapitel 2.6 ausgeführt, wurden prozentual aber weit weniger Betriebsangehörige als Aufseher oder Häftlinge angeworben – vermutlich weil diese grundsätzlich als loyal, andererseits aber auch als längst nicht so wichtig wie die Aufseher galten – weswegen weniger Zuträger aus ihrer Mitte erforderlich zu sein schienen.[48]

Eine wesentliche Aufgabe des Mielke-Apparates lag in der Geheimhaltung von Informationen, die die Häftlingsarbeit betrafen, besonders gegenüber dem Westen. Die Staatssicherheit wollte daher die Leiter der Arbeitseinsatzbetriebe durch Absprachen dazu bewegen, nur nach Rücksprache mit der jeweiligen Gefängnisleitung Waren durch Häftlinge verpacken zu lassen, diesen dabei unablässig »auf die Finger« zu schauen, die Sendungen am Ende zu kontrollieren und die Gefangenen auf keinen Fall Ware für den Westexport verpacken zu lassen.[49] Hintergrund war der befürchtete Schmuggel von Kassibern, mittels derer die (politischen) Gefangenen in der DDR auf ihr Schicksal aufmerksam hätten machen können. Da die Häftlinge gelegentlich um die westlichen Endabnehmer etlicher Produkte wussten und diese in wenigen Fällen eben doch selbst einpacken »durften«, war die Verlockung groß, dies als Nachrichtenkanal bis in den Westen zu nutzen.

Beim VEB Wittol Wittenberg, Betriebsteil Ebersbach, beispielsweise wurden die Häftlingsarbeiter nicht nur in der Produktion, sondern auch beim

45 Vgl. u. a. Einleitungsbericht zur operativen Personenkontrolle »Schlosser« o. D.; BStU, MfS, BV Halle, Abt. VII 825, Bl. 245 f.

46 Vgl. u. a. Vorschlag der Abt. VII/5 der BV Magdeburg zur Gewinnung eines GMS v. 15.4.1980; BStU, MfS, BV Magdeburg, AGMS 48/84, Bl. 24–27.

47 Vgl. Festlegungen des Leiters der Bezirksverwaltung Dresden über die Organisation der Zusammenarbeit zwischen der Abt. VII zur politisch-operativen Sicherung der Arbeitseinsatzbetriebe v. 30.9.1986; BStU, MfS, BV Dresden, Abt. VII 7463, Bl. 36–39.

48 Vgl. Zusammenfassender Bericht der HA VII über Ergebnisse der Kontrollen o. D. [1984]; BStU, MfS, HA VII 8479, Bl. 41–52.

49 Vgl. Schreiben des Leiters der StVE Brandenburg v. 18.3.1988; BStU, MfS, BV Potsdam, Abt. VII 747, Bl. 130 f.

Verpacken der Kerzen für den Westexport eingesetzt. Als dies – möglicherweise wegen Planrückständen – kurzzeitig ohne Überwachung geschah, wollten die Häftlinge Briefe »verleumderischen Inhalts« beifügen.[50] Ebenso sendeten die Häftlingsarbeiterinnen des VEB Planet Wäschekonfektion Eppendorf (Haftanstalt Hoheneck) mittels der dort gefertigten Bettwäsche Zettel mit »Grüßen aus dem Ost-Knast an den Westen«.[51] Auch die im VEB Modell- und Plastspielwaren Annaberg-Buchholz in den siebziger Jahren eingesetzten Häftlinge aus der gleichen Haftanstalt konnten offenbar Kassiber bis in die Bundesrepublik schmuggeln, da sie – infolge Personalmangels – beim Verpacken oftmals nicht beaufsichtigt wurden; durch die Indiskretion eines Betriebsangehörigen wussten sie von den »Exportaufträgen für das kapitalistische Ausland«.[52] Der Betrieb sollte in den achtziger Jahren etwa mit Wasserspielzeug mehrere Millionen Valutamark im Westen umsetzen.[53]

Viele der Kassiber wurden freilich bei gezielten Kontrollen oder zufällig entdeckt, noch bevor sie in den Westen gelangten. So hatten einige Cottbuser Häftlingsarbeiter in der Bohrerei der Haftanstalt eine Nachricht an die westliche Öffentlichkeit zwischen den Diakästen versteckt, die Pentacon Dresden von hier aus in den Westen lieferte. In diesem Fall verriet ein Spitzel unter den Gefangenen, ein Inoffizieller Kriminalpolizeilicher Mitarbeiter der Arbeitsrichtung I/4 der Kriminalpolizei, diesen Plan, weswegen 14 000 Packungen noch einmal geöffnet werden mussten, um dann tatsächlich eine Handvoll Losungen zu finden. Den Initiatoren trug dies eine neue Verlegung in die Untersuchungshaft der Staatssicherheit und eine »Bearbeitung« in einem Operativen Vorgang (OV) ein.[54] Doch auch wo der Versand nur in die DDR erfolgte (wie bei der FDJ-Zeitschrift »Frösi«), witterten Häftlinge die Chance einer unüberwachten Kontaktaufnahme mit der (ostdeutschen) Außenwelt.[55]

Alle diese Anstrengungen galten der Abschottung des DDR-Strafvollzugs von der freien Welt. Um kritische Berichterstattungen in Westmedien zu verhindern, setzte die ostdeutsche Geheimpolizei auf das Vertuschen der Missstände und das Geheimhalten kritikwürdiger Praktiken, wie bei den beabsich-

50 Vgl. BDVP Dresden: Erkannte Mittel und Methoden der Ausschleusung von Informationen aus dem Strafvollzug v. 8.1.1979; BStU, MfS, HA VII/8, ZMA 41/79, Bl. 8–11.

51 Vgl. Schade, Thomas: Westware aus dem Ostknast. In: Sächsische Zeitung v. 9.7.2012; http://www.sz-online.de/freizeit/fernsehen/artikel.asp?id=3102528 [10.9.2012].

52 Erscheinungen und Unsicherheitsfaktoren, die die Ordnung in der StVA Hoheneck beeinträchtigen von Dezember 1971; BStU, MfS, BV Karl-Marx-Stadt, AKG 2738, Bl. 10–18.

53 Vgl. Staatliche Plankommission: Ergebnis der Durcharbeitung der Vorschläge zur Überarbeitung des NSW-Exports des Ministeriums für Bezirksgeleitete Industrie und Lebensmittelindustrie v. 6.5.1983; BArch DN 1/27060, o. Pag.

54 Vgl. BStU, MfS, HA VII/8, ZMA 175/80.

55 Vgl. BDVP Dresden: Erkannte Mittel und Methoden der Ausschleusung von Informationen aus dem Strafvollzug v. 8.1.1979; BStU, MfS, HA VII/8, ZMA 41/79, Bl. 8–11.

tigten Blutspenden für den Westexport (siehe Kapitel 4.7). Gerade auch der Arbeitseinsatz von Häftlingsarbeitern mit seinen zahlreichen Schattenseiten, wie den Unfällen und den hohen Arbeitsnormen, sollte der Weltöffentlichkeit möglichst verborgen bleiben. Nach dem Bekanntwerden der oben beschriebenen Quecksilbervergiftungen von Insassen der Haftarbeitslager Bitterfeld und Raßnitz beispielsweise (siehe Kapitel 3.4) versuchte die Staatssicherheit alles, um das Durchsickern weiterer Informationen zu verhindern. So wurde der Freikauf von zwei weiteren Häftlingen allein deswegen verzögert, weil auch in ihrem Blut noch zu viel des Giftes nachgewiesen wurde. Und um später nicht erneut in ähnliche Verlegenheit zu geraten, sollten im Bitterfelder Chemiekombinat fortan gar keine politischen Gefangenen mehr eingesetzt werden, die auf den Weg des Freikaufs in den Westen hätten gelangen können. Die Staatssicherheit wollte sogar damit drohen das Freikaufsgeschäft einzuschränken, wenn die Berichterstattung der Westmedien sich nicht ändern würde.[56]

Neben den Kassibern ließen vor allem die Augenzeugenberichte freigekaufter politischer Häftlinge auf den Arbeitseinsatz von Gefangenen auch für den Westexport schließen. Denn sie stießen in der Bundesrepublik gelegentlich auf solche Artikel, wie sie sie selbst zuvor im DDR-Strafvollzug gefertigt hatten, ausgewiesen etwa durch den Produktionsstempel auf der Unterseite eines Möbelstückes »Hergestellt in der DDR – HVB [Holzverarbeitungswerke Burg]«.[57] Auch die Fachzeitschrift »markt intern« (Düsseldorf) beispielsweise schrieb über den Arbeitseinsatz von Häftlingsarbeitern bei der Herstellung von Fotoapparaten in Cottbus und sandte den Artikel an das Kombinat Pentacon Dresden, das die Abteilung Kontrolle des Ministeriums für Außenhandel (mithin die Staatssicherheit) »sofort« in Kenntnis setzte.[58] Ein weiteres Exemplar ging der Westberliner Firma Beroflex zu, die 1969 zum Vertrieb von Praktica-Produkten gegründet worden war. Deren Presseabteilung erklärte daraufhin wahrheitswidrig: »Im Pentacon-Werk produzieren keine Häftlinge. Die Arbeitsbedingungen sind dort mindestens genauso gut wie in westdeutschen Betrieben.«[59]

Spätestens Ende der siebziger Jahre lagen daher im Westen so viele übereinstimmende Aussagen ehemaliger Häftlinge vor, dass der Arbeitseinsatz von Gefangenen für Westfirmen als allgemein bekannt gelten durfte; insbesondere die Häftlingsverbände thematisierten dies immer wieder. Bereits anlässlich des Internationalen Sacharow-Hearings in Washington im September 1979 veröffentlichte zum Beispiel die Arbeitsgemeinschaft 13. August eine Liste mit

56 Vgl. Vesting: Zwangsarbeit im Chemiedreieck, S. 108 f.

57 Schmidt; Weischer: Zorn und Trauer, S. 195.

58 Schreiben des Außenhandelsbetriebs Kamera Film Export Import an das Ministerium für Außenhandel v. 26.10.1976; BArch DL 2/5698, o. Pag.

59 markt intern Möbel v. 20.10.1976; BArch DL 2/5698, o. Pag.

32 Volkseigenen Betrieben, die in Haftanstalten Waren produzieren ließen – darunter auch 14 Betriebe, die schon nach damaligem Kenntnisstand Produkte bis in den Westen lieferten, wenngleich die abnehmenden Firmen nicht ausdrücklich benannt wurden[60] – möglicherweise um Gegenklagen vorzubeugen, da eine lückenlose Beweiskette nicht vorlag. In den entsprechenden Branchen jedenfalls war die Häftlingsarbeit ein offenes Geheimnis; IKEAs Hauptkonkurrent Lämmerzahl etwa bediente sich in den Vertragsverhandlungen mit dem Generaldirektor des AHB Holz und Papier sogar des Arguments, der schwedische Konzern würde »Möbel aus DDR-Sträflingsbetrieben« beziehen[61] – ohne ausschließen zu können, dass die von ihm selbst vertriebenen Möbel nicht ebenfalls teilweise Häftlinge gefertigt hatten (siehe Kapitel 4.2).

Auf die erwähnte Liste der Arbeitsgemeinschaft 13. August stützte sich die »Frankfurter Allgemeine Zeitung« bei einem Artikel am Vorabend des Jahrestages des Mauerbaus von 1982 und beklagte, dass der Arbeitseinsatz von Gefangenen in der DDR weniger problematisiert werde als jener in der Sowjetunion; dabei wurden die fraglichen Produkte sowie die Haftanstalten, aus denen sie kamen, benannt, aber auch hier nicht die abnehmenden Westfirmen.[62] Diesen Artikel nahm ein paar Monate später eine niederländische Gruppe von amnesty international zum Anlass, den Direktor des VEB Pentacon Dresden um nähere Auskünfte zum Arbeitseinsatz von Gefangenen für seinen Betrieb zu bitten. »Beachten Sie bitte, dass unsere Kritik nicht das Arbeiten der Gefangenen betrifft, aber die ungünstigen Arbeitsbedingungen.«[63] Angaben von amnesty international zitierte im September 1982 auch die Tageszeitung »Die Welt« und behauptete, dass 65 Prozent der in DDR-Gefängnissen produzierten Waren in den Westen exportiert würden, benannte jedoch ebenfalls nicht die abnehmenden Firmen.[64] Im März 1983 machte die »Frankfurter Allgemeine Zeitung« dann wie erwähnt die geschilderten Quecksilbervergiftungen von Häftlingen im Bitterfelder Chemiekombinat publik,[65] was den Arbeitsbedingungen der politischen Gefangenen in der DDR erneut

60 Vgl. Arbeitsgemeinschaft 13. August (Hg.): Die gravierendsten Verletzungen von Arbeitsrechten in der DDR und deren Auswirkungen – Internationales Sacharov-Hearing in Washington 26.–30.9.1979 (38 S.); BStU, MfS, HA XXII 1107, Bl. 1. Siehe auch: FAZ v. 12.8.1982; BStU, MfS, HA IX 16976, S. 165.

61 Vgl. Niederschrift der Aussprache mit dem GD des AHB Holz und Papier Kämmler über IKEA v. 20.5.1980; BArch DL 2 VA 484, o. Pag.

62 Vgl. FAZ v. 12.8.1982; BStU, MfS, HA XVIII 9265, Bl. 7.

63 Schreiben von amnesty international Utrecht an den VEB Kombinat Pentacon v. 16.3.1983; BStU, MfS, HA XVIII 9265, Bl. 2.

64 Vgl. Sandor, Istvan: Zahlen, Fakten zum Haftalltag. In: Die Welt v. 7.9.1982, S. 7.

65 Vgl. »›Todeskommando‹ in Bitterfeld«. In: FAZ v. 25.3.1983; zit. nach: Vesting: Zwangsarbeit im Chemiedreieck, S. 107.

viel Publizität verlieh. Grundlage des Artikels waren die übereinstimmenden Aussagen von sechs ehemaligen Häftlingen, die freigekauft worden waren.[66]

Gewichtigen Anteil am weiteren Bekanntwerden der Häftlingsarbeit für Westfirmen hatte die Internationale Gesellschaft für Menschenrechte (IGfM). Im Sommer 1982 wandte sie sich schriftlich an die Firma Quelle und informierte darüber, »dass die von der Fa. Quelle importierte Bettwäsche in der Strafvollzugsanstalt Hoheneck genäht wird. Die Häftlinge würden dort unter unmenschlichen Bedingungen leben.« Der Konzern möge seinen Einfluss geltend machen, damit dies abgestellt werde. Das Versandhaus versuchte dann angeblich, die Veröffentlichung eines diesbezüglichen Presseartikels zu verhindern,[67] doch brachten der Deutschlandfunk und »Die Welt« doch ein Interview, in der eine ehemalige Häftlingsarbeiterin Quelle als Abnehmer der in Hoheneck produzierten Ware benannte.[68] Daraufhin ließ Quelle verlauten, dass sie entsprechende Anstrengungen unternehmen wolle, damit in ihre Produkte keine Häftlingsarbeit einfließen würde, der Importanteil von Bettwäsche aus der DDR läge aber ohnehin bei lediglich 3,5 Prozent. Im Gespräch mit dem Vertreter eines DDR-Betriebs erklärte ein leitender Mitarbeiter des Konzerns außerdem, Quelle habe »bis vor einigen Jahren« auch in der Bundesrepublik Häftlinge beschäftigt, etwa mit dem Eintüten von Katalogen.[69]

Dem Quelle-Konzern wurden auch regelmäßig von Käufern in der Bundesrepublik Kassiber zugeschickt, die ihnen beim Öffnen von Paketen Bettwäsche und Ähnlichem in die Hände gefallen waren; der Konzern hatte die Botschaften der Häftlingsarbeiterinnen aber eher als unpolitische Grußadressen denn als Hilferufe interpretiert und nicht weiter darauf reagiert.[70] Ebenso wiesen freigekaufte, ehemalige Häftlingsarbeiterinnen nach eigener Aussage die abnehmenden Westfirmen der in Hoheneck hergestellten Bettbezüge und Strumpfhosen auf den Ursprung der Waren hin.[71]

Teile der IGfM wollten auch im Herbst 1982 vor mehreren westdeutschen IKEA-Filialen gegen die Produktion von Möbeln im DDR-Strafvollzug protestieren, wie die Staatssicherheit bereits im Vorfeld erfuhr.[72] Anfang März 1984 verübten dann Unbekannte einen Brandanschlag auf die Berliner Nie-

66 Vgl. Vesting: Zwangsarbeit im Chemiedreieck, S. 107.

67 Abschrift des Berichts des AHB Textil Commerz v. 22.11.1982; BStU, MfS, HA XVIII 23476, Bl. 148.

68 Vgl. Interview im Deutschlandfunk am 7.9.1982; abgedruckt in: Die Welt v. 9.9.1982, S. 7.

69 Abschrift des Berichts des AHB Textil Commerz v. 22.11.1982; BStU, MfS, HA XVIII 23476, Bl. 148.

70 Aussage des Vorstandsvorsitzenden Handel der Quelle AG Willi Harrer. In: Worst, Anne: Westware aus dem Ostknast. ARD 9.7.2012.

71 Vgl. Bastian; Neubert: Schamlos ausgebeutet, S. 85.

72 Vgl. Einschätzung der Bezirkskoordinierungsgruppe Leipzig über rechtswidrige Ersuchen v. 13.7.1982; BStU, MfS, BV Leipzig, BKG 146, Bl. 24–45.

derlassung von IKEA. Bei einer weiteren Brandstiftung auf die deutsche IKEA-Zentrale in Wallau (Main-Taunus-Kreis) noch im gleichen Monat wurden dann durch ein Großfeuer die bundesdeutsche IKEA-Zentrale sowie ein dazugehöriges Einrichtungshaus vernichtet; 70 Millionen DM betrug der Schaden. Da in einer Leserzuschrift an die »tageszeitung« eine Gruppe namens »Daisy Duck« IKEA der Ausbeutung von Häftlingsarbeitern in der DDR beschuldigte[73] und im November 1983 in Bremen auf gefundenen Flugblättern ähnliche Vorwürfe erhoben worden waren, wurde früh über politische Motive der Brandstifter spekuliert.[74] Kern der erhobenen Vorwürfe war, dass IKEA das Sofa-Modell »Klippan« in der Haftanstalt Waldheim produzieren lasse; auch IKEA-Chef Ingvar Kamprad war über diese Vorwürfe im Bilde.[75] Wenige Tage später gestand jedoch ein 31-jähriger Angehöriger der Betriebsfeuerwehr von IKEA, den Brand in Wallau gelegt zu haben.[76]

Dem IKEA-Konzern versicherte der damalige Generaldirektor des VEB Sitzmöbelwerk Waldheim auf Nachfrage, dass die Produktion in einen anderen Betriebsteil verlagert werde, IKEA »künftig keine Modelle mehr aus Waldheim erhalten werde« und das Sofa-Modell »Klippan« fortan in einem anderen Betrieb des AHB Holz und Papier produziert werde.[77] Wohl aufgrund dieser Zusage versicherte IKEA auch seinen eigenen Mitarbeitern (wohl als Argumentationshilfe gegenüber Käufern), nicht in DDR-Gefängnissen zu produzieren.[78] Doch ein IM der für die Volkswirtschaft verantwortlichen Hauptabteilung XVIII gestand gegenüber der Staatssicherheit ein, dass »Klippan« nach wie vor durch Häftlingsarbeiter aus Waldheim produziert werde; eine Betriebsbesichtigung, wie sie IKEA nun forderte, dürfe auf keinen Fall zugelassen werden.[79] Mindestens in den Jahren 1986 und 1989 ersuchte der Leiter des IKEA-Büros im Internationalen Handelszentrum seine ostdeutschen Geschäftspartner aus den betreffenden VEB auch erneut um eine Aussage darüber, ob (noch) in den Haftanstalten produziert werde.[80] Auch Kamprad selber drängte immer wieder darauf, dass seine Mitarbeiter bis in die möbelproduzierenden Betriebe vorgelassen werden sollten[81] und ließ nach eigenen Angaben

73 Vgl. taz v. 15.3.1984; BStU, MfS, AG BKK 1330, Bl. 65.

74 Vgl. Die Welt v. 16.3.1984; BStU, MfS, HA XVIII 17788, Bl. 73.

75 Vgl. Vermerk des AHB Holz und Papier v. 16.3.1984; ebenda, Bl. 81.

76 Vgl. [Pressenotiz] v. 22.3.1984; BStU, MfS, AG BKK 1330, Bl. 63.

77 Abschrift [des Berichts des] HIME »Illona Franke« der HA XVIII/11 v. 30.10.1986; BStU, MfS, AG BKK 210, Bl. 249 f. Siehe auch: Vermerk des AHB Holz und Papier v. 16.3.1984; ebenda, Bl. 81.

78 Vgl. Schreiben von IKEA an seine Mitarbeiter v. 28.3.1984; ebenda, Bl. 78.

79 Abschrift [des Berichts des] HIME »Illona Franke« der HA XVIII/11 v. 30.10.1986; ebenda, Bl. 249 f.

80 Vgl. ebenda; [Bericht des] IM »Pietzsch« vom 1.6.1989; BStU, MfS, AIM 7892/91, Bd. 2, Bl. 79–82.

81 Vgl. Treffbericht eines GMS v. 26.6.1981; BStU, MfS, HA XVIII 17285, Bl. 63 f.

die Produktion von Lampen im VEB Metalldrücker Halle beenden, als einer seiner Kontrolleure dort auf Häftlingsarbeiter gestoßen sei.[82]

In den geschäftlichen Kontakten zwischen dem Ostberliner IKEA-Büro und den DDR-Betrieben bzw. den vorgesetzten Außenhandelsbetrieben Ministerien wurde um Preise und Mengen in den Verhandlungen oftmals hart gerungen. Auch die Qualitätssicherung und die Absatzsteigerung wurden oft thematisiert,[83] wohingegen die Frage der Häftlingsarbeit nur selten eine Rolle spielte oder keinen Niederschlag in den bislang gesichteten Akten fand. Und als IKEA 1988/89 durch ein Punktesystem die zuliefernden DDR-Betriebe zu mehr Wettbewerb anhalten wollte, befürchtete die DDR-Seite, die Betriebe könnten dadurch noch mehr Betriebsgeheimnisse preisgeben (um verspätete Lieferungen zu begründen). Außerdem fürchtete man eine weitere Zunahme der Vor-Ort-Besuche durch IKEA-Mitarbeiter[84] – und dies möglicherweise auch, weil sich dann die fortdauernde Häftlingsarbeit nicht mehr würde verheimlichen lassen.

Entsprechenden Ersuchen der westlichen Seite zur Inspektion der Betriebe versuchte sich die DDR nach Möglichkeit zu erwehren, obwohl mit dem Aufschwung des Ost-West-Handels und den intensiveren Wirtschaftskontakten solche Betriebsbesichtigungen zwangsläufig auf die Tagesordnung gerieten. Vorrangig interessiert waren die bundesdeutschen Unternehmen dabei aber an der Qualitätssicherung jener Produkte, die sie später (teilweise unter eigenem Namen) im Westen verkaufen wollten. Auch als vertrauensbildende Maßnahme oder allgemeine Erkundung der Produktionsbedingungen mögen solche Visiten gedacht gewesen sein, weniger jedenfalls als Rückversicherung gegen die Beteiligung von Häftlingsarbeitern. Die ostdeutsche Seite blockte solche Inspektionen schon aus völlig überzogener Furcht vor Wirtschaftsspionage ab, und erst in zweiter Linie auch im Interesse der Verschleierung eben dieser Häftlingsarbeit.

So unternahm beispielsweise der Quelle-Konzern verschiedentlich Anstrengungen, zur Durchsetzung seiner »Qualitätsnorm 2000« auch die ostdeutschen Produktionsstätten zu besichtigen. Diese Absicht »steht entgegen der Weisung unserer Organe, dass keine Auslandsvertreter in die Produktion Einblick nehmen dürfen«, wie die DDR-Seite nüchtern konstatierte.[85] Ein Quelle-Prüfdienststellenleiter erschien jedoch unangemeldet an den Pforten verschiedener Betriebe und konnte unter Nutzung des Überraschungseffekts schon im März 1974 die Waschmaschinenfertigung sowie die Trommelproduktion im VEB

82 Vgl. Frankfurter Rundschau online v. 3.5.2012; http://www.fr-online.de/politik/billige-ikea-zulieferer-aus-ostdeutschland-ikea-profitierte-von-zwangsarbeitern-in-der-ddr,1472596,15093596.html [9.10.2013].

83 Vgl. BStU, MfS, AG BKK 1330.

84 Vgl. Wertung der von IKEA entwickelten Beurteilungskriterien durch den IMS »Günther Pietzsch« v. 7.2.1989; BStU, MfS, AG BKK 1957, Bl. 1–3.

85 Treffbericht der HA XVIII/1 o. D.; BStU, MfS, HA XVIII 3208, Bl. 25.

Waschgerätewerk Schwarzenberg und im Juli des gleichen Jahres die Elektroherdmontage im VEB Elektrogeräte Falkenberg besichtigen; beide Betriebe beschäftigten aber offenbar keine Häftlingsarbeiter. Eine weitere, von ihm gewünschte Betriebsbesichtigung des VEB Gas- und Elektrogeräte Dessau ließ die ostdeutsche Seite aber nicht zu – möglicherweise gerade, weil für diesen Betrieb bis zu 350 Gefangene arbeiten mussten; das Fürther Versandhaus nahm dieses »Hausverbot« hin.[86]

Versuche der Westberliner Firma Zementvertrieb, bei der Zementproduktion in Rüdersdorf »selbst die Fremdüberwachung im Herstellerwerk durchzuführen, wurden [ebenfalls] zurückgewiesen« – obwohl die Unternehmensvertreter aus dem Westen in dem riesigen Betrieb der knapp 400 Häftlingsarbeiter nicht zwangsläufig gewahr geworden wären. Der Firma Knauff Gips (Iphofen bei Würzburg), zugleich selbst größter Gipsproduzent in der Bundesrepublik, musste hingegen zweimal jährlich eine gemeinsame Besichtigung in einem in den Akten nicht präzise benannten Herstellerbetrieb gestattet werden, da die Exportmöglichkeiten sonst weggebrochen wären.[87] Und Repräsentanten des unverzichtbaren Zulieferers und Lizenzgebers für Zugbremsen Knorr-Bremse (München) konnten bis Ende der sechziger Jahre den VEB Berliner Bremsenwerk sogar ohne Genehmigung besichtigen (und danach immerhin noch nach Anmeldung bzw. Genehmigung).[88] Auch für diesen Betrieb mussten etwa 180 Häftlinge zuarbeiten, vermutlich ohne dass die Repräsentanten der Münchner Firma dies bemerkten. Insgesamt scheint die Möglichkeit von Betriebsbesichtigungen stark von dem wirtschaftlichen Interesse Ostberlins, dem Stand der deutsch-deutschen Beziehungen sowie der Hartnäckigkeit der westlichen Unternehmen abhängig gewesen zu sein.

Mehr oder weniger zufällig auf Häftlingsarbeiter hätten auch jene Ingenieure und Techniker stoßen können, die Maschinen bundesdeutscher Herkunft (etwa im Rahmen der erwähnten Gestattungsproduktionen) in ostdeutschen Betrieben installierten, warteten oder reparierten. Bereits Mitte der siebziger Jahre arbeiteten gleichzeitig etwa 2 000 bis 3 000 Mitarbeiter bundesdeutscher Betriebe für jeweils kurze Zeit in der DDR.[89] Deren Zahl vervielfachte sich in der Folge; allein in den weitläufigen Chemischen Werken Buna (mit ca. 100 Häftlingsarbeitern) waren in Bauphasen rund 10 000 »ausländische«

86 Vgl. Information der Arbeitsgruppe für Organisation beim Ministerrat der DDR über Aktivitäten des Waren- und Versandhauskonzerns Quelle v. 25.11.1974; BArch DC 20/22671, o. Pag.

87 Information der Arbeitsgruppe für Organisation und Inspektion über Aktivitäten bundesdeutscher Dienststellen v. 28.5.1974; BArch DC 20/27459, o. Pag.

88 Vgl. Sachstandsbericht der Kreisdienststelle Friedrichshain v. 5.5.1970; BStU, MfS, HA XVIII 24040, Bl. 1–21.

89 Vgl. BArch DC 20/27459.

Arbeitskräfte tätig.[90] Auch im Zementwerk Rüdersdorf beispielsweise kamen anlässlich der Auslieferung eines neuen Palettierungsautomaten zwei Monteure der bundesdeutschen Herstellerfirma Haver & Boecker (Oelde/Westfalen) mehrere Tage zum Einsatz,[91] trafen aber vermutlich nicht auf Häftlingsarbeiter. In dem Volkseigenen Gut (VEG) »Walter Schneider« wiederum sollten im Herbst 1986 sechs Experten aus der Bundesrepublik eine neue Mostanlage aufbauen, wobei sie lediglich eine dünne Wand von den in diesem Betrieb eingesetzten sieben Häftlingsarbeitern trennen würde. Deswegen mussten die An- und Abfahrtswege der Häftlinge sorgsam eingehalten werden – und es wurde im Vorfeld sogar eigens die besagte Wand verstärkt.[92]

Die Möglichkeit einer mehr oder weniger zufälligen Begegnung bestand auch, wenn Mitarbeiter des bundesdeutschen TÜV ostdeutsche Betriebe besichtigten und lizenzierten. Bereits seit den fünfziger Jahren führten bundesdeutsche Prüfstellen beispielsweise Kontrollen auf DDR-Werften durch, »wobei diese Prüfungen sich bis in die Zulieferbetriebe erstrecken«.[93] Im Allgemeinen aber pflegte der bundesdeutsche TÜV seinerzeit die Sicherheitszertifikate seines ostdeutschen Pendants, der Technischen Überwachung (TÜ) der DDR, stillschweigend anzuerkennen.[94] Wegen wachsender Sicherheitsstandards bzw. aufgrund einer geänderten Gesetzeslage in der Bundesrepublik[95] sowie im Zuge der Intensivierung des innerdeutschen Handels verweigerte aber beispielweise der TÜV Pfalz ab März 1975, DDR-Prüfzeugnisse für Druckbehälter des VEB Eisen- und Hüttenwerke Thale anzuerkennen.[96] Auch gegenüber den Spielwaren exportierenden Betrieben wurden »von den Käufern, meist große Kaufhauskonzerne, zunehmend Forderungen auf Nachweis einer Schutzgüte gestellt«.[97] Der Verband Deutscher Elektrotechniker (VDE) verlangte ebenfalls von etlichen DDR-Betrieben ungehinderte Einreisen und Betriebsbesichtigungen durch seine Prüfer, da andernfalls entsprechende Güte-

90 Vgl. Gilles; Hertle: Überwiegend negativ, S. 21.

91 Vgl. Treffbericht des IME »Sabine Hein« v. 27.3.1980; BStU, MfS, BV Frankfurt/O., V 738/72, KD Fürstenwalde, Bd. III, Bl. 108 f.

92 Vgl. Protokoll über die durchgeführte Beratung v. 17.10.1986; BStU, MfS, BV Halle, Abt. VII 825, Bl. 232–235.

93 Vgl. Information der Arbeitsgruppe »Großer Befähigungsnachweis« über die Behinderung von DDR-Exporten in die BRD bei geschweißten Stahlbauanlagen v. 26.1.1977 (Anlage zum PB-Beschluss); BArch DF 400/52, Teil 4, o. Pag.

94 Konzeption für die Problemklärung »Schweißbefähigungsnachweis« der Zentralinspektion der Technischen Überwachung der DDR v. 5.7.1976; ebenda, o. Pag.

95 Vgl. Gesetz über technische Arbeitsmittel v. 24.6.1968 (BGB I, S. 717); Ministerialblatt für das Land NRW, Ausgabe A, Nr. 39 v. 22.4.1974, S. 508, Ziffer 3.3.3.

96 Konzeption für die Problemklärung »Schweißbefähigungsnachweis« der Zentralinspektion der Technischen Überwachung der DDR v. 5.7.1976; BArch DF 400/52, Teil 4, o. Pag.

97 Vgl. Schreiben der Vereinigung Volkseigener Betriebe v. 15.5.1975; BArch DF 400/52, Teil 5, o. Pag.

siegel nicht mehr erteilt werden könnten.[98] Sogar der Explosion eines Kessels im Betriebsteil Karl-Marx-Stadt des VEB Kunstseidenwerk »Clara Zetkin« wollte der bundesdeutsche TÜV nachgehen, nachdem das »Neue Deutschland« dies gemeldet hatte.[99] Bundesdeutsche Unternehmen (wie Hoesch/Dortmund) verlangten seit 1974 vor der Abnahme großtechnischer Anlagen wie zum Beispiel Kränen auch einen »Großen Befähigungsnachweis« für Schweißarbeiten; dies sollte Angaben zum Lebenslauf der Schweißer, beglaubigte Zeugnisabschriften und konkrete Angaben über den Arbeitgeber einschließen.[100] So »erschienen zunehmend TÜV-Inspektoren in DDR-Betrieben zur Prüfung der Erzeugnisse und Waren«, um vor Ort selbst Kriterien wie die Schmelztemperaturen von Eisenblechen zu überwachen.[101] Ab 1974 trat auch die Eigenüberwachung von Bayer »in zunehmendem Maße an die Inspektionen der TÜ der DDR heran, um Prüfhandlungen beim Hersteller von DDR-Exporten in die BRD ausführen zu lassen«. Erstaunlicherweise wies die TÜ daraufhin an, »Anfragen durch die Eigenüberwachung der Farbenfabriken Bayer zur Übernahme von Prüfungshandlungen ist zuzustimmen«.[102] Möglicherweise sah die DDR einen Prestigegewinn darin, dass gleiche Rechte dann natürlich auch den Mitarbeitern der TÜ in der Bundesrepublik gewährt werden mussten – obwohl die DDR-Seite sich natürlich um die Geheimhaltung der eigenen Anlagen sorgte und ja auch Häftlingsarbeiter als Schweißer arbeiteten, deren namentliche Identität sicher nicht offengelegt werden sollte.

Verkompliziert wurde die Angelegenheit dadurch, dass auch nach den Grundlagenverträgen Statusfragen im innerdeutschen Verhältnis sehr wichtig blieben. So kamen verschiedene bundesdeutsche TÜV-Verbände überein, ab Januar 1976 den TÜV Westberlin mit der Abnahme aller Anlagen zu betrauen, die aus der DDR in die Bundesrepublik geliefert werden sollten. Die DDR musste dessen Tätigwerden akzeptieren,[103] da sie nicht ihres wichtigsten Exportmarktes verlustig gehen wollte, sperrte sich aber gegen explizite Regelungen und störte sich insbesondere an der Involvierung Westberlins. Umgekehrt nahm die TÜ der DDR (ab 1976 Staatliches Amt für Technische Überwachung der DDR) Kontrollen in bundesdeutschen Betrieben vor und unterhielt

98 Vgl. Beratung beim Staatssekretär des Ministeriums für Wissenschaft und Technik v. 1.4.1975; ebenda, o. Pag.

99 Vgl. ebenda, o. Pag.

100 Vgl. Information der Arbeitsgruppe »Großer Befähigungsnachweis« über die Behinderung von DDR-Exporten in die BRD bei geschweißten Stahlbauanlagen v. 26.1.1977 (Anlage zum Politbüro-Beschluss); BArch DF 400/52, Teil 4, o. Pag.

101 Vgl. Konzeption für die Problemklärung »Schweißbefähigungsnachweis« der Zentralinspektion der Technischen Überwachung der DDR v. 5.7.1976; BArch DF 400/52, Teil 4, o. Pag.

102 Schreiben der Technischen Überwachung der Deutschen Demokratischen Republik an alle Inspektionen v. 11.7.1974; BArch DF 400/52, Teil 5, o. Pag.

103 Vgl. BArch DF 400/52, Teil 5, o. Pag.

eine bereits im Sommer 1974 ständig mit vier Mann besetzte Kontrollgruppe in Düsseldorf, da aus Nordrhein-Westfalen die meisten Importe stammten.[104]

Um Anerkennung und Waffengleichheit bemüht, musste die TÜ schon aufgrund der stärkeren Westimporte etwa im Jahre 1983 134 bundesdeutsche Betriebe besuchen, davon 79 erstmalig.[105] Beim Abschluss einer sogenannten Gegenseitigkeitsvereinbarung über die Anerkennung der Zertifikate des jeweils anderen deutschen Teilstaates erhoffte sich die DDR insbesondere, das Auftreten von TÜV-Inspektoren in DDR-Betrieben würde »bedeutend verringert und [zukünftig] die Ausnahme darstellen«.[106] Da die DDR aber ihrerseits die Vor-Ort-Besuche ihrer Mitarbeiter auch zur Spionage genutzt haben dürfte, war ihr das Fehlen einer generellen Regelung wohl durchaus recht. Im Laufe der Jahre schwanden offenbar die politischen Empfindlichkeiten und auch die Ständige Vertretung konnte sich ab 1983 in die Absprachen der beiden technischen Überwachungsorganisationen einschalten.[107]

Bis Sommer 1984 mussten zwölf DDR-Betriebe Anträge auf »Anerkennung als Hersteller von Werkstoffen« stellen, darunter die auch Häftlinge beschäftigenden Volkseigenen Betriebe Edelstahlwerk Freital, Stahl- und Walzwerk Gröditz, Stahl- und Walzwerk Brandenburg, Walzwerk Hettstedt, Stahl- und Walzwerk Riesa und Stahlgießerei »Wilhelm Pieck« Magdeburg-Rothensee; lediglich für den VEB Schraubenwerk Magdeburg mussten wohl keine Gefangenen arbeiten.[108] Bis Sommer 1984 hatte der TÜV nachweislich mindestens neun DDR-Betriebe besucht, darunter die VEB Eisen- und Hüttenwerke Thale.[109] Ebenso wie dort wurden auch im VEB Stahl- und Walzwerk Gröditz, das zwei Vertreter des TÜV im Mai 1985 besuchten,[110] Häftlingsarbeiter eingesetzt. Auch der erwähnte VEB Elektro- und Metallwaren Zwintschöna musste im Mai 1985 den Besuch eines Mitarbeiters des TÜV gestatten, der die ordnungsgemäße Produktion der Wasserkocher kontrollierte, die von dort in die Bundesrepu-

104 Konzeption für die Problemklärung »Schweißbefähigungsnachweis« der Zentralinspektion der Technischen Überwachung der DDR v. 5.7.1976; BArch DF 400/52, Teil 4, o. Pag.

105 Vgl. Staatliches Amt für Technische Überwachung: Aktivitäten des TÜV der BRD in Betrieben der DDR v. 24.8.1984; BArch DF 400/52, Teil 5, o. Pag.

106 Konzeption für die Problemklärung »Schweißbefähigungsnachweis« der Zentralinspektion der Technischen Überwachung der DDR v. 5.7.1976; BArch DF 400/52, Teil 4, o. Pag.

107 Vgl. Information des Staatliches Amt für Technische Überwachung der DDR über die Kontaktaufnahme der Ständigen Vertretung v. 27.9.1983; BArch DF 400/52, Teil 5, o. Pag.

108 Vgl. Staatliches Amt für Technische Überwachung: Aktivitäten des TÜV der BRD in Betrieben der DDR v. 24.8.1984; ebenda, o. Pag.

109 Vgl. ebenda, o. Pag.

110 Vgl. Protokoll des VEB Stahl- und Walzwerk Gröditz über die Beratung mit Vertretern des Technischen Überwachungsvereins Berlin v. 23.5.1985; BStU, MfS, BV Dresden, AKG 7626, S. 309–311.

blik exportiert werden sollten.[111] Freilich stand nicht nur das Interesse am Verschleiern der Häftlingsarbeit hinter der zögerlichen Genehmigung von Inspektionen; der Betriebsdirektor des VEB Walzwerk Hettstedt hielt es schon angesichts des Zustandes der teils fast 75 Jahre alten Produktionsanlagen »keinesfalls [für] vertretbar, eine Begutachtung unserer Fertigung, Prüfung und Abnahme durch den TÜV Berlin (West) vornehmen zu lassen«.[112] Weil die ostdeutsche Seite also nur im Grundsatz Betriebsbesichtigungen zustimmte, jedoch im Einzelfall alle erdenklichen Hürden in den Weg legte, konnten die TÜV-Inspektoren der Häftlingsarbeit in der DDR schwerlich gewahr werden, obwohl sie die betreffenden Betriebe verschiedentlich besichtigten.

Die Ostverträge boten dem florierenden Ost-West-Handel politischen Rückhalt, änderten aber nichts daran, dass DDR-Importe (trotz des in den Römischen Verträgen verankerten Status der DDR als handelspolitisches Inland) in der Praxis prinzipiell genehmigt werden mussten.[113] Eine maßgebliche Rolle bei der Abwicklung des innerdeutschen Handels spielte die Treuhandstelle für den Interzonenhandel (ab 1981 Treuhandstelle für Industrie und Handel), die weisungsmäßig dem Bundeswirtschaftsministerium unterstand und in die Zuständigkeit von Staatssekretär Dieter von Würzen fiel. Die Treuhandstelle verhandelte in vierzehntägigem Abstand mit dem Ministerium für Außenhandel der DDR über die Lieferkontingente der Außenhandelsbetriebe an Großabnehmer (wie Salamander oder Quelle), besprach die Bedingungen der Warenrücknahme bei Reklamationen und versuchte bei Rechtsstreitigkeiten zwischen den beteiligten Betrieben zu vermitteln.[114]

Die Treuhandstelle gewann mit dem wachsenden Warenaustausch zwischen den beiden deutschen Staaten in den siebziger Jahren an Bedeutung und spielte eine wichtige Rolle, als die traditionelle bundesdeutsche Möbelindustrie in der zweiten Hälfte der siebziger Jahre zunehmend unter dem Konkurrenzdruck der günstigen DDR-Importe geriet. Betroffen war auch der fränkische Möbelunternehmer Richard Karl Lämmerzahl, der schon längere Zeit Ware aus der DDR importierte (siehe Kapitel 4.2) und sich nun über die »aggressive Diskussion gegen Möbelimporte aus der DDR« beklagte.[115] Außerdem be-

111 Vgl. [Bericht des IM »Hermann Kant« über den] TÜV-Aufenthalt im EMZ v. 22.5.1985; BStU, MfS, BV Halle, KD Halle VIII 2447/83, Teil II, Bd. 2, Bl. 128.

112 Vgl. Schreiben des Betriebsdirektors des VEB Walzwerk Hettstedt an den VEB Germania Karl-Marx-Stadt v. 22.8.1983; BArch DF 400/52, Teil 5, o. Pag.

113 Vgl. Kruse: Politik und deutsch-deutsche Wirtschaftsbeziehungen, S. 129.

114 Vgl. Protokoll der HA Außenhandelsbeziehungen über eine Verhandlung zwischen dem Ministerium für Außenhandel der DDR und der Treuhandstelle für Industrie und Handel v. 10.6.1985; BStU, MfS, HA XVIII 22052, Bl. 90–102.

115 Bericht des VEB Zeulenroda über die durchgeführte Dienstreise in die BRD v. 28.5.1985; BArch DG 5/2686, o. Pag.

fürchtete er schlechte Presse, nachdem bundesdeutsche Medien die schnell wachsenden Importe von IKEA aus der DDR thematisierten und den Präsidenten des Bundesverbandes der deutschen Möbelindustrie Kurt Schmiedeknecht mit der Einschätzung zitierten, »viele Möbel [von dort seien] größter Mist«.[116] Der CSU-Bundestagsabgeordnete Lorenz Niegel, dessen Wahlkreis ebenfalls in Franken lag und der in der folgenden Wahlperiode dem Ausschuss für Wirtschaft angehörte,[117] fragte daraufhin die Bundesregierung in einer parlamentarischen Fragestunde im November 1979, wie sie zukünftig den Nachbau von »oberfränkischen […] Polstermöbeln« durch die DDR sowie den Import zu »Dumping-Preisen« zu unterbinden gedenke.[118] Staatssekretär Martin Grüner (FDP) antwortete im Deutschen Bundestag, dass bislang kein Antrag auf ein sogenanntes Preisprüfungsverfahren eingegangen sei.[119]

Aufgrund der Schuldenfalle und ihrer erheblich wachsenden Devisenknappheit (siehe Kapitel 4.1) war die DDR auf steigende Westexporte angewiesen und musste 1982 auf rund 300 Produkte (wie chemische Erzeugnisse, Textilien und Elektroartikel) durchschnittlich 8 Prozent Preisnachlass gewähren, wie die Treuhandstelle für Industrie und Handel seinerzeit registrierte. Da zugleich die Produktionskosten im Inland deutlich gestiegen waren, klagte die einheimische Wirtschaft zunehmend über die unliebsame Konkurrenz. Die Folge war die Einleitung von zehn Preisprüfungsverfahren allein in diesem Jahr (nach sieben im Vorjahr und fünf noch im Jahre 1980).[120] Diese betrafen etwa Importe von Walzdraht, Elektromotoren, Drillmaschinen oder Rodelschlitten.[121] Bei Polstermöbeln (sowie Spielpuppen und Nadelschnittholz) diagnostizierte die Treuhandstelle »bereits teilweise eine Schädigung« der heimischen Wirtschaft. »Als erste Schutzmaßnahme haben wir den bisher allgemein genehmigten Bezug dieser Waren der Einzelgenehmigungspflicht unterworfen.« Allerdings seien Polstermöbel in Qualität und Ausführung schwer zu vergleichen, sodass die Anbieter die Modelle einfach variieren könnten und so

116 Vgl. »Möbel von drüben«. In Quick Nr. 12/1980, S. 65; Tagesanzeiger Zürich v. 30.1.980; Der Spiegel Nr. 16 v. 12.4.1977; Niederschrift der Aussprache mit dem GD des AHB Holz und Papier Kämmler über IKEA v. 20.5.1980; BArch DL 2 VA 484, o. Pag.

117 Vgl. Vierhaus, Rudolf; Herbst, Ludolf (Hg.): Biographisches Handbuch der Mitglieder des Deutschen Bundestages 1949–2002. München 2002, S. 603.

118 Vgl. Deutscher Bundestag, 8. Wahlperiode, Fragen für die Fragestunden der Sitzungen des Deutschen Bundestages v. 2.11.1979; http://dipbt.bundestag.de/doc/btd/08/033/0803310.pdf [28.1.2013].

119 Vgl. Deutscher Bundestag, 8. Wahlperiode, Stenographischer Bericht der 183. Sitzung v. 8.11.1979; http://dipbt.bundestag.de/doc/btp/08/08183.pdf#P.14411 [28.1.2013]. Siehe auch: Bekanntmachung der Verwaltungsanweisung über Preisprüfungen bei Bezügen im innerdeutschen Handel v. 23.2.1976. Bundesanzeiger Nr. 42 v. 2.3.1978.

120 Vgl. Schreiben von Dr. Rösch an Staatssekretär von Würzen v. 7.2.1983; BArch B 102/265067, o. Pag.

121 Vgl. [Aufstellung der] Preisprüfungsverfahren im innerdeutschen Handel 1.1.1979 bis 31.12.1981; ebenda, o. Pag.

die »Übernahme dieser Waren in die Einzelgenehmigungspflicht, die Menge und Wert unbegrenzt lässt, im Grunde wenig bewirkt«. Die bundesdeutschen Hersteller wollten deswegen Mengenkontingente für DDR-Produkte festlegen, und die Treuhandstelle versuchte das Ministerium für Außenhandel zu freiwilligen Selbstbeschränkungen zu überreden, »zu der die DDR allerdings nur widerwillig bereit zu sein scheint. Die Gespräche laufen zäh.«[122]

Im März 1982 wurde dann ein Vorprüfungsverfahren des Bundesamtes für gewerbliche Wirtschaft eingeleitet.[123] Infolge dieses Preisprüfungsverfahrens musste die Einfuhr von Polstermöbeln dann fortan »einzeln« genehmigt werden (Einzelgenehmigungsverfahren).[124] Die Treuhandstelle unterrichtete noch am gleichen Tag das Ministerium für Außenhandel, dass die Untersuchungen Preisunterbietungen durch den Außenhandelsbetrieb Holz und Papier von bis zu 40 Prozent ergeben hätten. »Im Wesentlichen gebe es nur zwei große Bezieherfirmen. Die Auswirkungen der aufgrund des Preisvorteiles erheblich gesteigerten Bezugsmengen spürten vor allem die im oberfränkischen Raum ansässigen Hersteller.« Zum »Schutze unserer Industrie« werde daher für Polstermöbel eine Einzelgenehmigungspflicht eingeführt. Die ostdeutsche Seite nahm diese »›Entliberalisierung‹ […] nur unter schärfstem Protest zur Kenntnis«.[125]

Die Treuhandstelle wollte den Verkauf von Polstermöbeln jedoch auf 490 000 Sessel und 270 000 Couches oder Liegen beschränken sowie »eine marktgerechte Anpassung der Preise« veranlassen. Das Ministerium für Außenhandel hingegen wollte den Möbelexport »sogar noch etwas ausweiten«; der Außenhandelsbetrieb Holz und Papier habe sich ja um höhere Abnahmepreise bemüht, sei jedoch »wegen des harten Widerstandes« der bundesdeutschen Importeure erfolglos geblieben. Die Treuhandstelle entgegnete, der ostdeutschen Planwirtschaft müsse es doch »wenigstens möglich sein« nur die gewünschten Stückzahlen einzuplanen. Im Gegenzug wollte die Treuhandstelle mit den »Hauptbeziehern RKL und IKEA« sprechen und sie darum bitten »den Vorstellungen der DDR in der Preisgestaltung entgegenzukommen«.[126]

Die Firma Lämmerzahl signalisierte in Gesprächen mit der Treuhandstelle dann zunächst Bereitschaft zum »Einfrieren« des Importvolumens, prognostizierte dann für den weiteren Verlauf des Jahres 1983 aber doch höhere Bezüge

122 Schreiben von Dr. Rösch an Staatssekretär von Würzen v. 7.2.1983; ebenda, o. Pag.

123 Vgl. Bericht Nr. 7/1982 der TSI an den Bundesminister für Wirtschaft v. 2.4.1982; BArch B 102/443078, o. Pag.

124 Vgl. Bundesanzeiger v. 19.11.1982 – siehe Deutscher Bundestag, 9. Wahlperiode, Stenographischer Bericht der Fragestunde v. 17.12.1982; http://dipbt.bundestag.de/doc/btd/09/023/0902356.pdf [20.11.2012].

125 Vgl. Bericht Nr. 24/1982 der TSI an den Bundesminister für Wirtschaft v. 19.11.1982; BArch B 102/443078, o. Pag.

126 Bericht Nr. 3/1983 der TSI an den Bundesminister für Wirtschaft v. 3.2.1983; BArch B 136/21509, o. Pag.

als im Vorjahr. Von einem bevorstehenden Gespräch mit IKEA erwartete die Treuhandstelle ein »ähnlich konstruktives Ergebnis«,[127] denn die Treuhandstelle hielt es im März 1983 für »hilfreich«, wenn Polstermöbel für maximal 115 Millionen DM importiert würden.[128] Niegel beklagte in einem weiteren Schreiben an Bundeswirtschaftsminister Otto Graf Lambsdorff, »gerade der oberfränkische Raum« leide unter den »ruinösen Einfuhren« aus Ostdeutschland. Es würden »sogar oberfränkischen Modellen in Form und Ausstattung nachgebaute Polstermöbel in größerem Umfang, zum Teil mit westdeutschen Stoffen bezogen« importiert. Die DDR liefere ein Sofa und zwei Sessel für 470 DM, die dann den Verbrauchern zu 1 100 DM offeriert würden, während die Herstellung in der BRD 2 000 DM kosten würde.[129] Zwei Wochen später zitierte die Presse aus Niegels Schreiben, was den Druck auf die Treuhandstelle weiter erhöhte.[130]

Dass ihre Intervention auf höhere Verbraucherpreise für DDR-Möbel hinauslief, verheimlichte die Bundesregierung nicht. Staatssekretär Grüner erklärte in einer weiteren Fragestunde im Deutschen Bundestag im Oktober 1983, man wolle »in den Verhandlungen mit der DDR auf Preisanhebungen hinwirken. [...] Diese Gewinne können natürlich auch beim Handel oder bei Industriellen, die selber Möbel importieren, hängen bleiben.«[131] Obwohl einzelne Unternehmen hier namentlich nicht genannt wurden, konnten nur IKEA und Lämmerzahl gemeint sein (siehe Kapitel 4.2).

Im April 1985 eröffnete das Bundesamt für gewerbliche Wirtschaft auf Antrag des Hauptverbandes der Deutschen Möbelindustrie ein neues Preisprüfungsverfahren, das nun Wohnzimmerschränke und Schrankwände betraf. Staatssekretär Rudolf Sprung (CDU) erklärte in einer neuen Fragestunde des Bundestages, die Bundesregierung werde durch Verhandlungen mit Ostberlin sicherstellen, »dass die Lieferungen aus der DDR im Jahre 1985 unter den Lieferungen des Jahres 1984 liegen«.[132]

Ostberlin wehrte sich in den bilateralen Gesprächen gegen die »protektionistische« Überführung in das Einzelgenehmigungsverfahren (etwa von Wohnzimmerschränken und Schrankwänden), die in »krassem Widerspruch« zu den Erklärungen der Bundesregierung zur Förderung des innerdeutschen Handels

127 Ebenda.

128 Vgl. Bericht Nr. 6/1983 der TSI an den Bundesminister für Wirtschaft v. 18.3.1983; BArch B 136/21509, o. Pag.

129 Schreiben von Lorenz Niegel an den Bundesminister für Wirtschaft v. 13.4.1983; BArch B 102/265067, o. Pag.

130 Vgl. »Die DDR ist oft um die Hälfte billiger«. In: FAZ v. 26.4.1983.

131 Deutscher Bundestag, 10. Wahlperiode, Stenographischer Bericht der 27. Sitzung v. 12.10.1983; http://dipbt.bundestag.de/doc/btp/10/10027.pdf#P.1803 [20.11.2012].

132 Vgl. Deutscher Bundestag, 10. Wahlperiode, Stenographischer Bericht der 131. Sitzung v. 17.4.1985; http://dipbt.bundestag.de/doc/btp/10/10131.pdf#P.9685 [20.11.2012].

stünden, bestand auf einer »ungehinderten Entwicklung der Lieferungen bei Möbeln« und verbat sich »zukünftig jeglichen Protektionismus«.[133] Die bundesdeutsche Seite signalisierte zwar Verständnis für die Verärgerung Ostberlins, verwies jedoch darauf, dass auch Rumänien eine deutliche Reduzierung seiner Möbelexporte in die Bundesrepublik akzeptiert habe.[134] Außerdem stand die Bundesregierung weiterhin unter dem Druck der heimischen Möbelindustrie, die »Sofortmaßnahmen« gegen Möbelimporte aus dem Ostblock verlangte, war doch die Zahl ihrer Beschäftigten allein von 1980 bis 1985 um ein Viertel gesunken (bei allerdings nur leicht rückläufigen Umsätzen und einem Lohnzuwachs von 20 %).[135]

Nach einem Umsatz von Möbeln zwischen der DDR und der Bundesrepublik im Wert von 278 Millionen Mark im Jahre 1984 wollte die Treuhandstelle daher in den Verhandlungen mit dem Ministerium für Außenhandel im Mai 1985 das Volumen auf 267 Millionen Mark drücken und akzeptierte nach einer weiteren Verhandlungsrunde im Juni 1985 schließlich 270 Millionen.[136] Die ostdeutsche Seite befürchtete stets, dass ihre »hohe Konzentration des Möbelexports auf die BRD« diese »tarifäre und nichttarifäre Handelshemmnisse zur Anwendung« bringen könnte.[137] Die Staatssicherheit jedenfalls verbuchte die »Limitierung des Exportvolumens« wie auch die »Formaldehydkampagne« unter »Störaktionen und Boykottmaßnahmen«, die aber (für das Möbelkombinat Zeulenroda jedenfalls) »im Wesentlichen ohne nachteilige Auswirkungen auf die NSW-Exportrealisierung« geblieben seien.[138]

Bereits 1975 hatte das Bundesamt für die gewerbliche Wirtschaft in einem Preisprüfungsverfahren festgestellt, dass der Mindestpreis importierter Feinstrumpfhosen aus der DDR bei 0,71 DM pro Stück lag und verlangte eine Anhebung auf 0,72 DM – was letztlich auch einen etwas höheren Profit für Esda Thalheim bedeuten musste. Zugleich wurden 1976 »erstmalig mengen-

133 [Standpunkt der DDR zur] Lieferung von Möbeln aus der DDR in die BRD v. 19.6.1985; BStU, MfS, HA XVIII 22052, Bl. 88 f.

134 Vgl. Information der HA Außenhandelsbeziehungen über eine Verhandlung zwischen dem Ministerium für Außenhandel der DDR und der Treuhandstelle für Industrie und Handel v. 19.6.1985; BStU, MfS, HA XVIII 22052, Bl. 84–87.

135 Vgl. Schreiben des Hauptverbandes der Deutschen Holzindustrie und verwandte Industriezweige an Bundeswirtschaftsminister Martin Bangemann v. 16.3.1987; BStU, MfS, AIM 7892/91, Berichtsteil, Bd. 1, Bl. 421–438.

136 Vgl. Protokoll der HA Außenhandelsbeziehungen über eine Verhandlung zwischen dem Ministerium für Außenhandel der DDR und der Treuhandstelle für Industrie und Handel v. 10.6.1985; BStU, MfS, HA XVIII 22052, Bl. 90–102.

137 Vgl. [Vermerk von Mittag oder einer seiner Mitarbeiter] zu den Vorschlägen [von Wange] für eine effektivere NSW-Exportstruktur der Möbelkombinate o. D. [1987]; BArch DG 5/4449, o. Pag.

138 Vgl. Operative Erkenntnisse zur BRD-Firma RKL v. 13.2.1986; BStU, MfS, BV Gera, Abt. XVIII 4029, Bl. 118–121.

mäßige Kontingentierungen für bestimmte Textilerzeugnisse« verfügt[139] und insbesondere das Importvolumen von Damenfeinstrumpfhosen auf 46 Millionen Stück begrenzt.[140] Die ostdeutschen Hersteller hatten zwar gehofft, bis zu 55 Millionen Stück absetzen zu können, sahen ansonsten jedoch »keine Nachteile für den Absatz der Damenstrumpfhosen vom Kombinat Esda«.[141] Der Leiter der Treuhandstelle sagte 1981 auch »uneingeschränkt zu«, als Esda Thalheim drei Millionen Damenstrumpfhosen bereits ab Mitte November des Vorjahres exportieren wollte und so die Kontingentierung teils unterlaufen konnte. Er zeigte sich zudem »sehr befriedigt«, dass die Vereinbarungen zu den Obergrenzen beim Textilimport eingehalten würden,[142] denn in den Jahren zuvor waren ganze Lieferung von Textilien wegen Dumpingpreisen gestoppt worden.[143] Auch bei Drillmaschinen forderte die Treuhandstelle angesichts ostdeutscher Exporterfolge eine Anhebung der Preise auf Marktniveau.[144] Und selbst der Import von Fieberthermometern, Weihnachtskugeln und Scheuertüchern durfte eine bestimmte Menge nicht übersteigen.[145]

Bei allen finanziellen und juristischen Details wurde in den bilateralen Gesprächen, soweit Ergebnisprotokolle vorliegen, anscheinend nicht auf die Häftlingsarbeit verwiesen.[146] Dabei informierte die Treuhandstelle regelmäßig die Ständige Vertretung sowie verschiedene Ministerien über den Umfang der bezogenen DDR-Produkte.[147] Dass (politische) Häftlinge sie (mit)produziert haben könnten, hätte die Treuhandstelle thematisieren können, doch liegen entsprechende Gesprächsvermerke ebenso wenig vor wie etwaige Rückmeldungen aus dem Innerdeutschen Ministerium an die Treuhandstelle. Ob diese überhaupt nicht oder nur mündlich erfolgten oder lediglich noch nicht aufge-

139 Information der Arbeitsgruppe für Organisation und Inspektion beim Vorsitzenden des Ministerrats der DDR über Auswirkungen der Restriktionsmaßnahmen der BRD gegenüber der Textilindustrie der DDR v. 30.1.1976; BArch DC 20/22694, Bl. 21–24.

140 Vgl. Bekanntmachung Nr. 6002/75 des Bundesministers für Wirtschaft über den Bezug von Waren; Bundesanzeiger Nr. 200 v. 23.10.1975.

141 Information der Arbeitsgruppe für Organisation und Inspektion beim Vorsitzenden des Ministerrats der DDR über Auswirkungen der Restriktionsmaßnahmen der BRD gegenüber der Textilindustrie der DDR v. 30.1.1976; BArch DC 20/22694, Bl. 21–24.

142 Gesprächsvermerk des AHB Textilkommerz v. 8.9.1981; BArch DG 4/3268, o. Pag.

143 Vgl. Der Spiegel Nr. 11/1978 v. 13.3.1978; http://www.spiegel.de/spiegel/print/d-40617148.html [14.7.2013].

144 Vgl. Bericht Nr. 21/1981 der TSI an den Bundesminister für Wirtschaft v. 23.11.1981; BArch B 102/443077, o. Pag.

145 Vgl. Information [der Staatssicherheit] betr. Gespräch mit dem Leiter der Treuhandstelle v. 13.3.1983; BStU, MfS, HA XVIII 21806, Bl. 41.

146 Vgl. Information der HA Außenhandelsbeziehungen über eine Verhandlung zwischen dem Ministerium für Außenhandel der DDR und der Treuhandstelle für Industrie und Handel v. 19.6.1985; BStU, MfS, HA XVIII 22052, Bl. 84–87. Die westdeutsche Überlieferung im Bundesarchiv war wegen der 30-jährigen Sperrfrist nur bis 1982/83 zugänglich.

147 Vgl. BArch B 288/388.

funden oder aufgrund der Sperrfrist von 30 Jahren für einschlägige Bestände des Bundesarchivs nur noch nicht freigegeben wurden, lässt sich gegenwärtig nicht beurteilen. Auch in den Debatten im Bundestag über die Möbelimporte aus der DDR kam jedenfalls seinerzeit keiner der Parlamentarier darauf zu sprechen. Und als dort im Jahre 1978 über Zwangsarbeit schlechthin debattiert worden war, beklagten Volksvertreter die Nichtratifizierung des Übereinkommens Nr. 105 der International Labour Organisation durch viele Staaten, kamen aber weder auf Möbel noch auf andere Produkte aus ostdeutscher Häftlingsarbeit zu sprechen.[148]

Etwas besser als die Parlamentarier waren möglicherweise die Bundesregierung bzw. das Bundeskanzleramt und die zuständigen Ministerien im Bilde. So wurden die freigekauften Häftlinge über ihre Haftzeit wie auch die Arbeitsbedingungen und die Betriebe befragt, und seitdem Mitarbeiter der Ständigen Vertretung der Bundesrepublik in der DDR inhaftierte Bundesbürger besuchen durften, fragten sie diese mitunter ganz gezielt nach den Arbeitsbedingungen,[149] vermutlich weil sie entsprechend instruiert worden waren. Mitarbeiter der Ständigen Vertretung durften im Kontext der deutsch-deutschen Wirtschaftskontakte auch einige DDR-Betriebe besichtigen, doch dürfte dies – angesichts entsprechender Auswahl der Betriebe und Gesprächspartner – den Kenntnisstand zur Häftlingsarbeit in der DDR kaum vorangebracht haben.[150] Mehr Wissensgewinn könnte der leitende Mitarbeiter des Außenhandelsbetriebes Holz und Papier vermittelt haben, den der BND zwischen 1984 und 1987 angeblich als Agenten führte.[151]

In der interessierten Öffentlichkeit zumindest blieb der Arbeitseinsatz von Gefangenen in der DDR weiterhin ein Thema; so ließ etwa die Arbeitsgemeinschaft 13. August auf ihren Pressekonferenzen auch in der zweiten Hälfte der achtziger Jahre immer wieder ehemalige politische Häftlinge detailliert über ihren Arbeitseinsatz berichten, was zum Beispiel die Herstellung von Praktica-Fotoapparaten für den Westexport in Cottbus einschloss.[152] 1988 machte auch

148 Vgl. Antwort von Staatssekretär Egon Höhmann (SPD) auf die Fragen des Abgeordneten Dr. Ottfried Hennig (CDU) (Anlage 74 zu Plenarprotokoll 08/109 v. 5.10.1978); http://dipbt.bundestag.de/doc/btp/08/08109.pdf#P.8668 [3.12.2012].

149 Vgl. Information über Aktivitäten von Mitarbeitern der Ständigen Vertretung v. 25.4.1986; BStU, MfS, HA VII 6074, Bl. 57–59.

150 Vgl. Zusammenfassende Information der Abt. XVIII/5 der BV Halle v. 10.2.1988; BStU, MfS, HA XVIII 23476, Bl. 166 f.

151 Vgl. Thesen für die Ausführung des Genossen Lohse v. 1.9.1987; BStU, MfS, HA IX 4994, Bl. 62–73.

152 Vgl. 60. Pressekonferenz der Arbeitsgemeinschaft 13. August am 14.6.1984: DDR-Haftwesen und Justiz; BStU, MfS, HA IX 17604, Bl. 217–250; 76. Pressekonferenz der Arbeitsgemeinschaft 13. August am 15.6.1987: DDR-Haftwesen und Justiz; BStU, MfS, HA IX 17603,

die anerkannte Häftlingshilfeorganisation »Bildungsforum für Deutschlandfragen« (Neufahrn) die in Westberlin ansässige, doch 1969 zum Vertrieb von Praktica-Produkten gegründete Firma Beroflex darauf aufmerksam, dass sie mit ihrer Werbung für Praktica-Fotoapparate die Zwangsarbeit von politischen Gefangenen in Cottbus unterstütze. Wegen dieser »Beihilfe zur Freiheitsberaubung« drohte die Organisation der Firma mit rechtlichen Schritten.[153] Das Westberliner Unternehmen leitete dieses Schreiben jedoch lediglich an ihren ostdeutschen Handelspartner, den VEB Carl Zeiss Jena, weiter und erklärte, man werde auf dieses Schreiben der Häftlingshilfeorganisation »nicht reagieren«.[154] Angesichts dieser Haltung hatten die ostdeutschen Zulieferbetriebe wenig Veranlassung, die Beschäftigung von Häftlingsarbeitern zu beenden oder deren Arbeitsbedingungen zu verbessern. Obwohl die Staatssicherheit von dem Bekanntwerden des Arbeitseinsatzes für Westfirmen ausgehen musste und das SED-Regime dadurch in ein schlechteres Licht zu geraten drohte, wurde die Produktion fortgeführt – vermutlich weil die beschriebene Gleichgültigkeit im Westen die ostdeutsche Seite nicht zu Reaktionen zwang. Die Erwirtschaftung »harter« Devisen genoss dort nach wie vor Priorität – und die Geheimpolizei hoffte wohl, den Arbeitseinsatz von Gefangenen fortan erfolgreicher vertuschen zu können.

Bl. 202–217; 82. Pressekonferenz der Arbeitsgemeinschaft 13. August v. 15.6.1988: DDR-Haftwesen und Justiz; ebenda, Bl. 63–76.

153 Vgl. Brief des Bildungsforums für Deutschlandfragen an die Firma Beroflex AG v. 20.5.1988; BStU, MfS, ZKG 16616, Bl. 118 f., siehe auch: http://www.andreas-schmidt-info.de/data/storage/attachments/1207952910127.jpg [20.11.2012].

154 Brief der Firma Beroflex AG an Jenoptik Jena v. 31.5.1988; ebenda, Bl. 117.

5 Zusammenfassung

Gefangene zur Arbeit einzusetzen hatte in der DDR eine repressive, eine wirtschaftliche und eine erzieherische Funktion. Der Arbeitseinsatz sollte »die Strafgefangenen kontinuierlich und intensiv belasten«,[1] ihnen ihre »Verbrechen« vor Augen führen und sie zusätzlich bestrafen. Zudem glaubten die Verantwortlichen, die erzwungene Arbeit würde die Betroffenen zu Folgsamkeit und Fleiß erziehen. Eine hohe Arbeitsleistung galt deswegen als Indiz einer Läuterung – und Arbeitsverweigerung wurde entsprechend streng sanktioniert.

Der Hauptzweck der Häftlingsarbeit lag indes in ihrem wirtschaftlichen Nutzen. Die Arbeitskraft der Inhaftierten bestmöglich auszunutzen war im Zweifelsfall wichtiger als etwa eine pädagogisch sinnvolle Trennung der Gefangenen nach Delikten, Rückfallhäufigkeit oder Lebensalter. Noch höheren Stellenwert hatten nur politische Erwägungen – so wurden auch mit Blick auf die innerdeutschen Beziehungen Amnestien erlassen, obwohl die volkswirtschaftlichen Auswirkungen verheerend waren. Und dem Vorrang der politischen Repression war geschuldet, dass Untersuchungshäftlinge gerade bei der Staatssicherheit meist nicht arbeiten mussten, damit sie jederzeit vernommen oder durch Nichtstun zermürbt werden konnten.

Besonders viele Gefangene mussten in der elektrotechnischen Industrie, im Bergbau sowie in der Fahrzeugindustrie arbeiten. Sie hatten dann etwa Braunkohle zu fördern oder Eisenwaren herzustellen. Der Anteil der Häftlingsarbeiter an sämtlichen Beschäftigten betrug zum Beispiel beim VEB Metallwaren Naumburg rund 80 Prozent, im Holzverarbeitungswerk Burg sowie im VEB Elektro- und Metallwaren Zwintschöna 50 Prozent und in den Getriebewerken Brandenburg 40 Prozent, lag meist jedoch deutlich darunter.

Die Gefangenen wurden je nach Qualifikation, Konstitution, Strafrest und weiteren Kriterien auf die verschiedenen Gefängnisse verteilt. Standen im Jahre 1960 fast 21 000 Personen im Arbeitseinsatz (86 % aller Gefangenen), waren es im Jahre 1975 sogar 39 000 Inhaftierte – was aber »lediglich« 80 Prozent aller Insassen entsprach. Denn Arbeitsplätze in den Haftanstalten ließen sich nicht beliebig vermehren und Sicherheitserwägungen standen einem flexibleren Außenarbeitseinsatz oft entgegen. In vielen Haftarbeitslagern sowie Straf-

1 [Liste der Haftanstalten mit Arbeitsplätzen für Gefangene nach der Amnestie von 1972] (Anlage 3 zur GVS B 2-175/73); BArch DO 1/3784, o. Pag.

vollzugsanstalten mussten freilich fast alle Insassen arbeiten, insbesondere wenn nach Amnestien »jede freie Hand« benötigt wurde.

Etwa jeder zweite Häftling arbeitete in den Werkhallen der Arbeitseinsatzbetriebe auf dem Gelände der Haftanstalten (oder auch Haftarbeitslager), während die anderen außerhalb der Gefängnismauern in den Stammbetrieben eingesetzt wurden. Da die Gefangenen auf dem Gefängnisgelände besser beaufsichtigt und Fluchten leichter verhindert werden konnten, wurden auf längere Sicht immer mehr Arbeitsplätze in die Gefängnisse verlagert.

Gefangene wurden auch in Bereichen eingesetzt, die in der öffentlichen Wahrnehmung kaum mit erzwungener Arbeit in Verbindung gebracht werden. Dass Arbeitspflichtige Schokoladen-Ostereier für den VEB Bodeta Oschersleben herstellten oder verpackten, ahnten wohl die wenigsten Konsumenten – besonders in der Bundesrepublik, wohin ein Teil der Ware exportiert wurde.[2] Auch beim Bau des Flughafens Schönefeld[3] oder dem Ausbau der Skischanze in Klingenthal waren Häftlinge beteiligt.[4] Und in Brandenburg[5] und Karl-Marx-Stadt[6] arbeiteten die Häftlinge am Lastkraftwagen W 50. Da dieser auch als Gefangenentransporter diente, arbeiteten die Insassen, wie schon bei zahlreichen Baumaßnahmen in den Haftanstalten, letztlich an ihrem eigenen Gefängnis.

Die Staatliche Plankommission, die verschiedenen (Industrie-)Ministerien und die oberste Gefängnisverwaltung legten fest, wie viele Gefangene in welchen Betrieben eingesetzt werden sollten. Da es der ostdeutschen Volkswirtschaft oft an Arbeitskräften mangelte, forderten die Betriebe meist gezielt Häftlingsarbeiter an, mussten allerdings – gerade beim Außenarbeitseinsatz – bestimmte Vorleistungen erbringen, zum Beispiel Umzäunungen errichten

2 Vgl. Vereinbarung zwischen dem Arbeitserziehungskommando Quedlinburg und dem VEB Süßwarenfabrik Bodeta v. 12.8.1969; LHASA, MER, M 558-7 BDVP Halle 19.1. Nr. 1298, Bl. 121–124.

3 Es mussten 31 Häftlinge (aus Berlin-Rummelsburg) für den VEB Spezialbaukombinat Verkehrsbau Magdeburg arbeiten. Vgl. BArch DO 1/3370.

4 Weil die Grenze zur ČSSR nur 4 km entfernt war, wurden die 15 Häftlingsarbeiter neben drei Volkspolizisten (mit einem Hund) auch durch »3 Beaufsichtigungskräfte« des Sportvereins Dynamo Klingenthal bewacht – letztere offenbar ohne gesetzliche Grundlage. Vgl. Information des Dezernats I der Kriminalpolizei der BDVP Karl-Marx-Stadt zur Einrichtung eines zeitweiligen Außenarbeitskommandos der StVE Plauen beim Sportclub Dynamo Klingenthal v. 23.4.1986; SächsStAC 30441 BDVP Karl-Marx-Stadt Abgabe 1999/1 Nr. 2228, o. Pag. Schon am Bau der Schanze sollen Häftlingsarbeiter beteiligt gewesen sein, bewacht von der Staatssicherheit. Vgl. Erler: Das geheime Haftarbeitslager, S. 26.

5 Hier fertigten 480 Häftlinge (der Haftanstalt Brandenburg-Görden) u. a. Getriebeteile für den Lkw W 50 in den Getriebewerken Brandenburg. Vgl. BStU, MfS, BV Potsdam, Abt. VII 747, Bd. 2, Bl. 127 f. u. 190.

6 Hier waren sechs Gefangene im VEB Barkas Karl-Marx-Stadt beschäftigt. Vgl. Gesamtaufstellung über SG in den Strafvollzugseinrichtungen der AG Strafvollzug der BDVP Karl-Marx-Stadt v. 9.10.1972; SächsStAC 30441 25.1 BDVP Karl-Marx-Stadt Nr. 144, Bl. 100.

und teilweise die Gefangenen täglich vom Arbeitsplatz in die Haftanstalten und zurück transportieren. Dabei achteten die oberste Gefängnisverwaltung und die Haftanstalten besonders auf Ausbruchssicherheit und Disziplin, die Plankommission sowie die Betriebe eher auf die maximale Ausbeutung der Arbeitskraft sowie das »Abwälzen« besonders unangenehmer Tätigkeiten auf die Häftlinge, die sich nicht dagegen wehren konnten.

Die letzte Verantwortung für die Ausbeutung der Gefangenen lag freilich weder bei den Betrieben noch bei den Sicherheitsorganen, sondern bei der Führungsspitze der SED. Sie bestimmte die Grundlinien der Strafvollzugspolitik, den Grad der strafrechtlichen Repression und veranlasste gelegentlich Amnestien. Über die Missstände im DDR-Strafvollzug und den Arbeitseinsatzbetrieben waren auch die Bezirksleitungen der Partei bestens im Bilde.[7] Mitunter profitierte die Partei sogar unmittelbar von der Häftlingsarbeit – zum Beispiel wenn eine Putzkolonne des Arbeitserziehungskommandos Quedlinburg die Räume der SED-Kreisleitung reinigte.[8] Und den Anstoß zum massenhaften Arbeitseinsatz von Gefangenen hatte in den ersten Nachkriegsjahren nicht zuletzt die sowjetische Besatzungsmacht gegeben.[9]

Gefangene ließen sich zu Arbeiten einsetzen, für die »gewöhnliche« Werktätige schwer zu gewinnen waren, da diese besonders schwer, unangenehm, monoton oder gefährlich waren oder alles zusammen. Qualifikation, Alter oder körperliche Voraussetzungen wurden bei der Zuteilung kaum berücksichtigt. Die Häftlinge wurden vielmehr unabhängig von ihren Präferenzen dort eingesetzt, wo die Betriebe Bedarf meldeten – meist einfach zu erlernende, doch anstrengende Tätigkeiten. Gesucht waren bestimmte Berufe sowie zu harter körperlicher Arbeit fähige Häftlinge. Jedoch bezweifelten die Betriebe (aus gutem Grunde) häufig die von der Strafvollzugsverwaltung festgestellte Tauglichkeit einzelner Häftlingsarbeiter.

Trotz hoher Normen, langer Arbeitszeiten und hohem Leistungsdruck lief die Produktion in den Gefängnissen alles andere als »rund«. Rohstoffmangel oder Engpässe bei der Zulieferung von Teilprodukten, ausbleibende Ersatzteile für Maschinen, Havarien oder fehlende Transportmöglichkeiten für die Häft-

7 So wurde beispielsweise die Bezirksleitung Dresden 1986 mit Bildbericht über die Zustände in einem Innenarbeitseinsatzbetrieb von Bautzen I informiert. Vgl. [Angehefteter Zettel zum] Bildbericht zu Mängeln und Missständen im Innenarbeitseinsatzbetrieb für Strafgefangene der StVE Bautzen I des VEB Mähdrescherwerk Bischofswerda/Singwitz v. 23.1.1986/4.2.1986; BStU, MfS, BV Dresden, Abt. VII 7380, Bl. 211–234, Bl. 210.

8 Vgl. Vereinbarung zwischen dem Arbeitserziehungskommando Quedlinburg und der SED-Kreisleitung Quedlinburg v. 14.10.1970; LHASA, MER, M 558-7 BDVP Halle 19.1. Nr. 1298, Bl. 146 f.

9 Vgl. Sonntag: Arbeitslager in der DDR, S. 90.

lingsarbeiter führten vielfach zu »Leerlauf«. Zudem fielen Gefangene wegen Krankheit, Arreststrafen oder Verlegungen aus.

Vielfach mussten Häftlinge auch volkswirtschaftlich unsinnige Sonderaufgaben erfüllen – etwa Weihnachtsschmuck basteln, Strafarbeiten verrichten[10] oder Eigenheime für Aufseher bauen. Meist war ihr Arbeitseinsatz aber effizient organisiert; allein die 500 im Chemiekombinat Bitterfeld eingesetzten Gefangenen beispielsweise machten laut Vesting eine Milliarde DDR-Mark Umsatz jährlich.[11] Zusammengenommen mussten die 28 000 Häftlingsarbeiter im Jahre 1987 gar eine Wirtschaftsleistung von 12,4 Milliarden Mark erbringen.

Die ökonomische Bedeutung der Häftlingsarbeit zeigte sich gerade bei den Amnestien von 1972, 1979 und 1987. Weil Tausende Beschäftigte plötzlich ausfielen, wurden viele Fertigungsprozesse unterbrochen. Die Gefangenen wurden daher schon im Vorfeld der Amnestien zu Sonderschichten gezwungen und ihre Entlassungen vielfach hinausgezögert. Die Betriebe suchten in der Folge händeringend nach Ersatz und versuchten vielfach Häftlinge als »freie« Arbeiter weiter zu beschäftigen. Sie durften aber aus vermeintlichen Sicherheitsgründen nicht zu viele Haftentlassene gleichzeitig anstellen – sofern diese überhaupt dazu bereit waren. Bevor mittelfristig zusätzliche Vertragsarbeiter eingesetzt werden konnten, mussten in bestimmten Betrieben meist Angehörige der bewaffneten Organe aushelfen, darunter auch Mitarbeiter der Staatssicherheit.

Etwa 1 200 Betriebsangehörige erschienen täglich auf dem Gelände der Haftanstalten und leiteten dort Häftlingsarbeiter an, fast 3 000 Beschäftigte kamen außerhalb der Gefängnismauern mit ihnen in Berührung. Meist blieben die Betriebsangehörigen distanziert, einige ließen die Insassen aber auch ihre aus Vorurteilen oder politischen Vorbehalten gespeiste Ablehnung spüren und denunzierten diese, wenn sie um Hilfe baten. Andere Betriebsangehörige hingegen solidarisierten sich heimlich mit den Gefangenen und schmuggelten etwa deren Briefe an der Zensur vorbei. Deswegen wurden die Betriebsangehörigen vor ihrem Einsatz von der Staatssicherheit »durchleuchtet« oder gerieten später in deren Visier.

Seit Mitte der fünfziger Jahre wurden im Strafvollzug der DDR politische und kriminelle Häftlinge gemeinsam untergebracht. Erstere sollten besonders streng behandelt und mehr innerhalb der Gefängnismauern zur Arbeit eingesetzt werden, weil ein Außenarbeitseinsatz etwas größere Freiräume sowie Fluchtmöglichkeiten bot. Politische Häftlinge sollten auch keine einflussreichen Kalfaktorenstellen besetzen, hatten jedoch offenbar häufig besonders schwere oder gefährliche Tätigkeiten zu verrichten. Auch Ausreisewilligen

10 Vgl. u. a. Protokoll der StVE Rüdersdorf über eine durchgeführte Aussprache v. 7.9.1989; BLHA, Rep. 671/16.2 Nr. 676, o. Pag.

11 Vgl. Vesting: Zwangsarbeit im Chemiedreieck, S. 118.

wurden oft nur monotone Verrichtungen zugewiesen, wollte man doch wegen des absehbaren Freikaufs »bildungsseitige Aufwendungen [...] vermeiden«.[12] In einigen Betrieben mit harten Arbeitsbedingungen (wie dem Stahl- und Walzwerk Riesa oder Pentacon Dresden) waren politische Gefangene jedenfalls überrepräsentiert, in einigen Kommandos mit extremen Rahmenbedingungen (wie in der Magnetbandfabrik Dessau oder im Jugendhaus Halle) sogar konzentriert – vermutlich um sie zu isolieren.

Da die Maschinen möglichst rund um die Uhr laufen sollten, war fast jeder zweite Häftlingsarbeiter im 3-Schicht-Betrieb tätig – angesichts der beengten Unterbringung und dem ständigen Schichtwechsel bedeutete dies vielfachen Schlafverzicht. Weibliche Inhaftierte mussten in gleichem Maße wie Männer arbeiten. Auch Minderjährigkeit oder hohes Alter schützten nicht vor einem Arbeitseinsatz. Je nach Haftanstalt, Betrieb oder dem einzelnen Arbeitsplatz variierten Belastung und Gefährdung der Häftlingsarbeiter erheblich. An bis zu 75 Jahre alten Maschinen wurde der Arbeitsschutz lax gehandhabt und Schutzkleidung oft nicht ausgegeben. Beim Innenarbeitseinsatz wurden Temperaturen bis 49 Grad plus und beim Außenarbeitseinsatz bis minus 18 Grad gemessen. In mehreren Haftanstalten mussten die Häftlinge in Kellergewölben arbeiten; Schädigungen durch Staub von Asbest, Quecksilber und Dämpfe mit Formaldehyd wurden inkauf genommen.

So kam es oft zu Arbeitsunfällen – wie auch den Betriebsleitungen bekannt war, ohne dass sie immer etwas dagegen unternahmen. Ein Unglück an schwerem Gerät hatte nicht selten eine Amputation von Gliedmaßen zur Folge, der Einsatz im Untertagebau endete verschiedentlich tödlich. Leichtere Vorfälle ereigneten sich täglich, doch differenzierte die Unfallstatistik meist nicht zwischen »gewöhnlichen« Beschäftigten und Häftlingsarbeitern. Lagen die tieferen Ursachen der Vorkommnisse meist in hohen Arbeitsnormen, Antreiberei, mangelnder Erfahrung, Übermüdung und veralteten Maschinen, machten Betriebs- und Gefängnisleitungen meist angebliche Unachtsamkeit der Geschädigten verantwortlich.

Durch enormen Druck einerseits und Vergünstigungen andererseits wurden die Gefangenen zu hohen Arbeitsleistungen angetrieben. Um Einkäufe für den persönlichen Bedarf tätigen zu können, war eine 100%ige Normerfüllung Voraussetzung, teilweise galt dies auch für den Erhalt von Briefen. Sich durch ein Übertreffen der Normen Strafrabatt zu verdienen (wie in den 50-er Jahren) wurde den Gefangenen in der Ära Honecker jedoch nicht mehr »gegönnt«. Vermochten viele Häftlingsarbeiter auch unter Aufbietung all ihrer Kräfte die ihnen abverlangten Leistungen nicht zu erbringen, war dies an anderen Ar-

12 Problemdarstellung der Abt. Ökonomie der Verwaltung Strafvollzug v. 8.5.1988; BStU, MfS, HA VII 550 (Wg. 10-13), Bl. 35–38.

beitsplätzen (teilweise im gleichen Betrieb) sehr wohl möglich. Gefangene mussten in der Praxis oft höhere Normen erbringen als die »freien« Arbeiter.

Arbeitsverweigerung wurde auch mit »rechtlich nicht zugelassenen Zwangsmitteln« gebrochen,[13] wie körperlichen Übergriffen oder entwürdigendem Strafexerzieren, je nach Haftanstalt und situativem Kontext. Der Verlust sämtlicher Vergünstigungen folgte in jedem Fall. Legten mehrere Gefangene gleichzeitig die Arbeit nieder, waren ebenfalls Drohungen und physische Gewalt häufige Folge – gelegentlich wurde aber auch für Abhilfe gesorgt, wenn unabweisbare Anliegen, wie zum Beispiel ungenießbares Essen, Anlass zum Niederlegen der Arbeit gegeben hatten. Einzelne Häftlinge lehnten sogar grundsätzlich die Arbeit ab und nahmen dafür mehrmonatige Isolation inkauf; etwa 1 bis 2 Prozent aller Gefangenen wählten diesen Weg, überwiegend aus politischen Gründen. Ähnlich motiviert und insgesamt weniger riskant war das vorsätzliche Untererfüllen der Normen, etwa an den Jahrestagen von Volksaufstand oder Mauerbau.

Die Arbeitseinsatzbetriebe überwiesen die Löhne der Gefangenen an die Gefängnisverwaltung, die den größten Teil einbehielt und den Häftlingen lediglich einen Eigenanteil zwischen 15 und 20,5 Prozent ließ, je nach Normerfüllung und Disziplin. Die Gefangenen verdienten zuletzt durchschnittlich 138 Mark, von denen aber monatlich 37 Mark für die Rücklage und 35 Mark an Familienunterstützung sowie für weitere Zahlungsverpflichtungen abgezogen wurden. Bei großen individuellen Spannbreiten verblieben den Häftlingen im Durchschnitt etwa 60 Mark, für die sie aus einem schmalen Sortiment zu überhöhten Preisen zusätzliche Lebensmittel und Kosmetika kaufen konnten. Manipulationen am Verdienst der Häftlingsarbeiter durch Aufseher, Brigadiere und Betriebsangehörige waren keine Seltenheit, lassen sich heute aber kaum noch nachweisen.

Der Arbeitseinsatz der Gefangenen diente auch den Exporten der DDR. Denn etliche Arbeitseinsatzbetriebe lieferten ihre Waren an westliche Unternehmen, die mit den zwischengeschalteten Außenhandelsbetrieben entsprechende Verträge schlossen. Zwar konnten DDR-Produkte angesichts von Defiziten in Qualität, Design und Service auf dem Weltmarkt oft nur schwer Fuß fassen, doch viele ostdeutsche Betriebe kooperierten verstärkt mit westdeutschen Firmen und fertigten mit westlichem Know-how und moderneren Maschinen bessere Waren. Wegen geringer Lohnkosten (und weil sie oft nicht als DDR-Produkte zu erkennen waren), konnten diese Waren auch auf dem Weltmarkt konkurrieren, blieben für DDR-Bürger jedoch unerhältlich bzw. unerschwinglich.

13 Vesting: Zwangsarbeit im Chemiedreieck, S. 68.

Vor allem lieferte die DDR indes Rohstoffe und Halbfabrikate. Ende der siebziger Jahre wurden an Hoechst, Hoesch, Thyssen, MAN, BASF, Klöckner & Co., Mannesmann, Volkswagen, Salzgitter, Siemens, AEG-Telefunken, Friedrich Krupp, Daimler-Benz, Otto Wolff und Robert Bosch Anlagen, Ausrüstungen sowie metallurgische und chemische Erzeugnisse im Wert von fast einer Milliarde DM jährlich verkauft. Doch von 1970 bis 1983 verdreifachte sich auch der Export von Konsumgütern – und die DDR exportierte beispielsweise mehr als die Hälfte ihrer Möbelproduktion in den Westen. Hauptabnehmer waren IKEA sowie der fränkische Möbelfabrikant Richard Karl Lämmerzahl, der seinerseits Neckermann, Quelle, Otto, Baur, Woolworth, Hertie, Horten, Kaufhof, Karstadt, Möbel Hess und Möbel Steinhoff belieferte. An Lämmerzahls Unternehmen hielt die DDR 52 Prozent der Anteile, garantierte ihm deswegen 1974 ein »Alleinverkaufsrecht« für DDR-Möbel und versuchte IKEA »kleinzuhalten«.[14] Da der Außenhandelsbetrieb Holz und Papier jedoch mit IKEA bessere Geschäfte machte, konnte sich das schwedische Einrichtungshaus gegen das vom Koko-Chef Alexander Schalck-Golodkowski protegierte Unternehmen Lämmerzahls durchsetzen.

Im Jahre 1985 bezog IKEA schließlich von mindestens 65 ostdeutschen Betrieben Waren im Wert von 94 Millionen DM, davon 88 Millionen über den Außenhandelsbetrieb Holz und Papier. Ein Teil der nachgeordneten Betriebe beschäftigte nach heutigem Kenntnisstand in unterschiedlichen Zeiträumen auch Gefangene, neben einer weit höheren Zahl »freier« Beschäftigter. So produzierten beispielsweise zuletzt 30 Häftlingsarbeiter aus Waldheim für den VEB Sitzmöbelwerk Waldheim das Sofa-Modell »Klippan«. Fast 400 Häftlingsarbeiter der Haftanstalt Naumburg fertigten für den VEB Metallwaren Naumburg (Mewa) Möbelbeschläge, die dieser an IKEA lieferte. Häftlinge arbeiteten auch für den VEB Tischfabrik Finsterwalde, der im Wert von 40 Millionen DM jährlich hauptsächlich Tische nach Großbritannien, aber offenbar auch für IKEA fertigte. Und etwa 100 Häftlingsarbeiter der Untersuchungshaftanstalt Stendal arbeiteten für den VEB Stahl- und Industriemöbelwerke »Altmark« (Stima) in Stendal, der ebenfalls das schwedische Einrichtungshaus belieferte.

Konnten freigekaufte, vormalige Häftlingsarbeiter charakteristische Produkte (wie Möbel oder Textilien) oft identifizieren, war dies bei Halbfabrikaten kaum möglich. Nur die exakte Kenntnis der Produktionswege erlaubt es heute, Exportprodukte dem Einsatz von Häftlingsarbeitern zuzuschreiben – wie das Beispiel des Haftarbeitslagers Rüdersdorf zeigt. Hier mussten Häftlinge in den örtlichen Zementwerken arbeiten – und aus diesen bezog Westberlin zeitweilig

14 Vgl. Information der HA XVIII/6/3 über den gegenwärtigen Stand der Messeverhandlungen v. 6.9.1977; BStU, MfS, HA XVIII 18352, Bd. 1, Bl. 103–106.

ein Viertel seines Zements (rund 220 000 Tonnen für 15 Mio. DM jährlich). Endabnehmer waren verschiedene Firmen wie auch der Senat von Berlin, der damit seine Notreserve bestückte. Zwar sollte der Westen mit dem besseren Zement aus Werk 4 beliefert werden, in dem fast ausschließlich »freie« Beschäftigte arbeiteten. Doch häufiges Substituieren mit Zement aus anderen Teilbetrieben sowie der Einsatz einzelner Gefangener als Handwerker in Werk 4 führten dazu, dass in begrenztem Umfang auch Häftlingsarbeit zum Exportzement beitrug.

Auch in der berüchtigten Frauenhaftanstalt Hoheneck arbeiteten Inhaftierte für den Westexport. So beschäftigte Esda Thalheim ab den siebziger Jahren in der Produktionsabteilung 1.8 »Konfektion Stollberg-Hoheneck«, Produktionsabschnitt 4117 des Stammbetriebes, bis zu 70 Häftlingsarbeiterinnen, darunter viele politische Gefangene. Sie mussten zusammen etwa neun Millionen Strumpfhosen jährlich produzieren, was etwa 10 Prozent der gesamten Westproduktion des Stammbetriebes und schätzungsweise einem Umsatz von etwa 8 Millionen DM pro Jahr entsprach. Abnehmer waren unter anderem ALDI, Karstadt, Hertie, Horten, Kaufhof, Kaufhalle und Woolworth.

Im Jugendhaus Halle arbeiteten ab 1972 jugendliche Häftlinge auch im VEB Zieh-, Press- und Stanzwerk Zwintschöna (VEB Ziehpresta; später: VEB Elektro- und Metallwaren Zwintschöna). Als Berufsausbildung an einer der Haftanstalt unterstehenden Gewerblichen Berufsschule bemäntelt, mussten sie Emaille- und Stanzarbeiten verrichten sowie jährlich 200 000 Werkzeugkästen bauen, von denen mindestens 120 000 für fast 4 Millionen DM in den Westen exportiert wurden.

Neben den genannten Unternehmen lieferten ostdeutsche Betriebe besonders an bundesdeutsche Versandhäuser Waren, die dann oft als deren Hausmarken vertrieben wurden. Allein das Versandhaus Quelle bezog unter anderem Waschmaschinen, Gasherde, Wäsche, Kleidung, Langlaufski, Quarzuhren, Spielwaren und Möbel im Wert von 250 Millionen DM jährlich aus der DDR. Kameras stammten offenbar vom VEB Pentacon Dresden mit 6 700 Mitarbeitern, der seit etwa 1964 in der Haftanstalt Cottbus rund 250 Häftlinge die Gehäuse der Fotoapparate stanzen ließ, die dann zu 80 Prozent in den Westen exportiert wurden. Neckermann wiederum ließ beispielsweise im VEB Fernsehgerätewerk »Friedrich Engels« Staßfurt Fernseher montieren, für die 200 Häftlingsarbeiter Leiterplatten beisteuern mussten. Der gesamte Westexport des Werkes lag bei jährlich etwa 40 000 Geräten (u. a. unter dem Markennamen »Bruns«) für mehr als 50 Millionen DM.

Auch drei große Kaliwerke waren fest in den Westexport eingespannt und beschäftigten bis zu einem Viertel Häftlingsarbeiter. Das Chemiekombinat Bitterfeld etwa verhandelte mit der Firma Hoechst über die Lieferung von Chlor – und setzte über 400 Häftlinge unter zum Teil lebensgefährlichen Arbeitsbedingungen ein. Hoechst wollte auch von der Filmfabrik Wolfen

Ware beziehen – und diese beschäftigte ebenfalls 600 Häftlinge (u. a. Produktion von Rohfilmen). Insgesamt bezog Hoechst Ende der siebziger Jahre für 40 Millionen DM Güter und Waren aus der DDR.

Mit Ausnahme der grenznahen Produktionsstätten kamen praktisch in allen Stahlwerken der DDR Häftlinge zum Einsatz – in Freital, Gröditz, Zeithain, Riesa, Hettstedt, Brandenburg, Burg, Lippendorf, Thale und der Maxhütte zusammengenommen fast 1 800 Häftlingsarbeiter bei annähernd 60 000 Beschäftigten insgesamt. Von hier aus wurden große Konzerne in der Bundesrepublik, Österreich und der Schweiz beliefert, darunter Mannesmann, Bayer und BASF. Der Klöckner & Co.-Konzern beispielsweise wollte zudem vom VEB Fahrzeug- und Jagdwaffenwerk »Ernst Thälmann« Suhl Bolzen und Buchsen für 15 Millionen DM beziehen; der Betrieb beschäftigte auch circa 150 Häftlinge. Und der VEB Walzwerk Hettstedt, wo knapp 200 Gefangene Kupferdraht mit produzierten, lieferte 8,5 Tonnen davon jährlich allein an die Firma Kabelmetall.

Die Chemischen Werke Buna, in denen rund 100 Häftlinge arbeiteten, verkaufte PVC-Folie an die Firma Otto Wolff. Der Stammbetrieb des VEB Glasseide Oschatz, wo unter knapp 1 500 Mitarbeitern 40 Häftlinge arbeiteten, lieferte 50 Prozent der von den Gefangenen produzierten Glasseide, Glasfasern und Schaumglas in den Westen. Der VEB Magdeburger Armaturenwerke, der in seinem Stammbetrieb unter knapp 7 000 Mitarbeitern auch fast 400 Häftlinge beschäftigte, verkaufte fast die Hälfte seiner Produkte an die Firma Garelly (sowie u. a. an Saab-Scania). Eine noch weit größere Zahl von DDR-Betrieben setzte Gefangene für die heimische Produktion ein, wie aus der Aufstellung im Anhang deutlich wird (siehe Tabelle 17).

Der Staatssicherheit kam gegenüber dem Gefängniswesen des Ministeriums des Innern die Aufgabe zu, die Aufseher mit auszuwählen, Leitungsentscheidungen zu überprüfen sowie Spitzel unter den Aufsehern und Häftlingen zu werben. So konnte die Geheimpolizei auch den Arbeitseinsatz der Gefangenen kontrollieren und beeinflussen – den Westexport sämtlicher DDR-Betriebe sowie die westlichen Firmenbüros in Ostberlin überwachte sie ohnehin. Insbesondere hatte der Mielke-Apparat ein Auge auf die Reisekader der Betriebe, um zu verhindern, dass diese private Westkontakte suchten, Interna verrieten oder bei Auslandsdienstreisen den Verlockungen des westlichen Konsums erlagen. Aber auch »gewöhnliche« Beschäftigte überprüfte die Geheimpolizei, bevor diese regelmäßig Häftlinge anleiten durften. Wer sich den Gefangenen gegenüber zu nachsichtig zeigte oder Westkontakte verschwieg, zog leicht Kontrollmaßnahmen oder gar strafrechtliche Sanktionen auf sich. Häftlingsarbeiter gerieten in das Visier, wenn sie den »Produktionsprozess« sabotierten oder ihre Mitinsassen zum »Langsam-Arbeiten« aufforderten.

Der Mielke-Apparat hatte zudem die Aufgabe, die Häftlingsarbeit gegenüber dem Westen geheim zu halten und drängte die Arbeitseinsatzbetriebe beispielsweise, Gefangene auf keinen Fall Waren für den Westexport verpacken zu lassen, damit sie keine Kassiber schmuggeln konnten. Weil dies in der Praxis dennoch gelang und weil viele freigekaufte Häftlinge von ihrem vorherigen Arbeitseinsatz berichteten, war die westliche Seite weitgehend im Bilde. Großen Anteil daran hatten die Internationale Gesellschaft für Menschenrechte, die Arbeitsgemeinschaft 13. August, amnesty international sowie mehrere große Tageszeitungen. Die Erstgenannte machte unter anderem die Konzerne IKEA und Quelle auch direkt auf die Herkunft einiger ihrer Waren aufmerksam. Der IKEA-Konzern ließ sich daraufhin teilweise von seinen ostdeutschen Verhandlungspartnern zusichern, dass keine Häftlingsarbeiter mehr eingesetzt würden und drängte auf Betriebsbesichtigungen. Als dies abgelehnt wurde, unternahm die Konzernleitung aber keine geeigneten Schritte um auszuschließen, dass weiterhin Häftlinge eingesetzt wurden. Ebenso nahmen Quelle sowie weitere bundesdeutsche Unternehmen »Hausverbote« für ihre Mitarbeiter zumeist hin.

Angesichts dieser Abschottung der Betriebe und wegen der Geheimhaltung durch die Staatssicherheit wurde die Häftlingsarbeit für den Westexport nicht weiter aufgedeckt. Theoretisch hätten die Techniker bundesdeutscher Betriebe auf Häftlingsarbeiter stoßen können, wenn sie Maschinen in ostdeutschen Betrieben installierten oder reparierten, oder die Mitarbeiter des bundesdeutschen TÜV, wenn sie in den achtziger Jahren Anlagen der DDR auf technische Sicherheit hin kontrollierten. Die Beschäftigung von Häftlingsarbeitern wurde nach jetzigem Kenntnisstand aber offenbar auch nicht thematisiert, wenn die Treuhandstelle des Bundeswirtschaftsministeriums mit dem Ministerium für Außenhandel der DDR über Lieferkontingente und -konditionen etwa von DDR-Möbeln verhandelte. Ganz im Gegenteil verlangte die Treuhandstelle mitunter sogar höhere Abnahmepreise für Möbel oder Damenstrumpfhosen aus der DDR, was den Profit der ostdeutschen Betriebe mehrte – darunter auch solcher, die Häftlingsarbeiter beschäftigten. Auch in den Debatten und Fragestunden des Deutschen Bundestages spielte die erzwungene Arbeit von Gefangenen in der DDR kaum eine Rolle. Letztlich bemühte sich die bundesdeutsche Seite weit mehr darum die technische Sicherheit von DDR-Produkten für die Konsumenten zu gewährleisten sowie die heimische Industrie vor unliebsamer Konkurrenz zu schützen, als die Häftlingsarbeit in der DDR offenzulegen oder gar zu unterbinden.

So bezogen in den siebziger und achtziger Jahren offenbar viele Firmen Waren von DDR-Betrieben, an deren Herstellung Häftlinge beteiligt gewesen waren. Dabei ist schwer nachzuweisen, welches in der Bundesrepublik vertriebene Produkt von welchem Teilbetrieb stammte und welchen Anteil Gefangene daran hatten. Oft ist den Quellen nur zu entnehmen, welche DDR-Betriebe oder Kombinate Gefangene beschäftigten und welche Betriebe Waren in den Westen exportierten – wo genau aber Häftlinge im Produktionsprozess eingesetzt wurden bzw. bei der Zulieferung von Ausgangsprodukten oder der

Veredelung von Waren Hand anlegen mussten, wird in den Akten meist nicht im Einzelnen erwähnt.

Für den Einsatz von Häftlingsarbeitern im »Exportgeschäft« sprach deren erzwungene »Bereitschaft« auch zu gefährlichen oder monotonen Tätigkeiten. Dagegen standen die den politischen Gefangenen stets unterstellten Sabotageabsichten sowie die teuren und empfindlichen Maschinen, die für die Gestattungsproduktionen beschafft worden waren. Die arbeitsteilige Produktion von Häftlingsarbeitern und »freien« Beschäftigten für den inländischen Markt und den Westexport war auch insofern ineinander verschränkt, als dass die Häftlinge die »gewöhnlichen« Beschäftigten der Betriebe oft für ihren Einsatz für den Westexport freisetzten. So wäre etwa in Zementwerken oder auf den Werften die gesamte Produktion zum Erliegen gekommen, wären nicht Häftlingsarbeiter im Betrieb eingesetzt worden – auch wenn sie an das in den Westen zu liefernde Produkt nicht unmittelbar Hand anlegten. Für einige der näher untersuchten Haftanstalten (wie Waldheim, Hoheneck und Halle) steht indes mit Gewissheit fest, dass die von Arbeitseinsatzbetrieben in den Westen exportierte Ware teilweise von Gefangenen gefertigt worden war; in anderen (wie Rüdersdorf) blieben die Häftlingsarbeiter eher außen vor.

Ebenfalls teilweise von Häftlingen gefertigt und in den Westen geliefert wurden etwa Fernseher für Neckermann, Kerzen für Schlecker oder Strumpfhosen für ALDI, Karstadt, Hertie, Horten, Kaufhof, Kaufhalle und Woolworth. Neben IKEA haben über die Firma Lämmerzahl auch Neckermann, Quelle, Otto, Baur, Woolworth, Hertie, Horten, Kaufhof, Karstadt, Möbel Hess und Möbel Steinhoff Waren aus der DDR bezogen, die zumindest zu kleineren Teilen von Häftlingen gefertigt worden waren. Diese trugen somit in begrenztem Umfang dazu bei, dass Lämmerzahls Firma über die Jahre einen Gewinn von knapp 9 Millionen DM einstreichen konnte, der größtenteils aus dem Import von DDR-Möbeln resultierte und der teilweise wohl an die DKP weitergereicht wurde, dem Wunsch Ostberlins entsprechend Parteifirmen in der Bundesrepublik von dem Ost-West-Handel profitieren zu lassen, war ohnehin das von SED und Staatssicherheit bevorzugte Geschäftsmodell.

Häufig bleibt nach Aktenlage jedoch unklar, welches westliche Unternehmen nun tatsächlich Zwischenhändler oder Endabnehmer war und vor allem wo die Gewinne für die erzwungene Arbeit der Gefangenen anfielen: Zu komplex war die Arbeitsteilung zwischen »freien Beschäftigten« und Häftlingsarbeitern und zu ungenau lässt sich die Gewinnkalkulation der beteiligten Betriebe für einzelne Produkte heute noch nachvollziehen. Nur in Einzelfällen lässt sich ermessen, welchen Umsatz (kaum aber welchen Gewinn) die ostdeutschen Arbeitseinsatzbetriebe mit ihren Häftlingsarbeitern erwirtschafteten. Mitunter liegen der obigen Darstellung auch Angaben zum Volumen des Westexports und zur Dimension der Häftlingsarbeit zu leicht abweichenden Stichtagen zugrunde, was ebenfalls noch genauer untersucht werden müsste. Und lediglich für IKEA und Quelle lässt sich heute allein mit MfS-Unterlagen belegen, dass die westlichen Konzernzentralen schon vor 1989 wussten, dass die von ihnen vertriebenen Produkte teilweise von Häftlingen gefertigt worden waren. Da beide Fälle schon in den achtziger Jahren für Schlagzeilen sorgten, hätte jedoch auch in anderen Chefetagen die Frage aufkeimen können, wer eigentlich die aus einem DDR-Betrieb bezogenen Waren unter welchen Bedingungen herstellen musste.

Weitere Aufklärung könnten hier möglicherweise die entsprechenden Firmenarchive bringen – doch wurde bei dem erwähnten Brandanschlag in Wallau 1984 auch das Archiv der bundesdeutschen IKEA-Zentrale komplett zerstört. Weiterer Aufklärung bedarf auch die beabsichtigte Blutabnahme an Gefangenen im Jahre 1983 in Gräfentonna, bei der geplant war, das Blutplasma auf Umwegen an das Bayerische Rote Kreuz zu verkaufen. Indes scheiterte dieser Versuch zunächst an der Zivilcourage der damit betrauten Krankenschwestern. Zwar sollten auch in Waldheim Häftlinge Blut »freiwillig« spenden, doch Hinweise auf ähnliche Geschehnisse in weiteren Gefängnissen liegen gegenwärtig nicht vor.

Anhang

Tabelle 17: Haftorte mit Arbeitseinsatz von Gefangenen (1973–89)

Nachfolgende Tabelle 17 vermittelt den vorläufigen Kenntnisstand über jene Haftorte (überwiegend in der Zuständigkeit des Ministeriums des Innern der DDR), in denen (in Innenarbeitskommandos) oder von denen aus (in Außenarbeitskommandos) Häftlinge zur Arbeit eingesetzt wurden. Die Arbeitseinsatzbetriebe und Kommandos wurden aufgelistet, gleich ob die dort hergestellten Waren für den Binnenmarkt oder den (West-)Export bestimmt waren (siehe hierzu insbesondere Kapitel 4.6).

Die Untersuchungshaftanstalten, in denen die Häftlinge für Vernehmungen zur Verfügung stehen sollten und meist nicht arbeiten mussten, bleiben weitgehend außen vor – es sei denn, (verurteilte) Häftlingsarbeiter (als Standkommando oder Strafvollzugsabteilung) saßen über längere Zeit in der jeweiligen Untersuchungshaftanstalt wie beispielsweise in Stendal oder einige Untersuchungshäftlinge mussten hier (zeitweilig) eben doch arbeiten, zum Beispiel wenn nach allgemeinen Amnestien Arbeitskräfte fehlten. So mussten im Bezirk Karl-Marx-Stadt nach der Amnestie von 1972 211 von insgesamt etwa 600 Verhafteten arbeiten.[1] Noch seltener wurden auch Untersuchungshäftlinge bei der Staatssicherheit für anstaltslogistische Aufgaben eingesetzt – so etwa weibliche Verhaftete zum Bügeln in der MfS-Untersuchungshaftanstalt Schwerin.[2]

Meist nicht aufgeführt werden die Haftkrankenhäuser und etliche kleinere Außenarbeitskommandos, wie der Einsatz von zehn Häftlingsarbeitern des HAL Rüdersdorf für die Militärpolitische Hochschule »Wilhelm Pieck« in Berlin-Grünau[3] oder die Beschäftigung von sieben Häftlingen zur Errichtung einer weiteren Garage im Volkspolizeikreisamt Hettstedt.[4] Ausgeblendet wird auch der Arbeitseinsatz einer oft höheren Zahl von Häftlingsarbeitern, wenn dieser (wie etwa im Verkehrswegebau)[5] nur sehr kurze Zeit dauerte. Hausarbeiter bzw. Kalfaktoren wurden lediglich dann aufgenommen, wenn genaue Zahlen zu den größeren Haftanstalten bekannt sind. Ebenfalls nicht aufgelistet wurden die kleinen Arbeitseinsatzbetriebe, die nach der Amnestie von 1972 keine Häftlingsarbeiter mehr zugeteilt bekamen.

Die untenstehenden Arbeitseinsatzbetriebe und Kommandos existierten also meist über einen längeren Zeitraum und überwiegend bis in das Jahr 1989; gesicherte Angaben zu einer kürzeren Existenz sind in der ersten und zweiten Spalte vermerkt. Die Zahl der Häftlingsarbeiter wurde zu unterschiedlichen Stichtagen erhoben – wie in der letzten Spalte in Klammern ersichtlich –, schwankte sehr stark und lässt sich daher nicht zu einer Gesamtsumme von Häftlingsarbeitern addieren. Einige Betriebe kooperierten zudem zunächst mit der einen, später aber mit einer anderen Haftanstalt; zudem wurden Betriebe umbenannt und Kombinate umgruppiert, sodass auch Betriebe teilweise doppelt erfasst wurden (wie etwa der VEB Modell- und Plastspielwaren Annaberg-Buchholz).

Haftanstalten nach Bezirken	Arbeitseinsatzbetriebe und Kommandos	Tätigkeit bzw. hergestellte Artikel	Zahl der Häftlingsarbeiter (Stichjahr) und Art des Kommandos
		Ostberlin	
StVE Berlin Rummelsburg[6]	VEB Elektro-Apparate-Werke (EAW) Berlin-Treptow[7]	Montagearbeiten, Fräsen, Stanzen, Schleifen, Löten; Fahrraddiebstahlsicherungen (bis 1984), Baugruppen für Schaltgeräte, Melderelais RA 70, Kabel	456 (1972)[8] bis 471 (1987)[9]
	VEB Plastik-Werk Berlin (PWB), Teil der Elektro-Apparate-Werke (EAW) Berlin-Treptow	Bauteile für Waschmaschinen	16 (1987)[10] bis 55 (1984)[11]
	VEB Kabelwerk Oberspree (KWO) »Wilhelm Pieck«	Kabeltrommeln	130 (1972)[12]
	VEB Druckguss Weißensee	Entgraten von Druckgusserzeugnissen	64 (1972)[13]
	VEB Sternradio Berlin (1972)	Montage und Löten von Radios	95(1972)[14]
	VEB Bärensiegel[15]	Siegelmarken für Flaschen	k. A.
	Rewatex (Reinigen-Waschen-Textil; Wäscherei)	Wäsche	10 (1989)[16]
StV-Abt. Berlin	Rewatex, Großwäscherei Grünauer Straße	Wäsche »für bewaffnete Organe, Freunde, Krankenhäuser, Hotels, Bevölkerung«[17]	520 (1989)[18] bis 662 (1987)[19], AAK+IAK
UHA Berlin I	Rewatex, Wäscherei Rummelsburg	Wäsche »für Kindergärten, Kinderkrippen, Bevölkerung«[20]	90 (1989)[21] bis 130 (1986)[22], IAK
	VEB Plastik-Werk Berlin[23]	Bauteile für Waschmaschinen	70 (1988)[24]
	VEB Narva »Rosa Luxemburg« Sondermaschinen und Leuchtenbau Berlin (LBB)[25]	Leuchtenbau	92 (1988)[26]
UHA Berlin II	VEB Narva »Rosa Luxemburg« Sondermaschinen und Leuchtenbau Berlin	Leuchtenbau	45 (1988)[27]
	Münze Berlin	k. A.	10 (1984)[28]
MfS-HAL Hohenschönhausen (»Lager X«; bis 1974)	u. a. Kfz-Werkstatt, Konstruktionsbüro	Reparatur-, Bau-, Zeichen- und Konstruktionsarbeiten	24 (1960)[29] bis 800 (1974)[30]

Haftanstalten nach Bezirken	Arbeitseinsatzbetriebe und Kommandos	Tätigkeit bzw. hergestellte Artikel	Zahl der Häftlingsarbeiter (Stichjahr) und Art des Kommandos
		Rostock	
StVE Warnemünde	VEB Warnowwerft Warnemünde	Entrostung und Konservierung von Schiffen	240 (1987)[31] bis 270 (1989)[32], AAK
	VEB Schiffswerft Neptun	Entrostung und Konservierung von Schiffen	50 (1989)[33], AAK
	VEB Dieselmotorenwerk Rostock (bis 1972)	k. A.	39 (1972)[34]
	Metallaufbereitung Rostock	Aufbereitung von Sekundärrohstoffen	20 (1989)[35] bis 34 (1987)[36], AAK
	Wohnungsbaukombinat Rostock	k. A.	AAK
StVE Stralsund	VEB Volkswerft Stralsund	Entrostung und Konservierung von Schiffen	202 (1987)[37] bis 230 (1989)[38], AAK
	Bauelemente Stralsund	k. A.	30 (1989)[39], AAK
	VPB Stralsund	Bautätigkeit	25 (1989)[40], AAK
UHA Greifswald	Elektroinstallation Wismar	k. A.	k. A.
		Schwerin	
StVE Bützow[41]	VEB Kabelwerk Nord Schwerin-Sacktannen[42]	Kabeltrommeln und Kabelbäume für Kfz	303 (1987)[43]
	Landmaschinenbau (LMB) Güstrow	Stanzerei für Rollenketten	176 (1987)[44]
	VEB Chemisch-technische Werke (CTW) Leipzig	Brandsohlengelenke, elektronische Bauelemente, Kinderschuhe	90 (1989)[45] bis 109 (1987)[46]
	VEB Fernmeldewerk Neustadt-Glewe (FNG)	elektronische Bauelemente	70 (1989)[47]
	VEB Schiffszubehör Bützow (vorm. Fa. Wiehr & Schacht)	Schiffszubehör	104 (1972)[48]
	VEB »Fortschritt« Bützow (Kombinat Schweriner Metallwaren)	Rettungsringe, Fender	52 (1972)[49] bis 127 (1987)[50]
	VEB Mathias-Thesen-Werft Wismar (MTW)	Entrostung und Konservierung von Schiffen	28 (1987)[51] bis 60 (1989)[52], AAK
	Reichsbahnbaubetrieb Berlin-Köpenick Oberbauwerk Bützow (1972)	Gleisbau	91 (1972)[53]
	VEB Hoch- und Tiefbau Bützow	Wohnungsbau	AAK
	Produktionseinrichtung (PE) Bekleidung (MdI)	Häftlingskleidung	70 (1989)[54]
UHA Güstrow	Landtechnische Instandsetzungswerke (LIW) Güstrow	Reparaturarbeiten	12 (1989)[55]

Haftanstalten nach Bezirken	Arbeitseinsatzbetriebe und Kommandos	Tätigkeit bzw. hergestellte Artikel	Zahl der Häftlingsarbeiter (Stichjahr) und Art des Kommandos
	Schwerin (Fortsetzung)		
UHA Güstrow	VEB Gummiwarenfabrik Hagenow	k. A.	12 (1989)[56]
	VEB Kabelwerk Nord Schwerin-Sacktannen	k. A.	8 (1989)[57]
UHA Perleberg	VEB Geflügelausrüstung Perleberg	k. A.	k. A.
	VEB Zellstoff- und Zellwollewerke Wittenberge	k. A.	k. A.
	Neubrandenburg		
StVE Neustrelitz	Jochmontageplatz (JMP) Fürstenberg der Deutschen Reichsbahn (DR)[58]	Montage von Gleisjochen	61 (1987)[59] bis 117 (1972)[60], AAK
	VEB Elektronische Bauelemente »Carl von Ossietzky« Teltow (EBT), Neuruppin[61]	Leiterplatten	50 (1987)[62], AAK
	VEB Elektro-Physikalische Werke Neuruppin (EPN)	Leiterplatten	50 (1989)[63], IAK
	VEB Betonwerk Rethwisch bei Waren	Betonteile (bis 1972)	22 (1972)[64], AAK
StVE Ueckermünde	VEB Nachrichtenelektronik Greifswald, Ueckermünde (ab 1975)	Leiterplatten	48 (1987)[65] bis 100 (1989)[66], IAK
	VEB Gießerei und Maschinenbau »Max Matern« Torgelow (Kombinat Schiffbau Rostock)[67]	Elektromotorengehäuse	168 (1987)[68] bis 294 (1972)[69], AAK
	VEB Gießerei Ueckermünde (Betriebsteil der Stahl- und Walzwerke Gröditz)	Fittinge	50 bis 88 (1987)[70], AAK
	Cottbus		
StVE Cottbus[71]	VEB Sprela Spremberg	Gleitlager	61 (1987)[72]
	VEB Pentacon Dresden[73]	Kameras »Praktica«, Projektoren, Diakästen	185 (1987)[74] bis 465 (1972)[75]
UHA Cottbus	VEB Feinkartonagen Dahme	k. A.	62 (1989)[76]
StVE Schwarze Pumpe	Gaskombinat Schwarze Pumpe	Wartung von Gaserzeugungsanlagen	151 (1987)[77] bis 303 (1972)[78], AAK
	BKK Lauchhammer	Braunkohletagebau	22[79] bis 44 (1972)[80], AAK
	BKK »Glückauf« Knappenroda	Braunkohletagebau	165 (1989)[81], AAK
	BKK Senftenberg	Braunkohlegewinnung, Gleisbau in Tagebauen[82]	60 (1972)[83] bis 661 (1989)[84], AAK
	BKW Welzow	Braunkohletagebau	229 (1989)[85], AAK

Haftanstalten nach Bezirken	Arbeitseinsatzbetriebe und Kommandos	Tätigkeit bzw. hergestellte Artikel	Zahl der Häftlingsarbeiter (Stichjahr) und Art des Kommandos
		Cottbus (Fortsetzung)	
StVE Schwarze Pumpe	BKW Cottbus	Braunkohletagebau	134 (1989)[86], AAK
	VEB Polstermöbelwerk Cottbus	Polstermöbel	50 bis 61 (1987)[87]
	VEB Sprela Spremberg	Sprelacart und Gleitlager	61 (1987)[88], AAK
	Jochmontageplatz Hohenbocka	Jochmontage	48 (1972)[89]
StV-Abt. Luckau	BKK Cottbus	Braunkohletagebau	100 (1989)[90], AKK
	VEB Elektromaschinenbau Dresden Süd/Elektromotorenbau Dresden West	Elektromotoren	182 (1987)[91] bis 227 (1987)[92]
		Potsdam	
StVE Brandenburg-Görden	VEB Stahl- und Walzwerk Brandenburg[93]	Adjustage von Halbzeugen	9 (1967)[94] bis 40 (1989)[95]
	VEB Elektromotorenwerk Wernigerode (Elmo)	Elektromotoren	340 (1972)[96] bis 366 (1987)[97]
	VEB Kontaktbauelemente Luckenwalde (ab 1971)	Bauelemente für Fernsehgeräte	163 (1987)[98]
	VEB Getriebewerke Brandenburg	Getriebeteile für W 50-/L 60-Lkw	465 (1989)[99] bis 581 (1972)[100]
	VEB Burger Bekleidungswerk (BBW)	Uniformen, Regenschutzkleidung	230 (1989)[101] bis 257 (1972)[102]
	VEB Holzverarbeitungswerk Burg, Werk IV	Küchenmöbel	357 (1987)[103] bis 486 (1972)[104]
	Reichsbahnausbesserungswerk Potsdam (RAW)	Verschrottung und Reparatur von Waggons	97 (1984)[105] bis 253 (1987)[106]
	VEB Mechanische Spielwaren Brandenburg	Spielwaren	75 (1972)[107]
	Produktionseinrichtung (PE) Möbel (MdI)	Möbel, Uniformen, Gerätebau, Schlüssel/Schlösser, Häftlingskleidung	30 (1989)[108]
UHA Königs Wusterhausen	VEB Narva Berlin	Kabelbäume	24 (1989)[109]
UHA Potsdam	VEB Elektronische Bauelemente »Carl von Ossietzky« Teltow (EBT) (1972)	Widerstände	90 (1972)[110]
	VEB Gummiwerke Berlin	k. A.	15
	Preißler KG Jüterbog	Souvenirs	4

Haftanstalten nach Bezirken	Arbeitseinsatzbetriebe und Kommandos	Tätigkeit bzw. hergestellte Artikel	Zahl der Häftlingsarbeiter (Stichjahr) und Art des Kommandos
	Potsdam (Fortsetzung)		
UHA Oranienburg	VEB Infrarot Anlagenbau Oranienburg	Wäschetrockner	22
	VEB Plastimat Oranienburg	Feuerlöscherteile	6
UHA Neuruppin	VEB Messerschmiede Leegebruch	Leuchtstofflampen	40 (1989)[111]
	VEB Schreibgeräte Neuruppin	k. A.	3
	Frankfurt/O.		
StVE Rüdersdorf[112]	VEB Reifenkombinat Fürstenwalde (RKF)	Luftschlauchvulkanisierung	118 (1984)[113], AAK
	VEB Zementwerke Rüdersdorf[114]	Zement, Betonfertigteile	382 (1984)[115], AAK
	Bauinvestitionen und Rekonstruktionen (BIR)	Baumaßnahmen	22 (1984)[116]
	VEB Wohnungs- und Gesellschaftsbaukombinat (KWV) Frankfurt/O.[117]	Wohnungsbau	615 (1989)[118], AAK
	VEB Plast- und Elasteverarbeitung Berlin im VEB Mikroelektronik[119]	Diarahmen	32 (1984)[120]
JH Wriezen	VEB Landwirtschaftliche Instandsetzung Wriezen (LIW)	Beregnungsanlagen	137 (1987)[121] bis 190 (1989)[122], AAK
	Schiffsarmaturen- und Leuchtenbau Finow	k. A.	15
Militärgefängnis Schwedt[123]	Petrolchemisches Kombinat (PCK) Schwedt	Betonfertigteile, Erdarbeiten	90 (1968)[124], AAK
	VEB Instandsetzungswerk Pinnow (IWP)	Polyester-Kofferaufbauten	250 (1972)[125], AAK
	Schiffsarmaturen- und Leuchtenbau Finow	Lampen, Sicherungskästen	10 (1981)[126], IAK
	Halle		
StVE Volkstedt	VEB Walzwerk Hettstedt im Mansfeldkombinat[127]	Aluminium- und Kupfer-Walzdraht[128]	180 (1985)[129] bis 746 (1972)[130], AAK
	VEB Mansfeldkombinat (MK) Niederröblingen	Kupferbergbau [131]	80 (1989)[132], AAK
	Kupferbergbau Sangerhausen, Thomas-Münzer-Schacht (TMS; ab 1985)	Gewinnung von Kupfererz[133]	30 (1989)[134], AAK
	Mansfeldkombinat (MK) Werk Konsumgüterproduktion	Schweißen, Polstern, Montieren von Stahlrohrmöbeln[135]	99 (1987)[136], AAK

Haftanstalten nach Bezirken	Arbeitseinsatzbetriebe und Kommandos	Tätigkeit bzw. hergestellte Artikel	Zahl der Häftlingsarbeiter (Stichjahr) und Art des Kommandos
		Halle (Fortsetzung)	
StVE Volkstedt	VEB Mansfeldkombinat/Werk Anlagen- und Gerätebau Volkstedt (AGV)	Stanzen und Nieten[137]	25 (1989)[138]
	VEB Walzwerk Hettstedt, Abt. Holzbau	Holzpaletten[139]	40 (1988), AAK
	Braunkohlekombinat Bitterfeld (BKK)/Braunkohlewerk (BKW) Röblingen[140]	Gleisbau[141]	60 (1986)[142], AAK
	Mansfeldkombinat/Reichsbahndirektion Eisleben	Pflastersteine, Gleisunterhaltung	30
UHA Eisleben	VEB Farbchemie Quedlinburg	k. A.	30
	VEB Elektrobau Poserna	k. A.	35 (1974)[143]
UHA Aschersleben	VEB Thermometerbau Quedlinburg	k. A.	12 (1974)[144]
JH Dessau[145]	VEB Gas- und Elektrogeräte Dessau	Stanzerei, Haushaltsherde	170 (1987)[146] bis 358 (1972)[147]
	Alutherm/VEB Blechwarenfabrik Wittenberg, Betriebsteil Rothemark	Blechgeschirr	62 (1987)[148] bis 90[149], AAK
	VEB Zementanlagenbau (ZAB) Dessau	Zementproduktion	120(1989)[150], AAK
	VEB Junkalor Dessau[151]	Zerspanung, Dreherei, Stanzerei	110 (1979)[152] bis 175 (1974)[153], AAK
	VEB Elektromotorenwerk Dessau	Elektromotoren	30 (1989)[154] bis 135 (1987)[155]
	Hausarbeiter	Gebäudereinigung, Küchenarbeiten u. a.	30 (1983)[156]
StV-Abt. Dessau (ab 1974)	VEB Fotochemisches Kombinat (FCK) Wolfen[157]	Viskosebetrieb, Spinnerei; Rohfilme, Hygieneartikel, Kleber, Tonbänder, Kunstdärme[158]	528 (1987)[159] bis 600 (1979)[160], AAK
	Kinderfahrzeuge Sangerhausen, Betriebsteil Dessau	k. A.	20 (1989)[161]
	VEB Leuchtenbau Leipzig[162]	Leuchtenbau	114 (1987)[163] bis 240 (1972)[164], IAK
	VEB Magnetbandfabrik Dessau	Magnetbandkassetten	150 (1987)[165] bis 200 (1979)[166], IAK

Haftanstalten nach Bezirken	Arbeitseinsatzbetriebe und Kommandos	Tätigkeit bzw. hergestellte Artikel	Zahl der Häftlingsarbeiter (Stichjahr) und Art des Kommandos
		Halle (Fortsetzung)	
StV-Abt. Dessau (ab 1974)	VEB Neontechnik Halle (ab 1985 Teil VEB Elektrowaren Halle)	Leuchten, Leuchtreklamen	25 (1989)[167]
	Hausarbeiter	Gebäudereinigung, Küchenarbeiten u. a.	25 (1983)[168]
UHA Dessau	VEB Tafelgeräte Dessau	k. A.	21
	VEB Leuchtenbau Pouch	k. A.	60 (1974)[169]
	Kfz-Zubehör Leipzig	k. A.	60
StVE Halle	VEB Schuhkombinat »Banner des Friedens« Weißenfels	Kinder- und Sportschuhe	232 (1972)[170] bis 600 (1974)[171], IAK[172]
	VEB Burger Bekleidungswerk (BBW) Halle[173]	Kleidung	200 (1972)[174]
	VEB Lederwaren Zeitz	Lederwaren	96 (1972)[175]
	VEB Textilreinigung Halle[176]	Haushaltswäsche	49 (1987)[177] bis 135[178], AAK
	VEB Elektroinstallation Ruhla[179]	Sicherungen, Lüsterklemmen[180]	139 (1972)[181] bis 199[182], IAK
	VEB Elektroinstallation Wittenberg, Halle	Elektroinstallationsmaterial	66 (1987)[183] bis 127 (1972)[184], IAK
	VEB Brauhaus Halle	k. A.	42 (1974)[185]
	VEB Schlachthof Halle	k. A.	38 (1974)[186]
	VEB Polstermöbel Halle	Polstermöbel	25 (1987)[187], AAK
	Hausarbeiter	Gebäudereinigung, Küchenarbeiten u. a.	101 (1974)[188]
UHA Halle	VEB Keramische Werke Hermsdorf (KWH)	Silberlegierung[189]	k. A.
	VEB Leuchtenbau Halle	k. A.	18 (1974)[190]
JH Halle	VEB Drehmaschinenwerk Leipzig	Zulieferung für Werkzeugmaschinen	150 (1989)[191], IAK
	VEB Metalldrücker Halle	Drehen und Fräsen für Leuchtenbau	259 (1974)[192], IAK
	VEB Elektro- und Metallwaren Zwintschöna (EMZ)[193]	Werkzeugkästen, Leuchten; Stanzen, Emaillieren	150 (1987) bis 210[194], IAK[195]
	VEB Fernsehgerätewerk »Friedrich Engels« Staßfurt, Werk Halle[196]	Baugruppen für Fernsehgeräte	259 (1972)[197], IAK
	Reichsbahn (1975)[198]	k. A.	51 (1974)[199], IAK, AAK

Haftanstalten nach Bezirken	Arbeitseinsatzbetriebe und Kommandos	Tätigkeit bzw. hergestellte Artikel	Zahl der Häftlingsarbeiter (Stichjahr) und Art des Kommandos
		Halle (Fortsetzung)	
JH Halle	VEB Industriewerke Baumaschinen Halle Nord[200]	k. A.	10, IAK
	VEB Haushalts- und Elektrogerätewerk Weißenfels[201]	k. A.	IAK
	Hausarbeiter	Gebäudereinigung, Küchenarbeiten u. a.	60 (1984)[202]
StVE Thale	VEB Eisenhüttenwerke (EHW) Thale[203]	Zurichterei des Walzwerkes, Feinblech-Adjustage, Fassbau; Eimer, Emaille-Geschirr[204]	273 (1987)[205] bis 447 (1975)[206], AAK
	VEB Eisenhüttenwerke Thale Bau	k. A.	80 (1972)[207]
	BKW Nachterstedt	k. A.	25
StVE Quedlinburg	VEB Mertik Quedlinburg[208]	Thermostate für Klimaanlagen	58 (1972)[209] bis 98 (1979)[210], AAK
	Gummiwerke Ballenstedt[211]	Transportbänder[212]	40 (1978)[213], AAK
	Staatlicher Forstwirtschaftsbetrieb Ballenstedt	k. A.	64 (1974)[214], AAK
	VEB Union Quedlinburg[215]	k. A.	45 (1974)[216]
	VEB Optima Aschersleben	Verpackungen	60 (1974)[217]
	VEB Eisenhüttenwerk Quedlinburg	k. A.	60 (1974)[218]
	VEB Süßwaren Bodeta Oschersleben	Süßwaren, Ostereier	24 (1969)[219]
	VEB Druckguss- und Kolbenwerke (DKW) Harzgerode Quedlinburg[220]	Druckgusserzeugnisse	32 (1974)[221]
StVE Raßnitz	BKW »Erich Weinert« Deuben[222]	Gleisbau und -unterhaltung	131 (1972)[223], AAK
	BKW Geiseltal[224]	Gleisbau und -unterhaltung	131 (1972)[225] bis 170 (1974)[226], AAK
	VEB Chemische Werke Buna[227]	Chlor-Elektrolyse (bis 1986)	110 (1989)[228] bis 200 (1973)[229], AAK
	VEB Stahlgießerei Frankleben (bis 1972)[230]	Nachbehandlung von Eisenguss (Putzerei)	59 (1972)[231]
	VEB Schlachthof Halle	k. A.	30 (1989)[232], AAK
	LPG Gröbers	Tierproduktion	30 (1989)[233], AAK
	Ministerium des Innern, Abt. Bauwesen/Bauinstandsetzung Raßnitz (1983)[234]	k. A.	350 (1984)[235], IAK
	VEB Aluminiumfolie Merseburg	Konfektionierung von Alu-Folie[236]	38 (1987)[237]

Haftanstalten nach Bezirken	Arbeitseinsatzbetriebe und Kommandos	Tätigkeit bzw. hergestellte Artikel	Zahl der Häftlingsarbeiter (Stichjahr) und Art des Kommandos
	Halle (Fortsetzung)		
StVE Raßnitz	VEB Schraubenwerke Zerbst	k. A.	50 (1984)[238], IAK
StVE Bitterfeld	Braunkohlekombinat (BKK) Bitterfeld[239]	Braunkohletagebau, Brikettproduktion	325 (1979)[240] bis 989 (1987)[241], AAK
	Gleisbaubetrieb Bitterfeld (1972)	Jochmontage	89 (1972)[242]
	VEB Chemiekombinat Bitterfeld (CKB)[243], Teilbetriebe Chlorelektrolyse I, Kalkammonsalpeter-Betrieb, Aluminiumgießerei, Ferrohütte	Chlor-Elektrolyse, Düngerproduktion, Aluminiumproduktion	373 (1987)[244] bis 430 (1989)[245], AAK
	VEB Chemiekombinat Bitterfeld (CKB)[246], Teilbetriebe Polycarbonat, Chromat	Chlor-Elektrolyse (bis 1987)	361 (1974)[247]
	VEB Wittol Wittenberg (bis 1983 Kombinat Haushaltschemie Genthin, ab 1984 Petrolchemisches Kombinat/PCK Schwedt)[248]	Kerzen, Teelichte	k. A.
	VEB Metallaufbereitung Halle (MAB)[249]	Schrottverwertung	80 (1979)[250], AAK
	Ziegelei/Steinzeugwerk Holzweißig[251]	Ziegelproduktion	38 (1979)[252], AAK
	MdI: Produktionseinrichtung (PE) Bekleidung	Umarbeitung von Uniformen zu Häftlingskleidung	80 (1989)[253]
	Hausarbeiter	Gebäudereinigung, Küchenarbeiten u. a.	47 (1974)[254]
StVE Naumburg	VEB Metallwaren Naumburg (Mewa), Möbelkombinat Wittenberg-Weißenfels-Naumburg (Wi-We-Na)[255]	Stanzen, Bohren von Möbelbeschlägen, Rollen, Teleskophandtuchhalter[256]	268 (1989)[257] bis 390 (1987)[258], AAK/IAK
	Jochmontageplatz Stößen/Gleisbaubetrieb der Deutschen Reichsbahn, Naumburg (ab 1965)[259]	Montage von Gleisjochen	23 (1987)[260] bis 75[261], AAK
	VEB Glühlampenwerk Berlin, Betriebsteil Naumburg[262]	Löten und Packen von Kleinstleuchten	35 (1974)[263]
	VEB Kamm und Haarschmuck Naumburg	Kämme, Haarschmuck	30 (1979)[264]
	VEB Möbelwerke Naumburg	Möbel; Galvanisieren	149 (1972)[265], AAK
	Spielwaren Bad Kösen/VEB Plastica Bad Kösen	Spielwaren	18 (1989)[266] bis 42 (1989)[267]
UHA Naumburg	VEB Metallwaren Naumburg[268]	k. A.	43 (1988)[269]

Haftanstalten nach Bezirken	Arbeitseinsatzbetriebe und Kommandos	Tätigkeit bzw. hergestellte Artikel	Zahl der Häftlingsarbeiter (Stichjahr) und Art des Kommandos
		Magdeburg	
StVE Magdeburg (Sudenburg)	VEB Magdeburger Armaturenwerke (MAW) »Karl Marx« (Stammbetrieb)[270]	Zerspanung, Drehen	143 (1987)[271] bis 385 (1972)[272], IAK
	VEB Stahlgießerei »Wilhelm Pieck« Magdeburg-Rothensee (SGR) (Teilbetrieb der MAW)[273]	Gußputzerei	172 (1987)[274] bis 240 (1976)[275], AAK
	VEB Walzwerk »Hermann Matern« Burg (Bandstahlkombinat Eisenhüttenstadt) (1972–79)	Bleche[276]	62 (1972)[277]
	VEB Damenschuhe Groitzsch[278]	Damenschuhe	43 (1972)[279]
	Produktionseinrichtung (PE) Möbel (MdI)	Büromöbel und Zelleninventar	50 (1989)[280]
UHA Magdeburg	VEB Meßgerätewerk »Erich Weinert« (MEW) Magdeburg	k. A.	22
StV-Abt. Athensleben	VEB Fernsehgerätewerk (FSGW) »Friedrich Engels« Staßfurt[281]	Baugruppen für Fernseher, Leiterplatten, Lautsprecher	200 bis 227 (1987)[282], AAK
UHA Halberstadt	VEB Polyplast Halberstadt	k. A.	k. A.
	VEB Leuchtenbau Halberstadt (Kombinat Elektrowaren Halle)	Bügeleisen, Zubehör für Elektroherde[283]	k. A.
	VEB Getriebewerk Wernigerode	k. A.	30
UHA Stendal	VEB Stahl- und Industriemöbelwerke »Altmark« (Stima) Stendal[284] (ab 1966)	Stahlrohrmöbel	109 (1972)[285]
		Dresden	
StVE Bautzen I[286]	VEB Edelstahlwerk Freital (ESW)[287]	Stabstahl-Adjustage	161 (1987)[288] bis 180 (1978)[289], AAK
	VEB Wittol Wittenberg, Betriebsteil Ebersbach[290]	Zierkerzen	70 (1978)[291] bis 183 (1987)[292]
	VEB Plastelektronik (PE) Kamenz[293]	Baugruppen für Fernmeldetechnik	203 (1987)[294] bis 250 (1989)[295]
	VEB RFT Fernmeldewerk Bautzen[296]	Kondensatoren, Steckdosen	80 (1989)[297] bis 298 (1972)[298]
	VEB Elektroporzellanwerk Margarethenhütte Großdubrau[299]	Rohporzellan für Isolatoren	60 (1987)[300] bis 70 (1989)[301], AAK
	VEB Mähdrescherwerk (MDW)/Landmaschinenbau/Erntemaschinen »Fortschritt« Bischofswerda, Singwitz[302]	Zulieferung für Erntemaschinen	275 (1984)[303] bis 490 (1989)[304], IAK

Haftanstalten nach Bezirken	Arbeitseinsatzbetriebe und Kommandos	Tätigkeit bzw. hergestellte Artikel	Zahl der Häftlingsarbeiter (Stichjahr) und Art des Kommandos
Dresden (Fortsetzung)			
StVE Bautzen I	VEB Roburwerk Zittau, Werk 3 Bautzen[305]	Lkw- und Kfz-Teile	227 (1984)[306] bis 380 (1989)[307], IAK, AAK
	VEB Braunkohletagebau Oberlausitz/Hagenwerder (min.1972–79)[308]	k. A.	50 (1978)[309] bis 91 (1972)[310]
	VEB Motorenwerk Cunewald (bis 1972)	Dieselmotoren	293 (1972)[311]
	VEB Schaltelektronik Oppach (SEO)	Bauelemente für Niederspannungsschaltungen	129 (1987)[312]
	Produktionseinrichtung (PE) Möbel (MdI)	Unterkunftsmobiliar	110 (1989)[313]
	VEB Graphischer Großbetrieb »Völkerfreundschaft« Dresden	Druckerei (»Frösi« u. a.)	37 (1987)[314] bis 117 (1972)[315]
	VEB Markant Singwitz (1972)	Füllfederhalter	65 (1972)[316]
	VEB Ziegelwerke Bautzen[317]	k. A.	10
	Hausarbeiter	Gebäudereinigung, Küchenarbeiten u. a.	280 (1982)[318]
StVE Bautzen II[319]	VEB Schaltelektronik Oppach (SEO)[320]	Bauelemente für Niederspannungsschaltungen	74 (1972)[321] bis 121 (1987)[322]
	Hausarbeiter[323]	Gebäudereinigung, Küchenarbeiten u. a.	30 (1986)[324]
StVE Görlitz	VEB Kabelwerk Lausitz (KWL) Oderwitz[325]	Konfektionierung von Kabeln	37 (1987)[326]
	VEB Braunkohlewerk (BKW) Oberlausitz/Hagenwerder[327]	Entladen	60 (1989)[328], AAK
	VEB Kondensatorenwerk Görlitz (Koweg) (1972)	Kondensatoren	94 (1972)[329]
	VEB Pentacon Dresden	Bohr- und Fräsarbeiten	30 (1989)[330]
StVE Zeithain (ab 1977)	Stahl- und Walzwerk Riesa, Zweigbetrieb IV Zeithain[331]	Stabstahl-Adjustage	221 (1987)[332], AAK
	Rohrkombinat Riesa, Rohrwerk III[333]	nahtlose Rohre	163 (1987)[334]
	VEB Stahl- und Walzwerk Gröditz	Stahlrohre	143 (1972)[335]
	Oberbauwerk Wülknitz (OBW) der Deutschen Reichsbahn[336]	Aufbereitung von Schienen und Kleineisen	39 (1972)[337] bis 70 (1989)[338], AAK

Haftanstalten nach Bezirken	Arbeitseinsatzbetriebe und Kommandos	Tätigkeit bzw. hergestellte Artikel	Zahl der Häftlingsarbeiter (Stichjahr) und Art des Kommandos
		Leipzig	
StVE Leipzig	VEB Delicata Leipzig (bis 1987)	Fleischverarbeitung, Darmbearbeitung	77 (1979)[339] bis 101 (1987) (1987)[340] AAK
	VEB Rundfunk- und Fernmeldetechnik (RFT) Nachrichtenelektronik »Albert Norden« Leipzig/VEB Elektroakustik Leipzig[341]	Lautsprecher	150 (1989)[342], AAK
	VEB Holzveredelungswerk Leipzig-Wiederitzsch[343]	Furniere	99 (1987)[344] bis 177 (1976)[345]
	Bezirksversorgungslager (BVL), Hafen	Bautätigkeit	20 (1989)[346], AAK
StV-Abt. Rackwitz	VEB Leichtmetallwerk (LMW) Rackwitz im Mansfeldkombinat (Aluminium-Halbzeug und Adjustage)[347]	Alubleche, Spraydosen	321 (1987)[348] bis 353 (1972)[349], IAK/AAK
StV-Abt. Schkeuditz	VEB Maschinen- und Apparatebau (MAB) Schkeuditz (Kombinat ILA/LuK)[350]	Zerspanung, Stanzerei, Kühlaggregate für Waggonbau	376 (1987)[351] bis 424 (1972)[352]
	Verlade- und Transportanlagen »Paul Fröhlich« Leipzig	Flurstapler, Kfz-Bremsen	80 (1989)[353] bis 102 (1987)[354], AAK
	Exportbrauerei Sternburg	k. A.	15 (1989)[355], AAK
StV-Abt. Markkleeberg	VEB Narva »Rosa Luxemburg« Leuchtenbau Leipzig[356]	Leuchten	296 (1976)[357], AAK
	Süßwarenwerke Delitzsch (1976)[358]	Süßwaren	185 (1976)[359]
	Wäscherei Markkleeberg	Haushaltswäsche	82 (1987)[360]
UHA Leipzig	VEB Narva Leuchtenbau	k. A.	k. A.
	VEB Blechverformungswerk Leipzig	Komplettieren von Gardinenröllchen	40 (1976)[361]
	Deutscher Turn- und Sportbund (DTSB)	Medaillen	k. A.

Haftanstalten nach Bezirken	Arbeitseinsatzbetriebe und Kommandos	Tätigkeit bzw. hergestellte Artikel	Zahl der Häftlingsarbeiter (Stichjahr) und Art des Kommandos
	Leipzig (Fortsetzung)		
StVE Torgau[362]	VEB Elektromotorenwerk Dessau	Elektromotoren	287 (1987)[363]
	VEB Sachsenwerk Dresden (1976)	k. A.	123 (1976)[364]
	VEB Landmaschinenbau Torgau (Lamator)	Zulieferung für Erntemaschinen	199 (1987)[365] bis 229 (1976)[366], AAK
	VEB Kfz-Zubehörwerk Meißen	Zulieferung von Zylinderköpfen u. a. für landwirtschaftliche Fahrzeuge und Anhänger	233 (1972)[367]
	Kombinat Zentronik (1976)	k. A.	111 (1976)[368]
	VEB Betonwerk Elster (1976)	Beton	148 (1976)[369]
	VEB Elektromotorenwerke Thurm	k. A.	33 (1976)[370]
	VEB Drehmaschinenwerk Leipzig[371]	Zulieferung für Werkzeugmaschinen	87 (1987)[372]
	Produktionseinrichtung (PE) Bekleidung (MdI)	Häftlingsschuhe, Textilien	60 (1989)[373]
	Carl Zeiss Jena (1972)[374]	Schleiferei[375]	14 (1972)
	Hausarbeiter	Gebäudereinigung, Küchenarbeiten u. a.	109 (1976)[376]
StVE Waldheim[377]	VEB Elektromotorenwerk Hartha (Elmo)[378]	Elektromotoren, Wickelei	179 (1972)[379] bis 192 (1987)[380], IAK
	VEB Elektroschaltgeräte Rochlitz (ESR)[381]	Elektroschaltgeräte	98 (1987)[382] bis 147 (1976)[383], IAK
	VEB Spindelfabrik Hartha/Textima Spindelfabrik Hartha (Spiha)[384]	Spindeln, Zulieferung für Textima	199 (1972)[385] bis 290 (1985)[386], IAK
	VEB Glasseide Oschatz[387]	Roving-Spulerei; Glasfaser-Gewebe	39 (1987)[388] bis 57 (1977)[389], AAK
	VEB Elektrowärme Döbeln (EWD)[390]	Elektroheizgeräte	60 (1987)[391] bis 94 (1972)[392], AAK
	VEB Döbelner Beschläge und Metallwaren (DBM)[393]	Zylinder, Gurte, Lenkräder, Waffen	359 (1972)[394] bis 452 (1976)[395], IAK+AAK
	VEB Kreisbaubetrieb Döbeln[396]	Tischlerei, Wohnungsbau, Ausbauteile	44 (1987)[397], AAK
	VEB Modell- und Plastspielwaren Annaberg-Buchholz[398]	Plastikspielzeug	60 (1985)[399] bis 156 (1972)[400]
	VEB Volltuchwerke Hartha	Tuchwaren	54 (1987)[401] bis 90 (1985)[402], IAK

Haftanstalten nach Bezirken	Arbeitseinsatzbetriebe und Kommandos	Tätigkeit bzw. hergestellte Artikel	Zahl der Häftlingsarbeiter (Stichjahr) und Art des Kommandos
Leipzig (Fortsetzung)			
StVE Waldheim	Druckerei MdI/VEB »Ratsdruckerei« Werk II	Druckerei	39[403]
	VEB Sitzmöbelwerk Waldheim	Polsterarbeiten	27 (1985)[404], AAK
	Gebäudewirtschaft	k. A.	20 (1989)[405], AAK
	Hausarbeiter	Gebäudereinigung, Küchenarbeiten u. a.	158 (1985)[406]
StV. Abt. Waldheim	VEB Volltuchwerke Hartha	k. A.	90 (1985)[407]
	VEB Narva »Rosa Luxemburg« Brand-Erbisdorf	Leuchten	118 (1987)[408]
	Hausarbeiter	Gebäudereinigung, Küchenarbeiten u. a.	160 (1976)[409]
StVE Regis[410]	BKK Borna	Gleisbau, Kohleförderung, Abraum wegschaffen	295 (1972)[411] bis 350 (1989)[412], AAK
	BKK Espenhain	Gleisbau, Kohleförderung, Abraum wegschaffen	167 (1972)[413], AAK
	BKK Regis[414]	Gleisbau, Kohleförderung, Abraum wegschaffen	266 (1972)[415], AAK
	Zentralwerkstatt R	k. A.	90 (1989)[416], AAK
	VEB Ferrolegierungswerk Lippendorf	Gussputzerei	54 (1972)[417]
	VEB Schnittholz-Bauholz Borna	k. A.	20 (1989)[418]
	VEB »Otto Grotewohl« Böhlen, Petrolchemisches Kombinat (PCK) Schwedt (bis 1988)	k. A.	30 (1989)[419], AAK
	Hausarbeiter	Gebäudereinigung, Küchenarbeiten u. a.	75 (1976)[420]
StV-Abt. Altenburg	VEB Werkzeugfabrik Altenburg	Handwerkzeug, Bohrer	67 (1987)[421] bis 87 (1972)[422], AAK
	VEB Maschinenfabrik Meuselwitz	Grau- und Stahlguss	50 (1987)[423], AAK
Karl-Marx-Stadt/Chemnitz			
StVE Karl-Marx-Stadt	VEB Elektroinstallation Annaberg-Buchholz (EIA)	Elektroinstallationsmaterial (Sicherungen, Schraubenkappen u. a.)	116 (1987)[424] bis 149 (1981)[425]
	VEB Motorradwerke Zschopau (MZ)[426]	Motorradteile (u. a. Felgen) Bohren, Fräsen, Stanzen; Versandkisten fertigen	120 (1987)[427] bis 159 (1981)[428]
	VEB Modell- und Plastspielwaren/Plasticard Annaberg-Buchholz[429]	Spielwaren	11 (1986)[430]

Haftanstalten nach Bezirken	Arbeitseinsatzbetriebe und Kommandos	Tätigkeit bzw. hergestellte Artikel	Zahl der Häftlingsarbeiter (Stichjahr) und Art des Kommandos
	Karl-Marx-Stadt/Chemnitz (Fortsetzung)		
StVE Karl-Marx-Stadt	VEB Buchungsmaschinenwerk (BUMA) Karl-Marx-Stadt (1982)[431]	k. A.	40 (1981)[432]
	Wohnungsbaukombinat (WBK) Karl-Marx-Stadt	Plattenherstellung, Produktion von Badzellen[433]	208 (1987)[434] bis 396 (1980)[435]
	VEB Draht- und Federnwerk Marienberg	Metallfedern für Wäscheklammern[436]	68 (1972)[437]
UHA Karl-Marx-Stadt	VEB Aerosol-Automat Karl-Marx-Stadt	k. A.	44 (1986)[438]
	VEB Sportgerätewerk Kühnheide (bis 1981)	Federballschläger	35 (1973)[439] bis 100 (1986)[440]
	VEB Spielzeugwerke (1973)	Brettspiele	15 (1973)[441]
	VEB Plasta Oederan	k. A.	13 (1986)[442]
StVE Stollberg (Hoheneck)[443]	Esda Thalheim (seit 1971)[444]	Strumpfhosen	71 (1987)[445] bis 167 (1972)[446]
	VEB Planet Wäschekonfektion Eppendorf (ab 1955)[447]	Bettbezüge, Schlafanzüge	20371 (1987)[448] bis 280 (1989)[449]
	VEB Elektromotorenwerk Grünhain (Elmo; 1966–79)[450]	Wickeln von Elektromotoren	220 (1973)[451]
	VEB Modell- und Plastspielwaren Annaberg-Buchholz (1971)[452]	Plastikartikel	60 (1972)[453]
	VEB Zentronik Oelsnitz (1971)[454]	k. A.	85 (1972)[455]
	Wäschekombinat Lößnitz/Gablenz (WKL)	k. A.	103 (1972)[456]
	VEB Synthetex Lichtentanne	k. A.	k. A.
	Zentralwerkstätten (ZW)/Produktionseinrichtung (PE)[457] (MdI)	Bekleidung	50 (1989)[458]
	Hausarbeiterinnen	Gebäudereinigung, Küchenarbeiten u. a.	63[459]
StVE Freiberg	VEB Planet Wäschekonfektion Eppendorf[460]	Kopfkissenbezüge u. a.	110 (1978), IAK
StVE Plauen	VEB Renak Reichenbach[461]	Kupplungen, Lüsterklemmen	49 (1972)[462] bis 168 (1987)[463]
	Zentralwerkstatt MdI[464]	k. A.	15 (1983), IAK
	VEB Sachsendruck Plauen[465]	k. A.	15 (1983), IAK

Haftanstalten nach Bezirken	Arbeitseinsatzbetriebe und Kommandos	Tätigkeit bzw. hergestellte Artikel	Zahl der Häftlingsarbeiter (Stichjahr) und Art des Kommandos
	Karl-Marx-Stadt/Chemnitz (Fortsetzung)		
UHA Plauen	VEB Harmonikawerke Klingenthal (1973)	Stimmplattenproduktion, Verpackung	25 (1973)[466]
	VEB Holzsportartikel (1973)	Federballschläger	15 (1973)[467]
UHA Zwickau	VEB Elektronik Gera (EKG)	k. A.	83 (1986)[468]
	VEB Esda Thalheim (1973)	Strümpfe	66 (1973)[469]
	VEB Elektronik Gronsdorf (1986)	Kontaktbauelemente	14 (1986)[470]
	Gera		
StVE Unterwellenborn	VEB Maxhütte Unterwellenborn	Stabstahl-Adjustage, Schieben von Erzloren, Schlackenverwertung, Presswerk u. a.	227 (1987)[471] bis 279 (1972)[472], AAK
	VEB Werkzeugfabrik Königsee (Werkö)	Handwerkzeug, Sägen	50 (1967)[473] bis 55 (1987)[474]
	VEB Gummiwerke Transportgummi Bad Blankenburg	Gummischläuche	49 (1987)[475] bis 75 (1976)[476], AAK
JH Hohenleuben	VEB Wäscheunion Elsterberg[477]	Taschentücher	272 (1987)[478]
	VEB Wäscheunion Mittweida (bis 1986)[479]	Taschentücher	270 (1986)[480]
	VEB Leuchtenbau Zeulenroda[481]	Raumleuchten	k. A.
	VEB Bekleidungswerk Hardas Greiz	k. A.	k. A.
UHA Gera	VEB Elektroinstallation Ruhla	Installationsmaterial	k .A.
	VEB Elektronik Gera (EKG)	k. A.	k. A.
	Suhl		
StVE Untermaßfeld	VEB Fahrzeug- und Jagdwaffenwerk »Ernst Thälmann« Suhl (FAJAS)[482]	Zulieferung für Mopeds u. a.	118 (1972)[483] bis 160, IAK
	VEB Elektroinstallation Ruhla	Sicherungen, Lüsterklemmen	140 (1989)[484]
	VEB Werkzeugkombinat Schmalkalden (bis 1979)	Aluminiumlöffel u. a.	160 (1978)[485], AAK
	Erfurt		
StVE Gräfentonna	VEB Zentronik Optima Schreibmaschinenwerk Erfurt (ab 1978 Robotron Optima Büromaschinenwerk Erfurt)	Baugruppen, Büromaschinen, Klammern, Schreibmaschinentastaturen	178 (1987)[486] bis 284 (1981)[487], IAK+AAK
	VEB Fahrzeugelektrik Ruhla (ab 1982)	Scheibenwischer u. a.	130 (1989)[488]

Haftanstalten nach Bezirken	Arbeitseinsatzbetriebe und Kommandos	Tätigkeit bzw. hergestellte Artikel	Zahl der Häftlingsarbeiter (Stichjahr) und Art des Kommandos
	Erfurt (Fortsetzung)		
JH Ichtershausen	VEB Maschinenfabrik und Eisengießerei Dessau	k. A.	270 (1989)[489]
	VEB Fernmeldewerk Arnstadt (Kombinat Rundfunk- und Fernmeldetechnik/RFT)[490]	Elektronik	252 (1981)[491], IAK+AAK
	Hausarbeiter	Gebäudereinigung, Küchenarbeiten u. a.	34 (1984)[492]
SV-Abt. Eisenach	VEB Stahlverformung Ohrdruf (verm. bis 1972)[493]	Formung glühenden Stahls[494]	90 (1972)[495]
UHA Erfurt	VEB Elektroinstallation Ruhla[496]	Netzstecker	45 (1989)[497]
UHA Gotha	VEB Solidor Heiligenstadt[498]	Montage von Bandklemmen	50 (1981)[499] bis 119 (1987)[500]
	VEB Elektroinstallation Ruhla[501]	Klemmleisten, Buchsenklemmleisten	50[502]
	VEB Gummikombinat Waltershausen in Thüringen (KOWALIT)	Gummi	20 (1979)[503]
UHA Weimar	VEB Elektroinstallation Oberweimar[504]	k. A.	10 (1979)[505] bis (1989) 40[506]
	VEB Kabelwerk Kranichfeld[507]	k. A.	20[508]

1 Vgl. Vertrauliche Leitungsvorlage der BDVP Karl-Marx-Stadt Nr. 13/73 v. 27.7.1973; SächsStAC 30441 25.1 BDVP Karl-Marx-Stadt Nr. 144, Bl. 170–179.

2 Auch hier ist ein Zusammenhang mit der Amnestie von 1987 möglich. Vgl. Beleites, Johannes: Schwerin, Demmlerplatz. Die Untersuchungshaftanstalt des Ministeriums für Staatssicherheit in Schwerin. Schwerin 2001, S. 231.

3 Vgl. Vereinbarung zwischen der StVE Rüdersdorf und der Militärpolitischen Hochschule Grünau o. D.; BLHA, Rep. 672/16.2 Nr. 144, o. Pag.

4 Vgl. Lagebeurteilung zur Eröffnung des Außenarbeitsbreichs VPKA Hettstedt v. 4.2.1986; BStU, MfS, BV Halle, Abt. VII 825, Bl. 120–122.

5 Wie etwa beim Ausbau der Fernverkehrsstraße F 180 durch 25 Häftlinge für das Straßen-, Brücken- und Tiefbaukombinat/SBTK Halle. Vgl. Erster Überblick über die zu erwartenden Schwerpunktbereiche [bei der Amnestie von 1979]; LHASA, MER, M 501 Nr. 19322, o. Pag.

6 Vgl. Hoffmeister: Strafvollzugsanstalt Rummelsburg 1951–1990. Berlin 2011.

7 Vgl. Vereinbarung zwischen der Strafvollzugseinrichtung Berlin und dem Kombinat VEB Elektrowerke Berlin-Treptow v. 15.8.1979; LAB, C Rep. 303 Nr. 359, o. Pag.

8 Stand 1972: vereinbart 456. Vgl. Ministerium für Elektrotechnik und Elektronik: Betrifft Arbeitseinsatz von Strafgefangenen in ausgewählten Betrieben (Anlage 1 zur GVS B 2-183/73); BArch DO 1/3784, o. Pag.

9 Stand 11.10.1987. Vgl. Information der Abt. 8 der HA VII zur allgemeinen Amnestie v. 19.10.1987 (mit Anlage); BStU, MfS, Arbeitsbereich Neiber 636, Bl. 172–185; Schreiben

des Stellvertreters Ökonomie [der StVE Rummelsburg] an den VEB Elektro-Apparate-Werke v. 15.4.1983; LAB, C Rep. 303 Nr. 361, o. Pag.

10 Vgl. Vereinbarung des Kombinat VEB Elektrowerke Berlin-Treptow »Friedrich-Ebert« und des VEB Plastik-Werk Berlin mit der StVE Berlin v. 23.2.1987; LAB, C Rep. 303 Nr. 359, o. Pag.

11 Vgl. Komplexe Lageeinschätzung der StVE Berlin für das erste Halbjahr 1984 v. 12.7.1984; LAB, C Rep. 303 Nr. 2. o. Pag.

12 Stand Oktober 1972. Vgl. Protokoll des Ministeriums für Elektrotechnik und Elektronik über die Beratungen zur Amenstie v. 23.10.1972; LAB, C Rep. 410 Nr. 513, Bl. 217.

13 Stand Oktober 1972: geplant 60, tatsächlich 64. Vgl. Ministerium für Schwermaschinen- und Anlagenbau: Betrifft Arbeitseinsatz von Strafgefangenen in ausgewählten Betrieben (Anlage 1 zur GVS B 2-183/73); BArch DO 1/3784, o. Pag.

14 Vgl. ebenda.

15 Vgl. Der Tagesspiegel v. 5.5.2012; http://www.tagesspiegel.de/wirtschaft/schiesser-neckermann-underberg-unternehmen-weisen-berichte-ueber-ddr-zwangsarbeit-zurueck/6593930.html [22.5.2013]. Hoffmeister erwähnt die Beschäftigung von Insassen der Haftanstalt Rummelsburg für die Bärenquell- sowie die Kindel-Brauerei. Vgl. Hoffmeister: Rummelsburg, S. 25.

16 Vgl. Dölling: Strafvollzug zwischen Wende und Wiedervereinigung, S. 449.

17 Vertragsbedingungen zum Leistungsvertrag C-8370-231-4-396; BStU, MfS, VRD 10488, Bl. 456–458. Siehe auch Bericht der Abt. 8 der HA VII über die Absprachen in der BV Berlin, Abt. VII v. 31.7.1987; BStU, MfS, HA VII 4963, Bl. 2–4.

18 Vgl. Dölling: Strafvollzug zwischen Wende und Wiedervereinigung, S. 449.

19 Stand 20.6.1987. Vgl. Übersicht [von Dickel] über den Arbeitseinsatz Strafgefangener in der Volkswirtschaft o. D. [14.7.1987]; BArch DY 30/IV 2/2-039/191, Bl. 69–84.

20 Vertragsbedingungen zum Leistungsvertrag C-8370-231-4-396; BStU, MfS, VRD 10488, Bl. 456–458.

21 Dölling: Strafvollzug zwischen Wende und Wiedervereinigung, S. 449.

22 Stand 1986. Vgl. LAB, C Rep. 303 Nr. 577, o. Pag.

23 Vgl. Vereinbarung zwischen der Strafvollzugseinrichtung Berlin und dem VEB Plastik-Werk Berlin an die StVE Berlin v. 1.12.1988 (mit Anlagen); LAB, C Rep. 303 Nr. 359, o. Pag.

24 Vgl. ebenda.

25 Vgl. Vereinbarung zwischen der Strafvollzugseinrichtung Berlin und dem VEB Narva »Rosa Luxemburg« Sondermaschinen und Leuchtenbau Berlin v. 1.9.1988 (mit Anlagen); LAB, C Rep. 303 Nr. 362, o. Pag. Siehe auch Bericht der Abt. 8 der HA VII über die Absprachen in der BV Berlin, Abt. VII v. 31.7.1987; BStU, MfS, HA VII 4963, Bl. 2–4.

26 Vgl. Vereinbarung zwischen der Strafvollzugseinrichtung Berlin und dem VEB Narva »Rosa Luxemburg« Sondermaschinen und Leuchtenbau Berlin v. 1.9.1988 (mit Anlagen); LAB, C Rep. 303 Nr. 362, o. Pag.

27 Vgl. ebenda.

28 Vgl. Komplexe Lageeinschätzung der StVE Berlin für das erste Halbjahr 1984 v. 12.7.1984; LAB, C Rep. 303 Nr. 2. o. Pag.

29 Vgl. Erler: Das geheime Haftarbeitslager, S. 40.

30 Vgl. Finn; Fricke: Politischer Strafvollzug, S. 44.

31 Stand 11.10.1987. Vgl. Information der Abt. 8 der HA VII zur allgemeinen Amnestie v. 19.10.1987 (mit Anlage); BStU, MfS, Arbeitsbereich Neiber 636, Bl. 172–185.

32 Vgl. Dölling: Strafvollzug zwischen Wende und Wiedervereinigung, S. 451.

33 Vgl. ebenda.

34 Stand Oktober 1972: geplant 50, tatsächlich 39. Vgl. Ministerium für Schwermaschinen- und Anlagenbau: Betrifft Arbeitseinsatz von Strafgefangenen in ausgewählten Betrieben (Anlage 1 zur GVS B 2-183/73); BArch DO 1/3784, o. Pag.

35 Vgl. Dölling: Strafvollzug zwischen Wende und Wiedervereinigung, S. 451.

36 Stand 20.6.1987. Vgl. Übersicht [von Dickel] über den Arbeitseinsatz Strafgefangener in der Volkswirtschaft o. D. [14.7.1987]; BArch DY 30/IV 2/2-039/191, Bl. 69-84; Information der Abt. 8 der HA VII zur allgemeinen Amnestie v. 19.10.1987 (mit Anlage); BStU, MfS, Arbeitsbereich Neiber 636, Bl. 172–185.

37 Stand 11.10.1987. Vgl. Information der Abt. 8 der HA VII zur allgemeinen Amnestie v. 19.10.1987 (mit Anlage); BStU, MfS, Arbeitsbereich Neiber 636, Bl. 172–185.

38 Vgl. Dölling: Strafvollzug zwischen Wende und Wiedervereinigung, S. 451.

39 Vgl. ebenda

40 Vgl. ebenda.

41 Vgl. Friedrich-Ebert-Stiftung, Landesbüro Mecklenburg-Vorpommern (Hg.): Politische Strafjustiz 1945–1989. Der Gefängnisstandort Bützow als Gedenk- und Lernort. Schwerin 2008; Hesse, Hans (Hg.): »Denn einmal kommt der Tag, dann sind wir frei ...«. DDR-Strafvollzug in Bützow-Dreibergen. Essen 2004.

42 Vgl. u. a. Information der Arbeitsgruppe für Organisation und Inspektion beim Ministerrat zu eingeleiteten Maßnahmen zu Problemen der Amnestie im Bereich des Ministeriums für Elektrotechnik und Elektronik v. 16.10.1987; BArch DC 20/26960, o. Pag.; Übersicht [von Dickel] über den Arbeitseinsatz Strafgefangener in der Volkswirtschaft o. D. [14.7.1987]; BArch DY 30/IV 2/2-039/191, Bl. 69–84.

43 Stand 11.10.1987. Vgl. Information der Abt. 8 der HA VII zur allgemeinen Amnestie v. 19.10.1987 (mit Anlage); BStU, MfS, Arbeitsbereich Neiber 636, Bl. 172–185.

44 Vgl. ebenda.

45 Vgl. Dölling: Strafvollzug zwischen Wende und Wiedervereinigung, S. 453.

46 Stand 11.10.1987. Vgl. Information der Abt. 8 der HA VII zur allgemeinen Amnestie v. 19.10.1987 (mit Anlage); BStU, MfS, Arbeitsbereich Neiber 636, Bl. 172–185.

47 Vgl. Dölling: Strafvollzug zwischen Wende und Wiedervereinigung, S. 453.

48 Stand Oktober 1972: geplant 85, tatsächlich 104. Vgl. Ministerium für Bezirksgeleitete Industrie und Lebensmittelindustrie: Betrifft Arbeitseinsatz von Strafgefangenen in ausgewählten Betrieben (Anlage 1 zur GVS B 2-183/73); BArch DO 1/3784, o. Pag.

49 Stand Oktober 1972: geplant 50, tatsächlich 52. Vgl. ebenda.

50 Stand 11.10.1987. Vgl. Information der Abt. 8 der HA VII zur allgemeinen Amnestie v. 19.10.1987 (mit Anlage); BStU, MfS, Arbeitsbereich Neiber 636, Bl. 172–185.

51 Vgl. ebenda.

52 Vgl. Dölling: Strafvollzug zwischen Wende und Wiedervereinigung, S. 453.

53 Stand Oktober 1972: geplant 100, tatsächlich 91. Zuordnung zur Haftanstalt Bützow nicht eindeutig. Vgl. Ministerium für Verkehrswesen: Betrifft Arbeitseinsatz von Strafgefangenen in ausgewählten Betrieben (Anlage 1 zur GVS B 2-183/73); BArch DO 1/3784, o. Pag.

54 Vgl. Dölling: Strafvollzug zwischen Wende und Wiedervereinigung, S. 453.

55 Vgl. ebenda.

56 Vgl. ebenda.

57 Vgl. ebenda.

58 Stand 20.6.1987. Vgl. Übersicht [von Dickel] über den Arbeitseinsatz Strafgefangener in der Volkswirtschaft o. D. [14.7.1987]; BArch DY 30/IV 2/2-039/191, Bl. 69–84.

59 Stand 11.10.1987. Vgl. Information der Abt. 8 der HA VII zur allgemeinen Amnestie v. 19.10.1987 (mit Anlage); BStU, MfS, Arbeitsbereich Neiber 636, Bl. 172–185.

60 Stand Oktober 1972: geplant 110, tatsächlich 117. Vgl. Ministerium für Verkehrswesen: Betrifft Arbeitseinsatz von Strafgefangenen in ausgewählten Betrieben (Anlage 1 zur GVS B 2-183/73); BArch DO 1/3784, o. Pag.

61 Vgl. Bericht der HA VII über die Dienstreise in die BV Neubrandenburg v. 18.4.1988; BStU, MfS, HA VII 6053, Bl. 149–153.

62 Stand 11.10.1987. Vgl. Information der Abt. 8 der HA VII zur allgemeinen Amnestie v. 19.10.1987 (mit Anlage); BStU, MfS, Arbeitsbereich Neiber 636, Bl. 172–185.

63 Vgl. Dölling: Strafvollzug zwischen Wende und Wiedervereinigung, S. 453.

64 Stand Oktober 1972. Vgl. Ministerium für Verkehrswesen: Betrifft Arbeitseinsatz von Strafgefangenen in ausgewählten Betrieben (Anlage 1 zur GVS B 2-183/73); BArch DO 1/3784, o. Pag.

65 Stand 20.6.1987. Vgl. Übersicht [von Dickel] über den Arbeitseinsatz Strafgefangener in der Volkswirtschaft o. D. [14.7.1987]; BArch DY 30/IV 2/2-039/191, Bl. 69-84.

66 Vgl. Dölling: Strafvollzug zwischen Wende und Wiedervereinigung, S. 455.

67 Vgl. BStU, MfS, BV Neubrandenburg, KD Ueckermünde 201. Siehe auch Bericht der HA VII über die Dienstreise in die BV Neubrandenburg v. 18.4.1988; BStU, MfS, HA VII 6053, Bl. 149–153; Maier, Petra; Wilde, Birgit (Red.): Geschichte und Entwicklung des Strafvollzugs in der Region Ueckermünde (Hg. v. Verein zur Förderung Gefangener und Entlassener der JVA Ueckermünde e.V.). Ueckermünde 2001, S. 152.

68 Stand 11.10.1987. Vgl. Information der Abt. 8 der HA VII zur allgemeinen Amnestie v. 19.10.1987 (mit Anlage); BStU, MfS, Arbeitsbereich Neiber 636, Bl. 172–185.

69 Stand Oktober 1972: geplant 300, tatsächlich 294. Vgl. Ministerium für Schwermaschinen- und Anlagenbau: Betrifft Arbeitseinsatz von Strafgefangenen in ausgewählten Betrieben (Anlage 1 zur GVS B 2-183/73); BArch DO 1/3784, o. Pag.

70 Stand 11.10.1987. Vgl. Information der Abt. 8 der HA VII zur allgemeinen Amnestie v. 19.10.1987 (mit Anlage); BStU, MfS, Arbeitsbereich Neiber 636, Bl. 172–185.

71 Vgl. Kittan, Tomas: Das Zuchthaus Cottbus. Die Geschichte des politischen Strafvollzugs (Cottbuser Blätter, Sonderheft 2009). Cottbus 2009.

72 Stand 11.10.1987. Vgl. Information der Abt. 8 der HA VII zur allgemeinen Amnestie v. 19.10.1987 (mit Anlage); BStU, MfS, Arbeitsbereich Neiber 636, Bl. 172–185.

73 Vgl. Jehmlich, Gerhard: Der VEB Pentacon Dresden. Geschichte der Dresdner Kamera- und Kinoproduktion nach 1945. Dresden 2009, S. 112; BStU, MfS, HA VII/8, ZMA 175/80.

74 Stand 11.10.1987. Vgl. Information der Abt. 8 der HA VII zur allgemeinen Amnestie v. 19.10.1987 (mit Anlage); BStU, MfS, Arbeitsbereich Neiber 636, Bl. 172–185.

75 Stand Oktober 1972: geplant 388, tatsächlich 465. Vgl. Ministerium für Elektrotechnik und Elektronik: Betrifft Arbeitseinsatz von Strafgefangenen in ausgewählten Betrieben (Anlage 1 zur GVS B 2-183/73); BArch DO 1/3784, o. Pag.

76 Vgl. Dölling: Strafvollzug zwischen Wende und Wiedervereinigung, S. 455.

77 Stand 20.6.1987. Vgl. Übersicht [von Dickel] über den Arbeitseinsatz Strafgefangener in der Volkswirtschaft o. D. [14.7.1987]; BArch DY 30/IV 2/2-039/191, Bl. 69-84.

78 Stand Oktober 1972: geplant 373, tatsächlich 303. Vgl. Ministerium für Kohle und Energie: Betrifft Arbeitseinsatz von Strafgefangenen in ausgewählten Betrieben (Anlage 1 zur GVS B 2-183/73); BArch DO 1/3784, o. Pag.

79 Vgl. Dölling: Strafvollzug zwischen Wende und Wiedervereinigung, S. 453.

80 Stand Oktober 1972: geplant 60, tatsächlich 44. Vgl. Ministerium für Kohle und Energie: Betrifft Arbeitseinsatz von Strafgefangenen in ausgewählten Betrieben (Anlage 1 zur GVS B 2-183/73); ebenda, o. Pag.

81 Vgl. Dölling: Strafvollzug zwischen Wende und Wiedervereinigung, S. 455.

82 Stand 20.6.1987. Vgl. Übersicht [von Dickel] über den Arbeitseinsatz Strafgefangener in der Volkswirtschaft o. D. [14.7.1987]; BArch DY 30/IV 2/2-039/191, Bl. 69–84.

83 Stand Oktober 1972: geplant 60, tatsächlich 66. Vgl. Ministerium für Kohle und Energie: Betrifft Arbeitseinsatz von Strafgefangenen in ausgewählten Betrieben (Anlage 1 zur GVS B 2-183/73); BArch DO 1/3784, o. Pag.
84 Stand 11.10.1987. Vgl. Information der Abt. 8 der HA VII zur allgemeinen Amnestie v. 19.10.1987 (mit Anlage); BStU, MfS, Arbeitsbereich Neiber 636, Bl. 172–185.
85 Vgl. Dölling: Strafvollzug zwischen Wende und Wiedervereinigung, S. 455.
86 Vgl. ebenda.
87 Stand 20.6.1987. Vgl. Übersicht [von Dickel] über den Arbeitseinsatz Strafgefangener in der Volkswirtschaft o. D. [14.7.1987]; BArch DY 30/IV 2/2-039/191, Bl. 69-84.
88 Stand 11.10.1987. Vgl. Information der Abt. 8 der HA VII zur allgemeinen Amnestie v. 19.10.1987 (mit Anlage); BStU, MfS, Arbeitsbereich Neiber 636, Bl. 172–185.
89 Stand Oktober 1972: geplant 70, tatsächlich 48. Zuordnung zum Haftarbeitslager Schwarze Pumpe. Vgl. Ministerium für Verkehrswesen: Betrifft Arbeitseinsatz von Strafgefangenen in ausgewählten Betrieben (Anlage 1 zur GVS B 2-183/73); BArch DO 1/3784, o. Pag.
90 Vgl. Dölling: Strafvollzug zwischen Wende und Wiedervereinigung, S. 455.
91 Stand 11.10.1987. Vgl. Information der Abt. 8 der HA VII zur allgemeinen Amnestie v. 19.10.1987 (mit Anlage); BStU, MfS, Arbeitsbereich Neiber 636, Bl. 172–185.
92 Stand 20.6.1987. Vgl. Übersicht [von Dickel] über den Arbeitseinsatz Strafgefangener in der Volkswirtschaft o. D. [14.7.1987]; BArch DY 30/IV 2/2-039/191, Bl. 69–84.
93 Vgl. ebenda.
94 Vgl. [Aufstellung der Arbeitsbetriebe der] Strafvollzugsanstalt Brandenburg o. D. [Juli 1967]; BLHA; bez. PDM Rep. 404/15.1/707, Bl. 140–141.
95 Vgl. Dölling: Strafvollzug zwischen Wende und Wiedervereinigung, S. 457.
96 Stand 1972: geplant 340. Vgl. Ministerium für Elektrotechnik und Elektronik: Betrifft Arbeitseinsatz von Strafgefangenen in ausgewählten Betrieben (Anlage 1 zur GVS B 2-183/73); BArch DO 1/3784, o. Pag.
97 Stand 11.10.1987. Vgl. Information der Abt. 8 der HA VII zur allgemeinen Amnestie v. 19.10.1987 (mit Anlage); BStU, MfS, Arbeitsbereich Neiber 636, Bl. 172–185.
98 Vgl. ebenda
99 Vgl. Dölling: Strafvollzug zwischen Wende und Wiedervereinigung, S. 457.
100 Stand Oktober 1972: geplant 600, tatsächlich 581. Vgl. Ministerium für Verarbeitungsmaschinen- und Fahrzeugbau: Betrifft Arbeitseinsatz von Strafgefangenen in ausgewählten Betrieben (Anlage 1 zur GVS B 2-183/73); BArch DO 1/3784, o. Pag.
101 Vgl. Dölling: Strafvollzug zwischen Wende und Wiedervereinigung, S. 457.
102 Stand Oktober 1972: geplant 250, tatsächlich 257. Vgl. Ministerium für Leichtindustrie: Betrifft Arbeitseinsatz von Strafgefangenen in ausgewählten Betrieben (Anlage 1 zur GVS B 2-183/73); BArch DO 1/3784, o. Pag.
103 Stand 20.6.1987. Vgl. Übersicht [von Dickel] über den Arbeitseinsatz Strafgefangener in der Volkswirtschaft o. D. [14.7.1987]; BArch DY 30/IV 2/2-039/191, Bl. 69-84.
104 Stand Oktober 1972: geplant 500, tatsächlich 486. Vgl. Ministerium für Leichtindustrie: Betrifft Arbeitseinsatz von Strafgefangenen in ausgewählten Betrieben (Anlage 1 zur GVS B 2-183/73); BArch DO 1/3784, o. Pag.
105 Stand Oktober 1972: geplant 110, tatsächlich 97. Vgl. Ministerium für Verkehrswesen: Betrifft Arbeitseinsatz von Strafgefangenen in ausgewählten Betrieben (Anlage 1 zur GVS B 2-183/73); BArch DO 1/3784, o. Pag.
106 Stand 11.10.1987. Vgl. Information der Abt. 8 der HA VII zur allgemeinen Amnestie v. 19.10.1987 (mit Anlage); BStU, MfS, Arbeitsbereich Neiber 636, Bl. 172–185.
107 Stand Oktober 1972: geplant 75, tatsächlich 77. Vgl. Ministerium für Leichtindustrie: Betrifft Arbeitseinsatz von Strafgefangenen in ausgewählten Betrieben (Anlage 1 zur GVS B 2-183/73); BArch DO 1/3784, o. Pag.

108 Vgl. Dölling: Strafvollzug zwischen Wende und Wiedervereinigung, S. 457.
109 Vgl. ebenda.
110 Stand Oktober 1972: geplant 110, tatsächlich 90. Vgl. Ministerium für Elektrotechnik und Elektronik: Betrifft Arbeitseinsatz von Strafgefangenen in ausgewählten Betrieben (Anlage 1 zur GVS B 2-183/73); BArch DO 1/3784, o. Pag. Zuordnung zur Haftanstalt nicht sicher.
111 Vgl. Dölling: Strafvollzug zwischen Wende und Wiedervereinigung, S. 457.
112 Vgl. Rüchel: Haftarbeit in Rüdersdorf; Hüge, Bernd-Dieter: Mein Knastbuch. Ein Bericht. Berlin 1991.
113 Vgl. Politisch-operative Lageeinschätzung in den StVE Rüdersdorf durch Abt. VII der BV Frankfurt/O. v. 18.9.1984; BStU, MfS, HA VII 8481, Bl. 60–72.
114 Vgl. Vereinbarung zwischen der StVE Rüdersdorf und dem VEB Zementwerk v. 14.8.1989; BLHA, Rep. 672/16.2 Nr. 143, o. Pag.; BStU, MfS, BV Frankfurt/O. V 734/86 Abt. VII.
115 Vgl. Politisch-operative Lageeinschätzung in den StVE Rüdersdorf durch Abt. VII der BV Frankfurt/O. v. 18.9.1984; BStU, MfS, HA VII 8481, Bl. 60–72.
116 Vgl. ebenda.
117 Vgl. Vereinbarung zwischen der StVE Rüdersdorf und dem VEB WGK KB Frankfurt/O. v. 23.11.1988; BLHA, Rep. 672/16.2 Nr. 144, o. Pag.
118 Vgl. Dölling: Strafvollzug zwischen Wende und Wiedervereinigung, S. 457.
119 Vgl. BLHA, Rep. 672/16.2 Nr. 144, o. Pag.
120 Vgl. Politisch-operative Lageeinschätzung in den StVE Rüdersdorf durch Abt. VII der BV Frankfurt/O. v. 18.9.1984; BStU, MfS, HA VII 8481, Bl. 60–72.
121 Stand 20.6.1987. Vgl. Übersicht [von Dickel] über den Arbeitseinsatz Strafgefangener in der Volkswirtschaft o. D. [14.7.1987]; BArch DY 30/IV 2/2-039/191, Bl. 69-84.
122 Vgl. Dölling: Strafvollzug zwischen Wende und Wiedervereinigung, S. 457.
123 Vgl. Wenzke: Ab nach Schwedt!
124 Vgl. Wenzke: Ab nach Schwedt!, S. 284.
125 Vgl. ebenda, S. 286.
126 Vgl. Wachtel: Bestimmungsort Schwedt, S. 87.
127 Vgl. Vereinbarung zwischen dem Arbeitserziehungskommando Volkstedt und dem VEB Mansfeld Kombinat Wilhelm Pieck in Eisleben v. 1.1.1974; LHASA, MER, 558-17 BDVP Halle 19.1. Nr. 1319, Bl. 59-69.
128 Vgl. BStU, MfS, BV Halle, Abt. VII 825, Bl. 250–364.
129 Vgl. Bericht der Kreisdienststelle Hettstedt über die Situation im Strafgefangeneneinsatz im VEB Walzwerk Hettstedt v. 14.6.1985; BStU, MfS, BV Halle, Abt. VII 825, Bl. 320 f.
130 Gesamtes Mansfeld-Kombinat (ohne Rackwitz), Stand Oktober 1972: geplant 786, tatsächlich 746. Vgl. Ministerium für Erzbergbau, Metallurgie und Kali: Betrifft Arbeitseinsatz von Strafgefangenen in ausgewählten Betrieben (Anlage 1 zur GVS B 2-183/73); BArch DO 1/3784, o. Pag.
131 Vgl. BStU, MfS, BV Halle, Abt. VII 825, Bl. 3–19 u. 98–105.
132 Vgl. Dölling: Strafvollzug zwischen Wende und Wiedervereinigung, S. 459.
133 Vgl. BStU, MfS, BV Halle, Abt. VII 825, Bl. 221–231.
134 Vgl. Dölling: Strafvollzug zwischen Wende und Wiedervereinigung, S. 459.
135 Vgl. BStU, MfS, BV Halle, Abt. VII 825, Bl. 195-203 u. 212-220.
136 Stand 20.6.1987. Vgl. Übersicht [von Dickel] über den Arbeitseinsatz Strafgefangener in der Volkswirtschaft o. D. [14.7.1987]; BArch DY 30/IV 2/2-039/191, Bl. 69-84.
137 Vgl. BStU, MfS, BV Halle, Abt. VII 825, Bl. 175–188.
138 Vgl. Dölling: Strafvollzug zwischen Wende und Wiedervereinigung, S. 459.
139 Vgl. BStU, MfS, BV Halle, Abt. VII 825, Bl. 108–119.

140 Bis min. 1975 70 Häftlingsarbeiter vom Haftlager Raßnitz eingesetzt. Vgl. Geheime Chefvorlage der BDVP Halle v. 30.10.1974 (mit Anlagen); LHASA, MER, M 555 Nr. 589 BDVP Halle 19.1. Nr. 374, Bl. 144–169.

141 Vgl. BStU, MfS, BV Halle, Abt. VII 825, Bl. 46–52 u. 209–211.

142 Vgl. ebenda.

143 Vgl. Arbeitseinsatz der Strafgefangenen [im Bezirk Halle] o. D. [1974] (Anlage zur Geheimen Chefvorlage der BDVP Halle v. 30.10.1974; LHASA, MER, M 555 Nr. 589 BDVP Halle 19.1. Nr. 374, Bl. 167–169.

144 Vgl. ebenda.

145 Vgl. Pinkert, Mario (Hg.): Das Gerichtsgefängnis zu Dessau von 1886 bis 1997. Ein Gerichtsgefängnis im Wandel der Zeit. Dessau 1998.

146 Stand 20.6.1987. Vgl. Übersicht [von Dickel] über den Arbeitseinsatz Strafgefangener in der Volkswirtschaft o. D. [14.7.1987]; BArch DY 30/IV 2/2-039/191, Bl. 69–84. Siehe auch Bericht der HA VII über den durchgeführten Komplexeinsatz in der BV Halle v. 30.3.1984; BStU, MfS, HA VII 8482, Bl. 78–95.

147 Stand Oktober 1972: geplant 400, tatsächlich 358 Jugendliche. Vgl. Ministerium für Verarbeitungsmaschinen- und Fahrzeugbau: Betrifft Arbeitseinsatz von Strafgefangenen in ausgewählten Betrieben (Anlage 1 zur GVS B 2-183/73); BArch DO 1/3784, o. Pag.

148 Stand 11.10.1987. Vgl. Information der Abt. 8 der HA VII zur allgemeinen Amnestie v. 19.10.1987 (mit Anlage); BStU, MfS, Arbeitsbereich Neiber 636, Bl. 172–185.

149 Vgl. Geheime Chefvorlage der BDVP Halle v. 30.10.1974 (mit Anlagen); LHASA, MER, M 555 Nr. 589 BDVP Halle 19.1. Nr. 374, Bl. 144–169.

150 Vgl. Dölling: Strafvollzug zwischen Wende und Wiedervereinigung, S. 461.

151 Bis mindestens 1975 wurden 53 Häftlingsarbeiter von der Strafvollzugsabteilung Dessau aus eingesetzt. Vgl. Geheime Chefvorlage der BDVP Halle v. 30.10.1974 (mit Anlagen); LHASA, MER, M 555 Nr. 589 BDVP Halle 19.1. Nr. 374, Bl. 144–169.

152 Vgl. Erster Überblick über die zu erwartenden Schwerpunktbereiche [bei der Amnestie von 1979]; LHASA, MER, M 501 Nr. 19322, o. Pag.

153 Vgl. Geheime Chefvorlage der BDVP Halle v. 30.10.1974 (mit Anlagen); LHASA, MER, M 555 Nr. 589 BDVP Halle 19.1. Nr. 374, Bl. 144–169.

154 Vgl. Dölling: Strafvollzug zwischen Wende und Wiedervereinigung, S. 461.

155 Vgl. Pinkert: Gerichtsgefängnis zu Dessau, S. 40.

156 Teilweise gemeinsames Kommando mit dem JH Dessau; zusammen ca. 57 Personen. Vgl. Bericht der HA VII über die Dienstreise zum JH Dessau v. 10.6.1983; BStU, MfS, HA VII 8482, Bl. 5–24.

157 1975 wurden von der Haftanstalt Halle aus 84 Häftlingsarbeiter und von der Strafvollzugsabteilung Dessau 313 Häftlingsarbeiter in der Filmfabrik Wolfen eingesetzt. Vgl. Geheime Chefvorlage der BDVP Halle v. 30.10.1974 (mit Anlagen); LHASA, MER, M 555 Nr. 589 BDVP Halle 19.1. Nr. 374, Bl. 144–169.

158 Stand 20.6.1987. Vgl. Übersicht [von Dickel] über den Arbeitseinsatz Strafgefangener in der Volkswirtschaft o. D. [14.7.1987]; BArch DY 30/IV 2/2-039/191, Bl. 69–84; Bericht der HA VII über die Dienstreise zum JH Dessau v. 10.6.1983; BStU, MfS, HA VII 8482, Bl. 5-24.

159 Stand 11.10.1987. Vgl. Information der Abt. 8 der HA VII zur allgemeinen Amnestie v. 19.10.1987 (mit Anlage); BStU, MfS, Arbeitsbereich Neiber 636, Bl. 172–185.

160 Vgl. Erster Überblick über die zu erwartenden Schwerpunktbereiche [bei der Amnestie von 1979]; LHASA, MER, M 501 Nr. 19322, o. Pag.

161 Vgl. Dölling: Strafvollzug zwischen Wende und Wiedervereinigung, S. 461.

162 Vgl. Bericht der HA VII über die Dienstreise zum JH Dessau v. 10.6.1983; BStU, MfS, HA VII 8482, Bl. 5–24.

163 Stand 11.10.1987. Vgl. Information der Abt. 8 der HA VII zur allgemeinen Amnestie v. 19.10.1987 (mit Anlage); BStU, MfS, Arbeitsbereich Neiber 636, Bl. 172–185.

164 Stand Oktober 1972. Vgl. Ministerium für Elektrotechnik und Elektronik: Betrifft Arbeitseinsatz von Strafgefangenen in ausgewählten Betrieben (Anlage 1 zur GVS B 2-183/73); BArch DO 1/3784, o. Pag.

165 Stand 11.10.1987. Vgl. Information der Abt. 8 der HA VII zur allgemeinen Amnestie v. 19.10.1987 (mit Anlage); BStU, MfS, Arbeitsbereich Neiber 636, Bl. 172–185.

166 Vgl. Erster Überblick über die zu erwartenden Schwerpunktbereiche [bei der Amnestie von 1979]; LHASA, MER, M 501 Nr. 19322, o. Pag.

167 Vgl. Dölling: Strafvollzug zwischen Wende und Wiedervereinigung, S. 461.

168 Teilweise gemeinsames Kommando mit dem JH Dessau; zusammen ca. 57 Personen. Vgl. Bericht der HA VII über die Dienstreise zum JH Dessau v. 10.6.1983; BStU, MfS, HA VII 8482, Bl. 5–24.

169 Vgl. Arbeitseinsatz der Strafgefangenen [im Bezirk Halle] o. D. [1974] (Anlage zur Geheimen Chefvorlage der BDVP Halle v. 30.10.1974; LHASA, MER, M 555 Nr. 589 BDVP Halle 19.1. Nr. 374, Bl. 167–169

170 Stand Oktober 1972: geplant 160, tatsächlich 232. Vgl. Ministerium für Leichtindustrie: Betrifft Arbeitseinsatz von Strafgefangenen in ausgewählten Betrieben (Anlage 1 zur GVS B 2-183/73); BArch DO 1/3784, o. Pag.

171 Vgl. Geheime Chefvorlage der BDVP Halle v. 30.10.1974 (mit Anlagen); LHASA, MER, M 555 Nr. 589 BDVP Halle 19.1. Nr. 374, Bl. 144–169.

172 Vgl. Bericht der HA VII über den komplexen Kontrolleinsatz in der StVE Halle v. 7.5.1984; BStU, MfS, HA VII 8482, Bl. 115–131.

173 Vgl. u. a. Information des Arbeitserziehungskommando Halle v. 19.10.1972; LHASA, MER, M 558-5 BDVP Halle 19.1. Nr. 1269, Bl. 16 f.

174 Stand Oktober 1972: geplant 200, tatsächlich 200. Vgl. Ministerium für Leichtindustrie: Betrifft Arbeitseinsatz von Strafgefangenen in ausgewählten Betrieben (Anlage 1 zur GVS B 2-183/73); BArch DO 1/3784, o. Pag.

175 Stand Oktober 1972: geplant 100, tatsächlich 96. Vgl. Ministerium für Leichtindustrie: Betrifft Arbeitseinsatz von Strafgefangenen in ausgewählten Betrieben (Anlage 1 zur GVS B 2-183/73); BArch DO 1/3784, o. Pag.

176 Vgl. Schreiben an die Staatliche Plankommission Staatssekretär Klopfer v. 3.6.1986; BArch DY 30/25489, o. Pag.; Bericht der HA VII über den komplexen Kontrolleinsatz in der StVE Halle v. 7.5.1984; BStU, MfS, HA VII 8482, Bl. 115–131.

177 Stand 11.10.1987. Vgl. Information der Abt. 8 der HA VII zur allgemeinen Amnestie v. 19.10.1987 (mit Anlage); BStU, MfS, Arbeitsbereich Neiber 636, Bl. 172–185.

178 Vgl. Einschätzung des Standes der Sicherheit in den StVE durch das Dezernat I/4 der BDVP Halle v. 7.1.1975; LHASA, MER, M 555 BDVP Halle 19.1. Nr. 382, Bl. 32-44; Information des Arbeitserziehungskommando Halle v. 19.10.1972; LHASA, MER, M 558-5 BDVP Halle 19.1. Nr. 1269, Bl. 16 f.

179 Vgl. Bericht der HA VII über den komplexen Kontrolleinsatz im JH Halle v. 12.4.1984; BStU, MfS, HA VII 8482, Bl. 54–71; Vereinbarung zwischen dem AEK Halle und dem VEB Elektroinstallation Ruhla o. D. [1975]; LHASA, MER, M 555 BDVP Halle 19.1. Nr. 380, Bl. 184.

180 Vgl. Bastian; Neubert: Schamlos ausgebeutet, S. 125.

181 Stand Oktober 1972: geplant 120, tatsächlich 139. Vgl. Ministerium für Elektrotechnik und Elektronik: Betrifft Arbeitseinsatz von Strafgefangenen in ausgewählten Betrieben (Anlage 1 zur GVS B 2-183/73); BArch DO 1/3784, o. Pag.

182 Vgl. Vereinbarung zwischen dem Arbeitserziehungskommando Quedlinburg und dem VEB Süßwarenfabrik Bodeta v. 12.8.1969; LHASA, MER, M 558-7 BDVP Halle 19.1. Nr. 1298, Bl. 121–124.

183 Stand 20.6.1987. Vgl. Übersicht [von Dickel] über den Arbeitseinsatz Strafgefangener in der Volkswirtschaft o. D. [14.7.1987]; BArch DY 30/IV 2/2-039/191, Bl. 69–84.

184 Stand Oktober 1972: geplant 90, tatsächlich 127. Vgl. Ministerium für Elektrotechnik und Elektronik: Betrifft Arbeitseinsatz von Strafgefangenen in ausgewählten Betrieben (Anlage 1 zur GVS B 2-183/73); BArch DO 1/3784, o. Pag. Siehe auch Information des Arbeitserziehungskommando Halle v. 19.10.1972; LHASA, MER, M 558-5 BDVP Halle 19.1. Nr. 1269, Bl. 16 f.

185 Vgl. Geheime Chefvorlage der BDVP Halle v. 30.10.1974 (mit Anlagen); LHASA, MER, M 555 Nr. 589 BDVP Halle 19.1. Nr. 374, Bl. 144–169.

186 Vgl. ebenda.

187 Stand 11.10.1987. Vgl. Information der Abt. 8 der HA VII zur allgemeinen Amnestie v. 19.10.1987 (mit Anlage); BStU, MfS, Arbeitsbereich Neiber 636, Bl. 172–185.

188 Vgl. Geheime Chefvorlage der BDVP Halle v. 30.10.1974 (mit Anlagen); LHASA, MER, M 555 Nr. 589 BDVP Halle 19.1. Nr. 374, Bl. 144–169.

189 Vgl. Bastian; Neubert: Schamlos ausgebeutet, S. 121.

190 Vgl. Arbeitseinsatz der Strafgefangenen [im Bezirk Halle] o. D. [1974] Anlage zur Geheimen Chefvorlage der BDVP Halle v. 30.10.1974; LHASA, MER, M 555 Nr. 589 BDVP Halle 19.1. Nr. 374, Bl. 167–169.

191 Vgl. Dölling: Strafvollzug zwischen Wende und Wiedervereinigung, S. 461.

192 Vgl. Geheime Chefvorlage der BDVP Halle v. 30.10.1974 (mit Anlagen); LHASA, MER, M 555 Nr. 589 BDVP Halle 19.1. Nr. 374, Bl. 144–169.

193 Vgl. Zuarbeit der KD Saalkreis – zu erwartende Auswirkungen der Amnestie v. 3.8.1987; BStU, MfS, BV Halle, KD Saalkreis 609, Bl. 1-4; Schreiben der Abt. Leicht-, Lebensmittel- und Bezirksgeleitete Industrie an Abt. Planung und Finanzen [des ZK der SED] v. 24.3.1988; BArch DY 30/25489, o. Pag.; Fernschreiben der BDVP Halle v. 27.5.1987; BStU, MfS, HA VII 5457, Bl. 56.

194 Vgl. Dölling: Strafvollzug zwischen Wende und Wiedervereinigung, S. 461.

195 Stand 20.6.1987. Vgl. Übersicht [von Dickel] über den Arbeitseinsatz Strafgefangener in der Volkswirtschaft o. D. [14.7.1987]; BArch DY 30/IV 2/2-039/191, Bl. 69-84.

196 Vgl. Bericht der HA VII über den komplexen Kontrolleinsatz im JH Halle v. 12.4.1984; BStU, MfS, HA VII 8482, Bl. 54-71.

197 Stand Oktober 1972: vereinbart 240, tatsächlich 259. Vgl. Ministerium für Elektrotechnik und Elektronik: Betrifft Arbeitseinsatz von Strafgefangenen in ausgewählten Betrieben (Anlage 1 zur GVS B 2-183/73); BArch DO 1/3784, o. Pag.

198 Vgl. Lageeinschätzung im Jugendhaus Halle v. 7.3.1975; LHASA, MER, BDVP Halle M 558-19 Nr. 1256, Bl. 19-46.

199 Vgl. Geheime Chefvorlage der BDVP Halle v. 30.10.1974 (mit Anlagen); LHASA, MER, M 555 Nr. 589 BDVP Halle 19.1. Nr. 374, Bl. 144–169.

200 Vgl. u. a. Fernschreiben der BDVP Halle v. 18.2.1987; BStU, MfS, HA VII 5457, Bl. 26.

201 Vgl. Bericht der HA VII über den komplexen Kontrolleinsatz im JH Halle v. 12.4.1984; BStU, MfS, HA VII 8482, Bl. 54–71.

202 Vgl. Bericht der HA VII über den komplexen Kontrolleinsatz in der StVE Halle v. 7.5.1984; BStU, MfS, HA VII 8482, Bl. 115–131.

203 Vgl. Vereinbarung zwischen dem Strafvollzugskommando Thale und dem VEB EHW Thale v. 15.12.1974; LHASA, MER, M 555 Nr. 591 BDVP Halle 19.1. Nr. 381, Bl. 23–33.

204 Vgl. Übersicht [von Dickel] über den Arbeitseinsatz Strafgefangener in der Volkswirtschaft o. D. [14.7.1987]; BArch DY 30/IV 2/2-039/191, Bl. 69–84; [Überblick über den] Arbeits-

einsatz Strafgefangener des StVK Thale im VEB EHW Thale o. D. [1973]; LHASA, MER, M 555 Nr. 589 BDVP Halle 19.1. Nr. 374, Bl. 118.

205 Stand 11.10.1987. Vgl. Information der Abt. 8 der HA VII zur allgemeinen Amnestie v. 19.10.1987 (mit Anlage); BStU, MfS, Arbeitsbereich Neiber 636, Bl. 172–185.

206 Stand 1975. Vgl. Geheime Chefvorlage der BDVP Halle v. 30.10.1974 (mit Anlagen); LHASA, MER, M 555 Nr. 589 BDVP Halle 19.1. Nr. 374, Bl. 144–169.

207 Stand Oktober 1972: geplant 95, tatsächlich 80. Vgl. Ministerium für Erzbergbau, Metallurgie und Kali: Betrifft Arbeitseinsatz von Strafgefangenen in ausgewählten Betrieben (Anlage 1 zur GVS B 2-183/73); BArch DO 1/3784, o. Pag.

208 Vgl. Vereinbarung zwischen dem Arbeitserziehungskommando Quedlinburg und dem VEB Meß- und Regelungswerk Dessau, Werk Mertik Quedlinburg v. 9.11.1970; LHASA, MER, M 558-7 BDVP Halle 19.1. Nr. 1298, Bl. 158–163; Vereinbarung zwischen dem Arbeitserziehungskommando Quedlinburg und dem VEB Mertik Quedlinburg v. 1.6.1967; LHASA, MER, M 558-7 BDVP Halle 19.1. Nr. 1298, Bl. 97–117.

209 Stand Oktober 1972: geplant 25, tatsächlich 58. Vgl. Ministerium für Elektrotechnik und Elektronik: Betrifft Arbeitseinsatz von Strafgefangenen in ausgewählten Betrieben (Anlage 1 zur GVS B 2-183/73); BArch DO 1/3784, o. Pag.

210 Vgl. Erster Überblick über die zu erwartenden Schwerpunktbereiche [bei der Amnestie von 1979]; LHASA, MER, M 501 Nr. 19322, o. Pag.

211 Vgl. Vereinbarung zwischen dem Arbeitserziehungskommando Quedlinburg und dem VEB Gummiwerke Ballenstedt v. 26.10.1970; LHASA, MER, M 558-7 BDVP Halle 19.1. Nr. 1298, Bl. 148–155.

212 Stand 20.6.1987. Vgl. Übersicht [von Dickel] über den Arbeitseinsatz Strafgefangener in der Volkswirtschaft o. D. [14.7.1987]; BArch DY 30/IV 2/2-039/191, Bl. 69-84.

213 Stand 30.11.1978. Vgl. Schreiben des Leiters der HA VII an Generalmajor Mittig v. 30.1.1979; BStU, MfS, HA XVIII 885, Bl. 5-9.

214 Vgl. Vereinbarung zwischen dem Strafvollzugskommando Thale und dem Staatlichen Forstwirtschaftsbetrieb Ballenstedt v. 12.2.1974; LHASA, MER, M 555 Nr. 591 BDVP Halle 19.1. Nr. 381, Bl. 11–16.

215 Vgl. Vereinbarung zwischen dem Arbeitserziehungskommando Quedlinburg und dem VEB Union Quedlinburg v. 9.11.1969; LHASA, MER, M 558-7 BDVP Halle 19.1. Nr. 1298, Bl. 137–144.

216 Vgl. Geheime Chefvorlage der BDVP Halle v. 30.10.1974 (mit Anlagen); LHASA, MER, M 555 Nr. 589 BDVP Halle 19.1. Nr. 374, Bl. 144–169.

217 Vgl. ebenda.

218 Vgl. ebenda.

219 Vgl. Vereinbarung zwischen dem Arbeitserziehungskommando Quedlinburg und dem VEB Süßwarenfabrik Bodeta v. 12.8.1969; LHASA, MER, M 558-7 BDVP Halle 19.1. Nr. 1298, Bl. 121–124.

220 Vgl. Vereinbarung zwischen dem Arbeitserziehungskommando Quedlinburg und dem VEB Druckguß- und Kolbenwerke Harzgerode v. 1.4.1967; LHASA, MER, M 558-7 BDVP Halle 19.1. Nr. 1298, Bl. 87–96; Bericht des Arbeitserziehungskommando Quedlinburg über das Arbeitsaußenkommando DKW Harzgerode v. 16.1.1969; LHASA, MER, M 558-7 BDVP Halle 19.1. Nr. 1298, Bl. 40-43.

221 Stand Oktober 1972: geplant 36, tatsächlich 32. Vgl. Ministerium für Schwermaschinen- und Anlagenbau: Betrifft Arbeitseinsatz von Strafgefangenen in ausgewählten Betrieben (Anlage 1 zur GVS B 2-183/73); BArch DO 1/3784, o. Pag.

222 Vgl. Vereinbarung zwischen dem Strafvollzugskommando Raßnitz und dem VEB Braunkohlekombinat »Erich Weinert« Deuben v. 1.5.1975; LHASA, MER, M 558-15 BDVP Halle 19.1. Nr. 1306, Bl. 262-270.

223 Stand Oktober 1972. Vgl. Ministerium für Kohle und Energie: Betrifft Arbeitseinsatz von Strafgefangenen in ausgewählten Betrieben (Anlage 1 zur GVS B 2-183/73); BArch DO 1/3784, o. Pag.

224 Vgl. Vereinbarung zwischen dem Strafvollzugskommando Raßnitz und dem VEB Braunkohlekombinat Geiseltal v. 24.2.1975; LHASA, MER, M 558-15 BDVP Halle 19.1. Nr. 1306, Bl. 252-261.

225 Stand Oktober 1972: geplant 140, tatsächlich 131. Vgl. Ministerium für Kohle und Energie: Betrifft Arbeitseinsatz von Strafgefangenen in ausgewählten Betrieben (Anlage 1 zur GVS B 2-183/73); BArch DO 1/3784, o. Pag.

226 Vgl. Geheime Chefvorlage der BDVP Halle v. 30.10.1974 (mit Anlagen); LHASA, MER, M 555 Nr. 589 BDVP Halle 19.1. Nr. 374, Bl. 144–169.

227 Vgl. Vesting: Zwangsarbeit im Chemiedreieck, S. 89, S. 111.

228 Vgl. Dölling: Strafvollzug zwischen Wende und Wiedervereinigung, S. 461.

229 Vgl. Vesting: Zwangsarbeit im Chemiedreieck, S. 89.

230 Vgl. Bericht über die Arbeitsbedingungen der Strafgefangenenbrigadiere im VEB Stahlwerk Frankleben v. 3.3.1970; LHASA, MER, M 558-15 BDVP Halle 19.1. Nr. 1308, Bl. 97 f.

231 Stand Oktober 1972: geplant 35, tatsächlich 59. Vgl. Ministerium für Schwermaschinen- und Anlagenbau: Betrifft Arbeitseinsatz von Strafgefangenen in ausgewählten Betrieben (Anlage 1 zur GVS B 2-183/73); BArch DO 1/3784, o. Pag.

232 Vgl. Dölling: Strafvollzug zwischen Wende und Wiedervereinigung, S. 461.

233 Vgl. ebenda.

234 Vgl. Anweisung 3/83 des Leiters der StVE Raßnitz über die Verfahrensweise bei der Sicherung von Schadenersatzforderungen v. 25.1.1983; BStU, MfS, BV Halle, Abt. VII 767, Bl. 6 f.; Anweisung 6/82 des Leiters der StVE Raßnitz über die Schleusung der Strafgefangenen v. 13.4.1982; BStU, MfS, BV Halle, Abt. VII 767, Bl. 23 f.

235 Vgl. Bericht der HA VII über den durchgeführten Komplexeinsatz in der BV Halle, Verantwortungsbereich StVE Raßnitz v. 9.4.1984; BStU, MfS, HA VII 8482, Bl. 98–111

236 Stand 20.6.1987. Vgl. Übersicht [von Dickel] über den Arbeitseinsatz Strafgefangener in der Volkswirtschaft o. D. [14.7.1987]; BArch DY 30/IV 2/2-039/191, Bl. 69–84.

237 Vgl. ebenda; Information der Abt. 8 der HA VII zur allgemeinen Amnestie v. 19.10.1987 (mit Anlage); BStU, MfS, Arbeitsbereich Neiber 636, Bl. 172–185.

238 Vgl. Bericht der HA VII über den durchgeführten Komplexeinsatz in der BV Halle, Verantwortungsbereich StVE Raßnitz v. 9.4.1984; BStU, MfS, HA VII 8482, Bl. 98–111.

239 Vgl. Vesting: Zwangsarbeit im Chemiedreieck.

240 Vgl. Erster Überblick über die zu erwartenden Schwerpunktbereiche [bei der Amnestie von 1979]; LHASA, MER, M 501 Nr. 19322, o. Pag.

241 Stand 20.6.1987, unter Einschluss der Betriebe Bitterfeld, Raßnitz, Regis, Volkstedt, Thale sowie zwei weiterer Betriebe. Vgl. Übersicht [von Dickel] über den Arbeitseinsatz Strafgefangener in der Volkswirtschaft o. D. [14.7.1987]; BArch DY 30/IV 2/2-039/191, Bl. 69–84; Information der Abt. 8 der HA VII zur allgemeinen Amnestie v. 19.10.1987 (mit Anlage); BStU, MfS, Arbeitsbereich Neiber 636, Bl. 172–185.

242 Stand Oktober 1972: geplant 100, tatsächlich 89. Vgl. Ministerium für Verkehrswesen: Betrifft Arbeitseinsatz von Strafgefangenen in ausgewählten Betrieben (Anlage 1 zur GVS B 2-183/73); BArch DO 1/3784, o. Pag.

243 Vgl. Vesting: Zwangsarbeit im Chemiedreieck, S. 95.

244 Stand 11.10.1987. Vgl. Information der Abt. 8 der HA VII zur allgemeinen Amnestie v. 19.10.1987 (mit Anlage); BStU, MfS, Arbeitsbereich Neiber 636, Bl. 172–185.

245 Vgl. Dölling: Strafvollzug zwischen Wende und Wiedervereinigung, S. 461.

246 Vgl. Vesting: Zwangsarbeit im Chemiedreieck, S. 95.

247 Vgl. Geheime Chefvorlage der BDVP Halle v. 30.10.1974 (mit Anlagen); LHASA, MER, M 555 Nr. 589 BDVP Halle 19.1. Nr. 374, Bl. 144–169.
248 Vgl. BStU, MfS, BV Halle, AOP 752/87.
249 Vgl. u. a. Fernschreiben der BDVP Halle v. 29.6.1987; BStU, MfS, HA VII 5457, Bl. 74.
250 Vgl. Erster Überblick über die zu erwartenden Schwerpunktbereiche [bei der Amnestie von 1979]; LHASA, MER, M 501 Nr. 19322, o. Pag.
251 Vgl. http://www.agora-goitzsche.de/ms800/7/1/ih1.html [20.9.2012].
252 Vgl. Erster Überblick über die zu erwartenden Schwerpunktbereiche [bei der Amnestie von 1979]; LHASA, MER, M 501 Nr. 19322, o. Pag.
253 Vgl. Dölling: Strafvollzug zwischen Wende und Wiedervereinigung, S. 461.
254 Vgl. Geheime Chefvorlage der BDVP Halle v. 30.10.1974 (mit Anlagen); LHASA, MER, M 555 Nr. 589 BDVP Halle 19.1. Nr. 374, Bl. 144–169.
255 Vgl. Analyse der Arbeitskommandos durch Dezernat I/4 v. 27.6.1988; BStU, MfS, BV Halle, Abt. VII 936, Bl. 1 f.; Analyse des IAK Metallwaren Naumburg v. 23.6.1988; ebenda, Bl. 3 f.; Analyse zum Bereich Außenarbeitskommando v. 23.6.1988; ebenda, Bl. 5 f.; Information [des Dezernates I/4 der Kriminalpolizei] v. 10.2.1989; BStU, MfS, BV Halle, Abt. VII 1643, Bl. 2-4; Schreiben der Abt. Leicht-, Lebensmittel- und Bezirksgeleitete Industrie an Abt. Planung und Finanzen [des ZK der SED] v. 24.3.1988; BArch DY 30/25489, o. Pag.; Bericht von Bernd Effenberger: 60. Pressekonferenz der Arbeitsgemeinschaft 13. August am 14.6.1984: DDR-Haftwesen und Justiz; BStU, MfS, HA IX 17604, Bl. 217–250.
256 Vgl. Bastian; Neubert: Schamlos ausgebeutet, S. 123.
257 Stand 6.9.1989; vgl. Statistische Angaben zu den im Bereich der StVE Naumburg vorhandenen Innen- und Außenarbeitskommandos v. 6.9.1989; BStU, MfS, BV Halle, Abt. VII 1049, Bl. 8.
258 Stand 11.10.1987. Vgl. Information der Abt. 8 der HA VII zur allgemeinen Amnestie v. 19.10.1987 (mit Anlage); BStU, MfS, Arbeitsbereich Neiber 636, Bl. 172–185. Angelegt war der Arbeitseinsatz gar auf 500 Gefangene. Vgl. Vereinbarung zwischen der Strafvollzugsanstalt Naumburg und dem Möbelkombinat Wi-We-Na Dessau, Betrieb VIII v. 1.1.1974; LHASA, MER, M 558-6 BDVP Halle 19.1. Nr. 1284, Bl. 43–51.
259 Vgl. Vereinbarung zwischen dem Strafvollzugskommando Raßnitz und der Deutschen Reichsbahn v. 24.9.1975; LHASA, MER, M 558-15 BDVP Halle 19.1. Nr. 1306, Bl. 235–244.
260 Stand 11.10.1987. Vgl. Information der Abt. 8 der HA VII zur allgemeinen Amnestie v. 19.10.1987 (mit Anlage); BStU, MfS, Arbeitsbereich Neiber 636, Bl. 172–185.
261 Stand Oktober 1972: geplant 90, tatsächlich 75. Vgl. Ministerium für Verkehrswesen: Betrifft Arbeitseinsatz von Strafgefangenen in ausgewählten Betrieben (Anlage 1 zur GVS B 2-183/73); BArch DO 1/3784, o. Pag.
262 Vgl. Einschätzung der Lage im Bereich der Strafvollzugsanstalt Naumburg v. 6.6.1974; LHASA, MER, M 558-6 BDVP Halle 19.1. Nr. 1284, Bl. 26–42.
263 Vgl. Arbeitseinsatz der Strafgefangenen [im Bezirk Halle] o. D. [1974] (Anlage zur Geheimen Chefvorlage der BDVP Halle v. 30.10.1974; LHASA, MER, M 555 Nr. 589 BDVP Halle 19.1. Nr. 374, Bl. 167–169.
264 Vgl. Erster Überblick über die zu erwartenden Schwerpunktbereiche [bei der Amnestie von 1979]; LHASA, MER, M 501 Nr. 19322, o. Pag.
265 Stand Oktober 1972: geplant 145, tatsächlich 149. Vgl. Ministerium für Leichtindustrie: Betrifft Arbeitseinsatz von Strafgefangenen in ausgewählten Betrieben (Anlage 1 zur GVS B 2-183/73); BArch DO 1/3784, o. Pag.
266 Stand 6.9.1989; vgl. Statistische Angaben zu den im Bereich der StVE Naumburg vorhandenen Innen- und Außenarbeitskommandos v. 6.9.1989; BStU, MfS, BV Halle, Abt. VII 1049, Bl. 8.
267 Vgl. Dölling: Strafvollzug zwischen Wende und Wiedervereinigung, S. 463.

268 Vgl. Analyse der Arbeitskommandos durch Dezernat I/4 v. 27.6.1988; BStU, MfS, BV Halle, Abt. VII 936, Bl. 1 f.; Analyse des IAK Metallwaren Naumburg v. 23.6.1988; ebenda, Bl. 3 f.; Analyse zum Bereich Außenarbeitskommando v. 23.6.1988; ebenda, Bl. 5 f.

269 Vgl. ebenda.

270 Siehe auch Information über erhebliche Probleme beim NSW-Export von weichdichtenden Absperrventilen des VEB Kombinat Magdeburger Armaturenwerke v. 11.3.1983; BArch DC 20/23112, o. Pag.

271 Stand 4.11.1987. Vgl. Operativer Lagebericht der Abt. VII der BV Magdeburg v. 4.11.1987; BStU, MfS, BV Magdeburg, Abt. VII 1590, S. 13–24.

272 Stand Oktober 1972: geplant 350, tatsächlich 385. Vgl. Ministerium für Schwermaschinen- und Anlagenbau: Betrifft Arbeitseinsatz von Strafgefangenen in ausgewählten Betrieben (Anlage 1 zur GVS B 2-183/73); BArch DO 1/3784, o. Pag.

273 Vgl. u. a. BStU, MfS, BV Magdeburg, AGMS 48/84.

274 Stand 11.10.1987. Vgl. Information der Abt. 8 der HA VII zur allgemeinen Amnestie v. 19.10.1987 (mit Anlage); BStU, MfS, Arbeitsbereich Neiber 636, Bl. 172–185.

275 Vgl. Vorschlag der Abt. VII/5 der BV Magdeburg zur Verpflichtung eines IMS v. 2.12.1976; BStU, MfS, BV Magdeburg, AIM 854/80, Bl. 58–69 (MfS-Pag.).

276 Vgl. Bastian; Neubert: Schamlos ausgebeutet, S. 123.

277 Stand Oktober 1972: geplant 60, tatsächlich 62. Vgl. Ministerium für Erzbergbau, Metallurgie und Kali: Betrifft Arbeitseinsatz von Strafgefangenen in ausgewählten Betrieben (Anlage 1 zur GVS B 2-183/73); BArch DO 1/3784, o. Pag.

278 Vgl. Bastian; Neubert: Schamlos ausgebeutet, S. 122, 123. Dort auch der StVA Leipzig zugerechnet.

279 Stand Oktober 1972: geplant 45, tatsächlich 43. Vgl. Ministerium für Bezirksgeleitete Industrie und Lebensmittelindustrie: Betrifft Arbeitseinsatz von Strafgefangenen in ausgewählten Betrieben (Anlage 1 zur GVS B 2-183/73); BArch DO 1/3784, o. Pag.

280 Vgl. Dölling: Strafvollzug zwischen Wende und Wiedervereinigung, S. 463.

281 Vgl. u. a. Information der Arbeitsgruppe für Organisation und Inspektion beim Ministerrat zu eingeleiteten Maßnahmen zu Problemen der Amnestie im Bereich des Ministeriums für Elektrotechnik und Elektronik v. 16.10.1987; BArch DC 20/26960, o. Pag.

282 Stand 11.10.1987. Vgl. Information der Abt. 8 der HA VII zur allgemeinen Amnestie v. 19.10.1987 (mit Anlage); BStU, MfS, Arbeitsbereich Neiber 636, Bl. 172–185.

283 Vgl. Bastian; Neubert: Schamlos ausgebeutet, S. 121.

284 Vgl. u. a. Einschätzung der Kreisdienststelle Stendal v. 5.9.1974; BStU, MfS, BV Magdeburg, KD Stendal 2028, Bl. 52–54.

285 Stand Oktober 1972: geplant 95, tatsächlich 109. Vgl. Ministerium für Bezirksgeleitete Industrie und Lebensmittelindustrie: Betrifft Arbeitseinsatz von Strafgefangenen in ausgewählten Betrieben (Anlage 1 zur GVS B 2-183/73); BArch DO 1/3784, o. Pag.

286 Vgl. Operative Lageeinschätzung in den SG-Außenarbeitskommandos der StVE des Bezirkes Dresden v. 23.7.1983; BStU, MfS, BV Dresden, Abt. VII 7380, Bl. 116–123. Siehe auch Fricke, Karl Wilhelm: Der Strafvollzug in Bautzen während der realsozialistischen Diktatur (1950 bis 1989). In: Ders. (Hg.): Humaner Strafvollzug und politischer Mißbrauch. Zur Geschichte der Strafvollzugsanstalten in Bautzen 1904 bis 2000 (Schriftenreihe des Sächsischen Staatsministeriums der Justiz, Bd. 10). Dresden 1999, S. 118–186.

287 Vgl. Zuarbeit der Abt. Strafvollzug der BDVP Dresden zur komplexen Lageeinschätzung v. 10.7.1989; BStU, MfS, BV Dresden, Abt. VII 7380, Bl. 2–9; Auskunftsangaben der Strafvollzugseinrichtung Bautzen I v. 12.4.1983; BStU, BStU, MfS, BV Dresden, Abt. VII 7384, Bd. 1, Bl. 110 f.

288 Stand 20.6.1987. Vgl. Übersicht [von Dickel] über den Arbeitseinsatz Strafgefangener in der Volkswirtschaft o. D. [14.7.1987]; BArch DY 30/IV 2/2-039/191, Bl. 69–84; Information

der Abt. 8 der HA VII zur allgemeinen Amnestie v. 19.10.1987 (mit Anlage); BStU, MfS, Arbeitsbereich Neiber 636, Bl. 172–185.

289 Stand 30.11.1978. Vgl. Schreiben des Leiters der HA VII an Generalmajor Mittig v. 30.1.1979; BStU, MfS, HA XVIII 885, Bl. 5–9.

290 Vgl. Zuarbeit der Abt. Strafvollzug der BDVP Dresden zur komplexen Lageeinschätzung v. 10.7.1989; BStU, MfS, BV Dresden, Abt. VII 7380, Bl. 2–9.

291 Stand 30.11.1978. Vgl. Schreiben des Leiters der HA VII an Generalmajor Mittig v. 30.1.1979; BStU, MfS, HA XVIII 885, Bl. 5–9.

292 Stand 20.6.1987. Vgl. Übersicht [von Dickel] über den Arbeitseinsatz Strafgefangener in der Volkswirtschaft o. D. [14.7.1987]; BArch DY 30/IV 2/2-039/191, Bl. 69–84.

293 Vgl. Zuarbeit der Abt. Strafvollzug der BDVP Dresden zur komplexen Lageeinschätzung v. 10.7.1989; BStU, MfS, BV Dresden, Abt. VII 7380, Bl. 2–9.

294 Stand 11.10.1987. Vgl. Information der Abt. 8 der HA VII zur allgemeinen Amnestie v. 19.10.1987 (mit Anlage); BStU, MfS, Arbeitsbereich Neiber 636, Bl. 172–185.

295 Vgl. Dölling: Strafvollzug zwischen Wende und Wiedervereinigung, S. 463.

296 Vgl. Information der Arbeitsgruppe für Organisation und Inspektion beim Ministerrat zu eingeleiteten Maßnahmen zu Problemen der Amnestie im Bereich des Ministeriums für Elektrotechnik und Elektronik v. 16.10.1987; BArch DC 20/26960, o. Pag. Laut Bastian; Neubert: Schamlos ausgebeutet, S. 120, der StVA Görlitz zugeordnet.

297 Vgl. Dölling: Strafvollzug zwischen Wende und Wiedervereinigung, S. 463.

298 Stand Oktober 1972: geplant 300, tatsächlich 298. Vgl. Ministerium für Elektrotechnik und Elektronik: Betrifft Arbeitseinsatz von Strafgefangenen in ausgewählten Betrieben (Anlage 1 zur GVS B 2-183/73); BArch DO 1/3784, o. Pag.

299 Vgl. Information der Arbeitsgruppe für Organisation und Inspektion beim Ministerrat zu eingeleiteten Maßnahmen zu Problemen der Amnestie im Bereich des Ministeriums für Elektrotechnik und Elektronik v. 16.10.1987; BArch DC 20/26960, o. Pag.; Zuarbeit der Abt. Strafvollzug der BDVP Dresden zur komplexen Lageeinschätzung v. 10.7.1989; BStU, MfS, BV Dresden, Abt. VII 7380, Bl. 2–9.

300 Stand 11.10.1987. Vgl. Information der Abt. 8 der HA VII zur allgemeinen Amnestie v. 19.10.1987 (mit Anlage); BStU, MfS, Arbeitsbereich Neiber 636, Bl. 172–185; Stand 30.11.1978; vgl. Schreiben des Leiters der HA VII an Generalmajor Mittig v. 30.1.1979; BStU, MfS, HA XVIII 885, Bl. 5–9.

301 Vgl. Dölling: Strafvollzug zwischen Wende und Wiedervereinigung, S. 463.

302 Vgl. Bildbericht zu Mängeln und Missständen im Innenarbeitseinsatzbetrieb für Strafgefangene der StVE Bautzen I des VEB Mähdrescherwerk Bischofswerda/Singwitz v. 23.1.1986/4.2.1986; BStU, MfS, BV Dresden, Abt. VII 7380, Bl. 211–234; Operative Lageeinschätzung im Innenarbeitskommando VEB Kombinat Erntemaschinen Fortschritt (Spezialobjekt II) v. 13.9.1984; ebenda, Bl. 93–98; Operative Lageeinschätzung im Innenarbeitskommando VEB Kombinat Erntemaschinen Fortschritt (Spezialobjekt I) v. 1.10.1984; ebenda, Bl. 99–103.

303 Vgl. Operative Lageeinschätzung im Innenarbeitskommandos VEB Kombinat Erntemaschinen Fortschritt (Spezialobjekt II) v. 13.9.1984; ebenda, Bl. 93–98.

304 Vgl. Dölling: Strafvollzug zwischen Wende und Wiedervereinigung, S. 463.

305 Vgl. Operative Lageeinschätzung im Arbeitseinsatzbetrieb Robur v. 2.7.1984; ebenda, Bl. 105–115; Abschlußbericht des Leiters der StVE Bautzen I v. 16.6.1989; BStU, MfS, BV Dresden, Abt. VII 7015, Bd. 1, Bl. 127–131.

306 Vgl. Operative Lageeinschätzung im Arbeitseinsatzbetrieb Robur v. 2.7.1984; BStU, MfS, BV Dresden, Abt. VII 7380, Bl. 105–115.

307 Vgl. Dölling: Strafvollzug zwischen Wende und Wiedervereinigung, S. 463.

308 Vgl. Strafgefangeneneinsatzbetriebe der Strafvollzugseinrichtung Bautzen I o. D.; BStU, BStU, MfS, BV Dresden, Abt. VII 7384, Bd. 1, Bl. 139–140; Einsatzbetriebe der AAK v. 23.12.1976; BStU, MfS, BV Dresden, Abt. VII 7384, Bd. 1, Bl. 141 f.

309 Stand 30.11.1978. Vgl. Schreiben des Leiters der HA VII an Generalmajor Mittig v. 30.1.1979; BStU, MfS, HA XVIII 885, Bl. 5–9.

310 Stand Oktober 1972: geplant 150, tatsächlich 91. Vgl. Ministerium für Kohle und Energie: Betrifft Arbeitseinsatz von Strafgefangenen in ausgewählten Betrieben (Anlage 1 zur GVS B 2-183/73); BArch DO 1/3784, o. Pag.

311 Stand Oktober 1972: geplant 180, tatsächlich 293. Vgl. Ministerium für Verarbeitungsmaschinen- und Fahrzeugbau: Betrifft Arbeitseinsatz von Strafgefangenen in ausgewählten Betrieben (Anlage 1 zur GVS B 2-183/73); BArch DO 1/3784, o. Pag.

312 Stand 11.10.1987. Vgl. Information der Abt. 8 der HA VII zur allgemeinen Amnestie v. 19.10.1987 (mit Anlage); BStU, MfS, Arbeitsbereich Neiber 636, Bl. 172–185.

313 Vgl. Dölling: Strafvollzug zwischen Wende und Wiedervereinigung, S. 463.

314 Stand 11.10.1987. Vgl. Information der Abt. 8 der HA VII zur allgemeinen Amnestie v. 19.10.1987 (mit Anlage); BStU, MfS, Arbeitsbereich Neiber 636, Bl. 172–185.

315 Stand Oktober 1972: geplant 100, tatsächlich 117. Vgl. Ministerium für Bezirksgeleitete Industrie und Lebensmittelindustrie: Betrifft Arbeitseinsatz von Strafgefangenen in ausgewählten Betrieben (Anlage 1 zur GVS B 2-183/73); BArch DO 1/3784, o. Pag.

316 Stand Oktober 1972: geplant 87, tatsächlich 65. Vgl. Ministerium für Leichtindustrie: Betrifft Arbeitseinsatz von Strafgefangenen in ausgewählten Betrieben (Anlage 1 zur GVS B 2-183/73); ebenda.

317 Vgl. Strafgefangeneneinsatzbetriebe der Strafvollzugseinrichtung Bautzen I o. D.; BStU, BStU, MfS, BV Dresden, Abt. VII 7384, Bd. 1, Bl. 139 f.; Einsatzbetriebe der AAK v. 23.12.1976; BStU, MfS, BV Dresden, Abt. VII 7384, Bd. 1, Bl. 141 f.

318 Vgl. Analyse zur Lage – produktiver Einsatz von Strafgefangenen [in der Strafvollzugseinrichtung Bautzen I] v. 10.11.1982; BStU, MfS, BV Dresden, Abt. VII 7384, Bd. 1, Bl. 271–274.

319 Vgl. Hattig, Susanne; Klewin, Silke; Liebold, Cornelia u. a.: Stasi-Gefängnis Bautzen II 1956–1989. Katalog zur Ausstellung der Gedenkstätte Bautzen. Dresden 2008; Wege nach Bautzen II. Biographische und autobiographische Porträts, eingeleitet von Klewin, Silke; Wenzel, Kirsten. Dresden 1998; Fricke, Karl Wilhelm; Göhl, Ehrhard: MfS Sonderhaft Bautzen II (Hg. v. Hannah-Arendt-Institut für Totalitarismusforschung). Dresden 1994; Fricke: Der Strafvollzug in Bautzen während der realsozialistischen Diktatur; Fricke, Karl Wilhelm; Klewin, Silke: Bautzen II. Sonderhaftanstalt unter MfS-Kontrolle. Leipzig 2001.

320 Vgl. Zuarbeit der Abt. Strafvollzug der BDVP Dresden zur komplexen Lageeinschätzung v. 10.7.1989; BStU, MfS, BV Dresden, Abt. VII 7380, Bl. 2–9; Abschlussbericht über das Ergebnis der Komplexkontrolle in der StVE Bautzen II v. 12.4.1988; ebenda, Bl. 178–191; vgl. Bericht von Stefan Hecker: 69. Pressekonferenz der Arbeitsgemeinschaft 13. August v. 16.6.1986: DDR-Haftwesen und Justiz; BStU, MfS, HA IX 1106, Bl. 2–26.

321 Stand 1972: geplant 74. Vgl. Ministerium für Elektrotechnik und Elektronik: Betrifft Arbeitseinsatz von Strafgefangenen in ausgewählten Betrieben (Anlage 1 zur GVS B 2-183/73); BArch DO 1/3784, o. Pag.

322 Stand 11.10.1987. Vgl. Information der Abt. 8 der HA VII zur allgemeinen Amnestie v. 19.10.1987 (mit Anlage); BStU, MfS, Arbeitsbereich Neiber 636, Bl. 172–185.

323 Vgl. Bericht von Marianne Busse: 43. Pressekonferenz der Arbeitsgemeinschaft 13. August am 29.11.1978: Zur Situation der Frauen in den DDR-Haftanstalten; BStU, MfS, HA IX 16975, Bl. 200–212.

324 Vgl. Bericht von Stefan Hecker: 69. Pressekonferenz der Arbeitsgemeinschaft 13. August v. 16.6.1986: DDR-Haftwesen und Justiz; BStU, MfS, HA IX 1106, Bl. 2–26.

325 Vgl. Zuarbeit der Abt. Strafvollzug der BDVP Dresden zur komplexen Lageeinschätzung v. 10.7.1989; BStU, MfS, BV Dresden, Abt. VII 7380, Bl. 2–9.

326 Stand 11.10.1987. Vgl. Information der Abt. 8 der HA VII zur allgemeinen Amnestie v. 19.10.1987 (mit Anlage); BStU, MfS, Arbeitsbereich Neiber 636, Bl. 172–185.

327 Vgl. Zuarbeit der Abt. Strafvollzug der BDVP Dresden zur komplexen Lageeinschätzung v. 10.7.1989; BStU, MfS, BV Dresden, Abt. VII 7380, Bl. 2–9.

328 Vgl. Dölling: Strafvollzug zwischen Wende und Wiedervereinigung, S. 465.

329 Stand Oktober 1972: geplant 110, tatsächlich 94. Vgl. Ministerium für Elektrotechnik und Elektronik: Betrifft Arbeitseinsatz von Strafgefangenen in ausgewählten Betrieben (Anlage 1 zur GVS B 2-183/73); BArch DO 1/3784, o. Pag.

330 Vgl. Dölling: Strafvollzug zwischen Wende und Wiedervereinigung, S. 465.

331 Vgl. Einschätzung der Wirksamkeit der operativen Maßnahmen und der Lage im Bereich Stahl- und Walzwerk Riesa durch die Arbeitsgruppe StVE Zeithain des Dezernat I/4 der Kriminalpolizei der BDVP Dresden v. 26.7.1987; BStU, MfS, BV Dresden, Abt. VII 7380, Bl. 238-244; Einschätzung des Standes bei der Durchführung der DA 5/85 durch die KD Riesa v. 30.10.1986; ebenda, Bl. 263–278; Information der KD Riesa v. 10.6.1988; BStU, MfS, BV Dresden, Abt. VII 7015, Bd. 3, Bl. 422–425.

332 Stand 20.6.1987. Vgl. Übersicht [von Dickel] über den Arbeitseinsatz Strafgefangener in der Volkswirtschaft o. D. [14.7.1987]; BArch DY 30/IV 2/2-039/191, Bl. 69-84.

333 Vgl. ebenda.

334 Vgl. ebenda.

335 Stand Oktober 1972: geplant 150, tatsächlich 143. Vgl. Ministerium für Erzbergbau, Metallurgie und Kali: Betrifft Arbeitseinsatz von Strafgefangenen in ausgewählten Betrieben (Anlage 1 zur GVS B 2-183/73); BArch DO 1/3784, o. Pag.

336 Vgl. Zuarbeit der Abt. Strafvollzug der BDVP Dresden zur komplexen Lageeinschätzung v. 10.7.1989; BStU, MfS, BV Dresden, Abt. VII 7380, Bl. 2–9.

337 Stand Oktober 1972: geplant 42, tatsächlich 39. Vgl. Ministerium für Verkehrswesen: Betrifft Arbeitseinsatz von Strafgefangenen in ausgewählten Betrieben (Anlage 1 zur GVS B 2-183/73); BArch DO 1/3784, o. Pag.

338 Vgl. Dölling: Strafvollzug zwischen Wende und Wiedervereinigung, S. 465.

339 Vgl. Kurzübersicht zu Arbeitseinsatzgrößen StVE Leipzig o. D. [1979]; SächsStAL 20250 BDVP Leipzig 1073, o. Pag.

340 Stand 11.10.1987. Vgl. Information der Abt. 8 der HA VII zur allgemeinen Amnestie v. 19.10.1987 (mit Anlage); BStU, MfS, Arbeitsbereich Neiber 636, Bl. 172–185.

341 Vgl. u. a. Information der Arbeitsgruppe für Organisation und Inspektion beim Ministerrat zu eingeleiteten Maßnahmen zu Problemen der Amnestie im Bereich des Ministeriums für Elektrotechnik und Elektronik v. 16.10.1987; BArch DC 20/26960, o. Pag.

342 Vgl. Dölling: Strafvollzug zwischen Wende und Wiedervereinigung, S. 465.

343 Vgl. Schreiben an die Staatliche Plankommission Staatssekretär Klopfer v. 3.6.1986; BArch DY 30/25489, o. Pag.

344 Stand 20.6.1987. Vgl. Übersicht [von Dickel] über den Arbeitseinsatz Strafgefangener in der Volkswirtschaft o. D. [14.7.1987]; BArch DY 30/IV 2/2-039/191, Bl. 69–84.

345 Vgl. Orientierung der Verwaltung Strafvollzug über die Festlegungen der Staatlichen Plankommission zum Arbeitseinsatz 1976; SächsStAL 20250 BDVP Leipzig 1073, o. Pag.

346 Vgl. Dölling: Strafvollzug zwischen Wende und Wiedervereinigung, S. 465.

347 Vgl. u. a. BStU, MfS, BV Leipzig, Abt. VII 198, Bd. 2.

348 Stand 11.10.1987. Vgl. Information der Abt. 8 der HA VII zur allgemeinen Amnestie v. 19.10.1987 (mit Anlage); BStU, MfS, Arbeitsbereich Neiber 636, Bl. 172–185.

349 Stand Oktober 1972: geplant 400, tatsächlich 353. Vgl. Ministerium für Erzbergbau, Metallurgie und Kali: Betrifft Arbeitseinsatz von Strafgefangenen in ausgewählten Betrieben (Anlage 1 zur GVS B 2-183/73); BArch DO 1/3784, o. Pag.

350 Vgl. Vereinbarung zwischen der Strafvollzugsanstalt Leipzig und dem VEB Maschinen- und Apparatebau Schkeuditz v. 10.11.1971; SächsStAL 20250 BDVP Leipzig Nr. 610, Bl. 1-9; Zuarbeit des Stellvertreters für Ökonomie der StVE Leipzig v. 30.8.1979; SächsStAL 20250 BDVP Leipzig 1070, o. Pag.; Fernschreiben der BDVP Leipzig v. 14.10.1987; BStU, MfS, HA VII 5457, Bl. 253.

351 Stand 11.10.1987. Vgl. Information der Abt. 8 der HA VII zur allgemeinen Amnestie v. 19.10.1987 (mit Anlage); BStU, MfS, Arbeitsbereich Neiber 636, Bl. 172–185.

352 Stand Oktober 1972: geplant 400, tatsächlich 424. Vgl. Ministerium für Schwermaschinen- und Anlagenbau: Betrifft Arbeitseinsatz von Strafgefangenen in ausgewählten Betrieben (Anlage 1 zur GVS B 2-183/73); BArch DO 1/3784, o. Pag.

353 Vgl. Dölling: Strafvollzug zwischen Wende und Wiedervereinigung, S. 465.

354 Stand 11.10.1987. Vgl. Information der Abt. 8 der HA VII zur allgemeinen Amnestie v. 19.10.1987 (mit Anlage); BStU, MfS, Arbeitsbereich Neiber 636, Bl. 172–185.

355 Vgl. Dölling: Strafvollzug zwischen Wende und Wiedervereinigung, S. 465.

356 Vgl. Begehungsprotokoll des VEB Narva Leuchtenbau Leipzig v. 13.11.1978; BStU, MfS, BV Leipzig, Abt. VII 69, Bd. 3, Bl. 1–6.

357 Vgl. Arbeitseinsatzbetriebe der StVE Leipzig 1976; SächsStAL 20250 BDVP Leipzig 1073, o. Pag.

358 Vgl. Vereinbarung zwischen der Strafvollzugseinrichtung Leipzig und den VEB Süßwarenwerken Delitzsch v. 30.4.1977; ebenda.

359 Vgl. Arbeitseinsatzbetriebe der StVE Leipzig 1976; ebenda.

360 Stand 11.10.1987. Vgl. Information der Abt. 8 der HA VII zur allgemeinen Amnestie v. 19.10.1987 (mit Anlage); BStU, MfS, Arbeitsbereich Neiber 636, Bl. 172–185.

361 Aufstellung der StVE Leipzig der Betriebe, für die Verhaftete zur Arbeit eingesetzt werden o. D. [1976]; SächsStAL 20250 BDVP Leipzig 1073, o. Pag.

362 Vgl. Haase, Norbert; Oleschinski, Brigitte (Hg.): Das Torgau-Tabu. Wehrmachtstrafsystem, NKWD-Speziallager, DDR-Strafvollzug. Leipzig 1993.

363 Stand 11.10.1987. Vgl. Information der Abt. 8 der HA VII zur allgemeinen Amnestie v. 19.10.1987 (mit Anlage); BStU, MfS, Arbeitsbereich Neiber 636, Bl. 172–185.

364 Vgl. Arbeitseinsatzbetriebe der StVE Torgau 1976; SächsStAL 20250 BDVP Leipzig 1073, o. Pag.

365 Stand 11.10.1987. Vgl. Information der Abt. 8 der HA VII zur allgemeinen Amnestie v. 19.10.1987 (mit Anlage); BStU, MfS, Arbeitsbereich Neiber 636, Bl. 172–185.

366 Arbeitseinsatzbetriebe der StVE Torgau 1976; SächsStAL 20250 BDVP Leipzig 1073, o. Pag.

367 Stand Oktober 1972: geplant 220, tatsächlich 233. Vgl. Ministerium für Verarbeitungsmaschinen- und Fahrzeugbau: Betrifft Arbeitseinsatz von Strafgefangenen in ausgewählten Betrieben (Anlage 1 zur GVS B 2-183/73); BArch DO 1/3784, o. Pag.

368 Vgl. Arbeitseinsatzbetriebe der StVE Torgau 1976; SächsStAL 20250 BDVP Leipzig 1073, o. Pag..

369 Vgl. ebenda.

370 Vgl. ebenda.

371 Vgl. Vereinbarung zwischen der Strafvollzugseinrichtung Torgau und dem Arbeitseinsatzbetrieb VEB Drehmaschinenwerk Leipzig v. 27.4.1981; SächsStAL 20824 Drehmaschinenwerk 517, o. Pag.

372 Stand 11.10.1987. Vgl. Information der Abt. 8 der HA VII zur allgemeinen Amnestie v. 19.10.1987 (mit Anlage); BStU, MfS, Arbeitsbereich Neiber 636, Bl. 172–185.

373 Vgl. Dölling: Strafvollzug zwischen Wende und Wiedervereinigung, S. 467.

374 Vgl. Ministerium für Elektrotechnik und Elektronik: Betrifft Arbeitseinsatz von Strafgefangenen in ausgewählten Betrieben (Anlage 1 zur GVS B 2-183/73); BArch DO 1/3784, o. Pag.

375 Vgl. Bastian; Neubert: Schamlos ausgebeutet, S. 125.

376 Vgl. Arbeitseinsatzbetriebe der StVE Torgau 1976; SächsStAL 20250 BDVP Leipzig 1073, o. Pag.

377 Vgl. Sicherungskonzeption der Kreisdienststelle Döbeln zur StVE Waldheim v. 5.2.1986; BStU, MfS, BV Leipzig, KD Döbeln 212, Bd. 3, S. 63–74.

378 Vgl. Übersicht über den Produktionsbereich VEB Elmo Hartha o. D.; BStU, MfS, BV Leipzig, AGL 211, Bl. 30.

379 Stand 1972: geplant 200. Vgl. Ministerium für Elektrotechnik und Elektronik: Betrifft Arbeitseinsatz von Strafgefangenen in ausgewählten Betrieben (Anlage 1 zur GVS B 2-183/73); BArch DO 1/3784, o. Pag.

380 Stand 11.10.1987. Vgl. Information der Abt. 8 der HA VII zur allgemeinen Amnestie v. 19.10.1987 (mit Anlage); BStU, MfS, Arbeitsbereich Neiber 636, Bl. 172–185.

381 Vgl. Übersicht über den Produktionsbereich VEB Elektroschaltgeräte Rochlitz o. D.; BStU, MfS, BV Leipzig, AGL 211, Bl. 31; Beratung der StVE Waldheim mit dem Elektroschaltgerätewerk Rochlitz v. 15.7.1980; SächsStAL 20250 BDVP Leipzig 1073, o. Pag.

382 Stand 20.6.1987. Vgl. Übersicht [von Dickel] über den Arbeitseinsatz Strafgefangener in der Volkswirtschaft o. D. [14.7.1987]; BArch DY 30/IV 2/2-039/191, Bl. 69-84; Ministerium für Elektrotechnik und Elektronik: Betrifft Arbeitseinsatz von Strafgefangenen in ausgewählten Betrieben (Anlage 1 zur GVS B 2-183/73); BArch DO 1/3784, o. Pag.

383 Arbeitseinsatzbetriebe der StVE Waldheim 1976; SächsStAL 20250 BDVP Leipzig 1073, o. Pag.

384 Vgl. Übersicht [von Dickel] über den Arbeitseinsatz Strafgefangener in der Volkswirtschaft o. D. [14.7.1987]; BArch DY 30/IV 2/2-039/191, Bl. 69-84; Übersicht über den Produktionsbereich VEB Spika Hartha o. D.; BStU, MfS, BV Leipzig, AGL 211, Bl. 29.

385 Stand Oktober 1972: geplant 70, tatsächlich 87. Vgl. Ministerium für Verarbeitungsmaschinen- und Fahrzeugbau: Betrifft Arbeitseinsatz von Strafgefangenen in ausgewählten Betrieben (Anlage 1 zur GVS B 2-183/73); BArch DO 1/3784, o. Pag.

386 Vgl. Arbeitseinsatzbetriebe der StVE Waldheim v. 6.3.1985; BStU, MfS, HA VII 8484, Bl. 137.

387 Vgl. u. a. Information des Ministeriums für Glas- und Keramikindustrie v. 30.10.1987; BStU, MfS, HA XVIII 17826, Bl. 121 f.; Übersicht über den Produktionsbereich VEB Glasseide Oschatz o. D.; BStU, MfS, BV Leipzig, AGL 211, Bl. 34.

388 Stand 11.10.1987. Vgl. Information der Abt. 8 der HA VII zur allgemeinen Amnestie v. 19.10.1987 (mit Anlage); BStU, MfS, Arbeitsbereich Neiber 636, Bl. 172–185.

389 Vgl. Belegung zu Arbeitseinsatzgrößen [der StVE Waldheim] o. D. [ca. 1977]; SächsStAL 20250 BDVP Leipzig 1073, o. Pag.

390 Vgl. Übersicht über den Produktionsbereich VEB EWD Döbeln o. D.; BStU, MfS, BV Leipzig, AGL 211, Bl. 32.

391 Stand 20.6.1987. Vgl. Übersicht [von Dickel] über den Arbeitseinsatz Strafgefangener in der Volkswirtschaft o. D. [14.7.1987]; BArch DY 30/IV 2/2-039/191, Bl. 69-84.

392 Stand Oktober 1972: geplant 90, tatsächlich 94. Vgl. Ministerium für Bezirksgeleitete Industrie und Lebensmittelindustrie: Betrifft Arbeitseinsatz von Strafgefangenen in ausgewählten Betrieben (Anlage 1 zur GVS B 2-183/73); BArch DO 1/3784, o. Pag.

393 Vgl. Übersicht über den Produktionsbereich VEB DBM Döbeln o. D.; BStU, MfS, BV Leipzig, AGL 211, Bl. 28; Information des IM »Ernst« der KD Döbeln v. 9.12.1983; BStU, MfS, BV Leipzig, AIM 1754/92, Teil II, Bd. 1, Bl. 48.

394 Stand Oktober 1972: geplant 250, tatsächlich 359. Vgl. Ministerium für Verarbeitungsmaschinen- und Fahrzeugbau: Betrifft Arbeitseinsatz von Strafgefangenen in ausgewählten Betrieben (Anlage 1 zur GVS B 2-183/73); BArch DO 1/3784, o. Pag.

395 Arbeitseinsatzbetriebe der StVE Waldheim 1976; SächsStAL 20250 BDVP Leipzig 1073, o. Pag.

396 Vgl. u. a. Fernschreiben der BDVP Leipzig v. 5.6.1987; BStU, MfS, HA VII 5457, Bl. 207; Fernschreiben der StVE Waldheim v. 23.9.1983; BStU, MfS, BV Leipzig, Abt. VII 201, Bd. 6, Bl. 13.

397 Stand 11.10.1987. Vgl. Information der Abt. 8 der HA VII zur allgemeinen Amnestie v. 19.10.1987 (mit Anlage); BStU, MfS, Arbeitsbereich Neiber 636, Bl. 172–185.

398 Vgl. Arbeitseinsatzbetriebe der StVE Waldheim v. 6.3.1985; BStU, MfS, HA VII 8484, Bl. 137. Siehe auch Haftanstalt Hoheneck.

399 Vgl. ebenda.

400 Stand Oktober 1972: geplant 157, tatsächlich 156. Vgl. Ministerium für Leichtindustrie: Betrifft Arbeitseinsatz von Strafgefangenen in ausgewählten Betrieben (Anlage 1 zur GVS B 2-183/73); BArch DO 1/3784, o. Pag.

401 Stand 11.10.1987. Vgl. Information der Abt. 8 der HA VII zur allgemeinen Amnestie v. 19.10.1987 (mit Anlage); BStU, MfS, Arbeitsbereich Neiber 636, Bl. 172–185.

402 Vgl. Arbeitseinsatzbetriebe der StVE Waldheim v. 6.3.1985; BStU, MfS, HA VII 8484, Bl. 137.

403 Vgl. Übersicht über den Produktionsbereich Druckerei MdI o. D.; BStU, MfS, BV Leipzig, AGL 211, Bl. 33.

404 Stand 1985. Vgl. Übersicht zum Arbeitseinsatz (Zentrale Festlegungen) o. D. [1987]; SächsStAL 20250 BDVP Leipzig 1106, o. Pag.

405 Vgl. Dölling: Strafvollzug zwischen Wende und Wiedervereinigung, S. 467.

406 Vgl. Arbeitseinsatzbetriebe der StVE Waldheim v. 6.3.1985; BStU, MfS, HA VII 8484, Bl. 137.

407 Vgl. ebenda.

408 Vgl. BStU, MfS, HA VII 4963, Bl. 80–82.

409 Vgl. Arbeitseinsatzbetriebe der StVE Waldheim 1976; SächsStAL 20250 BDVP Leipzig 1073, o. Pag.

410 Vgl. Sonntag: Arbeitslager in der DDR.

411 Stand Oktober 1972: geplant 268, tatsächlich 295. Vgl. Ministerium für Kohle und Energie: Betrifft Arbeitseinsatz von Strafgefangenen in ausgewählten Betrieben (Anlage 1 zur GVS B 2-183/73); BArch DO 1/3784, o. Pag.

412 Vgl. Dölling: Strafvollzug zwischen Wende und Wiedervereinigung, S. 467.

413 Stand Oktober 1972: geplant 185, tatsächlich 167.

414 Vgl. u. a. Fernschreiben der BDVP Leipzig v. 16.4.1987; BStU, MfS, HA VII 5457, Bl. 191.

415 Stand Oktober 1972: geplant 274, tatsächlich 266. Vgl. Ministerium für Kohle und Energie: Betrifft Arbeitseinsatz von Strafgefangenen in ausgewählten Betrieben (Anlage 1 zur GVS B 2-183/73); BArch DO 1/3784, o. Pag.

416 Vgl. Dölling: Strafvollzug zwischen Wende und Wiedervereinigung, S. 467.

417 Stand Oktober 1972: geplant 53, tatsächlich 54. Vgl. Ministerium für Erzbergbau, Metallurgie und Kali: Betrifft Arbeitseinsatz von Strafgefangenen in ausgewählten Betrieben (Anlage 1 zur GVS B 2-183/73); BArch DO 1/3784, o. Pag.

418 Vgl. Dölling: Strafvollzug zwischen Wende und Wiedervereinigung, S. 467.

419 Vgl. ebenda.

420 Vgl. Arbeitseinsatzbetriebe der StVE Regis 1976; SächsStAL 20250 BDVP Leipzig 1073, o. Pag.

421 Stand 11.10.1987. Vgl. Information der Abt. 8 der HA VII zur allgemeinen Amnestie v. 19.10.1987 (mit Anlage); BStU, MfS, Arbeitsbereich Neiber 636, Bl. 172–185.
422 Stand Oktober 1972: geplant 70, tatsächlich 87. Vgl. Ministerium für Verarbeitungsmaschinen- und Fahrzeugbau: Betrifft Arbeitseinsatz von Strafgefangenen in ausgewählten Betrieben (Anlage 1 zur GVS B 2-183/73); BArch DO 1/3784, o. Pag.
423 Übersicht [von Dickel] über den Arbeitseinsatz Strafgefangener in der Volkswirtschaft o. D. [14.7.1987]; BA, DY 30/IV 2/2-039/191, Bl. 69–84.
424 Stand 20.6.1987. Vgl. Übersicht [von Dickel] über den Arbeitseinsatz Strafgefangener in der Volkswirtschaft o. D. [14.7.1987]; BArch DY 30/IV 2/2-039/191, Bl. 69–84.
425 Vgl. Operativer Lagebericht der StVE Karl-Marx-Stadt v. 10.3.1981; 33221 StVE Karl-Marx-Stadt Nr. 255, o. Pag.
426 Vgl. Bericht von Alexander Röger: 69. Pressekonferenz der Arbeitsgemeinschaft 13. August v. 16.6.1986: DDR-Haftwesen und Justiz; BStU, MfS, HA IX 1106, Bl. 2–26.
427 Stand 20.6.1987. Vgl. Übersicht [von Dickel] über den Arbeitseinsatz Strafgefangener in der Volkswirtschaft o. D. [14.7.1987]; BArch DY 30/IV 2/2-039/191, Bl. 69–84.
428 Vgl. Operativer Lagebericht der StVE Karl-Marx-Stadt v. 10.3.1981; SächsStAC 33221 StVE Karl-Marx-Stadt Nr. 255, o. Pag.
429 Vgl. Bastian; Neubert: Schamlos ausgebeutet, S. 122.
430 Vgl. Arbeitseinsatz Strafgefangener und Verhafteter in den Kooperationsbetrieben im Bezirk Karl-Marx-Stadt v. 15.8.1986; SächsStAC 30441 BDVP Karl-Marx-Stadt Abgabe 1999/1 Nr. 2228, o. Pag.
431 Vgl. SächsStAC 33221 StVE Karl-Marx-Stadt Nr. 256.
432 Vgl. Operativer Lagebericht der StVE Karl-Marx-Stadt v. 10.3.1981; SächsStAC 33221 StVE Karl-Marx-Stadt Nr. 255, o. Pag.
433 Vgl. Information der Bezirksverwaltung für Staatssicherheit Karl-Marx-Stadt v. 2.6.1983; BStU, MfS, BV Karl-Marx-Stadt, AKG 2029, Bd. 1, Bl. 72–74.
434 Stand 20.6.1987. Vgl. Übersicht [von Dickel] über den Arbeitseinsatz Strafgefangener in der Volkswirtschaft o. D. [14.7.1987]; BArch DY 30/IV 2/2-039/191, Bl. 69–84.
435 Vgl. Operativer Lagebericht der StVE Karl-Marx-Stadt v. 14.4.1980; SächsStAC 33221 StVE Karl-Marx-Stadt Nr. 254, o. Pag.
436 Vgl. Bastian; Neubert: Schamlos ausgebeutet, S. 122.
437 Stand Oktober 1972: geplant 46, tatsächlich 68. Vgl. Ministerium für Verarbeitungsmaschinen- und Fahrzeugbau: Betrifft Arbeitseinsatz von Strafgefangenen in ausgewählten Betrieben (Anlage 1 zur GVS B 2-183/73); BArch DO 1/3784, o. Pag.
438 Stand 1986; davon 15 Strafgefangene der StVE Karl-Marx-Stadt. Vgl. Arbeitseinsatz Strafgefangener und Verhafteter in den Kooperationsbetrieben im Bezirk Karl-Marx-Stadt v. 15.8.1986; SächsStAC 30441 BDVP Karl-Marx-Stadt Abgabe 1999/1 Nr. 2228, o. Pag.
439 Später durch StVE Karl-Marx-Stadt übernommen. Vgl. Vertrauliche Leitungsvorlage der BDVP Karl-Marx-Stadt Nr. 13/73 v. 27.7.1973; SächsStAC 30441 25.1 BDVP Karl-Marx-Stadt Nr. 144, Bl. 170–179; Operativer Lagebericht der StVE Karl-Marx-Stadt v. 7.8.1981; SächsStAC 33221 StVE Karl-Marx-Stadt Nr. 255, o. Pag.
440 Vgl. Arbeitseinsatz Strafgefangener und Verhafteter in den Kooperationsbetrieben im Bezirk Karl-Marx-Stadt v. 15.8.1986; SächsStAC 30441 BDVP Karl-Marx-Stadt Abgabe 1999/1 Nr. 2228, o. Pag.
441 Vgl. Vertrauliche Leitungsvorlage der BDVP Karl-Marx-Stadt Nr. 13/73 v. 27.7.1973; SächsStAC 30441 25.1 BDVP Karl-Marx-Stadt Nr. 144, Bl. 170–179.
442 Vgl. Arbeitseinsatz Strafgefangener und Verhafteter in den Kooperationsbetrieben im Bezirk Karl-Marx-Stadt v. 15.8.1986; SächsStAC 30441 BDVP Karl-Marx-Stadt Abgabe 1999/1 Nr. 2228, o. Pag.
443 Vgl. Stadtverwaltung Stollberg: Vergittertes Schloss.

444 Vgl. Stötzer: Nähkommando Esda; Rohrbach: Solange ich atme, S. 210 f.; von Nayhauß; Riepl: Der dunkle Ort; Erscheinungen und Unsicherheitsfaktoren, die die Ordnung in der StVA Hoheneck beeinträchtigen von Dezember 1971; BStU, MfS, BV Karl-Marx-Stadt, AKG 2738, Bl. 10–18; Information über den VEB Strumpfkombinat Esda, Thalheim v. 5.5.1980, 10 Bl.; BArch DC 20/20975, o. Pag.

445 Stand 11.10.1987. Vgl. Information der Abt. 8 der HA VII zur allgemeinen Amnestie v. 19.10.1987 (mit Anlage); BStU, MfS, Arbeitsbereich Neiber 636, Bl. 172–185.

446 Vgl. Gesamtaufstellung über SG in den Strafvollzugseinrichtungen der AG Strafvollzug der BDVP Karl-Marx-Stadt v. 9.10.1972; SächsStAC 30441 25.1 BDVP Karl-Marx-Stadt Nr. 144, Bl. 100.

447 Vgl. Fernschreiben der AKG der BV Karl-Marx-Stadt zu Befehl 11/87 v. 8.10.1987; BStU, MfS, BV Karl-Marx-Stadt, KD Flöha 44 Bd. 1, Bl. 40-41; Stadtverwaltung Stollberg: Vergittertes Schloss, S. 93; Schlicke: Gefangen im Stasiknast, S. 146–148.

448 Stand 11.10.1987. Vgl. Information der Abt. 8 der HA VII zur allgemeinen Amnestie v. 19.10.1987 (mit Anlage); BStU, MfS, Arbeitsbereich Neiber 636, Bl. 172–185. Siehe auch Fernschreiben der AKG der BV Karl-Marx-Stadt zu Befehl 11/87 v. 8.10.1987; BStU, MfS, BV Karl-Marx-Stadt, KD Flöha 44, Bd. 1, Bl. 40 f.

449 Vgl. Dölling: Strafvollzug zwischen Wende und Wiedervereinigung, S. 469.

450 Vgl. Stadtverwaltung Stollberg: Vergittertes Schloss, S. 91.

451 Vgl. Ministerium für Elektrotechnik und Elektronik: Betrifft Arbeitseinsatz von Strafgefangenen in ausgewählten Betrieben (Anlage 1 zur GVS B 2-183/73); BArch DO 1/3784, o. Pag. S. a. Stadtverwaltung Stollberg: Vergittertes Schloss, S. 91.

452 Vgl. Erscheinungen und Unsicherheitsfaktoren, die die Ordnung in der StVA Hoheneck beeinträchtigen von Dezember 1971; BStU, MfS, BV Karl-Marx-Stadt, AKG 2738, Bl. 10–18. Siehe auch StVE Waldheim.

453 Vgl. Gesamtaufstellung über SG in den Strafvollzugseinrichtungen der AG Strafvollzug der BDVP Karl-Marx-Stadt v. 9.10.1972; SächsStAC 30441 25.1 BDVP Karl-Marx-Stadt Nr. 144, Bl. 100.

454 Vgl. Erscheinungen und Unsicherheitsfaktoren, die die Ordnung in der StVA Hoheneck beeinträchtigen von Dezember 1971; BStU, MfS, BV Karl-Marx-Stadt, AKG 2738, Bl. 10–18.

455 Stand Oktober 1972: geplant 100, tatsächlich 85. Vgl. Ministerium für Elektrotechnik und Elektronik: Betrifft Arbeitseinsatz von Strafgefangenen in ausgewählten Betrieben (Anlage 1 zur GVS B 2-183/73); BArch DO 1/3784, o. Pag.

456 Stand Oktober 1972: geplant 100, tatsächlich 103. Vgl. Ministerium für Bezirksgeleitete Industrie und Lebensmittelindustrie: Betrifft Arbeitseinsatz von Strafgefangenen in ausgewählten Betrieben (Anlage 1 zur GVS B 2-183/73); ebenda.

457 Vgl. Stadtverwaltung Stollberg: Vergittertes Schloss, S. 118; Jürgensen u. a.: Erst verraten – dann verkauft, S. 205.

458 Vgl. Dölling: Strafvollzug zwischen Wende und Wiedervereinigung, S. 469.

459 Vgl. SächsStAC 30461 StVE Stollberg Nr. 66.

460 Vgl. Begründung zur Vorlage über die Veränderung des gesellschaftlichen Arbeitsvermögens o. D. [1978]; BArch DC 20/16467, Bl. 197–204; Bericht der HA VII über eine Dienstreise zur BV Karl-Marx-Stadt v. 12.8.1983; BStU, MfS, HA VII 8482, Bl. 171–181.

461 Vgl. u. a. BStU, MfS, BV Karl-Marx-Stadt, KD Plauen 68; BStU, MfS, BV Karl-Marx-Stadt, KD Plauen 69.

462 Stand Oktober 1972: geplant 50, tatsächlich 49. Vgl. Ministerium für Verarbeitungsmaschinen- und Fahrzeugbau: Betrifft Arbeitseinsatz von Strafgefangenen in ausgewählten Betrieben (Anlage 1 zur GVS B 2-183/73); BArch DO 1/3784, o. Pag.

463 Stand 11.10.1987. Vgl. Information der Abt. 8 der HA VII zur allgemeinen Amnestie v. 19.10.1987 (mit Anlage); BStU, MfS, Arbeitsbereich Neiber 636, Bl. 172–185.

464 Vgl. Bericht der HA VII über eine Dienstreise zur BV Karl-Marx-Stadt v. 12.8.1983; BStU, MfS, HA VII 8482, Bl. 171–181.

465 Vgl. ebenda.

466 Vgl. Vertrauliche Leitungsvorlage der BDVP Karl-Marx-Stadt Nr. 13/73 v. 27.7.1973; SächsStAC 30441 25.1 BDVP Karl-Marx-Stadt Nr. 144, Bl. 170–179.

467 Vgl. ebenda.

468 Vgl. Arbeitseinsatz Strafgefangener und Verhafteter in den Kooperationsbetrieben im Bezirk Karl-Marx-Stadt v. 15.8.1986; SächsStAC 30441 BDVP Karl-Marx-Stadt Abgabe 1999/1 Nr. 2228, o. Pag.

469 Vgl. Vertrauliche Leitungsvorlage der BDVP Karl-Marx-Stadt Nr. 13/73 v. 27.7.1973; SächsStAC 30441 25.1 BDVP Karl-Marx-Stadt Nr. 144, Bl. 170–179.

470 Vgl. Arbeitseinsatz Strafgefangener und Verhafteter in den Kooperationsbetrieben im Bezirk Karl-Marx-Stadt v. 15.8.1986; SächsStAC 30441 BDVP Karl-Marx-Stadt Abgabe 1999/1 Nr. 2228, o. Pag.

471 Stand 20.6.1987. Vgl. Übersicht [von Dickel] über den Arbeitseinsatz Strafgefangener in der Volkswirtschaft o. D. [14.7.1987]; BArch DY 30/IV 2/2-039/191, Bl. 69-84.

472 Stand Oktober 1972: geplant 315, tatsächlich 279. Vgl. Ministerium für Erzbergbau, Metallurgie und Kali: Betrifft Arbeitseinsatz von Strafgefangenen in ausgewählten Betrieben (Anlage 1 zur GVS B 2-183/73); BArch DO 1/3784, o. Pag.

473 Vgl. Stand 1967. Vgl. Sonntag: Arbeitslager in der DDR, S. 285.

474 Stand 11.10.1987. Vgl. Information der Abt. 8 der HA VII zur allgemeinen Amnestie v. 19.10.1987 (mit Anlage); BStU, MfS, Arbeitsbereich Neiber 636, Bl. 172–185.

475 Vgl. ebenda.

476 Stand 1976. Vgl. Sonntag: Arbeitslager in der DDR, S. 285.

477 Stand 20.6.1987. Vgl. Übersicht [von Dickel] über den Arbeitseinsatz Strafgefangener in der Volkswirtschaft o. D. [14.7.1987]; BArch DY 30/IV 2/2-039/191, Bl. 69–84.

478 Stand 11.10.1987. Vgl. Information der Abt. 8 der HA VII zur allgemeinen Amnestie v. 19.10.1987 (mit Anlage); BStU, MfS, Arbeitsbereich Neiber 636, Bl. 172–185.

479 Vgl. Schreiben der Abt. Leicht-, Lebensmittel- und Bezirksgeleitete Industrie an Abt. Planung und Finanzen [des ZK der SED] v. 24.3.1988; BArch DY 30/25489, o. Pag.

480 Vgl. Schreiben der Abt. Leicht-, Lebensmittel- und Bezirksgeleitete Industrie an Abt. Planung und Finanzen [des ZK der SED] v. 24.3.1988; BArch DY 30/25489, o. Pag.

481 Vgl. Bericht über eine Dienstreise in den Verantwortungsbereich der Bezirksverwaltungen Halle und Gera v. 3.8.1987; BStU, MfS, HA VII 4963, Bl. 236-239; Bericht der Abt. 8 der HA VII über eine Dienstreise in den Verantwortungsbereich der BV Gera, Abt. VII, JH Hohenleuben v. 11.5.1987; BStU, MfS, HA VII 4963, Bl. 183–193.

482 Siehe auch BStU, MfS, BV Suhl, Abt. VII 491, Bd. 1.

483 Stand Oktober 1972: geplant 120, tatsächlich 118. Vgl. Ministerium für Verarbeitungsmaschinen- und Fahrzeugbau: Betrifft Arbeitseinsatz von Strafgefangenen in ausgewählten Betrieben (Anlage 1 zur GVS B 2-183/73); BArch DO 1/3784, o. Pag.

484 Vgl. Dölling: Strafvollzug zwischen Wende und Wiedervereinigung, S. 471.

485 Stand 30.11.1978, sollte 1979 eingestellt werden. Vgl. Schreiben des Leiters der HA VII an Generalmajor Mittig v. 30.1.1979; BStU, MfS, HA XVIII 885, Bl. 5–9.

486 Stand 11.10.1987. Vgl. Information der Abt. 8 der HA VII zur allgemeinen Amnestie v. 19.10.1987 (mit Anlage); BStU, MfS, Arbeitsbereich Neiber 636, Bl. 172–185.

487 Vgl. Bericht über den Arbeitseinsatz der Strafgefangenen – Stand v. 25.8.1981; ThHStAW BDVP Erfurt Altregistratur Nr. 5372, o. Pag.

488 Vgl. Dölling: Strafvollzug zwischen Wende und Wiedervereinigung, S. 471.

489 Vgl. ebenda.

490 Vgl. ThHStAW BDVP Erfurt Altregistratur Nr. 5373; Bericht der Abt. 8 der HA VII über den Einsatz in der BV Erfurt, Abt. VII, v. 14.8.1987; BStU, MfS, HA VII/AKG PK 1/8.1.5., Bd. 4, Bl. 11–18.

491 Vgl. Bericht über den Arbeitseinsatz der Strafgefangenen – Stand v. 25.8.1981; ThHStAW BDVP Erfurt Altregistratur Nr. 5372, o. Pag.

492 Vgl. Kontrollbericht der Abt. Strafvollzug der BDVP Erfurt v. 31.8.1984; ThHStAW BDVP Erfurt Altregistratur Nr. 2361, o. Pag.

493 Vgl. Bastian; Neubert: Schamlos ausgebeutet, S. 120.

494 Vgl. ebenda, S. 122.

495 Stand Oktober 1972: geplant 85, tatsächlich 90. Vgl. Ministerium für Bezirksgeleitete Industrie und Lebensmittelindustrie: Betrifft Arbeitseinsatz von Strafgefangenen in ausgewählten Betrieben (Anlage 1 zur GVS B 2-183/73); BArch DO 1/3784, o. Pag.

496 Vgl. u. a. Schreiben der Inspektion Erfurt der staatlichen Finanzrevision v. 2.12.1981; ThHStAW BDVP Erfurt Altregistratur Nr. 2357, o. Pag..

497 Vgl. Dölling: Strafvollzug zwischen Wende und Wiedervereinigung, S. 471.

498 Vgl. Haushaltsplanvorschlag der BDVP Erfurt/Strafvollzug v. 3.8.1979; ThHStAW BDVP Erfurt Altregistratur Nr. 5373, o. Pag.

499 Vgl. Bericht über den Arbeitseinsatz der Strafgefangenen – Stand v. 25.8.1981; ThHStAW BDVP Erfurt Altregistratur Nr. 5372, o. Pag.

500 Zahl der bei der Amnestie von 1987 zu entlassenden Häftlinge. Vgl. Bericht der Abt. 8 der HA VII über den Einsatz in der BV Erfurt, Abt. VII, v. 14.8.1987; BStU, MfS, HA VII/AKG PK 1/8.1.5., Bd. 4, Bl. 11–18.

501 Vgl. Schreiben der Inspektion Erfurt der staatlichen Finanzrevision v. 2.12.1981; ThHStAW BDVP Erfurt Altregistratur Nr. 2357, o. Pag.

502 Vgl. ThHStAW BDVP Erfurt Altregistratur Nr. 5373.

503 Vgl. Haushaltsplanvorschlag der BDVP Erfurt/Strafvollzug v. 3.8.1979; ThHStAW BDVP Erfurt Altregistratur Nr. 5373, o. Pag.

504 Vgl. ebenda.

505 Vgl. ebenda.

506 Vgl. Dölling: Strafvollzug zwischen Wende und Wiedervereinigung, S. 471.

507 Vgl. Bericht über den Arbeitseinsatz der Strafgefangenen – Stand v. 25.8.1981; ThHStAW BDVP Erfurt Altregistratur Nr. 5372, o. Pag.

508 Vgl. ebenda.

Abkürzungen

A/S	Aktieselskab (dän.: entspricht in etwa Aktiengesellschaft)
AAK	Außenarbeitskommando (MdI)
AB	Aktiebolag (schwed.: entspricht in etwa Aktiengesellschaft)
Abt.	Abteilung
AEB	Arbeitseinsatzbetrieb
AEG	Allgemeine Elektricitäts-Gesellschaft
AG	Aktiengesellschaft
AG BKK	Arbeitsgruppe Bereich Kommerzielle Koordinierung (MfS)
AG	Arbeitsgruppe (DVP)
AGL	Arbeitsgruppe des Leiters
AGMS	archivierte GMS-Akte (siehe GMS)
AHB	Außenhandelsbetrieb
AKG	Auswertungs- und Kontrollgruppe
AOibE	archivierte Arbeitsakte eines Offiziers im besonderen Einsatz
AOPK	archivierte OPK-Akte (siehe OPK)
AP	Allgemeine Personalablage
ASG	Auskunftsbereite Strafgefangene (DVP)
BA	Betriebsangehöriger
BArch	Bundesarchiv
BASF	Badische Anilin und Soda Fabrik
BdL	Büro der Leitung
Bdl.	Bündel
BDVP	Bezirksbehörde der Deutschen Volkspolizei
BGB	Bürgerliches Gesetzbuch
BGBl.	Bundesgesetzblatt
BIR	Bauinvestitionen und Rekonstruktionen (MdI)
BLHA	Brandenburgisches Landeshauptarchiv
BND	Bundesnachrichtendienst
BStU	Der Bundesbeauftragte für die Unterlagen des Staatssicherheitsdienstes der ehemligen Deutschen Demokratischen Republik
BT	Betriebsteil
B.V.	besloten vennootschao met beperkte aansprakelijkheid (niederl.: entspricht in etwa GmbH)
BV	Bezirksverwaltung (MfS)
CDU	Christlich Demokratische Union Deutschlands
DDR	Deutsche Demokratische Republik
DKP	Deutsche Kommunistische Partei
DM	Deutsche Mark
DRK	Deutsches Rotes Kreuz
DVP	Deutsche Volkspolizei
e. K.	eingetragener Kaufmann
EMZ	Elektro- und Metallwaren Zwintschöna
ESR	Elektroschaltgeräte Rochlitz

FAZ	Frankfurter Allgemeine Zeitung
FDGB	Freier Deutscher Gewerkschaftsbund
FIM	Führungs-IM
GD	Generaldirektor
GmbH & Co.	Gesellschaft mit beschränkter Haftung & Compagnie
GmbH	Gesellschaft mit beschränkter Haftung
GMS	Gesellschaftlicher Mitarbeiter für Sicherheit (MfS)
GVS	Geheime Verschlusssache
HA	Hauptabteilung
HAL	Haftarbeitslager
HIME	Hauptamlicher Inoffizieller Mitarbeiter im besonderen Einsatz
HO	Handelsorganisation
HVDVP	Hauptverwaltung der Deutschen Volkspolizei
IAK	Innenarbeitskommando (MdI)
IKEA	Ingvar Kamprad Elmtaryd Agunnaryd
IKM	Inoffizieller Kriminalpolizeilicher Mitarbeiter (DVP)
IM	Inoffizieller Mitarbeiter
IMB	Inoffizieller Mitarbeiter der Abwehr mit Feindverbindung
IME	Inoffizeller Mitarbeiter im besonderen Einsatz
IMF	Inoffizieller Mitarbeiter der Abwehr mit Feindverbindungen zum Operationsgebiet
IMS	Inoffizieller Mitarbeiter zur Sicherung
IMV	Inoffizieller Mitarbeiter mit vertraulichen Beziehungen zur bearbeiteten Person
JH	Jugendhaus (MdI)
KD	Kreisdienststelle
Kdo.	Kommando
Kfz	Kraftfahrzeug
KoKo	Bereich Kommerzielle Koordinierung
KS	Kader und Schulung
KVP	Kasernierte Volkspolizei
LHASA	Landeshauptarchiv Sachsen-Anhalt
LAB	Landesarchiv Berlin
Lkw	Lastkraftwagen
LPG	Landwirtschaftliche Produktionsgenossenschaft
LTD	Limited (entspricht in etwa Aktiengesellschaft)
M	Mark
MAB	Metallaufbereitung
	Maschinen- und Apparatebau
MAN	Maschinenfabrik Augsburg-Nürnberg
MdI	Ministerium des Innern
MfS	Ministerium für Staatssicherheit
Mio.	Millionen
N.V.	Naamloze vennootschap (niederl.: entspricht in etwa Aktiengesellschaft)
Narva	N (Stickstoff) A (Argon) VA (Akuum)

ND	Neues Deutschland
NRW	Nordrhein-Westfalen
NSW	Nichtsozialistisches Wirtschaftsgebiet
NVA	Nationale Volksarmee
o. D.	ohne Datum
o. J.	ohne Jahresangabe
o. Pag.	ohne Pagina
ODH	Operativ Diensthabender
oHG	offene Handelsgesellschaft
OPG	Operativgruppe
OPK	Operative Personenkontrolle (MfS)
PB	Politbüro
PdVP	Präsidium der Deutschen Volkspolizei
PE	Produktionseinrichtung
PGH	Produktionsgenossenschaft
ppm	parts per million (Teile einer Million)
Pty Ltd	Proprietary Limited (entspricht in etwa GmBH)
RKF	Reifenkombinat Fürstenwalde
RKLI	Richard-Karl Lämmerzahl (International)
S.p.A.	società per azioni (ital.: entspricht in etwa Aktiengesellschaft)
SA	Sachakte
	société anonyme (franz.: entspricht in etwa Aktiengesellschaft)
SAG	Sowjetische Aktiengesellschaft
SächsStAC	Sächsisches Staatsarchiv Chemnitz
SächsStAL	Sächsisches Staatsarchiv Leipzig
SBZ	Sowjetische Besatzungszone
SED	Sozialistische Einheitspartei Deutschlands
SG	Strafgefangener
SKK	Sowjetische Kontrollkommission (in Deutschland)
SMAD	Sowjetische Militäradministration in Deutschland
SPD	Sozialdemokratische Partei Deutschlands
Stima	Stahl- und Industriemöbelwerke »Altmark« Stendal
StVA	Strafvollzugsanstalt (MdI)
StVE	Strafvollzugseinrichtung (MdI)
SV	Strafvollzug (MdI)
SVAbt.	Strafvollzugsabteilung (Haftanstalt; MdI)
SVE	Strafvollzugseinrichtung (MdI)
taz	tageszeitung
Tbc	Tuberkulose
TSI	Treuhandstelle für Interzonenhandel bis 1980 (ab 1981 Treuhandstelle für Industrie und Handel)
TÜ	Technische Überwachung
TÜV	Technischer Überwachungsverein
UHA	Untersuchungshaftanstalt
VAO	Vorlaufakte operativ
VEB	Volkseigener Betrieb

VEG	Volkseigenes Gut
VM	Valutamark
VPKA	Volkspolizeikreisamt
VRD	Verwaltung Rückwärtige Dienste
VVB	Vereinigung Volkseigener Betriebe
ZAIG	Zentrale Auswertungs- und Informationsgruppe
ZK	Zentralkomitee
ZMA	Zentrale Materialablage
ZW	Zementwerk
	Zentralwerkstätte

Literaturverzeichnis

Abelshauser, Werner (Hg.): Die BASF. Eine Unternehmensgeschichte. München 2003.

Abelshauser, Werner: Deutsche Wirtschaftsgeschichte seit 1945. München 2004.

Ahrberg, Edda; Fuhrmann, Alexander; Preiß, Jutta: Das Zuchthaus Coswig (Anhalt) (Schriftenreihe Bd. Nr. 61 des Landesbeauftragten für die Unterlagen des Staatssicherheitsdienstes der ehemaligen DDR in Sachsen-Anhalt). Naumburg 2007.

Ansorg, Leonore: Politische Häftlinge im Strafvollzug der DDR. Die Strafvollzugsanstalt Brandenburg. Berlin 2005.

Baar, Lothar; Petzina, Dietmar (Hg.): Deutsch-deutsche Wirtschaft 1945 bis 1990. Strukturveränderungen, Innovationen und regionaler Wandel. Ein Vergleich. St. Katharinen 1999.

Baganz, André: Lebenslänglich Bautzen II. Als Farbiger in der DDR. Berlin 1993.

Bastian, Alexander: Repression, Haft und Geschlecht. Die Untersuchungshaftanstalt des Ministeriums für Staatssicherheit Magdeburg-Neustadt 1958–1989. Halle 2012.

Bastian, Uwe; Neubert, Hildigund: Schamlos ausgebeutet. Das System der Haftzwangsarbeit politischer Gefangener des SED-Staates (hg. v. Bürgerbüro e.V.). Berlin 2003.

Bath, Matthias: 1197 Tage als Fluchthelfer in DDR-Haft. Berlin 1987.

Bauer, Reinhold: Pkw-Bau in der DDR. Zur Innovationsschwäche von Zentralverwaltungswirtschaften. Frankfurt/M. 1999.

Baufeld, Michael: Kombinat Kabelwerk Oberspree. Einst unter einem Dach – jetzt harte Konkurrenz. In: Wochenzeitung Die Wirtschaft (Hg.): Kombinate. Was aus ihnen geworden ist. Reportagen aus den neuen Ländern. Berlin 1993, S. 39–50.

Baum, Claudia: Der geschlossene Jugendwerkhof Torgau – die andere Seite einer sozialistischen Erziehung. In: Mothes, Jörg; Fienbork, Gundula; Pahnke, Rudi u. a. (Hg.): Beschädigte Seelen. DDR-Jugend und Staatssicherheit. Bremen 1996, S. 255–271.

Beckmann, Andreas; Kusch, Regina: Gott in Bautzen. Gefangenenseelsorge in der DDR. Berlin 1994.

Beleites, Johannes: Schwerin, Demmlerplatz. Die Untersuchungshaftanstalt des Ministeriums für Staatssicherheit in Schwerin. Schwerin 2001.

Beleites, Johannes: Abteilung XIV: Haftvollzug (MfS-Handbuch). Hg. BStU. Berlin 2004.

Beschlussempfehlung und Bericht des 1. Untersuchungsausschusses nach Artikel 44 des Grundgesetzes (Drucksache des Deutschen Bundestages 12/7600 – Bericht des KoKo-Untersuchungsausschusses). Bonn 1994.

Bischof, Ulf: Die Kunst und Antiquitäten GmbH im Bereich Kommerzielle Koordinierung. Berlin 2003.

Blumtritt, Herbert: Die Geschichte der Dresdner Fotoindustrie. Stuttgart 2001.

Borchert, Jens: Erziehung im DDR-Strafvollzug. Theoretische und gesetzliche Grundlagen sowie die Durchführung in der Strafvollzugseinrichtung Torgau. Herbolzheim 2002.

Brass, Tom; Linden, Marcel van der (Hg.): Free and unfree labour. The debate continues. Bern 1997.

Brundert, Willi: Fronarbeit für das SED-Regime. Die Ausbeutung menschlicher Arbeitskraft in den sowjetzonalen Haftanstalten. In: SBZ-Archiv Nr. 22/1957, S. 347 f.

Buchheim, Christoph: Die Achillesverse der DDR – der Außenhandel. In: Steiner, André (Hg.): Überholen ohne einzuholen. Die DDR-Wirtschaft als Fußnote der deutschen Geschichte? Berlin 2006.

Buchholz, Erich; Tunnat, Hans; Mehner, Heinrich: Die Hauptaufgaben des sozialistischen Strafvollzugs im System der Kriminalitätsbekämpfung in der Deutschen Demokratischen Republik. Hg. v. d. Publikationsabteilung des Ministeriums des Innern. Berlin (Ost) 1969.

Buthmann, Reinhard: Die Objektdienststellen des MfS (MfS-Handbuch). Hg. BStU. Berlin 1999.

Buthmann, Reinhard: Die Arbeitsgruppe Bereich Kommerzielle Koordinierung. Berlin 2003.

Ciesla, Burghard: Hinter den Zahlen. Zur Wirtschaftsstatistik und Wirtschaftsberichterstattung in der DDR. In: Lüdtke, Alf; Becker, Peter (Hg.): Akten. Eingaben. Schaufenster. Die DDR und ihre Texte. Berlin 1997, S. 39–55.

Czymoch, Kai-Uwe: Die deutsche Stahlindustrie im 20. Jahrhundert. Norderstedt 2009.

Danylow, Peter; Soénius, Ulrich S. (Hg.): Otto Wolff. Ein Unternehmen zwischen Wirtschaft und Politik. München 2005.

Deutsches Institut für Wirtschaftsforschung: Konsumgüterversorgung in der DDR und Wechselwirkungen zum innerdeutschen Handel, bearb. v. Cornelsen, Doris; Koch, Andreas; Lambrecht, Horst u. a. Berlin 1985.

Dingemann, Rüdiger; Lüdde, Renate: Die Quelle Story. Ein deutsches Unternehmen im Spiegel der Zeit. München 2007.

Dölling, Birger: Strafvollzug zwischen Wende und Wiedervereinigung. Kriminalpolitik und Gefangenenprotest im letzten Jahr der DDR. Berlin 2009.

Ebbinghaus, Ruth: Die Begutachtung psychisch reaktiver Traumafolgen nach politischer Inhaftierung in der ehemaligen SBZ/DDR. (Hg. v. Landesbeauftragten des Freistaates Thüringen für die Unterlagen des Staatssicherheitsdienstes der ehemaligen DDR). Erfurt 2007.

Eberle, Henrik: GULag DDR? Ökonomische Aspekte des Strafvollzuges in den 50er und 60er Jahren. In: Timmermann, Heiner (Hg.): Die DDR – Recht und Justiz als politisches Instrument. Berlin 2000, S. 111–140.

Eberhardt, Andreas: Verschwiegene Jahre. Biographische Erzählungen von Gefangenschaft und dem Leben danach. Berlin 1998.

Eberhardt, Andreas: Leben in Gefangenschaft. Hafterfahrungen in schriftlichen und mündlichen Erzählungen. In: Baumann, Ulrich; Kury, Helmut (Hg.): Politisch motivierte Verfolgung: Opfer von SED-Unrecht. Berlin 1998, S. 171–181.

Eckart, Karl: Die Eisen- und Stahlindustrie der beiden deutschen Staaten. Stuttgart 1988.

Eckart, Karl: Die wirtschaftspolitische Bedeutung der Schwarzmetallurgie in der DDR. In: Timmermann, Heiner (Hg.): Diktaturen in Europa im 20. Jahrhundert – der Fall DDR. Berlin 1996, S. 567–580.

Ehlert, Gerhard; Staadt, Jochen; Voigt, Tobias: Die Zusammenarbeit zwischen dem Ministerium für Staatssicherheit der DDR (MfS) und dem Ministerium des Innern Kubas (MININT) (Arbeitspapiere des Forschungsverbundes SED-Staat Nr. 33/2002).

Eich-Born, Marion: Transformation der ostdeutschen Schiffbauindustrie. Anpassungsprozesse in einem global-lokalen Institutionengefüge. Münster 2005.

Eisenfeld, Bernd; Kowalczuk, Ilko-Sascha; Neubert, Ehrhart: Die verdrängte Revolution. Der Platz des 17. Juni 1953 in der deutschen Geschicht. Bremen 2004.

EKO Stahl Eisenhüttenstadt (Hg.): Einblicke – 50 Jahre EKO Stahl. Eisenhüttenstadt 2000.

Erices, Rainer; Gumz, Antje: DDR-Bezirksärzte – Im Zweifelsfall für die sozialistische Sache. In: Deutsches Ärzteblatt 2012; 109(43): A 2128-32; http://www.aerzteblatt.de/archiv/131912 [1.11.2012].

Erikson, Gösta A.: DDR, Stasi und Schweden. Berlin 2003.

Erler, Peter: »Lager X«. Das geheime Haftarbeitslager des MfS in Berlin-Hohenschönhausen (1952–1972). Fakten, Dokumente, Personen (Arbeitspapiere des Forschungsverbundes SED-Staat Nr. 25/1997).

Erler, Peter; Knabe, Hubertus: Der verbotene Stadtteil. Stasi-Sperrbezirk Berlin-Hohenschönhausen. Berlin 2005.

Fäßler, Peter E.: Durch den »Eisernen Vorhang«. Die deutsch-deutschen Wirtschaftsbeziehungen 1949–1969. Köln 2006.

Fäßler, Peter E.: Zwischen »Störfreimachung« und Rückkehr zum Tagesgeschäft. Die deutsch-deutschen Wirtschaftsbeziehungen nach dem Mauerbau (1961–1969). In: Deutschland Archiv 2/2012, S. 294–304.

Faust, Siegmar: Ich will hier raus. Berlin 1983.

Fink, Sebastian: Das Stahl- und Walzwerk Riesa in den beiden deutschen Diktaturen 1933 bis 1963. Ein Vergleich. Leipzig 2012.

Finn, Gerhard; Fricke, Karl Wilhelm: Politischer Strafvollzug in der DDR. Köln 1981.

Finn, Gerhard: Die politischen Häftlinge der Sowjetzone 1945–1959. Köln 1989.

Finn, Gerhard (Hg.): Die Frauen von Hoheneck. Protokoll einer Anhörung. Berlin 1995.

Freyberger, Harald J.; Frommer, Jörg; Maercker, Andreas u. a.: Gesundheitliche Folgen politischer Haft in der DDR. Hg. v. d. Konferenz der Landesbeauftragten für die Unterlagen des Staatssicherheitsdienstes der ehemaligen DDR. Schwerin 2003.

Fricke, Karl Wilhelm: Politik und Justiz in der DDR. Zur Geschichte der politischen Verfolgung 1945–1968. Bericht und Dokumentation. Köln 1979.

Fricke, Karl Wilhelm: Zur Menschen- und Grundrechtssituation politischer Gefangener in der DDR. Köln 1988.

Fricke, Karl Wilhelm: Der Strafvollzug in Bautzen während der realsozialistischen Diktatur (1950 bis 1989). In: Ders. (Hg.): Humaner Strafvollzug und politischer Mißbrauch. Zur Geschichte der Strafvollzugsanstalten in Bautzen 1904 bis 2000 (Schriftenreihe des Sächsischen Staatsministeriums der Justiz, Bd. 10). Dresden 1999, S. 118–186.

Fricke, Karl Wilhelm; Klewin, Silke: Bautzen II. Sonderhaftanstalt unter MfS-Kontrolle. Leipzig 2001.

Fricke, Karl Wilhelm; Göhl, Ehrhard: MfS Sonderhaft Bautzen II. (Hg. v. Hannah-Arendt-Institut für Totalitarismusforschung). Dresden 1994.

Friedrich-Ebert-Stiftung, Landesbüro Mecklenburg-Vorpommern (Hg.): Politische Strafjustiz 1945–1989. Der Gefängnisstandort Bützow als Gedenk- und Lernort. Schwerin 2008.

Fuhrmann, Günter u. a.: Material- und Warenprüfung in der DDR. Berlin 2010.

Furian, Gilbert: Mehl aus Mielkes Mühlen. Politische Häftlinge und ihre Verfolger. Berlin 2007.

Garve, Roland: Unter Mördern. Ein Arzt erlebt den Schwerverbrecherknast. Berlin 1999.

Gatzemann, Andreas: Die Erziehung zum »Neuen« Menschen im Jugendwerkhof Torgau. Ein Beitrag zum kulturellen Gedächtnis. Berlin 2008.

Gedenkstätte Berlin-Hohenschönhausen (Hg.): »Zeitzeugen«. Inhaftiert in Berlin-Hohenschönhausen. Erinnerungen, Protokolle und Fotos zur ehemaligen Lager- und Haftanstalt Berlin-Hohenschönhausen. Berlin 1997.

Gieseke, Jens: Mielke-Konzern. Die Geschichte der Stasi 1945–1990. Stuttgart 2001.

Gilles, Franz-Otto; Hertle, Hans-Hermann: Überwiegend negativ. Das Ministerium für Staatssicherheit in der Volkswirtschaft dargestellt am Beispiel der Struktur und Arbeitsweise der Objektdienststellen in den Chemiekombinaten des Bezirkes Halle. Berlin 1994.

Goevenhooven, Henry van: Das Bordell. Das letzte DDR-Geheimnis. Berlin 1999.

Guckes, Ulrike: Opferentschädigung mit zweierlei Maß? Eine vergleichende Untersuchung der gesetzlichen Grundlagen der Entschädigung für das Unrecht der NS-Diktatur und der SED-Diktatur. Berlin 2008.

Haase, Norbert; Oleschinski, Brigitte (Hg.): Das Torgau-Tabu. Wehrmachtstrafsystem, NKWD-Speziallager, DDR-Strafvollzug. Leipzig 1993.

Haase, Norbert; Sack, Birgit (Hg.): Münchner Platz. Dresden. Die Strafjustiz der Diktaturen und der historische Ort. Leipzig 2001.

Haendcke-Hoppe, Maria: Die Umgestaltung des Außenhandelsapparates in der DDR. In: Deutschland Archiv 4/1981, S. 378–383.

Haendcke-Hoppe-Arndt, Maria: Hauptabteilung XVIII: Volkswirtschaft (MfS-Handbuch). Hg. BStU. Berlin 1997.

Halbrock, Christian: Grenzraum Ostsee, Operationsgebiet Schweden. Das Verhältnis DDR–Schweden. In: Zeitgeschichte regional. Mitteilungen aus Mecklenburg-Vorpommern Nr. 1/2007, S. 56–70.

Hanusch, Rolf (Hg.): Verriegelte Zeiten. Vom Schweigen über die Gefängnisse in der DDR. Tutzing 1993.

Hattig, Susanne; Klewin, Silke; Liebold, Cornelia u. a.: Stasi-Gefängnis Bautzen II 1956–1989. Katalog zur Ausstellung der Gedenkstätte Bautzen. Dresden 2008.

Heilmann-Hawwary, Cornelia: Traumata durch politische Verfolgung in der DDR. Sozialarbeit bei politisch Traumatisierten. Saarbrücken 2008.

Heimann, Christian: Systembedingte Ursachen des Niedergangs der DDR-Wirtschaft. Das Beispiel der Textil- und Bekleidungsindustrie. Frankfurt/M. 1997.

Heitmann, Clemens; Sonntag, Marcus: Soldaten und Strafgefangene als Stützen der DDR-Staatswirtschaft. In: Deutschland Archiv 3/2009, S. 451–458.

Herbert, Ulrich (Hg.): Europa und der »Reichseinsatz«. Ausländische Zivilarbeiter, Kriegsgefangene und KZ-Häftlinge in Deutschland 1938–1945. Essen 1991.

Hertle, Hans-Hermann; Gilles, Franz-Otto (Hg.): Zur Rolle des Ministeriums für Staatssicherheit in der DDR-Wirtschaft. In: Hürtgen, Renate; Reichel, Thomas (Hg.): Der Schein der Stabilität. DDR-Betriebsalltag in der Ära Honecker. Berlin 2001, S. 173–189.

Herz, Andrea: Die Erfurter Untersuchungshaftanstalt der Staatssicherheit 1952 bis 1989. Erfurt 2006.

Hesse, Hans (Hg.): »Denn einmal kommt der Tag, dann sind wir frei …«. DDR-Strafvollzug in Bützow-Dreibergen. Essen 2004.

Heyland, Thomas: Die Finanzierung von BASF, Bayer und Hoechst in den Jahren von 1952 bis 2002. Oberursel 2011.

von Heyl, Friedrich: Der innderdeutsche Handel mit Eisen und Stahl 1945–1972. Deutsch-deutsche Beziehungen im Kalten Krieg. Köln 1997.

Heyme, Torsten; Schumann, Felix: »Ich kam mir vor wie 'n Tier«. Knast in der DDR. Berlin 1991.

Hiekel, Frank: Das Gefängnisgeld der DDR. »Wertgutscheine« als Ersatzzahlungsmittel im Strafvollzug des Ministeriums des Innern von 1975–1990. In: Klewin, Silke; Reinke, Herbert; Sälter, Gerhard (Hg.): Hinter Gittern. Zur Geschichte der Inhaftierung zwischen Bestrafung, Besserung und politischem Ausschluss vom 18. Jahrhundert bis zur Gegenwart. Leipzig 2010, S. 255–268.

Hildebrandt, Rainer; Schumm, Horst: DDR-Haftwesen und Justiz (Material zur 89. Pressekonferenz der Arbeitsgemeinschaft 13. August vom 16.6.1989). Berlin 1989.

Hiller, Horst: Sturz in die Freiheit. Von Deutschland nach Deutschland. München 1986.

Hoffmann, Werner E.: Die Organisation der Technischen Überwachung in der Bundesrepublik Deutschland. Düsseldorf 1980.

Hoffmeister, Heike: Strafvollzugsanstalt Rummelsburg 1951–1990. Berlin 2011.

Horster, Maximilian: The trade in political prisoners between the two german states, 1962–89. In: Journal of contemporary history, Nr. 3/2004, S. 404–424.

Hübner, Peter: Konsens, Konflikt und Kompromiß. Soziale Arbeiterinteressen und Sozialpolizik in der SBZ/DDR 1945–1970. Berlin 1995.

Hübner, Peter; Tenfelde, Klaus (Hg.): Arbeiter in der SBZ – DDR. Essen 1999.

Hübner, Peter; Kleßmann, Christoph; Tenfelde, Klaus (Hg.): Arbeiter im Staatssozialismus. Ideologischer Anspruch und soziale Wirklichkeit. Köln 2005.

Hüge, Bernd-Dieter: Mein Knastbuch. Ein Bericht. Berlin 1991.

Hürtgen, Renate; Reichel, Thomas (Hg.): Der Schein der Stabilität. DDR-Betriebsalltag in der Ära Honecker. Berlin 2001.

Institut für medizinische Satistik und Datenverarbeitung: Das Gesundheitswesen der Deutschen Demokratischen Republik. Jahrgänge 1980–88. Berlin (Ost).

Jablonski, Marietta: »Verhören bis zum Geständnis«. Der Operativ-Vorgang »Optima« (Betroffene erinnern sich 3. Hg. v. Landesbeauftragten für die Unterlagen des Staatssicherheitsdienstes der ehemaligen DDR in Sachsen-Anhalt). Magdeburg 1996.

Jahn, Ute: Spezialheime zur Umerziehung. Das System der Jugendwerkhöfe in der DDR. In: Zeitschrift des Forschungsverbundes SED-Staat Nr. 25/2009, S. 35–51.

Jehmlich, Gerhard: Der VEB Pentacon Dresden. Geschichte der Dresdner Kamera- und Kinoproduktion nach 1945. Dresden 2009.

Jeschke, Hans-Joachim; Hübner, Peter: Aus der Geschichte des Chemiewerkes Schwarzheide 1954 bis 1964. Schwarzheide 2007.

Jörns, Gerhard: Der Jugendwerkhof im Jugendhilfesystem der DDR. Göttingen 1995.

Joestel, Frank (Hg.): Strafrechtliche Verfolgung politischer Gegner durch die Staatssicherheit im Jahre 1988. Der letzte Jahresbericht der MfS-Hauptabteilung Untersuchung. Hg. BStU. Berlin 2003.

Johannsmeier, Karl Heinz: Neun Leben sind nicht genug. Mein Leben vom Stasi-Häftling zum Erfolgsunternehmer. München 1998.

Judt, Matthias: Häftlinge für Bananen? Der Freikauf politischer Gefangener aus der DDR und das »Honecker-Konto«. In: Vierteljahrsschrift für Sozial- und Wirtschaftsgeschichte Nr. 4/2007, S. 417–439.

Judt, Matthias: Der Bereich Kommerzielle Koordinierung. Das DDR-Wirtschaftsimperium des Alexander Schalck-Golodkowski – Mythos und Realität. Berlin 2013.

Jürgensen, Uwe Jens; Jürgensen, Elke Margarita; Ebers, Volker: Erst verraten – dann verkauft. Im Netz der Stasi. Frankfurt/M. 2008.

Jungbluth, Rüdiger: Die 11 Geheimnisse des IKEA-Erfolges. Frankfurt/M. 2006.

Junkers, Christian: Der Strukturwandel der deutschen Textilveredelungsindustrie im zwanzigsten Jahrhundert. Duisburg 2007.

Kaminsky, Annette: Wohlstand, Schönheit, Glück. Kleine Konsumgeschichte der DDR. München 2001.

Karlsch, Rainer; Wagner, Paul Werner: Die AGFA-ORWO-Story. Geschichte der Filmfabrik Wolfen und ihrer Nachfolger. Berlin 2010.

Kienitz, Reinhard: Rüdersdorf. Erfurt 2000.

Kittan, Tomas: Das Zuchthaus Cottbus. Die Geschichte des politischen Strafvollzugs (Cottbuser Blätter, Sonderheft 2009). Cottbus 2009.

Klewin, Silke; Reinke, Herbert; Sälter, Gerhard (Hg.): Hinter Gittern. Zur Geschichte der Inhaftierung zwischen Bestrafung, Besserung und politischem Ausschluss vom 18. Jahrhundert bis zur Gegenwart. Leipzig 2010.

Klier, Freya: Michael Gartenschläger. Kampf gegen Mauer und Stacheldraht. Berlin 2009.

Klussmeier, Gerhard: Vom Wirtschaftswunder-Erfolg über die DDR ins Nichts. OK-Kaugummi aus Pinneberg. Herne 2013.

Knabe, Hubertus: Die geheimen Lager der Stasi. In: Aus Politik und Zeitgeschichte Nr. 4/1993, S. 23–34.

Knabe, Hubertus (Hg.): Gefangen in Hohenschönhausen. Stasi-Häftlinge berichten. Berlin 2007.

Koch, Egmont R.; Meichsner, Irene: Böses Blut. Die Geschichte eines Medizin-Skandals. Aktualisierte und erweiterte Neuauflage. Hamburg 1993.

Köhler, Eva: Rüdersdorf. Die Kalkhauptstadt am Rande Berlins. Berlin 1994.

Koop, Volker: Zehn Jahre mit dem »gelben Streifen«. Karl-Heinz Rutsch: Vom Offizier der NVA zum Deserteur. Berlin 1996.

Korzilius, Sven: »Asoziale« und »Parasiten« im Recht der SBZ/DDR. Randgruppen im Sozialismus zwischen Repression und Ausgrenzung. Köln 2005.

Kowalczyk, Angela: »Auch Dich werden wir noch in den Griff bekommen«. Im Netz der DDR-Jugendhilfeeinrichtungen. Berlin 2002.

Kowalczyk, Angela: Sicher verwahrt. Stasiknast und medizinische Versorgung. Berlin 2004.

Krakat, Klaus: Wirtschaftsdaten ausgewählter DDR-Kombinate. Berlin 1994.

Krause, Bärbel; Mager, Bernd: Untersuchungen zum Risiko und Vorkommen von Infektionen mit dem Humanen Immundefizienzvirus und dem Hepatitis B-Virus bei Strafgefangenen und Verhafteten im Strafvollzug der DDR (Dissertation). Berlin 1988.

Krause, Hans-Ullrich: Fazit einer Utopie. Heimerziehung in der DDR – eine Rekonstruktion. Freiburg 2004.

Krewer, Peter: Geschäfte mit dem Klassenfeind. Die DDR im innerdeutschen Handel 1949–1989. Trier 2008.

Kriegel, Manfred: Haftbefehl 2.11.1973. Halle 2009.

Krombholz, Klaus: Landmaschinenbau der DDR. Licht und Schatten. Frankfurt/M. 2008.

Kruse, Michael: Politik und deutsch-deutsche Wirtschaftsbeziehungen von 1945 bis 1989. Berlin 2005.

Kuhrt, Eberhard (Hg.): Die Endzeit der DDR-Wirtschaft. Analysen zur Wirtschafts-, Sozial- und Umweltpolitik. Opladen 1999.

Kullas, Matthias: Der Konvergenzprozess zwischen Ost- und Westdeutschland. Hemmnisse und politische Handlungsmöglichkeiten. Hamburg 2011.

Kuo, Xing-Hu: Ein Chinese in Bautzen II. 2675 Tage im Würgegriff der Stasi. Böblingen 1990.

Latotzky, Alex: Preiswertes von Pentacon. Zwangsarbeit im Strafvollzug der DDR. In: Der Stacheldraht Nr. 8/2006, S. 10 f.

Laubenthal, Klaus: Strafvollzug. Berlin 1998.

Lepsius, Rainer M.: Handlungsräume und Rationalitätskriterien der Wirtschaftsfunktionäre in der Ära Honecker. In: Pirker, Theo u. a. (Hg.): Der Plan als Befehl und Fiktion. Wirtschaftsführung in der DDR. Gespräche und Analysen. Opladen 1995.

Linderoth, Andreas: Der Kampf um Anerkennung. Die Außenpolitik der DDR gegenüber Schweden von 1949 bis 1972. Älmhult 2007.

Linke, Claudia: Endstation Torgau. Der Geschlossene Jugendwerkhof Torgau und seine Aufarbeitung. In: Zeitschrift des Forschungsverbundes SED-Staat Nr. 19/2006, S. 41–52.

Löwenthal, Gerhard; Kamphausen, Helmut; Clausen, Claus P.: Hilferuf von drüben. Eine Dokumentation wider das Vergessen. Holzgerlinden 2002.

Maercker, Andreas: Psychische Folgen politischer Inhaftierung in der DDR. In: Aus Politik und Zeitgeschichte Nr. 38/1995, S. 30–38.

Maier, Petra; Wilde, Birgit (Red.): Geschichte und Entwicklung des Strafvollzugs in der Region Ueckermünde. (Hg. v. Verein zur Förderung Gefangener und Entlassener der JVA Ueckermünde e.V.). Ueckermünde 2001.

Marxen, Klaus; Werle, Gerhard (Hg.): Strafjustiz und DDR-Unrecht. Dokumentation, Bd. 7: Gefangenenmißhandlung, Doping und sonstiges DDR-Unrecht. Berlin 2009.

Politische Memoriale e.V. Mecklenburg-Vorpommern (Hg.): Beiträge zur Geschichte des Strafvollzugs und der politischen Strafjustiz in Mecklenburg-Vorpommern. Rostock 2006.

Mihr, Anja: Amnesty International in der DDR. Der Einsatz für Menschenrechte im Visier der Stasi. Berlin 2002.

Ministerium für Bildung, Jugend und Sport des Landes Brandenburg (Hg.): Einweisung nach Torgau. Texte und Dokumente zur autoritären Jugendfürsorge in der DDR. Berlin 1997.

Möbius, Sascha: »Grundsätzlich kann von jedem Beschuldigten ein Geständnis erlangt werden.« Die MfS-Untersuchungshaftanstalt Magdeburg-Neustadt von 1957–1970. Magdeburg 1999.

Mühlenberg, Heidi; Kurt, Michael: Panikblüte. Bitterfeld-Report, Leipzig 1991.

Mühlfriedel, Wolfgang; Hellmuth, Edith: Carl Zeiss in Jena 1945–1990. Köln 2004.

Müller, Armin: Institutionelle Brüche und personelle Brücken. Werkleiter in den Volkseigenen Betrieben der DDR in der Ära Ulbricht. Berlin 2006.

Müller, Jörg: Strafvollzugspolitik und Haftregime in der SBZ und in der DDR. Göttingen 2012.

Müller, Klaus-Dieter: »Jeder kriminelle Mörder ist mir lieber ...« Haftbedingungen für politische Häftlinge in der SBZ und DDR. In: »Die Vergangenheit läßt uns nicht los ...«. Haftbedingungen politischer Gefangener in der SBZ/DDR und deren gesundheitliche Folgen. (Hg. v. d. Gedenkstätte für die Opfer politischer Gewalt Moritzplatz Magdeburg u. a.). Berlin 1997, S. 7–129.

Müller-Enbergs, Helmut (Hg.): Inoffizielle Mitarbeiter des Ministeriums für Staatssicherheit. Richtlinien und Durchführungsbestimmungen. Berlin 1996.

Nayhauß, Dirk von; Riepl, Maggie: Der dunkle Ort. 25 Schicksale aus dem DDR-Frauengefängnis Hoheneck. Berlin 2012.

Neckermann, Josef: Erinnerungen. Aufgezeichnet von Weingart, Karin; Rowe, Harvey T. Frankfurt/M. 1990.

Neubert, Ehrhart; Eisenfeld, Bernd (Hg.): Macht – Ohnmacht – Gegenmacht. Grundfragen zur politischen Gegnerschaft in der DDR. Berlin 2001.

Oleschinski, Brigitte: Strafvollzug in Deutschland vor und nach 1945. In: Neue Justiz Nr. 2/1992, S. 65–68.

Oleschinski, Brigitte: Schlimmer als schlimm. Strafvollzug in der DDR. In: Bundesministerium der Justiz (Hg.): Im Namen des Volkes? Über die Justiz im Staat der SED (wissenschaftlicher Begleitband). Leipzig 1996, S. 255–261.

Passens, Katrin: MfS-Untersuchungshaft. Funktionen und Entwicklung von 1971 bis 1989. Berlin 2012.

Pieper, Bernd: Roter Terror in Cottbus – 17 Monate in den Gefängnissen der DDR. Berlin 1997.

Pötzl, Norbert F.: Basar der Spione. Die geheimen Missionen des DDR-Unterhändlers Wolfgang Vogel. Hamburg 1997.

Pohle, Meinolf: Staatliche Wirtschaftskriminalität im realen Sozialismus der DDR (1966–1990). Wirtschaftsspionage, Embargoverstöße und Vermögensverschiebungen des Bereichs Kommerzielle Koordinierung (KoKo) und des MfS. Clausthal-Zellerfeld 2004.

Priebe, Stefan; Denis, Doris; Bauer, Michael (Hg.): Eingesperrt und nie mehr frei. Psychisches Leiden nach politischer Haft in der DDR. Darmstadt 1996.

Priebe, Stefan; Denis, Doris: Psychische Störungen nach politischer Inhaftierung in der DDR. Berlin 1996.

Raschka, Johannes: »Für kleine Delikte ist kein Platz in unserer Kriminalitätsstatistik«. Zur Zahl der politischen Häftlinge während der Amtszeit Honeckers (Berichte und

Studien Nr. 11. Hg. v. Hannah-Arendt-Institut für Totalitarismusforschung). Dresden 1997.

Raschka, Johannes: Justizpolitik im SED-Staat. Anpassung und Wandel des Strafrechts während der Amtszeit Honeckers. Köln 2000.

Raschka, Johannes: Zwischen Überwachung und Repression – Politische Verfolgung in der DDR 1971 bis 1989 (Am Ende des realen Sozialismus Bd. 5. Hg. v. Eberhard Kuhrt im Auftrag des Bundesministeriums des Inneren). Opladen 2001.

Rathje, Ulf: Die Strafgefangenen- und Verhaftetendateien der Verwaltung Strafvollzug des Ministeriums des Innern der DDR. In: Historical Social Research Nr. 1/1997, S. 132–140.

Rehlinger, Ludwig: Freikauf. Die Geschäfte der DDR mit politisch Verfolgten 1963–1989. Berlin 1991.

Reitel, Axel: »Frohe Zukunft« – keiner kommt hier besser raus. Strafvollzug im Jugendhaus Halle (Sachbeiträge Nr. 21. Hg. v. Landesbeauftragten für die Unterlagen des Staatssicherheitsdienstes der ehemaligen DDR in Sachsen-Anhalt). Naumburg 2002.

Rescheleit, Maud; Krippendorf, Stefan: »Der Weg ins Leben«. DDR-Strafvollzug im Jugendhaus Dessau (Sachbeiträge Nr. 26. Hg. v. Landesbeauftragten für die Unterlagen des Staatssicherheitsdienstes der ehemaligen DDR in Sachsen-Anhalt). Naumburg 2002.

Richter, Ursula: Perspektiven der ostdeutschen Textilindustrie, Frankfurt/M. o. J.

Riesch, Roman: Lage und Perspektiven der Textil- und Bekleidungsindustrie. Mainz 1998.

Riesenberger, Dieter: Das Deutsche Rote Kreuz. Eine Geschichte 1864–1990. Paderborn 2002.

Risse, Kerstin (Berab.): Online-Findbuch zum Ministerium des Innern, Verwaltung Strafvollzug. Koblenz 2005.

Rohrbach, Carmen: Solange ich atme. Ein Erlebnisbericht. München 2003.

Rose, Norman: Politische Häftlinge in der Untersuchungshaft des MfS. Haftbedingungen 1971 bis 1989. Hamburg 2002.

»Vom Roten Ochsen geprägt« (2). Berichte politisch Inhaftierter in den achtziger Jahren (Betroffene erinnern sich 4. Hg. v. Landesbeauftragten für die Unterlagen des Staatssicherheitsdienstes der ehemaligen DDR in Sachsen-Anhalt). Magdeburg 1996.

Rottleuthner, Hubert (Hg.): Steuerung der Justiz in der DDR. Einflußnahme auf Richter, Staatsanwälte und Rechtsanwälte. Köln 1994.

Rüchel, Uta: Antreten zur Arbeit! Haftarbeit in Rüdersdorf (Hg. v. Beauftragten des Landes Brandenburg zur Aufarbeitung der Folgen der kommunistischen Diktatur). Berlin 2012.

Rudolph, Karsten: Wirtschaftsdiplomatie im Kalten Krieg. Die Ostpolitik der westdeutschen Großindustrie 1945–1991. Frankurt/M. 2004.

Rudolph, Karsten; Wüstenhagen, Jana: Große Politik – kleine Begegnungen. Die Leipziger Messe im Ost-West-Konflikt. Berlin 2006.

Rutar, Sabine: Heldentum, Verrat und Arbeit in Jugoslawien. Arbeitseinsatz im sozialistischen Kontext. In: Seidel, Hans-Christoph; Tenfelde, Klaus (Hg.): Zwangsarbeit in Europa des 20. Jahrhunderts. Bewältigung und vergleichende Aspekte. Essen 2007.

Sabrow, Martin; Frei, Norbert (Hg.): Die Geburt des Zeitzeugen nach 1945. Göttingen 2012.

Sachse, Christian: Das illegale Arbeitserziehungslager Rüdersdorf. In: Horch & Guck, Heft 72 (Nr. 2/2011), S. 30–34.

Sächsisches Staatsministerium der Justiz (Hg.): »Hinter Gittern – Drei Jahrhunderte Strafvollzug in Sachsen«. Dresden 1998.

Sauer, Heiner; Plumeyer, Hans-Otto: Der Salzgitterreport. Die zentrale Erfassungsstelle berichtet über Verbrechen im SED-Staat. München 1991.

Sauer, Stefan: Der missglückte Versuch, aus mir einen brauchbaren Menschen zu formen (Betroffene erinnern sich 16. Hg. v. Landesbeauftragten für die Unterlagen des Staatssicherheitsdienstes der ehemaligen DDR in Sachsen-Anhalt). Magdeburg 2002.

Schacht, Ulrich (Hg.): Hohenecker Protokolle. Aussagen zur Geschichte der politischen Verfolgung von Frauen in der DDR. Zürich 1984.

Schalck-Golodkowski, Alexander: Deutsch-deutsche Erinnerungen. Reinbek 2000.

Schekahn, Jenny; Wunschik, Tobias: Die Untersuchungshaftanstalt der Staatssicherheit in Rostock. Ermittlungsverfahren, Haftbedingungen und Zelleninformatoren in der Ära Honecker. Hg. BStU. Berlin 2012.

Scherrieble, Joachim (Hg.): Der Rote Ochse Halle (Saale). Politische Justiz 1933–1945, 1945–1989. Berlin 2008.

Schlicke, Birgit: Gefangen im Stasiknast. Tagebuch einer politischen Gefangenen im Frauenzuchthaus Hoheneck. Lage 2009.

Schmidt, Andreas: Leerjahre. Leben und Überleben im DDR-Gulag. Böblingen 1986.

Schmidt, Karin: Zur Frage der Zwangsarbeit im Strafvollzug der DDR. Die »Pflicht zur Arbeit« im Arbeiter- und Bauernstaat (Sklaverei-Knechtschaft-Zwangsarbeit. Untersuchungen zur Sozial-, Rechts- und Wirtschaftsgeschichte. Hg. v. Elisabeth Herrmann-Otto, Bd. 7). Hildesheim 2011.

Schmidt, Helmuth; Weischer, Heinz: Zorn und Trauer. Als politischer Gefangener in Zuchthäusern der DDR. Essen 2006.

Schmidt, Sebastian: Die Entwicklung der Unternehmensführung deutscher Großunternehmen seit 1945. Eine historische, systemtheoretische Betrachtung von Unternehmensstrategie und Unternehmensorganisation anhand dreier Fallstudien. Bayreuth 2012.

Schmidt-Pohl, Jürgen (Hg.): DDR-Haftzwangsarbeit politischer Gefangener. Dokumentation (Schwarzbuch-Archiv Nr. 7). Schwerin 2003.

Schnell, Gabriele: Das »Lindenhotel«. Berichte aus dem Potsdamer Geheimdienstgefängnis. Berlin 2005.

Schöllgen, Gregor: Gustav Schickedanz 1895–1977. Biographie eines Revolutionärs. Berlin 2010.

Schröder, Wilhelm Heinz; Wilke, Jürgen: Politische Strafgefangene in der DDR. Versuch einer statistischen Beschreibung. In: Historical Social Research Nr. 4/1998, S. 3–78.

Schröder, Wilhelm Heinz; Wilke, Jürgen: Politische Gefangene in der DDR – Quellen und Datenbestände. In: Gesellschaft Sozialwissenschaftlicher Infrastruktureinrichtungen e.V. (GESIS) (Hg.): Materialien zur Erforschung der DDR-Gesellschaft. Quellen. Daten. Instrumente. Opladen 1998, S. 183–200.

Schütterle, Juliane: Kumpel, Kader und Genossen: Arbeiten und Leben im Uranbergbau der DDR. Die Wismut AG. Paderborn 2010.

Seidel, Hans-Christoph; Tenfelde, Klaus (Hg.): Zwangsarbeit in Europa des 20. Jahrhunderts. Bewältigung und vergleichende Aspekte. Essen 2007.

Sélitrenny, Rita: Doppelte Überwachung. Geheimdienstliche Ermittlungsmethoden in den DDR-Untersuchungshaftanstalten. Berlin 2003.

Sonntag, Marcus: DDR-Strafvollzug und Haftarbeit im Bezirk Erfurt. Eine Problemskizze. In: Mitteilungen des Vereins für die Geschichte und Altertumskunde von Erfurt Neue Folge Nr. 15/2007, S. 12–15.

Sonntag, Marcus: Die Arbeitslager in der DDR. Essen 2011.

Staadt, Jochen: »Vom Genossen Fidel Castro genehmigt«. Möbel für IKEA aus kubanischen Haftanstalten. In: Zeitschrift des Forschungsverbundes SED-Staat Nr. 31/2012, S. 163–168.

Stadtverwaltung Stollberg (Hg.): Vergittertes Schloss. Hoheneck im Wandel der Zeit. Stollberg 2002.

Statistisches Jahrbuch der Deutschen Demokratischen Republik. (Hg. v. d. Staatlichen Zentralverwaltung für Statistik). Berlin (Ost) 1988.

Steiner, André: Von Plan zu Plan. Eine Wirtschaftsgeschichte der DDR. München 2004.

Steiner, André (Hg.): Überholen ohne einzuholen. Die DDR-Wirtschaft als Fußnote der deutschen Geschichte?. Berlin 2006.

Stenebo, Johan: Die Wahrheit über IKEA. Ein Manager packt aus. Frankfurt/M. 2010.

Stötzer, Gabriele: Die bröckelnde Festung. München 2002.

Stötzer, Gabriele: Zwangsarbeitsalltag. Nähkommando Esda im Frauengefängnis Hoheneck. In: Horch und Guck Nr. 2/2008, S. 36–39.

Storck, Matthias: Karierte Wolken. Lebensbeschreibungen eines Freigekauften. Moers 1996.

Strobel, Dietrich; Dame, Günter: Schiffbau zwischen Elbe und Oder. Herford 1993.

Strobel, Dietrich: Die Warnemünder Werft. Wolgast 2002.

Strunk, Peter: Die AEG. Aufstieg und Niedergang einer Industrielegende. Berlin 1999.

Suckut, Siegfried (Hg.): Die DDR im Blick der Stasi 1976. Die geheimen Berichte an die SED-Führun. Hg. v. Münkel, Daniela; Gieseke, Jens, Göttingen 2009.

Szkibik, Heinz: Sozialistischer Strafvollzug. Erziehung durch Arbeit. Berlin (Ost) 1969.

Thiemann, Ellen: Stell dich mit den Schergen gut. Erinnerungen an die DDR. Meine Wiederbegegnung mit dem Zuchthaus Hoheneck. München 1990.

Thiemann, Ellen: Wo sind die Toten von Hoheneck? Neue Enthüllungen über das berüchtigte Frauenzuchthaus der DDR. München 2013.

Torekull, Bertil; Kamprad, Ingvar: Das Geheimnis von IKEA. Hamburg 1998.

Trobisch-Lütge, Stefan: Das späte Gift. Folgen politischer Traumatisierung in der DDR und ihre Behandlung. Gießen 2004.

TÜV Nord: Die Geschichte der technischen Überwachung in Norddeutschland. Norderstedt 2003.

Unger, Stefan: Eisen und Stahl für den Sozialismus. Modernisierungs- und Innovationsstrategien der Schwarzmetallindustrie in der DDR von 1949 bis 1971. Berlin 2000.

Veen, Hans-Joachim; Eisenfeld, Peter; Kloth, Hans-Michael (u. a.) (Hg.): Lexikon Opposition und Widerstand in der SED-Diktatur. Berlin 2000.

Veith, Ines: Klipp, klapp, Holz auf Stein. Frauen in politischer Haft, Hoheneck 1950–1989. Berlin 1996.

Verfolgung und die Folgen. Über den Umgang mit den Opfern. Hg. BStU. Berlin 1995.

Vesting, Justus: »Mit dem Mut zum gesunden Risiko«. Die Arbeitsbedingungen von Strafgefangenen und Bausoldaten in den Betrieben der Region Bitterfeld, Buna und Leuna (Sachbeiträge Nr. 30. Hg. v. Landesbeauftragten für die Unterlagen des Staatssicherheitsdienstes der ehemaligen DDR in Sachsen-Anhalt). Magdeburg 2003.

Vesting, Justus: »Das sind ja nur Strafgefangene«. Zwangsarbeit im Chemiedreieck der DDR. In: Zeitschrift des Forschungsverbundes SED-Staat Nr. 16/2004, S. 90–104.

Vesting, Justus: »Da habe ich gedacht, das sind lauter wandelnde Leichen«. Haftzwangsarbeit in Bitterfeld. In: Horch und Guck Nr. 2/2008, S. 32–35.

Vesting, Justus: Zwangsarbeit im Chemiedreieck. Strafgefangene und Bausoldaten in der Industrie der DDR. Berlin 2012.

Veszeltis, Thomas: Die Neckermanns. Licht und Schatten einer deutschen Unternehmerfamilie. Frankfurt/M. 2005.

Voigt, Tobias; Erler, Peter: Medizin hinter Gittern. Das Stasi-Haftkrankenhaus in Berlin-Hohenschönhausen. Berlin 2011.

Volze, Armin: Kirchliche Transferleistungen in die DDR. In: Deutschland Archiv 1/1991, S. 59–66.

Wachtel, Stefan: Delikt 220. Bestimmungsort Schwedt. Gefängnistagebuch. Rudolstadt 1991.

Wagner, Matthias: Ab morgen bist Du Direktor. Das System der Nomenklaturkader in der DDR. Berlin 1998.

Weber, Hermann: Geschichte der DDR. München 1999.

Wedel, Reymar von: Als Kirchenanwalt durch die Mauer. Erinnerungen eines Zeitzeugen. Berlin 1994.

Wedel, Reymar von: Als Anwalt zwischen Ost und West. Prozesse-Gefangene-Aktionen. Berlin 2005.

Wege nach Bautzen II. Biographische und autobiographische Porträts, eingeleitet von Klewin, Silke; Wenzel, Kirsten. Dresden 1998.

Weiße, Frieder: Psychische Folter beim MfS. Analyse und Erfahrungsbericht. Berlin 1999.

Weil, Francesca: Zielgruppe Ärzteschaft. Ärzte als inoffizielle Mitarbeiter des Ministeriums für Staatssicherheit der DDR. Göttingen 2008.

Weinke, Annette; Hacke, Gerald: U-Haft am Elbhang. Die Untersuchungshaftsanstalt der Bezirksverwaltung für Staatssicherheit in Dresden 1945 bis 1989/90. Dresden 2004.

Welsch, Wolfgang: Repression und Folter an Untersuchungshäftlingen des MfS. In: Mertens, Lothar; Voigt, Dieter (Hg.): Opfer und Täter im SED-Staat (Schriftenreihe der Gesellschaft für Deutschlandforschung, Bd. 58). Berlin 1998, S. 101–113.

Wenzke, Rüdiger (Hg.): Staatsfeinde in Uniform? Widerständiges Verhalten und politische Verfolgung in der NVA. Berlin 2005.

Wenzke, Rüdiger: Ab nach Schwedt! Die Geschichte des DDR-Militärstrafvollzugs. Berlin 2011.

Werkentin, Falco: Politische Strafjustiz in der Ära Ulbricht. Berlin 1995.

Werkentin, Falco: Das Ausmaß politischer Strafjustiz in der DDR. In: Baumann, Ulrich; Kury, Helmut (Hg.): Politisch motivierte Verfolgung: Opfer von SED-Unrecht. Berlin 1998, S. 49–74.

Westerhoff, Christian: Zwangsarbeit im Ersten Weltkrieg. Deutsche Arbeitskräftepolitik im besetzen Polen und Litauen 1914–1918. Paderborn 2012.

Widmaier, Christian: Häftlingshilfegesetz, DDR-Rehabilitierungsgesetz, SED-Unrechtsbereinigungsgesetze: Rehabilitierung und Wiedergutmachung von SBZ-DDR-Unrecht? Frankfurt/M. 1999.

Wiede, Patricia: Josef Neckermann. München 2000.

Wienert, Helmut: Die Stahlindustrie der DDR. Berlin 1992.

Wienhold, Lutz: Zwischen Anspruch und Wirklichkeit. Historischer Abriss zum Arbeitsschutz in der DDR. Norderstedt 2011.

Windmüller, Joachim: Ohne Zwang kann der Humanismus nicht existieren… – »Asoziale« in der DDR. Frankfurt/M. 2006.

Wölbern, Jan Philipp: Die Entstehung des »Häftlingsfreikaufs«. In: Deutschland Archiv 5/2008, S. 856–867.

Wolle, Stefan: Die heile Welt der Diktatur. Alltag und Herrschaft in der DDR 1971–1989. Berlin 1998.

Wunschik, Tobias: Der DDR-Strafvollzug unter dem Einfluß der Staatssicherheit in den siebziger und achtziger Jahren. In: Engelmann, Roger; Vollnhals, Clemens (Hg.): Justiz im Dienste der Parteiherrschaft. Rechtspraxis und Staatssicherheit in der DDR. Berlin 1999, S. 467–493.

Wunschik, Tobias: »Überall wird der Stalinismus beseitigt, nur in unserer Dienststelle nicht!« Das autokratische Regime des Leiters der Haftanstalt Brandenburg-Görden Fritz Ackermann. In: Timmermann, Heiner (Hg.): Die DDR – Analysen eines aufgegebenen Staates. Berlin 2001, S. 321–342.

Wunschik, Tobias: Die Strafvollzugspolitik des SED-Regimes und die Behandlung der Häftlinge in den Gefängnissen der DDR. In: Timmermann, Heiner (Hg.): Deutsche Fragen. Von der Teilung zur Einheit. Berlin 2001, S. 257–284.

Wunschik, Tobias: Norilsk und Workuta, Cottbus und Hoheneck. Die Proteste der Häftlinge in der Sowjetunion und der DDR nach Stalins Tod im Jahre 1953. In: Timmermann, Heiner (Hg.): Das war die DDR. DDR-Forschung im Fadenkreuz von Herrschaft, Außenbeziehungen, Kultur und Souveränität. Münster 2004.

Wunschik, Tobias: Honeckers Zuchthaus. Politischer Strafvollzug in Brandenburg-Görden 1949–89 (i.E.).

Zahn, Hans-Eberhard: Haftbedingungen und Geständnisproduktion in den Untersuchungshaftanstalten des MfS (Schriftenreihe des Berliner Landesbeauftragten für die Unterlagen des Staatssicherheitsdienstes der ehemaligen DDR, Bd. 5). Berlin 1997.

Zeng, Matthias: »Asoziale« in der DDR. Transformation einer moralischen Kategorie. Münster 2000.

Zilli, Timo: Folterzelle 36 Berlin-Pankow. Erlebnisbericht einer Stasi-Haft. Berlin 1993.

Zimmermann, Hartmut (unter Mitarbeit von Ulrich, Horst; Fehlauer, Michael) (Hg.): DDR-Handbuch, 2 Bde. Köln 1985.

Zur Industriegeschichte der Bitterfelder Region, Heft 1–6.

Verzeichnis der Abbildungen

Trotz sorgfältiger Recherche konnten nicht alle Rechteinhaber der verwendeten Abbildungen ermittelt werden. Sofern eine Inhaberschaft nachgewiesen wird, erfolgt eine angemessene Honorierung.

Abb. 1: Haftanstalt Magdeburg, Tischlerei der Produktionseinrichtung Möbel des Ministeriums des Innern (PEM), 1985; BArch DO1 Bild-001385; Foto: Henry Hermann.

Abb. 2: Haftarbeitslager Volkstedt im Kupferbergbau, o. D.; LHASA, MER, M 563, Nr. 369, Bl. 2.

Abb. 3: Haftanstalt Bützow-Dreibergen, Außenkommando mit Häftlingsarbeitern bei Erdarbeiten, o. D.; Abgedruckt bei: Finn, Gerhard: Die politischen Häftlinge der Sowjetzone 1945–1959. Köln 1989, S. 143; Verlag Wissenschaft und Politik, Helker Pflug, Berlin.

Abb. 4: »Ebenen des Zusammenwirkens« zwischen dem Strafvollzugskommando und dem Eisenhüttenwerk Thale, 1972; LHASA, MER, M 555 Nr. 589 BDVP Halle 19.1. Nr. 374, Bl. 127.

Abb. 5: Häftlingsarbeiter und Betriebsangehörige im VEB Eisenhüttenwerk Thale in einer schematischen Darstellung, 1972; LHASA, MER, M 555 Nr. 589 BDVP Halle 19.1. Nr. 374, Bl. 126.

Abb. 6: Werk II des VEB Gas- und Elektrogeräte Dessau (Jugendhaus Dessau), Presse für Backraumblenden von Gasherden, 1972; BStU, MfS, BV Halle, Abt. XII 1644, Bl. 21.

Abb. 7: Werk II des VEB Gas- und Elektrogeräte Dessau (Jugendhaus Dessau), Riss im Gussteil der Presse, 1972; BStU, MfS, BV Halle, Abt. XII 1644, Bl. 21.

Abb. 8: Internationales Handelszentrum in der Friedrichstraße in Ostberlin, o. D.; BStU, MfS, HA XXII 5469, Bd. 4, Bl. 4.

Abb. 9: IKEA-Chef Ingvar Kamprad und das Sofa-Modell »Klippan«, das auch von Gefangenen aus Waldheim gefertigt wurde, 1988; danapress.com; Foto: 01319909.

Abb. 10: Haftanstalt Waldheim, Wachturm an der Dresdener Straße, o. D.; Standpunkt des Betrachters in Abb. 11 rechts unten; BStU, MfS, BV Leipzig, KD Döbeln 212, Bd. 3, Bl. 21.

Abb. 11: Lageskizze der Haftanstalt Waldheim, o. D.; BStU, MfS, BV Leipzig, AGL 211, Bl. 44.

Abb. 12: Haftanstalt Naumburg, Schleusenhof, 1986; BStU, MfS, BV Halle, AG XXII 126, Bl. 3.

Abb. 13: Haftanstalt Naumburg, Eingang für Aufseher, 1986; BStU, MfS, BV Halle, AG XXII 126, Bl. 14.

Abb. 14: Haftanstalt Naumburg, Eingang zur Krankenstation im Haus I, 2. Etage, 1986; BStU, MfS, BV Halle, AG XXII 126, Bl. 21.

Abb. 15: Zählappell im Haftarbeitslager Rüdersdorf, 1949; BArch Bild 183-1983-0426-312; Foto: Otto Donath.

Abb. 16: Häftlingsarbeiter des Haftarbeitslagers Rüdersdorf im Steinbruch, 1949; BArch Bild 183-1983-0426-313; Foto: Otto Donath.

Abb. 17: Lageplan des Haftarbeitslagers Rüdersdorf, 1954; BArch D0 1-3397, Bl. 3.

Abb. 18: Haftanstalt Hoheneck, Innenhof, Dezember 1989; BArch Bild 183-1989-1228-007; Foto: Wolfgang Thieme.
Abb. 19: »Freie« Facharbeiterin an Rundstrickautomaten im VEB Esda Thalheim, März 1976; BArch Bild 183-R0324-005; Foto: Wolfgang Thieme.
Abb. 20: Haftanstalt Hoheneck, Häftlingsarbeiterinnen des VEB Planet Eppendorf, Dezember 1989; Eastblockword.com; Foto Nr. 1333.
Abb. 21: Haftanstalt Halle, o. D.; BStU, MfS, ZAIG-Fo-0265-Bild-0002.
Abb. 22: Lageplan des VEB Walzwerk Hettstedt, Haftarbeitslager Volkstedt, mit dem grau hervorgehobenen Bereich für die Häftslingsarbeiter, o. D., vermutlich 80er Jahre; BStU, MfS, BV Halle, AG XXII 376, Bl. 12.
Abb. 23: Lageplan des VEB Walzwerk Hettstedt, Haftarbeitslager Volkstedt,Ausschnitt von Abb. 22; umrandet der Bereich der Häftlingsarbeiter, o. D., vermutlich 80er Jahre; BStU, MfS, BV Halle, AG XXII 376, Bl. 13.
Abb. 24: Haftanstalt Magdeburg, Werkhalle (Dreherei) des VEB Magdeburger Armaturenwerke auf dem Gefängnisgelände, o. D., vermutlich 80er Jahre; BStU, MfS, BV Magdeburg, Abt. VII 1680, Bl. 6.
Abb. 25: Werkhalle des VEB Mähdrescherwerk »Fortschritt« Bischofswerda/Singwitz in der Haftanstalt Bautzen I, 1986; BStU, MfS, BV Dresden, Abt. VII 7380, Bl. 222
Abb. 26: Haftanstalt Gräfentonna, Luftbild nach 1989; http://www.kettenburg-schloss-tonna.de.
Abb. 27: Haftanstalt Gräfentonna, Eingang zur Haftanstalt, 2008; Foto: Thomas Ritter, http://www.panoramio.com photo 7579329.
Abb. 28: Haftanstalt Gräfentonna, Wachturm der Haftanstalt, 2008; Foto: Thomas Ritter, http://www.panoramio.com photo 7579315.
Abb. 29: Etiketten für Blutkonserven des Bayerischen Roten Kreuz, o. D.; BStU, MfS, BV Gera, Abt. XX, SA127, Bl. 3.
Abb. 30: Haftanstalt Gräfentonna, Innenhof, nach 1989; http://www.kettenburg-schloss-tonna.de gallerie-bilder-graefentonna.
Abb. 31: Haftanstalt Gräfentonna, Arrest-/Isolierungszelle, o. D.; Foto: Anke Kunze/Mitteldeutsche Medienförderung GmbH.

Verzeichnis der Tabellen

Tabelle 1: Arbeitseinsatz von Häftlingen nach Bereichen der Volkswirtschaft (1972/77/87), S. 28.
Tabelle 2: Zahl und Anteil der Häftlinge im Arbeitseinsatz in der gesamten DDR (1971–79), S. 34.
Tabelle 3: Überstunden und Fehlstunden nach Gründen im Haftarbeitslager Rüdersdorf (1. Halbjahr 1989), S. 48.
Tabelle 4: Zahl der Häftlingsarbeiter, ihre Überstunden und ihr Lohn im Haftarbeitslager Rüdersdorf (1980), S. 76.
Tabelle 5: Arbeitsvergütung und ihre Verwendung im Haftarbeitslager Rüdersdorf (April und Juli 1980), S. 109.
Tabelle 6: Arbeitsvergütung und ihre Verwendung beim VEB Robotron Optima Büromaschinenwerk Erfurt (Haftanstalt Gräfentonna; 1980–82), S. 110.
Tabelle 7: Zahl der Häftlingsarbeiter und ihre Normenerfüllung im Haftarbeitslager Rüdersdorf (Januar bis Mai 1989), S. 114.
Tabelle 8: Planerfüllung der Häftlingsarbeiterinnen aus der Haftanstalt Hoheneck in den VEB Esda Thalheim und Planet Wäschekonfektion Eppendorf (1976–80), S. 116.
Tabelle 9: DDR-Exporte an bundesdeutsche Konzerne in Millionen Valutamark (1975–79), S. 125.
Tabelle 10: Beabsichtigte Gestattungsproduktionen von IKEA in der DDR (1987), S. 160.
Tabelle 11: Kalkulierter Bedarf an Arbeitskräften der Zementwerke Rüdersdorf (1965–70), S. 169.
Tabelle 12: Schwerpunkte der Häftlingsarbeit im Haftarbeitslager Rüdersdorf (Oktober 1972), S. 171.
Tabelle 13: Belegung des Haftarbeitslagers Rüdersdorf nach dem geplanten Ausbau (Oktober 1973), S. 172.
Tabelle 14: Schwerpunkte der Häftlingsarbeit im Haftarbeitslager Rüdersdorf (August 1984), S. 178.
Tabelle 15: Delikte der Insassen des Haftarbeitslagers Rüdersdorf (Juni 1989), S. 179.
Tabelle 16: Blutspenden in der DDR (1980–88), S. 240.
Tabelle 17: Haftorte mit Arbeitseinsatz von Gefangenen (1973–89), S. 288.

Register der Orte, Firmen und Institutionen

Nicht aufgenommen wurden wegen zu häufiger Nennung Ministerien, Kombinate und Bezirke.

Aachen 120
Adidas 222
AEG-Telefunken AG 122 f., 125, 225 f., 229, 281
Aernouldt 164
Aerosol-Automat Karl-Marx-Stadt, VEB 303
Agfa 208
Ägypten 200, 208, 217, 219 f., 230
Alba 120, 231
ALDI GmbH & Co. oHG 186, 191, 205, 282, 285
Algerien 175, 219, 220
Allmänna Svenska Elektriska AB 229
Älmhult 131, 146, *siehe* IKEA
Altenburg 44, 220 f., 302
Altglienicke 48, 114, 177
Aluminiumfolie Merseburg, VEB 52, 296
Amiens 218
Amsterdam 212
Ankara 206
Anklam 158
Anlagen- und Gerätebau Volkstedt, VEB 294
Annaberg 160
Annaberg-Buchholz 226, 256, 288, 301–303
Arnsberg-Neheim 226
Arnstadt 228, 305
Aschersleben 294, 296
Aseleben 202
Athensleben 298
Äthiopien 220
Auerbach 182, 186
August Bebel, VEG 230
Außenhandelsbetrieb Heimelectric 203
Außenhandelsbetrieb Holz und Papier 126, 134, 136–141, 144, 147, 163, 258, 260, 268, 272, 281
Außenhandelsbetrieb Intermed 212
Außenhandelsbetrieb Invest 212
Außenhandelsbetrieb Simpex 134
Außenhandelsbetrieb Spielwaren und Sportartikel 157, 160
Außenhandelsbetrieb Union-Haushaltsgeräte 157, 203 f.
Außenhandelsbetrieb Werkzeugmaschinen und Werkzeuge 126, 212
Australien 190
Bad Blankenburg 304
Bad Doberan 148, 158
Bad Freienwalde 83
Bad Kösen 297
Bad Langensalza 234, 236, 243 f.
Ballenstedt 52, 296
Bamberg 230
»Banner des Friedens«, VEB 51, 58, 221, 295
Bärensiegel, VEB 230 f., 289
Barkas Karl-Marx-Stadt, VEB 276
Bärnau 215
Basdorf 48, 114, 177
BASF AG 123, 125, 211 f., 233, 281, 283
Bauelemente Stralsund, VEB 290
Bauinvestitionen und Rekonstruktionen 26, 48, 109, 114, 177, 293
Baumaschinen Halle-Nord, VEB 197
Baur Versand GmbH 141 f., 281, 285

Bautzen 17, 23, 30, 36, 40, 42, 44–46, 48, 50 f., 59 f., 65, 69 f., 75, 78 f., 83, 86, 89, 96 f., 98, 102, 113, 117, 155, 205, 218, 229, 277, 298 f.
Bau-Union 234
Bayer AG 211, 264, 283
Bayerisches Rotes Kreuz 238 f., 242, 244 f., 286

Bebo-Plastik GmbH 209
Beeskow 161
Behringwerke AG 246
Beierfeld 160, 212
Beiersdorf 155
Bekleidungswerk Burg, VEB 73, 80, 292, 295
Bekleidungswerk Falkenstein, VEB 204
Bekleidungswerk Hardas Greiz, VEB 304
Belgien 163 f., 229
Bensheim 213
Berkelrode Meubel B.V. 164
Berlin 15
Berlin (Ost) 8 f., 23, 65, 73, 90, 102, 119, 121 f., 126, 135, 141, 148, 168, 206, 217, 221, 227 f., 230, 242, 251, 261 f., 283, 289, 292 f., 297
Berlin (West) 119, 122, 147, 156, 164 f., 173–176, 180, 206, 224 f., 229, 254, 257, 259, 262, 264, 273, 281 f.
Berliner Bremsenwerk, VEB 217, 262
Berliner Import- und Exportgesellschaft mbH 242
Berlin-Falkenberg 48, 114, 177 f., 203, 262, 293
Berlin-Grünau 288
Berlin-Köpenick 290
Berlin-Lichterfelde 15
Berlin-Marzahn 217
Berlin-Rummelsburg 53, 60, 73, 102, 155, 225, 231, 276, 289
Berlin-Schönefeld 276
Berlin-Treptow 78, 224 f.
Bernburg 199
Berndshof 101
Beroflex AG 257, 273
Betonwerk Elster, VEB 301
Betonwerk Rethwisch, VEB 291
Betonwerk Rüdersdorf, VEB 173
Bewag 174
BIGGI Waltershausen, VEB 160
Bischofswerda 46, 54, 218, 298
Bitterfeld 13, 26 f., 38, 41, 43 f., 52, 58, 69, 74, 77, 79, 83 f., 89, 107, 156, 208, 257 f., 278, 282, 294, 297
Blechkonstruktion Naumburg, VEB 151
Blechverformungswerk Leipzig, VEB 216, 300
Blechwaren Rothemark, VEB 56
Blechwarenfabrik Wittenberg, VEB 294
Bloquert-Bavesse 189
Blumenhagen 158
Böblingen 209
Bodeta Oschersleben, VEB 230, 276
Böhlen 100
Bohlmann 215
Bölling GmbH 211
Bomann Leuchten 197
Bonese 155
Bonoes 164
Borna 302
Brandenburg 27, 85, 213, 216, 265, 276, 283, 292
Brandenburg-Görden 23, 30–32, 37 f., 68 f., 71 f., 75, 77, 80, 83, 98, 112, 116 f., 162, 216, 219, 221, 228, 247, 276, 292
Brand-Erbisdorf 227, 302
Brasilien 220
Brauhaus Halle, VEB 295
Braunkohletagebau Oberlausitz/Hagenwerder, VEB 299
Braunkohlewerk Bitterfeld 27, 52, 297
Braunkohlewerk Borna 53
Braunkohlewerk Erich Weinert Deuben 27, 58, 62, 79
Braunkohlewerk Geiseltal 27
Braunkohlewerk Glückauf Knappenroda 53
Braunkohlewerk Oberlausitz/Hagenwerder, VEB 63, 299
Braunkohlewerk Profen 58, 62
Braunkohlewerk Regis 97
Braunkohlewerk Röblingen 27, 294
Bremen 215, 231, 260
Bremervörde 209

Bröckelmann, Jäger & Busse 226
Bromölla 226
Brüssel 229
Buchungsmaschinenwerk Karl-Marx-Stadt, VEB 227, 303
Budapest 144
Burda 225
Burg 27, 73, 80, 117, 162, 214, 222, 257, 275, 283, 292, 295, 298
Burgkunstadt 141
Büromaschinenwerk Optima Erfurt, VEB 206
Bützow 158 f., 218, 222, 290
Bützow-Dreibergen 26
C&A 186, 222
Cadolzburg 226
Cankurtaran Holding 227
Carl Zeiss Jena, VEB 206 f., 273, 301
Chemische Werke Buna, VEB 194, 208 f., 262, 283, 296
Chemische Werke Hüls AG 208
Chemisch-technische Werke Leipzig, VEB 290
Chemnitz 15, 181, *siehe* Karl-Marx-Stadt
Chemo-Plast 156, 253
China 205
Cinzano 231
CO OP 142
Colditz 160
Conrad Electronic 226
Cottbus 30, 52 f., 60 f., 65, 69, 73, 78, 83, 97, 101, 117, 143, 163, 207, 256 f., 272 f., 282, 291 f.
Crottendorf 160
Crottendorfer Metallwaren, VEB 160
ČSSR 144, 179, 210, 276
Cunewald 299
Dahme 291
Daimler-Benz AG 123, 125, 281
Damenschuhe Groitzsch, VEB 298
Dänemark 131, 164, 201, 224, 226
Danotherm Electric 226
Delicata Leipzig, VEB 300
Delitzsch 300
Delta GmbH 145
Denkendorf 185
Dessau 22, 33, 39, 51–53, 56, 70, 74, 95, 102, 141, 169, 194, 199 f., 203 f., 209, 218 f., 227, 262, 279, 294 f., 301, 305
Deuben 27, 58, 62, 296
Deuna 168
Deutrans, VEB 128
Deutsche Afrikalinien 224
Deutsche Maschinenbau-AG 218
Deutsche Reichsbahn 31, 115, 196, 291, 295, 297, 299
Deutscher Turn- und Sportbund 300
Deutsches Rotes Kreuz 245
Devlet Malzeme Ofisi 206
Diag Human AG 242
Dieselmotorenwerk Rostock, VEB 224, 290
Dima 158
Döbeln 23, 37, 54, 73, 95, 103, 149, 157, 219, 229, 243, 301
Döbelner Beschläge und Metallwaren, VEB 23, 54, 73, 103, 149, 301
Dorfchemnitz 182
Dortmund 211, 264
Draht- und Federnwerk Marienberg, VEB 303
Drahtverarbeitung Herrnhut, VEB 160
Drehmaschinenwerk Leipzig, VEB 221, 295, 301
Dresden 25, 33, 40, 51, 61, 63, 78, 80, 83, 113, 115, 117, 155, 161, 207, 224, 257 f., 277, 279, 282, 291 f., 299, 301
Druckguss- und Kolbenwerke Harzgerode, VEB 296
Druckguss Weißensee, VEB 155, 289
Dubai 200
Duisburg 218
DuPont AG 212
Düsseldorf 122, 141, 156, 186, 231, 257, 265
Ebersbach 155, 255, 298
Eberswalde 172
Ebrach 192
Edeka AG 186, 231

Edelstahlwerk Freital, VEB 42, 82, 97, 210, 265, 298
Eggers GmbH 231
Ehingen 156
Ehrenfriedersdorf 222
Eichsfeld 168
Eichsfelder Zementwerke Deuna, VEB 168
Eisen- und Hüttenwerke Thale, VEB 263, 265
Eisenach 216, 236, 243, 305
Eisengießerei und Maschinenfabrik 213
Eisenhüttenstadt 53, 298
Eisenhüttenwerk Quedlinburg, VEB 296
Eisenhüttenwerke Thale, VEB 52, 58, 85, 211 f., 296
Eisleben 41, 294
Elastic-Miederwaren, VEB 205
Electric Rails LTD 213
Electrolux AB 219
Electronics 206
Elektro- und Metallwaren Zwintschöna, VEB 18, 71, 77, 194, 199–202, 265, 275, 282, 295
Elektroakustik Leipzig, VEB 300
Elektro-Apparate-Werke Berlin-Treptow, VEB 225, 289
Elektrobau Poserna, VEB 294
Elektrobetriebe Gera, VEB 225
Elektrogeräte Falkenberg, VEB 203, 262
Elektroinstallation Annaberg-Buchholz, VEB 226, 302
Elektroinstallation Oberweimar, VEB 305
Elektroinstallation Ruhla, VEB 36, 295, 304 f.
Elektroinstallation Wismar, VEB 290
Elektroinstallation Wittenberg, VEB 295
Elektromaschinenbau Dresden Süd, VEB 292
Elektromotorenbau Dresden West, VEB 292
Elektromotorenwerk Grünhain, VEB 33, 74
Elektromotorenwerk Hartha, VEB 301
Elektromotorenwerke Dessau, VEB 33, 52 f., 294, 301
Elektromotorenwerke Grünhain, VEB 303
Elektromotorenwerke Thurm, VEB 33, 301
Elektromotorenwerke Wernigerode, VEB 115 f., 292
Elektronik Gera, VEB 304
Elektronik Gronsdorf, VEB 304
Elektronik Radeberg, VEB 129
Elektronische Bauelemente »Carl von Ossietzky« Teltow, VEB 27, 225 f., 291 f.
Elektro-Physikalische Werke Neuruppin, VEB 227, 291
Elektroporzellanwerk Margarethenhütte Großdubrau, VEB 51, 229, 298
Elektroschaltgeräte Rochlitz, VEB 78, 225, 301
Elektrotechnik Gera, VEB 229
Elektrowaren Halle, VEB 201, 295
Elektrowärme Döbeln, VEB 229, 301
Elster 301
Elsterberg 304
Elze 215
Eppendorf 100, 105, 116, 151, 184, 188, 192 f., 205, 222 f., 256, 303
Erdölverarbeitungswerk Schwedt, VEB 43
Erfurt 36, 108, 110, 206, 221, 234, 236, 238 f., 242–245, 247, 304 f.
Esda Thalheim 18, 37, 43, 45, 53 f., 60, 73, 79, 86, 108 f., 112, 116, 182–192, 254, 270 f., 282, 303 f.
Espenhain 302
Essen 122 f., 141, 186, 213, 220
Europa-Möbler 136
Exportbrauerei Sternburg 231, 300
Fahrzeug- und Jagdwaffenwerk »Ernst Thälmann« Suhl, VEB 210, 283, 304

Fahrzeugelektrik Ruhla, VEB 111, 216, 236, 304
Falkenstein 204
Farbchemie Quedlinburg, VEB 294
Farbglaswerk Weißwasser, VEB 160
Faserplattenwerk Ribnitz-Damgarten, VEB 158
Feinkartonagen Dahme, VEB 291
Feinstahl AG 210
Fernmeldewerk Arnstadt, VEB 228, 305
Fernmeldewerk Bautzen, VEB 51, 229, 298
Fernmeldewerk Neustadt-Glewe, VEB 290
Fernsehgerätewerk »Friedrich Engels« Staßfurt, VEB 45, 51, 55, 205, 282, 295, 298
Ferrero S.p.A. 120
Ferrolegierungswerk Lippendorf, VEB 50, 214, 302
Filmfabrik Wolfen 208, 282
Finnland 176, 213
Finow 293
Finsterwalde 33, 143, 151, 154 f., 281
Finsterwalder Maschinen-, Aggregate- und Generatorenwerk, VEB 33
Fog & Mørup A/S 201
Folkebolaget 214
Formaplast Sohland, VEB 160
Formschaum Lychen, VEB 158
Frankfurt/M. 122 f., 141, 186, 230
Frankfurt/M.-Höchst 122 f.
Frankfurt/O. 55, 157, 293
Frankleben 214, 296
Frankreich 176, 189, 205 f., 217 f., 220, 227
Fraureuth 116
Frechen 186
Freital 42, 82, 97, 210, 265, 283, 298
Friedrich Krupp AG 122 f., 125, 221, 281
Fürstenberg 291
Fürstenwalde 53, 79, 172 f., 177 f., 217, 293
Fürth 121, 141, 158, 203 f., 226, 229, 262
Gablenz 303
Gardelegen 148
Garelly GmbH 215, 283
Gas- und Elektrogeräte Dessau, VEB 51, 102, 203 f., 262, 294
Gebrüder Heinemann KG 231
Geflügelausrüstung Perleberg, VEB 291
Geiseltal 27, 296
Genthin 297
Gera 36, 202, 225, 229, 239, 242, 244, 304
Gerlingen 123
Gernrode 148
Gesellschaft für Industriebeteiligungen 173
Getriebewerk Wernigerode, VEB 298
Getriebewerke Brandenburg, VEB 27, 85, 117, 216, 275, 292
Ghana 176
Gießerei Ueckermünde, VEB 291
Gießerei und Maschinenbau Max Matern Torgelow, VEB 52, 82, 223, 291
Glashütte 128
Glashütter Uhrenbetriebe, VEB 128
Glasseide Oschatz, VEB 54, 73, 101, 214, 283, 301
Glasverarbeitung Prenzlau, VEB 158
Glubigsee 177
Glühlampenwerk Berlin, VEB 90, 227, 297
Göppingen 158
Görlitz 25, 85, 155, 227, 299
Gotha 36, 217, 305
Göttingen 206
Gottlieb Eppinger KG 185
Grabow 160
Gräfentonna 15, 36, 110 f., 206, 215, 234–237, 243–247, 286, 304
Graphischer Großbetrieb Völkerfreundschaft Dresden, VEB 299
Greifswald 290
Greiz 304
Griechenland 218 f., 228

Gröbers 296
Gröbers, LPG 296
Gröditz 210, 265, 283, 291, 299
Groitzsch 298
Gronsdorf 304
Großbritannien 123, 155, 162 f., 200, 206, 217, 281
Großdubrau 51, 229, 298
Großfurra 160
Großkorbetha 199
Großschweidnitz 155
Grubenlampe Zwickau, VEB 116
Grundig AG 226, 229
Grünhain 33, 74, 303
Guinea 176
Gummiwarenfabrik Hagenow, VEB 291
Gummiwerke Ballenstedt, VEB 52, 296
Gummiwerke Berlin, VEB 292
Gummiwerke Transportgummi Bad Blankenburg, VEB 304
Güstrow 158, 163, 218, 232, 290
Gütersloh 225
Hagen 210
Hagenow 291
Hagesta 210
Halberstadt 298
Halle 18 f., 36 f., 39–41, 46, 49 f., 52, 55 f., 58 f., 61, 63, 70 f., 77–81, 88, 95, 104 f., 155, 163, 194–197, 199–201, 219, 221, 223, 230, 261, 279, 285, 293, 295–298
Hamburg 128, 141, 158, 186, 197, 210 f., 224, 226, 231
Hannover 186, 226, 229
Harmonikawerke Klingenthal, VEB 304
Hartha 109, 149, 220, 222, 301
Harvix 206
Hattersheim 120
Haushalts- und Elektrogerätewerk Weißenfels, VEB 296
Hausschuhfabrik Hartha, VEB 222
Haver & Boecker oHG 263
Heidenau 155
Heiligenstadt 226, 305
Hellerau 126, 135, 141, 143, 157
Helm AG 211
Helsinki 213
Hermsdorf 229 f., 295
Herrnhut 160
Hertie GmbH 141 f., 186, 190, 281 f., 285
Herzebrock 225
Herzogenaurach 222
Hettstedt 40, 52 f., 58, 73, 78, 87 f., 97, 212 f., 265 f., 283, 288
Hirschau 226
Hoch- und Tiefbau Bützow, VEB 290
Hoechst AG 122 f., 125, 208, 281–283
Hoesch AG 125, 264, 281
Hohenbocka 292
Hoheneck 18 f., 36, 53, 60, 65, 69, 73 f., 78, 91, 97, 100, 105, 107–109, 114, 116, 154, 181–186, 188, 192 f., 204, 219, 256, 259, 282, 285, 303
Hohenleuben 37, 55, 70, 163, 304
Hohenschönhausen 249, 289
Hohenstein 149
Holland 190
Hollandse Eenheidsprijzen Maatschappij Amsterdam 212
Holz Naumburg, VEB 157, 160
Holzbau Rehna, VEB 158
Holzindustrie Plau, VEB 158
Holzminden 225
Holzsportartikel, VEB 304
Holzverarbeitung Leipzig, VEB 52
Holzverarbeitung Mühlhausen, VEB 157
Holzverarbeitung Neustrelitz, VEB 158
Holzverarbeitungswerk Burg, VEB 27, 117, 162, 257, 275, 292
Holzveredelungswerk Leipzig-Wiederitzsch, VEB 83, 300
Holzweißig 297
Honeywell Incorporated 228
Hongkong 224
Horten AG 141 f., 186, 222, 281 f., 285

HPA 229
Humedia AG 242
I.M.H 163
Ichtershausen 107, 218, 305
IFÖ Elektric 226
IKEA 7 f., 14, 18, 73, 78, 93, 131 f., 134, 136–141, 143–150, 153, 155–161, 163, 204, 228, 258–261, 267–269, 281, 284–286
Ilbesheim 212
Imperial Typewriter Co. 206
Indien 209
Indonesien 226
Industriewerke Baumaschinen Halle Nord, VEB 88, 219, 296
Infrarot Anlagenbau Oranienburg, VEB 293
Instandsetzungswerk Pinnow, VEB 293
Intema, Außenhandelsfirma 213
Interflug 231
Interhotel 148, 231
Intershop 231
Intertechnik 215
Iphofen 262
Iran 219
Irland 11
Iserlohn 218
Istanbul 227
Italien 162, 220, 231
ITT-Bauelemente Gruppe Europa 226
Japan 146, 206
Jena 122, 206 f., 273, 301
Jugendmöbel Döbeln, VEB 157
Jugoslawien 11
Junkalor Dessau, VEB 209, 294
Jürgens & Kroll 225
Jüterbog 292
Kabelmetall AG 213, 283
Kabelwerk Kranichfeld, VEB 305
Kabelwerk Lausitz, VEB 299
Kabelwerk Nord Schwerin-Sacktannen, VEB 51, 228, 290 f.
Kabelwerk Wilhelm Pieck Oberspree, VEB 232, 289
Kamenz 298
Kamm und Haarschmuck Naumburg, VEB 90, 297
Kanada 176
Karatschi 206
Karl-Marx-Stadt 62, 71, 77, 83, 96, 116, 154, 157, 184, 217, 220, 227, 237, 239, 264, 276, 288, 302–304
Karsdorf 169
Karstadt GmbH 141 f., 186, 205, 281 f., 285
Kassel 209
Kaufhalle AG 142, 186, 282, 285
Kaufhof GmbH 141 f., 186, 205, 281 f., 285
Kaufring AG 186
Kautasit, VEB 234
Kempen 197
Keramische Werke Hermsdorf, VEB 230, 295
Kernkraftwerk Lubmin 24
Keulahütte Krauschwitz, VEB 215
Kfz-Zubehörwerk Meißen, VEB 53, 216, 301
Kinderfahrzeuge Sangerhausen 294
Klawitter GmbH 221
Klingenthal 160, 276, 304
Klöckner & Co. 125, 210, 281, 283
Knappenroda 53, 291
Knauff Gips KG 262
Knorr-Bremse GmbH 217, 262
Köln 122 f., 141, 151, 186, 209
Kolotex Pty Ltd 190
Kondensatorenwerk Görlitz, VEB 299
Kondensatorenwerk Wilhelm Pieck Görlitz, VEB 227
Königs Wusterhausen 292
Königsee 221, 304
Kontaktbauelemente Luckenwalde, VEB 228, 292
Kooperativa Förbundet 131, 140
Kopenhagen 201
Kornwestheim 221
Kortex Textile Company 190
Kotte Landtechnik GmbH 219
Krakow 158
Kranichfeld 305

Krauschwitz 215
Kreisbaubetrieb Döbeln, VEB 37, 301
Kuba 145
Küchenmöbel ratiomat Eppendorf, VEB 151
Kühnheide 303
Kunstgewerbe Pappenheim, VEB 160
Kunstseidenwerk Clara Zetkin, VEB 264
Kuwait 190
La Bonnal SA 189
Lämmerzahl 132–143, 145 f., 148, 161, 163, 205, 253, 258, 266, 268 f., 281, 285
Landmaschinenbau Döbeln, VEB 219
Landmaschinenbau Güstrow, VEB 218, 290
Landmaschinenbau Torgau, VEB 54, 218 f., 301
Landtechnische Instandsetzungswerke Güstrow, VEB 290
Landwirtschaftliche Instandsetzung Wriezen, VEB 293
Langenfelden 120
Lauchhammer 291
Lausitz 299
Leder- und Schuhfabrik Bad Langensalza, VEB 236, 244
Lederwaren Zeitz, VEB 223, 295
Leegebruch 293
Leichtmetallwerk Rackwitz, VEB 221, 300
Leipzig 15, 41, 51–53, 77, 83, 88, 98, 103, 112, 123, 132, 150 f., 155, 157, 176, 188, 216, 220 f., 225, 227, 233, 239, 243, 290, 294 f., 300 f.
Leipziger Messe 123, 132, 150, 157, 176, 188, 220, 225, 233
Leipzig-Wiederitzsch 83
Leningrad 145
Leuchtenbau Halberstadt, VEB 298
Leuchtenbau Halle, VEB 295
Leuchtenbau Leipzig, VEB 103, 227, 294
Leuchtenbau Pouch, VEB 295
Leuchtenbau Zeulenroda, VEB 163, 304
Leuna 212
Leverkusen 208, 211
Libyen 190
Lichtentanne 303
Lichttechnik GmbH 225
Lillestrøm 164
Linz 218
Lippendorf 50, 214, 283, 302
London 155, 162 f.
Lößnitz 60, 105, 303
Lubmin 24
Luckau 43, 94, 165, 219, 292
Luckenwalde 228, 292
Ludwigshafen 123, 211
Lugano 156
Lychen 158
M. Richard Hofmann Strumpffabrik 181
Magdeburg 26 f., 46, 50, 60, 74, 77, 85, 109, 115, 215, 228, 250, 265, 276, 283, 298
Magdeburger Armaturenwerke »Karl Marx«, VEB 85, 109, 215, 283, 298
Magdeburg-Rothensee 52, 64, 74, 79, 252, 265, 298
Magnetbandfabrik Dessau, VEB 70, 279, 294
Mähdrescherwerk Fortschritt Bischofswerda, VEB 46, 54, 218, 298
Maintal 228
Main-Taunus 260
Malchin 158
MAN AG 123, 125, 224, 281
Mannesmann AG 122, 125, 211, 218, 281, 283
Mansfeld 40, 50, 90, 213, 293 f., 300
Manufacture Belge de Lampes et de Materiél Electronique SA 229
Marburg 246
Marienberg 303
Marimoto Schiffahrts GmbH 224
Markant Singwitz, VEB 299
Markkleeberg 83, 94, 227, 300

Markranstädt 155
Marl 208
Maschinen- und Apparatebau Schkeuditz, VEB 52, 83, 98, 220, 300
Maschinenfabrik Meuselwitz, VEB 302
Maschinenfabrik und Eisengießerei Dessau, VEB 218, 305
Mathias-Thesen-Werft Wismar, VEB 290
Maxhütte Unterwellenborn, VEB 82, 214, 283, 304
Maxis 212
Mechanische Spielwaren Brandenburg, VEB 292
Mechanische Werkstätten Krakow, VEB 158
Mecklenburgisches Matratzenwerk Warin, VEB 157 f., 232
Meißen 53, 216, 301
Melbourne 190
Merkantile 213
Merseburg 15, 52, 296
Mertik Quedlinburg, VEB 228, 296
Messerschmiede Leegebruch, VEB 293
Meßgerätewerk »Erich Weinert« Magdeburg, VEB 228, 298
Messwandler-Bau AG 230
Metall Bützow, VEB 158
Metall- und Plastverarbeitung Beierfeld, VEB 160
Metallaufbereitung Eberswalde, VEB 172
Metallaufbereitung Halle, VEB 297
Metallaufbereitung Rostock, VEB 290
Metalldrücker Halle, VEB 155, 197, 261, 295
Metallverarbeitung Bernburg, VEB 199
Metallwaren Naumburg, VEB 27, 44, 52 f., 55 f., 73, 78, 87, 92 f., 103, 105, 150–153, 155, 159, 275, 281, 297
Metallwaren Zeitz, VEB 151
Metro AG 142, 231
Meuselwitz 302
Mexiko 218, 220
Meyenburg 148, 157
MFI Furniture Group 155, 163
MG Draht- & Metall-Handelsgesellschaft 213
Mikroelektronik, VEB 293
Mittweida 37, 304
Möbel Hellerau, VEB 135
Möbel Hess GmbH 141 f., 281, 285
Möbel Steinhoff GmbH 136, 140 f., 143, 158, 281, 285
Möbelpolsterwerk Hohenstein, VEB 149
Möbelwerk »Ernst Mundt« Bützow, VEB 158
Möbelwerk Malchin, VEB 158
Möbelwerk Parchim, VEB 158
Möbelwerk Templin, VEB 158
Möbelwerk Wilhelm Pieck Anklam, VEB 158
Möbelwerke Bad Doberan, VEB 148, 158
Möbelwerke Gardelegen, VEB 148
Möbelwerke Meyenburg, VEB 148, 157
Möbelwerke Naumburg, VEB 297
Möbelwerke Olbernhau, VEB 148
Möbelwerke Plau, VEB 140, 158
Möbelwerke Schwerin, VEB 158
Möbelwerke Zeulenroda, VEB 163
Möbelwerkstätten Berlin, VEB 148
Modell- und Plastspielwaren Annaberg-Buchholz, VEB 256, 288, 301–303
Mönchengladbach 215
Morcote 156
Mosambik 176, 219
Moskau 145
Motorenwerk Cunewald, VEB 299
Motorradwerke Zschopau, VEB 216, 302
Mühlhausen 157
Mühlheim 186, 231
Mühlmeier GmbH & Co. KG 215
München 120, 122, 134, 141, 217, 229, 262
Münster 208

Nachrichtenelektronik »Albert Norden« Leipzig, VEB 51, 300
Nachrichtenelektronik Greifswald Ueckermünde, VEB 291
Narva 83, 112, 155, 227, 289, 292, 300
Narva »Rosa Luxemburg« Leuchtenbau Leipzig, VEB 300
Naumburg 27, 44, 52 f., 55 f., 58, 64, 73, 78, 87 f., 90, 92 f., 99–101, 103, 105, 116, 150–153, 155, 157, 159, 160, 168, 227, 275, 281, 297
Neckermann GmbH 141 f., 192, 203, 205, 208, 217, 281 f., 285
Neontechnik Halle, VEB 295
Neubrandenburg 159
Neufahrn 273
Neunkirchen 132
Neuruppin 227, 291, 293
Neustadt 155
Neustadt-Glewe 290
Neustrelitz 53, 77, 158, 291
New York Blood Center 245
Niederlande 164, 205, 212, 258
Niederröblingen 293
Nigeria 176
Norwegen 164, 176, 224
Nürnberg 156, 226
Obella 230
Oberlausitz/Hagenwerder 63, 299
Oberlungwitz 182
Oberweimar 305
Oderwitz 299
Oederan 303
Oelde 263
Oelsa 141
Oelsa-Rabenau 162
Oelsnitz 205, 303
Oetker 120
Ohrdruf 305
Olbernhau 148
Oppach 51, 117, 229, 299
Optima Aschersleben, VEB 296
Optima Büromaschinenwerk Erfurt, VEB 108, 110, 234, 236
Oranienburg 293
Ortho-Diagnostic-Systems 238 f., 245, 247
Oschatz 54, 73, 101, 214, 283, 301
Oschersleben 154, 230, 276, 296
Osnabrück 141, 219
Osternienburg 201
Österreich 208, 230, 283
Österreichische Lloyd Wien 224
»Otto Grotewohl« Böhlen, VEB 100, 302
Otto Wolff AG 122 f., 125, 209, 281, 283
Otto-Versand GmbH 141 f., 158, 186, 222, 281, 285
Pakistan 206
Panama 224
Pappenheim 160
Parchim 158
Pekrun Getriebebau GmbH 218
Pentacon Dresden, VEB 51 f., 61, 63, 78, 83, 115, 117, 207, 224, 256–258, 279, 282, 291, 299
Perleberg 291
Peter Bruhns 197
Pfanni KG 120
Philip Lait Furniture Limited 155
Philips N.V. 229
Pinnow 293
Planet Wäschekonfektion Eppendorf, VEB 100, 105, 116, 184, 188, 192 f., 205, 256, 303
Plast- und Elasteverarbeitung Berlin, VEB 293
Plast- und Holzverarbeitung Grabow, VEB 160
Plasta Oederan, VEB 303
Plastelektronik Kamenz, VEB 298
Plastica Bad Kösen, VEB 297
Plasticart *siehe* Modell- und Plastspielwaren Annaberg-Buchholz, VEB
Plastik-Werk Berlin, VEB 289
Plastimat Oranienburg, VEB 293
Plastunion Triptis, VEB 160
Plastverarbeitungswerk Staaken, VEB 160
Plau 140, 158

Plauen 276, 303 f.
Polen 10, 50, 131 f., 144, 210
Polstermöbel Blumenhagen, VEB 158
Polstermöbel Gernrode, VEB 148
Polstermöbel Güstrow, VEB 158, 163, 232
Polstermöbel Halle, VEB 163, 295
Polstermöbel Potsdam, PGH 148
Polstermöbelwerk Cottbus, VEB 131, 163, 292
Polyplast Halberstadt, VEB 298
Poserna 199
Potsdam 15, 31, 47, 148, 292
Pouch 199, 295
Preißler KG Jüterbog 292
Prenzlau 158
Preußag AG 165
Prins 164
Probosch-Vogt-Loos GmbH 226
Produktionseinrichtung Forschung/Entwicklung 26
Profen 58, 62
Puma 222
Quedlinburg 105, 228, 277, 294, 296
Quelle GmbH 121, 128 f., 134, 141 f., 158, 161, 203–205, 222, 259, 261, 266, 281 f., 284–286
Rackwitz 86, 221, 300
Radeberg 129
Radebeul 223
Ramstadt 226
Raßnitz 36, 74, 84, 257, 296 f.
Regis 13, 47, 86, 92, 97, 100, 110, 223, 302
Rehna 158
Reichenbach 216, 303
Reichsbahnausbesserungswerk Potsdam 31, 292
Reichsbahnbaubetrieb Berlin-Köpenick, VEB 290
Reifenkombinat Fürstenwalde, VEB 48, 53, 79, 109, 114, 172, 177 f., 217, 293
Reiss International GmbH 225
Reißer AG 209
Reli Møbler 164
Renak Reichenbach, VEB 216, 303
Rewatex Berlin, VEB 73, 102
Rexim SA 156
Rheinberg 231
Ribnitz-Damgarten 126, 141, 145, 158 f., 252 f.
Riesa 80, 84, 211, 265, 279, 283, 299
Rieste 219
RKL/RKLI *siehe* Lämmerzahl
Robert Bosch GmbH 123, 125, 281
Röblingen 27, 294
Robotron 224, 304, *siehe* Optima Büromaschinenwerk Erfurt, VEB
Roburwerk Zittau, VEB 46, 103, 299
Rochlitz 78, 225, 301
Rodovre 226
Rohrwerk Zeithain/Stahl- und Walzwerk Riesa (Rohrwerk III) 211
Roßwein 222
Rostock 24, 80, 159, 224, 250, 290 f.
Rostock-Langenort 94
Rothemark 56, 294
Rüdersdorf 18 f., 22, 42, 47 f., 50, 63, 73 f., 76, 79, 85, 87, 90, 95, 100, 107, 109–111, 113 f., 165–174, 176–179, 218, 251, 262 f., 281, 285, 288, 293
Rudolstadt 36
Ruhla 36, 111, 204, 216, 236, 295, 304 f.
Rumänien 128, 132, 144, 270
Rummel & Co. Industriearmaturen 215
Rummelsburg 16
Rundfunk- und Fernmeldetechnik (RFT), VEB 300
Saab-Scania 215, 283
Saarbrücken 215
SABA GmbH 227
Sachsendruck Plauen, VEB 303
Sachsenwerk Dresden, VEB 33, 301
Salach 213
Salamander AG 120 f., 222, 266
Salzgitter 122, 125, 281
Salzgitter AG 122, 125, 281
Salzwedel 155

Sangerhausen 293 f.
Sarotti AG 120
Saßnitz 24
Saudi-Arabien 219, 226
Schacksdorf 80
Schaltelektronik Oppach, VEB 51, 117, 229, 299
Schaperjahn Heinrich Spedition 186
Schiffsarmaturen- und Leuchtenbau Finow, VEB 293
Schiffswerft Neptun, VEB 290
Schiffszubehör Bützow, VEB 290
Schkeuditz 52, 80, 83, 88, 98, 220, 300
Schlachthof Halle, VEB 295 f.,
Schlecker e.K. 156, 285
Schlotheim 160
Schmalkalden 204, 221, 304
Schnittholz und Holzwaren Berlin, VVB 135
Schnittholz-Bauholz Borna, VEB 302
Schnittwerkzeuge Klingenthal, VEB 160
Schoeller-Bleckmann AG 210
Schönebeck 222
Schöpflin 142
Schraubenwerk Magdeburg, VEB 265
Schraubenwerke Zerbst, VEB 297
Schreibgeräte Neuruppin, VEB 293
Schuhfabrik Elastra Schönebeck, VEB 222
Schuhfabrik Kranich Eppendorf, VEB 222 f.
Schuhfabrik Panther Ehrenfriedersdorf, VEB 222
Schuhfabrik Paul Schäfer Erfurt, VEB 221
Schuhfabrik Radebeul, VEB 223
Schuhfabrik Roter Stern Burg, VEB 222
Schuhfabrik Terra Roßwein, VEB 222
Schuhfabrik Trumpf Seifhennersdorf, VEB 222
Schwarz 164
Schwarzenberg 203, 262
Schweden 131, 140, 145 f., 148 f., 157 f., 162, 200, 205, 214 f., 217, 219, 224, 226, 229, 231
Schwedt 24, 43, 78, 100, 293, 297, 302
Schweiz 149, 156, 164, 200, 210, 230, 238 f., 242, 244, 283
Schwerin 158 f., 288, 290
Schwerin-Sacktannen 51, 228, 290 f.
Schwerte 186
Seifhennersdorf 222
Senftenberg 291
Sermes 220
Service 189
Seyd & Heinrich Transportkontor GmbH 173
Shell AG 123
Siemens AG 122 f., 125, 227 f., 233, 281
Silva 164
Singapur 224
Singwitz 218, 298 f.
Sint-Niklaas 163
Sintolan Annaberg, VEB 160
Sitzmöbelwerk Waldheim, VEB 131, 143, 149 f., 163, 260, 281, 302
Skanes-Fagerhult 136
SMAFA SA 218
Södra 136
Sohland 160
Solidor Heiligenstadt, VEB 226, 305
Sollstedt 13, 41, 44, 62, 72, 84, 86, 92
Somalia 176
Sonnholz Großfurra, VEB 160
Sowjetunion 11, 24, 52, 123, 126 f., 133, 144, 203, 210, 213, 224, 232, 258
Spanplattenwerk Beeskow, VEB 161
Spiegelwerk Wilsdruff, VEB 160
Spindelfabrik Hartha, VEB 149, 220, 301
Spinnereimaschinenbau Karl-Marx-Stadt, VEB 220
Sponeta Schlotheim, VEB 160
Sportgeräte Schmalkalden, VEB 204

Sportgerätewerk Kühnheide, VEB 303
Sprela Spremberg, VEB 53, 291 f.
Spremberg 53, 291 f.
Staaken 160
Stahl- und Industriemöbelwerke Altmark Stendal, VEB 64, 153 f., 281, 298
Stahl- und Walzwerk Brandenburg, VEB 213, 265, 292
Stahl- und Walzwerk Gröditz, VEB 210, 265, 291, 299
Stahl- und Walzwerk Riesa, VEB 69, 80, 84, 211, 265, 279, 299
Stahlbauwerk Frankfurt (Oder) 55
Stahlgießerei Frankleben, VEB 214, 296
Stahlgießerei Wilhelm Pieck Magdeburg-Rothensee, VEB 52, 64, 74, 79, 252, 265, 298
Stahlverformung Ohrdruf, VEB 305
Standard Elektrik Lorenz AG 129
Staßfurt 45, 51, 55, 205 f., 282, 295, 298
Steinhoff *siehe* Möbel Steinhoff GmbH
Stendal 64, 153 f., 281, 288, 298
Sternradio Berlin, VEB 206, 228, 289
Stiebel Eltron GmbH & Co. KG 225
Stockholm 131, 229
Stollberg *siehe* Hoheneck
Stößen 115, 297
Stralsund 290
Straßburg 220
Strumpfwerke »Max Roscher«, VEB 190 f.
Stuttgart 123, 129, 185
Sudan 220
Sudenburg 298
Suhl 53, 126, 141, 210, 237, 239, 283
Süßwaren Bodeta Oschersleben, VEB 296
Süßwarenwerke Delitzsch, VEB 300
Sydney 190
Synthetex Lichtentanne, VEB 303
Syrien 219
Tafelgeräte Dessau, VEB 295
Telefunken *siehe* AEG-Telefunken AG
Teltow 27, 225 f., 291 f.
Templin 158
Tengelmann KG 231
Ternitz 210
Tettnang 225
Textilreinigung Halle, VEB 55, 295
Thale 32, 39, 52, 58, 85, 211 f., 228, 263, 265, 283, 296
Thalheim 37, 43, 45, 53 f., 60, 73, 86, 108 f., 112, 116, 181–191, 254, 282, 303 f., *siehe* Esda Thalheim
Themar 136
Thermometerbau Quedlinburg, VEB 294
Thomson-CSF 227–229
Thurm 33, 301
Thurn-und-Taxis-Bank 134
Thyssen AG 122 f., 125, 281
Tischfabrik Finsterwalde, VEB 143, 151, 154 f., 281
Torgau 30, 33, 46, 54, 160, 207, 218 f., 301
Torgelow 52, 82, 223, 291
Torkelson 136
transcommerz 238
Triptis 160
Trumpf AG 120
Türkei 206, 209, 227
TÜV 200, 263–266, 284
Ueckermünde 82, 101, 219, 291
Uhrenwerke Ruhla, VEB 204
Ulm 226
Underberg GmbH 231
Ungarn 168, 175
Unigro SA 163
Union Quedlinburg, VEB 296
United Sterling Cooperation Limited Consumer Goods 162
Unna 141
Untermaßfeld 36, 211
Unterwellenborn 13, 75, 82–84, 304
Uppsala 136
USA 176, 206, 228
Växjö 136
Vereinigte Porzellanwerke Colditz, VEB 160

Verlade- und Transportanlagen Paul Fröhlich Leipzig, VEB 300
Verporten GmbH & Co. KG 231
Vietnam 54–56, 177, 190, 192 f.
Villingen-Schwenningen 227
Voest-Alpine AG 218
Volkstedt 27, 40, 49 f., 74 f., 88, 93, 293 f.
Volkswagen AG 123, 125, 216, 226, 281
Volkswerft Stralsund, VEB 290
Volltuchwerke Hartha, VEB 109, 301
Wacker & Dörr 226
Waldheim 23, 31, 37, 45, 58, 72–75, 78, 95, 101, 103, 109, 131, 143, 149, 150, 154, 163, 214, 219, 222, 225, 227, 229, 243, 246, 251, 260, 281, 285 f., 301 f.
Wallau 260
Walter Schneider, VEG 263
Waltershausen 160, 217, 305
Wälzlager Fraureuth, VEB 116
Walzwerk »Hermann Matern« Burg, VEB 214, 298
Walzwerk Hettstedt, VEB 52 f., 58, 73, 78, 87 f., 212 f., 265 f., 283, 293 f.
Wandlitz 231
Waren 291
Warin 157 f., 232
Warnemünde 50, 77, 290
Warnowwerft, VEB 57, 62, 214, 290
Wäschekombinat Lößnitz, VEB 60, 105
Wäscherei Markkleeberg, VEB 300
Wäscheunion Elsterberg, VEB 304
Wäscheunion Mittweida, VEB 37, 304
Waschgerätewerk Schwarzenberg, VEB 203, 262
Washington, D.C. 257
Wehkamp B.V. 164
Weimar 15, 244, 305
Weißenfels 46, 58, 223, 295 f.
Weißensee 155, 289
Weißwasser 160
Welzow 291
Werkzeugfabrik Altenburg, VEB 44, 220, 302
Werkzeugfabrik Königsee, VEB 221, 304
Werner Jähnert GmbH 206
Wernigerode 115 f., 292, 298
Westerstede 136, 141, 158
Wiederitzsch 300
Wiehr & Schacht 290
Wiemann GmbH 141
Wien 224
Wilsdruff 160
Wintershall AG 150
Winzergenossenschaft Deutsches Weintor 212
Wismar 290
Withof GmbH 209
Wittenbecher & Co. GmbH 220
Wittenberg 52, 82, 155 f., 160, 255, 294 f., 297 f.
Wittenberge 291
Wittol Wittenberg, VEB 52, 155 f., 160, 255, 297 f.
Wi-We-Na, VEB/Möbelkombinat Wittenberg-Weißenfels-Naumburg 153, 297
Wohnraummöbel Ribnitz-Damgarten, VEB 158
Wolfen 52, 74, 95, 208, 282, 294
Wolfsburg 123, 216, 226
Woolworth GmbH 141 f., 186, 192, 281 f., 285
Worbis 243
Wriezen 84, 293
Wülknitz 299
Würzburg 262
Zeithain 80, 84, 211, 283, 299
Zeitz 151, 199, 223, 295
Zellstoff- und Zellwollewerke Wittenberge, VEB 291
Zementanlagenbau Dessau, VEB 169, 294
Zementvertrieb GmbH 173, 262
Zementwerk Karsdorf, VEB 169
Zementwerke Adler 165

Zementwerke Rüdersdorf, VEB 18, 22, 48, 50, 63, 166–175, 177, 263, 293
Zentronik Oelsnitz, VEB 303
Zentronik Optima Schreibmaschinenwerk Erfurt, VEB 304
Zerbst 297
Zeulenroda 126, 142, 163, 270, 304
Ziegelrode 40
Ziegelwerk Rotes Banner, VEB 168
Ziegelwerke Bautzen, VEB 299
Zieh-, Press- und Stanzwerk Zwintschöna, VEB 50, 86, 98, 194–199, 282
Zittau 103, 146 f., 299
Zschopau 217, 302
Zürich 210, 242
Zwickau 111, 116, 304
Zwintschöna 18, 50, 71, 77, 86, 98, 194–202, 265, 275, 282, 295
Zwolle 164

Angaben zum Autor

Tobias Wunschik, Dr., geboren 1967, Studium der Politikwissenschaft, Psychologie und Soziologie in München und Berlin; 1995 Promotion an der Ludwig-Maximilians-Universität München. Seit 1993 in der Abteilung Bildung und Forschung des BStU, Wissenschaftlicher Mitarbeiter.

Ausgewählte Veröffentlichungen: Die Hauptabteilung XXII: »Terrorabwehr« (MfS-Handbuch). Berlin 1995; Baader-Meinhofs Kinder. Die zweite Generation der RAF. Opladen 1997; Die maoistische KPD/ML und die Zerschlagung ihrer »Sektion DDR« durch das MfS. Berlin 1997; Hauptabteilung VII: Ministerium des Innern, Deutsche Volkspolizei (MfS-Handbuch). Berlin 2009; (mit Jenny Schekahn) Die Untersuchungshaftanstalt der Staatssicherheit in Rostock. Ermittlungsverfahren, Zelleninformatoren und Haftbedingungen in der Ära Honecker. Berlin 2012 sowie zahlreiche Aufsätze zum DDR-Strafvollzug, zur Volkspolizei sowie zum Linksterrorismus in der Bundesrepublik.